동남아시아사

A NEW HISTORY OF SOUTHEAST ASIA

창의적인 수용과 융합의 2천년사

소병국 지음

책과함께

A New History of Southeast Asia:
The Evolution of a Region

by Byungkuk Soh

프레드릭 교수님의 은혜에 감사하며

| 3부 | 근대 동남아시아 19세기~1945년 — 상충과 변화

| 4부 | 현대 동남아시아 1945년~1990년대 — 새로운 국가 건설과 발전

일러두기

동남아시아 인·지명은 현지 발음에 가깝게 표기하고, 그 밖의 외국 인·지명은 외래어표기법에 따랐다.

이 책은 동남아시아 '사람들^{people}'이 이 지역 '공간^{space}'에서, 고대부터 최근까지 2000여 년에 걸친 긴 '시간^{time}'을 거치며, 어떠한 경험을 바탕으로 자신들만의 독특한 국가와 사회를 형성, 발전시켜왔는지를 개괄해본 역사서다.

동남아시아는 지리적으로 거대한 유라시아 대륙 동남쪽의 인도양과 태평양이 만나는 지역에 자리하고 있어, 오래전부터 동서 세계를 해로로 연결하는 징검다리 역할을 해왔다. 이러한 지리적 환경에서 동남아시아 사람들은 포용하고 융화하는 세계관을 갖게 되었다. 전통시대에는 인도·중국·서아시아로부터 힌두교·불교·유교·이슬람 문화를 대대적으로 수용했고, 1511년 포르투갈의 멀라까 점령을 시발점으로 비교적 일찍부터 서구 문명의 영향에 노출되었다. 그럼에도 동남아시아 사람들은 확연한 독자적 정체성을 유지하며 국가와 사회를 형성, 발전시켜왔다.

그렇다면 이러한 역사적 과정이 어떻게 가능했을까? 이 책이 주목하는 것은 동남아시아 사람들의 '창의적 융합creative synthesis'이다. 이는 외래문화를 수용해 고유한 토착문화 또는 현지화한 문화localized culture 와 결합해서 독특한 형태의 새로운 문명을 창출해내는 방식으로, 고대부터 현대까지 동남아시아 국가와 사회의 변천 과정 전체를 관통하는 가장 핵심적인 내적 동학動學, dynamics이다. 동시에 이 책은 외적 동학을 균형 있게 고려하는 데도 주의를 기울였다. 동남아시아 사람들의 능동적인 역할을 지나치게 강조하다 보면 자칫 역사란 동전의 다른 한 면flip-side history을 구성하는 외부의 영향을 폄하하거나 백안시하는 오류를 범할 수 있기 때문이다.

'1부 동남아시아란'에서는 이 지역의 개념 · 크기 · 규모를 소개하고, 인문지리학적 관점에서 자연환경이 토착문화의 형성과 특성 그리고 문화의 다양성과 공통성에 미친 영향을 살펴보고, 언어와 인종 분포의 상관관계를 통해 오늘날 동남아시아 사람들의 기원을 추적해보고자 했다.

2부부터 4부까지는 동남아시아 사람들의 통시적通時的, diachronic 동학인 창의적 융합을 각 시대별, 즉 공시적共時的, synchronic 키워드를 가지고 정리해보고자 했다. '2부 전통 동남아시아(18세기까지)'는 고대와 고전, 두 시대로 나누어 '수용과 변용adoption and adaptation'이란 키워드를 통해 근대 이전 국가와 사회의 변천 과정에 나타난 창의적 융합을 고찰해보았다. 고대(1300년까지)에 관해서는 초기 문명, 바닷길을 통한 고대 동서 세계의 교류를 개괄하고, 인도와 중국 문화의 영향을 비교 고찰한 다음, 동남아시아 사람들이 그 영향을 어떻게 창의적으로 융합하며 초기 국가와 사회를 형성, 발전시켜가는가를 조망해보았다. 고전시대(14~18세기)에 관해서는 유럽 중상주의 세력의 등장으로 인한 동서 바닷길의 확장과 재편 및 새로운 종교, 즉 상좌부불교·이슬람교·기독교의 전파와 확산 과정을 기술하고, 동남아시아 사람들이 이른바 '교역의 시대'에 국제무역과 그 새로운 종교들의 영향을 어떻게 창의적으로 융합하며 오늘날의 국가와 사회의 원형原型을 구축해가는가를 정리해보았다.

'3부 근대 동남아시아(19세기~1945년)'에서는 동남아시아 사람들이 서구 식민지배 시기와 2차 세계대전 기간에 근대성modernity을 어떻게 창의적으로 융합하며 근대 국민국가의 토대를 마련해가는가를 '상충과 변화conflict and change'라는 키워드로 살펴보고자 했다. 이 과정에서 근대 교육을 통해 탄생한 신지식인new intellectual 집단은 민주주의·사회주의·이슬람 개혁사상 등 근대적 이념을 수용해, 1920년대부터 식민지배하 동남아시아 사회에 나타난 다양한 정치·경제·사회적 병리 현상에 본격적으로 의문을 제기하기 시작했다. 나아가 그들은 민족주의 세력을 규합해 식민지배에 저항하며, 근대 국민국가의 근간인 민족의식의 형성과 발전에 중추 역할을 담당했다.

'4부 현대 동남아시아(1945년~1990년대)'에서는 '새로운 국가 건설과 발전nation-building and development'이란 키워드를 가지고서, 동남아시아 사람들이 전후 냉전 질서 속에서 국제적인 영향을 어떻게 창의적으로 융합하며 독립을 이루고, 국민국가를 건설하고, 국가와 사회를 발전시켜 갔는가를 세 시기—전후 탈식민지 투쟁기, 국민국가 건설 실험기, 신질서 구축과 발전기—로 나누어 정리해보았다.

동남아시아 역사 전 시대의 방대한 내용과 함께 이 지역 역사 전개에 영향을 미쳤던 세계사적 사건들을 한 권에 담으려 하다 보니 책의 부피가 커지게 되었다. 이 책은 무엇보다도 오늘날 동남아시아 11개 국가와 사회의 변천 전 과정을 창의적 융합의 관점에서 해석해보려 시도하고, 이를 한 권으로 묶은 우리나라 최초의 통사라는 점에 의미를 둘 수 있다. 게다가 지금까지 나온 어떤 동남아시아 통사 책에서도 다뤄진 적이 없는 남부 태국과 남부 필리핀의 소외된 역사를 포괄했다.

동남아시아 역사를 처음으로 접하는 독자를 위해 길고 복잡한 내용을 되도록 간단명료하게 기술하려 노력했다. 인명·지명 등은 현지 발음에 가깝게 표기하고, 가독성을 고려해 그 모두를 책 말미에 '찾아보기'로 정리해두었다. 또 동남아시아 지역을 전공하려는 독자들에게 길라잡이 통사가 되길 바라는 마음에서 매 소절의 참고 문헌과 관련 필독서를 미주에 밝혀두었다.

필자가 홀D. G. E. Hall 교수의 역작인 《동남아시아사》(1955)의 부피와 내용에 감탄하며 이 지역 역사를 나름 진지하게 연구하고 강의한 지 30년이란 짧지 않은 시간이 지났다. 그럼에도 세상에 내놓기 부끄러운 연구지만, 이 책을 집필하면서 직간접적으로 여러 분의 도움을 받았다. 필자가 동남아시아 국가와 사회의 변천 전 과정을 창의적 융합의 관점에서 해석해보려 시도하게 된 것은, 미국 오하이오대학교 대학원의 석·박사 과정에서 수학하는 동안 지도해주신 윌리엄 프레드릭William H. Frederick 교수로부터 영감을 전수받은 덕분이다. 또한 필자가 도서부(섬 지역) 역사를 전공한 까닭에 덜 익숙한 대륙부(유라시아 지역) 특히 베트남과 태국 역사를 살펴볼 때는 유인선·조흥국 교수의 시각을 우선 참고했다. 그동안 인도아세안학회와 태국학회, 그리고 필자가 재직하는 한국외국어대학교의 동남아연구소 동료 교수들과 함께해온 학술 활동이 이 책에 든든한 밑거름이 되었다. 이 모든 분께 지면을 빌려 감사드린다.

끝으로 방대한 원고의 출판을 선뜻 맡아 이 책이 세상을 보게 해준 '책과함께'의 류종필 대표와 이정우 선생에게 감사한다. 또한 보기도 읽기도 좋은 책을 만들기 위해 편집과 지도 작성에 힘써준 최인수, 김경진 두 분에게도 고마움을 전한다.

2020년 3월
소병국

1부

동남아시아란

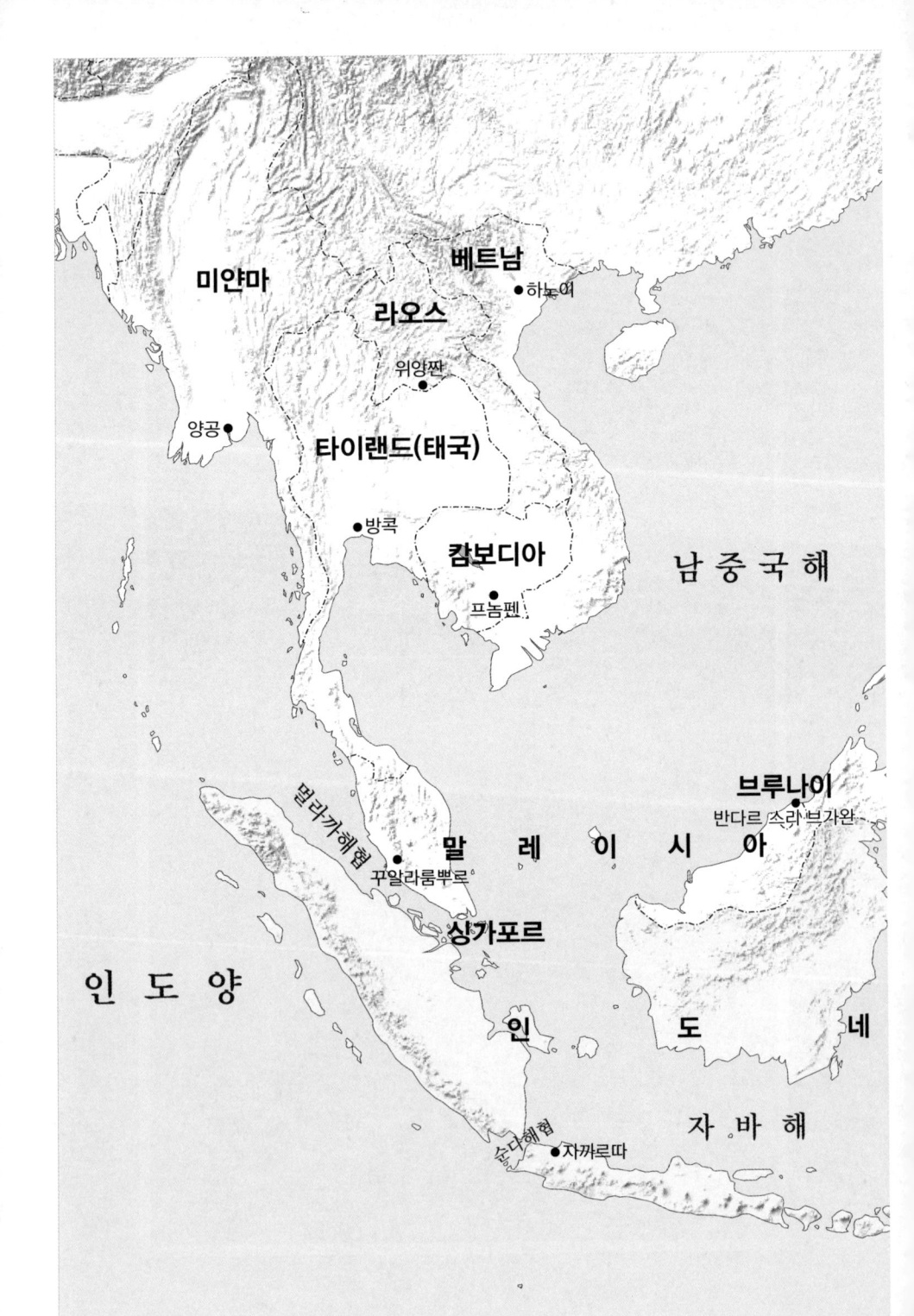

미얀마

베트남
● 하노이

라오스

● 위양짠

양공 ●

타이랜드(태국)

● 방콕

캄보디아

● 프놈펜

남 중 국 해

브루나이
반다르 스리 브가완

믈라카해협

말 레 이 시 아
● 꾸알라룸뿌르

싱가포르

인 도 양

인

도 네

자 바 해

순다해협 ● 자까르따

오늘날의 동남아시아

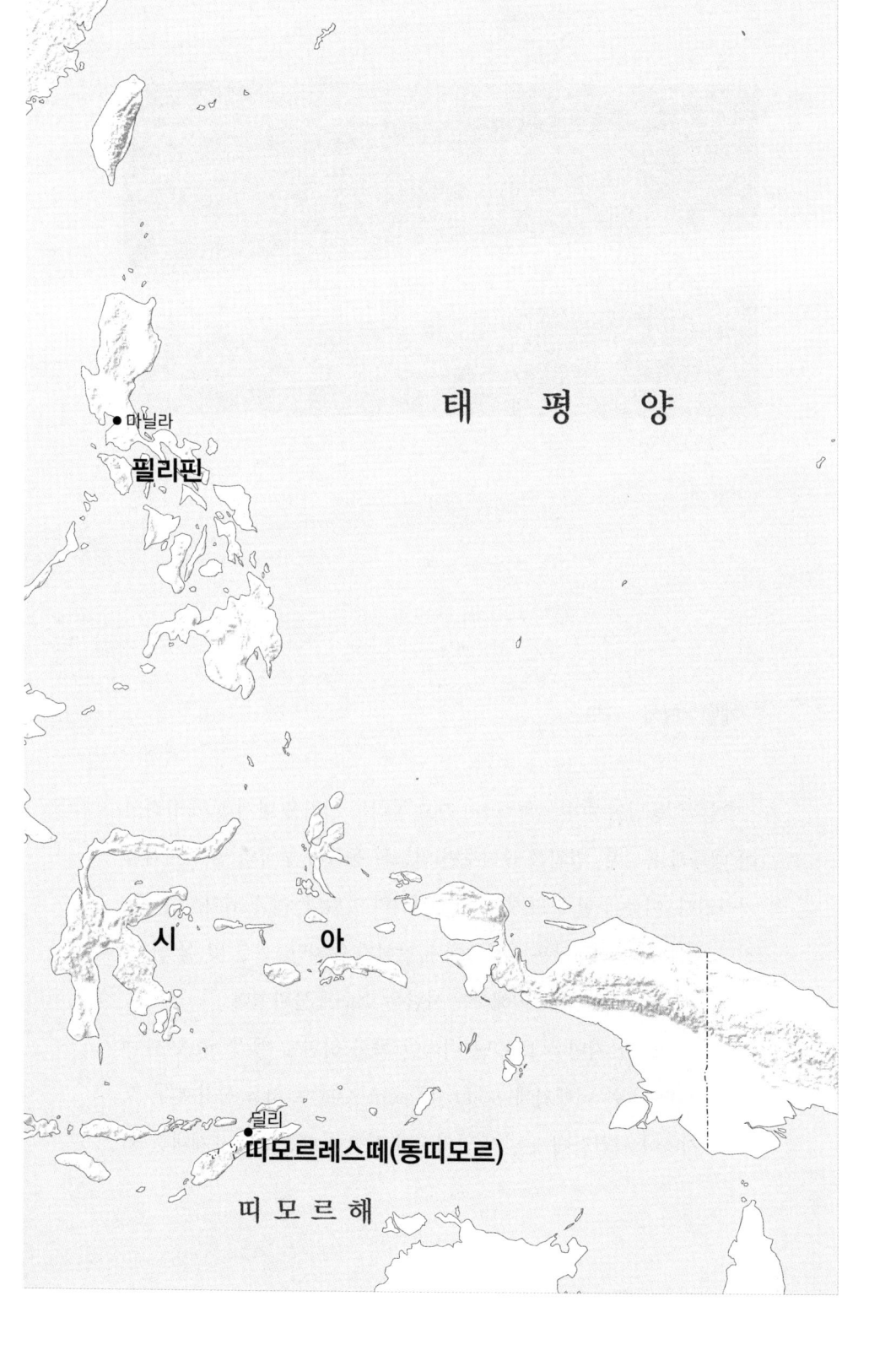

1장

어디에 있는 어떤 곳인가

개념 · 크기 · 규모

오늘날 '동남아시아^{Southeast Asia}'라고 불리는 지역은 넓게 보아 유라시아 대륙의 동남부, 범위를 좁혀보면 인도의 동쪽과 중국의 남쪽 지역을 가리킨다. 이곳에 현재 11개 국가가 자리하고 있다. 이 동남아시아라는 지명과 개념은 지금 많은 사람들에게 낯설지 않지만, 실상 몇 십 년 전까지만 해도 그것을 알고 이해하는 사람은 소수에 불과했다.

동남아시아란 지명은 1839년 미국인 목사 하워드 맬컴^{Howard Malcom}(1799~1879)이 쓴 여행기에 'South-Eastern Asia'로 처음 등장했다. 그 후 이 지명이 사람들에게 널리 알려지기 시작한 때는 2차 세계대전 중이었다. 1941년 12월 초에 일본은 진주만을 공습한 뒤 삽시간에 태국을 제외한 동남아시아 전역을 점령했다. 이에 연합군이 1943년 실론(지금의 스리랑카)에 동남아시아사령부를 세우고 전황을 전하면서, 이 명칭이 대중매체를 통해 전 세계로 퍼져 나갔다.

전후 새로이 재편된 세계질서 속에서 동남아시아에 관심을 둔 학자들이 점차 늘어나면서, 그들 사이에 이 지역을 단순히 전쟁 중의 전략적인 단위strategic unit로만 간주하지 않고 문화적인 단위cultural unit로 인식하려는 경향이 나타났다. 동남아시아를 인도도 아니고 중국도 아니며, 그렇다고 태평양 지역도 아닌, 독자적인 문화권으로 바라보기 시작했던 것이다. 이러한 관점에 따라 처음 나온 학문적인 결과물이 바로 영국의 홀 D. G. E. Hall(1891~1979) 교수가 1955년에 저술한 《동남아시아사 A History of South-East Asia》다.

그 후 베트남전쟁이 절정에 다다른 1960년대 후반, 동남아시아는 세상의 집중적인 관심을 받으며 당시 10개 나라 —베트남 · 캄보디아 · 라오스 · 버마(미얀마) · 태국 · 인도네시아 · 말레이시아 · 싱가포르 · 브루나이 · 필리핀—를 포함하는 한 단위지역regional unit으로 세인들에게 각인되었다.

이처럼 동남아시아라는 명칭과 개념이 길지 않은 역사를 갖고 있다고 해도 이 지역 자체의 역사가 짧은 것은 아니다. 이미 오래전부터 중국 사람들은 이 지역을 '남쪽의 바다'를 뜻하는 '난양(남양南洋)'으로, 일본 사람들은 같은 의미로 '남포南浦'로, 인도 사람들은 '수완나부미(황금의 땅)'로, 아랍 사람들은 '쿰' · '왁왁' · '자박'이라고 불렀다. 또한 그들은 공히 동남아시아를 멀라까해협의 무풍지대를 의미하는 '바람 아래의 땅'으로 칭하며 자신들의 지역과 구별해서 인식했다.

동남아시아는 대륙부·반도·도서부로 이뤄져 있다. 그러한 지리적 구분에 따라 이 지역을 베트남·라오스·캄보디아·미얀마·태국을 포함하는 '대륙 동남아시아Mainland Southeast Asia'와 인도네시아·말레이시아·싱가포르·브루나이·동띠모르·필리핀을 포함하는 '도서島嶼 동남아시아Island Southeast Asia'로 나누기도 한다. 오늘날 서부 말레이시아*의 말레이반도는 지리적으론 대륙부에 속하나, 도서부로 분류한다. 이 지역의 인종(말레이인)·언어(말레이어)·종교(이슬람교) 등이 대륙부보다 도서부인 '말레이세계'**와 훨씬 밀접하기 때문이다.

사람들은 일반적으로 유명한 지역이나 국가의 크기나 규모를 과대평가하는 반면, 그렇지 않은 지역이나 국가의 규모는 과소평가하는 경향이 있다. 동남아시아의 나라들은 싱가포르와 브루나이를 제외하곤 실제로 그 규모가 비교적 큰 국가들이다. 예컨대 인도네시아의 국토 면적은 190만 4569제곱킬로미터(세계 15위)에 달해 내해內海를 포함하면 그 규모가 미국과 비슷하다. 라오스는 종종 '작은 라오스tiny Laos'라고 표현되지만 사실 영국(24만 3610제곱킬로미터)보다 약간 작은 정도(23만 6800제곱킬로미터)이고, 미얀마(67만 6578제곱킬로미터)는 프랑스(64만 3801제곱킬로미터)보다 크다.[1]

인구 면에서도 인도네시아는 3억 명에 육박하는 인구 대국이며, 이 인

---

* 말레이시아는 지리적으로 두 지역, 즉 서부의 말레이반도와 동부의 사바Sabah 및 사라왁Sarawak으로 나뉘어 있다. 두 지역은 물리적으로 남중국해를 사이에 두고 약 650킬로미터 떨어져 있다.

** 도서 동남아시아와 말레이세계는 혼용해 쓰이는 개념인데, 엄밀하게 구분하면 도서 동남아시아는 지리적·지정학적 개념, 말레이세계Dunia Melayu, Alam Melayu, Malay World는 문화적인 개념이다. 즉 말레이세계는 말레이어를 말하고, 말레이 세계관을 갖고, 말레이 풍습에 따라 살아가는 말레이인들이 주류를 이루는 지역이다. 다른 예를 들어보면 '중동'이 전자라면, '아랍세계'가 후자에 해당하는 것과 마찬가지라 할 수 있다.

구수는 전 세계에서 중국·인도·미국에 이어 네 번째로 큰 규모다. 또한 필리핀(약 1억 600만 명)·베트남(약 9700만 명)·미얀마(5500만여 명)는 각각 이집트(약 1억 명)·스페인(약 5000만 명)·캐나다(약 3600만 명)보다 인구가 많다.[2] 오늘날 동남아시아 인구는 대략 7억 명을 웃돈다(2018년 기준). 이는 유럽 전체 인구가 5억여 명임을 고려할 때 결코 무시할 수 없는 규모다.[3]

자연환경과 토착문화

동남아시아의 자연환경 요소들, 특히 기후·물·산은 고유한 토착문화indigenous culture의 형성 및 발전과 밀접한 관련이 있다.

동남아시아는 전반적으로 열대tropical와 아열대subtropical 기후대에 속하기 때문에, 광범위하고 주기적인 열대 몬순의 영향을 받아 1년 내내 섭씨 30도를 웃도는 더운 날씨를 보인다.

대륙 동남아시아는 5월부터 10월까지 습한 남서 몬순Southwest monsoon의 영향으로 우기를, 11월부터 4월까지는 건조한 북동 몬순Northeast monsoon의 영향을 받아 건기를 겪는다. 한편 적도 이남에 위치한 도서 동남아시아에서는 열대 몬순이 대륙부와 정반대로 불기 때문에, 우기와 건기를 겪는 시기도 정반대다. 예컨대 1월에 방콕은 날씨가 화창한 건기이지만, 이 시기에 자까르따에서는 비가 자주 내린다.

이처럼 1년 내 날씨가 덥고 건기와 우기를 특징으로 하는 동남아시아의 열대와 아열대 기후는, 여러 독특한 토착문화의 형성과 특성에 커다

동남아시아 여러 나라의 어장

란 영향을 미쳤다.

음식 풍습을 보면, 해산물이 풍부한 동남아시아의 사람들은 생선을 발효시켜 만든 일종의 간장인 어장漁醬을 소금 대신 널리 애용한다. 태국의 남쁠라, 라오스의 남빠, 캄보디아의 뜩뜨레이, 베트남의 느억맘, 미얀마의 냥빠예, 필리핀의 파티스, 말레이시아의 부두, 인도네시아의 께짭이깐 등이 그것으로, 나라마다 맛과 향이 조금씩 다르다. 동남아시아, 특히 도서 지역에는 기름에 볶거나 튀긴 음식(고렝goreng)이 흔하며, 이지역 사람들은 전반적으로 단(마니스manis) 음식을 즐겨 먹는다. 항상 고온 다습한 기후에서 생활하는 동남아시아 사람들은 인체에 염분·단백질·당분을 보충해줄 음식과 쉽게 부패하지 않을 적절한 조리법을 일찍부터 개발·전승해온 것이다.

동남아시아 사람들의 주거와 의복 풍습도 기후와 밀접한 관련이 있다. 동남아시아 지역에서 흔히 볼 수 있는, 나무 기둥을 세우고 그 위에 거주 공간을 만든 주상柱上가옥이 그 대표적인 예다. 동남아시아에서는

동남아시아에 보편적인 주상가옥

깔리만딴(보르네오)섬의 루마 빤장

홍수를 피할 수 있고, 환기에 유리할 뿐 아니라 시원하며, 땅에서 올라
오는 습기를 막고, 야생 맹금류로부터 안전할 수 있는 가옥 구조가 필수
적이다. 17세기 라오스의 쑤린야웡싸(수린야봉사) 왕이 베트남과 국경을
구분할 때 "㈜상가옥에 사는 사람은 라오스에, 땅에 붙은 집을 짓고 사

동남아시아 공통의 전통의상, 사롱

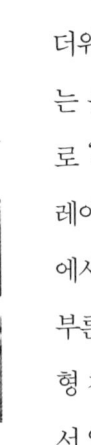
베트남의 전통의상, 아오자이

는 사람은 베트남에 속한다"고 했다는 일화가 전해진다. 베트남의 가옥은 중국의 영향을 받아, 일반적인 동남아시아 주상가옥과 확연히 구별된다.

필리핀의 전통가옥 중에 나무 위에 지은 집은 바람이 잘 통하고 서늘하기 때문에 덥고 습한 지역에 안성맞춤이다. 동부 말레이시아에는 여러 원주민 가정이 함께 거주하는 '루마 빤장'이란 기다란 직사각형 주상가옥이 있는데, 보통 그 길이가 약 100미터, 폭이 20미터 정도다. 주상가옥들의 지붕은 우기에 빗물을 쉽게 흘려 보내기 위해 매우 가파르게 설계된 것이 특징이다.

의복 풍습을 보면 동남아시아 사람들은 더위를 피하기 위해 얇고 바람이 잘 통하는 옷을 만들어 입는다. 이들은 공통적으로 '사롱'이라는 옷을 애용하는데 이는 말레이어로 '원통형 옷'이란 뜻으로, 미얀마에서는 '롱지', 태국에서는 '파농'이라고 부른다. 이 옷은 발목까지 오는 긴 직사각형 천을 허리에 둘러 풀리지 않게 잘 묶어서 입는, 우리의 치마와 비슷한 옷이다.

바띡 천으로 만든 셔츠를 입은 세계 정상들(1994년 보고르)

태국의 전통의상 촛타이를 입은 라마 5세의 비 싸왕 왓타나Savang Vadhana (태국국립도서관 소장)

또한 나라마다 고유한 전통의상이 있는데, 베트남 여성들은 '긴 옷'이란 뜻인 '아오자이'를 입는다. 아오자이는 양옆이 길게 트인 윗옷과 통이 넓은 바지로 이뤄져 있다. 태국 여성들은 '촛타이'라고 하는 전통의상을 즐겨 입는다. 말레이세계 사람들은 '바띡'이라는 전통적인 방법으로 염색한 천으로 만든, 일종의 셔츠인 끄메자를 애용한다.

동남아시아는 '물의 세계'라고 할 정도로 대부분의 지역이 강이나 바다 같은 물의 환경에 노출되어 있다. 게다가 지리적으로 인도양과 태평양이 만나는 위치에 있어 오래전부터 동서 세계를 해로로 연결하는 징검다리 역할을 해왔다. 이러한 자연환경에서 동남아시아 사람들은 오래전부터 이 지역을 왕래하던 중국 · 인도 · 서아시아, 그리고 그 너머 지중해 지역 사람들과 상업 · 문화적으로 빈번히 접촉하며 살아왔다. 그러는 동안 이들의 세계관은 자연히 포용하고 융화하는 성격을 띠게 되었고, 이는 동남아시아 문화가 다양하고 혼종적인hybrid 특징을 내포하는 데 결정적으로 기여했다.

쌀을 주식으로 하는 동남아시아 인구 대부분은 수전水田 경작(논농사)에 적합한 생태계인 평원에 밀집해 있다. 인도네시아 국토의 단 7퍼센트를 차지하는 자바와 마두라 섬에 전체 인구의 약 70퍼센트가 거주하고, 태국의 짜오프라야강, 인도차이나의 메콩강, 미얀마의 에야워디(이라와디)강, 베트남의 홍강紅江 같은 큰 강 하구의 비옥한 삼각주delta 지역에 대륙 동남아시아 인구의 절반 이상이 거주한다. 이들 지역은 1년에 두세 번씩 벼농사를 짓는 다기작多期作뿐 아니라 다양한 벼 품종의 산지로도 유명하다. 예컨대 물 위에 둥둥 떠 자라는 것처럼 보이는 부도浮稻, 참파의 점성도占城稻, 안남의 '안락미' 모두 원산지가 동남아시아다.

동남아시아의 대표적인 자연환경 요소로 산과 산맥도 빼놓을 수 없다. 대륙 동남아시아의 산맥은 대부분 히말라야산맥과 티베트고원 북쪽에서 출발해 남쪽으로 나란히 뻗어 있다. 이러한 산맥들과 함께 에야워디강·짜오프라야강·메콩강 등이 북쪽에서 남쪽으로 흘러 대륙 동남아시아 국가들의 정치·경제·문화 형성과 발전에 커다란 영향을 미쳤다. 특히 이 물리적인 환경은 산맥들 사이에 위치한 강 유역 정착민들 간의 동서 교류를 어렵게 만들었고, 그 결과 역사적으로 대륙 동남아시아의 민족 이동과 정치·경제·문화 등의 접촉이 동서 방향보다는 주로 북남 또는 남북 방향으로 진행되었다.

예컨대 라오스와 베트남 사이에 있는 안남산맥이 이들 두 나라 간의 동서 교류에 장애가 되기 때문에, 역사·문화적으로 라오스는 베트남보다 메콩강 우안, 즉 서쪽 기슭*의 태국과 훨씬 깊은 관계를 맺어왔다. 또

---

* 강의 우안右岸(오른쪽 기슭)과 좌안左岸(왼쪽 기슭)을 나누는 기준은 강이 흐르는 방향이다. 메콩강의 경우 북에서 남서쪽으로 흐르기 때문에 서쪽 기슭이 우안, 동쪽 기슭이 좌안이 된다.

한 미얀마는 인도와 인접하면서도 여카잉(아라칸)산맥의 영향으로, 인도 문화의 직접적인 영향을 받은 방글라데시나 아쌈 지역과 달리 태국 · 라오스 · 캄보디아와 함께 상좌부불교(소승불교)를 공유하고 있다. 즉 발달한 산맥이 국가 간의 자연적인 경계 역할을 해서, 오늘날 북에서 남으로 길게 뻗어 있는 대륙 동남아시아 국가들의 국토 지형과 문화 형성 및 발전의 방향을 갈랐던 것이다.

동남아시아에서 물과 산은 정치 · 사회 구조의 형성과 발전에도 결정적인 영향을 미쳤다. 물은 이 지역의 사람들에게 '탁월한 유동성fluidity'(매우 활발한 이동과 교류)을, 반면에 산악 지형과 밀림의 발달은 '깊은 고립성isolation'(매우 제한적인 이동과 교류)을 부여한다. 이러한 양 극단의 성격을 지닌 물리적 환경과 더불어 희박하고 분산된 인구 밀도는 전통 동남아시아 국가와 사회에서 인력 동원과 통제를 어렵게 만들었다. 그 결과 이 지역 전통 국가체제는 만달라 구조를 띠게 되었다.

일련의 동심원concentric circles을 뜻하는 산스크리트어 '만달라'는 힌두 – 불교에서 우주 질서를 표현하는 개념이기도 하다. 만달라 체제의 가장 두드러진 특징은 동심원의 중심 세력과 주변 세력들이 후견인–피후견인 관계를 바탕으로 느슨하게 연결되어 있었다는 점이다. 인력 통제가 수월하지 않은 전통 동남아시아 사회에서는 지배–피지배 관계를 바탕으로 계급과 질서 즉 계서階序가 강한 피라미드 체제가 뿌리를 내릴 수 없었기 때문이다. 이러한 가운데 후견인–피후견인 관계는 일방적unilateral이기보다는 쌍무적reciprocal인 성격을 띠었다. 고로 피후견인은 후견인과 관계가 원만하지 못할 때 대결confrontation보다는 회피avoidance하는 방식을 취해, 자신에게 유리한 새 후견인을 찾는 것이 일반적이었다. 만달라 체제

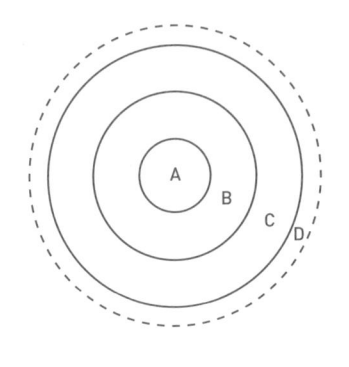

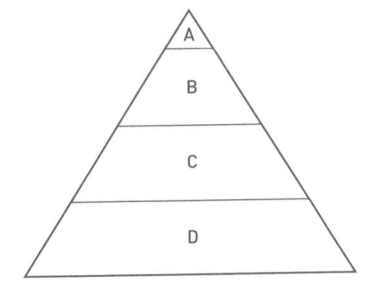

만달라 체제와 피라미드 체제

A : 수도(중심), 왕실 직할령
B · C · D : 지방(주변), 세습 귀족의 영지

수도와 지방은 후견-피후견 관계로, 느슨한 계서
구조를 이룬다. 뚜렷한 국경 개념이 없고, 중심
권력이 주변에 대해 유동적인 종주권을 행사하는
체제다.

A : 왕실, 황제(왕)   B : 수도, 고위 관료
C : 지방, 중간 관료 D : 마을, 하급 관리

A-B-C-D는 지배-피지배 관계로, 강한 하향식 계
서 구조를 이룬다. 뚜렷한 국경 개념을 바탕으로 배
타적인 통치권을 행사하는 체제다.

국가에서 후견인의 영향력은 경제적 재분배, 무역의 흐름, 종교의식, 결
혼동맹 등 다양한 경제 · 문화적 방법을 통해 피후견인과 동맹을 맺는
능력에 달려 있었다.

만달라 체제의 또 한 가지 특징은 국경 개념이 불분명하다는 것이다.
국가 중심 세력과 후견인-피후견인 관계를 맺고 있는 범위까지를 영향
권power web으로 간주했을 뿐이다. 예컨대 인도네시아의 왕국 스리비자
야의 전성기였던 10~11세기에는 그 영역이 말레이반도 북부의 따꾸아
빠와 리고르(지금의 나콘시탐마랏)를 포함했다. 하지만 이들 지역은 그 왕
국의 영토가 아니라 영향권이었다.

이 영향권에서 일반적으로 왕실 직할령은 동심원의 가장 안쪽에 있
는 작은 중심부로 한정되었다. 이 지역에서만 왕실 관료들이 직접 세금

을 거두고 인력을 동원하고 통제했다. 그 밖의 동심원 지역들은 왕실과 후견인-피후견인 관계를 맺은 세습 귀족들의 독립적인 관할 지역이었으며, 멀리 떨어진 동심원 외곽 지역들은 중심부와 단지 의식儀式적 · 외교적인 관계를 맺고 있었다. 따라서 전통 동남아시아 국가의 영향권은 경계가 분명한 영토에 기반을 둔 배타적이고 독점적인 피라미드 체제의 통치권sovereignty이 아니라, 유동적이고 때로는 상징적인 종주권overlordship 개념으로 이해해야 한다. 예컨대 18세기 캄보디아가 동시에 베트남과 싸얌(지금의 태국) 두 나라의 피후견국이었던 경우에서 보듯, 한 국가가 둘 이상의 다른 국가와 후견-피후견 관계를 유지할 수도 있었다.

만달라 체제의 또 다른 특징은 관심의 대상이 땅이기보다는 영향권에 속한 '인력'이었다는 점이다. 고대 동남아시아 국가들은 광활한 땅에 비해서 인력이 턱없이 부족하고 분산되어 있었기 때문에, 새로이 영토를 얻는 것보다 땅을 경작하고 개간할 인력이 더 소중했다. 예컨대 전통 시대 버마와 태국은 수차례 전쟁을 치렀는데, 승자는 영토를 차지하기보다 인력 확보에 더 큰 관심을 기울였다. 전쟁의 목적이 사람을 생포해 인적 자원을 늘리는 데 있었기 때문이다.

만달라 구조는 국가의 경계가 분명하게 설정된 근대 국민국가의 성립 이전까지 전통 동남아시아 국가와 사회 체제의 두드러진 특징이었다.[4]

다양성과 공통성

동남아시아는 지구상에서 언어 · 인종 · 문화 등이 가장 다양한 지역으로 알려져 있다. 이러한 특징은 무엇보다도 지리 환경에 기인한다. 이 지역은 멀라까와 순다 두 해협을 통해 동서 세계를 해로로 잇는 징검다리 역할을 해왔다. 따라서 동남아시아는 오래전부터 다양한 외부 문화의 영향에 노출되었다. 또한 동남아시아는 방대한 지역을 포함하고 있어 그 위치에 따라 각기 다른 인종과 언어가 분포한다. 게다가 이 지역은 대륙부·반도·도서부로 나뉘어 있어, 각 지역의 물리적 환경뿐 아니라 지역 내의 지리적인 위치에 따라 외부의 영향도 각각 다르게 받아 문화도 각양각색이다.

대륙부에 속한 베트남 한 나라만 보더라도 전통시대에 북부엔 비엣족, 중부엔 참족, 그리고 남부엔 크메르족이 거주했다. 비슷한 시기에 비엣족은 중국문화의 영향을 받았던 반면, 참족과 크메르족은 인도문화의 영향을 받았다. 또한 대륙 동남아시아의 고산지대에서는 수많은 소수민족이 오랜 기간 중심부의 대전통Great Tradition문화에 동화되지 않은 채, 자신들만의 소전통Little Tradition 즉 다채로운 '주머니 문화pocket culture'를 유지하고 발전시키며 살아왔다.

광활한 지역에 산재한 섬 수만 개로 이뤄진 도서부에서는 인도네시아 한 나라에만 25가지 주요 지역언어regional language*와 250여 가지 방언dialect이 존재한다. 대륙부와 마찬가지로 도서부도 지역 내 위치에 따라 다른 외부 문화의 영향을 받았다. 예컨대 발리는 이슬람 세계 안에서 여전히 힌두문화를 굳건히 고수하고 있고, 필리핀에서도 북부와 중부는 가톨릭이 지배적인 반면 남부 지역은 이슬람권에 속한다.

---

* '지역언어'란 방언이라고 하기엔 대단위 지역에서 대단위 인구가 사용하는 언어를 말한다. 인도네시아의 자바어Javanese, 순다어Sundanese, 마두라어Madurese, 발리어Balinese 등이 이에 속한다.

인류학자들은 수백여 인종집단이 존재하는 동남아시아를 '인종의 전시장' 또는 '인종의 도가니'로 부른다. 이 지역에선 현재 700종이 넘는 언어가 사용되고 있다고 알려져 있다. 종교 역시 불교 · 힌두교 · 이슬람교 · 기독교 등 세계의 주요 종교를 다 모아놓은 듯한 모습을 보이고 있다. 이러한 가운데 앞서 이야기한 바와 같이 2차 세계대전 중 전략적인 지명으로 동남아시아란 지역 명칭이 대중화함에 따라, 학계에서는 이 지역이 전략적 필요로 생겨난 인위적인 집합체artificial unit인가 아니면 유서 깊은 문화적 실체cultural entity인가를 놓고 여전히 논쟁을 벌이고 있다.

하지만 면밀히 검토해보면 동남아시아는 다양성diversity 못지않게 상당한 공통성commonality을 지닌 지역임을 알 수 있다. 역사언어학자들은 이 지역의 수많은 언어들을 다음 네 집단, 즉 몬-크메르어족, 말라요-폴리네시아어족, 따이-까다이어족, 티베트-버마어족으로 크게 구분한다. 또한 그들은 서로 다른 집단에 속한 다양한 언어들이 오랜 기간 상호 교환을 통해 발전해온 사실에 주목한다.

오늘날 수백여 종으로 분류되는 동남아시아의 다양한 인종 대부분은 아시아-태평양계 몽골인종에 속한다. 이 인종은 오랜 세월 동안 여러 단계를 거쳐 남쪽으로 이주한 북방계 몽골인종과 적도 지역의 다양한 남방계 인종이 혼합한 결과다. 이 아시아-태평양계 몽골인종은 사용하는 언어에 따라 크게 네 인종집단(몬-크메르인, 말라요-폴리네시아인, 따이-까다이인, 티베트-버마인)으로 구분된다.

동남아시아가 종교의 전시장처럼 보이는 한편으로, 대륙 동남아시아의 나라들은 대승불교(베트남)이건 상좌부불교(미얀마 · 태국 · 캄보디아 · 라오스)이건 간에 모두 불교문화권에 속한다. 도서 동남아시아에선 주로 가톨릭교를 믿는 필리핀 북부와 중부를 제외하고 이슬람교가 지배적인 종교로 자리 잡고 있다. 따라서 동남아시아의 종교 분포도 생각보다 파편적이지 않음을 알 수 있다.

일반적으로 정령 숭배(애니미즘) · 조상신 숭배 · 샤머니즘 등 원시 토착신앙들은 힌두교 · 대승불교 · 상좌부불교 · 유교 · 이슬람교 · 기독교 같은 '고등 종교'로 대체되거나 동화되는 경향을 보인다. 그러나 동남아시아에는 토착신앙에 대한 믿음이 여전히 강하게 남아 있다. 예컨대 태국과 미얀마에서 각각 정령 또는 귀신을 뜻하는 '피'와 '낫' 신앙은 오늘날에도 불교와 함께 두 사회에 널리 퍼져 있다. 인도네시아에서 정통 이슬람을 신봉하는 이른바 '산뜨리'와 대비해서 명목상의 무슬림 또는 비정통적인 무슬림을 지칭하는 '아방안'*은 이슬람 도래 이전의 '아닷' 즉 전통 관습을 여전히 중요하게 여긴다. 심지어 산뜨리조차 종종 정령의 존재를 부정하지 않는다. 이러한 동남아시아 사람들을 '귀신과 더불어 살아가는 사람들'이라고 일컫기도 한다.

모계와 부계 양(쌍)계를 잇는 전통과 이로 인한 성씨 · 혈통 개념의 부재가 종종 동남아시아의 공통적인 토착문화 요소로 거론된다. 오늘날에도 동남아시아의 많은 사람들이 성씨 없이 살아간다. 인도네시아 초대 대통령인 수까르노의 경우가 그 한 예다. 2000년대 초반 대통령으로 재임했던 그의 딸 메가와띠 수까르노 뿌뜨리의 이름도 성씨 없이 '수까르노의 딸 메가와띠'를 뜻한다. 미얀마의 초대 총리였던 우 누는 이름이

---

* 1950년대에 자바에서 이슬람 관련 연구를 위한 현지조사를 진행했던 인류학자 클리퍼드 기어츠Clifford Geertz(1926~2006)가 자바 무슬림 집단을 산뜨리(자바어로 흰색)와 아방안(자바어로 붉은색), 두 유형으로 개념화했다. 오늘날 자바의 복잡다단한 무슬림 집단을 이들 두 유형으로 단순 개념화하는 것은 무리라는 지적이 있지만, 이 개념은 학계뿐만 아니라 일상에서도 여전히 폭넓고 유용하게 사용되고 있다.

'누'이며, '우'는 성씨가 아니라 남성 이름 앞에 붙는 존칭이다.

동남아시아 여성의 높은 지위도 이 지역 전체의 공통적인 문화 현상으로 간주된다. 3∼5세기에 참파에서 "남자보다 여자를 더 중시했다"는 기록이 있다. 재산 상속이나 이혼 후 양육권 등에서 동남아시아의 여성들은, 사티*와 전족纏足 같은 남존여비 관습을 강요받던 인도나 동북아시아 여성들과 비교가 되지 않을 만큼 권한이 컸다. 오늘날에도 동남아시아에서는 부부가 이혼하면 자녀를 외할머니나 외삼촌, 즉 모계 쪽에서 양육하는 경우가 다반사다.

이러한 여성의 지위는 전통시대에 적극적인 경제적 역할로 나타났다. 17세기 베트남을 방문했던 진주 출신 유생 조완벽은 "비록 재상가의 여자들이라도 가마를 타고 와서 외국 상인들과 물건 가격을 흥정했다"고 전한다. 19세기 초에 한 영국인은 태국의 여성들이 "떠다니는 집floating boat에서 새벽부터 장사를 하는 데 비해, 남자들은 하는 일 없이 담배만 피우며 뒷전에 앉아 있다"고 목격담을 기록했다. 이처럼 여성의 경제적 역할이 큰 것은 전쟁 또는 국가의 부역과 관계있다고 한다. 남성은 전쟁과 사원 건축 등 국가 부역에 자주 동원되어 가정의 생계를 꾸리는 생산 활동에 지속적으로 참여하기 어려웠기 때문에, 여성들이 그 활동을 떠맡게 되었다는 것이다. 토양이 무른 화산 지대에서 비교적 수월한 농사일을 여성들이 도맡았기 때문이라는 주장도 있다.

동남아시아는 상당한 다양성을 띠면서도 수천 년을 거쳐 지속적으로 공통적인 전통 문화유산을 대물림해왔다. 오늘날 동남아시아 국가들은

---

* 인도에서 남편이 죽으면 그 아내를 같이 화장하던 순장 풍습.

고대Ancient Era (서기 1300년까지)부터 고전시대Classical Era (14~18세기), 근대 Modern Era (19세기~1945년), 현대Contemporary Era (1945년~현재)까지 네 시대에 걸친 역사의 전개 과정에서 토착 또는 현지화한 문화와 외래문화를 창의적으로 융합하며 독특한 형태의 문명을 창출하는 방식으로 국가와 사회를 발전시켜왔다. 동남아시아 사람들의 이러한 보편적인 성향은 이 책에서 비중 있게 다룰 힌두-불교문화나 그 뒤를 이은 이슬람교와 상좌부불교의 전래 및 서구 문화의 전파 과정에서 잘 나타난다. 바로 동남아시아의 이런 역사 과정이야말로, 오랫동안 중국·인도·서아시아 등 이웃 대大문명의 영향을 받았으며 다른 아시아 지역보다 비교적 일찍부터 서구 문명에 노출되었음에도 이 지역이 자신들만의 문화적 정체성을 유지·발전시켜온 원동력이라고 할 수 있다.[5]

2장

말과 사람들

오늘날 동남아시아에 살고 있는 다양한 사람들은 어떤 인종이며 어디에서 유래했을까? 학자들은 이 물음에 대한 답을 주로 언어와 인종 분포의 상관관계에서 찾아왔다. 언어의 분포가 장기간에 걸친 여러 인종 집단의 이동 흐름을 파악하는 데 중요한 단서를 제공하기 때문이다.

현재 동남아시아의 다양한 언어들은 대부분 앞에서 말한 바와 같이 몬-크메르, 따이-까다이, 티베트-버마, 말라요-폴리네시아 어족 중 하나에 속한다.

몬-크메르어족의 대표적인 언어가 베트남어와 크메르어다. 이들 언어는 베트남과 캄보디아를 비롯해 미얀마, 라오스, 그리고 태국의 고산 지대에도 광범위하게 분포한다.

따이-까다이어족을 대표하는 언어는 각각 태국과 라오스의 국어인 타이어와 라오어다. 그리고 베트남과 미얀마의 고산지대에도 이 어족에 속한 언어가 분포한다.

미얀마의 국어인 버마어, 그리고 대륙 동남아시아 고산지대에서 사용되는 꺼잉어(까렌어)는 티베트-버마어족이다.

인도네시아·말레이시아·필리핀·브루나이 등 도서 동남아시아에 광범위하게 분포한 언어들 대부분은 말라요-폴리네시아어족에 속한다.

이 같은 오늘날 동남아시아 언어 분포의 별자리는 장기간에 걸쳐 인종집단들이 이동하고 정착한 결과로, 대략 13세기에 형성되었다. 학자들은 이들 네 어족의 언어 모두가 남부 중국 어딘가에 뿌리를 둔다고 믿고 있다. 따라서 오늘날 동남아시아의 주요 인종집단들은 그곳에서 남쪽으로 이주한 사람들의 후손이라는 것이다. 이들이 이주할 당시에는 중국과 동남아시아 지역의 경계가 현재보다 훨씬 더 북쪽에 위치했다고 학자들은 강조한다. 이 학자들의 주장에 따르면 중국의 한漢족이 남쪽으로 확장하기 시작했던 서기전 3세기 이전, 오늘날의 중국 양쯔강 이남부터 동남아시아에 이르는 지역은 인종·언어·문화적으로 고대 황허(황하黃河)문명에 기초를 둔 중국 중원의 문화와는 전혀 다른 문화권이었다.

말라요-폴리네시아어 계통의 언어를 사용하는 오스트로네시아족은 중국 남동부 해안에 기원을 둔다. 이 집단은 대략 서기전 4000년 이전에 타이완을 거쳐 바다로 대규모 이주를 시작해 도서 동남아시아와 태평양 군도 대부분 지역, 그리고 멀리 서쪽으로 아프리카 마다가스카르섬까지 퍼져나갔다. 이들은 농경 기술을 기반으로 이 지역 선주민들을 통합한

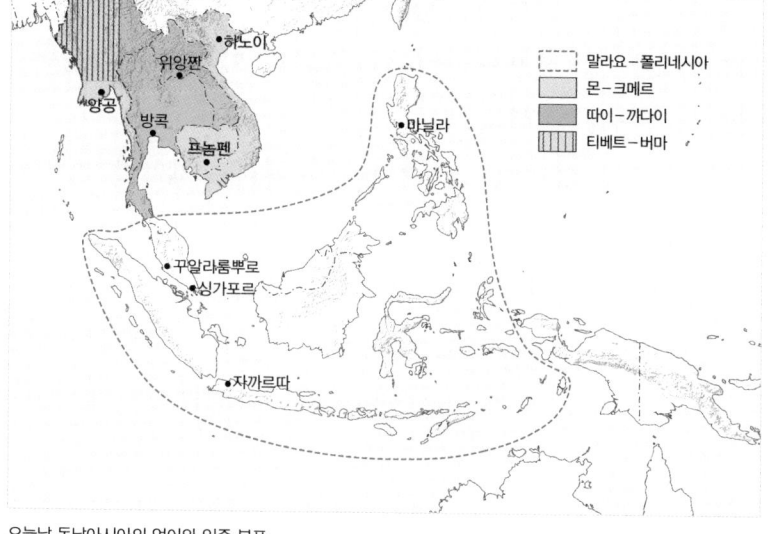

말라요-폴리네시아
몬-크메르
따이-까다이
티베트-버마

하노이
위양짼
양공
방콕
프놈펜
마닐라
꾸알라룸뿌로
싱가포르
자까르따

오늘날 동남아시아의 언어와 인종 분포

것으로 알려져 있다.

　몬-크메르어 계통의 언어를 사용하는 몬-크메르족과 비엣족은 대륙 동남아시아에서 가장 광범위한 분포를 보인다. 이들은 중국 남서 지역에 뿌리를 두었는데, 그중 비엣족은 홍강을 따라 북부 베트남의 삼각주 지역으로, 몬족은 살윈강과 시땅강 및 짜오프라야강을 따라 남부 버마와 중남부 태국으로, 크메르족은 메콩강 우안 즉 서쪽 기슭을 따라 남부 라오스와 코랏고원으로 이동했다. 그들이 남하를 시작한 연대는 분명치 않으나, 학자들은 벼농사와 같은 농경 기술을 보유한 그들이 대략 서기 전 3000년 초 무렵에 이주를 시작해, 선주민의 수렵채취 사회를 점차 흡수·통합한 것으로 보고 있다.

　서기 초기에, 티베트-버마어 계통의 언어를 사용하는 인종집단들이 오늘날의 미얀마 지역에 집중적으로 자리를 잡아 티베트-버마족의 뿌리가 되었다. 이들 중 버마족은 9세기 중엽까지 이 지역에서 번성했던 선주민인 쀼족을 통합했다.

마지막 대규모 인구 이동은 서기 10세기 말이나 11세기 초, 따이-까다이 계통의 언어를 사용하며 오늘날 중국과 베트남 경계 지역을 고향으로 한 인종집단들이 남쪽과 서남쪽을 향해 이주하면서 시작했다. 이들은 서쪽으론 아쌈, 남쪽으론 말레이반도까지 광범위하게 흩어져 있다. 오늘날 태국의 타이족, 라오스의 라오족, 미얀마의 샨족, 베트남의 눙족이 그들을 대표한다.

이러한 주요 대규모 이동 외에도, 13세기 이후에 몇몇 예외적인 인구 이동의 흐름이 발생했다. 예컨대 홍강 삼각주에서 국가를 건설하기 시작한 베트남의 비엣족은 여러 세기에 걸쳐 남쪽으로 영향권을 확장해갔다. 그 '남진南進' 과정에서 베트남 중부 해안을 따라 거주하던 참족과 남부 메콩강 삼각주의 크메르족이 희생되었다. 또 한 흐름으로 서구 식민 지배 세력의 도래와 함께 주로 광둥(광동廣東)성과 푸젠(복건福建)성 출신인 중국인과 남부 출신 인도인이 동남아시아로 대대적으로 이주했으며, 그들은 오늘날 이 지역 여러 나라에서 특히 경제적으로 중요한 위치를 차지하고 있다.[1]

2부

전통 동남아시아

18세기까지

수용과 변용

3장

고대 문명과 동서 교류

초기 문명

초기 동남아시아의 대표적인 토착문명으로 아우트리거outrigger 와 뛰어난 항해술을 꼽을 수 있다. 아우트리거란 배 바깥에 뱃전과 나란한 방향으로 길게 매달아놓은 노 받침대로, 배의 균형을 잡아 전복을 막고자 고안된 장치다. 말라요-폴리네시아 인종집단은 이 기술을 이용해 오랜 기간에 걸쳐 오스트로네시아 세계*의 점진적인 확장을 꾀했다.

---

* 서쪽의 마다가스카르에서 말레이반도를 거쳐 동쪽의 하와이, 칠레 서쪽 남태평양의 이스터섬에 이르는 광대한 대양에 퍼져 있는 섬들을 일컫는다. 이들 지역의 주민들은 서로 친족 관계에 있는 언어를 사용한다. 이들의 언어를 총칭해서 오스트로네시아어 또는 말라요-폴리네시아어라 한다. 오스트로네시아어는 고립어孤立語와 굴절어屈折語의 중간 성격을 지닌 교착어agglutinative language(첨가어affixing language라고도 하며, 어근과 접사의 결합으

아우트리거가 달린 필리핀 어선

이 인종집단은 서기전 4000년경 중국 남부를 떠나 타이완을 거쳐 북부 필리핀(서기전 3500~3000년), 남부 필리핀(서기전 3000년), 중부 인도네시아(서기전 2500년), 동부 인도네시아(서기전 2000~1500년), 그리고 말레이반도(서기전 1000년)로 이동했다. 그 후 그들은 말레이세계를 중심에 두고 동쪽으로 나아가 뉴질랜드와 하와이를 포함한 태평양 전역으로 퍼졌고, 서쪽으로는 멀리 마다가스카르까지 이동해 정착했다. 그 결과 오늘날 광범위한 오스트로네시아 세계의 사람들은 언어 · 음식 · 의복 · 주거형태 · 세계관 등에서 같은 문화적 뿌리를 공유하고 있다.

또 한 가지 주목할 만한 초기 토착문명은 청동기시대의 유물인 동고 銅鼓다. 절구를 뒤집어놓은 것처럼 생긴 이 청동 북은 20세기 초 북부 베트남 하노이 인근의 동썬 마을에서 대량 발굴된 것을 시작으로, 캄보디

로 문법적 기능을 나타내는 언어)로, 언어학상 인도네시아Indonesia · 폴리네시아Polynesia · 멜라네시아Melanesia 세 아역亞域으로 구분된다.

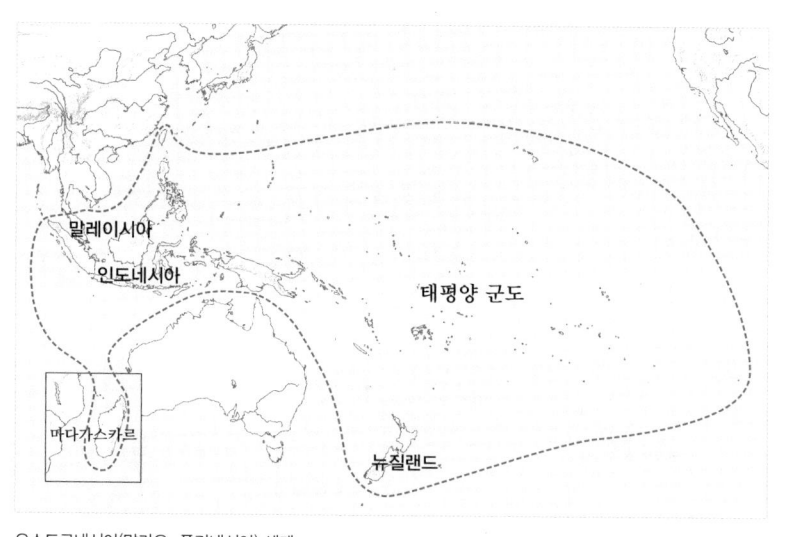

오스트로네시아(말라요-폴리네시아) 세계

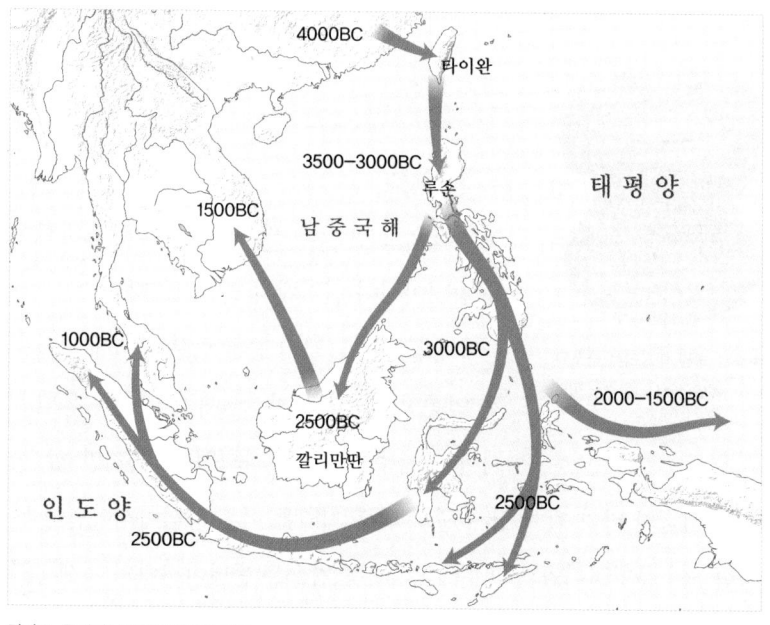

말라요-폴리네시아 인종집단의 이동

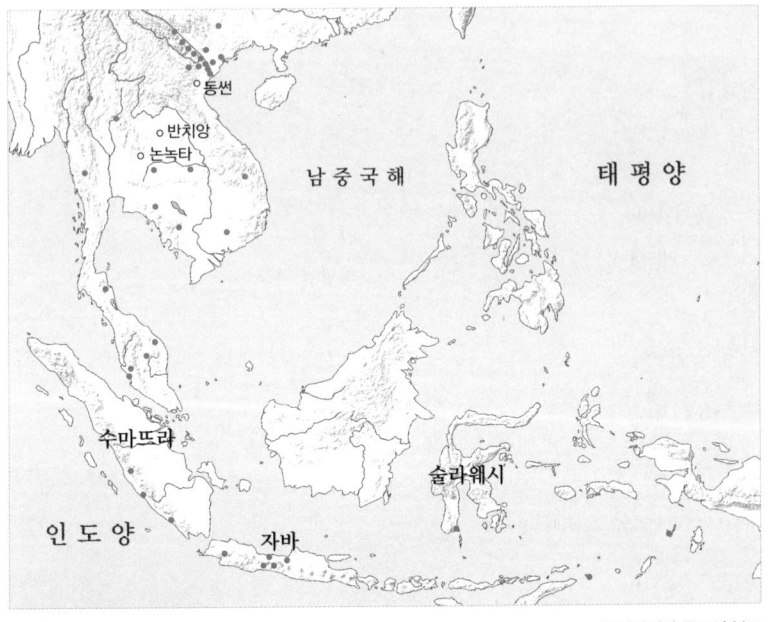

동남아시아 동고의 분포

베트남 동썬 마을에서 출토된
동고 (베트남역사박물관 소장)

아 · 라오스 · 태국 · 말레이시아 · 인도네시아
등 동남아시아 전역에서 발견되었다.

　이 유물은 오늘날의 중국 남부 지역에 기원을
둔 인종집단들이 서기전 3세기 이전에 동남아
시아로 이주하면서 전파되었다. 하지만 앞 장
에서 서술한 바와 같이 당시 중국 남부 지역은 이후 동남아시아인이 된
사람들의 문명권이었기 때문에, 이 청동 기술은 동남아시아의 자생적인
문명으로 보아야 마땅하다. 또한 동남아시아의 광범위한 지역에 동고가
분포한 것은 청동기시대 이 지역 안에서 상업 · 문화적 교류가 활발했음

을 보여준다.

이렇게 발전한 토착문명이 있음에도 고대 동남아시아는 낙후된 지역으로 인식되어, 중국과 인도 문명의 '일방적인 수혜자'로 간주되곤 한다. 그 이유는 무엇보다도 동남아시아의 지리적 특성과 관련이 있다. 높은 산과 산맥으로 고립된 지역이 많은 탓에 선진 기술이 동시대에 전 지역으로 고르게 전파되지 못했고, 그 결과 국가와 사회의 발달 과정이 지역에 따라 심한 편차를 보였기 때문이다.[1]

동서 바닷길 - 교류의 시작

동남아시아는 인도양과 태평양이 만나는 지역에 자리한 까닭에 예로부터 중국 · 인도 · 서아시아, 그리고 그 너머 지중해 지역까지 동서 세계를 해로로 연결하는 징검다리 역할을 해왔다. 이러한 지리적인 환경에서 동남아시아 사람들은 일찍부터 향신료香辛料를 비롯해 다양한 열대 토산품을 가지고서 동서 바닷길의 상업적인 교류에 적극 참여하면서 외지 사람들과 빈번히 접촉했다.

하지만 14세기 이전 고대의 교류에 대한 현지 문헌 사료가 거의 전무하기 때문에, 이 시대 동남아시아 국가와 사회에 대한 서술은 주로 중국 문헌의 간헐적인 기록에 의존한 단편적인 수준을 벗어나지 못하고 있다. 게다가 사료의 대부분이 중국 천하관天下觀을 바탕으로 조공무역의 틀에 맞춰 쓰여 있기에, 주의 깊은 해석이 요구된다. 그렇긴 하지만 중국의 사료들은 당시 동서 국제무역에 의존하던 동남아시아 해양국가들

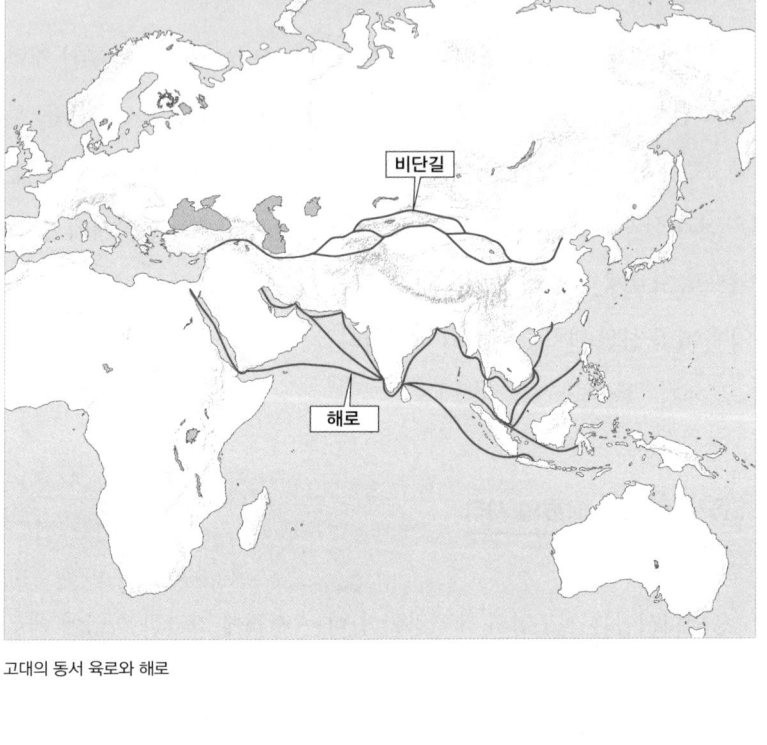

고대의 동서 육로와 해로

의 성립과 발전에 관해 나름대로 가치 있는 정보를 제공한다.

언제부터 동서 바닷길이 열렸는지는 정확히 알려지지 않았다. 사마천과 함께 한漢대 최고의 역사가로 불리는 반고班固(32~92)가 쓴《한서漢書》에, 중국에서 인도에 이르는 지역에 존재하던 국가들이 이미 서기 초기부터 바닷길을 통해 교류했을 가능성을 제시하는 내용이 있다. "베트남 북부의 일남군에서 출발하여 5개월 정도 항해하면 도원국에 이르고, 이곳에서 다시 4개월을 항해하면 읍로몰국에 이른다. 또다시 배를 타고 20여 일 정도 가면 모리국에 다다르고, 그곳에서 도보로 열흘 정도 가면 부감도려국에 이르며, 이곳에서 2개월 정도 항해하면 황지국(남인도의 칸치국)에 도착한다."

　2세기경 후한(25~220) 때 천축·대진·단국·엽조 등지에서 조공 사절단이 왔다는 기록이 있다. 그중 로마제국을 지칭하는 대진大秦에 관한 기록이 관심을 끄는데, 서기 166년 로마 5현제 중 마지막 황제인 마르쿠스 아우렐리우스 안토니우스로 추정되는 '안돈安敦'의 사자가 해로를 통해 한漢 제국의 지배하에 있던 북부 베트남 7군 중 하나인 일남군日南郡에 공물을 가져왔다고 한다. 중국 중심 시각에서 쓴 기록이긴 하나 최소한 2세기 중엽에 이미 아시아와 유럽 세계 간에 교류가 있었다는 사실을 보여주는 것만으로도 가치가 있다고 할 수 있다.

　후한의 쇠락 이후 삼국시대(220~280)에 이르러 바닷길을 통한 동서 교역이 본격적으로 활성화했다. 삼국 중 주목해야 할 국가는 손권의 오吳나라다. 이 시기에 양쯔강 삼각주 지역을 중심으로 강남 지역이 중국의 중요한 경제구역으로 성장하고 있었다. 그러나 중국의 남북 분열로 오나라는 화북에서 둔황(돈황敦煌)을 경유해 서역으로 향하는 전통적인 육상 교역로인 오아시스 루트, 즉 비단길을 이용할 수 없게 되었다. 따라서 오의 대외 교류가 자연스럽게 바닷길 중심으로 이뤄지게 되면서, 중앙아시아나 서아시아보다 인도나 동남아시아 국가들의 중요성이 커졌다. 당시 북부 베트남의 쟈오찌(교지交趾) 즉 남비엣을 지배하던 오의 대외 교류에서 가장 중요한 지역은 푸난(부남扶南)이었다. 이 시기에 푸난은 중국과 인도를 연결하는 중계무역국으로 부상하고 있었다.

　대략 430년대에 동서 바닷길을 통한 교역이 또 한 번 활성화의 전기를 맞았다. 이러한 상황은 북방민족이 화북 지역을 점령한 데 따라 중국이 남북조(439~589)로 분열된 사실과 관련이 있다. 남북조 분열이 길어지자, 화북에서 강남으로 밀려간 한漢인들은 귀향의 꿈을 접고 남중국을 제2의 고향으로 삼게 되었다. 남조의 인구가 급증함에 따라 양쯔강 하류 유역이 활발히 개발되었다. 이러한 가운데 북방 출신 명문 사족士族들에 의해 유입된 귀족문화는 사치품 소비가 가능한 조건을 형성했다.

남조 국가들이 가장 긴밀하게 교류한 나라도 푸난이었다. 당시 푸난의 대對 중국 수출품은 주로 상아·바다거북 등 토산품과 서아시아로부터 인도로 유입되어 중계된 것으로 추정되는 홍보석·녹보석·유리 등 사치품이었다. 그리고 참파가 445년에 '금 1만 근, 은 10만 근, 동 30만 근'을 진공품으로 바쳤다는 《남제서南齊書》의 기록을 보면, 이 지역도 중국과 교류하면서 많은 부를 축적했던 것으로 보인다.

푸난·참파 등 인도차이나반도에 한정되었던 중국의 교역 범위가 남북조시대에 점차 확대되었다. 이 시기 중국 문헌에 떠닝다이(테나세림)·판판·단단·랑까수까 등 지금의 말레이반도와 그 주변에 있었으리라 추정되는 국가들로부터 조공 사절단이 도착했다는 기록이 등장한다.

당唐나라(618~907) 초기인 7세기 중엽에는 진랍眞臘(첸라)에서 처음으로 조공 사절단을 보냈고, 몇 년 후에는 말레이반도에서도 사절단이 도착했다. 670년에서 673년 사이에 수마뜨라의 스리비자야에서도 조공 사절단이 방문했다. 당시 중국과 인도 사이 동서 바닷길을 드나들던 각국 선박들 대부분은 스리비자야에 기항했다. 활발한 국제무역으로 향료·상아·보석·공예품·비단 등이 모여들면서 스리비자야는 점차 해상무역의 중심지로 발전하기 시작했다.

8세기 중엽 동서 바닷길에 서아시아의 이슬람 세력이 출현하기 시작했다. 이 세력의 등장은, 그때까지 중국·인도·동남아시아 사람들이 주도하던 동서 해상 교류를 페르시아(아라비아)만灣*, 그리고 멀리 지중해 세계까지 점차 확대했다는 점에서 그 역사적 의미가 크다. 이러한 해상 교류의 확장은 무엇보다도 8세기 중반 아바스조(750~1258) 이슬람 제국의 등장과 깊은 연관이 있었다. 750년에 아랍 제국인 우마이야조(661~750)를 멸하고 바그다드를 수도로 삼은 아바스조는, 아랍인의 특권을 폐지하고 모든 이슬람교도를 평등하게 대하는 이슬람 제국을 건설했다. 751년에 이 제국은 중앙아시아의 탈라스강 유역에서 고구려 유민 출신인 안서절도사 고선지高仙芝가 이끈 당 현종의 군대를 물리치고 비단길로 진출했다.** 또한 이 제국은 해상무역에도 적극적인 행보를 취함으로써 동서 해상 교류가 새로운 국면으로 접어드는 데 크게 기여했다.***

　당 말에서 송宋대(960~1279)에 이르는 시기는 이른바 '당송 변혁기'로, 중국사에서 사회·경제적으로 급격한 변화가 발생한 시기였다. 이 시기에 상품경제로 전환하면서 화폐가 본격적으로 사용되었다. 또한 중국 내륙을 관통하는 운하가 건설되면서 연변에 상업도시들이 생겨났고, 남북 경제를 연결해주는 운하의 효과가 극대화하면서 전국적인 상업망이 형성되었다.

　이러한 경제 변화는 바닷길을 통한 대외 관계에도 반영되었다. 송나

---

* 　오늘날 이곳은 만에 있는 여러 섬의 영유권을 둘러싸고 이란과 아랍 국가들 간의 분쟁이 치열한, 국제적 긴장 지역의 하나다. 이란은 이 지역을 페르시아만Persian Gulf으로 부르는 반면 아랍 국가들은 아라비아만Arabian Gulf 이라고 칭하면서 그 명칭을 놓고도 첨예하게 대립하고 있다. 독도 영유권을 둘러싼 우리나라와 일본의 대립보다 더 정도가 심하다. 그렇기 때문에 오늘날 언론이나 학계에서는 중립적인 명칭으로 그저 '걸프(만)The Gulf'나 '걸프 해역'이라고 한다.

** 　이 전투에서 당나라의 종이 만드는 기술자가 포로로 잡혀 소그드Sogd 지역의 사마르칸트로 연행되어갔고, 이를 계기로 종이 제조법이 서아시아의 이슬람 세계에 전파되었다.

*** 　아바스조의 전성기인 제5대 칼리프 하룬 알라시드 시대의 이야기라고 전해지는 《아라비안나이트Arabian Night(천일야화)》 중 〈뱃사람 신드바드의 모험〉은 당시 해상무역 네트워크의 발전을 보여준다.

라 때 중국을 오가는 동서 바닷길 교역에 가장 중요한 세력은 아랍이었던 것으로 보인다. 남송의 주거비周去非가 쓴 《영외대답嶺外代答》에 당시 중국의 중요한 무역 상대국들이 다음과 같이 열거되어 있다. "번국들 가운데 재와 부가 풍성하고 보화가 많기로는 타체(아랍)만 한 나라가 없으며, 다음으로 초포(자바의 끄디리)를 들 수 있고, 그 다음으로는 산풋시(수마뜨라의 스리비자야)가 있다." 여기에서 주목할 점은 주거비가 동부 자바의 끄디리를 거명했다는 것이다. 이는 뒷장에서 논할 당시 말레이세계 국가들 간의 역학 관계를 반영한다.

이 밖에도 송나라 때 조여괄趙汝适이 쓴 《제번지諸蕃志》에 당시 중국에 조공을 바치고 교역을 하던 동남아시아 국가들의 이름이 기록되어 있다. 쟈오찌·참파 등 인도차이나반도의 국가들과 끌란딴·빠항 등 말레이반도의 소공국들이 나온다. 또한 이 기록에서는 태국 중남부 지역에 위치한 롭부리, 중북부 버마의 버강, 그리고 필리핀 지역, 특히 마닐라 항시港市가 송조를 중심으로 한 교역 네트워크에 합류했음을 보여준다.

칭기즈 칸의 몽골이 정복 전쟁을 벌여 중앙아시아(차가타이칸국), 서아시아(일칸국), 러시아 서남부(킵차크칸국), 그리고 중국(원元)에 이르는 광대한 제국을 건설하자, 동서 육상 교통을 방해하던 정치적 요인, 특히 국경 장벽이 완전히 제거되었다. 17년 동안 쿠빌라이 칸을 섬겼던 베네치아 상인 마르코 폴로 역시 육상 교통로를 통해 중국을 방문했다. 육상의 비단길과 초원길이 몽골 대제국의 탁월한 자무치(역참제驛站制)*와 결

---

* 수도를 중심으로 각 속령에 이르는 교통로에 말로 달려 하루를 갈 수 있는 거리(약 100리)마다 '참站'이라고 하는 역을 세웠다. 여기서는 쌀, 마필 등을 갖춰놓았다가 공무로 내왕하는 관리와 물자를 수송하는 사람들에게 마필과 식사를 제공했다. 원나라가 광대한 영토를 지배하는 데 유용한 교통수단이었을 뿐 아니라 동서 문물 교류에도 크게 기여한 제도였다.

합해 한동안 경제 교류의 경로로 활발하게 이용되었다.

남송을 정복한 뒤 여러 항구들이 막대한 경제적 이익을 거두는 것을 목도한 쿠빌라이 칸은 해상무역에 깊은 관심을 갖게 되었다. 하지만 원은 오랜 유목 생활에 따른 경제적 약점을 극복해야 했고, 이를 위해 색목인을 적극적으로 활용하는 방안을 모색했다. '색목인色目人'은 문자 그대로 '눈에 색깔이 있는 사람'을 일컫는 말로, 일반적으로 당나라 시대 이래 중국에 건너와 재정과 무역에 종사하던 서아시아 출신 상인들을 지칭한다. 그들은 약 100만 명에 이르렀는데, 원나라 시대에 몽골족 다음가는 지배계급으로 우대를 받았다고 한다.

1271년에 중국을 정복해 원나라(1271~1368)를 건설한 직후 쿠빌라이는 아시아 각국에 칙서를 보내, 무역 교류를 할 것을 강요했다. 또한 안남(쟈오찌)·참파·자바에 대한 무력 원정도 감행했는데, 이러한 원의 적극적인 동남아시아 공략은 세계 정복을 향한 몽골제국의 팽창 성향이 바닷길에도 반영된 것이었다.

남송·원나라 시대에 중국의 대외 교역은 대상 지역을 확대하는 데 그치지 않고, 교역의 품목과 수량 면에서도 급격한 신장을 보였다. 먼저 수입품을 살펴보면 바다거북·코뿔소 뿔·상아 등 전통적인 귀중품 외에 동남아시아 지역에서 쌀이 대량 수입되었다. 그러나 가장 중요한 수입품은 역시 향신료였는데, 특히 정향·육두구·메이스(육두구 껍질)·후추가 육류와 생선 요리 등에 폭넓게 사용되기 시작하면서 수입량이 급증했다.

남송·원나라 시대에 중국의 가장 중요한 수출품은 이 시대에 석탄이 사용되기 시작하면서 본격적으로 대량 생산이 가능해진 도자기였다. 천주·용천·덕화·경덕진에서 생산된 청·백자들이 동남아시아 각지에서 출토된 사실은 당시 이 지역에서 중국산 자기가 얼마나 인기 있었는지 보여준다. 1980년대에 동부 말레이시아 사라왁 지역에서 약 100만 편에 이르는 도자기 조각이 대량으로 발견되어 사람들을 놀라게 했고, 깔리만딴 전역에서도 많은 자기가 출토되었다.

중국과 동남아시아의 경제 교류가 활발해지고 중국인들이 적극적으로 해상 활동에 종사함에 따라, 남송·원나라 시대 전후로 동남아시아 곳곳에 '화인華人' 즉 남중국해를 무대로 활동하는 이른바 '난양(남양南洋) 중국인'들의 집단 거주지가 등장했다. 당시 계절풍을 이용해 범선을 타고 동남아시아에 간 중국 상인들은 회항하기까지 남동풍을 기다리며 겨울 동안 상업적 업무를 처리했는데, 겨울 동안 머무르기 때문에 이 기간을 '주동住冬' 또는 '유동留冬'이라고 불렀다. 처음엔 단기간 체류에 그쳤으나, 점차 접촉이 빈번해지고 무역량이 늘어나면서 현지에 무역 거점을 세우거나 현지 정부에 귀화하여 무역과 통역 등에 종사하는 사람들이 생겨났다. 그 결과 다이비엣大越·참파·스리비자야·보르네오(깔리만딴)·자바·말레이반도 등지에 화인들의 집단 거주지가 출현했다.[2]

인도·중국 문화의 영향

이상에서 살펴본 동서 해상 교류는 단지 상업적인 차원을 넘어 문화적인 교류도 동반하면서, 고대 동남아시아 국가와 사회의 성립과 발전에 상당한 영향을 미쳤다.

서기전 150년에서 서기 150년 사이에 동남아시아는 인도와 중국 문화의 영향을 받기 시작했다. 이러한 문화의 수용이 고대 동남아시아에 일대 변화를 초래했다는 점을 강조하는 차원에서 학자들은 그 각각의 과정을 '인도화Indianization'와 '중국화Sinicization'라고 부른다.

중국은 서기전 111년에 북부 베트남의 홍강 삼각주에 위치한 남비엣을 복속시켜 한漢제국의 변방주로 삼았다. 그 후 베트남은 서기 939년까지 무려 1050년 동안 중국의 지배를 받았다. 중국인들과 달리 인도인들이 고대에 동남아시아를 지배했거나, 이 지역으로 대규모 이주했던 증거는 없다. 따라서 중국화는 강압적인 측면이 있었던 반면, 인도화는 온전히 자발적이었던 과정으로 간주되어 '자체 인도화self-Indianization'라고 지칭되기도 한다.

이러한 차이점이 있지만 인도화와 중국화는 몇몇 측면에서 공통점을 띤다. 우선 중국화가 북부 베트남 지역에 제한적으로 이뤄지던 사이, 비슷한 시기에 다른 지역에서는 인도화가 이뤄지고 있었지만 그 역시 동남아시아 전역에서 균일하게 이뤄진 과정은 아니었다. 인도화는 주로 인구가 밀집한 비옥한 평야지대에서 대세였던 반면, 고산지대의 소수 종족들이나 오랑 라웃(바다 유목민)에게는 낯선 현상이었다. 그리고 필리핀, 특히 북부의 루손섬은 동서 문명의 교차로인 멀라까와 순다 두 해협과 지리적으로 멀리 떨어져 있어 인도문화의 영향이 미미했다. 이러한 현상은 오늘날 대전통 중심의 역사 기술에서 벗어나 소전통을 망라해서 동남아시아의 역사를 총체적으로 재구성하려는 사학자들에게 극복해야 할 많은 난제를 안겨주고 있다.

인도화와 중국화, 두 과정을 논할 때 공히 동남아시아 사람들의 창의적 융합에 주목할 필요가 있다. 즉 그들은 인도문화와 중국문화를 단순히 받아들여 자신들의 국가와 사회를 급진적으로 재구성하기보다는, 선택적으로 수용하고adopt 변용해서adapt 자신들의 토착문화에 접목했다.

무엇보다도 동남아시아 대부분의 지역은 인도의 카스트제도*를 수용하지 않았고, 발리를 포함한 일부 지역에서 수용했다 할지라도 그 변용된 형태가 오늘날 미미하게 남아 있을 뿐이다. 또한 인도의 힌두교**와 불교 예술의 상징과 미美가 동남아시아 세계관으로 해석되어 재탄생했다. 중부 자바 사이렌드라의 보로부두르 불교사원과 마따람의 쁘람바난 힌두교사원, 미얀마 버강의 불교사원, 그리고 캄보디아의 앙코르 와트와 앙코르 톰 등이 인도문명의 현지화를 통해 탄생한 대표적인 고대 동남아시아 유적이다. 그리고 베트남의 경우 중국과 비교해 볼 때 여성의 높은 사회적 지위, 촌락의 강한 자치권, 그리고 중국어로부터 많은 어휘를 차용해 쓰면서도 엄연히 비중국적인 베트남어 등이 그 증거다.

하지만 동남아시아 사람들의 능동적인 역할을 지나치게 강조한 나머지, 인도와 중국 문화의 영향을 단지 피상적인 것으로 간주한다면 균형 잡힌 이해를 그르칠 수 있다. 두 문화는 전통 동남아시아 지배층의 통치

---

* 인도의 신분제도인 카스트(포루투갈어로 '혈통'을 뜻함) 또는 바르나varna(산스크리트어로 피부색을 뜻함) 제도는 유목민인 아리아인Arian이 서기전 10세기~서기전 7세기 무렵 인도에 정착하여 선주민을 차별 대우하면서 생겨난 것으로, 모두 4계급으로 구성되어 있었다. 첫째 계급은 브라만Brahman(브라만교의 사제), 둘째는 크샤트리아Kshatriya(왕족과 귀족), 셋째는 바이샤Vaishya(농민·상인), 넷째는 수드라Sudra(노예)였다. 이 밖에도 이 같은 계급 구성에 들지 못한 불가촉천민들이 있었는데, 그들을 하리잔Harijan 또는 파리아Pariah라고 불렀다.

** 힌두교는 인도 굽타왕조Gupta dynasty 시대(2세기 후반~6세기 중반)에 아리아인의 브라만교를 기반으로 불교와 다양한 민간 신앙 및 관습을 흡수하여 서서히 형성되었기 때문에 창시자가 따로 없다. 카스트제도를 필두로 수많은 제도와 법률, 도덕 등 인도인의 생활 전반에 얽혀 있는 종교로서 인도세계를 구축하는 토대가 되었다. 교리나 성전은 따로 없고, 마누Manu 법전에 힌두교도의 생활 규범이 명시되어 있다. 이 법전에 대한 종교적 해석을 보여주는 인도 2대 서사시 《마하바라타(바라타족의 전쟁에 관한 대大설화)》와 《라마야나(라마의 여정)》가 성전聖典과 같은 역할을 한다. 힌두교는 당시 인도 전역에 뿌리내리고 있었던 카스트제도를 수용했기에, 이 제도를 부정한 불교가 다른 나라에서 번성할 때 정작 불교의 발상지인 인도에서는 힌두교가 성행했다.

인도 사르나트 유적의 한 기둥에 새겨진 브라흐미 문자

이념에 영향을 미치며 이 지역에 더 체계적인 국가와 사회가 출현하는데 크게 기여했을 뿐 아니라 오늘날 이 지역 사람들의 일상생활에 깊이 배어 있기 때문이다.

동남아시아 토착 지배층은 힌두 사제 계급인 브라만에게서 인도 법전인 《다르마샤스트라》와 정치 교과서인 《아르타샤스트라》, 그리고 힌두-불교의 이념과 의식儀式을 전수받았다. 이것들을 바탕으로 그들은 정치·법 문화를 재구성하고, 나아가 자신들의 세속적인 권력을 정당화하고 강화했다. 또한 미얀마·태국·라오스·캄보디아에서 오늘날 사용되는 문자 체계와 말레이세계의 고어에 사용되었던 문자는 대부분 인도의 브라흐미 문자에 그 기원을 둔다. 동남아시아 고전문학의 대부분은 인도 굽타왕조 시대(2세기 후반~6세기 중반)에 완성된 2대 서사시 《라마야나》와 《마하바라타》에게서 영감을 받았다. 특히 《라마야나》는 현대 동남

인도네시아의 그림자 인형극 와양

아시아의 전통 연극과 인도네시아의 그림자 인형극 와양의 주요 줄거리
가 되었다.

　또한 북부 베트남이 1050년 동안 중국의 지배를 받으면서, 국가와 사
회의 조화로운 질서를 강조하는 유교 정치철학과 문풍文風이 베트남 지
배층에 영향을 미쳤다. 이 시기에 중국은 베트남 사람들, 특히 상류사
회에 정치 모델을 제공했다. 또한 한자와 한문이 베트남 상류사회의 언
어생활에 일상적인 요소로 자리를 잡았다. 이 밖에도 베트남은 머리모
양·의복·음식문화·가옥 형태 등 의식주 분야뿐 아니라 불교·도교
등 정신적인 세계에도 적지 않게 중국의 영향을 받았다.[3]

4장

고대 전기의 공국 만달라

인도화와 중국화보다 앞선 서기전 시대에, 동남아시아 최초의 국가로서 부족chiefdom 단위 만달라들이 존재했다. 오늘날 북베트남에 있었던 반랑과 어우락, 인도네시아 수마뜨라 · 자바 · 깔리만딴에 각각 있었던 깐똘리 · 따루마나가라 · 꾸떼이 등이 그들이다. 그들은 반랑의 동고銅鼓를 비롯해 동남아시아에 광범위하게 퍼져 있던 청동기 문화를 발전시켰다. 하지만 모든 물질이 쉽게 파손되는 동남아시아의 고온 다습한 기후에서, 많지 않은 고고학적 흔적을 제외하고는 어떤 기록이나 문헌도 남지 않았다. 따라서 이들 청동기 국가와 사회의 규모, 성격, 통치 제도 등을 구체적으로 파악하고 기술하기는 거의 불가능하다.

서기 2~6세기에 공국principality 규모의 만달라들이 출현했다. 농업과 해상무역이 그들 국가의 성립과 발전에 주요 기반이 되었다. 지리 환경—비옥한 삼각주와 동서 국제무역에 유리한 요충지—에 따라, 몇몇 국가들은 그중 한 요소를 기반으로 성장했던 반면, 다른 몇몇 국가들은 두 요소의 결합으로 더 유리한 조건에서 국부를 쌓으며 발전했다.

그러는 동안 중국의 영향을 받은 북부 베트남 지역 이외의 다른 동남 아시아 국가들은 공히 인도문화 요소들을 받아들여 국가와 사회의 정치·이념적 바탕으로 삼았다. 하지만 그들은 그 외래 요소들을 단순히 수용해 국가와 사회를 급진적으로 재편하기보다는, 토착문화와 창의적으로 융합해 중국·인도와는 다른 국가와 사회를 형성하고 발전시켰다. 남비엣·참파·푸난·첸라·쀼·드바라바띠·말레이반도의 소공국들, 그리고 필리핀의 바랑가이가 그 대표적인 만달라 구조의 국가다.

남비엣

중국 진秦나라가 멸망한 틈을 타 중국인 찌에우 다(조타趙佗)가 서기전 180년경 어우락(서기전 208~서기전 179)을 정복하고, 북부 베트남의 홍강 삼각주 지역에 남비엣(남월南越)을 건설했다. 현재 베트남이란 국명이 바로 남비엣에서 유래했는데, 베트남은 '비엣남(월남越南)'의 한국식 발음이다.

남비엣은 찌에우 다와 소수 중국인 집단이 주도해서 세웠다. 그런데도 1272년에 《대월사기大越史記》를 저술한 레 반 흐우(여문휴黎文休)는 남비엣을 베트남 역사의 시작으로 보았다. 그것은 왜일까? 첫째, 비록 건

국자가 이민족이지만 남비엣은 황허
유역의 중국 중원 문화와는 전혀 상
관이 없는 백월百越 지역에 비엣(월越)
족을 중심으로 해서 건설된 독립 국
가였기 때문이다. 둘째, 찌에우 다
는 중국과 대립하는 왕조를 세운 인
물이었기 때문에 베트남 사람들에게
중국의 침략에 대항한 위대한 통치
자로 존경받았다.

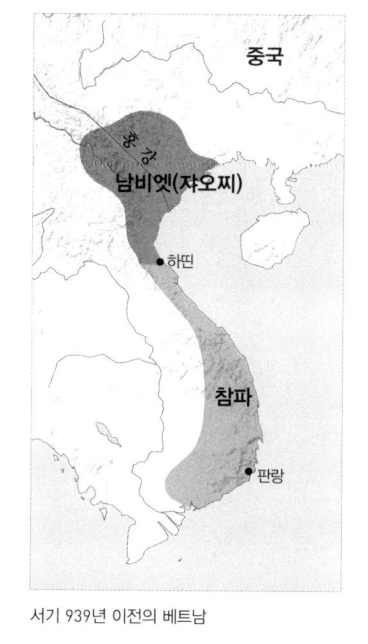

서기 939년 이전의 베트남

홍강 삼각주는 베트남 사람들에게
농사의 풍요와 홍수 · 가뭄으로 인
한 희비가 교차하는 지역이다. 건기
엔 강물의 수위가 6분의 5까지 급감
하고, 우기엔 그 수위가 정상 수위보다 4배 정도 더 올라가기도 한다. 따
라서 고대에 이 지역에서 농사를 지으려면 치수治水가 반드시 필요했다.
남비엣 사람들은 정교한 수로 체계를 발전시켰다. 이 수로는 우기에 홍
수를 예방하고, 건기엔 3800제곱킬로미터가 넘는 지역에 벼농사를 위
한 물을 안정되게 공급할 수 있었다.

농업에 기반을 둔 남비엣의 경제력에 대해서는 알려진 것이 거의 없
지만, 아마 찌에우 다가 재위한 동안 남비엣은 홍강에 대한 치수를 바탕
으로 어느 정도 견고한 국가 기반을 구축했던 것으로 보인다. 인구나 영
토 면에서 중국의 한漢나라에 비해 작은 나라였지만, 찌에우 다는 남비
엣이 대등한 독립 왕조임을 강조하며 황제 칭호를 사용했다. 이 같은 그

의 위세가 이후 중국에 대한 베트남 군주들의 태도에 분명히 영향을 미쳤다.

찌에우 다는 서기전 137년경 세상을 떠났다. 그가 사망하자 남비엣의 국력도 쇠락하기 시작했다. 이 무렵에 중국 역사상 가장 막강한 황제로 꼽히는 무제武帝가 한나라에 등장했다. 결국 그의 남진 정책에 희생되어 남비엣은 서기전 111년 70년의 짧은 역사를 마감했고, 이곳에 7군郡이 설치되었다. 한나라가 고조선을 멸하고 4군을 설치하기 3년 전의 일이었다. 그 후 무려 1050년 동안이나 베트남은 중국의 지배를 받았다.

서기 3세기에 후한後漢이 쇠락하고, 이어진 삼국시대의 혼란스러운 상황을 피해 중국인 실력자들이 베트남으로 들어왔다. 그들 중 대표적인 인물이 스셰(사섭士燮, 137~226)다. 삼국시대에 북부 베트남과 지리적으로 가장 가까운 손권의 오吳가 남비엣의 지배권을 장악하고, 이 지역을 쟈오찌(교지交趾)라 칭했다. 스셰가 쟈오찌의 태수로 임명되어 남비엣을 대리 통치했다. 스셰 이후 쟈오찌는 중국의 직접 지배하에 놓였고, 이러한 식민 통치는 위진남북조魏晉南北朝 시대(221~589)와 수隋나라(589~618)를 거쳐 당唐나라(618~907)에 이르기까지 계속되었다.

3세기 초 불교가 푸난을 통해 쟈오찌에 전파되었다. 당시 이 지역은 인도나 푸난 등 동남아시아의 다른 지역에서 온 많은 상인들로 붐볐다. 쟈오찌에서 많은 불경을 한문으로 번역한 중앙아시아 소그드 출신 승려 캉성후이의 아버지도 무역을 하러 쟈오찌에 정착해 평생을 여기서 보냈다. 어찌 보면 이 시기에 쟈오찌가 무역을 통해 인도와 동남아시아 다른 지역과 접촉하면서, 중국문화 일색이 아닌 사회가 될 수 있었다.

당나라는 무려 300년 가까이 지속했다. 따라서 이 지역은 당나라 때에 중국문화의 영향을 가장 크게 받았다. 당은 621년에 쟈오찌를 점령하고, 679년에 이 지역을 안남도호부安南都護府로 승격했다. '안남安南'은 '남쪽을 안정시킨다'는 뜻인데, 중국의 관점에서 이 지역이 남쪽에 있기 때문에 붙은 이름이다. 이때부터 중국에서 베트남을 '안남'이라 부르기 시작했고, 이 이름이 나중에 우리나라와 일본 및 서양에도 알려졌다. 당시 안남 사회의 중국문화 수용은 주로 중국 관리들이 세운 학교 교육을 통해서 이뤄졌다. 상층 계급의 사람들이 중국식 교육을 받으면서 자연스레 중국의 가치관과 문화를 받아들였다.

관리들 외에 안남에 귀양 온 문인들도 중국문화를 소개하는 역할을 했다. 그들 중 대표적인 인물로 왕푸시(왕복시王福時)·두센옌(두심언杜審言)·센취안치(심전기沈佺期)를 들 수 있다. 과거에 합격한 인재로서 문학적 재능이 뛰어났던 그들은 안남에서 유배 생활을 하는 동안 학교를 세우고 안남인들에게 시문詩文을 전수해줌으로써 베트남 문풍文風 형성에 커다란 영향을 미쳤다. 그들이 전수한 중국문화는 주로 상층 문화였기 때문에 당 문화를 받아들인 안남 사람은 소수 지배층에 불과했다.

이 밖에 당 문화의 영향은 불교에서 두드러졌다. 당나라 때에 이르러 안남에 영주하든가 인도나 동남아시아 방문길에 일시 체류하는 중국인 승려가 늘어난 결과, 안남의 불교가 융성했다. 이 지역에서는 이미 몇 세기 전에 불교를 받아들였지만, 유학의 경우와 비슷하게 불교의 영향도 주로 지배층에 제한되어 있던 가운데, 안남의 보통 사람들은 여전히 토속신앙을 믿고 있었다.

학자들은 언어(한자·한문), 종교(불교·도교·유교), 의식주衣食住 등 중국문화가 베트남에 전국적으로 확산되기 시작한 것은 레(여黎) 왕조

(1428~1788) 때부터라는 데 대체로 동의한다. 그렇다면 중국이 지배하던 1050년 동안은 후대 베트남이 중국문화를 대대적으로 수용해 국가와 사회를 창의적으로 재구성하기 위한 토대가 구축된 시기였던 셈이다.

중국의 지배에서 벗어나려는 움직임은 꾸준히 있었다. 쯩 자매(1세기)를 시작으로 찌에우 여사(3세기), 리 비와 찌에우 부붕(6세기), 마이 학 데와 풍 홍(8세기) 등 중국의 지배에 반기를 든 사람들이 시간적 간격을 두고 나타났다. 그사이 당나라 말기부터 중국에서 장기간 혼란이 이어지자, 베트남은 독립의 호기를 맞았다. 당이 멸망하고 들어선 후량後梁의 남부 지방 세력이 남한南漢을 세우고, 남비엣을 지배하고자 공격했다. 응오 꾸엔(오권吳權)이 이끄는 토착 세력이 이를 막아내고 939년 독립 왕조를 세워 중국의 천년 지배를 종식했다.[1]

참파

참파는 오늘날 베트남의 꽝남 · 꽝응아이 · 빈딘 · 나짱 · 판랑 · 빈뚜안 주를 아우르는 넓은 지역을 영향권으로 삼아 약 1800년 동안 존속했던 동남아시아 최장수 국가다.

참파는 서기전 1500년경부터 말레이세계에서 계절풍을 이용해 배를 타고 인도차이나반도 중부 해안 지역으로 와서 정착하기 시작한, 말라요-폴리네시아 인종집단의 한 갈래인 참인이 늦어도 2세기 말에 오늘날 후에 근처에 건설한 것으로 알려져 있다. 이 주장은 1900년대 초 남부 베트남 싸후인 지역에서 말라요-폴리네시아 인종집단의 정착지 유적들이 발견됨으로써 그 신빙성을 굳혔다. 이 지역에서 발굴된 무기와 장식품을 포함한 각종 유물들은 서기전 1000년부터 서기 4세기까지의 것들로서, 그 정착민들이 이른 시기부터 중국·북부 베트남·인도차이나의 중심 지역들과 교역 관계를 맺고 있었음을 나타낸다.

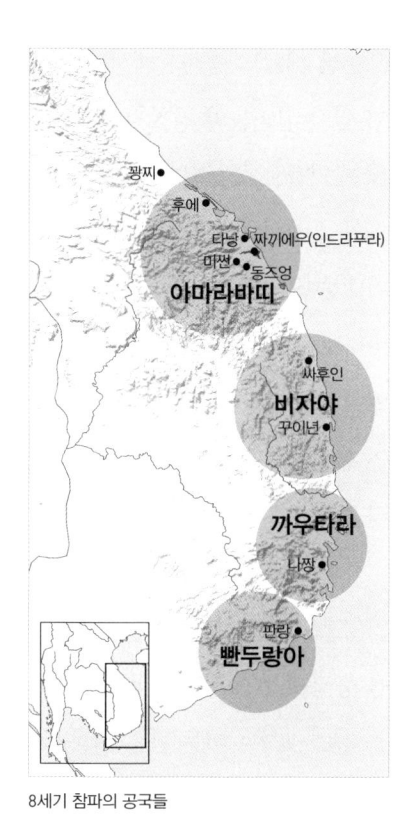

8세기 참파의 공국들

해안을 따라 서로 다른 수도 여러 곳에서 발견된 왕들의 비문碑文으로 보아 참파는 단일 국가가 아니었다. 8세기 중엽에 중부 베트남 꽝남 일대에서 아마라바띠(지금의 다낭)가 번성했다. 같은 시기 남부 지역에 까우타라(지금의 나짱)와 빤두랑아(지금의 판랑)를 중심으로 한 국가가 두 곳 더 존재했다. 또, 아마라바띠와 까우타라의 중간에 15세기 말까지 존재한 비자야가 있었다. 가장 남쪽에 위치한 빤두랑아는 베트남의 공격에 저항한 참파의 마지막 보루로 19세기까지 존속했다. 이처럼 참파는 최소한 네 개에 이르는 독립적인 소공국으로 구성되어 있었다. 참파는 이들의 집합적인 명칭으로서 참인들의 문화권이었다.

이러한 참파의 특징은 그 지역의 물리적 환경과 밀접한 연관이 있다.

오늘날 베트남 중북부에서 남쪽으로 약 1000킬로미터 해안을 따라 뻗어 있던 참인들의 정착지는 바다와 산에 갇혀 마치 '작은 섬'같이 고립된 지역들로 구성되어 있었다. 이는 지형적으로 도서 동남아시아의 군도와 유사한 환경이다. 이 섬 같은 지역들은 북에서 남으로 뻗어 있는 거대한 쯔엉썬(장산長山)산맥으로 서쪽 내륙 지역과 차단되고, 동쪽으론 바다로 열려 있었다. 또한 북남으로 뻗은 산맥에서 동서로 바다를 향해 뻗어 나온 여러 작은 산맥에 의해 서로 분리되어 있었다. 이러한 물리적인 환경을 보았을 때 말레이세계의 말라요-폴리네시아 인종집단이 배를 타고 이 지역으로 건너온 것은 우연이 아니었을 것이다.

참파는 단일한 정치단위가 아니었기 때문인지 문헌과 비문에 다양한 명칭으로 등장한다. 참파는 3세기 초 중국 문헌에 '린니(임읍林邑)'로 처음 등장했고, 284년 중국에 사절단을 파견했다. 7세기의 것으로 추정되는 산스크리트 비문들에 '점파占婆' 또는 '점성占城'이란 명칭이 처음 등장한다. 8세기 중엽 중국 문헌에는 '후안왕(환왕環王)'이라는 명칭으로 등장했다. 758년 이후 중국은 갑자기 '린니'라는 명칭을 사용하지 않다가, 875년부터 '참파의 도시'를 의미하는 '찬쳉(찬성糟城)'을 거명했다.

가장 남쪽에 위치한 빤두랑아가 참파 전역에 인도문화를 확산하는 창구 역할을 했다. 인도문화의 영향으로 참인들은 중국문화에 노출된 북부 베트남의 비엣족 사람들과 문화적으로 달리 발전했다. 8세기 중엽에서 10세기 말까지 참파의 아마라바띠는 미썬과 인드라푸라(지금의 짜끼에우)에 인도화한 유적지들을 남겼다. 그중 유네스코 세계문화유산으로 지정되어 있는 미썬은 시바 신에 봉헌한 힌두사원이다. 또한 아마라바띠는 875년에서 대략 1000년까지 대승불교를 신봉하며 동즈엉에 불교

미썬 힌두사원

유적을 남겼다. 비슷한 시기에 참인들은 힌두교 유적과 불교 유적을 함께 남겼던 것이다.

　이처럼 지배자들이 대립이나 상충 없이 신봉하는 종교를 바꾸는 일은 융화적인 전통 동남아시아에서 드문 현상이 아니었다. 예컨대 캄보디아 앙코르의 지배자들은 선호에 따라 시바와 비슈누, 또는 붓다를 바꿔가며 신봉했고, 중부 자바에서 동시대에 존재했던 두 왕가 중 사이렌드라 가문은 대승불교를, 산자야 가문은 힌두교를 신봉하며 각각 보로부두르와 쁘람바난 사원을 건축했다. 심지어 자바 왕들의 화장된 유해가 힌두사원과 불교사원에 나뉘어 안치되기도 했다.[2]

푸난

고대 중국 문헌에는 9세기 초 앙코르가 성립되기 전 오늘날 캄보디아 땅에 존재했던 '부남扶南'(푸난)과 '진랍眞臘'(첸라), 두 국가가 자주 등장한다. 푸난은 7세기 중 첸라에 정복되기까지 메콩강 삼각주를 중심으로 번성한 국가였다. 학자들은 이들 두 국가의 발전과 경쟁 관계를 앙코르 제국 이전 고대 캄보디아의 정사正史로 본다.

푸난은 인도차이나반도 남쪽 메콩강 연안의 수도 비야다푸라(지금의 바프놈 인근)를 중심으로 말라요-폴리네시아 인종집단에 의해 대략 1세기에 성립되어 7세기 중엽까지 존속한 국가였다. 푸난이란 명칭의 '푸'는 현 캄보디아 수도인 '프놈'과 같은 어원을 가진다. 그 의미는 힌두교가 우주의 중심이자 신들이 존재하는 곳으로 신성시하는 '산'이다. 이를 근거로 푸난이 인도화한 국가였음을 알 수 있다. 사실상 푸난은 동남아시아 최초로 인도문화를 받아들인 국가였다.

전설에 따르면 푸난은 토지의 신인 나가(뱀)의 딸 소마가 다스리던 국가였다. 이 땅에 카운딘야라고 하는 브라만이 서쪽, 즉 인도로부터 왔다. 카운딘야가 꿈에서 신의 계시를 받아 신궁神弓을 얻은 뒤 소마의 땅에 도착하자 전투가 벌어졌다. 이때 그가 소마가 탄 배를 신궁으로 쏘아 맞추자 그녀가 놀라 항복했다. 카운딘야는 소마를 아내로 삼고 왕이 되어 그녀의 땅을 다스렸다.

이 전설을 통해 푸난이 인도문명을 받아들인 과정을 유추해볼 수 있다. 카운딘야와 소마의 결혼은 인도문화가 일방적인 점령 과정을 통해서가 아니라 토착 세력과 자연스럽게 결합하는 과정을 거쳐 전파되었음

6세기 푸난의 영향권

을 나타낸다.* 또한 이 전설은 외래의 것을 토착의 것과 융합해 새로운 형태의 문화를 창출했던 고대 동남아시아 사람들의 보편적인 성향을 나타낸다.

푸난은 동남아시아 최초의 해상교역 국가로, 중국과 인도 간 동서 중계무역으로 번성했다. 5세기까지 해로를 통한 무역은, 조선술과 항해술이 해양을 가로질러 항해할 수 있을 만큼 발달하지 못한 까닭에 해안선과 육로를 이용했다. 벵골만嬰 해안선을 따라 항해한 뒤, 북부 말레이반도에서 좁은 육로인 크라지협(너비 44킬로미터)을 건너서, 다시 해안선을 따라 타이만嬰을 지나고 인도차이나반도의 동해안을 거쳐 남중국해로 향하는 해로가 가장 빈번하게 이용되었던 것이다.

푸난은 인도차이나반도 남부의 비야다푸라 외항인 옥에오를 중심으

---

* 고대 신화, 설화 또는 전설에서는 일반적으로 외래인을 남자로, 토착인을 여자로 묘사한다.

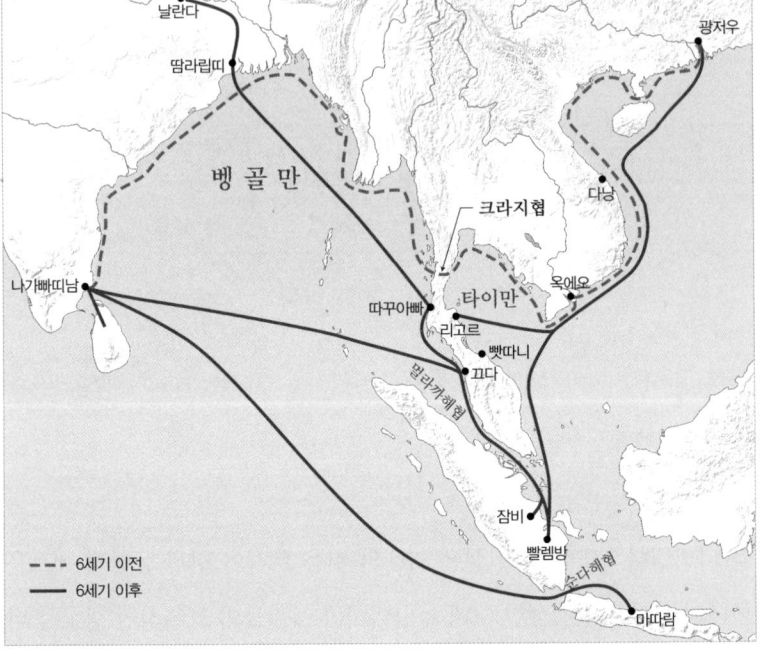

동서 해로의 변화

로, 막강한 해군력으로 동서 해안 교역로를 통제하며 중계무역에 적극적으로 참여했다. 앞서 말한 바와 같이 위진남북조 시대 중국의 분열로 남조 왕국들이 무역을 위해 동서 바닷길을 이용한 것도 옥에오가 국제무역항으로 발전하는 데 크게 기여했다. 이 밖에도 푸난은 농업 생산 능력 면에서 타이만 주위 해안 배후지에 비해 월등한 우위를 보였다. 메콩강 우안 유역의 논에서 강물을 이용해 상당히 많은 쌀을 생산할 수 있었다.

3세기 초 판시만 왕(재위 205?~225?) 시기에 푸난의 중계무역은 실로 광범위한 지역을 아울렀다. 당시 중국의 비단이 로마 시장에서 상당한 인기를 끌자, 로마 상인들이 옥에오 항을 드나들었다. 이 항구 인근에서

3세기 로마제국의 동전이 발견되었다. 전성기에 푸난의 영향권은 동쪽으로 오늘날 남부 베트남의 거의 모든 지역, 서쪽으로 버마 남부·캄보디아·태국·라오스·북부 말레이반도까지 이르렀다. 오늘날 라오스 남부 짬빠싹의 밧포 사원과 태국의 초기 크메르사원들, 그리고 남부 베트남과 캄보디아에서 발견된 많은 산스크리트 비문이 그러한 사실을 보여준다. 또한 이 시기에 푸난을 통해 불교가 베트남으로 전해졌다.

6세기부터 선박과 항해술의 발달로, 바다를 가로질러 항해해서 멀라까와 순다 두 해협을 경유하는 동서 바닷길이 종전 해안선을 이용하는 바닷길을 압도하면서 푸난은 쇠락하기 시작했다. 푸난은 뒤에 등장하는 스리비자야·사이렌드라·마따람·멀라까 등 말레이세계 해양무역 국가들의 선례가 되었다.[3]

첸라

첸라는 7세기 중엽 크메르족이 푸난을 압도하고 톤레삽 호수 부근을 중심으로 건설한 국가였다. 그들은 스스로를 '깜부자'라고 불렀으며, 오늘날 '캄보디아'란 국명이 바로 이 명칭에서 유래했다. 중국 문헌에 '진랍眞臘'으로 거명된 이 나라는 푸난의 영향권 대부분을 이어받았지만, 푸난과 인종적 연계는 없다. 푸난 사람들은 말라요-폴리네시아 인종집단에 속한 말레이인이었던 반면, 첸라 사람들은 몬-크메르 인종집단의 크메르인이었다.

해안의 중계무역을 지향하던 푸난과 달리, 첸라는 메콩 분지의 쌀 생

8세기 첸라와 쀼의 영향권

산에 더 큰 관심을 기울였다. 당나라 기록에 따르면 대략 8세기 초에 첸라는 수진랍水眞臘(하부 첸라)과 육진랍陸眞臘(상부 첸라)으로 분리되어 있었다. 수진랍은 톤레삽 호수의 현 캄보디아 영역과 남부 베트남 메콩 삼각주의 물이 많은 지역을 포함했다. 육진랍은 그 이북에서 현 라오스 지역까지 포함하는, 물이 적고 삼림과 평원이 발달한 지역이었다.

푸난 이후 중국 당나라와 인도 간 동서 무역의 급격한 증가에 힘입어 도서 동남아시아에 두 해양 세력, 수마뜨라의 스리비자야와 중부 자바의 사이렌드라가 등장했다. 10세기 아랍인 술레이만의 기록에 따르면, 수진랍의 왕은 자바 왕의 머리를 접시에 담아 자신 앞에 가져왔으면 하는 바람을 표현했다. 이 소식이 자바에 전해지자, 790년에 사이렌드라 왕은 군함을 이끌고 수진랍을 침공해 크메르 왕을 죽이고, 그의 머리를 잘라 단지에 담아서 육진랍의 왕에게 보냈다고 한다.

이때 수진랍의 한 어린 왕자가 볼모로 잡혀가 자바에서 성장했다. 그는 자바의 공주와 결혼하고 신임을 얻어 첸라로 돌아와서 사이렌드라의 대리인 노릇을 했다. 그러나 그는 곧 자바로부터 독립하고 수진랍과 육진랍을 통합해, 802년 톤레삽 호수 근처 지금의 시엠립을 중심으로 앙코르를 창건했다. 그 인물이 바로 자야바르만 2세(재위 802~850)다.[4]

뾰

중국 문헌에서 '표驃'라고 불리던, 티베트족의 한 갈래인 뾰족의 다양한 유물이 베익타노 · 할린 · 스리크세트라에서 집중적으로 출토되었는데, 이들은 서기전 2세기 초의 것들로 밝혀졌다. 이들은 서기 2세기경 버마족이 남부 중국의 윈난(운남雲南) 지방을 거쳐 현재의 미얀마 지역으로 남하하기 전에, 선주민인 뾰족이 에야워디강 중상류 지역에 거주했음을 보여준다.

뾰족은 프롬 동쪽으로 10킬로미터가량 떨어진 스리크세트라를 중심으로 8세기 중엽까지 번성했다. 그들은 인도문화의 영향을 받아 힌두교와 불교를 믿었다. 베익타노는 '비슈누의 도시'를 의미한다. 힌두신과 붓다 조각상들이 뾰족이 거주하던 여러 지역에서 출토되었다. 건축 · 동전 · 비문에 사용된 다양한 문자에서도 인도문화의 요소들이 나타난다. 메콩강 삼각주에서 발견된 뾰족의 동전은 그들이 에야워디강의 뱃길을 통해 동남아시아의 다른 지역은 물론, 멀리 인도와도 무역과 문화 교류를 했음을 짐작케 한다.

중국의 기록에 따르면 뾰족은 벽돌벽으로 둘러싸인 도시에서 살고, 평화와 모든 생명에 대한 사랑이 각별했다. 상대방의 잘못을 비폭력적으로 대할 뿐 아니라, 비단을 만들려면 누에를 죽여야 하기 때문에 비단 옷 입기를 꺼릴 정도였다. 범죄가 드물었고, 살인에 대한 것을 제외하곤 형벌이 가벼웠다. 지배자들은 불교의 가르침을 적극 장려했다. 소년소녀들은 일곱 살이 되면 불교 승려들이 운영하는 학교에 입학하면서 머리를 완전히 삭발했다. 소년소녀들은 20세까지 학교에 머물렀다.

버마는 19세기 말까지 아시아 전체에서 문해율이 가장 높고, 범죄율이 가장 낮은 나라였다. 이러한 특징은 아마 뾰 시대의 전통에서 영향을 받은 듯하다는 주장이 있다.

뾰족은 윅라마 기년법을 남겼다. 서기 638년을 원년으로 햇수를 세는 이 기년법은 뒤에 태국과 캄보디아에서 채택되었으며, 오늘날에도 여전히 버마와 태국의 일부 지역에서 사용되고 있다. 또한 뾰족은 프롬에 북부 인도의 영향을 받은 것으로 보이는 불교 수투파(종 모양 탑) 등 아름다운 유적을 남겼다.

8세기에 뾰족은 하부 버마 몬족의 공격을 받고 에야워디강의 먼 상류 지역으로 피신해 그곳에 새 수도를 세웠다. 그 후 그들은 난짜오(남조南詔)의 공격을 받았다. 난짜오는 오늘날 윈난성 서북 지역의 다리(대리大理)를 중심으로 티베트족의 한 갈래인 우만족*이 7세기경 일으켜 9세기에 전성기를 구가한 국가다. 이때 많은 사람이 포로로 끌려가면서 뾰의

---

* 중국 사람들은 우만족을 '살이 검은 야만인黑野蠻人'이라 칭했다.

국력이 침체에 빠졌고, 결국 쀼족은 832년 버마족에 통합되었다.[5]

드바라바띠

6세기에 오늘날 태국 중부의 우통 · 롭부리(라보) · 쓰리텝, 중남부의 나콘파톰 · 펫차부리, 그리고 중동부의 무앙파다엣 등지에 불교문화를 기반으로 한 몬족의 여러 소小공국이 등장하기 시작했다. 이들 지역에서 발견된, 몬 언어로 된 많은 비문에 왕의 호칭이나 그들의 치적 등 정치적인 내용이 나타나지 않은 점으로 보아, 아마 드바라바띠는 단일한 정치단위가 아니라 몬족 집단들을 포괄하는 문화권이었던 것 같다. 한 가지 중요한 사실은 언어학적으로 몬-크메르어족에 속한 몬족은 오늘날 이 지역에 살고 있는 타이족과는 다른 인종이라는 점이다.

비문의 분포와 그동안 출토된 다양한 불교 유물을 토대로 드바라바띠 영향권의 범위를 대략적으로 유추할 수 있다. 드바라바띠의 영향권은 오늘날의 태국 중원 평야를 중심으로 북으로는 치앙마이와 북부 라오스, 서로는 남부 버마(타톤 · 버고), 동으로는 캄보디아, 그리고 북동쪽의 코랏고원을 포함했다. 이 방대한 영향권은 드바라바띠의 무역 성향을 나타낸다. 드바라바띠의 중심지들 대부분이 태국 중원과 연결된 육상 교역로에 위치하기 때문이다. 드바라바띠의 여러 지역에서 발견된 외국의 염주 · 동전 · 불상 같은 유물들은 인도 등 외부 지역과 드바라바띠 소공국들 간의 경제 · 문화적 연계를 보여준다.

드바라바띠의 영향권에 속한 모든 지역에서 나타난 공통적인 요소는

6~7세기 드바라바띠의 소공국들

몬 언어로 된 비문, 도시 동쪽에 세운 성벽, 성벽 둘레에 호壕, moat를 파서 방어력을 강화한 점, 도시 안의 종교 건축물, 그리고 부처상과 조각 등 많은 불교 유물이다. 특히 성벽으로 둘러싸인 요새 같은 도시 중 큰 것은 그 규모가 10제곱킬로미터에 달했는데, 이는 당시 드바라바띠 도시에 상당한 인구가 거주했음을 암시한다. 이 도시의 거주민들은 그 주위 농촌에서 생산한 식량을 공급받으면서, 철제품·향료·임林산품·면직물 등의 교역으로 부를 축적해, 종교 시설물들을 건축하고 유지했다. 이들 도시민은 아마도 이따금 승려를 통해 인도문화와 접촉하고, 신성한 종교 상징물과 예술품을 수입해 수준 높은 종교생활을 영위했을 것이다.

북부 태국에 전해진 연대기에 따르면 661년에 롭부리의 불교 승려들이 람푼에 하리푼자야 공국을 건설하고, 자신들을 다스릴 왕을 보내줄 것을 롭부리에 요청했다. 롭부리의 왕은 그들에게 자신의 딸 까마데위와 함께 많은 시종을 보냈고, 까마데위는 11세기 중반까지 번성한 하리푼자야의 기틀을 마련했다. 당시 롭부리는 드바라바띠의 종교·문화적 중심지로, 이곳에서 승려들이 불법을 연구하고 도량을 쌓았다.

드바라바띠는 크메르족이 802년 건설한 앙코르가 서쪽으로 팽창함에 따라 쇠락하기 시작했다. 9세기 말경 롭부리를 포함한 태국 중부 지역 전체가 앙코르의 영향권에 편입되었다. 11세기 중엽 북부의 하리푼자야도 이 제국에 합병되었다. 결국 13세기 초에 이르러 오늘날의 태국 대부분이 앙코르의 지배하에 놓이게 되었다.[6]

말레이반도

말레이반도에서 초기 국가와 사회의 성립과 발전은 바닷길을 이용했던 동서 무역과 밀접한 관계가 있다. 지리적으로 이 지역은 일찍부터 동서 세계가 교차하는 주요 해상 교역로였을 뿐 아니라, 몬순 계절풍의 영향을 받지 않는 무풍지대인 멀라까해협을 끼고 있어 동서 바닷길을 이용하는 많은 상인들에게 안전하고 편리한 피난처를 제공했다. 당시 말레이반도에는 풍부한 금이 매장되어 있었던 까닭에, 이 지역을 드나들던 외지인들, 특히 그리스인들은 '황금의 반도'라고 불렀다.

6세기 말라요-폴리네시아 공국들

랑까수까는 2세기 중국 문헌에 처음으로 등장하는데, 3~6세기 문헌에는 푸난의 영향력 아래 있었다는 기록이 있다. 1989년 남부 태국(북부말레이반도)의 빳따니에서 약 15킬로미터 떨어진 야랑에서 랑까수까의 고고학적 흔적이 발견되었다. 6~9세기의 것들로 추정되는 호, 토성, 수로망, 힌두-불교 사원 터 등 30곳이 넘는 유적이 야랑 마을을 중심으로 반경 약 8킬로미터 안에 흩어져 있었다. 랑까수까는 7세기까지 독립적인 국가로 존재하다가 8세기 중에 스리비자야의 영향권에 편입되었다.

끄다의 구능제라이(끄다봉) 부근과 머르복강 어귀에서 발견된 고고학적 유물들은 4세기경부터 이 지역에 인도문화의 영향을 받은 초기 국가가 존재했음을 보여준다. 지리적으로 끄다는 뱅골만을 항해하던 선박들이 멀라까해협을 지나기 위해 북부 말레이반도에 접근할 때 가장 먼저 마주하는 지역이었다. 특히 머르복강 어귀에 1206미터 높이로 솟아 있는 끄다봉은 선원들에게 이정표 구실을 했다. 게다가 머르복강의 넓은 어귀는 긴 항해를 마친 선원과 무역상에게 안락한 쉼터를 제공했다.

6세기의 중국 문헌에 끄다는 '랑가수' 또는 '랑가'로 등장하는데, 이 명칭들을 근거로 역사가들은 당시 끄다 지역이 랑까수까 영향권에 속해 있었을 가능성을 제기한다. 고대 인도와 아랍 문헌에서 끄다는 '칼라-바', '칼라', '칼라잠', '카타하', '지에차' 등으로 다양하게 나타나며, 순도 높은 주석 산지로 유명했다. 아랍 문헌은 9세기에 끄다가 자바의 영향권에 있었다고 기록했는데, 이때 자바는 아마 스리비자야를 지칭한 것으로 보인다.

오늘날 꾸알라룸뿌르를 중심으로 한 슬랑오르 지방의 초기 역사에 대해선 알려진 것이 거의 없다. 하지만 끌랑, 숭에이랑, 꾸알라랑삿에서 각각 1905년, 1944년, 1964년에 청동기시대의 유물인 동고가 발견된 것으로 보아, 서기전부터 이 지역에 체계를 갖춘 정착지가 존재했음을 알 수 있다. 이 청동 북은 지금의 남부 태국을 거쳐 북부 말레이반도로 유입되었을 가능성이 높다.

슬랑오르 북쪽의 뻬락 지방은 문헌에 '강가 느가라'로 처음 등장한다. 강가 느가라는 버루아스를 수도로 5세기나 6세기부터 존재하던 국가였다. 850년엔 스리비자야의 공격을 물리쳤을 만큼 강성했다. 890년엔 강가유(지금의 조호르)의 공격을 받았다는 기록이 있다. 11세기에는 인도 남부에 있는 해양 왕국 촐라의 수란 왕에게서 공격을 받기도 했다.

빼락 동북쪽으로 말레이반도 동해안에 면한 끌란딴 지방의 동북부 해안에 고대에는 '꼴리'라는 지역이 존재했다. 당시 멀라까해협을 통과한 인도와 아랍 상인들은 태국·캄보디아·중국으로 향하기 전에 이 지역을 경유했다. 동아시아 지형학자인 게리니Gerini의 주장에 따르면, 꼴리는 석가모니의 어머니인 마야 부인이 탄생한 인도의 꼴리 마을에서 유래했으며, '끌란딴Kelantan'은 '꼴리Koli'와 '대지(땅)'를 의미하는 '따나thana'의 합성어다.

끌란딴 남쪽의 빠항 지방은 고대에 말레이반도에서 가장 큰 국가였다. 15세기 초 멀라까왕국이 성립하기 전에 말레이반도의 남부 전역을 '구舊빠항'이라 불렀다. 아랍 문헌에 빠항은 '빰', '빤', '빠한', '빠항' 등 여러 명칭으로 나타난다. 지배 영역이 방대하고 금이 풍부한 빠항은 고대 말레이반도에서 정치·경제적으로 빳따니에 버금가게 비중이 큰 국가였다. 중국 문헌에 따르면 1225년에 빠항은 스리비자야의 영향권에 속해 있었다. 14세기에 이 지역은 동부 자바에서 번성하던 마자빠힛의 영향권으로 편입되었다.

반도 남단의 조호르 지방은 초기 문헌에 '강가유'로 등장한다. 자바 사람들은 이 지역을 '갈루'로, 아랍 사람들은 '자후하' 또는 '조호르'라 불렀으며, 이들 지명은 모두 '보석'을 의미한다. 멀라까왕국의 역사 기록인《스자라 멀라유》(1612)도 강가유를 조호르와 연관 지어 기술했다. 마자빠힛왕국의 역사서《나가라꺼르따가마》(1365)는 14세기에 마자빠힛의 영향권에 속했던 말레이반도의 여러 지역을 거론하는데, 그중 조호르를 가리켜 '땅 끝'을 의미하는 '후중 메디니'라고 불렀다. 이 지역이 반도의 끝자락에 있음을 나타낸 것이다.

말레이반도의 초기 역사는 충분치 않은 고고학적 물증과 중국·인도·아랍·페르시아 등에 흩어져 있는 소수 문헌 기록에 의존한 나머지, 그 기술이 매우 단편적이다. 하지만 이들 기록을 통해 우리는 고대의 이 지역에 관해 최소한 두 가지 중요한 역사적 사실을 유추해볼 수 있다. 그 하나는 이 지역의 초기 국가들이 7세기 중엽 스리비자야가 등장하기 훨씬 전부터 인도문화의 영향을 받아들여 성립·발전했으며, 대략 13세기까지 스리비자야의 영향권에 속했다가, 14세기에 마자빠힛의 영향권으로 편입되었다는 것이다. 다른 하나는 스리비자야와 마자빠힛의 영향권에 속하는 동안 그들을 통해 말레이반도는 힌두–불교문화의 영향을 지속적으로 받았다는 것이다.

이처럼 말레이세계의 주변부에 머물러 있던 말레이반도는 15세기 초 이슬람의 유입과 함께 멀라까왕국이 성립되면서 비로소 이 지역의 새로운 중심 세력으로 부상하기 시작했다.[7]

필리핀

역사학자들은 약 7000여 개 섬으로 이뤄진 필리핀군도의 고대를 동남아시아 역사에 포함해 서술하는 작업에 몇 가지 이유로 어려움을 겪고 있다. 우선 필리핀은 지리적으로 동서 문명 세계의 해상 교차로인 멀라까와 순다 두 해협과 멀리 떨어져 있어, 동남아시아 다른 지역에 비해 인도문화의 영향이 미미했다. 게다가 필리핀 북부와 중부는 16세기 중엽부터 스페인의 식민지배하에서 기독교의 영향을 대대적으로 받으면서 동남아시아 전통문화의 계승이 완전히 단절되었다. 그 결과 스페인 식민지배 이전의 필리핀 상황을 알려주는 사료가 거의 존재하지 않아, 전통시대 필리핀 역사의 시대 구분조차 명확히 할 수 없다. 이러한 가운데 역사가들은 스페인 식민지배 이전 시기를 편의상 '고대 필리핀'으로 구분하고 있다.

이 시기에 말레이계 인종인 필리핀 사람들은 '바랑가이'라고 하는 정치·사회적 단위를 구성하고 살았다. 바랑가이는 본래 한 가족 또는 씨족이 타고 항해할 수 있는 배를 지칭하는 말로, 필리핀에서 여전히 촌락의 단위로 사용되고 있다. 대개 바랑가이는 아주 작게는 몇 가구에서, 좀 더 크게는 30~100가구 정도로 구성된 소규모 촌락 공동체였다. 한편 세부·마닐라·술루·민다나오의 일부에서 바랑가이는 수백 가구에서 심지어 1000가구로 구성되어 거주민이 2000명 이상 될 정도로 대규모 단위였다. 13세기 송宋대 조여괄은 《제번지諸蕃志》에 필리핀의 '삼서三嶼'라는 나라를 소개하면서 "천여 가구가 모여 사니"라고 했는데, 이는 바랑가이를 설명한 것으로 추정된다.

'다뚜'라고 하는 부족장이 바랑가이를 이끌었다. 부족집단끼리 서로 동맹을 맺기도 했지만, 혈연관계를 중심으로 구성된 각각의 바랑가이는 자치적 성격이 강한 정치·사회 공동체였다. 스페인이 들어오기 전까지 세부와 마닐라 지역의 몇몇 다뚜 간에 통합 시도가 있었지만, 강력한 구심점이 부재한 가운데 그들은 단일한 국가체제를 수립할 수 없었다.

중국과 동남아시아의 교역이 팽창하던 11~14세기 송나라와 원나라의 기록에 이따금 필리핀에 관한 언급이 등장한다. 1001년의 기록에 민다나오 북부 해안에 위치한 부뚜안이 등장하는데, 부뚜안은 11세기에 필리핀군도에서 무역 활동이 가장 활발했던 지역으로, 스페인이 침투하기 전 중국에 사절단을 파견한 최초의 바랑가이로 알려졌다. 부뚜안은 참파와도 교역을 했다.

《제번지》에는 '마이(마일麻逸)'라는 지명이 등장하는데, 이는 오늘날 루손 남서쪽의 민도로섬으로 추정된다. 조여괄은 《제번지》에 '마이'뿐 아니라 '산시'(비사야스)와 '린싱'(루손)도 언급했다. 중국은 이들 지역에서 주로 면화·코코넛·양파·양탄자 등을 수입했다. 15세기까지 캄보디아·참파·중국 등지로부터 연 400~500척에 이르는 무역선이 필리핀군도를 왕래했다.

말레이세계로부터 오랜 시간에 걸쳐 인구가 이동했기 때문에 그들과 함께 인도와 말레이 문화 요소들이 필리핀에 유입되었다. 《제번지》는 "필리핀의 추장들이 흰 우산을 사용했기 때문에 상인들은 이를 선물하는 것을 교역의 관례로 삼았다"고 전한다. 흰 우산은 힌두교의 영향을 나타낸다. 또한 "구리 불상들이 초야에 널려 있다"고 불교의 잔재를 언급했다. 필리핀 토착어인 따갈로그어에는 말레이어에 어원을 둔 단어가 많다. 예컨대 남부 필리핀의 지명인 민다나오·마긴다나오의 '다나오danao'는 '호수'란 뜻의 말레이어 '다나우danau'에서 유래했으며, 이러한 지명을 가진 지역엔 대개 커다란 호수가 있다. 또한 중부 필리핀군도를 통칭하는 '비사야스Visayas'는 '스리비자야Srivijaya'에서 유래했다.[8]

5장

고대 후기의 제국 만달라

7세기 무렵부터 공국보다 규모가 크고 강성한 만달라가 동남아시아에 등장하기 시작했다. 다이비엣·앙코르·버강·쑤코타이·란나·스리비자야·사이렌드라·마따람·싱오사리 등이 그들이다.

이들은 대략 14세기까지 중국문화와 인도문화를 토대로 국가와 사회를 발전시키며 고대 동남아시아의 후반부를 장식했다. 이들 국가는 공국보다 영향권이 방대하고, 국가와 사회 조직이 더 체계적인 특징을 띠어 '제국empire'으로 지칭되기도 하지만, 국가와 사회를 운영하는 통치 원리는 공국과 동일한 만달라 방식이었다. 따라서 제국에 상응하는 강력한 중앙 집권 체제가 부재한 가운데, 영향권을 확대하고 피후견국들을 통제하는 과정에서 때로는 불안정한 모습을 보이기도 했다. 그럼에

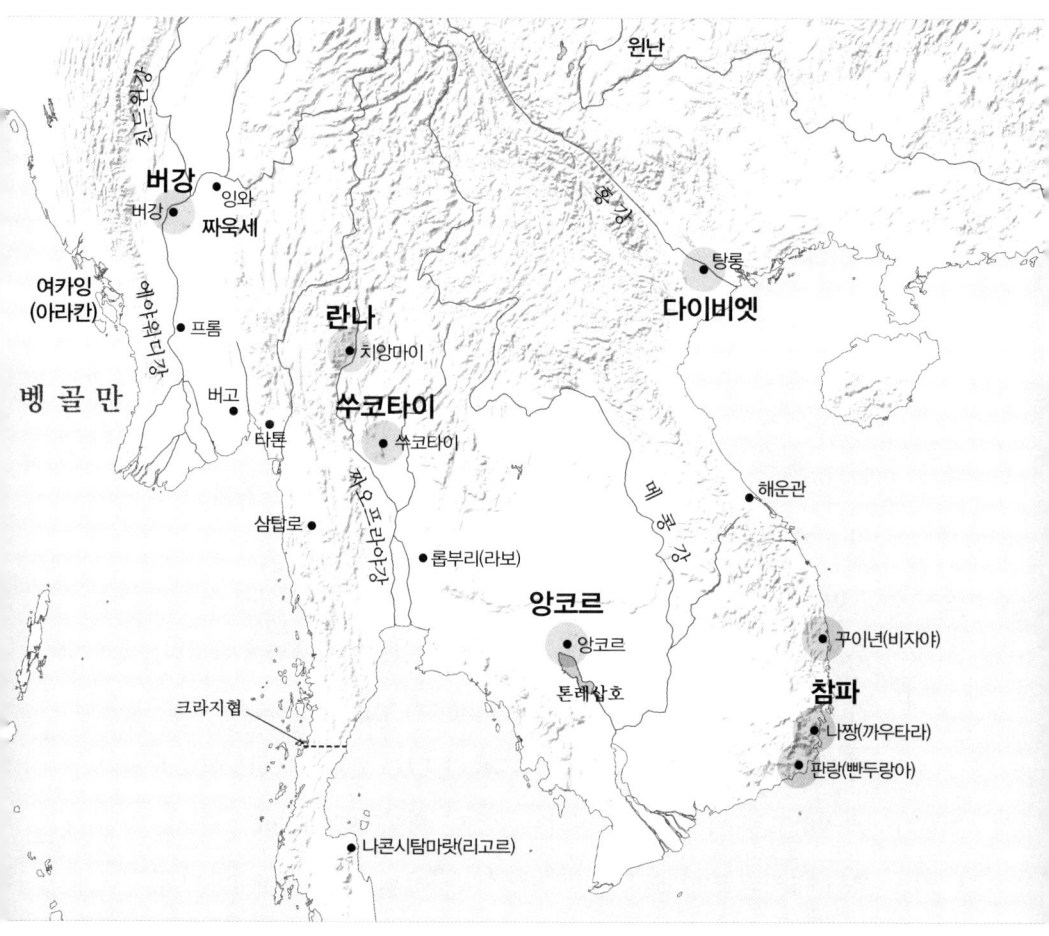

지도

버강
잉와
짜욱세

여카잉
(아라칸)

벵골만

란나
치앙마이

쑤코타이
쑤코타이

타툰

삼탑로

롭부리(라보)

앙코르
앙코르

톤레삽호

나콘시탐마랏(리고르)

크라지협

원난

탕롱

다이비엣

해운관

꾸이년(비자야)

참파
나짱(까우타라)

판랑(빤두랑아)

13세기 대륙 동남아시아의 정치 중심

도 그들은 비교적 오랜 기간 번영을 구가하며 동남아시아 전통시대의

전성기인 고전시대로 이어졌다.

1 대륙부

다이비엣

939년 중국에게서 독립한 뒤, 응오 꾸엔(오권吳權)은 어우락 시대(서기전 208~서기전 179)의 도성인 꼬로아를 수도로 정했다. 그 후 1009년까지 남비엣은 지속적인 내란으로 세 왕조*가 부침을 겪다가 독립한 지 70년 만에 역사 속으로 사라졌다.

1009년 띠엔레의 마지막 왕인 롱 딘(용정龍鋌)이 세상을 떠나자, 리 꽁 우언(이공온李公蘊)이 관리들과 승려들의 지지를 받아 제위에 올랐다. 그가 바로 베트남 최초의 장기 왕조인 리(이李) 왕조(1009~1225) 시대**를 연 리 타이 또(태조太祖, 재위 1009~1028)다. 그는 오늘날의 하노이에 도읍을 정하고, 용이 하늘로 올라간다는 뜻인 '탕롱(승룡昇龍)'이라 수도를 칭했다. 리 왕조는 국명을 다이비엣(대월大越)***으로 정하고 독자적인 연호****

---

*   응오Ngo(오吳) 왕조(939~965), 딘Dinh(정丁) 왕조(966~980), 띠엔레Tien Le(전여前黎) 왕조(980~1009).

**   베트남은 우리나라처럼 중국의 영향을 지대하게 받으며 역사와 문화를 발전시켜왔다. 그 결과 우리나라와 베트남은 국가체제의 성격, 언어(한자 · 한문), 종교(불교 · 도교 · 유교), 의식주 등 문화 요소와 역사적 변천 과정에 유사한 점이 있다. 이러한 관점에서 베트남의 리 왕조는 우리나라 고려(918~1392)의 전기前期에 해당하는 왕조라 할 수 있다.

***   전통 동남아시아 국가의 역사를 기술할 때, 왕국을 중심으로 하는 방법과 왕조를 중심으로 하는 방법 두 가지가 가능하다. 한 왕국에 여러 왕조가 부침을 거듭한 경우엔 왕국을 중심으로 기술하고, 한 왕국이 단일 왕조로 발전한 경우엔 왕조를 중심으로 기술하는 것이 일반적이다.

****   연호年號란 군주국가에서 군주가 자신의 치세 연차에 붙이는 칭호를 말한다. 한 예로 고구려 광개토 대왕은 '영락永樂'이라는 연호를 사용했는데, 영락 1년은 광개토 대왕이 왕국을 통치한 지 1년이 되었다는 뜻이다. 중국의 영향으로 우리나라, 일본, 베트남 등에서도 연호를 사용했다. 전통시대에 중국 이웃 국가들의 왕조가 황제란 칭호

를 사용했다. 또한 타이 또는 스스로를 황제라고 칭하며 중국과 대등한 독립 국가임을 과시했다.

리 왕조는 불교를 국가의 주된 이념으로 삼았다. 1010년 타이 또는 전국 각지의 사찰을 개보수하고, 탕롱과 자신의 고향에 많은 사찰을 새로 짓고, 큰 종을 주조하여 기증했다. 1018년에 그는 중국에 사절을 파견해 '삼장경三藏經(트리피타카)'*을 요청하기도 했다.

'펏 마(불마佛瑪)'라는 이름을 가진 2대 황제 리 타이 똥(태종太宗, 재위 1028~1054)도 이러한 추세를 이어갔다. 이름이 암시하듯 독실한 불교 신자인 그는 즉위하고 나서 5년 안에 사찰 1000여 곳을 건립했다. 다른 한편 그는 1040년부터 중국의 유교적 제도와 문물을 도입하기 시작했고, 당의 법을 본떠 옛 법률과 관습법을 정리해서 《형서刑書》를 반포했다.

1054년 타이 똥이 세상을 떠나자 리 타인 똥(성종聖宗, 재위 1054~1072)이 즉위했다. 이 시기에도 역시 불교에 대한 열정이 대단했다. 타인 똥도 선대왕들과 마찬가지로 수많은 사찰과 불탑을 세웠는데, 이로 인해 훗날 백성들을 피폐하게 만든 황제로 비판받을 정도였다.

한편 타인 똥 시기에 유교문화의 유입도 눈에 띄었다. 1059년 타인 똥은 칙령을 내려, 조회 때 모든 신하가 반드시 중국식 관모를 쓰고 중국식 신발을 신도록 했다. 1070년엔 공자와 그의 제자들을 모신 문묘文廟를 세워 계절마다 제사를 지내게 하고, 학교를 부설해 귀족 자제에게 유학을 가르쳤다.

와 함께 독자적인 연호를 사용하는 것은 중국과 대등한 독립 국가임을 강조하는 의미를 띠었다.

* 석가모니의 설법을 기록한 경장經藏, 교단의 계율을 해석한 율장律藏, 경장에 대한 주석 문헌인 논장論藏을 집대성한 불교의 대경전으로 '일체경一切經' 또는 줄여서 '장경藏經'이라고 한다. '피타카pitaka'는 산스크리트어로 문서·교의를 담는 광주리란 뜻이다. '트리피타카tripitaka'는 삼장경을 담은 세 광주리를 의미한다.

1069년 타인 똥은 5만 군대와 200척 함대를 이끌고 참파를 공격해 비자야를 함락하고, 루드라바르만 3세를 생포해 많은 포로와 함께 탕롱으로 끌고 갔다. 얼마 후 타인 똥은 참파 왕의 귀국을 허락하는 대신 참파의 세 주, 디아리·마린·보찐을 할양받았다. 이는 베트남 역사의 중요한 일면인 남진의 시작이라는 점에서 의미 있는 사건이었다.

1072년 타인 똥이 세상을 떠나고, 어린 황태자 깐 득이 일곱 살 나이에 '년 똥'(인종仁宗, 재위 1072~1127)이란 왕호로 즉위했다. 년 똥 재위기에 주목할 점으로 중국식 과거제도 도입과 오늘날 국립대학에 해당하는 국자감國子監 설립을 꼽을 수 있다. 그는 국자감을 통해 유학儒學 인재를 본격 육성하고, 과거제도를 통해 등용된 관료들을 축으로 1089년 관직을 정비해 송宋과 유사한 관직 제도를 실시했다. 이전까지 주로 불교 승려의 추천에 따라 관료를 등용했으나, 과거제 실시 후 이러한 임용 방식은 점차 사라지게 되었다. 년 똥은 여전히 불교를 신봉하고 승려를 후대했지만, 이 시기에 제도적으로 왕권을 강화하는 과정에서 유학이 점차 불교를 대신하게 되었던 것이다.

리 왕조는 1210년에 까오 똥(고종高宗, 재위 1176~1210)이 사망하면서 쇠퇴기에 접어들었다. 콰이쩌우와 당쩌우 지방 세력이 반란을 일으켰고, 이 사건을 계기로 얼마 후 리 왕조의 운명에 결정적인 타격을 가한 쩐(진陳)씨 세력이 등장했다. 1211년에 황태자 쌈이 후에 똥(혜종惠宗, 재위 1211~1224)으로 황제에 올랐지만, 그는 병약하고 정신이상으로 정사를 돌볼 수 없었기에 대신 어머니의 외척인 담지몽이 국정을 주도했다. 홍강 삼각주의 호족인 쩐씨 가문은 반란 세력에게서 황실을 보호한다는 명분으로 황실과 혼인 관계를 맺으며 조정에 진입했다. 그러고 나서

1225년 쩐 투 도(진수도陳守度)가 왕위를 찬탈했다. 이로써 리 왕조에 이어 역시 장기 왕조인 쩐 왕조 시대(1225~1400)*가 열렸다.

쩐 왕조는 리 왕조의 몰락을 반면교사로 삼아, 왕위 계승 분쟁이 일어날 소지를 사전에 차단하고자 몇 가지 새로운 제도를 창안했다. 먼저 부계에 따라 장자가 왕위를 상속하는 제도를 확립했다. 그리고 상황제上皇制를 두어, 황제가 적절한 시기에 왕위를 후계자에게 물려주고 태상황太上皇으로 물러앉았다. 또한 황태자를 조기 책봉하고, 황태자는 황실 근친혼을 하며, 황후를 한 사람만으로 정하는 제도를 도입했다.

리 왕조 못지않게 쩐 왕조 시기에도 불교가 융성했다. 황제들은 불교 발전에 큰 열정을 쏟고, 재위 시에는 물론 상황이 된 다음에도 불교 수행에 전력했다. 여전히 불교가 국가와 사회 전반에 대세인 가운데, 유교 보급이 점차 확대되었다. 종실이 주요 직위를 독점하는 동안, 중국과 외교 관계를 지속하기 위해선 이를 담당할 유교 관료 양성이 필요했기 때문이다.

쩐 왕조 시기의 첫 과거 시험이 1232년에 실시되었다. 과거 시험이 부정기적으로 시행되던 리 왕조 때와 달리, 1246년 이후 정례화하여 7년마다 실시되었다. 이를 통해 유교 관료들이 점차 증가했다. 그러나 과거 출신 관료의 영향력은 크지 않았다. 쩐 왕조는 호족 집단이 세운 왕조답게 가족의 결속력이 유난히 강해서, 중앙의 황제 이하 요직은 말할 것도 없이 지방을 통치하는 수령도 전부 쩐씨를 기용했기 때문이다.

1272년 레 반 흐우가 《대월사기大越史記》를 편찬했다. 이 책은 찌에

---

* 우리나라 고려의 후기後期에 해당하는 왕조.

우 다의 남비엣을 시작으로 리 왕조 멸망까지의 역사(서기전 180?~서기 1225)를 기술했다. 레 반 흐우가 베트남의 역사를 중국인인 찌에우 다가 건설한 남비엣에서 시작한 것은, 앞서 말한 바와 같이 찌에우 다가 스스로를 황제로 칭해 한漢과 대등함을 과시했기 때문일 것이다. 이 베트남 최초의 역사서를 통해 쩐 왕조는 중국과 구분되는 베트남의 독립성과 남비엣을 계승했다는 정통성을 강조하려 했던 것으로 보인다.

쩐 왕조 시기에 또 하나 주목할 만한 사실은 '국음國音'이 시대의 새로운 경향으로 자리 잡기 시작했던 점이다. 국음이란 쯔놈(자남字喃)이라고 하는 것으로, 한자의 소리와 뜻을 조합해 베트남어를 표기하는 방식이다. 예컨대 '南'과 '五'를 합쳐 써놓고 '남'이라고 읽는데, 베트남어로 '남'이란 '다섯'을 뜻한다. 이 역시 베트남의 독립성과 창의적 융합이 엿보이는 대목이다.

쩐 왕조는 3차(1257년, 1284~1285년, 1287~1288)에 걸친 막강한 몽골 군대의 공격을 물리쳤다. 하지만 이 과정에서 쩐 왕조를 떠받치던 강력한 호족의 결속력이 균열을 보이기 시작했다. 쩐 왕조의 종실이 주전파와 주화파로 분열했던 것이다. 전쟁이 치열해질수록 종실의 분열도 심해졌다. 심지어 주화파 종실의 사신이던 레 딱(여즉黎崱)은 몽골 군대를 위해 《안남지략安南志略》이라는 베트남 안내서까지 써주었을 정도다. 게다가 전후 주화파 투항자들에 대한 처벌과 그들로부터 몰수한 전장田庄 처리 문제를 놓고 다시 종실이 갈라져 심한 내홍을 겪었다.

그러는 사이 14세기에 들어서면서 쩐 왕조는 참파의 침략과 새로 건국된 중국 명明(1368~1644)의 압력으로 흔들리기 시작했다. 원의 침략을 물리친 뒤 쩐 왕조는 참파를 밀어내고 베트남 중부 지역까지 진출했지만, 그 후 참파가 계속해서 남쪽 변경을 괴롭혔다. 1361년부터 1390년까지 30년 동안 참파의 왕인 쩨 봉 응아(제봉아制蓬莪)는 이전에 빼앗긴 땅을 되찾으려고 쩐 왕조를 집요하고 거세게 공격했다. 수도인 탕롱이 여러 차례 점령당했다.

참파와 오랜 전쟁을 치르면서 쩐 왕조는 인력난이 심각해지고 재정 상태도 극도로 악화되었다. 부족한 세수를 충당하고자 1378년 모든 '정남丁男'*에게 일률적으로 부과하는 인두세를 신설했다. 과중한 부담에 시달리던 농민들이 각지에서 반란을 일으켰다. 설상가상으로 1384년 윈난 지방의 소요를 계기로 명은 쩐 조정에게 군량미 5000석을 포함한 과도한 공물을 지속적으로 요구했다. 이 무리한 요구가 쩐 조정의 재정을 더욱 피폐하게 만들었다. 결국 1400년에 호 꾸이 리(호계리胡季犛)가 호 왕조를 세우면서 쩐 왕조는 역사 속으로 사라졌다.[1]

참파

10세기 이후 참파 역사를 이해하는 데 중요한 두 가지 주제는 무역과 전쟁이다. 1000킬로미터가량 길게 뻗어 있는 해안지대는 토양이 척박하고, 평야가 좁아 농업보다는 해상무역이 더 적합했다. 이 같은 지리 여건에 따라 참파는 동서 바닷길의 무역 활동에 적극적으로 참여해 국부를 쌓았다. 뿐만 아니라 말라요-폴리네시아 인종집단에 속한 참인들

---

* 16세부터 60세까지의 남자.

은 인종·언어적 유대를 바탕으로 말레이세계의 해상무역에 쉽게 참여할 수 있었다. 15세기에 호이안은 참파의 가장 중요한 무역항이었다.

참파가 북쪽으로 영향권을 확대하면서 중국 지배하의 남비엣 경계인 하띤과 인접하게 되었다. 남비엣이 독립한 10세기 이후 이 지역에서 두 나라 간에 분쟁이 잦았다. 그리고 다이비엣과 참파는 약 4세기 동안 우열을 가릴 수 없는 전쟁을 벌였다. 특히 쩨 봉 응아(제봉아制蓬莪, 재위 1360~1390)란 베트남 이름으로 더 잘 알려진 비나수르 왕은 다이비엣을 여러 차례 공격해 수도를 점령하고 왕을 살해하는 등 다이비엣의 국운을 위태롭게까지 했다.

14세기 말까지 참파는 해안 무역에서 벌어들이는 막강한 경제력을 바탕으로 다이비엣과 대등한 군사력을 유지했다. 하지만 15세기가 시작되면서 참파는 해운관海雲關(지금의 후에와 다낭 사이) 남쪽을 다이비엣에 할양했다. 이 시기부터 두 나라 간 힘의 균형이 왜 무너지기 시작했는지는 불분명하다. 참파의 강력한 지도자인 쩨 봉 응아의 사망이 중요한 원인 중 하나로 보인다. 그 직후부터 참파의 국력이 급격히 쇠퇴했기 때문이다. 그러나 근본적으로 소공국들의 느슨한 연합체인 참파보다, 레 왕조가 출범하면서 중국의 본격적인 영향을 받아 중앙 집권 체제를 구축한 다이비엣이 더 강한 응집력을 갖추었기 때문이라는 해석도 있다.

참파는 앙코르와도 대립했다. 802년 캄보디아에 앙코르가 들어서면서 두 인접 국가는 남쪽의 해상무역로와 주위 소공국들에 대한 통제권을 둘러싸고 마찰을 빚기 시작했다. 특히 10세기에 앙코르가 팽창 정책을 추구하면서 양국 간에 대립이 더욱 격해졌다. 1177년에 참파 군대가 앙코르를 공격하기도 했다. 그러나 참파가 15세기 다이비엣에게서 공격을 당할 때까지 외부의 큰 위협에 시달리지 않은 것으로 보아, 두 나라는 갈등을 잘 조절했던 듯하다.

1471년 참파는 레 왕조의 타인 똥이 이끄는 다이비엣군과 싸워 패했다. 이 전쟁은 참파의 운명에 결정타였다. 이때 많은 참인들이 살해되거나 비엣족 사이에 섞여 살면서 동화되어갔다. 19세기 전반 남부 메콩강 삼각주에 위치한 빤두랑아가 응우엔(阮) 왕조에 마지막으로 정복당한 뒤, 동남아시아 최장수 왕국인 참파는 지도에서 완전히 사라졌다.[2]

앙코르

크메르족은 상부 메콩강과 하부 메콩강을 연결하는 거대한 톤레삽호의 왕성한 생산력을 바탕으로 앙코르를 건설했다. 이 제국은 9세기 초부터 14세기까지 앙코르 와트와 앙코르 톰 같은 거대한 건축물을 세우는 등 고대 동남아시아 국가 중 가장 인상적인 족적을 남겼다.

앙코르는 동시대 동남아시아의 다른 만달라 체제 국가들과 비교했을 때 여러 면에서 독특했다. 태조인 자야바르만 2세(재위 802~850)와 앙코르 와트 건설을 시작한 수르야바르만 2세(재위 1113~1150) 사이에 16명이 왕위를 계승했다. 비문에 나타난 그들의 행적 중 가장 인상적인 면은 그들이 왕권의 신성화를 위해 경쟁하듯 시바·비슈누·붓다에 봉헌한 사원들을 많이 건축했다는 점이다. 또한 동시대 다른 동남아시아 국가들의 경우 일반적으로 사원이 '의식儀式을 위한 공간'이었던 반면, 앙코르의 그것들은 왕 개인의 '장례 공간'이었다. 사후에도 앙코르의 왕들은

앙코르 와트

우주의 통치자, 즉 차크라바르틴*과 같은 존재로 영원히 남기를 원했던 것 같다.

앙코르 왕들의 신성화는 왕명에서도 나타났다. 예컨대 왕명으로 자주 등장하는 인드라바르만의 '인드라'**는 제석천이고, 수르야바르만의 '수르야'는 태양신을 가리킨다. 왕명 뒤에 공히 붙는 칭호인 '바르만'은 '보호'를 의미하는 것으로, 결합해보면 각각 '제석천의 보호를 받는 자', '태양신의 보호를 받는 자'로 풀이된다.

최근 학자들은 특정 비문에 '신왕神王, godking'을 뜻하는 '데바라자'란 표현이 쓰인 것은, 앙코르 왕이 신과 대등한 권위를 지녔다는 의미가 아

---

* 차크라바르틴은 산스크리트어로 바퀴를 의미하는 '차크라'와 '움직이다'를 의미하는 '바르틴'의 합성어다. 우리말 불경에서는 '전륜성왕轉輪聖王'이라고 쓴다. 힌두교의 규범 또는 불법인 다르마Dharma에 세상을 통치하는 이상적인 군주상으로 제시된다.
** 고대 인도 아리아인의 종교인 브라만교의 신. 하늘의 왕이자 전쟁의 신으로 천둥과 번개, 비를 다스린다. 불교에서는 인드라를 '제석천'이라는 이름으로 받아들였고, 부처의 가르침과 그 제자들을 수호하는 신으로 여겼다.

니라는 주장을 펴기도 한다. 하지만 자야바르만 2세를 비롯해 앙코르의 왕들이 고대 동남아시아 만달라 체제의 국가에선 흔히 볼 수 없는 매우 웅장하고 세련된 방식으로 왕권 신성화에 집착했던 것은 분명해 보인다.

인드라바르만(재위 877~889) 때부터 앙코르의 왕들은 '바라이'란 인공 저수지를 만들어 농업 생산을 획기적으로 증대하고자 했다. 인드라바르만 재위 중에 건설된 인드라따따까 저수지는 그 규모가 거대해, 300헥타르에 달하는 방대한 평원의 수원水源이 되었다. 그의 뒤를 이은 야소바르만(재위 889~910) 때에도 '야소다라따따까'라고 하는, 길이 6.5킬로미터, 폭 3킬로미터에 달하는 거대한 저수지가 축조되었다. 저수지와 저수지, 그리고 강물과 호수는 거미줄 같은 수로로 연결되었다. 앙코르는 연 2~3기작의 쌀 생산이 가능하도록 복잡한 대규모 저수 체계를 구축했던 것이다. 동시대 다른 동남아시아 국가에서 이 정도 규모와 체계를 갖춘 관개 시설은 찾기 어렵다. 전성기에 앙코르는 성곽도시인 앙코르 톰의 4대문 안에 거주하는 지배층을 포함해 약 100만 인구를 부양했다.

'위대한 정복자'로 알려진 수르야바르만 2세 시대에 앙코르는 남부 베트남부터 라오스, 태국, 나아가 북부 말레이반도까지 영향권을 확대했다. 그리하여 12세기 초 앙코르는 오늘날의 대륙 동남아시아 대부분의 지역과 후견-피후견 관계를 맺어 막강한 정치력을 과시했다. 하지만 앙코르 톰과 그 중앙의 바욘 불교사원을 건축한 자야바르만 7세(재위 1181~1219경)를 정점으로 앙코르는 내리막길을 걷기 시작했다.

이처럼 막강하던 제국이 몰락의 길에 접어든 까닭은 무엇일까? 전성기에 앙코르의 주 수입원은 풍부한 농업 생산과 방대한 영향권에서 거두어들이는 공납이었다. 노예를 포함해 다양한 공납을 강요받고 저항하던 피후견국들과 자주 전쟁을 치르면서 국가 재정이 고갈되었을 것이다. 앙코르는 참파·롭부리·하리푼자야와 여러 차례 전쟁을 치렀다.

또한 참파의 공격에 대비해 건축한 앙코르 톰(대왕도大王都)을 비롯해 수많은 거대 사원과 신전을 축조하고 유지하는 비용이 앙코르의 재정에 큰 부담으로 작용했을 것이다. 특히 자야바르만 7세는 전국에 신전 2만 곳을 짓고, 주요 지방마다 사원을 세웠는데, 그곳에 기거하는 힌두교 사제와 불교 승려 약 30만 명에게 막대한 국가 재정이 들어갔다. 게다가 거대한 사원들을 건축하는 일은 노예·장인·관리 등 수많은 인구에 경제적으로나 육체적으로 심한 부담을 안겼다.

크메르 왕들이 왕권 신성화를 위해 앞다투어 거대한 사원 축조에 몰입하는 동안, 동남아시아적인 만달라 체제 국가의 유연성이 훼손되어 복원력을 잃고 멸망했다는 주장도 있다.

전술한 바와 같이 앙코르는 정교하고 복잡한 대규모 수로 및 저수 체계를 발전시켜 왕성한 농업 생산력을 유지했으나, 역설적으로 이 시설이 몰락의 한 원인으로 작용했다고 한다. 인공 수로 체계의 관리 부실은 곧 토양 침식으로 인한 농업 생산력의 급격한 저하는 물론, 모기로 인한 말라리아의 창궐로 이어지는 취약점을 갖기 때문이다.

앙코르의 멸망을 14세기 태국 중원의 정치적인 변화와 연관 짓기도 한다. 13세기부터 앙코르의 변방인 북부 태국에 자리 잡은 따이족의 므엉(소공국)들이 남쪽으로 세력을 확장하기 시작했고, 세기말에 이르자 그들의 군사적 위협이 앙코르에 심각한 문제가 되었다. 결국 14세기 중엽 짜오프라야강 중류 지역에 아유타야왕국이 등장한 것이 결정타가 되었다. 14세기 말부터 앙코르는 아유타야의 대규모 침공을 받기 시작했다.

앙코르는 몰락하고 말았다기보다 당시 시대 상황의 변화에 따라 점진적 '순응'을 택했다는 주장도 제기되었다. 이 주장에 따르면 앙코르는 송·원나라 때에 중국이 대외 교역을 확대하면서 무역과 상업이 국부의 원천으로 중요해지자, 쌀 경작을 등한시하기 시작했다. 14세기 전반 크메르 왕들은 해상무역로에 근접한 프놈펜 지역에 관심을 기울이며 점차 내륙 지역인 앙코르를 포기했다.

1371년부터 1419년까지 앙코르는 무역 거래를 촉진할 목적으로 중국에 열두 차례 이상 조공 사절단을 보냈다. 사절단 파견 횟수와 그들에 대한 중국의 예우는 이 시기에 앙코르가 여전히 역동적이고 강력한 세력이었음을 나타낼 뿐 아니라, 그동안 얽매였던 브라만적 관료주의 의식과 관행에서 벗어나 외부와 무역 관계를 개척하려 한 앙코르 지배층의 열망을 보여준다. 이러한 관점에서 아유타야의 위협이 최고조에 이르렀을 때 앙코르는 생존을 위해 해상무역 왕국으로 변모를 꾀하며 프놈펜으로 이주했을 가능성이 크다고 할 수 있다.

1431년 앙코르가 타이인들에게 점령되었다. 그들을 물리치고 잠시 안정을 되찾기도 했으나, 결국 1434년 앙코르는 수도를 남동쪽 멀리 위치한 오늘날의 프놈펜으로 옮겼다.[3]

버강

832년 버마족은 쀼족을 정복하고, 849년경 버강을 건설해 13세기 말까지 오늘날의 미얀마 대부분에 해당하는 지역을 영향권으로 삼았다.

건국 초기 버마족은 각 부족의 독립성이 강했다. 부족마다 섬기는 '낫'(정령)도 제각기 달랐다. 그리고 이 시기에는 오늘날의 미얀마가 아직 통일된 지역이 아니었다. 상부(북부)에서는 에야워디(이라와디)강 중상류의 버강을 중심으로 버마족이, 하부(남부)에서는 시땅강 하류의 버고와 살윈강 하류의 타톤을 중심으로 몬족이 살고 있었다.

버강 건국 후 약 2세기가 지났을 때 아노여타(재위 1044~1077)가 버마를 통합하기 시작했다. 그가 몬족 출신 승려 신 아라한의 건의에 따라 상좌부불교를 도입해 국가 통합을 준비하는 사이, 때마침 타톤의 라만나데사가 하부 버마 지역까지 영향권을 확대하려는 앙코르의 위협을 받고 아노여타에게 지원을 요청했다. 이에 버마족은 몬족과 연합해 앙코르 군대를 격퇴했다.

1056~1057년에 버강은 라만나데사를 영향권 아래 끌어들여 버마의 첫 통일 왕국을 세웠다. 몬족의 세련된 불교문화를 동경하던 아노여타가 이때 삼장경 30벌을 버강으로 가져오면서 몬 승려와 장인까지 3만 명을 데려왔다. 버마족 사회는 곧 상좌부불교로 개종해 몬족의 불교문화를 대대적으로 수용했다. 국가 통합을 위해 정복자가 피정복자를 자기 문화에 동화시키는 일반적인 과정과는 대조적인 대목이다.

아노여타는 부처의 치齒사리를 모신 쉐더공 파고다를 건설하는 등 많은 불사를 일으키고, 승려의 위계 조직인 상가(승단僧團)를 지원했다. 이후 상가는 점차 버마인들의 정신세계를 지배하는 구심점이 되기 시작했다. 이 시기에 대륙 동남아시아 여러 지역에 상좌부불교가 전파되기 시작했다. 아노여타는 동남아시아에 상좌부불교가 확산되는 데도 크게 기여했던 인물로 평가할 수 있다.

아노여타는 낫 신앙을 불교와 결합해 버마 사회의 통합을 꾀했다. 그는 '37낫 신앙'을 창조해 그들 중 최고의 낫인 드쟈민을 인드라와 동일시하고, 그 아래 남매 낫인 '산악의 영주' 마하기리와 '황금 얼굴' 쉐멧타나를 포함해 총 37낫을 쉐더공 파고다 안에 부처의 성물과 함께 봉안했다.

쉐더공 파고대(양공)

그러나 하부의 몬족은 상부의 버마족을 '야만인'으로 간주하고, 그들의 지배를 순순히 받아들이려 하지 않았다. 특히 아노여타가 삼장경과 함께 승려와 장인들을 버강에 끌고 간 것은 몬족에게 지울 수 없는 상처를 준 문화적 약탈이었다. 몬족은 약탈자의 통합을 거부하고, 기회 있을 때마다 그들의 지배에 저항했다. 그럼에도 국가 통합을 위한 버마족의 화합 정책은 지속되었다. 예컨대, 아노여타 사후 발생한 버고와 타톤의 반란을 진압하고 왕위에 오른 칸지타(재위 1084~1111)는 타톤의 지배 가문에게 딸을 시집보냈다. 그리고 그 딸에게서 태어난 아들, 즉 외손자가 왕위를 잇도록 했는데, 그가 바로 알라웅시뚜(재위 1111~1167)다.

버강은 친드윈강과 에야워디강이 합류하는 비옥한 평원인 짜욱세 · 민부 · 무의 농업 생산력을 바탕으로 번영을 구가했다. 남부 버마의 몬족 지역에서 남쪽의 남부 태국(북부 말레이반도), 동쪽의 중부 태국, 그리고 북서쪽의 여카잉(아라칸)과 인도로 이어지는 육로 교통의 요충지인 삼탑로三塔路를 통한 육상무역도 버강의 발전에 중요한 역할을 담당했다. 해상교역이 주로 몬족을 통해 이뤄지는 동안, 인도와 중국 간 해상교역을 잇는 육지의 주요 통로인 크라지협에 대한 통제권을 장악한 것도 버강의 번영에 한몫했다.

버강의 지배층은 각자에게 할당된 특정 묘(읍)를 경제적 기반으로 삼았기 때문에 그들을 '묘자(읍을 먹는 사람들)'라 칭했다. 그들은 수도에 거주했고, 대리자들이 각 묘를 위임받아 다스렸다. 수도 밖의 지방은 세습 호족인 묘두지가 관할하는 전형적인 만달라 체제 국가였다. 왕국의 주요 국사는 협의체인 '흐롯도'에서 논의, 결정되었다.

불교를 근간으로 통합된 버강 사회에서 왕은 불교의 최대 후원자이며 불교 세계를 구현하는 주체였다. 따라서 왕과 상가는 정치·경제적으로 뗄 수 없는 관계를 맺고 있었다. 왕의 정통성과 권위 유지는 주로 상가에 정기적으로 시주함으로써 신앙심을 표출하는 데 달려 있었다. 시주로 세금이 면제되는 토지와 그에 딸린 인력을 지속적으로 제공했기에, 종종 국가 재정이 위축되고 왕의 권위까지 약화하는 결과를 초래했다. 그리하여 토지 회수라든가 시주 금지 같은 상가 개혁이 왕의 능력을 가늠하는 척도가 되기도 했다. 12세기 버강의 수도 주위에는 승원 2004곳에 승려 약 4만 명이 있었을 것으로 추산되는데, 이는 당시 상부 버마 수도 인구의 10퍼센트에 해당했다. 12세기 말에는 이처럼 비대해진 상가에 시주할 토지가 남아나지 않았고, 이는 왕의 권위를 떨어뜨렸다.

나라빠티시투(재위 1173~1210)는 상가 개혁을 통해 왕실의 세입을 위한 상당한 토지를 확보해서 13세기 초 버강의 전성기를 이끌었다. 이 시기에 버강의 영향권은 동북쪽으로 북부 라오스까지 이르렀고, 서쪽은 인도와 접했으며, 남쪽과 북쪽의 영향권도 각각 북부 말레이반도와 윈난(운남)에 달했으니, 이는 지금의 미얀마 영토와 거의 일치한다.

그러나 나라빠티시투 사후에 후계자들─나다웅먀(재위 1210~1234), 쪼솨(재위 1234~1249), 너러띠하뻐떼(재위 1254~1287)─은 계속 상가에 토지를 기증했고, 상가 개혁에는 실패했다. 그 결과 중앙 세력의 권위가 약화됨에 따라 외곽의 세력들이 하나둘 영향권에서 이탈하기 시작했다. 1281년에 버고의 몬족이 버강의 영향권에서 벗어났다.

버마 최초의 통일 국가인 버강의 권위는, 따이족의 한 갈래인 샨족이 고산지대로부터 짜욱세평원의 동쪽과 북쪽으로 침투해 내려오면서 약해지기 시작했다. 이러한 가운데 1283~1301년 몽골의 침략으로 인한 버강의 붕괴는 샨족의 지역 패권 장악에 결정적인 계기를 마련해주었다. 샨족은 몽골 원정군을 짜욱세평원에서 몰아내는 데 성공한 뒤 이 지역의 새 지배자로 부상했다. 그 후 버강은 제국의 지위를 완전히 상실하고 소공국으로 전락했다.

혼란이 끝나고 14세기 전반 샨족은 짜욱세평원 인근에 잉와를 건설했다. 한편 버마족은 혼란을 피해 남쪽으로 이동해서 시땅강 유역 떠응우에 새로운 국가를 건설했다. 몬족의 버고는 남부 해안의 무역 중심지로 번영했다. 여카잉(아라칸)에도 독립 국가가 발전하고 있었다. 이처럼 몽골 침략 후 버강의 영향권은 네 주요 인종집단 즉 샨족·버마족·몬족·여카잉족의 세력권으로 나뉘었다. 그 후 두 세기 동안 이들 세력은 외교와 전쟁을 통해 서로 우위를 점하려고 경쟁을 벌였다.[4]

쑤코타이

　오늘날 태국 국민의 대부분을 차지하는 타이족은 다른 인종에 비해 비교적 늦은 13세기에 대륙 동남아시아에 정착하기 시작했다. 그렇다면 동남아시아의 '지각생'인 타이족은 어디로부터 유래해 어떻게 해서 오늘날 태국의 중심 민족으로 입지를 다졌을까?

　언어학적으로 타이족은 라오스의 라오족, 미얀마의 샨족, 베트남의 눙족과 함께 따이-까다이어족에 속한다. 타이족은 오늘날의 중국과 베트남 경계 지역이 본향이었는데, 서기 이후 다양한 집단으로 분화해 점차 남쪽과 서남쪽 방향으로 확산했다. 10~12세기경 그들은 대륙 동남아시아 대부분을 호령하던 앙코르 북부의 주변 지역에 분산 정착해 므엉(소공국)을 이루고 있었다.

　13세기 대륙 동남아시아 북부 지역에 정치적 격변이 일었다. 자야바르만 7세 시대에 전성기를 이루었던 앙코르는 13세기 초부터 점차 쇠퇴기에 접어들었다. 1253년 몽골 원정군이 난짜오를 정복하고, 1283~1301년엔 버강을 무너뜨렸다. 이러한 변화는 그동안 이 지역의 주변부에서 움츠리고 있던 따이인들에게 운신의 폭을 넓혀주었다. 그 결과 동남아시아 역사에서 13세기는 실로 '따이족의 세기'라 할 만큼, 이 시기에 따이족의 여러 왕국이 역사의 무대에 등장했다. 오늘날의 태국 영토에 그 새로운 역사를 시작한 주역이 바로 쑤코타이와 란나다.

　따이^Tai족의 한 갈래인 타이^Thai족은 1240년대 무렵부터 중부 태국의 쑤코타이 지역을 중심으로 앙코르의 영향력에서 벗어나려는 움직임을 보이기 시작했다. 웃따라딧 므엉의 파 므엉과 방양 므엉의 방 끌랑 하오, 두 지도자가 연합 세력을 구축해서, 쑤코타이 지역을 다스리던 크메르 세력을 몰아내고 마침내 타이족의 왕국을 건설했다. 이렇게 태국 역사에서 처음으로 왕조가 문을 열었다. 방 끌랑 하오가 '씨인트라팃'이란 왕호와 함께 쑤코타이의 태조가 되었다.

람캄행 대왕 동상(쑤코타이)

1279년 방 끌랑 하오의 손자인 람캄행(재위 1279~1298)이 왕위에 오르면서, 쑤코타이는 영향권을 확대하고 제국으로서 면모를 갖추기 시작했다. 1292년의 '람캄행 비문'에 따르면 쑤코타이의 영향권은 동쪽으로는 메콩 유역, 서쪽으로는 버마 지역, 남쪽으로는 말레이반도, 북쪽으로는 윈난 근처에 이르렀다.

람캄행 시대에 상좌부불교가 이미 타이 사회에 확고하게 정착했던 것으로 보인다. 람캄행 비문에 따르면 종려나무 숲의 정자에서 고승들이 한 달에 네 번씩 법회를 열었다. 왕족, 귀족, 일반 백성에 이르기까지 쑤코타이 사람들은 보시하기를 좋아하고 계율을 지키는 등 불교에 대한 신앙심이 두터웠다.

쑤코타이는 나콘시탐마랏(리고르)을 통해 상좌부불교를 공식적으로 도입했다. 북부 말레이반도의 동해안에 위치한 나콘시탐마랏 지역은 중국과 인도를 내왕하는 동서 무역의 요충지 중 하나였다. 13세기 중엽에 나콘시탐마랏은 상좌부불교의 본고장인 실론과 무역 및 종교적 교류를 하며 동남아시아에 상좌부불교를 전파하는 중심지 역할을 했다. 13세기 말 무렵에는 쑤코타이의 영향력이 미치는 거의 모든 지역에 상좌부불교가 전파되었다.

쑤코타이 사회는 신분의 등급에 따라 토지를 일정량 할당하는 싹디나* 제도를 통해 인력을 관리하고 통제했다. 사회계층은 크게 지배층과 피지배층으로 나뉘어 있었다. 왕족·귀족·관료들로 구성된 지배층은 짜오·쿤으로 지칭되었다. 피지배층은 '프라이'라고 불리는 평민과 '탓'이라고 하는 노예 계층으로 구성되었다.

쑤코타이는 초기에 상좌부불교와 함께 몬-크메르족의 힌두 문화도 받아들였다. 초기 왕들은 몬-크메르 문화권에 국가를 건설하면서 선주민인 그들과의 융화를 염두에 두었기 때문이다. 예컨대 쑤코타이 왕국의 태조인 방 끌랑 하오는 자신의 왕호를 브라만교의 신인 '인드라'와 태양을 의미하는 '아팃'을 결합한 '씨인트라팃'으로 명명하고, 손자의 이름은 힌두신 비슈누의 현신인 '프라람' 즉 '라마'와 용맹을 뜻하는 '캄행'을 결합해 '용맹스러운 라마'를 의미하는 '람캄행'으로 지었다.

람캄행 시대에 영향권이 대규모로 확대되고, 인구도 증가함에 따라 쑤코타이 왕들은 새로운 정치체제를 고안해야 했다. 이전 타이인의 온정주의적 통치 방식은 방대해진 국가를 다스리기에는 부적합했기 때문이다. 이때부터 태국에 왕을 다르마(불법佛法), 즉 정의의 화신으로 삼는 '탐마라차(불법왕佛法王) 정치'가 시작되었다. 왕의 정통성은 불법의 이름

---

* 싹디나의 '싹디'는 힘을, '나'는 논을 의미하며, 결합하여 직역하면 '논의 힘'이 된다.

으로 정당화되고, 왕은 이 법에 따라 백성을 통치하는 정의의 수호자가 되었다. 그 결과 쑤코타이 시대에 상좌부불교가 국가 종교로 확립되었을 뿐 아니라 왕권 개념의 핵심적 바탕으로 자리 잡았다. 또한 1283년경 람캄행은 오늘날의 타이문자를 창제했다.

근대 태국의 명칭인 '싸얌'도 쑤코타이 시대에 비롯되었다. 13세기 말부터 중국은 수백 년 동안 태국을 '셴(暹)' 또는 '셴뤄(섬라暹羅)'라고 불렀다. 조선이 태국을 '섬라국暹羅國'이라고 칭한 것은 중국의 예를 따른 것이었다. 캄보디아 사람들은 타이족을 '싸얌'이라고 불렀다. 이 명칭이 16세기에 포르투갈 사람들에 의해 유럽에 알려져 그 후 서양인이 태국을 '싸얌'이라고 부르게 되었다고 한다.

쑤코타이는 람캄행 사후 빠른 속도로 쇠락해 건국된 지 130여 년 만에 소공국으로 전락했다. 역사가들은 그 쇠락 원인으로 우선 쑤코타이의 지정학적 단점을 꼽는다. 쑤코타이의 중심은 논농사를 위한 비옥한 토지가 충분치 못한 지형에 위치했다. 따라서 영향권이 확대되자 급증하는 인구를 부양할 수 있는 농업 생산력이 턱없이 부족해졌다. 또한 내지內地에 위치한 탓에 무역을 하려면 짜오프라야강을 따라 배를 이용해야 했으나, 14세기 중엽 강 하류에 아유타야가 등장하면서 이 방법마저 여의치 않게 되었다.

람캄행 사후 왕들이 피후견 세력들과 동맹 관계를 유지하는 데 그다지 유능하지 못했던 점도 급격한 쇠락의 원인으로 작용했다. 자유를 선호하는 타이족에게 엄격한 규율이나 통제는 잘 통하지 않았다. 따라서 영향권이 급격히 확대되는 동안에도 쑤코타이는 방대한 제국을 효과적으로 다스릴 수 있는 체계적인 정치 제도를 발전시키지 못했다. 쑤코타이 전성기에 탐마라차 정치는 선정을 베풀어야 한다는 인격적이고 윤리적인 차원을 크게 벗어나지 못했다. 이러한 가운데 유능한 군주가 사라지자, 곧 느슨한 만달라 체제에서 피후견 세력들이 제국의 영향권을 줄줄이 이탈하는 결과로 이어졌다.

1351년 짜오프라야강 하류에 역시 타이족 국가인 아유타야가 건설되었다. 크메르인을 몰아내고 타이인이 오늘날 태국 땅의 주인이 되게 하는 데 든든한 기반을 닦은 쑤코타이는 1378년에 아유타야의 영향권으로 편입되었다가, 결국 1483년 완전히 자취를 감추었다.[5]

란나

13세기 말 오늘날 북부 태국에 '100만 경작지'를 의미하는 란나가 출현했다. 란나는 그 지역의 유서 깊고 강대한 므엉인 치앙센의 망라이(재위 1292~1317)가 1281년 3월 람푼의 하리푼자야에서 크메르 세력을 몰아낸 뒤, 1292년 3월 치앙마이를 수도로 삼아 개국한 왕국이다.

란나는 불교문화에 바탕을 두었다. 란나의 상가(승단)는 실론과 직접 접촉해서 13세기 말에 금욕적인 신할라불교를 도입했다. 란나의 영향력이 미치는 북부 태국에 이 종교를 전파하면서 망라이는 이 지역의 새로운 정체성을 형성했다. 이는 오늘날 이른바 '타이 유안(북부 타이)'이라고 하는 정체성의 뿌리가 되었다.

1317년 사망할 때까지 망라이는 서쪽으로 샨, 북쪽으로 따이 루, 그리고 북과 북동쪽으로 라오 지역을 포함하는 북부 대륙 동남아시아의 광범위한 영역에 대해 영향권을 행사했다. 하지만 그는 이렇게 확장된 제국에 상응하는 정치·행정 제도를 고안하지 못하고, 전통 만달라 체제를 그대로 고수하면서 아들이나 손자, 신뢰하는 관료를 각지로 파견해서 지배하도록 했다. 1317년에 그가 사망할 때까지 란나는 소공국들을 다스리는 중앙집권적인 제도와 장자 상속제 같은 체계적이고 평화로운 왕위 계승 제도를 확립하지 못했다. 다만 그는 다양한 법을 모은 《망라이법전》을 제정했는데, 이는 쑤코타이처럼 선정을 바탕으로 한 인격적이고 윤리적인 차원을 벗어나지 못했다.

유능한 군주이던 망라이가 사망하자 후손들의 왕권 다툼이 일어났고, 11년 동안 6명이 왕위를 오르락내리락하는 혼란이 벌어졌다. 1328년 망라이의 증손자인 캄푸가 왕위에 오르면서 비로소 란나는 어느 정도 안정을 되찾았다.

란나는 아유타야와 다른 언어·문자를 사용하며 여러 세기 동안 정체성을 유지하는 사이에 이웃 국가인 란쌍과 교류하며 문화적으로 많은 영향을 미쳤다. 하지만 아유타야(태국)·떠웅우(버마)·란쌍(라오스) 등에 둘러싸여 있던 란나는 이 이웃 국가들의 지속적인 공격에 시달렸다. 특히 떠웅우의 공격이 가장 큰 위협이었다. 14세기 동안 캄푸를 비롯한 여러 왕이 영향권의 공고화를 꾀하는 동안, 주변 므엉들의 반란도 끊이질 않았다. 1550년대 말 떠웅우의 침공으로 망라이로부터 이어지던 왕위 계보가 단절되었다. 그 후 란나는 200년 이상 버마의 영향권 아래 있다가 싸얌에 통합되어, 오늘날 태국 북부의 한 대도시인 치앙마이로 존속하게 되었다.[6]

2 도서부

스리비자야

6세기 이전에는 해양을 가로질러 항해할 수 있을 만큼 조선술과 항해술이 발달하지 못했기에, 중국과 인도 간에 해로를 통한 동서 무역은 주로 배가 해안선을 따라 항해하는 방식으로 이뤄졌다. 인도차이나반도의 메콩강 삼각주에 위치한 푸난은 동남아시아 최초의 해상무역 왕국이었다. 푸난은 옥에오 항을 통해 동서 해안 교역로를 통제하며 중간 교역에 적극적으로 참여해, 6세기 말까지 동남아시아 정치·경제의 중심을 차지하고 있었다.

6세기부터 조선술과 항해술의 발달로, 해양을 가로질러 멀라까와 순다 해협을 경유하는 동서 직항로가 이전의 해안선 경로를 대신하게 되었다. 이러한 변화는 푸난의 쇠퇴로 이어진 반면, 수마뜨라와 자바 해안의 항구 배후지에 강력한 국가들의 새로운 출현을 이끌었다. 그 새로운 중심 국가 중 하나가 바로 수마뜨라 동남부 빨렘방을 중심으로 7세기 중에 등장해 14세기까지 존속한 스리비자야다.

스리비자야의 부상과 함께 동남아시아 정치·경제의 중심축이 점차 대륙부에서 도서부로 이동하게 되었다. 스리비자야의 건국 연대는 명확하지 않다. 670년에서 673년 사이에 스리비자야의 조공 사절단이 방문했다는 당나라의 기록과 이 지역에서 발견된 680년대의 세 비석은 이 국가가 늦어도 7세기 중엽엔 성립했음을 짐작게 한다.

스리비자야는 지정학적인 이점을 잘 살려 곧 번성하기 시작했다. 스리비자야의 중심인 빨렘방은 무시강을 통해 바다와 연결되어 있을 뿐 아니라 동서를 잇는 두 해협과 가까워, 동서를 왕래하는 모든 선박이 드나드는 전략적 요충지였다.

이러한 지정학적인 이점과 함께, 스리비자야의 부상은 멀라까와 순다 두 해협 일대의 해안을 본거지로 활동하는 오랑 라웃(바다 유목민)과의 유대 관계에 힘입은 바가 컸다. 현지의 바람과 바다 지형에 익숙하고 뛰어난 조선술과 항해술을 갖춘 그들은 다른 침입자로부터 왕국의 해로를 보호하며 외국 상인들을 멀라까해협의 항구들로 안전하게 이끌었다. 점차 스리비자야 해군의 중추 역할을 담당하게 된 그들은 해협 인근의 섬들과 빨렘방 · 잠비-멀라유 해안에 거주하면서 언제든지 스리바자야 왕의 명령에 따라 움직일 준비를 갖추고 있었다. 스리비자야 왕이 자신을 '해양의 왕King of the Ocean Lands'이라고 칭했던 것은 오랑 라웃과 이러한 후견인-피후견인 관계를 맺고 있었던 데서 비롯된 것으로 보인다.

이 밖에도 당唐대에 중국 무역의 활성화로 동서 무역이 급격히 증대한 것도 스리비자야의 번영에 크게 한몫했다. 8세기 초반부터 스리비자야는 중국에 정기적으로 조공을 바치며 동서 간 중계무역을 독점해 빠르게 성장하기 시작했다. 리고르(지금의 나콘시탐마랏)에서 발견된 스리비자야의 비문은 8세기 말에 이 제국의 영향력이 말레이반도의 북동부 해안까지 미쳤음을 보여준다. 900년경에 이르러 스리비자야는 막강한 해군력을 갖추고서 말레이반도 · 수마뜨라 · 서부 자바에서 확고한 제해권을 보유했다.

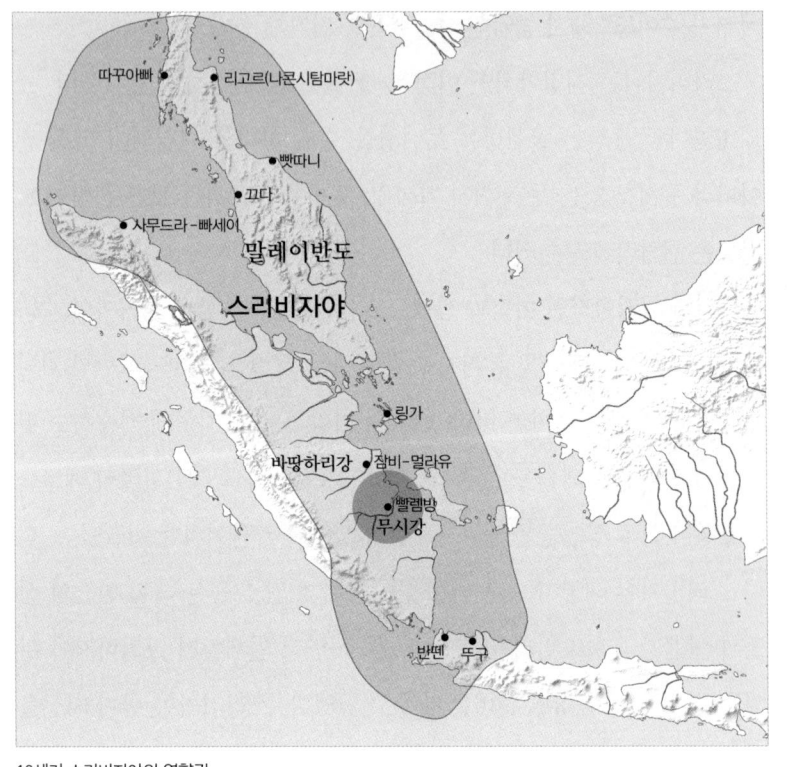

10세기 스리비자야의 영향권

스리비자야는 동남아시아 해상무역뿐 아니라 불교의 중심지이기도 했다. 빨렘방은 중국과 동남아시아 여러 지역의 승려들이 북인도의 날란다 승원으로 가는 길에 들러 불교를 수학하던 곳이었다. 중국 승려 이징(의정義淨)의 기록이 그러한 사실을 보여준다.

이징은 671년 중국 광둥(광동廣東)성의 광저우廣州를 떠나 해로로 인도에 도착해서 10여 년간(674~685) 날란다 승원에서 불법을 수학한 뒤, 《남해기귀내법전南海寄歸內法傳》과 《대당서역구법고승전大唐西域求法高僧傳》을 남겼다. 이들 문헌에 따르면 그는 인도로 가기 전 빨렘방에서 약 6개월 동안 머물며 산스크리트어를 익혔다. 그는 귀국길에도 빨렘방에서 수년간 머물면서 인도로부터 가져온 불경을 중국어로 번역해서 695년에 귀국했다. 당시 빨렘방의 불교 도서관에는 중국과 동남아시아 각지에서 온 불승 약 천여 명이 불법을 수학하고 있었다.

중부 자바 사이렌드라의 왕자로 856년에 스리비자야의 제위에 올랐던 발라뿌뜨라가 9세기 중엽 날란다 승원을 건축하는 데 재정을 지원했다. 11세기 초에 스리비자야의 한 왕은 인도 남부 지역을 왕래하는 말레이 상인의 신앙 활동을 위해 남부 인도 촐라의 수도인 나가빠띠남에 불교사원을 기증했다. 촐라의 한 왕은 그 사원의 유지 관리를 위해 한 마을에서 거두는 세금을 제공했다. 이러한 사실을 통해 스리비자야 왕들이 불교에 쏟은 관심의 정도를 짐작할 수 있다.

11세기 초부터 스리비자야는 촐라를 비롯한 해상무역 경쟁 국가들의 도전을 받으며 점차 쇠퇴의 길로 접어들었다. 990년부터 1007년까지는 스리비자야와 동부 자바의 마따람 간에 주기적으로 전쟁이 벌어졌다. 1025년에는 촐라의 대대적인 공격을 받았고, 그 뒤 1079년에서 1082년 사이에 스리비자야는 빨렘방 북서쪽 바땅하리강 하류에 위치한 잠비-멀라유로 천도했다. 스리비자야는 이곳에서 14세기까지 두 해협에 대한 영향력을 어느 정도 유지하며 국력을 이어갔다.

13세기 남송 말 원나라 초의 전환기에 중국 조정의 조공무역에 대한 통제가 느슨해진 틈을 타 이른바 '상업화commercialization' 현상이 발생했다. 이로 인해 급증한 민간 상인들이 바닷길을 이용해 동남아시아 여러 지역을 자유롭게 왕래하며 물품을 사고파는 일이 활발해졌다. 이 시기에 중국인의 무역 활동이 증대하고, 말레이세계 곳곳의 해상 세력 간에

11세기 초 남인도의 촐라 왕국

무역 경쟁이 벌어졌다. 이는 동서 중계무역의 다변화로 이어지면서 스리비자야의 쇠퇴를 가속했다.

스리비자야의 영향권에서 벗어난 북부 수마뜨라의 사무드라-빠세이가 무역 거점을 확대하기 시작했고, 말레이반도에 자리한 여러 소공국역시 스리비자야의 영향권에서 하나둘 이탈했다. 13~14세기 동부 자바의 마자빠힛과 태국의 아유타야, 두 강성한 왕국 만달라의 등장은 스리비자야의 영향권을 크게 위협했다. 자바 세력이 순다해협에 대한 통제권을 확보하는 동안, 타이 세력은 남쪽으로 침투해 말레이반도에 대한 스리비자야의 영향력을 잠식했다. 결국 15세기 초에 동남아시아 해상무역의 중심이 말레이반도의 멀라까로 이동하면서 스리비자야는 역사 속으로 사라지게 되었다.[7]

사이렌드라

5세기 중국 문헌에 '초포'라는 국가가 처음 등장한다. 당시 초포는 지금의 중부 자바 쁘깔롱안과 스마랑 사이에 위치했던 허링(가릉訶陵)을 지칭한 것이라는 견해가 지배적이다. 433년에서 435년 사이에 허링은 중국에 처음으로 사절단을 파견했다.

519년에 집필된 《고승전高僧傳》에 허링에 관한 기록이 등장한다. 이 책의 한 장에 구나바르만이란 승려의 흥미로운 삶이 소개되는데, 특히 인도 카슈미르의 왕세자인 그가 424년경 허링에 다다른 이야기를 아래와 같이 전한다.

청년 시절부터 그는 종교 생활에 심취했다. 왕이 사망하자 그는 권좌를 마다하고 실론으로 갔다가 얼마 후 초포로 갔다. 그가 도착하기 전날 밤, 허링 왕의 어머니가 꿈속에서 한 승려가 하늘을 나는 배를 타고 왕국으로 들어오는 것을 보았다. 아침에 꿈에서 본 구나바르만이 도착하자, 그녀는 불자가 되기로 결심했다. 그녀는 아들인 왕에게 자신의 예를 따를 것을 설득했다. 적들이 허링을 침공하자, 왕은 구나바르만에게 그들에 대항해 싸우는 것이 불법에 반하는 것인지를 자문했다. 구나바르만이 적들과 싸워 이겨 그들을 벌하는 것이 불법의 이치라고 답하자, 왕은 전쟁에 나서서 승리를 거두었다. 이 사건 후 허링 전체에 불교가 전파되었다.

이 이야기에 따르면 허링은 5세기 초에 인도로부터 불교를 받아들였다. 그 후 불교가 번성해 허링은 불법에 정통한 고승인 자나바드라를 배출했다. 또한 664~665년경엔 중국의 고승들이 불경을 번역하기 위해 허링을 방문했다. 이러한 사실로 보아 허링은 단순한 불교 국가를 넘어 스리비자야 이전에 당대 동남아시아의 불교 중심지였다.

이 시기 중부 자바에 불교와 더불어 힌두교가 융성하기 시작했다. 7세기에 디엥고원 위에 여러 신전이 건축되어 시바 신에 봉헌되었다. 해발고도 2000미터에 이르는 디엥고원의 명칭은 고대 자바어로 '조상의 터'를 의미하는 '디 히앙Di Hiang'에서 유래했다. 조상신 숭배가 말라요-폴리네시아 인종집단의 오랜 풍습인 점으로 볼 때, 디엥고원은 힌두교가 유입되기 오래전부터 이미 신성한 장소로 여겨졌을 것이다. 자바인들의 융화적인 세계관을 엿볼 수 있는 대목이다.

중국의 《신당서新唐書》에 '창유안'이란 명칭으로 등장하는 허링은 '시모'라는 여왕이 다스렸다. 이 국가는 작은 피후견국 28개로 둘러싸여 있는 전형적인 만달라 체제 국가였다. 그녀의 재위 시기에는 규율이 워낙 엄해 길거리에 놓아둔 물건을 어느 누구도 취하지 않을 정도였다고 한다.

허링은 동부 인도네시아의 말루꾸군도와 북부 자바 해안 간의 향료무역을 통해 국부를 쌓았다. 이 북부 자바 해안 지역에서 출토된 북부 베트남 동썬의 동고와 인도의 유물들은 당시 허링이 중국과 인도를 연결하는 동서 무역망에 적극적으로 참여했음을 보여준다.

허링 이후, 수마뜨라의 스리비자야가 동서 중계무역을 독점해 도약하던 8세기에 힌두 가문인 산자야와 불교 가문인 사이렌드라가 경쟁을 벌이면서 중부 자바에 제국 규모의 국가가 건설되기 시작했다. 깔라산에서

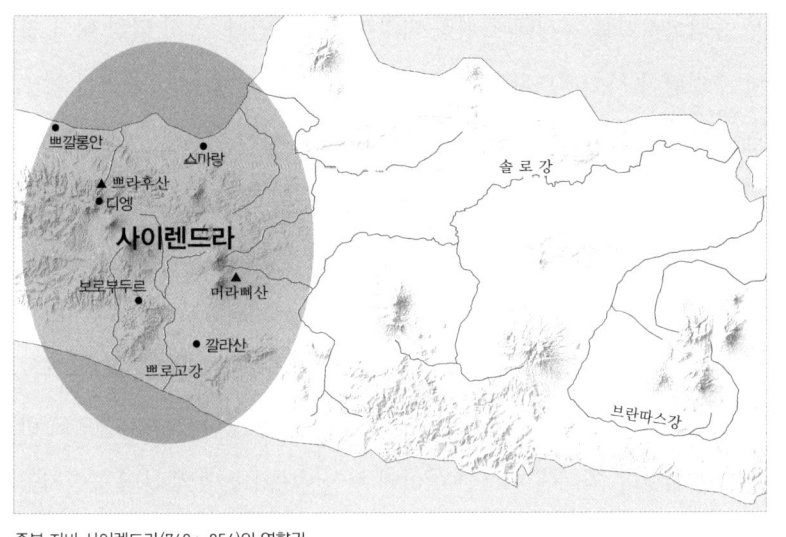

중부 자바 사이렌드라(760~856)의 영향권

발견된 비문(779년)에 따르면 산자야 가문은 허링 왕가와 연관이 있었다. 이를 근거로 역사가들은 732년 산자야 가문이 허링을 기반으로 중부 자바에 마따람을 건설했을 것으로 보고 있다. 하지만 산자야 가문의 마따람은 760년 빤짜빠나의 사이렌드라 가문이 이 지역의 새로운 중심 세력으로 부상해 사이렌드라를 개국하면서 단 1대(732~760)로 끝났다. 그 후 사이렌드라는 중부 자바를 지배하며 9세기 중엽까지 존속했다.

사이렌드라 가문의 기원은 불분명하다. 일설에는 남부 베트남 메콩강 삼각주에 말라요-폴리네시아 인종집단이 건설한 푸난이 쇠퇴하면서 그 세력의 일부가 중부 자바로 이주했다고 한다. 이러한 주장은 아마 '산악의 영주'를 뜻하는 '사이렌드라'라는 이름이 '푸난'과 일맥상통한다는 사실에 근거를 둔 듯하다.

몇몇 역사적 기록을 볼 때 8세기 후반에 사이렌드라는 도서부와 대륙부 동남아시아를 동시에 호령한 막강한 제국이었다. 앞서 말한 바와 같이 수진랍이 사이렌드라의 영향력 아래 있던 시기에 어린 왕자가 볼모로 잡혀 자바에서 성장한 뒤 돌아가 앙코르를 창건했는데, 그가 바로 자야바르만 2세다. 또한 《대월사기전서大越史記全書》에 오늘날의 하노이 지역이 767년 '곤륜(동남아 통칭) 사파'에게 약탈당했다는 기록이 있는데, 학자들은 '사파'를 초포, 즉 자바의 사이렌드라로 보고 있다. 774년과 787년에 각각 참파의 나짱과 판랑이 사이렌드라 해군의 공격을 받았다.

사이렌드라는 해상무역과 더불어 풍부한 농업 생산력을 기반으로 한 국가였다. 중부 자바의 비옥한 머라삐 화산지대가 농업 생산의 중심지였다. 사이렌드라는 같은 대승불교 국가인 스리비자야와 돈독한 동맹 관계를 유지했는데, 이러한 관계에는 경제적인 이유도 작용했다. 국제무역에 전적으로 의존한 스리비자야와 풍부한 쌀 생산력을 갖춘 사이렌드라는 공생 관계에 있었다. 사이렌드라의 막강했던 국력은 776년 비슈누 왕(재위 ?~792) 때 건설되기 시작해 825년 사마라뚱가 왕(재위 792~835) 시대에 완성된 보로부두르 사원을 통해 그 정도를 가늠할 수 있다.

사이렌드라는 끄두평원에 토대를 쌓고, 2500제곱킬로미터에 달하는 정사각형 면적에 높이 30미터에 이르는 거대하고 웅장한 보로부두르 사원을 건축했다. 사이렌드라 통치자들은 보로부두르 사원을 힌두-불교의 성지인 메루산(수미산)으로 삼으려 했던 것 같다. 이 사원은 인도의 대승불교 사원과는 전혀 다른 독특한 건축 양식으로 축조되었다. 총 길이가 5킬로미터에 달하는 5층 기단의 회랑 벽면에는 1층부터 차례대로 욕계, 색계, 무색계를 표현한 부조가 무수히 새겨져 있다. 맨 상층부엔 종 모양 탑인 수투파 72개가 일련의 동심원 형태로 배열되어 있고, 그 각 탑

보로부두르 사원

만달라 세계를 형상화한 보로부두르 사원 조감도

안에 불상이 안치되어 있다. 이처럼 보로부두르 사원은 만달라 세계를 형상화했다. 또한 한 회랑 벽면 중앙에 소를 타고 있는 힌두교 시바 신을 불교 부조들과 함께 새겨 넣었다. 이로 보아 이 사원은 인도의 대승불교를 만달라와 융화적인 세계관으로 재해석해 탄생시킨 동남아시아 사람들의 창의적 융합을 엿볼 수 있는 대표적인 유적이라 할 수 있다.

사마라뚱가의 사망 연도와 그의 후계 구도는 분명하게 알려지지 않았으나, 그의 막내아들인 발라뿟뜨라가 그의 뒤를 이어 사이렌드라 가문을 이끌었던 것으로 보인다. 하지만 젊고 경험이 부족한 발라뿌뜨라가 자바의 귀족들로부터 배척당하자, 산자야 가문의 수장인 가룽이 아들 삐까딴을 발라뿌뜨라의 여동생과 결혼시켜 권력 기반을 다진 뒤 발라뿌뜨라를 섭정했다.

삐까딴은 야심 있는 왕자였다. 838년에 가룽이 사망하자, 그는 점차 자바 귀족집단인 라까이의 지지를 얻으며 처남의 권위에 도전했다. 결국 856년 발라뿌뜨라는 권력 투쟁에서 패해 중부 자바를 떠나서, 빨렘방의 공주인 어머니의 나라에서 등위했다. 이리하여 사이렌드라 가문이 스리비자야에서 이어지게 되었다.[8]

마따람

856년에 산자야 가문의 삐까딴이 중부 자바의 지배권을 되찾아 마따람을 부활시키는 데 성공했다. 이 시기 이 지역에 힌두교가 다시 융성하기 시작했고, 마따람은 보로부두르 사원 동남쪽으로 얼마 떨어지지 않은 곳에 쁘람바난 힌두사원을 건설하며 번영을 구가했다.

마따람은 스리 이사나 빅라마 다르모뚠가데바, 일명 신독 왕(재위 929~948) 재위 중(정확한 연도는 불분명)에 동부 자바의 브란따스강 유역으로 천도했다. 역사가들은 동부 자바로 옮긴 이후 마따람의 역사를 중부 자바 시절과 구분하기 위해 천도를 단행한 신독의 왕호를 따서 '이사나 시대'라고 부른다.

천도 이유는 아직까지 분명하게 알려지지 않았다. 그 원인에 대해 여

쁘람바난 사원

러 가지 주장이 제기되었는데, 힌두교를 신봉한 마따람과 불교 국가인 스리비자야의 종교적 경쟁에서 마따람의 동진이 비롯되었다고 보는 학자들이 있다. 한편 19세기 초 영국의 식민지 행정관 토머스 스탬퍼드 래플스(1781~1826)가 보로부두르 사원을 발견했을 때, 중앙의 첨탑을 제외한 사원 전체가 화산재에 파묻혀 있었다. 이 사실을 근거로, 머라삐 화산의 폭발로 인한 화재·지진·역병 등 자연재해가 천도 이유로 거론되기도 한다.

10세기에 접어들면서 치열해진 마따람과 스리비자야 간의 무역 경쟁이 천도에 영향을 미쳤다는 주장도 있다. 9세기에 마따람이 스리비자야의 제해권에 도전하지 않은 동안에는 두 나라가 사이렌드라 시대처럼 경제적으로 공생 관계를 유지할 수 있었다.

8세기 중엽부터 바그다드의 아바스조를 필두로 서아시아 이슬람 세

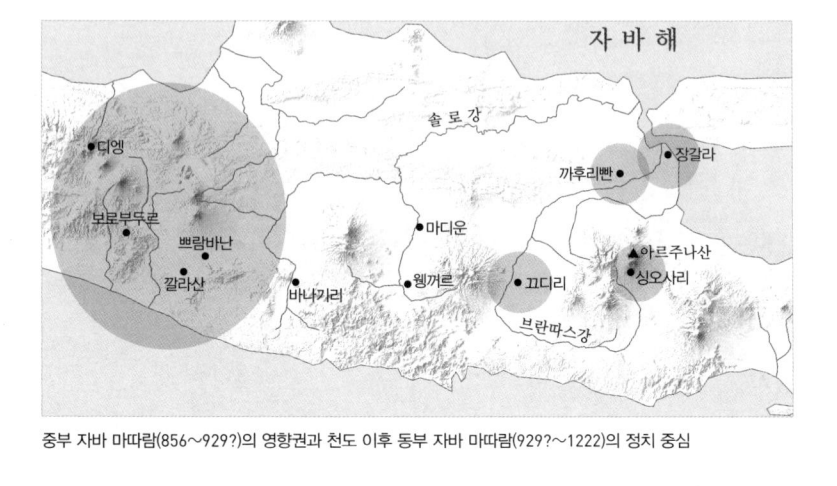

중부 자바 마따람(856~929?)의 영향권과 천도 이후 동부 자바 마따람(929?~1222)의 정치 중심

력이 동서 바닷길에 출현하기 시작했다. 이때부터 동서 해상 교류가 점차 페르시아(아라비아)만灣, 그리고 멀리 지중해 세계까지 확대되었다. 이러한 변화는 말루꾸군도의 향료무역이 차츰 증대하는 계기가 되었다. 10세기 초부터 마따람은 그동안 스리비자야가 독점하던 향료무역에 참여하기 시작했고, 이로 인해 스리비자야의 위협이 최고조에 달했을 즈음 마따람이 무역에 더 유리한 대안을 찾아 브란따스강 유역으로 이주했을 가능성이 높다.

마따람의 천도 과정은 대략 9세기 말에 준비를 시작해서 신독 재위 중에 마무리되었다. 이 시기에 중부 자바의 지배층은 점증하는 스리비자야의 위협에 직면해, 멀라까해협에서는 좀 더 멀고 말루꾸군도와는 비교적 가까운 브란따스강 유역에서 얻을 수 있는 무역의 기회와 경제적 이익을 숙고하기 시작했을 것이다. 그러는 동안 자연재해, 특히 잦은 화산 활동이 그들을 더욱 불안케 했다. 9세기 말부터 10세기 초에 이르는 짧은 기간에 머라삐 화산이 최소한 다섯 차례 폭발했다. 이 무렵에 자신들의 지위와 재산 유지를 위해 천도에 반대하던 자바 귀족들은 상당한 정치적 압력을 받았다. 고위 관료 네 명이 궁정에서 추방되고, 그중 한 명은 곧 살해되었다. 이 혼란스러운 상황에서 마따람 지배층은 새 중심지를 찾아 천도하는 것 외에 별다른 대안이 없어 보였다. 결론적으로 마따람의 동진은 무역적인 동인과 자연재해 두 가지 원인이 결합한 산물로 보는 것이 타당할 듯싶다.

브란따스강은 섬에 있는 강치고는 유별나게 긴 것이 특징이다. 남쪽에서 아르주나산山의 비탈을 타고 내려온 물이 잇닿아 있는 여러 산의 둘레를 시계 방향으로 한 바퀴 빙 돌아 동쪽 바다로 흘러간다. 강물은 자바의 북동쪽 해안에서 자바해와 만난다. 이러한 자연환경에 형성된 천혜의 항구들이 멀라까 · 순다 해협과 말루꾸군도 사이에 점증하는 향료무역을 연결하는 이상적인 위치에 있었다. 마따람의 항구는 향료 무역상들이 말루꾸군도에서 출발해 수천 킬로미터 떨어진 멀라까와 순다 두 해협을 향해 항해하는 동안 중간에 반드시 들르게 되는 기항지였다.

10세기 후반에 동부 자바의 마따람은 그러한 지리적 이점을 살려 멀라까해협과 향료군도를 잇는 교역에 본격적으로 참여했을 뿐 아니라, 중부 자바의 쌀 곡창 지대에 대한 영향력을 확대하면서 크게 번성하기 시작했다.

10세기 말과 11세기 초 사이에 향료와 쌀 교역을 둘러싸고 마따람과 스리비자야 간에 주기적으로 전쟁이 벌어졌다. 990~991년에 마따람의 다르마왕사는 스리비자야의 해상무역 패권에 도전해 빨렘방을 점령했다. 그러자 1006년 스리비자야는 해군력을 대대적으로 동원해 다르마왕사를 살해하고 마따람을 여러 개의 작은 공국으로 갈라놓았다. 그들

10 ~13세기 향료군도와 두 해협을 연결하는 기항지였던 동부 자바 마따람

간의 전쟁은 1025년 스리비자야가 남부 인도 촐라의 공격을 받아 급속히 쇠락하면서 일단락되었다.

다르마왕사의 조카인 아이르랑가는 전쟁을 피해 바나기리산 중턱에 사는 고산족 정착촌에 은신처를 마련했다. 그가 그곳에 4년간 머무르는 동안 동부 자바는 여러 소공국의 경쟁으로 혼란스러웠다. 마따람이 안정을 되찾기를 희망하던 귀족들과 브라만 사제들이 1010년 다르마왕사의 왕위를 잇도록 아이르랑가를 추대했다.

마따람과 발리 왕실의 결혼 동맹으로 태어난 아이르랑가(재위 1010~1049) 시대에 마따람은 재통합을 이루고 전성기를 맞이했다. 곧 중부 자바를 포함해 옛 영향권을 대부분 회복하고, 나아가 자바 대부분의 지역을 아우르는 세력으로 성장했다. 1025년에 아이르랑가는 중요한 쌀 생산지인 발리를 마따람의 영향권으로 끌어들였다. 또한 그는 천도한 왕국의 중심지가 비옥한 화산지대인데도 잦은 홍수로 농민들이 정착을 꺼리자, 강에 둑을 쌓아 홍수에 대비하고 관개 시설을 확충했다. 그 결과 중부의 많은 농민들이 동부 자바로 이주해 인력이 풍부해졌다. 1037년에 이르러 아이르랑가의 '신新마따람'은 중부 자바 시절의 마따람과는 확연히 다른 차원의 번영을 구가하게 되었다.

1049년 아이르랑가가 사망한 뒤 마따람은 13세기까지 거의 200년 동안 장갈라와 끄디리를 중심으로 양분되었다. 하지만 이 분열 상황이 동부 자바의 지속적인 무역 발전을 위축시키지는 않았다. 끄디리의 국력이 곧 장갈라를 압도했다. 십자군전쟁(1096~1270)을 계기로 동서 세계 간에 교역이 발전하면서, 끄디리는 향료무역으로 큰 국부를 쌓을 수 있었다. 1025년에 스리비자야가 촐라의 공격을 받고 쇠퇴의 길로 접어든 것도 끄디리의 번영에 일조했다.

끄디리는 자야바하나 왕(재위 1135~1144) 때에 전성기를 맞았다. 그의 사후에는 내란이 일어나 무려 5명이 왕위에 올랐다가 내려갔다. 그럼에도 당시에 끄디리는 외국 상인들에게 동남아시아에서 가장 번성한 국가로 여겨졌다. 자바해를 둘러싸고 스리비자야와 벌이던 경쟁이 사라진 가운데 끄디리는 향료군도의 무역을 독점할 수 있었다. 그 결과 금괴·은그릇·비단·최고급 도자기·철제품 등이 쏟아져 들어와 동부 자바는 세계에서 가장 부유한 지역으로 꼽히게 되었다. 끄디리의 번성은 앞서 말한 바와 같이 1178년 남송의 주거비가 쓴 《영외대답嶺外代答》에 잘 나타나 있다. "번국들 가운데 재와 부가 풍성하고 보화가 많기로는 타체(아랍)만 한 나라가 없으며, 다음으로 초포(끄디리)를 들 수 있고, 그다음으로는 산폿시(스리비자야)가 있다."

주거비는 아랍 다음가는 중요한 교역국으로 스리비자야가 아닌 끄디리를 지목했다. 이는 당시 말레이세계 국가들 간의 역학 관계를 반영한

다. 끄디리는 초기에 스리비자야보다 약세였다. 그러나 11세기 초 남인
도의 촐라가 중국과 인도 사이에서 지나치게 무역을 독점하던 스리비자
야를 공격하고 왕까지 생포해 간 뒤로 스리비자야는 점차 쇠락의 길을
걸었다. 끄디리는 그 기회를 이용해 12세기 후반 무렵 말레이세계 최고
의 해상무역 국가로 성장해, 중국을 상대로 한 교역에서도 아랍에 버금
가는 중요한 세력으로 부상했던 것이다.

10세기부터 13세기까지 마따람이 동부 자바에 자리한 3세기 동안 종
교 · 문학 · 비문 등에서 이른바 '자바화' 현상이 나타났다. 인도 색채가
줄어든 반면, 자바 고유의 특성이 나타났던 것이다. 예컨대 신독 시기의
비문에 자바어가 비중 있게 쓰이기 시작했고, 산스크리트 경전들이 자
바어로 번역되었다. 또한 끄디리의 전성기에 인도의 서사시《마하바라
타》가 자바어로 번역되었고, 이 번역서에 비슈누의 새로운 전설을 추가
한 책《바랏아유다》가 1157년에 출간되었다.

끄디리의 마지막 왕인 꺼르따자야(재위 1194~1222) 때 싱오사리 인근
뚜마뻴의 세습 토호인 껜 아록이 반란을 일으켰다. 1222년에 그는 끄디
리를 무너뜨리고 꾸따라자를 수도로 싱오사리를 건설했다.[9]

싱오사리

껜 아록(재위 1222~1227)이 세운 싱오사리(1222~1292)의 국운은 70년
으로 비교적 단명했다. 그렇지만 싱오사리는 오늘날 인도네시아 국가
공동체의 원형原型을 구축한 마자빠힛의 기초를 다진 중요한 국가로 평

가된다.

껜 아록은 정비正妃인 껜 드데스, 그리고 후궁인 껜 우만과 사이에 각각 네 자녀를 두었다. 등위한 지 5년 만인 1227년에 껜 아록이 암살되자, 그 자녀들 간에 권력 투쟁이 벌어졌다. 먼저 정비의 아들인 아누사빠띠(재위 1227~1248)가 왕위를 이었으나, 1248년에 이복동생인 또 자야(재위 1248)에게 암살되었다. 또 자야가 등위한 지 몇 개월 뒤, 껜 아록의 두 손자인 라자 우니와 마히샤 참빠까가 또 자야를 권좌에서 몰아내는 데 성공했다. 그 결과 껜 아록 사후 20년간 지속된 정비와 후궁 외척 가문 간의 권력 투쟁이 전자의 승리로 끝났다.

'비슈누바르다하나'란 왕호로 등위한 라자 우니(재위 1248~1268)는 군주로서 권위를 빠르게 강화하고, 1254년에 아들 꺼르따나가라를 후계자로 지명했다. 싱오사리는 비슈누바르다하나 시기에 끄디리를 영향권으로 끌어들여, 마따람에 이어 명실상부한 동부 자바의 정치 중심이 되었다. 1272년 비슈누바르다하나가 사망한 뒤 그 유해는 시바 신을 신봉하는 힌두사원과 붓다를 모신 불교사원에 나뉘어 안치되었다. 이는 그를 시바와 붓다의 화신이자 국가의 통합자로서 숭배하기 위함이었다.

하지만 더 본격적으로 인도네시아 통합의 역사를 시작한 주역은 바로 싱오사리의 마지막 왕으로서 왕호가 '시바부다'인 꺼르따나가라(재위 1268~1292)였다. 이때부터 인도네시아 전통 국가의 영향권이 자바를 넘어 현 인도네시아를 구성하는 공간으로 확대되기 시작했다. 1365년에 승려인 쁘라빤짜가 집필한 마자빠힛의 역사서 《나가라꺼르따가마》는 꺼르따나가라의 통치 시절부터 기록을 시작한다.

꺼르따나가라가 즉위한 1268년 전후해서 몽골 세력은 이미 베트남을

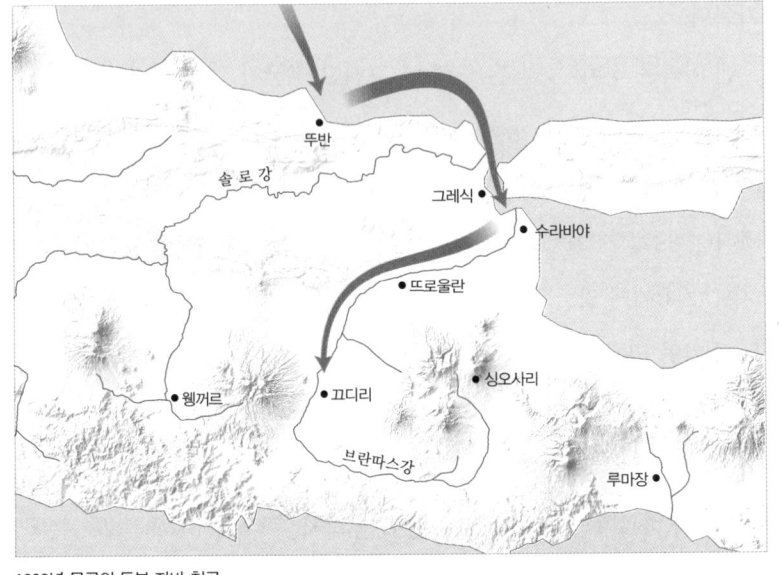

1293년 몽골의 동부 자바 침공

포함한 대륙부 동남아시아와 남송을 침공하는 등 그 기세가 절정에 달했다. 1271년 쿠빌라이 칸(1215~1294)은 중국에 원나라를 세우고, 도서 동남아시아로 시선을 돌렸다. 막강한 원의 존재를 의식한 빨렘방·잠비-멀라유·사무드라-빠세이 등 수마뜨라의 항시港市들은 각각 1277년, 1281년, 1282년 쿠빌라이에게 사절단을 보냈다.

이 무렵에 꺼르따나가라는 자바를 넘어 인도네시아군도를 아우르는 원대한 국가 건설을 시작했다. 그는 1284년에 발리를 정복하고, 이어 서쪽으로 나아가 1286년 멀라까와 순다 두 해협 일대에 대한 영향권을 확보했다. 그리고 잠비-멀라유에 인도네시아 통합의 선구자인 부친 라자우니의 동상을 세웠다. 그의 팽창 정책은 분명 쿠빌라이의 심기를 불편하게 만들었다. 1289년에 쿠빌라이는 싱오사리에 사신을 보내, 왕이 직접 중국 조정에 알현하도록 요구했다. 그러자 꺼르따나가라는 원나라 사신들의 얼굴에 문신을 새기는 형벌을 가해 돌려보냈다. 쿠빌라이의 요구가 대제국 건설을 계획하던 그의 자존심을 자극했음이 분명하다.

1292년 쿠빌라이가 자바의 왕을 응징하기 위해 군함 1000척과 함께 10만 대군을 파견했다. 동부 자바에서는 그들이 도착하기 전에 정치적 소요가 발생했다. 70년 전 싱오사리에 의해 멸망한 끄디리 세력이 반란을 일으켰고, 그 와중에 꺼르따나가라가 살해되었다. 1293년 싱오사리에 도착한 원나라 원정군은 복수할 대상이 없는 황당한 상황에 처했다. 이 무렵에 꺼르따나가라의 사위인 라덴 비자야는 마자빠힛에 새로 수도를 건설하고자 숲을 개간하고 있었다. 그는 원정군을 설득해 끄디리 반란 세력을 진압했다. 그런 다음 비자야는 원정군을 자바에서 몰아내는 데 성공했다.

몽골의 침입에 대한 비자야의 승리는 인도네시아 역사에서 획기적인 사건으로 기록된다. 이 승리가 전통시대 도서부 동남아시아를 통틀어 가장 거대하고 강력하며, 오늘날 인도네시아 공화국의 원형을 제공한 국가의 출현으로 이어졌기 때문이다. 그 국가가 바로 1294년에 비자야가 건설한 마자빠힛왕국이다.[10]

6장

고전시대의 동서 교류

대략 서기 1300년을 기점으로 동남아시아의 국가와 사회는 고대를 벗어나 고전시대로 진입하기 시작했다. 이 전환기의 동학을 단일 요소로는 설명하기 쉽지 않다. 13세기 후반 몽골의 침입, 앙코르와 스리비자야 제국의 멸망은 이 지역 국가와 사회의 통합과 재편에 중대한 영향을 미쳤다. 이 밖에도 대항해시대와 이른바 '교역의 시대'를 맞아 동서 바닷길의 범위가 넓어지고 국제 교역이 융성한 것, 그로 인한 무역 양식의 변화, 그리고 상좌부불교·이슬람교·기독교 같은 새로운 종교의 전파도 새로운 국가와 사회의 성립과 발전에 크게 기여했다.

동서 바닷길 – 확장과 재편

15세기까지 동서 바닷길은 주로 동남아시아 사람들과 중국인·인도인·아랍인·페르시아인 등 동양인들의 무대였다. 지리상의 발견과 함께 시작된 '대항해시대'가 도래하면서, 16세기 초부터 포르투갈을 선두로 유럽인들이 이 바닷길에 등장하기 시작했다. 이 시기에 유럽의 절대왕정이 경제적으로 중상주의*를 채택한 것도 그들의 동방 진출을 촉진했다. 유럽인들의 출현이 자연스럽게 동서 해상 교류의 급격한 확장으로 이어지면서 이른바 '교역의 시대'가 열렸다.

개방적인 동남아시아에서 이방인의 등장은 오래전부터 자연스러운 현상이었다. 따라서 동남아시아 사람들에게 유럽 상업 세력은 새로운 교역 상대로 인식될 뿐이었다. 또한 전통 동남아시아의 만달라 체제에서 통치자들이 자신에게 유리한 세력을 찾아 후견인-피후견인 관계를 맺는 것은 일반적인 현상이었고, 이 시기에 근대적인 개념인 동서양 대결이나 민족감정이 끼어들 소지는 아직 전혀 없었다. 그 결과 강력한 유럽 세력을 새 후견인으로 삼는 관계가 종종 형성되었다. 유럽인들은 이러한 동남아시아의 전통적인 정치·사회 질서를 적절하게 이용해서 점차 동양인들을 압도하며 교역 시장을 주도적으로 재편해나갔다.

고전시대 동남아시아에서 인도·아랍·페르시아 상인들의 무역 활

---

* 16~18세기에 왕권신수설을 근간으로 한 유럽의 절대왕정은 광역 경제권을 원하는 대상인들과 결탁해 경제적으로 중상주의Mercantilism, 重商主義 또는 중금주의重金主義를 채택했다. 중상주의는 한 나라의 부가 나라 안에 있는 화폐·금·은의 많고 적음에 달렸다고 보았다. 따라서 유럽 국가들은 금·은을 채굴할 식민지를 앞다투어 찾아나서는 한편, 수출을 촉진하고 수입을 억제하는 보호무역 정책을 강화하여 무역 차액으로 국부를 증대할 뿐만 아니라 금·은·화폐의 국외 유출을 최대한 억제하려 했다. 중상주의 시대는 절대왕정이 시민혁명으로 붕괴되고, 국부의 원천으로 노동과 자유무역을 강조한 산업혁명 시대가 열리면서 그 막을 내렸다.

동은 이슬람 포교의 대의와 결합해서 확연하게 증대했다. 그들은 이슬람교를 매개로 동남아시아 사회에 쉽게 정착할 수 있었다. 게다가 예언자의 후손을 뜻하는 '사잇Said'이란 호칭은 이슬람 공동체에서 종교적으로 상당한 존재감을 발휘했다. 그럼에도 무슬림 상인집단은 고전시대에 동남아시아에서 정치적으로 별다른 영향력을 행사하지 못했다. 다시 말해 그들은 동남아시아에서 권력을 추구하거나 국가를 설립한 적이 없었다. 그 주된 이유는 그들이 공동체 내에서 폐쇄적인 혼인 관계를 맺으면서 자신들의 존재감을 밖으로 크게 드러내지 않았기 때문으로 보인다. 그 결과 14세기 이후 동남아시아에서 인도·아랍·페르시아 무슬림 상인집단은 상업·문화적으로 상당한 영향력을 발휘했음에도 정치적으로는 미미한 존재감을 보였고, 그 결과 곧 이 지역에 등장하기 시작한 서구 중상주의 세력에게 동서 무역의 주도권을 내주게 되었다.

송宋·원元 대에 중국인들이 활발히 전개했던 동서 해상교역은 명明 왕조(1368~1644)의 성립과 함께 커다란 변화를 겪게 되었다. 당시 막 건국된 명조의 급선무는 북부 중국에서 몽골 세력을 완전히 몰아내고, 해안 지역을 왜구倭寇로부터 보호하는 것이었다. 이러한 가운데 무질서한 해상무역은 자칫 신흥 왕국을 위태롭게 할 수도 있었다. 명 태조(홍무제) 주원장(재위 1368~1398)은 1371년 '판자 한 조각도 바다에 떨어뜨리는 것을 불허하는' 강력한 해금海禁 정책을 발표했다. 이 일종의 쇄국 정책과 함께 그는 대외 관계의 수단으로 조공 제도를 강화했다.

그러나 송·원 시대를 거치며 발전한 해상무역은 이제 특권층만을 위한 사치품에 제한된 것이 아니었다. 특히 정향·육두구·계피·후추를 비롯한 향신료나, 소방蘇芳이라는 빨강·노랑 물감을 채취하는 소목蘇木

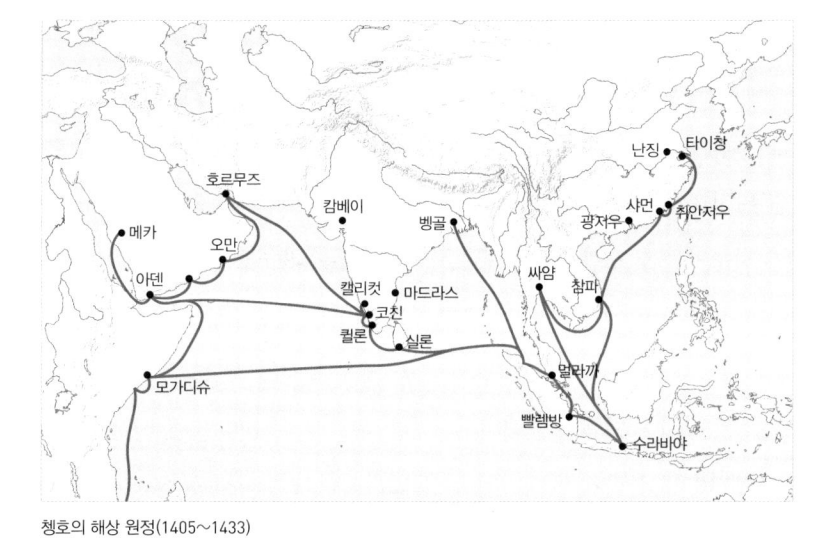

쳉호의 해상 원정(1405~1433)

은 이미 생활필수품으로 자리 잡았다. 명조가 보수적인 대외 정책을 채택했음에도 당시 해상교역은 동서 각국의 경제와 일상생활에 중대한 영향을 미치고 있었기 때문에, 한편으론 조공무역을 통해, 다른 한편으론 금지된 밀무역을 통해 꾸준히 유지되었다.

해금령이 위세를 떨치던 15세기 초 세계 항해사의 한 장을 장식한 대사건이 발생했다. 포르투갈 함대가 아프리카 남단의 희망봉을 돌아 인도 고아에 이른 때보다 1세기쯤 앞선 1405년부터 1433년까지, 명의 3대 황제인 영락제(재위 1402~1424)가 파견한 대함대가 일곱 차례 해상 원정을 단행했다. 이 원정대의 주요 목적은 동남아시아를 넘어 광활한 지역으로 중국의 지배력을 확대하고, 그들과 조공 체제를 구축하는 것이었다. 환관宦官 쳉호(정화鄭和)가 이끈 원정대는 참파·자바(수라바야)·빨렘방·멀라까·실론·캘리컷 등지를 경유하여 페르시아만의 호르무즈, 아라비아반도의 아덴과 메카, 그리고 멀리 아프리카 동단의 케냐까지 항해했다.

청호 원정대는 길이 135미터 너비 55미터에 이르는 거대한 모함母艦을 중심으로 대형 선박 60여 척을 포함한 배 255척으로 구성되었다. 매번 원정대에 참가한 인원이 외교관·항해사·도선사·군인, 그리고 다른 전문가들을 포함해 2만 8000명에 이르는 대규모 해상 원정이었다. 그러나 약 30년 동안 이어졌던 청호의 원정은 불분명한 이유로 갑자기 중단되었다. 아마 대규모 원정과 조공 체제 유지에 소요되는 막대한 비용이 큰 부담이 되었을 것이다.

1567년 해금 정책이 폐지된 뒤 동남아시아의 항시港市들은 다시 중국의 민간 상인들로 붐볐다. 많은 중국인이 동남아시아에 영구히 정착하기 시작하면서 브루나이·필리핀·인도네시아·베트남·캄보디아·태국 등의 주요 항시에 중국인 정착촌이 형성되었다. 그러나 1433년에 막을 내린 청호의 원정 이후 해군력의 쇠퇴와 해상 팽창에 대한 무관심으로 인해 중국은 차츰 바다에서 주도권을 잃어갔고, 동서 바닷길은 결국 동방으로 밀려온 서구 중상주의 세력이 지배하는 체제로 재편되어갔다.

중국이 청호의 대항해를 통해 마지막으로 이 지역의 제해권을 공개적으로 과시한 지 약 80년이 지나서, '지리상의 발견geographical discoveries'으로 일컬어지는 서구인들의 해상 팽창 활동이 시작했다. 그들의 활동은 동서 바닷길을 통한 국제무역뿐 아니라 향후 세계사의 전개에도 중대한 영향을 미쳤는데, 당시 동방 진출의 서막을 열었던 나라는 포르투갈이다.

십자군전쟁*을 계기로 유럽 사회는 커다란 변화를 겪었다. 14세기 흑

---

* 11세기 후반 이슬람 세계의 패권을 장악한 튀르크족이 세운 셀주크Seljuk조(1055~1299)가 기독교와 이슬람교의 성지인 예루살렘을 점령하자, 비잔틴제국Byzantine Empire(동로마제국)의 황제가 로마 교황에게 도움을 요청

사병의 충격에서 벗어나면서 인구도 급속히 증가했다. 십자군에 함대와 식료품을 제공하던 이탈리아 해상공국들은 동지중해를 왕래하면서 후추·향료·면직물·비단 등을 들여와 서유럽에 중개 판매하여 막대한 이익을 얻었다. 특히 처음에는 주로 귀족의 사치품으로 소비되던 후추와 향료가 점차 일상적인 생필품으로 자리 잡게 되어 그 수요가 대폭 증가했다.

　여기에서 향료香料*는 정향, 육두구, 육두구의 껍질을 말린 메이스를 일컫는데, 이들은 동부 인도네시아 말루꾸군도의 몇몇 섬**에서만 산출되었다. 그래서 말루꾸군도를 향료군도라고 부른다. 향료는 유럽에서 인기 있는 필수 품목이었다. 사료가 부족한 겨울 동안 가축의 개체수를 줄이기 위해 도축을 한 다음, 고기가 오랫동안 상하지 않고 맛나게 숙성

정향

육두구

하면서 1096년 십자군전쟁이 시작되었다. 1291년까지 일곱 차례에 걸쳐 벌어진 십자군전쟁은 유럽 사회에 커다란 영향을 미쳤다. 약 200년에 걸친 전쟁이 실패함에 따라 교황권이 실추되고, 무리한 원정을 강행한 제후와 기사들은 몰락했다. 반면 국왕의 권력이 강화되어 서유럽에서 각 국왕에 의한 통일국가 형성이 진행되었다. 경제적으로는 전쟁 기간 북이탈리아 도시들이 동방무역으로 급속히 성장하고, 이와 함께 화폐경제가 발전하면서 장원제가 해체되었다. 문화적으로는 이슬람문화와 비잔틴문화의 접촉으로 서유럽에 그리스 고전과 과학기술이 전해진 결과, 르네상스Renaissance라는 새로운 인간 중심 문화운동이 발생했다.

* 　흔히 향료香料, spice와 향신료香辛料를 혼용해서 말하지만, 엄밀히 구분하면 향료는 정향·육두구·메이스를 가리키며, 여기에 매운 맛을 내는 양념 재료인 후추·겨자·고추·계피·생강 등을 더한 것이 향신료다.

** 　할마헤라 인근의 떠르나떼·띠도레·마레·모띠·마끼안·바짠 섬과 반다해의 반다군도.

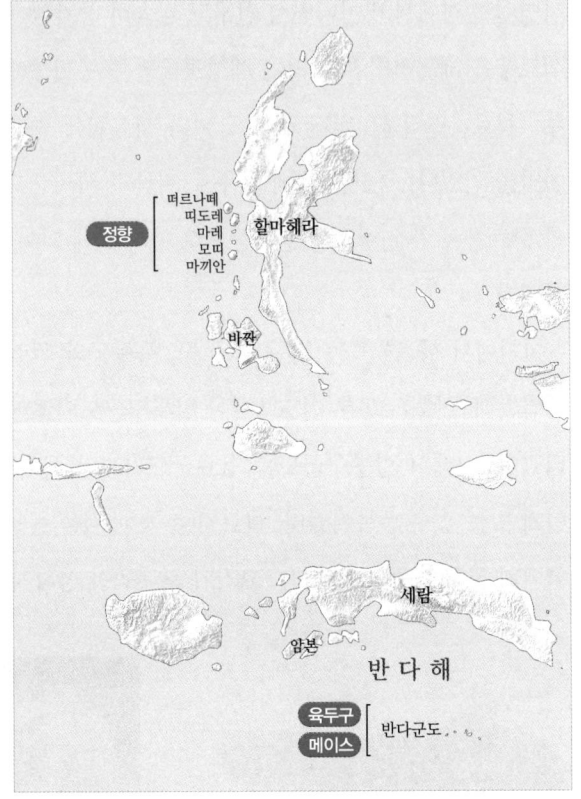

말루꾸(향료)군도

정향 — 떠르나떼 / 띠도레 / 마레 / 모띠 / 마끼안

할마헤라

바깐

세람

암본

반 다 해

육두구 / 메이스 — 반다군도

되게 하는 데에 종전의 소금과 식초 대신 그 효과가 월등히 더 좋은 향료를 썼다.

16세기 이전에는 무슬림 상인들이 향료와 각종 열대작물을 지중해 세계로 들여왔다. 일찍이 이집트 카이로에서 말루꾸군도에 이르는 해로를 개척한 그들은 말루꾸군도에서 정향과 육두구, 그리고 서부 자바의 반뗀에서 후추를 사들였다. 그들이 사들인 향료와 열대작물은 지중해를 거쳐 베네치아까지 유통되었다. 이 경로를 독점한 것이 아랍과 튀르크의 무슬림 상인들이었고, 이들에게 상품을 넘겨받은 이탈리아의 베네치아 상인들은 다시 여러 단계를 거쳐 서유럽에 향료와 열대작물을 공급했다. 따라서 그 가격이 매우 비쌌기에, 서유럽 지중해 상인들은 직접 더 싼 값에 넉넉한 양을 수입할 수 있는 새로운 경로를 개척할 필요가 있었다.

이러한 가운데 14세기 말 오스만튀르크제국(1299~1922)이 1453년 비잔틴제국을 무너뜨리고 동지중해 전역을 장악했다. 때문에 이 지역을 통해 서유럽에 공급되던 동방 상품들의 가격이 폭등했을 뿐 아니라, 서유럽에서 동방으로 진출하는 육로가 막혀 신항로 개척은 한층 더 절실해졌다.

이 같은 분위기에 편승해 포르투갈은 '3G'*를 외치며 동방 신항로 개척 길에 올랐다. '항해 왕자'란 칭호로 유명한 엔히크(1394~1460)**의 적극적인 후원을 받아 항로 개척을 시작한 바르톨로뮤 디아스가 1488년 아프리카의 희망봉에 이르렀고, 1497년에는 바스코 다 가마가 희망봉을 경유해 인도양을 횡단한 뒤 1510년 마침내 인도의 고아에 도착함으로써 동방 신항로를 개척하는 데 성공했다.

포르투갈은 인도 서부 해안에 위치한 고아를 점령해 아시아 진출의 발판을 마련했지만, 향료를 안전하게 확보·독점하려면 인도 너머까지 진출해야 한다는 사실을 깨달았다. 그 목표가 된 곳이 말레이반도의 멀라까였다. 1511년 포르투갈령 고아의 총독인 아폰수 알부케르크(재임

---

* 3G의 'Gold'는 아프리카의 황금 또는 동남아시아의 향료, 'God'은 이방인에 대한 복음 전파, 'Glory'는 해상 탐험을 지원하는 왕에게 바치는 정복의 영광을 뜻한다.

** 엔히크 왕자는 이베리아반도에서 모로코 이슬람교도에 대한 전쟁을 유리하게 이끌기 위해 아프리카 내륙에 존재한다고 믿어졌던 기독교 국가 '성 요한의 나라'와 손잡고, 또 서부 수단과 황금을 거래하고자 아프리카 서해안 탐험을 추진했다. 항해사 양성 학교와 조선소를 만들고 우수한 뱃사람을 초빙해서 항해 기술을 적극적으로 도입한 그는 훗날 '항해 왕자 엔히크'라는 별칭을 얻었다.

1453~1515)는 군함 19척과 군인 1400명을 이끌고 멀라까를 점령하는 데 성공했다.

멀라까를 점령한 포르투갈은 곧 북부 수마뜨라의 아쩨, 그리고 남부 말레이반도의 조호르를 상대로, 멀라까해협에 대한 치열한 제해권 경쟁에 빠져들었다. 그 와중에 국제무역항으로서 포르투갈령 멀라까의 위상은 점차 약화했다. 멀라까는 단지 포르투갈 군인·상인·관료·선교사 활동의 중심지가 되어, 마치 이슬람 세계 속에 고립된 섬처럼 되어갔다. 그 결과 포르투갈의 멀라까 점령이 그 밖의 말레이세계에 미친 영향은 미미했다.

포르투갈은 다른 지역들로 관심을 옮기기 시작했다. 1543년에 일본과 무역을 개시하고, 1557년에는 마카오를 할양받아 중국과 정식으로 교역을 시작했다. 동시에 그들은 브라질의 설탕과 아프리카 노예무역에 집중했다. 결국 1641년 멀라까를 네덜란드에게 빼앗긴 포르투갈은 띠모르섬 외의 말레이세계에서 미미한 존재로 남았다.

두 번째로 동서 바닷길에 등장해 동남아시아 지역에 커다란 영향을 미쳤던 유럽 국가가 스페인이다. 스페인은 금과 은이 풍부한 아메리카 대륙을 점령해 유럽에서 가장 부유한 국가가 되었다. 그럼에도 스페인은 향료군도에 큰 관심을 두고 있었다. 향료군도의 소유권을 둘러싸고 포르투갈과 갈등을 빚자, 그들은 1529년 사라고사 조약을 통해 포르투갈에게 향료군도를 양보하는 대신 필리핀에 대한 권한을 확보했다. 당시 남부 필리핀 술루군도에 존재하던 강력한 술루 술탄왕국을 의식한 스페인은 필리핀 북부로 향했고, 1571년 루손섬의 마닐라에 정청政廳과 상관商館을 설치해 교두보를 마련했다.

16세기 마닐라를 중계지로 한
태평양 무역 항로

스페인이 도착하기 전까지만 해도 필리핀은 중국의 중요한 교역 대상
이 아니었다. 스페인이 마닐라에 정착하기 4년 전인 1567년에 마침 명
조의 해금 정책이 해제되었다. 이로써 푸젠성(복건성福建省)의 장저우(장
주漳州)가 동남아시아 무역항으로 개방되자, 푸젠과 광둥(광동廣東)의 민
간 상인들이 필리핀으로 상선을 띄우거나 이주하는 일이 크게 늘었다.
그들은 주로 생사·견직물·도자기 등을 싣고 마닐라로 향했는데, 이
렇게 마닐라로 들어온 중국 상선이 1573년에 8척이었으나 1600년대 전
반에는 50척으로 급증했다. 1570년까지만 해도 마닐라의 중국인 인구
는 40명에 불과했는데, 60년 후에는 그 수가 약 2만 명으로 늘었다. 이
렇게 교역이 급증한 것은 당시 마닐라의 식민정부가 필요로 했던 물량
도 있었지만, 비단과 도자기를 위시한 중국 상품이 대단위로 스페인 갈
레온 범선에 실려 태평양을 건너서 아메리카 대륙으로 팔려나갔기 때
문이다. 스페인이 마닐라를 중계지 삼아 태평양을 건너가며 중국과 거

래했던 것이다.

16세기 말 필리핀을 중계지로 중국과 스페인 간의 교역이 성황을 이뤘을 때 매년 5만 8000~8만 6000킬로그램에 달하는 은이 중국으로 유입되었다. 이탈리아의 한 여행가는 중국 상인들이 스페인 국왕을 '백은왕白銀王'이라고 불렀다고 기록했다. 1638년 스페인의 한 해군 장교는 "중국 황제는 페루에서 벌어들인 은으로 궁전을 지을 수도 있을 것이다"라고 말했다.

스페인은 포르투갈의 교역로를 피해 대서양에서 인도양을 거치던 기존 동방 항로와는 다른, 대서양에서 태평양으로 통하는 서방 항로를 새롭게 열었다.* 즉 멕시코의 아카풀코-필리핀의 마닐라-중국의 장저우나 마카오를 연결하는 광범위한 국제교역 네트워크를 구축했던 것이다.

세 번째로 동남아시아에 진출하여 이 지역에 커다란 영향을 주었던 국가는 네덜란드다. 네덜란드는 15세기 중반 스페인의 식민지였다. 그러나 가톨릭교 국가인 스페인과 달리 네덜란드에서는 칼뱅파 신교도가 힘을 얻고 있었다. 당시 스페인과 포루투갈을 통치하던 펠리페 2세가 가톨릭교 강화책으로 신교도를 탄압하자 신교도는 1568년 독립전쟁을 일으켰고, 1581년 네덜란드연방공화국의 독립을 선언했다. 그러자 펠리페 2세는 네덜란드 선박의 스페인과 포르투갈 입항을 금지했다.

당시 동남아시아산産 향료를 포르투갈이 독점한 가운데, 네덜란드는

---

* 포르투갈은 대서양에서 아프리카 남단의 희망봉Cape of Good Hope을 돌아 인도양을 횡단하는 '동방 항로'(뒤에 네덜란드·영국·프랑스도 이 항로를 이용했다)를 개척해 인도 서부의 고아Goa, 이어서 말레이반도(멀라까Melaka)로 진출한 반면, 스페인은 대서양을 건너 남아메리카의 마젤란해협Magellan Straits을 통과해서 태평양을 횡단하는 '서방 항로'를 개척해 필리핀군도의 세부Cebu로 진출했다.

북유럽의 추운 겨울에 향료를 공급하는 중계무역을 맡고 있었다. 펠리페 2세의 조치로 포르투갈이 수입한 향료가 암스테르담을 거쳐 북유럽으로 판매되던 경로가 차단되었다. 이는 암스테르담을 중심으로 형성된 무역망의 쇠락으로 이어졌고, 네덜란드가 직접 동방 항로에 뛰어드는 계기가 되었다.

네덜란드가 처음 동방으로 항해한 것은 1595년 4월이었다. 포르투갈의 항해에 동참해 경험을 쌓은 코르넬리스 하우트만이 지휘하는 원정대는 그 이듬해 무슬림이 지배하던 서부 자바의 반뗀 항에 이르렀다. 그는 그곳에서 후추를 사려 했으나 현지인 및 포르투갈 세력과 갈등을 빚은 탓에 뜻을 이루지 못하고, 자바 북부의 마두라섬을 경유해 발리에 도달했다. 하지만 그는 가는 곳마다 현지 세력과 갈등을 겪으며 고난의 항해를 이어갔다. 당초 선원 249명이 암스테르담을 떠났으나 단지 89명만이 1597년에 생환했다. 그렇지만 네덜란드의 첫 항해는 향료를 대량 실어와서 순이익을 100퍼센트 이상 남겼다.

이 원정은 네덜란드 왕실과 몇몇 자본가의 동방 항해를 부추기는 계기가 되었다. 향료무역을 겨냥한 회사가 여럿 설립되었고, 네덜란드의 이른바 '질풍 항해wild voyage' 시대가 시작했다. 1598년에 서로 경쟁하는 다섯 회사의 무역선 22척이 네덜란드를 출발했다. 그들 중 야코프 판 넥이 이끄는 원정대가 말루꾸군도에 도착해서 많은 향료를 싣고 돌아와 400퍼센트 순이익을 올렸다. 이 역시 다른 여러 자본가를 자극했고, 1601년 각기 다른 소속사의 선박 14척이 향료 원정길에 올랐다.

네덜란드 무역상들 간의 무질서한 경쟁은 한편으론 현지 향료 가격을 폭등시키고, 다른 한편으론 유럽 시장에 과잉 공급을 초래해 향료 가격의 급격한 하락으로 이어졌다. 과다 경쟁으로 인한 문제를 해결하기 위해 네덜란드 의회가 나서서 경쟁 회사들의 통폐합을 주도했다. 이렇게 해서 1602년 세계 최초의 주식회사로 알려진 '네덜란드연합동인도회사'(이하 VOC)가 탄생했다.

네덜란드 정부는 VOC에게 국가 통치권에 준하는 막강한 권한을 부여했다. VOC는 현지에서 군대와 법 제도를 갖추고, 전쟁을 수행하며, 국가를 대신해 조약을 체결할 수 있었다. 1619년 VOC는 남부 라인강 지역에 살던 옛 게르만 부족의 이름을 딴 바타비아(지금의 자까르따)라는 네덜란드 식민도시를 서부 자바에 건설했다.

VOC는 최소한의 비용으로 최대한의 이익을 창출하고자 향료 재배지와 생산지를 엄격히 통제하고, 사탕수수 등 환금작물에 대한 독점도 꾀했다. 그러나 관리와 군인으로 구성된 VOC의 인원은 수적으로 한계가 있었기 때문에, 초기의 총독들은 당시 인도네시아 곳곳에 정착해 있던 중국인을 이용했다. 중국인들은 네덜란드인과 토착인 사이에서 세금을 거두고, 작물 생산을 감시하며, 서구에서 수입된 물품을 현지인에게 판매하는 경제적 중간자middleman 역할을 맡게 되었다.

포르투갈 · 스페인 · 네덜란드에 이어 영국이 동서 바닷길에 등장했다. 먼저 영국의 프랜시스 드레이크가 이끄는 원정대가 네덜란드보다 앞선 1577~1580년에 향료군도와 접촉했다. 1591년에는 제임스 랭커스터와 조지 레이먼드가 엘리자베스 1세 여왕의 허가를 받고 원정 항해에 올랐으나 처참히 실패하고 말았다. 이처럼 영국의 첫 동방 항해는 그 결과가 희망적이지 못했다. 하지만 네덜란드가 첫 항해로 막대한 이득을 얻었다는 소식에 그들은 다시 고무되었다. 엘리자베스 1세 여왕은

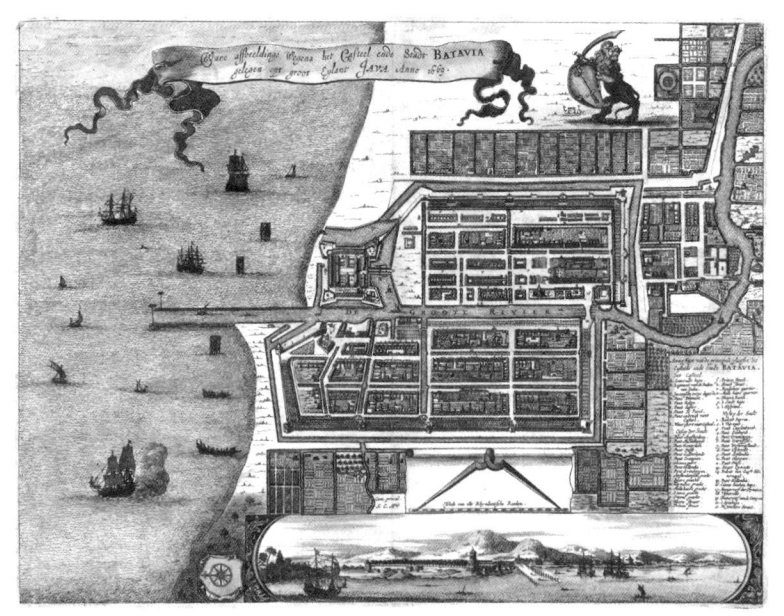

17세기 바타비아 조감도 (Arnoldus Montanus 그림)

바타비아의 호랑이 운하 (네덜란드왕립도서관 소장)

1600년 국왕 특허장*을 수여해 인도 남부에 영국동인도회사(이하 EEIC)를 설립케 했다. EEIC는 1602년 반뗀에 상관商館을 설립했고, 2년 뒤 헨리 미들턴이 이끄는 원정대가 향료군도에 도착했다.

그 후 향료무역에서 우위를 차지하려는 경쟁이 유럽 국가들 사이에 본격적으로 벌어졌다. 1623년 네덜란드와 영국의 경쟁이 정점에 달한 가운데 양국 간의 외교적인 노력이 실패하면서 이른바 '암본학살'이 벌어졌다. 네덜란드인들은 영국인 무역상 10명, 일본인 10명, 포르투갈인 1명을 살해했다. 이 사건을 계기로 영국은 향료군도에서 완전히 철수했고, 서부 인도네시아에서 후추 무역에 집중했다. 그 후 19세기 초까지 영국은 동남아시아 지역에 별다른 관심을 보이지 않았다. 당시 EEIC의 주 활동 무대는 대영제국의 아시아 교두보인 인도였기 때문이다.

프랑스인들은 동남아시아에서 1601년에 무역 활동을 시작했지만 별 소득은 없었다. 반면, 선교 활동은 비교적 큰 성공을 거두었다. 1615년 예수회가 남부 베트남의 다낭에 처음 발을 들였다. 1627년부터 알렉상드르 로드 신부는 적극적인 선교 활동을 펼쳐 북부 베트남에서 수천 명을 개종시키는 데 성공했다. 또한 그는 오늘날 베트남의 국어 표기 체계인 '꾸옥 응우국어國語'를 개발한 것으로도 유명하다. 이는 베트남어를 로마자로 표기하는 방식인데, 로드 신부가 베트남 민중에게 쉽게 접근하기 위해 고안한 것이다.

베트남에서 선교 활동이 늘 환영을 받은 것은 아니었다. 1662년 베트

---

* 250여 년에 걸쳐 영국은 모험가들에게 필요할 때마다 국왕 특허장royal charter을 수여해 특허회사를 설립하는 방식으로 대영제국을 건설했다. 따라서 로마제국과 달리 대영제국은 인접한 영토로 구성되지 않은 무정형의 제국이었다.

남에서 가톨릭에 대한 심한 박해가 시작되자, 프랑스 선교사들은 발길을 다른 나라로 돌려야 했다. 당시 태국 아유타야의 개방적인 군주인 나라이(재위 1656~1688)는 네덜란드동인도회사(VOC)가 대외 무역에 대한 독점권을 요구하는 데 대한 우려가 컸다. 그는 목적을 위해서는 무력행사를 불사하며 수단과 방법을 가리지 않는 VOC를 견제할 만한 다른 강력한 유럽 세력이 필요했다. 영국에게 접근했으나, 원하는 결과를 얻지 못했다. 영국은 암본학살 후 VOC와 어떠한 마찰도 일으키지 않으려는 태도를 고수하고 있었기 때문이다.

이때 타이 궁정의 최고위 관직에 오른 그리스인 콘스탄틴 풀콘이 전면에 나섰다. 가톨릭교 신자인 그는 개신교로 전향한 영국을 탐탁하지 않게 생각한 반면, 가톨릭교 국가인 프랑스에게는 호의적이었다. 그의 권유에 따라 타이 사절단이 태양왕 루이 14세를 방문했다. 프랑스는 태국에서 네덜란드를 견제하기 위해 쏭클라 남부 항구에 군함을 파견하기로 했다. 동시에 프랑스는 대외 무역에 대한 일정 권한과 치외 법권까지 인정받기로 했다. 군인 636명을 실은 프랑스 군함 6척이 방콕에 도착하자 풀콘은 그들에게 병영 설치를 허락했다. 프랑스 선교사들도 환대를 받았다. 그들은 곧 교회와 수도원을 짓고, 아유타야를 동남아시아 선교 본부로 삼았다.

하지만 보수적인 타이 귀족들이 가만있지 않았다. 1688년 나라이 왕이 신병 치료차 궁정을 비운 사이에 반외세 집단이 궁정혁명을 일으켰고, 그 직후 풀콘은 공개 처형되었다. 그 후 태국은 한동안 유럽 상인들에게 문호 개방을 허락하지 않았다. 이러한 가운데 프랑스는 19세기 중반까지 동남아시아에서 이렇다 할 상업 활동을 전개하지 못했다.

포르투갈이 동방으로 진출한 이래 300여 년 동안 중상주의 상업 세력이 주도하던 동서 해상 교역은, 18세기 후반에 시작된 산업혁명의 여파로 점차 산업자본주의 세력의 지배를 받게 되었다. 이 무렵에 영국이 아시아에서 인도 다음으로 관심을 기울인 지역은 중국이었다. 그러나 당시 중국의 무역은 제한되어 있어 서양 상인들은 광둥의 광저우(광주廣州) 한 군데에서, 그것도 청淸 정부가 허가한 상인조합인 공행公行을 통해서만 교역을 할 수 있었다. 영국은 폐쇄적인 무역 체제를 타파하고 통상을 확대하고자 여러 차례 중국에 사절단을 파견했다. 그러나 중국이 영국 사절단에 삼궤구고두三跪九叩頭*를 요구하자, 협상은 개시되지도 못했다. 산업혁명이 일어나고 국제 관계가 급변하던 이 시기에 중국의 황제는 여전히 자국 중심의 천하관天下觀에서 벗어나지 못하고 있었던 것이다.

아편전쟁이라 불리는 영국과 중국의 충돌은 바로 이러한 배경에서 발생했는데, 직접 발단이 된 것은 아편 문제였지만 그 근본에는 차茶가 있었다. 1664년 중국에서 찻잎이 영국에 전해진 후 약 100년이 흐르면서 홍차는 영국의 국민 음료가 되었다. 이후 19세기 초 영국은 매년 13만 킬로그램이 넘는 찻잎을 수입했고, 이로 인해 은이 대거 유출되었다. 이를 타개하고자 영국은 캘커타에 있는 동인도회사를 정점으로 중국의 차–인도의 아편–영국의 면직물에 의한 이른바 '삼각무역triangular trade'을 벌였다. 아편전쟁 직전에는 중국으로 밀수출된 아편의 양이 약 2500톤에 이르렀다. 이는 무엇보다도 중국의 은이 급속도로 유출되는 결과를 가져왔다.

---

* 황제를 알현할 때 세 번 무릎을 꿇고 머리를 바닥에 아홉 번 찧는 의식.

결국 청조는 린쩌쉬(임칙서林則徐)를 황제 특사로 광둥에 파견했고, 그는 외국 상인들의 아편까지 거두어들여 전량 태워버렸다. 중국 시장의 개방을 애타게 갈구하던 영국의 산업자본가들에게 이는 자유무역에 위배될 뿐 아니라 사유재산을 침해하는 행위였다. 그들은 영국 정부와 의회에 압력을 행사해 마침내 원정군 파견을 끌어냈다. 양국 간에 전쟁이 발발하자 세계의 중심을 자처해온 아시아의 노제국은 영국의 신식 무기 앞에 처참히 무너졌다. 결국 홍콩을 할양하고 상하이를 위시한 5개 항구를 개방하는 등 영국의 요구를 전면 수용하는 조건으로 1843년 난징(남경南京) 조약이 체결되었다.

이 사건을 계기로 중국은 동서 바닷길에서 전통적인 주도권을 완전히 상실했을 뿐 아니라, 그 후 가세한 프랑스·미국·러시아 등에 분할되어 식민지와 다름없는 상태로 전락했다. 이제 식민지배의 여러 전조가 아시아 전역을 휩쓸고, 동시에 동서 해상 교류는 곧 서구 자본주의 세력의 주 활동 무대가 되어갔다.[1]

새로운 종교 전파

고대와 마찬가지로 고전시대에도 동서 해상 교류는 상업적인 차원을 넘어 문화적인 교류도 동반했다. 13~15세기에 이슬람교*와 상좌부불

---

* 610년에 무함마드는 알라를 유일신으로 삼고, 알라 앞에서 모든 사람은 평등하며 부족과 계급의 차이가 없다는 이슬람교를 창시했다. '이슬람'은 '유일신 알라에게 절대 순종한다'는 뜻이다. 이슬람교는 6신(무슬림이 믿어야 할 것)과 5행(무슬림이 실천해야 할 일)을 기본 가르침으로 한다. 6신은 유일신 알라Allah, 천사(신과 인간을 잇는 존재), 《쿠란Quran》(무함마드가 천사 가브리엘을 통해 받은 알라의 계시를 후계자들이 정리한 경전), 예언자(무

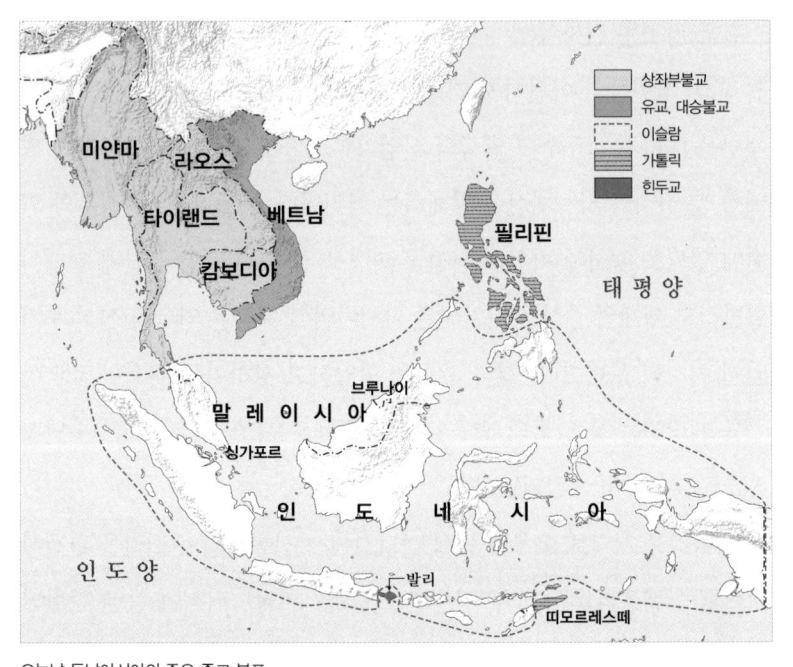

상좌부불교
유교, 대승불교
이슬람
가톨릭
힌두교

미얀마
라오스
타이랜드
베트남
캄보디아
필리핀
태 평 양
말 레 이 시 아
브루나이
싱가포르
인 도 네 시 아
인 도 양
발리
띠모르레스떼

오늘날 동남아시아의 주요 종교 분포

교上座部佛教*가 힌두교와 대승불교를 대신해 동남아시아의 지배적인 종교로 새로이 자리를 잡았다. 이어 16세기 초부터 기독교가 유입되면서,

함마드), 내세(천국과 지옥의 존재), 천명(모든 일은 알라가 결정한다는 것)을. 5행은 고백(샤하다Shahada : 신앙 고백), 예배(쌀라Salah : 1일 5회 정해진 시각에 예배를 드린다), 단식(사움Sawm : 이슬람력으로 9월인 라마단 한 달간 일몰까지 음식물을 끊는다), 희사(자카트Zakat : 1년에 한 번 가난한 사람을 돕는다), 순례(하지Haji : 일생에 한 번 성지인 메카를 순례한다)를 말한다.

* '상좌부'는 '고승이 앉는 자리'를 뜻한다. '상좌부불교'는 현재 학계에서 소승불교Hinayana Buddhism를 대신하는 용어로 자리를 잡았다. '소승(작은 바퀴)' 불교라는 말은 '대승(큰 바퀴)' 불교에 비해 격이 낮은 것으로 오해될 소지가 있기 때문이다. 상좌부불교는 석가모니의 가르침에 따라 출가하여 엄격한 수행을 하고 개인적으로 해탈에 이르는 것을 중시한다. 한편 서북 인도로 전해진 불교는 헬레니즘 시대(서기전 330~서기전 30년)에 그리스 다신교 문화의 영향을 받아, 보리살타(보살)의 중생 구제를 교의에 포함한 대중불교(이른바 대승불교)가 되어 포교를 중시하는 경향이 있다. 처음에 불교에서는 보리수나 불족석佛足石(부처의 발을 묘사한 돌조각)을 부처의 상징으로 이용했는데, 역시 헬레니즘의 영향으로 서기전 1세기부터 간다라Gandhara 지방에서 그리스 양식의 불상, 즉 간다라불이 만들어지기 시작했다.

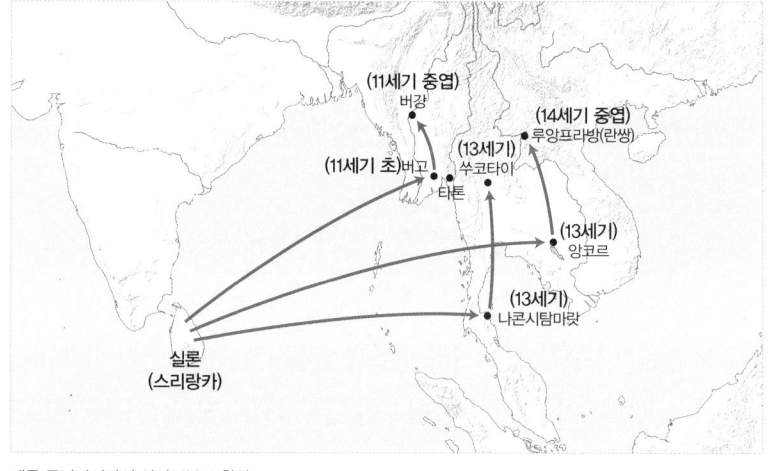

대륙 동남아시아의 상좌부불교 확산

18세기에 이르러 오늘날 동남아시아 종교 분포의 별자리가 완성되었다. 이 새로운 종교들은 이념적·제도적으로 고전시대 동남아시아 국가의 성립과 발전에 커다란 영향을 미쳤을 뿐 아니라, 이 지역 사람들의 생활방식 전반에 많은 변화를 초래했다. 이러한 맥락에서 사학자들은 이 시대적 격변을 이전 시대의 인도화Indianization·중국화Sinicization에 빗대어 '상좌부불교화Theravada Buddhization'·'이슬람화Islamization'·'기독교화Christianization'라 칭하기도 한다.

오늘날 대륙 동남아시아, 특히 미얀마·태국·라오스·캄보디아의 상좌부불교화 밑바탕에는, 서기전 150년에서 서기 150년 사이에 인도에서 유입된 대승불교가 있었다. 동남아시아 사람들은 인도화 과정을 거치며 이미 불교 의식儀式과 계율에 익숙해졌기 때문에 '종교혁명'이 조용히 진행될 수 있었다. 상좌부불교화 과정은 11세기 초 시작해서 14세기 말에 마무리되었다. 버마의 버강이 11세기에, 캄보디아의 앙코르와 태국의 쑤코타이가 13세기에, 그리고 라오스의 란쌍이 14세기 중엽에 상좌부불교를 받아들였다. 그 결과 대략 1400년경에는 중부 베트남의 참파와 북부 베트남*을 제외한 대륙 동남아시아 전역에 상좌부불교가 지배적인 종교로 정착되었다.

6세기에 이미 드바라바띠의 몬족이 상좌부불교를 받아들였음을 보여 주는 비문들이 발견된 바 있다. 하지만 11세기 초에 남부 버마 타톤과 버고의 몬족이 남해 무역을 통해 실론과 주기적으로 접촉하기 시작하면서 비로소 동남아시아에 상좌부불교가 본격적으로 전파되기 시작했다. 11세기 중엽 버마족의 버강이 타톤과 버고를 영향권에 편입하고, 국가 통합 차원에서 피후견 세력의 종교를 신속하게 대대적으로 받아들였다. 이처럼 몬족이 상좌부불교를 선구적으로 받아들이고 세련된 불교문화를 발전시킨 것, 그리고 버마족이 그들의 문화를 수용한 것이 상좌부불교의 동남아시아 전파와 확산에 중요한 동학dynamics으로 작용했다.

13세기 따이-까다이족의 일파인 타이족이 이주하기 전에 오늘날의 태국 땅은 몬-크메르족의 세상이었다. 드바라바띠의 롭부리와 하리푼자야가 몬족의 대표적인 중심 세력이었다. 이들 지역은 타이세계로 편입되기 전에 이미 상좌부불교로 개종했거나 개종 중이었다. 13세기 중엽에 건설된 쑤코타이왕국은 선주민인 몬족을 포용하기 위해 실론(지금의 스리랑카)에서 나콘시탐마랏(리고르)을 거쳐 상좌부불교를 공식적으로 받아들였다. 그 후 람캄행(재위 1279~1298) 재위 중에 쑤코타이의 영향력이 미치는 지역으로 상좌부불교가 확산되었다. 버마족과 타이족의 융

---

* 참파의 참인들은 이슬람교를 받아들였다. 한편 중국에 명明나라(1368~1644)가 들어선 뒤 북부 베트남의 레(여黎) 왕조(1428~1788)는 유교문화를 본격적으로 받아들여 전국적으로 퍼뜨렸다.

화적인 세계관을 엿볼 수 있는 대목이다.

불교 국가의 군주, 즉 탐마라차의 정통성 확보와 권위 유지는 무엇보다도 군주의 신앙심에 달려 있었다. 이에 군주는 상가(승단僧團)와 후견인-피후견인 관계를 맺고, 주로 토지를 포함한 시주, 즉 일종의 경제적인 재분배로 자신의 돈독한 불심을 표현했다.

종합해 볼 때 대륙 동남아시아 국가들의 상좌부불교화는 고전시대 국가 통합과 재편 과정에서 나타난 창의적 융합의 결과였다. 그 후 18세기까지 상좌부불교는 각국 왕실의 적극적인 후원에 힘입어 크게 성장했다. 그 결과 오늘날 태국·미얀마·라오스·캄보디아에서 상좌부불교는 국가종교로, 왕권을 떠받치는 핵심 이념(태국의 경우)으로, 그리고 국민정체성의 한 축으로 굳게 자리 잡았다.

이슬람교의 전파는 말레이세계의 문명사에서 가장 획기적인 사건으로 꼽을 만하다. 그렇지만 이슬람화 과정이 여전히 명확하게 밝혀지지 않은 측면이 많다. 우선 어디에서 이슬람교가 도래했는지 그 발원지가 분명하지 않다. 1287년 이후 무슬림 지배하에서 동남아시아와 활발히 교역했던 북서 인도의 구자라트가 유력한 후보지 중 하나다. 이 주장은 동부 자바의 항시港市인 그레식과 동북부 수마뜨라의 사무드라-빠세이에서 발견된 무슬림 묘비의 양식이 구자라트의 것과 유사하다는 사실에 근거한다. 이 밖에도 학자들은 동서 국제무역이 왕성했던 남서 인도의 말라바르 해안, 남동 인도의 코로만델 해안, 벵골·아랍·페르시아 등지를 그 발원지로 꼽기도 한다.

그렇다면 이슬람교는 말레이세계에 언제 전파되기 시작해 어떤 경로를 거쳐 확산되었을까? 전파 시기 또한 분명치 않은 가운데, 초기 역사

말리크 알살리의 묘비

의 물증들은 주로 북부 수마뜨라에서 발견되었다. 그들 중 사무드라-빠세이의 초대 술탄* 말리크 알살리(1297년 사망)의 묘비는 늦어도 13세기 말에 북부 수마뜨라에 이슬람 국가가 존재했음을 나타낸다. 이같은 사실은 베네치아 여행가 마르코 폴로의 기록과도 일치한다. 마르코 폴로는 1292년 잠시 머물렀던 수마뜨라의 뻐르락에서 무슬림의 존재를 확인했다.

1345~1346년에 동북부 수마뜨라의 사무드라-빠세이를 방문한 모로코인 이븐 바투타 역시 그 지역에 무슬림이 존재한다는 사실을 확인했다. 그리고 동부 말레이반도 뜨렝가누의 몇몇 지역에서도 14세기의 이슬람 유물들이 발견되었는데, 그것들 중 법률을 포고한 내용을 담은 비석은 1303~1387년의 것으로 추정된다.

14세기 후반 말루꾸군도와 멀라까해협 사이에 향료무역이 활발하게 이뤄지던 가운데 북부 자바 해안에 무슬림 공동체가 하나둘 출현했다.

---

* 아바스 왕조가 쇠퇴하자 아라비아반도에는 무슬림 군사정권이 난립했다. 그들 중 945년 시아파인 이란계 부이왕조Buyid dynasty가 아바스 왕조의 수도 바그다드를 점령하고 정치와 군사적 실권을 장악하면서, 아바스 가문의 칼리프는 종교적 권한만을 갖게 되었다. 그 뒤 튀르크계 셀주크 왕조의 토그릴베그Toghril Beg가 1055년 바그다드로 침입해 부이 왕조를 무너뜨리고, 아바스 가문의 칼리프에게서 술탄(지배자)이란 칭호를 받았다. 이 사건을 계기로 중세 서유럽의 황제와 교황처럼 술탄은 이슬람 세계의 정치적 지도자로, 칼리프는 종교적 지도자로 자리매김되었다. 그 후 1517년 아바스 가문의 칼리프가 튀르크계 오스만 왕조에 그 지위를 양도함으로써 술탄이 칼리프를 겸하는 '술탄칼리프제'가 성립했다.

1413~1415년 북부 자바를 방문한 중국인 무슬림 마환馬歡은 저서《영애승람瀛涯勝覽》에서, 그 지역에 세 부류의 사람들이 살고 있다고 했다. 중국인 무슬림, 정령을 숭배하는 현지인, 그리고 서쪽 즉 서아시아에서 이주해온 무슬림이 그들 세 부류다.

그레식과 마자빠힛의 수도 뜨로울란 근처에서 각각 1419년, 그리고 1407년에서 1475년 사이의 것으로 추정되는 무슬림의 묘 몇 기가 발견되었다. 특히 후자의 것들은 15세기 중에 이미 이슬람교가 힌두 왕국인 마자빠힛 궁정까지 침투했다는 사실을 나타낸다.

1403년 말레이반도 서남부에 해양무역 국가인 멀라까가 성립했다. 멀라까는 곧 인도와 서아시아의 무슬림 상인들이 빈번하게 왕래하는 동서 국제무역 중심지가 되었다. 따라서 자연스럽게 이슬람교가 왕국에 전파되었다. 그 후 이슬람교는 멀라까에서 인도네시아군도 동부를 거쳐, 필리핀 남부와 북부로 전파되었다. 1565년 스페인이 마닐라를 점령했을 때, 이미 민도로와 남부 루손의 해안 지역에도 무슬림 정착촌들이 있었다.

이상의 내용을 바탕으로 도서 동남아시아에 이슬람교가 전파된 시기와 확산 경로를 대략 정리해볼 수 있다. 이슬람교는 늦어도 13세기 말경 북부 수마뜨라 아쩨 지역(사무드라-빠세이, 뻬르락)에 정착한 다음, 14세기부터 15세기 초 사이에 동부 말레이반도, 동부와 북부 자바 해안 지역, 그리고 브루나이로 확산했다. 15세기 초반에 말레이반도 서부의 멀라까 일대에 자리 잡았고, 이어 15세기 중에 동부 인도네시아군도를 경유해 남부 필리핀의 술루군도, 민다나오, 그리고 16세기 중엽에 북부 필리핀의 남부 해안까지 도달했다.

지도 내 표기:

구자라트

인도

벵골

고아

코로만델 해안

말라바르 해안

실론

(13세기 말)

사무드라-빠세이

빠르락

미낭까바우

수마뜨라

빨렘방

(16세기 초)
반뗀

(14~15세기 초)
뜨렝가누

(15세기 초)
멀라까

깔리만딴

(14~15세기 초)
마자빠힛

마두라

발 리   누 사 뚱 가 라

(14~15세기 초)
브루나이

술라웨시

(15세기 중엽)

루손

(16세기 중엽)
비사야스

(15세기 말)
민다나오

말루꾸군도

따모르

도서 동남아시아의 이슬람교 확산

하지만 도서 동남아시아에서 이슬람교의 확산은 지리·지형적 특성 때문에, 서에서 동으로 쓰나미처럼 휩쓸듯 진행되지는 않았다. 온통 이슬람화한 주변 지역에 둘러싸여 있음에도 발리처럼 힌두교를 꿋꿋이 지켜온 곳이 있었는가 하면, 한 지역에 무슬림과 비무슬림이 공존하는 경우도 흔했다.

그렇다면 말레이세계에서 이슬람교가 대대적으로 확산·정착한 동학은 무엇일까? 16세기 초에 이 지역을 방문했던 포르투갈인 토메 피르스의 《수마 오리엔탈(동양개요)》에 따르면 당시 수마뜨라의 왕은 대부분 무슬림이었으나, 그렇지 않은 왕도 있었다. 이 지역 북단의 아쩨에서 빨렘방까지 동쪽 해안의 통치자들은 무슬림이었다. 한편 빨렘방 남쪽과 북부 수마뜨라의 서부 대부분은 여전히 비무슬림 지역이었다. 항시인 사무드라-빠세이와 그 주변은 이슬람교가 지배적이었던 반면, 그 내륙 지역은 대부분 여전히 힌두-불교 지역으로 남아 있었다. 미낭까바우에서도 이와 비슷한 상황이었다. 이러한 가운데 수마뜨라 전역에서 무슬림 인구가 점차 증가하고 있었다.

16세기 초에 서부 자바의 힌두 왕국인 빠자자란의 순다인 대부분은 이슬람교를 받아들이지 않았던 반면, 수라바야를 포함한 동부 자바 해안 지역 대부분은 이슬람교를 수용했다. 한편 자바 동북쪽에 위치한 마두라, 동남쪽의 누사 뜽가라(소小순다열도), 그리고 깔리만딴 지역 대부분은 이 시기에 아직 이슬람교를 받아들이지 않았다. 한편 브루나이만灣과 말루꾸군도에는 이미 이슬람교가 전파되었다.

이상의 내용을 토대로, 16세기 초까지 이슬람교가 정착된 지역들의 공통점은 국제적인 무역 거래가 빈번한 항시와 그 주변 지역이었다는 것을 알 수 있다. 멀라까해협의 수마뜨라 해안, 동부와 북부 자바 해안, 브루나이, 말루꾸군도가 그 범주에 속한다. 그러나 해상무역의 중심지가 모두 이슬람교를 받아들인 것은 아니었다. 예컨대 백단향을 생산하는 띠모르는 아직 이슬람교를 받아들이지 않았다. 그럼에도 동서 국제 해상무역이 말레이세계의 이슬람화에 가장 중요한 동인으로 작용했음엔 의심의 여지가 없다.

더 근원적으로 말레이세계의 이슬람화는, 주로 경제 재분배와 무역의 흐름에 따라 후견인 세력과 피후견인 세력의 동맹 관계가 형성되었던 만달라 체제의 성격과 깊은 관련이 있다. 14세기 이후 국제무역이 갈수록 왕성해지는 가운데 인도·아랍·페르시아의 무슬림 상인들은 동서 무역에서 큰 비중을 차지하고 있었다. 말레이세계의 지배층에게 이슬람으로 개종하는 일은 서아시아 상인들과 움마, 즉 이슬람 공동체의 형제애愛 의식을 바탕으로 종교적인 유대를 형성해 부를 축적하고, 새로운 국가를 건설·확장할 수 있는 좋은 기회가 되었다. 그렇게 이슬람화한 대표적인 왕국으로 1403년에 빠라메스바라가 개국한 말레이반도의 멀라까, 그리고 16세기 초에 수난 구눙자띠가 건설해 빠자자란을 무너뜨린 서부 자바의 반뗀을 꼽을 수 있다.

이 같은 정치·경제적 현상은 당시 동남아시아에서 활동하던 난양(남양南洋) 중국인 무역상들 사이에서도 나타났다. 그들 중 일부는 이슬람교로 개종한 뒤 부를 축적하고 현지인과 결혼해 막강한 정치세력을 형성했다. 그 대표적인 예가 동북부 자바 해안에서 성장해 1527년에 마자빠힛을 무너뜨린 중국계 가문, 데막의 라덴 빠따다. 이러한 시각에서 볼 때 13세기 말부터 16세기 중엽 사이에 진행된 말레이세계의 대대적인 이슬람화는, 국제무역 붐이라는 외적 동학과 동남아시아 토착문화란 내재적인 동학의 결합이 빚어낸 창의적 융합의 산물이었다.

이슬람화는 통치자raja에게서 백성rakyat으로, 하향식으로 진행되었다. 그 과정을 암시해주는 이야기가 멀라까의 역사서 《스자라 멀라유》(1621)에 실려 있다. 한 왕의 "꿈에 예언자가 나타나, 다음 날 아라비아에서 배와 함께 선교사가 올 것이니 그에게 복종해야 한다는 말을 한다. 잠에서 깨어난 왕은 신비스럽게도 자신이 할례를 받았음을 알게 되었다. 그가 신앙 고백문을 되풀이 암송하자 아랍어를 이해하지 못하는 신하들은 그가 미쳤다고 생각했다. 그러나 그때 배가 도착하고, 선교사 사잇 압둘

아지드가 육지를 향해 기도하자, 멀라까의 왕은 이 모든 일이 바로 자신의 꿈과 일치한다고 말했다. 그 후로 백성들이 그를 따라 이슬람교를 받아들였다."

15세기 말 유럽의 가톨릭 세력은 이베리아반도 남부에서 이슬람교도*를 몰아냈으며(레콩키스타Reconquista)**, 한편으로는 루터와 칼뱅의 종교개혁이 낳은 개신교의 거센 도전을 받고 있었다. 이러한 상황을 배경으로, 당시 막 발견된 아시아와 아메리카의 이교도 지역에 대한 관심이 급증하면서 이들 지역에 대한 선교 열정이 한껏 고무되었다. 중세 왕권신수설을 바탕으로 절대왕정을 구축한 스페인과 포르투갈의 가톨릭교도 군주들이 그 시대적 분위기를 주도했다. 그들은 가톨릭교에 입각한 보편적 세계 제국을 건설한다는 목표를 세웠고, 1493년 로마 교황의 칙서는 기독교의 전파와 진흥을 모든 가톨릭교 국가의 의무로 선포해 그들의 목표를 정당화했다. 그 이듬해 토르데시야스 조약에서 교황 알렉산데르 6세는 대서양을 가르는 자오선子午線, meridian***을 기준으로 지구를 둘로 나누

---

* 스페인 땅에 이슬람 세력이 들어온 때는 711년이다. 이때 북아프리카의 무슬림(베르베르인)군 지휘관인 타리크Tariq ibn Ziyad가 분명히 알려지지 않은 이유로 지브롤터해협을 건너, 이베리아반도 남부 지역을 점령했다. 이후 10년이 채 안 되는 동안 그들은 당시 무주공산이나 다름없던 스페인 땅 대부분을 점령하고, 점령지를 알안달루스Al Andalus라 칭하고 코르도바를 수도로 삼았다. 그 후 아바스조에 멸망당한 시리아의 우마이야조 왕실 사람들이 알안달루스로 피신해 756년 그 지역의 군주가 되었다. 12세기에 북아프리카 모로코의 무슬림(무어인Moors)이 이베리아반도에 알무와히둔al-Muwahhid 왕조와 그 뒤를 이은 나스르Nasrid 왕조를 수립해서, 1492년까지 유럽 최후의 이슬람 세력으로 남아 있었다. 그들은 스페인 남부 그라나다에 섬세하고 화려한 아라베스크Arabesque(기하학무늬)로 장식한 알람브라Alhambra(붉다는 뜻의 아랍어 '알함라이alhamlaa'에서 유래) 궁전을 건축했다.

** 레콩키스타는 711년부터 1492년까지 약 780년 동안 이베리아반도의 가톨릭왕국들이 이 지역에서 이슬람 세력을 축출하고 영토를 회복한 일련의 과정을 말한다. 번역하자면 '국토회복운동'이다. 이 운동은 페르난도 2세와 이사벨 1세의 결혼으로 탄생한 아라곤–카스티야 통합 왕국이 1492년 마지막 남은 이슬람 점령지인 그라나다를 정복하면서 마무리되었다.

*** 지구의 북극과 남극을 연결하는 가상의 선. 적도를 기준으로 위도緯度를 측정하듯이 자오선을 기준으로 경도經度를 나타낸다.

스페인과 포르투갈의 세계 관할권 분할선

어, 그 서부는 스페인 왕, 동부는 포르투갈 왕의 관할권으로 정했다.*

16세기 초 포르투갈 사람들이 처음 동남아시아에 가톨릭교를 전했
다. 1511년 멀라까를 점령한 직후 그들은 말루꾸군도로 향료무역을 위
한 탐험에 나섰다. 1522년 그들은 기독교에 관심을 보인 떠르나떼 왕
의 초대를 받고 그 지역에 요새를 건설했다. 하지만 향료무역에 몰두하
는 동안, 말루꾸군도에서 포르투갈의 선교 활동은 별다른 성과를 거두
지 못했다. 1546년 예수회를 창립한 스페인 사제 프란시스코 사비에르
(1506~1552)**가 도착하면서 이 지역에서 본격적인 선교 활동이 시작되

---

* 처음에 알렉산데르 6세가 정한 기준선에 따르면 남아메리카 전체가 스페인령에 포함되었다. 이에 브라질을 아시
아 항로의 중계 지대로 삼아왔던 포르투갈이 이의를 제기했고, 1494년 기준선을 더 서쪽으로 옮겨서 토르데시야스
조약을 체결했다. 그 결과 오늘날 중·남아메리카에서 브라질만 포르투갈어를 공용어로 사용하는 나라가 되었다.

** 스페인의 사제 이그나티우스 로욜라와 프란시스코 사비에르는 종교개혁 이후 위축된 가톨릭 세력을 만회하고
자 1534년 전투적 선교 집단 '예수회'를 결성했다. 엄격한 군대식 조직이었던 예수회는 아시아와 아메리카로 적극
적인 포교 활동에 나섰다.

었다. 말루꾸군도에서 사비에르는 2년 안에 수천 명을 개종케 하는 데 성공했다. 그 영향으로 1555년 암본에 기독교 마을이 30곳 생겨났다.

한편 도미니크수도회에 속한 포르투갈인 선교사들은 본국의 적극적인 지원을 받지 못했기 때문에 개종자들을 이슬람 세력의 공격에서 보호할 수 없었고, 이는 말루꾸군도에서 가톨릭 교세의 감소로 이어졌다. 예컨대 바짠의 왕은 1577년 동 주앙이란 이름으로 세례를 받았으나, 포르투갈이 떠르나떼의 공격을 막아주지 못하자 곧바로 가톨릭교를 포기하고 이슬람교로 회귀했다. 그 후 그와 유사한 상황이 계속 반복되었다. 그 결과 1595년에는 암본인 약 4만 명이 가톨릭교도였던 것으로 추정되지만, 시간이 지나면서 그 수가 3000명까지 줄어들었다. 동남아시아 사람들은 개종 그 자체에 목적을 두기보다는 기독교를 매개로 자신들에게 유리한 서구 세력과 후견인-피후견인 관계를 맺기를 원했다는 점에서, 기독교의 전파 역시 그들의 토착문화 요소인 만달라 세계관과 깊은 관련이 있었다.

1605년 네덜란드동인도회사(VOC)가 암본을 점령하고 떠르나떼와 띠도레에서 포르투갈 세력을 추방하면서, 말루꾸군도에서 포르투갈의 선교 사업은 급격히 침체했다. 암본 주위의 섬들이 VOC의 영향권으로 하나둘 편입되는 동안 이 지역에서 가톨릭 선교사의 수가 점차 감소했다. 1624년 이 지역에 남아 있던 신부는 단 12명이었다. 1641년 네덜란드가 포르투갈령 멀라까를 점령하고 많은 가톨릭교회와 수도원을 파괴하자, 인도네시아군도에서 가톨릭 교세는 더욱 위축되었다.

1663년 스페인이 떠르나떼와 띠도레를 떠나 북부 필리핀에 집중하면서, 동부 인도네시아에서 가톨릭교의 선교 활동은 1562년부터 도미니크회가 활동해오던 솔로르·플로레스·띠모르로 제한되었다. 하지만 도미니크회는 플로레스의 라란뚜까와 동띠모르의 딜리를 인도네시아군도의 가톨릭교 중심지로 바꿔놓는 데 성공했다. 16세기 말까지, 두 지역의 인구 15만 명 중 5분의 1에 해당하는 3만 명이 가톨릭교로 개종했다. 딜리의 기독교화는 동띠모르인의 정체성 변화와 함께 21세기 초 동띠모르가 인도네시아에서 분리 독립하기에 이른 중요한 단초가 되었다.

필리핀에서 스페인의 가톨릭 선교는 교황만큼이나 열렬한 가톨릭 신봉자인 절대군주들의 적극적인 지지에 힘입어, 동남아시아의 다른 지역과 비교할 수 없을 정도로 성공을 거두었다. 그 물꼬를 처음으로 튼 사람은 스페인 왕에게 고용된 포르투갈인 페르디난드 마젤란*이었다. 1521년 4월 비사야스의 세부섬에 도착한 마젤란은 라자 휴마본과 그의 부인을 포함한 800명의 큰 환대를 받았다. 휴마본은 곧 가톨릭을 기꺼이 받아들였다. 그는 기독교 세력인 스페인과 손잡으면 경쟁 세력들을 견제하는 데 크게 도움이 되리라고 믿었기 때문이다. 휴마본은 돈 카를로스란 세례명을 받았다. 그들의 후견인-피후견인 관계는 단지 세례 차원을 넘어 서로 피를 나누어 마시는 의식을 통해 더욱 공고해졌다. 그후 이 지역에서 3개월 동안 1200명이 세례를 받았다.

이에 고무된 마젤란은 비사야스군도의 다른 지역으로 가톨릭 교세를 확장하려고 세부 인근 바랑가이의 부족장인 다뚜들에게 휴마본의 지배권을 인정할 것을 강요했다. 다뚜 두 명이 그의 요구를 따랐으나, 다른 두 명은 저항했다. 마젤란은 복종을 강요하며 그들의 마을을 불태웠다.

---

* 포르투갈어 표기법에 따르면 '페르낭 드 마갈량이스Fernão de Magalhães'라고 써야 하지만, 여기서는 널리 알려진 영어식 표기를 쓰기로 한다.

마젤란 일행이 세웠다고 전해지는 십자가와 그들이 세부섬에 도착한 장면을 그린 천장화. 세부 시내 산토 니뇨 성당 근처에 있다.

다뚜 라뿌 라뿌는 끝까지 저항했다. 결국 1521년 마젤란은 그와 전투를 벌이다 부하 일곱 명과 함께 목숨을 잃었다. 마젤란 원정대의 생존자들은 그 이듬해 가까스로 스페인으로 귀환했다.

그래도 스페인은 향료와 귀금속을 얻으려고 16세기 전반에 여러 차례 필리핀군도로 원정대를 파견했다. 루이 로페스 비야로보스가 이끈 원정대와 미겔 로페스 레가스피가 이끈 원정대가 대표적인 사례다. 전자는 1543년 당시 왕자였던 펠리페Felipe 2세(재위 1556~1598)의 이름을 따 점령 지역을 'Filipinas(필리핀)'로 명명해 유명해진 인물이다. 레가스피 원정대는 필리핀군도 정착에 가장 성공해 가톨릭 전파의 기반을 닦았다. 레가스피는 1565년 5월 8일 세부를 점령하고 북부 필리핀으로 향했다. 그의 거침없는 군사 작전으로 스페인은 1571년 마닐라에 정청政廳과 상관商館을 세우는 데 성공해 북부 필리핀에 대한 장기 지배의 기틀을 마련했다.

스페인 선교사들은 북부 필리핀에 대한 식민지배를 기획하던 본국 정부의 적극적인 지원을 받으며 대대적으로 기독교를 전파하기 시작했다. 그 결과 필리핀은 오늘날 동남아시아 국가 중 기독교문화가 가장 깊이 뿌리내린 나라가 되었다.

그렇다면 기독교 문명권인 유럽 세력에 오랜 기간, 길게는 400여 년에서 짧게는 100여 년 간 식민지배를 경험했던 동남아시아 국가 중 유독 북·중부 필리핀의 루손과 비사야스에만 가톨릭교가 지배적인 종교로 정착한 원인은 무엇일까?

스페인 국왕들의 적극적인 지원과 예수회 신부들의 공격적인 선교 활동이 분명 그 지역의 대대적인 기독교화에 한몫을 했다. 하지만 그 근본적인 원인은 16세기 서구 중상주의 세력이 동남아시아로 진출했을 때 북·중부 필리핀의 국가와 사회의 발달 상황과 밀접한 관련이 있다. 당시 이 지역에서는 '다뚜'라고 하는 부족장이 바랑가이를 이끌었다. 혈연 관계를 중심으로 구성된 각각의 바랑가이는 독립적이고 자치적 성격이 강한 정치·사회 공동체였다. 스페인이 들어오기 전, 세부와 마닐라 지역의 다뚜들 간에 통합 시도가 있었지만, 강력한 구심점이 부재한 가운데 그들은 단일한 국가체제를 수립할 수 없었다.

이처럼 아직 외부의 영향력에 강력히 대응할 체계적인 국가와 사회가 존재하지 않았기에 이 지역에서 스페인 선교사들은 조직적인 세력과 경쟁할 필요가 없었던 것이다. 이러한 주장은 오늘날 남부 필리핀의 술루 군도와 민다나오에서 여전히 강한 이슬람 전통을 유지하고 있는 것으로 보아 설득력이 있다. 당시 필리핀 남부 지역에서는 이미 이슬람교가 정착해서 술탄을 정점으로 체계적인 국가와 사회 체제를 형성하고 있었기 때문에 기독교 세력이 쉽사리 침투할 수 없었다.

개신교는 네덜란드인들이 동남아시아에 처음 전파했다. 네덜란드는 상업적 이익과 종교적 신념을 분리하는 정책을 폈다. 따라서 그들은 개종 자체를 목표로 삼지 않았을 뿐 아니라 무슬림을 대상으로 하는 선교 활동도 제한했다. 또한 종교개혁 이후 네덜란드의 칼뱅파는 이슬람보다 서유럽의 가톨릭 세력과 극렬한 마녀사냥과 종교전쟁으로 대립하고 있었기 때문에,* VOC는 선교 대상으로 무슬림보다 주로 포르투갈에 의해 가톨릭교로 개종한 말루꾸군도의 원주민들에게 관심을 집중했다.

그렇더라도 비기독교도를 개종케 하려는 직간접적인 시도는 있었다. 예컨대 1622년에 암본의 VOC 총독은 토착 신전 약 800곳을 불태우고 제물을 압수했다. VOC는 항상 기독교도를 무슬림보다 우대하면서 동부 인도네시아 사람들의 개종을 유도했다. 또한 1729년 VOC 총독은 비기독교도 왕이 기독교도 족장을 처벌하지 못하도록 금지하는 결정을 내렸다. 이로 인해 로띠섬의 통치자가 개신교를 받아들였다. 그 후 10년 동안 이 지역에서 700명이 더 개종을 했다. 그 결과 18세기 말 개신교는 동부 인도네시아군도 몇몇 지역에 완전히 정착했고, 오늘날 이 지역 사람들의 인종적 정체성을 이루는 중요한 요소가 되었다.[2]

---

* 서유럽에서 가톨릭과 개신교도(프로테스탄트protestant)의 대립은 각각의 진영에서 마녀사냥을 만들어냈다. 그 결과 수십만 명이 이단 심문을 통해 혹독한 고문을 받고 자백을 강요당했으며, 화형에 처해졌다. 서로 다른 기독교의 대립은 점차 정치화해서 16~17세기 중반 일련의 종교전쟁으로 비화했다. 16세기 후반 프랑스의 위그노전쟁과 네덜란드 독립전쟁, 17세기 전반의 독일 30년전쟁, 영국의 청교도혁명이 그 대표적인 예다.

7장

고전시대의 왕국 만달라

14세기에 고전시대로 접어들면서 '교역의 시대'를 맞아, 동남아시아 국가들은 왕성해진 국제 교역과 그로 인한 무역 양식의 변화에 능동적으로 대처하며 영향권을 확대하고, 체계적인 관료 제도와 법 제도를 도입하기 시작했다. 그 결과 그들은 앞 시대 공국·제국 유형의 만달라에 비해 더 방대하고 체계적인 국가 체계를 갖추었다. '왕국kingdom'으로도 불리는 이 만달라들은 그 과정에서 상좌부불교·이슬람교·가톨릭교 같은 새 종교들을 바탕으로 새로운 정체성을 확립해 오늘날 동남아시아 국가들의 원형原型이 되는 단일 공동체들을 구축했다. 하지만 통합과 체제 재편 과정에서 왕국 만달라들은 주변의 작은 세력들을 제거하거나 동화하지 않고, 포용하고 융화하는 방법을 통해 흡수하면서 이전 시대

국가 통치 원리의 연속성을 유지했다. 이 같은 변화와 연속을 바탕으로 고전시대 동남아시아 국가와 사회는 18세기까지 전통 문명의 황금기를 구가했다.

그렇다면 동남아시아의 14세기부터 18세기까지를 '고전시대The Classical Period'라고 칭하는 것은 왜일까? 유럽사에서 '고전'이란 그리스 · 로마 문명의 '위대함greatness' 또는 '높은 수준high standard'을 암시하는 의미이듯이, 동남아시아 역사에서도 '고전시대'란 비슷한 맥락에서 이 지역 전통 문명의 '황금기golden age', '전성기apogee' 또는 찬란한 '영광glory'을 암시한다. 오늘날 구체적으로 역사를 재구성할 수 있게 해주는 현지 문헌들도 이 시대부터 존재한다.

베트남의 레(여黎), 태국의 아유타야, 버마의 떠웅우, 라오스의 란쌍, 인도네시아의 마자빠힛 · 빠자자란 · 반뗀 · 데막 · 마따람 · 아쩨, 그리고 말레이반도의 멀라까 · 조호르가 고전시대 동남아시아의 대표적인 왕국들이다.

1 대륙부

레 왕조

1400년에 쩐(진陳)조를 무너뜨리고 호胡 왕조(1400~1407)를 연 호 꾸이

고전시대 대륙 동남아시아의 정치 중심

리(호계리胡季犛)는 나라 이름을 다이응우(대우大虞)로 바꾸고, 수도를 자신의 근거지인 타인호아로 옮겨 서도西都라 칭했다. 그리고 탕롱을 동도東都로 명명했는데, 훗날 동도는 동경東京으로 불려, 서양인들이 북부 베트남 지역을 지칭하는 용어로 우리에게 친숙한 '통킹'의 유래가 되었다.

호 꾸이 리는 왕위를 찬탈했다는 안팎의 비난을 모면하고자 1400년

12월에 아들인 호 한 트엉(호한창胡漢蒼)에게 왕위를 물려주었다. 태상황이 된 호 꾸이 리는 명明에 사절단을 보내, 후사가 끊긴 쩐씨를 대신해 외손인 자기 아들이 뒤를 이었다고 설명하고 책봉을 받았다. 이러한 노력을 기울였음에도 호 꾸이 리의 찬탈은 중국에 새롭게 들어선 명조에게 간섭하기 좋은 구실이 되었다. 1404년 영락제가 찬탈자 호를 단죄하고 쩐조를 부흥시킨다는 명분으로 20만 대군을 동원해 베트남을 침략했다. 그리고 호 꾸이 리가 중국으로 압송되면서 호 왕조의 운명은 7년 단명으로 끝났다.

쩐조의 부흥은 사실 구실에 불과했다. 명은 베트남을 점령하자 제국의 일부로 속지화하기 위해 전부터 자신들에게 익숙한 쟈오찌로 이름을 바꾸고 동화 정책을 실시했다. 영락제는 베트남에 명의 지방제도를 도입하고, 중국식 예의를 익히게 하면서 베트남 고유 풍습을 금지했다. 예컨대 두발 모양을 바꾸게 하고, 모든 여성에게 짧은 저고리와 긴 치마를 입도록 강요하는 등 일상 풍습에 이르기까지 중국화를 꾀했다.

명의 지배에 대한 저항 운동이 각지에서 발생했다. 대부분 오래가지 못했지만, 1418년에 타인호아의 람썬 지방에서 일어난 레 러이(여리黎利)의 저항은 달랐다. 그는 10년 동안 끈질긴 저항 운동을 벌인 끝에 베트남의 독립을 되찾아, 유교 이념을 바탕으로 360년 동안 번성한 베트남의 세 번째 장기 왕조 레(여黎, 1428~1788) 시대*를 열었다.

'타이 또'(태조太祖, 재위 1428~1433)란 왕호로 등위한 레 러이는 탕롱을 다시 수도로 삼고, 나라 이름을 다이비엣(대월大越)으로 되돌렸다. 그는

---

* 우리나라 조선(1392~1910)의 전기前期에 해당하는 왕조.

우선 토지 문제 해결에 관심을 기울였다. 레 러이가 명에 대항해 독립전쟁을 치르는 동안 그를 도왔던 수많은 농민의 주요 관심사가 몽골 침입 후 크게 성행하던 대토지 소유제의 해체와 토지의 균등 분배였기 때문이다. 그는 촌락의 모든 경작지를 토지대장에 등록케 하고, 균전법均田法을 제정해 토지가 농민에게 골고루 분배되도록 했다. 또한 그는 새 왕조의 인재난을 극복하고자 1428년 국립대학인 국자감國子監을 부활해 관리 양성에도 힘썼다. 이 밖에도 새 왕조의 평화와 안정은 무엇보다 중국과의 관계에 달려 있었기에, 레 러이는 1431년 명에 책봉을 요청하는 공식 사절을 파견했다. 하지만 명은 그를 왕이 아니라 안남국의 임시 통치자란 의미로 '권서안남국사權署安南國事'에 봉했다.

레 러이는 나라 안팎에서 별다른 도전을 받지 않고 5년간의 짧은 재위를 마쳤다. 그가 사망하자 타이 똥(태종太宗, 재위 1434~1442)이 열 살이라는 어린 나이로 왕위에 올랐다. 그를 이은 년 똥(인종仁宗, 재위 1443~1459)은 불과 생후 14개월이었다. 어린 그들은 자연히 섭정을 받아야 했고, 전자는 레 왕조 창건에 공이 컸던 레 쌋(여찰黎察)장군이, 후자는 모후인 응우옌(완阮) 씨가 통치를 대신했다. 그러는 동안 반명反明 투쟁에 공을 세운 타인호아 출신 개국 공신들과 문신, 두 집단의 대립으로 왕실이 분열되었다. 이 혼란스러운 상황은 제4대 황제인 타인 똥(성종聖宗, 재위 1460~1497)이 즉위할 때까지 30년 동안 지속되었다.

타인 똥은 유교 이념을 바탕으로 베트남의 국가체제를 재정비한 유능한 군주였다. 그의 치세에 베트남은 역사상 보기 드문 안정과 번영을 누렸다. 그는 정치·경제·법·문화 등 다방면에 걸쳐 국가 제도를 완비했다. 황제 직속 6부 체제가 마련되어 조정의 모든 사안을 황제에게 직접 보고하고 결정하는 황제 친정 체제가 강화되었다. 또한 이때부터 베트남은 동시대 동남아시아 만달라 체제의 다른 국가들과는 달리, 세습 귀족이 아닌 과거를 통해 선발된 관료들이 전국을 다스리기 시작했다. 과거 시험이 일반 농민 자제들에게까지 개방되었고, 시험 횟수도 늘었다. 이 밖에도 그의 재위 기간에 각 지방의 현 단위까지 학교가 설립되어 유교 이념이 전국적으로 확산되었다.

타인 똥은 1470년 칙령으로 촌락 단위까지 토지와 인력을 파악해서 토지대장 및 호적대장을 만들었다. 주로 소수민족이 거주하던 외곽 산간지대까지 행정 제도 내에 편입하고, 〈홍덕판도洪德版圖〉란 지도를 제작해 영토 개념을 분명히 했다. 이는 당시 영토의 경계가 불분명한 만달라 체제의 동남아시아 국가에선 극히 예외적인 일이었다.

타인 똥 시대에 편찬된 《국조형률國朝刑律》은 레 왕조 시대 내내 왕국의 기본법이었다. 그 체제와 내용은 당률唐律을 근간으로 하면서도 베트남 전통을 반영했다. 예컨대 부인의 독립적 재산권, 딸의 제사 상속권, 여성의 이혼 청구권 등 여성의 지위와 권한을 명확하게 법으로 규정했다. 태형의 경우 중국 법을 따랐지만 남녀에 따라 형벌을 달리 적용했다. 베트남인의 창의적 융합이 돋보이는 대목이다.

타인 똥의 명을 받아 1479년 응오 씨 리엔(오사련吳士蓮)이 레 반 흐우의 《대월사기大越史記》에 당시의 전승 자료를 더해 《대월사기전서大越史記全書》를 발간했다. 이 역사서는 건국 신화부터 레 러이가 왕조를 세운 1428년까지를 다루었는데, 베트남의 역사 상한을 끌어올렸다는 점에서 주목할 만하다. 또한 《대월사기전서》에서는 북부 베트남의 홍강 삼각주 비엣족과 중부 베트남의 참족뿐만 아니라 산지의 소수민족들까지 모두

《대월사기전서》 표지

건국 신화에 등장하는 락 롱 꿘*의 후손으로서 다이비엣의 구성원이라는 공동체 의식을 강조했다. 베트남을 단일 운명 공동체로 통합하려는 레 왕조의 노력이 엿보인다.

타인 똥은 중국과 안정된 관계를 유지하는 한편, 인도차이나반도의 이웃 국가들에 매우 적극적인 공세를 취했다. 1471년 25만 대군을 이끌고 참파의 비자야를 공격하여 함락하고 왕을 생포했다. 이때 참파군 6만 명이 목숨을 잃고, 3만 명이 포로가 되어 다이비엣으로 끌려갔다. 이 사건을 기점으로 참파는 다시 재기할 수 없게 되었고, 호이안을 포함한 비자야 지역이 다이비엣의 꽝남으로 편입되었다. 그 후 참파 사람들은 까우타라와 빤두랑아에서 겨우 명맥을 유지하게 되었다. 이로써 여러 세기 동안 지속되었던 다이비엣과 참파 간의 군사적 경쟁은 다이비엣의 우위로 일단락되었다. 나아가 그는 서쪽으로 란쌍과 캄보디아를 영향권에 편입해, 인도차이나 지역에서 베트남 황제를 중심으로 하는 새로운 정치 질서를 확립했다.

레 왕조는 1788년까지 지속되었다. 하지만 실제 레 황실의 통치는 첫

---

* 락 롱 꿘Lac Long Quan(락용군貉龍君) 신화에 따르면 염제炎帝 신농神農씨의 후손이라는 락 롱 꿘이 북방 국가, 아마도 중국의 공주인 어우 꺼Au Co라는 여성과 혼인했다. 어우 꺼가 알을 낳았는데, 이 알에서 아들 백 명이 나와 백월百越, Viet족의 시조가 되었다. 그중 장자인 훙 브엉Hung Vuong은 반랑Van Lang이라는 나라를 세우고 백월족의 왕이 되었다. 락용군은 우리의 단군檀君에 해당하는 존재라 할 수 있고, 명칭에 같은 '군君'을 사용했다는 점도 흥미롭다. 반랑은 우리의 단군조선에 해당하는 나라로, 마찬가지로 신화와 역사가 혼재되어 있다. 반랑은 서기전 3세기까지 북베트남 동썬의 청동기 문화를 발전시켰으며, 그 대표적인 유물이 청동 북인 동고다.

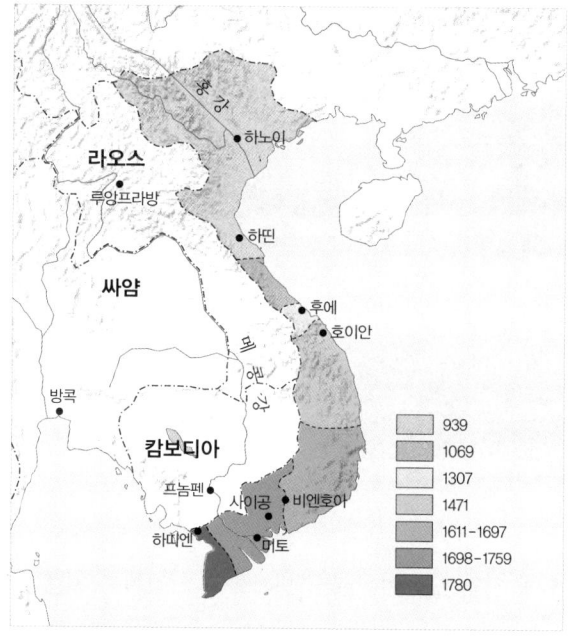
베트남의 남진

	939
	1069
	1307
	1471
	1611~1697
	1698~1759
	1780

100년 동안뿐이었다. 타인 똥 치세 후 레 왕조가 쇠락하며 내란에 휩싸였다. 이후 18세기 후반까지 베트남은 세 지배 가문인 막(莫)·응우옌(완阮)·찐(정鄭)씨의 세상이 된 가운데, 레씨는 명목상의 황제 지위를 지키고 있었다.

1527년에는 막당중이 왕위를 찬탈해 막씨 왕조(1527~1592)를 세웠다. 그러나 레 왕조의 시작과 함께 100여 년에 걸쳐 진행된 유교화의 결과, 베트남 사회에는 왕위 찬탈을 용납하지 않는 분위기가 형성되어 있었다. 막씨가 권력을 장악한 지 얼마 뒤 레 황실 부흥 운동이 전국적으로 일어났다. 그중 대표적인 세력이 응우옌씨 가문과 찐씨 가문이었다.

북부의 찐 가문은 1592년 막씨 정권을 몰아내고 베트남을 통일했으나, 이러한 상황은 얼마 가지 못했다. 찐 가문의 세력이 막강해지자 응

호이안의 중국인 거리와 일본인 거리를 잇는 내원교来遠橋. 일본인들이 세워 일본교라고도 한다.

우옌 가문은 남쪽 후에 지역으로 이동해 경쟁자들과 거리를 유지했다. 그 결과 레 왕조의 다이비엣은 두 실세 가문, 즉 북부의 찐과 남부의 응우옌 세력으로 양분되었다. 이리하여 북부의 통킹과 남부의 코친차이나로 알려진 베트남의 남북 분단이 2세기 정도 지속되었다.

이 '남북 분립기'에 베트남 역사에서 중요한 몇몇 사건이 발생했다. 첫째는 남부 응우옌 정권의 메콩강 유역 진출이었다. 1600년대 중반 응우옌 정권은 사이공 지역에 대한 지배권을 확보함으로써 남부 진출의 교두보를 마련했고, 1780년까지 참파(까우타라 · 빤두랑아)는 물론 캄보디아의 메콩강 유역 전체를 장악해 1069년에 리 왕조의 타인 똥이 시작한 남진을 마무리함으로써 오늘날 베트남의 영토를 확정 지었다.

둘째는 중국인의 유입으로 인한 변화였다. 만주인들이 청淸조(1644~1911)를 세워 중국을 장악하자, 명조의 많은 한漢인들이 본토를 탈출하여 베트남으로 이주했다. 그들 중 3000명에 달하는 광둥 출신 중국인이 현재의 비엔호아와 미토 지역에 정착했다. 그들은 점차 사이공으로 이주해, 18세기 말 사이공이 국제도시로 발전하는 데 크게 기여했다.

알렉상드르 로드 신부(1591~1660)

참파의 영향권이었던 중부 베트남의 호이안도 남북 분립기에 국제적인 교역도시로 번성했다. 16세기에는 포르투갈을 시작으로 스페인·네덜란드·영국·프랑스의 상업 세력이 차례로 동서 바닷길에 등장했고, 일본도 전국시대(1467~1573)*에 대외 교역이 발전했다. 1567년 해금 정책의 해제에 힘입어 중국 상인들의 해외 활동도 다시 활발해졌다. 이렇게 조성된 이른바 '교역의 시대'에 호이안은 중국인 거리와 일본인 거리가 조성된 데서 알 수 있듯이 국제적인 도시로 변모했다.

가톨릭교의 전파도 이 시기에 빼놓을 수 없는 중요한 사건이었다. 서양 선교사들 중에서 가장 주목할 만한 인물은 프랑스인 신부인 알렉상드르 로드다. 알렉상드르 로드 신부는 1624년 호이안에 도착했다. 그리고 얼마 후 북베트남으로 가서 베트남인 수천 명의 개종을 이끌었다. 앞서도 말했지만 로드 신부는 베트남어를 로마자로 표기하는 체계까지 만들었다. 이 표기 체계는 현재 '꾸옥 응으(국어國語)'라고 하는 베트남 글자가

---

* 1336~1573년 일본을 통치한 무로마치 막부室町幕府 말기의 혼란기로, 전쟁이 끊이지 않았기에 '전국시대戰國時代'라 부른다. 이 시대에는 영주-무사-농민이 밀접하게 연관되어 있었다. 전국의 영주들이 전쟁에서 살아남기 위해 부국강병책으로 농업 등 경제의 생산력을 극대화하는 데 몰두했다. 이러한 정책이 교역에도 반영되어 당시 일본의 대외 교역이 활발해졌다.

되었다. 이처럼 로드 신부는 베트남 역사에 괄목할 만한 족적을 남겼다.

남북 분립기 베트남의 역사를 논할 때 빼놓을 수 없는 또 한 가지 중요한 사실은 약 200년 동안 통킹과 코친차이나가 분리되어 각기 발전한 결과, 남과 북에서 서로 다른 역사적 유산이 오늘날까지 이어지고 있다는 점이다. 북부의 통킹은 영토를 확장할 만한 공간이 없었다. 따라서 소수 중국인 집단을 제외하면 이 왕국은 전반적으로 유교문화가 지배하는 단일민족 사회로 발전했다. 반면에 코친차이나는 남쪽으로 참파와 캄보디아 지역으로 영토를 확장했고, 이곳으로 중국인을 이주시키면서 다인종 사회로 발전했다. 이 과정에서 크메르인 · 참인 · 중국인의 힌두교 · 불교 · 이슬람교 등 다양한 문화적 요소들을 수용하면서, 북부 지역에 비해 유교적인 색채가 엷은 다문화 사회가 형성되었다.[1]

캄보디아

1434년 캄보디아*는 메콩강 서쪽 연안에 위치한 프놈펜으로 천도해 태국(아유타야)의 위협에서 벗어난 뒤, 15세기 중엽부터 대략 1600년까지 비교적 안정과 번영을 누렸다. 아유타야가 버마(떠응우)와 크고 작은 전쟁을 자주 치르는 동안 캄보디아는 군대를 잘 보전할 수 있었고, 1570년대에는 이웃에 군사 원정을 감행할 정도로 강성해졌다. 또한 이 시기에 캄보디아는 외국과 적극적으로 교역했다. 프놈펜 · 로벡 · 우동에서

---

* 앙코르 멸망 후 프놈펜으로 천도한 왕국의 이름이 불분명해, 일반적으로 캄보디아란 오늘날의 명칭을 사용한다.

중국인·일본인·아랍인·스페인인·포르투갈인·말레이인 등 외국 상인들이 활발한 교역 활동을 벌였다. 특히 우동은 외국 상인들이 거주하는 구역이 따로 있을 정도로 국제적인 도시로 변모했다. 말레이세계로부터 도입된 제도인 '샤반다르'*가 그들의 교역을 관장했다.

이들 새 도시에서 외국인들이 벌인 무역 활동에 대해 알려진 것은 많지 않다. 크메르어에 'kompong', 'psaar'** 같은 어휘와 '샤반다르' 같은 관직명을 남긴 점으로 보아, 그들 중에는 참파와 말레이세계에서 온 영향력 있는 말레이인들이 다수 포함되어 있었다. 중국인들은 이미 13세기부터 앙코르에서 활발한 무역 활동을 해왔다. 1540년대 프놈펜에는 중국인의 수가 약 3000명에 달했다.

17세기 전반에 이르자 캄보디아는 푸난 이래 처음으로 국제 해상무역에 의존하는 교역국가로서 면모를 갖추었다. 하지만 그동안 남진을 거듭하던 베트남이 이 무렵 메콩 유역으로 진출하면서 캄보디아는 새로운 위기를 맞이하게 되었다. 아유타야를 피해 수도를 남쪽으로 옮겨 해상교역에 본격적으로 뛰어들었던 캄보디아가 이번에는 동남쪽에서 또 다른 강자인 베트남(다이비엣)의 위협을 받게 되었던 것이다. 1600년대 초부터 캄보디아는 '두 마리 고래 사이에 끼인 새우의 모양새'가 되었다.

그러는 사이 캄보디아의 정치세력은 친타이파와 친베트남파로 나뉘어 권력 다툼을 벌였고, 이러한 상황은 1860년대까지 약 200년 동안 지속되었다. 급기야 양쪽 세력의 균형을 위해 왕이 두 명이 되는 보기 드

---

* 멀라까왕국의 대외 무역 전반을 총괄하는 관료로서 '항구의 장툱, harbor master'이었다. 오늘날의 항만청장에 해당한다고 할 수 있다.
** 'kompong'과 'psaar'라는 단어는 각각 말레이어로 '마을'과 '시장'을 뜻하는 'kampung'과 'pasar'에서 유래했다.

문 경우도 생겼다. 1674년에 앙짠 왕이 사망하자 그의 아들 앙두옹이 등위했는데, 한 신하가 반란을 일으키고는 태국에 원군을 요청한 것이다. 앙두옹은 그 경쟁 세력인 베트남으로 피신했고, 베트남 군대는 곧 반란군을 제압하고 타이 조정에 의해 옹립된 왕을 축출하려 했다. 이때 태국과 베트남 두 나라가 전쟁을 피하고자 내놓은 절충안이 바로 두 왕을 동시에 세우는 것이었다. 그리하여 북부 로벡의 친타이적 왕을 정국왕正國王으로, 그리고 남부 프레이노코르Prey Nokor(사이공)의 친베트남적인 앙두옹을 이국왕二國王으로 세우게 되었다.

권력 다툼의 와중에 설상가상으로 캄보디아는 계속해서 베트남과 태국에 영토를 떼어주게 되었다. 중국에 청조가 들어서면서 명나라 유민 수천 명이 베트남으로 들어왔고, 조정은 이들을 나누어 사이공 북동쪽의 비엔호아와 남서쪽의 미토 지역으로 이주시켰다. 이 중국인들은 캄보디아의 두 왕 사이에 내분이 발생할 때마다 베트남 군대의 지휘를 받아 친베트남 쪽인 이국왕을 도왔다. 그 대가로 캄보디아의 땅이 계속해서 베트남으로 넘어갔다.

그러던 중 캄보디아 정부의 허락을 받아 하띠엔에 정착한 중국인 막莫씨가 베트남에 '귀부歸附', 즉 스스로 종속을 자처하는 사태가 발생했다. 그 결과 1780년에 캄보디아는 사이공을 포함한 메콩 유역 전부를 상실하게 되어, 바다를 통해 외부 세계와 접촉할 길이 완전히 막히고 말았다. 이 과정에서 수만 명에 이르는 크메르인이 타의로 베트남의 영향권에 속하게 되었다.

크메르인들 사이에 지금도 여전히 '숲속의 도시' 프레이노코르로 알려져 있는 사이공은 곧 새 이주자들에 의해 국제무역 중심지로 부상했

18세기 말 캄보디아

다. 그러는 동안 프놈펜은 사이공에 가려 낙후되면서 18세기에 캄보디아는 유럽 상업 세력의 관심에서 밀려나 있었다. 식민지배 이전 중상주의 시대에 내륙 국가인 라오스를 제외하고 약 200년 동안이나 외부 세계와 단절된 경우는 동남아시아에서 캄보디아가 유일했다.

전형적인 피라미드 체제 국가인 중국의 영향으로 일찍부터 남진을 거듭하며 영토에 대한 강한 야욕을 보여왔던 베트남과 달리, 태국은 전형적인 만달라 체제 국가로 땅보다 인력에 관심이 많았기 때문인지 톤부리 왕조(1767~1782)와 짜끄리 왕조(1782~현재)에 이르러서야 뒤늦게 개입에 대한 보상으로 영토를 원했다. 그들의 요구에 따라 캄보디아는 바땀방 북서 지역과 앙코르 인근의 마하노꼬르를 태국에 내주었다.

앙코르 이후 전통시대 캄보디아의 사회상을 알려주는 사료가 매우 드문 가운데, 당시 이 지역을 방문했던 서양인들의 단편적인 기록이 소수 전해진다. 스페인 선교사 산 안토니오는 16세기 캄보디아 사회상의 일면을 다음과 같이 전했다.

캄보디아 사람들은 왕을 무척 존경한다. 그들은 귀족과 평민으로 구성되어 있다. 모든 귀족은 부인을 여럿 거느리며, 부인의 수가 부의 척도다. 귀족 여성들은 피부색이 하얗고 아름답다. 반면 평민 여성들의 얼굴은 갈색을 띠었다. 남편이 전쟁에 동원되는 동안 그들은 논밭에서 일하기 때문이다. 귀족은 비단과 질 좋은 면으로 만든 옷을 입는다. 여행할 때 그들은 가마·물소·말을 이용한다. 그들은 바다와 육지에서 거두어들인 모든 수확의 10분의 1을 왕과 고위 관료들에게 세금으로 상납한다.

캄보디아 왕들은 베트남과 태국에 시달리며 나약한 존재로 전락했지만, 백성의 보호자이며 종교의 수호자로서 여전히 큰 존경을 받았던 것으로 보인다. 왕 아래 있었던 '옥야'라는 고위 관료층은 1년에 두 번 왕실 사원에 모여 신성한 물을 마시며 왕에게 충성을 맹세했다. 행정단위는 지방의 각 성城인 수룩, 그 아래에 꼼뽕, 꼼뽕 아래에는 일반 농민들의 촌락인 프레이로 나뉘어 있었다. 프레이 외곽엔 이민족이 살았다. 촌락마다 불교사원이 있어 마을 사람들의 신앙생활뿐 아니라 교육까지 주관했다.[2]

란쌍

란쌍은 라오스의 초기 국가다. 전통 동남아시아에서 전쟁은 드문 일이 아니었고, 왕국들은 대규모 보병과 코끼리 부대를 징집해 적과 싸워

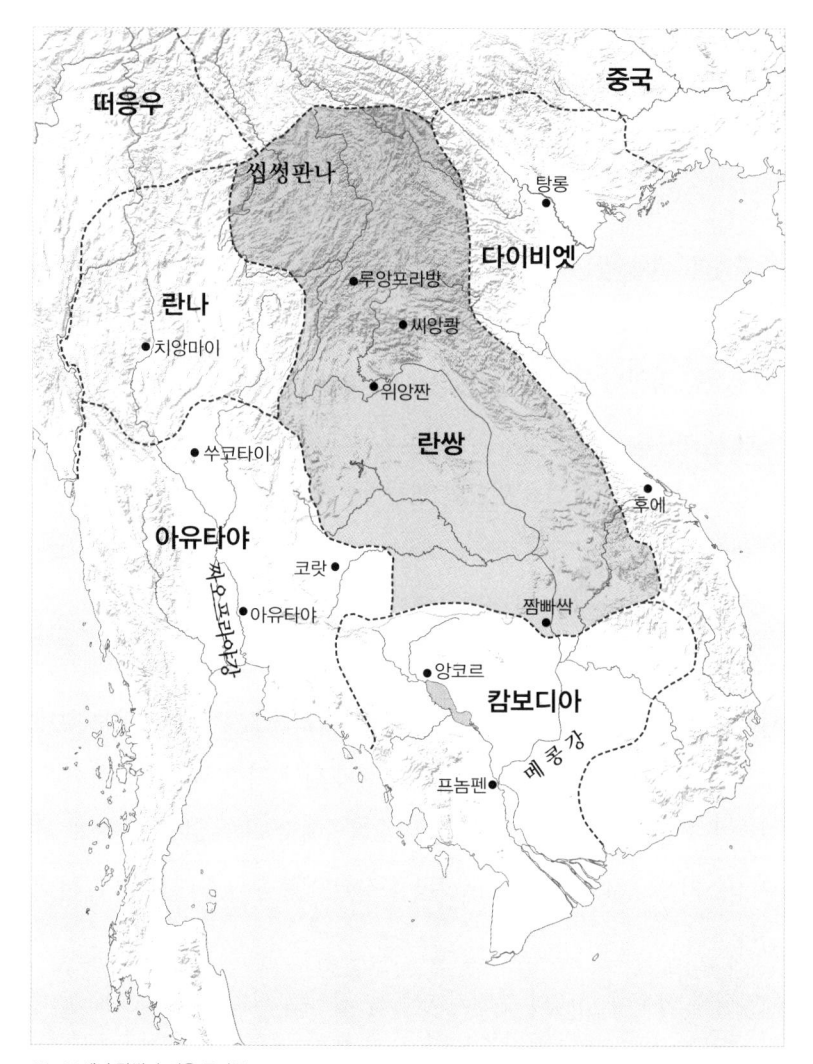

15~18세기 란쌍과 이웃 국가들

야 했다. '백만 마리 코끼리'란 뜻인 '란쌍'이란 국명은 이 왕국의 군사력을 함의하는 것으로 보인다.

타이족·샨족·눙족과 함께 따이족의 한 갈래인 라오족은 14세기 초까지 메콩강 중류 지역에서 여러 므엉(소공국)을 형성하고 있었다. 이 중 쌍동쌍통(지금의 루앙프라방)을 중심으로 하는 므엉의 화훔이 1353년 란쌍왕국을 세웠다.

《라오 연대기》에 따르면 늦어도 1271년에는 쌍동쌍통에 라오 므엉이 존재했다. '추앙받는 자'라는 뜻인 '프라야' 칭호를 가진 지배 계층이 그 므엉을 다스렸다. 화훔은 프라야 계층의 후손이었다. 아마 화훔의 아버지나 화훔 자신이 왕권에 도전했다가 쌍동쌍통에서 축출되어 앙코르 왕실의 보살핌을 받았던 것 같다. 앙코르에서 화훔은 크메르인 공주와 결혼하고, 앙코르의 후원을 받으며 쌍동쌍통으로 귀환했다. 귀환 길에 그는 라오 므엉들을 규합해 란쌍을 개국했다.

화훔(재위 1353~1373)은 앙코르에서 상좌부불교를 도입했다. 당시 라오인들은 대개 애니미즘 성격의 피 신앙을 가지고 있었는데, 크메르인인 부인이 이를 싫어하자 화훔은 불교 포교를 위해 장인인 앙코르 왕에게 도움을 요청했다. 앙코르 왕은 삼장경과 함께 각종 직공을 포함한 크메르인 수천 명을 란쌍으로 보냈다. 오늘날에도 라오스 사람들에게 가장 성스러운 종교 상징물인 프라방 불상이 실론에서 들어온 것도 이때였다.

일설에 화훔이 귀족의 부인과 딸들을 첩실로 삼자, 분노한 귀족들이 그를 강제 폐위했다고 한다. 그러나 화훔이 폐위된 원인으로는 그의 배후에 앙코르가 있었던 사실이 더 크게 작용했던 것으로 보인다. 화훔이 앙코르의 후원을 받아 등위한 뒤 그와 함께 온 많은 크메르인 세력과 토착 라오 귀족 세력 간에 권력 다툼이 벌어졌다. 그러는 동안 1368년에 일어난 두 가지 사건이 결정적으로 신흥 크메르 세력의 약화를 불렀다.

하나는 화훔의 부인인 크메르 공주의 사망, 다른 하나는 중국 명明에 의한 원元의 붕괴였다. 당시 화훔은 라오-크메르와 라오-몽골 간 조공 동맹에 크게 의존하고 있었다.

화훔이 강제 폐위된 뒤, 그의 아들 운헤우안이 '쌈쌘따이'(재위 1373~1416)란 왕호로 등위했다. 쌈쌘따이는 현존하는 기록상 동남아시아에서 최초로 인구 조사를 실시했던 인물로 알려져 있다. '30만 따이인'이란 뜻인 '쌈쌘따이'라는 왕호는 인구 조사 결과 당시 란쌍에서 군대로 동원할 수 있는 따이인의 수가 30만 명이었던 데서 유래했다고 한다.

쌈쌘따이는 행정 제도를 확립해 라오스 국가체제의 근간을 마련했다. 군주를 정점으로 최고위직인 장관이나 주요 고문 자리는 주로 왕자들이 차지하고, 그 아래에 관료 · 재판관 · 세금 징수원 등을 두었다. 외곽 주변 지역의 관할은 대체로 세습 토호들에게 위임했지만, 수도에서 가까운 주요 지역은 왕자들이 직접 관할했다. 또한 인구 조사를 바탕으로 라오족을 중심에 둔 군사 · 노역 · 조세 등의 제도를 마련했다.

란쌍은 상좌부불교를 신봉하면서도 전통적인 피 신앙을 배척하지 않았다. 라오사회는 귀족 · 자유농민 · 노예, 세 계층으로 구성되어 있었으며, 그 아래 '카'라고 불리는 소수민족이 있었다. 자유민이 전쟁 포로가 되거나, 범죄를 저질러 처벌을 받거나, 빚을 졌을 때 노예가 되었다.

1416년 쌈쌘따이가 세상을 떠나고 나서 25년간 란쌍은 정치적으로 매우 불안정한 시기를 겪었다. 란쌍은 상좌부불교를 신봉하는 다른 만달라 체제의 국가와 마찬가지로 장자 상속제 같은 체계적인 왕위 계승 제도를 갖추지 못했다. 그 25년 동안 무려 7명이 왕위에 올라 최고 3년에서 최하 1개월까지 통치하다가, 대부분 암살을 당했다. 왕의 궐

위기에는 승려들이 통치를 맡기도 했다. 이러한 혼란을 수습한 인물이 쌈쌘따이와 아유타야 출신 부인 사이에서 태어난 싸야 짝까팟(재위 1442~1478)이다.

짝까팟 재위 중 베트남의 레 왕조가 팽창 정책을 추진하자, 란쌍은 독립을 지키기 위해 힘겨운 싸움을 벌여야 했다. 레 왕조의 타인 똥은 1479년 라오스를 침공해 쩐닌(진녕鎭寧, 지금의 항아리평원) 지역을 베트남의 한 지방으로 삼았다. 베트남 군대와 치열한 전쟁을 치른 후 란쌍은 베트남과 우호적인 관계를 유지하는 대가로 쩐닌에 대한 베트남의 지배권을 인정해야 했다.

평화를 찾은 뒤 16세기 들어 란쌍은 전성기를 구가했다. 이 시기에 왕들은 불교 발전을 위해 놀라운 업적을 쌓았다. 위쑨(재위 1501~1520) 재위기에는 쿤 보름 설화*가 정립되고, 불교를 바탕에 둔 국가정체성이 확립되었다. 그는 따이세계**에 구전으로 전해지던 쿤 보름 설화를 문헌으로 저술하도록 했다. 화훔의 선조라는 쿤 보름에 관한 설화는 라오 왕가

---

* 이 설화에 따르면 태초에 인류는 거칠고 문명을 모르는 야만인이었다. 우두머리 신chief of gods이 인간의 품성에 화가 난 나머지 지구에 대홍수를 일으켰다. 이때 쿤 칸Khun Khan, 쿤 캑Khun Khek, 그리고 쿤 푸 랑 송Khun Pu Lang Song이라는 족장 세 명만 살아남았다. 그들은 홍수가 가라앉을 때까지 우두머리 신과 천국에 머물렀다. 우두머리 신은 물소 한 마리와 함께 그들을 지금의 베트남 디엔비엔푸Dien Bien Phu 근처 대평원으로 내려보냈다. 물소는 곧 죽었고, 물소의 콧구멍에서 수많은 곡식이 자라났다. 이를 바탕으로 피부가 검은 따이Tai인들이 번창했다. 우두머리 신의 도움을 받아 쿤 칸, 쿤 캑, 쿤 푸 랑 송은 그들에게 집을 짓고, 쌀을 경작하고, 제례를 올리는 방법을 가르쳤다. 인구가 더욱 늘어나자 그들을 다스리기 위해 우두머리 신은 자신의 아들인 쿤 보름Khun Borom을 내려보냈다. 쿤 보름은 25년 동안 통치하면서 일곱 아들에게 루앙프라방, 씨앙쾅, 롭부리-아유타야, 치앙마이, 씹 썽판나 등 따이세계를 다스리도록 했다. 이 설화를 바탕으로 따이세계의 세 인종집단, 즉 타이족·라오족·샨족은 쿤 보름을 자신들의 공통 조상으로 믿고 있다.

** '따이세계'는 대륙 동남아시아에서 타이족·라오족·샨족이 주로 살아가는 지역을 일컫는다. 태국, 라오스, 그리고 샨족이 거주하는 미얀마가 오늘날의 국가명 또는 지정학적인 개념이라면, 따이세계는 그 세 지역을 아우르는 문화적 개념이다. 다른 예를 들어보면 '도서 동남아시아'가 전자에 해당하는 개념이고, '말레이세계'가 후자에 해당하는 개념이라고 할 수 있다.

의 정통성 확립에 기여했다. 그리고 1512년 위쑨은 위앙짠에 있던 프라방 불상을 쌍동쌍통으로 옮겨 와, 위쑨 사원을 짓고 안치했다. 이를 계기로 쌍동쌍통은 '프라방phrabang 불상이 안치된 방luang'이란 뜻인 '루앙프라방Luangphrabang'으로 이름이 바뀌었다. 이때부터 프라방 불상은 라오스 수호의 상징이 되었다. 이 같은 왕실의 적극적인 후원에 힘입어 이 시기에 상좌부불교가 라오인을 하나로 묶는 구심점으로 뿌리내리기 시작했다. 불교는 공덕 쌓기, 환생을 결정하는 카르마(업業), 상가(승단僧團)에 대한 왕의 관대한 시주 등 도덕을 강조했기에, 위쑨 왕 때부터 군주와 상가의 관계가 매우 중요해졌다.

위쑨에 이어 왕위에 오른 포티싸랏(재위 1520~1547) 역시 독실한 불교 신자였다. 그는 1525년 위쑨 사원에 들어가 2년 동안 승려 생활을 했다. 그러고 나서 복위하자마자 피 신앙의 사당을 모두 파괴하고, 많은 불교 사원을 건립하기 시작했다. 포티싸랏은 치앙마이의 공주와 혼인한 아들 쎄타티랏을 란나의 군주로 앉히는 데 성공했다. 따라서 그가 재위한 때에 란쌍의 영향권이 북부 태국까지 이르렀다. 1547년 포티싸랏이 코끼리에서 낙상해 사망하자, 쎄타티랏이 란쌍으로 돌아와 왕위를 계승했다.

쎄타티랏(재위 1547~1571) 재위기에 버마 떠응우가 강력한 팽창 정책에 돌입해 란쌍을 포함한 따이세계 전체가 위협을 받기 시작했다. 1550년대 말 란나는 떠응우의 정복 군주 바인나웅에게 점령되었다. 그 후 란나는 2세기가 넘는 동안 버마의 영향력 아래 있다가, 태국에 합병되어 오늘날 태국 북부의 대도시인 치앙마이가 되었다.

떠응우의 위협이 더욱 거세지자, 1560년 쎄타티랏은 아유타야와 전략적 동맹을 맺고, 수도를 중부의 위앙짠(비엔티안)으로 옮겼다. 천도 후

쎄타티랏은 프라 깨우를 안치할 사원을 건축했다. 따이세계에서 유명한 보물인 프라 깨우는 벽옥으로 만든 불상으로, 쎄타티랏이 란나를 통치하다가 귀국할 때 가져왔던 것이다.

버마의 공격은 거세게 이어졌다. 결국 1564년과 1569년 두 차례 아유타야의 수도가 함락되었다. 막강한 동맹을 잃은 란쌍은 버마의 위협에 무방비 상태가 되었다. 쎄타티랏은 게릴라전으로 버마군에 맞섰으나, 1570년 위앙짠이 점령되었다.

1571년 버마 군대가 철수한 뒤 쎄타티랏은 분명치 않은 이유로 캄보디아를 침공했다. 그는 패배해 북쪽으로 퇴각하던 중 실종되었다. 그 후 란쌍은 왕위 계승 분쟁에 휘말렸고, 혼란스러운 와중에 1574년 또 한 번 버마의 제물이 되었다. 20년 뒤에 독립했지만, 란쌍은 왕위 계승 다툼으로 40여 년간 혼란에 빠져 있었다.

1637년 쑤린야윙싸(재위 1637~1694)가 혼란을 수습하고 등위한 뒤, 란쌍은 그의 긴 재위 기간에 다시 한 번 전성기를 맞았다. 1640년대에 유럽 사람이 처음으로 위앙짠을 방문하고 기록을 남겼다. 맨 처음에 도착한 사람이 네덜란드동인도회사의 직원인 헤릿 판바위스트호프였고, 그를 이어 바로 이탈리아 예수회의 선교사인 조반니 마리아 레리아가 방문했다. 그 두 사람의 기록으로 우리는 당시 란쌍의 번영상을 엿볼 수 있다. 그들은 모두 란쌍의 부富에 관해 언급했고, 특히 많은 부가 상가로 흘러드는 것을 목격했다. 당시 위앙짠은 동남아시아 불교 연구의 중심이었다. 판바위스트호프는 위앙짠에 캄보디아와 버마로부터 온 승려들이 "독일 황제의 군인들보다 더 많다"고 기록했다. 레리아는 기독교를 존중하지 않는 승려들을 혐오한 반면, 라오인들이 대체로 풍요롭고, 융화적이며, 공손하다는 긍정적인 인상을 기록으로 남겼다.

쑤린야웡싸는 법 제도를 확립했을 뿐 아니라, 지위 고하를 막론하고 법을 엄격하게 집행했던 것으로 유명하다. 심지어 그는 유일한 왕위 계승자인 자신의 아들마저 관료의 부인과 불륜을 저질렀다는 이유로 사형에 처하기도 했다.

그의 팽창 정책으로 란쌍은 북부의 씹썽판나로부터 남부의 짬빠싹까지, 메콩강 좌우안을 포함해 총 40만 제곱킬로미터에 영향력을 행사하는 거대한 국가를 건설해 오늘날 라오스의 원형을 구축했다.

1694년 쑤린야웡싸가 세상을 떠나고 나서, 18세기 초부터 란쌍은 다시 한 번 왕위 계승 분쟁에 휘말리며 급격한 쇠락의 길로 접어들었다. 하지만 이번엔 그 여파가 더욱 파괴적이었다. 베트남(다이비엣)과 태국(아유타야)이 분쟁에 개입하면서 란쌍은 분열을 거듭하며 회복 불능 상태에 빠졌다. 쑤린야웡싸 말년에 하나밖에 없는 아들이 간통죄로 처형당했고, 손자는 너무 어렸다. 처음엔 왕권이 쑤린야웡싸의 사위에게 넘어갔다가, 1700년 남부를 지배하던 한 실력자에게 찬탈되었다. 이때 베트남에 망명해 있던 쑤린야웡싸 맏형의 아들인 싸이 옹 후에가 베트남의 도움으로 찬탈자를 몰아내고 왕위에 올랐다. 그가 등위한 후 1707년 북부의 루앙프라방이 떨어져 나가, 란쌍은 둘로 갈라졌다. 이어 1713년엔 남부의 짬빠싹이 독립을 선언했다. 그리하여 란쌍은 위앙짠 · 루앙프라방 · 짬빠싹 세 왕국으로 갈라졌고, 저마다 란쌍의 적자임을 주장하며 대립했다.

1760년대에 접어들자 버마에 새로 들어선 꽁바웅이 다시 따이세계를 침공했다. 1763년 치앙마이가, 2년 뒤엔 루앙프라방이 함락되었다.

1767년 4월 7일에 아유타야가 멸망했으나, 톤부리 왕조를 세운 딱신이 1778년 꽁바웅 군대를 몰아내고 따이세계를 평정하기 시작했다. 그는 먼저 버마의 침략에 협조한 짬빠싹과 위앙짠을 점령했다. 딱신이 위앙짠을 공격할 때 그를 도운 루앙프라방은 화를 모면하고, 란쌍의 적자로 인정받았다. 이 무렵에 딱신이 프라 깨우를 비롯해 루앙프라방의 귀한 불상들을 태국으로 가져갔다. 프라 깨우는 현재 방콕의 에메랄드 사원에 안치되어 있다.

분열된 란쌍 왕국들은 1880년대 말 프랑스의 보호령으로 전락할 때까지, 경쟁 관계에 있는 두 이웃나라 태국과 버마 사이에 끼여 그들의 피후견국으로 연명하는 신세를 면치 못했다.[3]

떠응우

13세기 말 몽골의 침략을 물리친 후 버강제국은 분열되었다. 샨족의 잉와, 버마족의 떠응우, 몬족의 버고, 여카잉족의 여카잉(아라칸)으로 분열된 14~15세기에 가장 번성했던 것은 풍부한 농업 생산력을 갖추었을 뿐만 아니라 바다에도 면하고 있었던 하부 버마의 버고였다. 특히 15세기 중반 신소부 여왕(재위 1453~1472)과 그녀의 사위로서 왕위를 계승한 담마제디(재위 1472~1492)의 치세에 경제와 종교의 발전이 두드러졌다.

신소부 시기 대외 교역의 발전은 1403년 말레이반도에 수립된 멀라까 왕국의 부흥에 힘입은 바가 컸다. 멀라까는 스리비자야의 뒤를 이어 도서 동남아시아에서 동서 바닷길 교역을 중계하면서 급속도로 성장했다.

버고는 동서 바닷길을 오가는 인도 · 중국 · 서아시아는 물론 유럽의 상인들이 머무는 중간 기착지가 되었다. 승려 출신인 담마제디는 불교 개혁을 추진했다. 불교계의 정화를 위해 그는 승려들을 실론으로 보내, 새로운 교리를 배워 오게 하고, 비대해진 상가의 토지를 회수했다.

몬족이 융성했지만 16세기 후반 버마의 두 번째 통일을 이룬 세력 역시 상부 버마의 버마족이었다. 떠응우왕국의 버마 통일 정책은 15세기 말 민지뇨(재위 1486~1531)가 시작했다. 아버지의 팽창 정책을 물려받은 따빈시웨띠(재위 1531~1550)는 잉와(1527)를 정복한 다음 버고(1539)를 정복해 수도로 삼고, 새로운 통일 왕국(1539~1752)을 건설했다. 1546~1547년 그는 여카잉을 정복했다.

떠응우의 통일 정책은 바인나웅(재위 1551~1581)이 상부 버마와 하부 버마를 완전히 통합함으로써 완성되었다. 통일 국가의 인력과 강력한 경제력을 바탕으로 그의 팽창 정책은 대외로 향했다. 바인나웅은 1564년과 1569년 두 차례에 걸쳐 아유타야의 수도를 점령하고, 란쌍을 위협했다. 이 과정에서 조총 · 함포 등 서양 화기와 포르투갈 용병의 역할이 컸다. 바인나웅은 풍부한 자금력을 동원해, 서부 인도의 고아에 머물고 있던 포르투갈 용병들을 필요할 때마다 적절히 이용했다. 이로써 떠응우는 16세기 동안 대륙 동남아시아의 서부와 중부에서 가장 강력한 국가로 부상했다.

떠응우의 지배 방식은 버강의 양태와 흡사했다. 따빈시웨띠와 바인나웅은 몬족과 화합하는 데 매우 적극적이었다. 버마족은 몬족의 중심지였던 버고를 새 왕국의 수도로 삼았을뿐더러 몬족의 풍습도 대폭 수용했다. 왕이 스스로 몬족의 머리 모양과 옷차림을 했고, 즉위식 등 각종

의례에 몬 양식을 받아들였다. 두 민족 간 혼인도 장려되었다.

버마족의 적극적인 포용 정책에도 몬족의 반란이 끊이지 않았다. 당시 하부 버마에 지속되었던 혼란은 1570년부터 1630년대까지 이어진 세계 경제 변동과도 관련이 있었다. 이 시기에 스페인령 아메리카 대륙, 특히 당시 페루의 포토시 광산(지금은 볼리비아에 속한다)에서 은이 대량으로 발굴되었다. 그 전까지 유럽의 최대 은 공급지는 남부 독일로, 연간 산출량은 3만 킬로그램이었다. 1570년대부터 60년간 아메리카 대륙에서 유럽으로 유입된 은은 연평균 20만 킬로그램이나 되었다. 그 결과 유럽의 물가는 1세기 사이에 약 3배로 뛰어올랐다. 이 현상을 가리켜 '가격혁명price revolution'이라고 한다. 이 시기에 은이 동서 해상무역의 기축통화로 자리를 잡은 가운데, 은의 과잉 공급과 이로 인한 물가 상승은 범아시아적 경제 위기를 촉발했다.

게다가 중국 명나라의 해금 정책으로 육상 교역이 활발해지고, 동서 바닷길에 유럽 상업 세력이 등장함으로써 동서 해상무역에서 동남아시아 우위 시대가 저물고 있었다. 이러한 영향을 받으며 버고를 중심으로 한 하부 버마에서 해상무역이 퇴조했고, 그 결과 떠응우는 극심한 경제적 어려움과 함께 사회적 불안에 직면하게 되었던 것이다.

1581년 바인나웅이 사망하자 왕위 계승 분쟁이 벌어졌다. 이 혼란을 틈타 떠응우의 피후견인 세력들이 새로운 후견인 세력을 찾아 하나둘씩 버마의 영향권에서 이탈하기 시작했다. 급기야 1599년 아유타야가 이탈한 세력들과 합세해 버고를 침공했다. 남부 버마에서 전쟁을 겪은 뒤, 떠응우는 상부 버마 짜욱세평원 인근의 잉와로 천도했다.

떨룽(재위 1629~1648)이 천도를 단행하고 나서, 떠응우는 친드윈강과

에야워디강이 합류하는 비옥한 지역인 짜욱세 평원의 논농사를 바탕으로 번영을 누렸다. 북쪽의 샨족 세력은 바인나웅에게 점령된 후 상당히 약해졌고, 이러한 상황은 북부 육상 교역의 활성화뿐 아니라 미곡米穀의 주요 생산지인 짜욱세평원의 안정에 기여했다. 또한 샨족의 유입으로 인구가 증가해 인력 수급도 안정되었다.

떨룽은 상가의 부(富)를 통제하는 행정 부서를 신설하고, 세금이 면제되는 토지 대신에 현금으로 기부함으로써 국가의 재원을 고갈시키던 고질적인 상가 문제를 해결했다. 1635년에 그는 인구 조사를 통해 정확한 인구, 지배층의 토지 소유 현황, 세금과 노역 현황 등을 상세히 기록하고 통제했다. 이로써 1640년대 말에 떠응우 조정은 수도 반경 200킬로미터 이내의 인구 중 무려 40퍼센트를 왕실 직속민ahmudan*으로 부릴 수 있었다. 그리고 이 풍부한 인력을 활용해 관개 시설과 경작지를 확대해서 미곡 생산을 증대했다.

1648년 떨룽의 사망과 함께 떠응우는 쇠퇴의 길로 접어들었다. 만달라 체제의 국가에서 유능한 왕이 사망한 뒤 우선적으로 나타나는 현상은 국가기관들에 대한 군주의 장악력 약화였다. 이러한 현상은 그것들이 체계적인 제도보다는 군주 개인의 역량에 의해 효과적으로 작동했음을 나타낸다. 따라서 그러한 왕이 사라졌을 때, 국가는 쉽게 분열과 해체의 길로 접어들었다. 떨룽 사후에는 떠응우를 안정적으로 통치할 수 있는 강력하고 유능한 왕이 나오지 않았다.

떨룽 사후 삔들레(재위 1648~1661), 삐에(재위 1661~1672), 너라와라(재

---

* 왕실을 위한 세금과 노역을 전담하여 제공하는 백성.

위 1672~1673), 밍예쪼딘(재위 1673~1698), 써네(재위 1698~1714), 떠닝궈네(재위 1714~1733), 마하담마야자디뻐띠(재위 1733~1752) 등 일곱 왕이 통치를 이어갔다. 이 기간에 세금 수입원이 되는 해상교역이 침체했고, 이는 왕실 세력들 간의 세수 확보 경쟁을 촉발했다. 그들은 세수 부족을 메꾸기 위해 앞다투어 왕실 직속민을 과도하게 착취했고, 부담을 피해 '안전한 천국'인 상가(승단)로 도피하는 왕실 직속민이 많아졌다. 그러자 1728년 떠닝궈네는 칙령을 공포해, 왕실 직속민이 상가로 도피해 상가 직속민paya kyun이나 승려가 되는 것을 금지했다. 그러나 국가 세수의 원천이 세금이 면제된 상가로 흘러들어가는 해묵은 관행은 수그러들지 않았다.

그러는 동안 왕실의 고위 관료들은 자신들의 사적인 후견인-피후견인 네트워크를 유지하기 위해 서로 질세라 국고를 빼돌렸고, 따라서 국가의 재정 상태가 더욱 악화되었다. 왕실 세력들이 파벌 다툼을 벌이는 와중에 관료들은 서로 경생 관계에 있는 왕자나 상가 등 새로운 후견 세력을 제각기 찾아 나섰고, 중앙정부는 그들에 대한 통제력을 완전히 상실했다. 이러한 현상은 만달라 체제의 전통 동남아시아 국가가 붕괴할 때 나타나는 전형적인 양상이다.

마하담마야자디뻐띠 재위 중에 이러한 악순환이 극에 달했다. 버마족의 지배를 받던 란나가 이때를 틈타 반기를 들었다. 또한 서쪽의 마니푸르가 상부 버마를 침공하여 많은 마을과 사원을 약탈했다. 떠웅우왕국은 1740년대에 일어난 샨족과 몬족의 반란을 진압할 여력이 없었다. 마침내 1752년 떠웅우는 하부 버마 몬족의 빈냐덜라에 의해 멸망했다.[4]

아유타야

13세기 후반 쑤코타이의 영향력이 미치지 못하던 짜오프라야강 하류 지역에 새로운 므엉들이 출현했다. 1298년 람캄행 사망 후 쑤코타이가 쇠퇴해갈 무렵, 이들 중 세 므엉이 주목할 만한 세력으로 성장했다. 그 중 하나가 앙코르제국의 영향권에 속해 있다가 타이 므엉으로 동화한 몬족의 롭부리다. 또 하나는 아유타야, 나머지 하나는 그 서쪽에 있던 쑤판부리다. 1351년 3월 4일 아유타야 펫차부리의 실력자인 우통이 이들 세 므엉을 통합해 태국 역사상 최장수 왕국인 아유타야(1351~1767)를 개국했다.

우통은 대대로 펫차부리의 유지였던 중국인 상인 가족에서 1314년 태어났다. 유력자였던 그는 쑤판부리의 공주와 결혼하고, 또 롭부리의 공주와도 결혼했다. 이러한 우통의 출신 배경과 혼인 관계의 결합은 그가 정치적으로 성장하는 데 중요한 기반이 되었다.

라마디빠띠 1세(재위 1351~1369)로서 아유타야의 태조가 된 우통은 짧은 기간에 강력한 왕국을 건설했는데, 여기에는 다음과 같은 원인들이 중요하게 작용했다. 첫째, 정치적으로는 앙코르와 쑤코타이의 몰락으로 인해 대륙 동남아시아에 힘의 공백이 생겨났다. 둘째, 지형적으로 짜오프라야강의 하류는 타이만灣과 인접하기에 이른바 교역의 시대를 맞아 성황을 이루던 동서 해상무역에 적극 참여할 수 있었다. 게다가 짜오프라야강 하류 지역은 농사에 알맞은 비옥한 지대로, 인구가 자연스럽게 운집했다.

4세기가 넘는 아유타야의 긴 역사를 네 시기로 나누어 정리해볼 수

중국

다이비엣

잉와

탕롱

떠응우

치앙센

란나

루앙프라방

떠응우

치앙마이

위앙짠

벅고

쑤코타이

란쌍

양공

딱

피싸눌록

사완나켓

후에

아유타야

롭부리

짬빠싹

타보이(더웨)

쑤판부리

아유타야

방콕

양코르

펫차부리

캄보디아

테나세림(떠닝다이)

프놈펜

타이만

나콘시탐마랏

빤따니

있다. 그 첫 번째는 개국부터 보롬스뜨라이록까낫, 일명 뜨라이록(재위 1448~1488)에 이르기까지 약 130여 년 동안 국가체제의 정비 및 공고화, 그리고 대외 팽창에 역점을 둔 시기였다.

우통은 고대 인도 굽타 왕조의 《마누 법전》에 기원을 둔 《다르마샤스트라》를 바탕으로 왕국의 법 제도 정비에 착수했다. 이 작업은 100여 년 뒤

뜨라이록 재위 때 완성되었다. 동시대 다른 동남아시아 국가들의 왕이 단지 《다르마샤스트라》에 따라 사법적인 결정을 내렸던 반면, 우통을 비롯한 아유타야의 왕들은 타이 전통법을 결합해 실용적인 다양한 법률* 을 제정했다는 점에서 차별성이 돋보인다. 이때부터 태국에는 성문 법전에 의거해 법을 집행하는 시대가 열렸을 뿐 아니라, 그 법전은 19세기 근대 법이 도입될 때까지 타이 전통 사회를 다스리는 근간이 되었다.

뜨라이록은 아유타야의 행정기관을 강화하기 위한 개혁에 착수해 민사 계서법階序法과 군사·지방 계서법을 제정했다. 이들 법은 모든 백성의 신분과 지위에 따른 기능 내지 역할의 차이를 규정하는 데 주안점을 두었다. 이 계서에 따라 왕족에서 노예에 이르기까지 모든 백성에게 차등적으로 싹디나(논의 힘), 즉 농지를 할당했다. 싹디나 제도는 쑤코타이 시대에 고안된 것으로, 아유타야왕국에 이르러 더욱 체계화했다. 가장 낮은 등급인 노예에게는 싹디나 5, 자유농민은 싹디나 25, 그리고 정부에 속한 공공 기술자에게는 싹디나 50이 부여되었다. 하급 관료는 싹디나 50부터 시작해 400까지, 고급 관료는 싹디나 400부터 부여해서 각부 최고위급 장관에게는 싹디나 1만을 부여했다.

할당된 싹디나 양에 의거한 신분·지위의 차이와 이에 따른 차별의 잣대를 강제하기 위한 민법과 형법 제도가 자연스럽게 도입되었다. 따라서 민사·형사상의 벌금과 형벌이 관련된 개인의 신분과 지위에 연동되었다. 예컨대 만약 자유농민이 고위 관료를 공격했다면, 그가 노예를 공격한 경우보다 훨씬 더 엄중한 처벌을 받았다.

---

* 우통은 증거법, 정부에 대한 공격에 관한 법, 불만 접수에 관한 법, 유괴에 관한 법, 사람들에 대한 공격에 관한 법, 강도 행위에 관한 법, 남편과 부인에 관한 법 등 다양한 분야의 법률을 제정했다.

계서법에 근거해 체계적인 관료 제도가 도입되었다. 관료 집단은 크게 두 부, 즉 군사부와 민사부로 나뉘었고, 전자는 '칼라홈', 후자는 '마하타이'라는 장관이 관장했다. 마하타이 아래에 다시 각각 수도 · 궁정 · 농업 · 재정을 담당하는 네 장관을 두었다. 그중 재정장관인 '프라클랑'은 재정 외에도 외국 무역, 이민자 무역집단 통제를 포함한 여러 외무 업무를 관장했기 때문에 특히 중요한 직책이었다.

란쌍의 등장으로 동북 방향의 진출은 방해를 받았지만, 아유타야는 1460년대까지 동남쪽으로 캄보디아, 북쪽으로 란나, 남쪽으로 말레이반도를 향해 계속 팽창했다. 이 과정에서 1431년 아유타야는 여러 세기 동안 강력한 제국을 유지해오던 앙코르를 정복했다. 뜨라이록 시대에 이르러 아유타야의 영향권은 쑤코타이에 비해 훨씬 더 확대되어 오늘날 태국의 원형이 마련되었다. 말레이반도에 대한 통제는 나콘시탐마랏을 통해 이뤄졌는데, 이는 정치적이기보다는 주로 상업 · 경제적 관계에 바탕을 두었다. 아유타야는 멀라까에 주로 미곡을 수출하고, 사치품과 인도 면 의류를 수입했다. 그리고 벵골만에 면한 떠닝다이(1460년대)과 타보이(더웨, 1488)를 통해 인도양의 국제무역에도 참여했다.

아유타야 역사의 두 번째 시기는 이웃 국가들, 특히 버마와 잦은 전쟁을 치르면서 외부의 위협에 시달리던 시기였다. 차이라차(재위 1534~1547) 재위 중에 버마와 전쟁을 벌이기 시작하면서 아유타야의 안정이 위협을 받기 시작했다. 떠응우의 따빈시웨띠가 1539년에 몬족의 버고를 점령한 뒤, 도망친 몬족을 추적하는 과정에 아유타야의 한 피후견국을 공격했고, 두 왕국 간에 전쟁이 발발했다. 아유타야는 포르투갈 군대를 용병으로 고용해 이 전쟁에서 승리했다. 이때 포르투갈군은 태국군에게 군대 조직법과 훈련법을 전수해주었다. 흥미로운 사실은 그 후 포르투갈군이 버마의 바인나웅을 지원했다는 점이다.

짝끄라팟(재위 1548~1569)이 즉위한 지 몇 개월 만에 아유타야는 버마군의 공격을 받았다. 짝끄라팟은 재위 중 총 네 차례에 걸쳐 버마와 싸웠는데, 그 결과는 참혹했다. 따빈시웨띠와 싸운 1548년 짝끄라팟은 전투에서 왕비를 잃었으며, 1564년과 1569년엔 바인나웅의 공격에 아유타야의 수도가 함락되었다. 아유타야는 독립을 잃고, 1590년까지 버마가 책봉한 마하탐마라차(재위 1569~1590)의 통치를 받았다.

이때 버마에 볼모로 잡혀간 나레쑤언 왕자는 바인나웅의 양자가 되어 교육을 받고, 15세가 되자 왕세자로서 귀국했다. 북부 태국에서 선천적인 투사 기질을 갖고 태어난 나레쑤언 왕자는 버마어를 구사하고, 버마 왕실 사정에 밝았다. 그는 귀국 후 피싸눌록에서 청년들을 모아 군사 훈련을 시키면서 독립할 기회를 엿보고 있었다. 1581년 바인나웅이 사망하고 왕위 계승 분쟁으로 버마에 내란이 발생하자, 이를 틈타 나레쑤언 왕자는 버마를 공격하고 마침내 1590년 독립 아유타야의 왕위에 올랐다.

아유타야의 세 번째 시기는 왕국의 재건과 활발한 대외 무역을 통한 경제 번영을 특징으로 한다. 버마 군대에 수도가 정복당해 일시 쇠락했으나, 나레쑤언(재위 1590~1605)의 탁월한 지도력으로 말미암아 1590년대 초에 아유타야는 강력한 국가 위상을 회복했다. 1594년에 타이 군대는 캄보디아를 다시 정복하고, 1600년에는 중부 버마 지역까지 쳐들어갔다. 이 무렵에 아유타야는 버마에 종속되어 있던 란나를 처음으로 피후견국으로 만드는 데 성공했다.

아유타야의 경제 기반은 농업과 무역이었다. 특히 짜오프라야강 유역의 미곡 생산은 국부의 원천이었다. 대외 무역도 아유타야의 번영에 크게 기여했다. 중국 상인들은 14세기 이전부터 이미 동서 바닷길을 통해 태국과 교역했다. 그들과의 교역은 중국 왕조의 정책에 따라 부침을 거듭했지만, 태국은 동남아시아 해상무역에서 줄곧 중요한 위치에 있었다. 유럽 중상주의 세력이 동서 바닷길에 등장한 뒤에도 태국은 그들을 자신들의 교역 체제에 잘 순응시키며 활발한 교역 활동을 이어갔다. 외국인들이 왕국 내에서 높은 지위에 올라 중요한 역할을 하기도 했다.

나레쑤언 시대에 아유타야는 전통적으로 가장 중요한 무역 상대국이었던 중국 외에 일본·네덜란드·영국과도 무역 관계를 맺었다. 태국의 해외 무역은 나레쑤언 이후에도 지속적으로 발전해 나라이(재위 1656~1688) 시대에 절정에 달했다. 포르투갈을 비롯해 네덜란드·스페인·영국·프랑스·중국·일본·아랍·페르시아·인도네시아·말레이반도의 상인들이 드나들었던 짜오프라야강 하류는 항상 많은 내외국인으로 붐볐다. 또 많은 서양인 신부들이 아유타야에 머물며 포교와 교육 사업을 병행했다. 서양 선교사들은 "아유타야에는 사람과 집이 많은데, 당시 유럽의 파리나 런던보다 많다"는 기록을 남겼다.

나라이 왕은 늘어나는 대외 무역을 감독할 중국인·인도인·서양인 등 외국인 관료를 고용하고, 태국에 들어와 상주하는 외국인 집단을 관리하기 위해 자치기구를 두었다.

지나친 국제성이 '독毒'이 되었을까? 프라클랑 직책을 맡은 그리스인 콘스탄틴 풀콘(1647~1688)은 우선 나라이 왕을 개종시킨 뒤 왕국 전체를 기독교 국가로 만들려는 큰 꿈을 품게 되었다. 그의 야심찬 행보는 곧 아유타야 관료 사회와 상가를 위시한 보수 세력의 반감을 샀다. 1688년 나라이가 롭부리에서 병석에 누워 수도를 잠시 비운 사이, 코끼리 부대를 통솔하던 펫타라차와 그의 양자 싸라싹이 '궁정혁명'을 일으켰다. 쿠데타를 주도한 펫타라차(재위 1688~1703)가 왕위를 찬탈해 '반 플루 루엉'이라는 새 왕조를 열었다. 펫타라차는 반프랑스 감정이 강했다. 반정과 동시에 그는 프랑스와 깊은 관계를 맺고 있던 풀콘을 처형하고, 태국 내에 있던 외국인들에게 추방령을 내렸다. 그 후 소수 네덜란드인들만 개인 자격으로 남아 무역을 하게 되었다.

아유타야의 마지막 시기는 반 플루 루엉 왕조가 개막하면서 다시 버마와 대결하게 되어, 결국 아유타야가 긴 역사를 마감하는 단계다. 보로마꽃(재위 1733~1758) 재위 중에는 무역을 포함해 유럽인들과의 관계가 전반적으로 침체한 반면, 중국과의 무역 관계는 그만큼 증대했다. 따라서 이 시기는 경제 번영이 지속되고 정치적으로도 평화를 누렸으며, 문학과 예술도 크게 흥성한 '후기 아유타야의 황금기'로 간주된다.

그런데 태평성대가 지속되는 동안 군사력 단련에 소홀해졌고, 보로마꽃 사후에는 왕위 계승을 둘러싸고 왕실과 관료 사회가 분열되었다. 그 결과 국가의 내부 결속력이 약해진 가운데 버마에 꽁바웅이라는 강력한 국가가 출현했다. 결국 1767년 4월 7일 아유타야는 버마(꽁바웅) 신뷰신왕(재위 1763~1776)의 공격을 받아 역사 속으로 사라졌다.[5]

빳따니

오늘날 태국에서 말레이계 · 인도계 · 파키스탄계 · 참계 · 중국계로

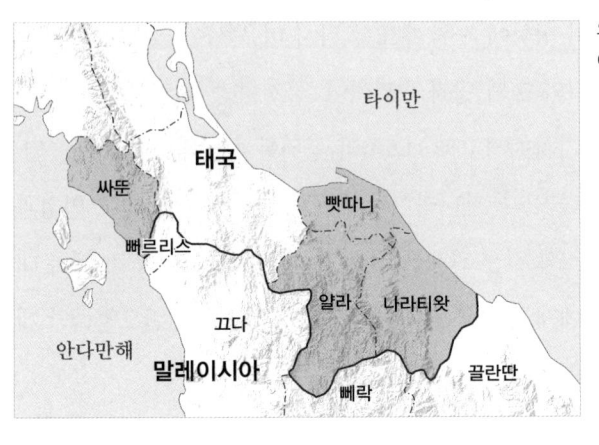

오늘날 남부 태국의 말레이계 무슬림 밀집 지역

구성되어 있는 타이 무슬림* 인구는 전체 인구의 약 4퍼센트를 차지하고 있다. 이들 중 말레이계 무슬림은 말레이시아와 국경을 접한 남부 태국(북부 말레이반도)의 빳따니 · 얄라 · 나라티왓 · 싸뚠 지역에 집중적으로 거주하고 있다. 현재 이들은 태국의 국민으로 살아가고 있지만, 상좌부불교를 믿는 대부분의 타이인과 달리 이슬람교를 신봉하는 말레이인으로서 정치 · 문화적으로 중앙정부와 잦은 대립과 갈등을 겪고 있다. 그들의 역사적 발자취가 궁금해지는 대목이다.

이 지역 고대사에 대한 사료는 충분치 않다. 6세기 중국 문헌에 말레이반도의 끄다가 '랑가수'라는 명칭으로 등장하는 것으로 보아, 끄다와 그 인접 지역인 빳따니(얄라와 나라티왓 포함)가 북부 말레이반도 동부 해안에 존재했던 랑까수까의 영향권에 속해 있었을 가능성이 크다.

랑까수까는 초기에 인도문명의 영향을 받아 힌두교를 믿었다. 랑까수까만灣에 위치한 이 왕국은 동서 바닷길에서 무역선들이 계절풍을 피할

---

* 태국의 무슬림에 대한 통칭.

수 있는 대피처이자 주요 중계무역항으로, 인도·중국을 비롯해 동남 아시아 지역의 상인들이 빈번하게 드나들었다. 7세기 중엽 수마뜨라의 빨렘방에 불교 왕국 스리비자야가 개국해 북부 수마뜨라, 북부 말레이 반도, 자바까지 그 영향권을 확장함에 따라 랑까수까도 불교의 영향을 받았다.

그렇다면 13세기 말 말레이세계에 전파되기 시작한 이슬람교가 남부 태국엔 언제 전파되었을까? 그 시기를 정확하게 알 수는 없으나, 역사 가들은 랑까수까의 왕이 이슬람으로 개종한 1457년을 그 시작으로 보 고 있다. 그 후 빳따니는 남부 태국에서 이슬람의 본산이자 정치·문화 의 중심지로 발전했다.

쑤코타이 시대부터 북부 말레이반도의 동부 해안 지역에 태국의 영향 력이 미쳤다. 1292년의 람캄행 비문에 따르면 쑤코타이의 영향권은 동 쪽으로는 메콩강 유역, 서쪽으로는 버마 지역, 남쪽으로는 말레이반도, 북쪽으로는 윈난 근처까지 이르렀다. 그러나 말레이반도와 같이 거리가 먼 피후견 세력에 대한 영향력은 중간의 연결고리를 통해 유지되는 간 접적인 형태로서, 일시적이거나 상징적으로 존재했다. 예컨대 북부 말 레이반도의 나콘시탐마랏은 펫차부리의 통제를 받았고, 펫차부리는 쑤 판부리에 속했고, 쑤판부리가 쑤코타이의 영향 아래 있었다.

16세기 초부터 포르투갈·네덜란드·영국 등이 동남아시아에 진출했 지만, 빳따니는 줄곧 아유타야의 영향권에 속한 채로 이들 유럽 상업 세 력과는 접촉이 뜸한 편이었다. 이러한 상황은 1767년 아유타야가 버마 (꽁바웅)에 멸망할 때까지 지속되었다. 그러나 피후견국에 대한 동남아시 아의 전통적인 지배 방식대로 술탄의 자치권이 존중되었기 때문에, 빳따

니는 말레이세계의 종교와 풍습을 그대로 유지 · 발전시킬 수 있었다.[6]

2 도서부

마자빠힛

싱오사리의 마지막 왕 꺼르따나가라의 사위인 라덴 비자야는 몽골 원
정대를 몰아낸 뒤 1294년 마자빠힛(1294~1527)을 개국하고, '꺼르따라
자사 자야와르다하나'(재위 1294~1309)란 왕호로 등위했다. 이 힌두 왕
국은 수라바야에서 브란따스강의 상류로 50킬로미터 거슬러 올라간 마
자꺼르따 남동부의 뜨로울란을 수도로 해서, 인도네시아 전통시내 역사
상 가장 규모가 크고 강성한 국가로 발전했다.

마자빠힛은 그 규모와 역사적 중요성에 비해 사료가 부족해 알려진
것이 그다지 많지 않다. 이 왕국에 관한 대표적인 기록으로 1365년 승려
쁘라빤짜가 집필한 《나가라꺼르따가마》가 있다. 하지만 이 책으로 당시
왕국의 상황을 정확하게 이해하기는 어렵다는 의견이 있다. 역사적인
사실에 입각한 기록보다 초자연적인 서사시가 주를 이루기 때문이다.

초기 왕들은 왕국을 통합하기 위해 노력했지만, 자바 귀족 세력의 잦
은 반란으로 마자빠힛에는 혼란이 지속되었다. 라덴 비자야는 수마뜨라
잠비-멀라유 출신인 첫째 부인 라자뺏니 가야뜨리와 사이에 깔라 그멧

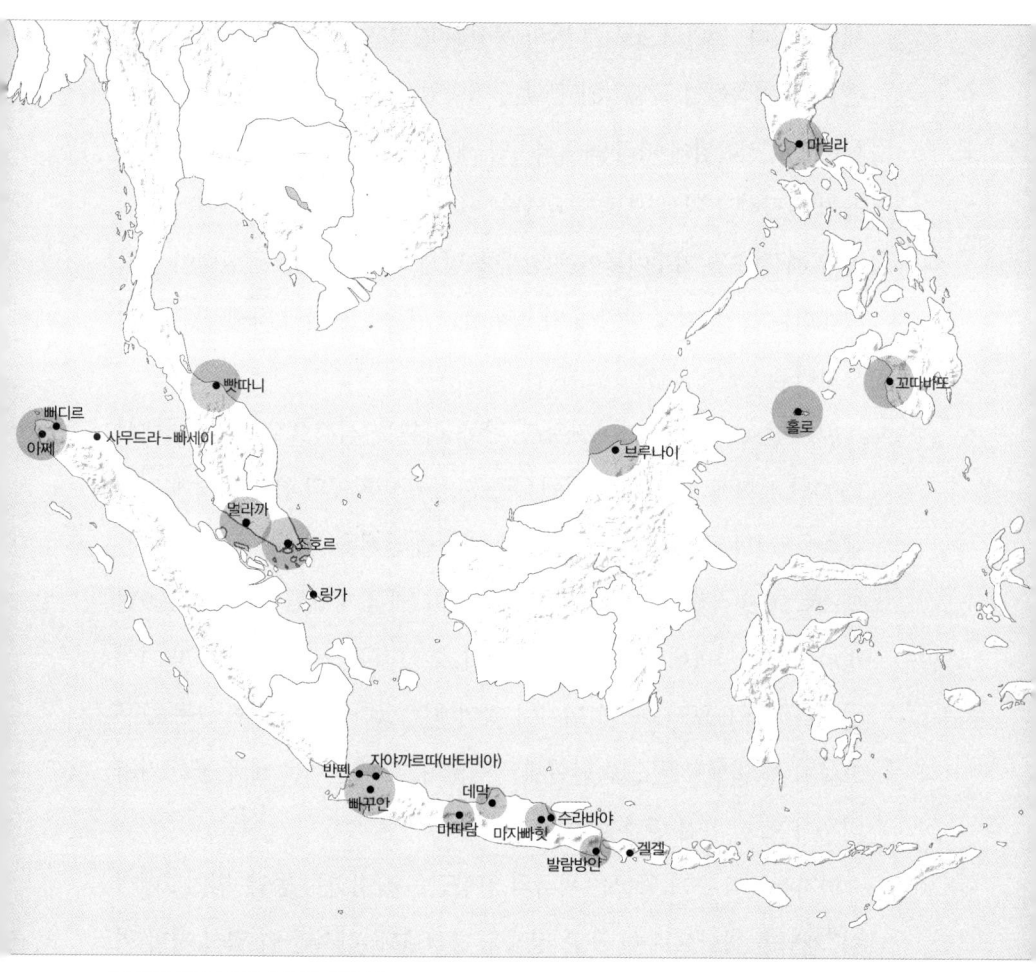

고전시대 도서부 동남아시아의 정치 중심

이란 아들을 두었다. 1295년 비자야는 끄디리를 왕실 직할령으로 편입하고, 깔라 그멧에게 '자야나가라'란 왕호를 내려 소(小)군주로서 끄디리를 통치하게 했다.

만달라 체제 국가의 왕실 직할령은 중심부의 가장 작은 동심원으로 제한되었다. 일반적으로 그 밖의 동심원 지역은 왕실과 후견 관계를 맺은 세습 귀족들의 독자적인 관할 구역이었다. 하지만 끄디리가 왕실 직할령으로 전환됨에 따라 독립적이던 세습 귀족들은 영지와 세금 징수권을 박탈당하고 왕실 관료가 되었다. 이제 그들은 자신들이 아니라 왕실을 위해 세수를 거두어들이는 임무를 맡게 되었다. 왕실 직할령이 점차 확대되는 동안, 이에 반발해 자바의 세습 귀족들은 여러 차례 반란을 일으켰다.

1295년 끄디리의 자야깟왕과 랑아 라웨를 시작으로, 1298년에서 1300년 사이에 소라, 1302년엔 주루 드뭉이 비자야의 통합 정책에 저항했다. 소라와 주루 드뭉은 몽골군에 대항해 전쟁을 치르는 동안 가장 용맹스럽고 충직했던 장수들로 마자빠힛의 개국 공신들이었다. 1309년 비자야가 전염병에 감염되어 사망하자, 끄디리를 통치하던 왕세자 자야나가라(재위 1309~1328)가 뒤이어 왕위에 올랐다. 즉위 직후 그는 주루 드뭉이 두 번째로 일으킨 반란에 직면했다. 1314년에는 개국 공신 가자 비루가 또 한 차례 반란을 일으켰다.

마자빠힛의 초기 왕들은 왕국의 영향권을 확장하는 동안 '범인도네시아' 개념을 바탕으로 한 포용 정책을 병행했다. 하지만 이 역시 자바 귀족들의 강한 저항에 부딪혔다. 마자빠힛의 포용 정책은 무엇보다도 왕위 계승 과정에 잘 드러난다. 비자야는 꺼르따나가라의 수양딸 네 명 모두와 혼인했다. 그들은 각각 잠비-멀라유, 발리, 마두라, 참파 출신이었다. 특이할 만한 사실은 이들 중에 자바인이 없었다는 점이다.

1309년에 자야나가라가 마자빠힛의 2대 왕에 오르자, 자바 귀족 세력이 거세게 반발했다. 1319년에는 자야나가라의 양자인 꾸띠가 순수 자바 혈통이 아닌 양아버지의 등위에 불만을 품고 반란을 일으켰다. 이 소요는 수도를 점령할 만큼 대단해서, 자야나가라는 왕실의 근위 장교 가자마다가 지휘하는 호위대의 보호를 받으며 수도를 탈출해야 했다. 며칠 후 가자마다는 뜨로울란으로 돌아가 꾸띠의 반란을 진압했다. 자야나가라는 가자마다의 공을 인정해 그를 까후리빤의 빠띠(지방정부 수상)로 임명했다. 2년 뒤 그는 끄디리의 수도인 다하의 빠띠로 영전했다.

이러한 정치적인 혼란을 겪으면서도 마자빠힛의 경제력은 확대일로에 있었다. 1312년 오도릭이란 승려는 자야나가라의 궁정을 방문해 "계단들이 온통 금과 은으로 덮여 있고, 복도와 천장도 순금과 은장식으로 화려하다"는 기록을 남겼다. 마자빠힛의 경제 번영은 무엇보다도 당시 중국에서 수요가 대단하던 말루꾸군도의 향료무역 독점과 충분한 식량을 제공해주는 벼농사에 바탕을 두었다. 1325~1328년 자야나가라는 중국과 긴밀한 우호 관계를 유지하며, 중국 황제에게 정기적인 조공 사절단을 보냈다.

《나가라꺼르따가마》에 따르면 자야나가라는 자신이 원하는 것은 무엇이든 다 가져야 직성이 풀리는 성격이었다. 그는 자신의 안마사인 딴샤의 아내를 탐하는 우를 범했다. 1328년 자야나가라는 이에 격분한 딴샤에게 살해되었다.

자야나가라의 어머니인 가야뜨리가 아들에 이어 마자빠힛의 3대 왕으로 등위했다. 하지만 그녀는 남편이 죽으면 함께 화장되거나 비구니가 되는 힌두 풍습에 따라 신전에 머물러야 했다. 그 바람에 1329년 그녀의 딸, 즉 자야나가라의 여동생인 뜨리부와나(재위 1329~1350)가 대신 왕국을 통치하게 되었다. 뜨리부와나는 가자마다에게 섭정을 맡겼다. 2년 뒤

14세기 마자빠힛의 주요 영향권

가자마다는 마하빠띠(중앙정부의 재상)로 임명되었다.

가자마다는 싱오사리 시대의 팽창주의 정책을 재개했다. 1331년 마자빠힛은 마두라를 포함해 동부 자바 전체를 장악했다. 1343년에는 발리를 영향권에 편입해 자바의 왕자들이 직접 다스리게 했다. 1347년 자바 북동부의 항시港市들도 마자빠힛의 영향권이 되었다. 가자마다는 자바 기득권 세력의 저항에 맞서 잠비-멀라유 혈통인 왕비와 공주를 보호하며 마자빠힛의 통합과 발전을 이끌었다. 그는 1331년부터 1364년 사망할 때까지 33년 동안 재상으로서 막강한 권력을 장악하고 있었음에도 결코 왕위를 넘보지 않았다. 이러한 이유로 인도네시아 사람들은 오늘날에도 가자마다를 역사의 위인으로 추앙하고 있다.

1350년 비구니로서 명목상의 왕이던 가야뜨리가 세상을 떠나자, 뜨리부와나의 아들로 16세인 하얌 우룩이 '라자사나가라'(재위 1350~1389)란 왕호로 마자빠힛의 4대 왕이 되었다. 어린 하얌 우룩은 10여 년간 가자마다의 보필을 받으며 나라를 통치했다. 이 무렵에 마자빠힛의 국운은 전성기로 치달았다.

1368년 한漢족이 원나라를 무너뜨리고 명나라(1368~1644)를 세웠다. 자바 서쪽의 멀라까해협 인근 항시들은 강력한 마자빠힛을 의식해 막 개국한 중국과 동맹을 맺으려는 조짐을 보였다. 1371년에 명은 빨렘방에 사절단을 보냈고, 빨렘방도 조공 사절단으로 화답했다. 이에 1377년 하얌 우룩은 원정대를 파견해 빨렘방과 멀라까해협의 후추 무역 항시인 사무드라-빠세이를 피후견국으로 끌어들였다.

14세기 말, 서쪽으로 수마뜨라 최북단부터 동쪽으로 파푸아뉴기니, 그리고 동북쪽의 남부 필리핀에 이르는 광활한 지역이 마자빠힛의 영향권에 속하게 되었다. 이로써 오늘날 인도네시아공화국의 원형을 구축한 마자빠힛은 자바 북부 항구, 특히 수라바야에 본부를 둔 막강한 함대를 통해 방대한 영역을 관장했다. 마자빠힛은 태국(아유타야)·버마(떠응우)·참파·캄보디아·베트남(다이비엣)·중국과도 외교 관계를 맺었다.

1389년 하얌 우룩의 사망을 기점으로 마자빠힛왕국은 점차 쇠퇴의 길로 접어들었다. 왕위 계승을 둘러싸고 자주 벌어진 내분이 그 시발점이 되었다. 하얌 우룩에 이어 그의 딸인 꾸스마바르다하니가 1389년 마자빠힛의 5대 군주가 되어 남편인 비르끄라마바르다하나와 함께 왕국을 통치했다. 이 무렵 여왕의 이복동생이며 루마장·발람방안·발리를 통치하던 왕자인 비라부미가 그들의 권위에 도전했다. 1401년 비라부미가 비르끄라마바르다하나의 왕궁을 공격하면서 발생한 내란이 5년 동안 지속되었다.

그러는 사이 명나라의 영락제(재위 1402~1424)가 쳉호(정화鄭和)의 대함대를 파견하기 시작했다. 1405년부터 1433년까지 여러 차례 이어진 쳉호의 원정은 내란으로 쇠약해진 마자빠힛의 지배력을 더욱 약화시켰다. 마자빠힛의 피후견국들이 중국 함대의 존재를 의식해 중국에 사절단을 보내는 한편, 후견 세력인 뜨로울란과 관계를 단절하는 사태가 발생했기 때문이다.

이 무렵 인도네시아 군도에 이슬람교가 유입되면서, 마자빠힛의 영향권 내에서 해안 지역을 중심으로 무슬림 국가가 하나둘 출현하기 시작했다. 그들은 점차 마자빠힛을 위협하는 세력으로 성장했다. 특히 1403년 말레이반도에 멀라까왕국이 출현한 것은 마자빠힛의 국운에 결정타가 되었다.

15세기 초 명나라 사절단이 사무드라-빠세이와 몇 차례 접촉을 시도했다. 1405년 쳉호는 이제 건국된 지 2년이 지난 멀라까왕국의 통치자 빠라메스바라와 접촉했다. 멀라까는 중국과 긴밀한 관계를 맺으면서 국제무역항으로 빠르게 성장해, 멀라까와 순다 양 해협에서 과거 스리비자야 이상 가는 명성을 얻었다. 국제무역 붐과 함께 멀라까 이슬람 왕국의 시대라고 할 수 있는 이 세기에 마자빠힛은 국부의 원천인 향료무역에 대한 독점적인 지위를 상실하면서 급속히 쇠락해갔다.

싱하비끄라바르다하나(재위 1466~1468) 재위 중에 왕위 계승을 둘러싼 마자빠힛의 내란이 절정에 달했다. 1468년 자바 귀족인 꺼르따부미

(재위 1468~1478)가 왕위를 찬탈하고 뜨로울란에서 싱하비끄라바르다하나를 축출했다. 싱하비끄라바르다하나는 끄디리의 다하에 정착해 그곳에서 찬탈자에 맞서 계속 싸웠다. 그의 아들인 란나비자야는 '기린드라바르다하나'란 왕호로 다하에서 왕위에 올랐다. 마자빠힛은 이제 뜨로울란과 다하에 각각 중심을 둔 두 왕국으로 분열되었다.

기린드라바르다하나에게는 구스떼 빠띠라고 하는 유능한 재상이 있었다. 1478년 구스떼 빠띠는 뜨로울란을 공격해 찬탈자 꺼르따부미를 응징하는 데 성공했다. 1486년 기린드라바르다하나(재위 1486~1520)는 다하를 중심으로 다시 하나가 된 마자빠힛을 통치하게 되었다. 10년의 내란으로 뜨로울란은 완전히 파괴되었다.

1499년에 마자빠힛은 중국에 사절단을 파견했는데, 이것이 왕국의 마지막 외교 접촉이었다. 잦은 내란으로 중앙의 권위가 약화함에 따라 피후견국들이 계속해서 이탈했다. 항시를 포함한 지방의 세금이 궁정으로 들어오지 않았고, 국고 부족으로 마자빠힛은 이제 거대한 제국을 지탱하던 막강한 해군력을 유지할 수 없게 되었다.

15세기 아랍·페르시아·인도의 무슬림 상인들이 주도한 동남아시아 국제무역 붐에 편승하기 위해 자바 북부 해안의 세습 귀족과 중국인 세금 징수원들이 점차 이슬람교로 개종했다. 그들은 막대한 부를 축적하면서 자연스럽게 정치권력에 관심을 갖게 되었고, 중앙정부의 권위가 약화되는 사이 점차 독립적이고 강력한 정치세력으로 성장해갔다.

16세기 초에 이르자 북부 자바 해안의 주요 항시들을 중심으로 이슬람 왕조들이 등장했다. 그들 중 가장 막강한 세력이 데막이었는데, 이 왕국은 저빠라 항시를 중심으로 3만 명에 이르는 인력을 동원할 능력을 갖추고 있었다. 데막의 시조인 라덴 빠따는 자바인과 결혼하고 개명한, 책콕포라는 중국인 무슬림이었다. 이 무렵에 뚜반의 지배 가문 역시 이슬람교로 개종했다. 마자빠힛의 막강한 해군기지였던 수라바야도 이슬람교를 받아들였다. 데막을 위시한 그들은 후견 세력이던 다하와 관계를 끊었다. 이제 다하의 기린드라바르다하나는 단지 끄디리와 빠수루안, 그리고 중부 자바 지역에만 영향력을 행사하게 되었다.

1521년 라덴 빠따의 아들인 뜨렝가나(재위 1521~1546)가 데막의 새 술탄으로 등위했다. 야심 찬 정복 군주인 그는 1527년 마자빠힛의 심장부인 끄디리의 다하를 점령했다. 이로써 동남아시아 최대 힌두 왕국인 마자빠힛이 역사의 한 장으로 사라지게 되었다. 이때 많은 왕족과 귀족이 발리로 피신해 그곳에서 이슬람교의 침투에 대비해 힌두 체제를 유지·강화해 나갔다.

1294년부터 1527년까지 230여 년 동안 이어진 마자빠힛의 시대에 현 인도네시아의 대부분을 포함하는 지역이 단일한 정치체가 되었다. 이 왕국은 20세기에 민족주의 운동이 전개되면서 인도네시아 공동체의 선구로 인식되었다. 이러한 역사 인식에 따라, 만약 네덜란드의 식민지배가 아니었다면 오늘날 1만 4000여 섬으로 이뤄진 인도네시아공화국의 탄생이 불가능했을 것이란 주장은 식민사관으로 일축된다.[7]

빠자자란 · 반뗀

14세기 초 스리비자야가 쇠퇴기에 접어들자 이 왕국의 영향권, 특히

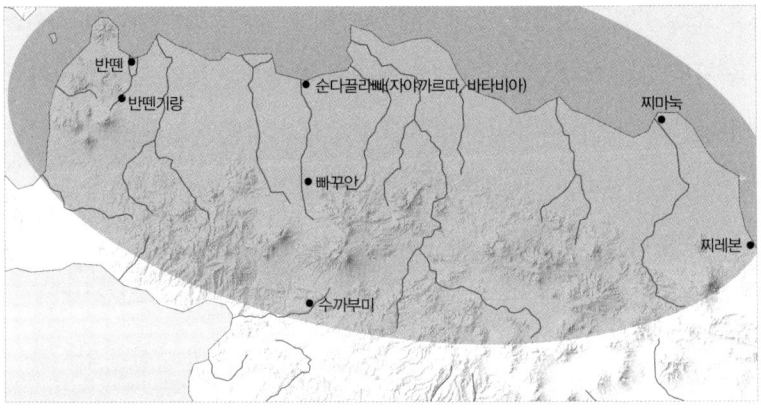

14세기 서부 자바 빠자자란의 영향권

순다해협의 제해권을 장악하려고 남부 수마뜨라와 서부 자바의 항시港市들이 경쟁을 벌이기 시작했다. 이러한 상황이 보고르 산악 지대에 흩어져 살던 순다인들의 결속을 강화하는 계기로 작용한 결과, 14세기 전반 서부 자바에 새로운 국가가 출현했다. 1333년경 라뚜 뿌라나가 빠꾸안을 수도로 빠자자란을 창건하고, '스리 바두가 마하라자'라는 왕호로 새로운 왕국의 태조가 되었다. 이 힌두 왕국은 찌레본에서 순다해협의 동부를 포함한 광범위한 지역에 영향력을 행사했다.

건국 초기에 빠자자란은 동부 자바에서 40여 년 먼저 창건된 마자빠힛과 대등하고 친밀한 외교 관계를 수립하려 노력했던 것으로 보인다. 스리 바두가는 그녀의 딸 찌뜨라 라쉬미와 마자빠힛의 젊은 왕인 하얌 우룩의 혼인에 동의했다. 그러나 혼인을 준비하는 동안 스리 바두가와 마자빠힛의 재상인 가자마다 간에 이견이 발생했다. 가자마다는 빠자자란의 공주를 하얌 우룩의 정비正妃가 아니라 후궁으로 맞이하길 원했다. 가자마다의 생각에 빠자자란은 마자빠힛의 피후견국이며, 공주는 일종의 '조공'이었던 것이다. 스리 바두가는 이를 모욕으로 받아들이고 혼인을 거부했다. 가자마다는 군대를 동원해 빠꾸안을 포위했다. 빠자자란의 왕실과 귀족들은 주전파와 화전파로 갈려 격렬한 토론을 벌인 결과 항전을 결정했다. 이 싸움은 빠자자란의 왕과 공주가 마자빠힛 군대에 죽음을 당하는 것으로 끝났다.

그러나 빠자자란은 16세기 초까지 계속 독립적인 지위를 유지했던 것으로 보인다. 토메 피르스는 《수마 오리엔탈》에 그러한 사실을 암시하는 기록을 남겼다. "순다는 자바인보다 더 용감한 바다 전사들의 땅이다. … 그들은 자바인과 치열하게 경쟁한다. 순다인과 자바인*은 친구도 적도 아니다. 순다인과 자바인은 서로 교역을 하지만, 만약 그들이 바다에서 서로 해적으로 만나면 싸움을 하기도 한다. 이러한 상황은 육지에서도 마찬가지다."

빠자자란은 많은 인구와 풍부한 자원을 바탕으로 번영을 누렸다. 왕국의 주요 산품은 후추, 타마린드**, 그리고 옷감이었다. 교역은 여러 항구를 통해 이뤄졌다. 왕국의 가장 큰 항시는 순다끌라빠, 그리고 반뗀과 찌레본이 그다음으로 주요 항시였다.

토메 피르스는 당시 왕국의 생활상을 다음과 같이 묘사했다. "수도의 건물들은 종려나무 잎과 나무로 잘 지어져 있다. 와인 통만큼 두껍고, 높이가 9.15미터에 달하고, 꼭대기엔 아름다운 공예로 장식된 나무 기둥 330개로 지어진 왕궁은 매우 웅장하다. 순다끌라빠에서 그곳에 닿

---

* 순다인은 과거 순다 지역 즉 순다해협 동쪽에서 찌레본에 이르는 서부 자바 지역에 살면서 순다어를 사용하던 사람들을 말한다. 자바인은 중부와 동부 자바에 살면서 자바어를 사용하던 사람들이다.
** 열대산 콩과의 상록수로, 열매를 다양한 방식으로 식용하며 약재로도 쓴다.

으려면 이틀 정도 걸린다. 여성들은 단정하고, 귀족 출신은 매우 고상하다. 기혼 여성은 남편이 사망하면 그와 함께 화장되는 것이 명예로운 일로 여겨진다. 하지만 만약 그녀가 죽음을 두려워하면 사원으로 들어가 비구니가 된다."

마지막 부분이 주목을 끈다. 힌두교와 함께 사티 전통이 동남아시아 지역에 전래되었다. 하지만 미망인에게 화장 대신 비구니가 되는 선택권이 주어졌다는 점은 힌두 순장殉葬 풍습의 동남아시아적 적응adapt으로 볼 수 있는 대목이다.

15세기 후반 국제무역 붐을 타고 점점 더 많은 외국 무슬림 상인이 빠자자란의 항시들에 정착하기 시작하면서, 이들 지역에 대한 빠꾸안의 영향력이 점차 줄어들었다. 1478년 무슬림 세력이 찌레본을 완전히 장악하고, 데막의 도움으로 군대를 조직해 빠자자란과 대립했다. 빠꾸안의 술리왕이 왕은 데막의 팽창을 봉쇄할 목적으로 1512년과 1521년 두 차례 포르투갈이 점령하고 있던 멀라까에 사절단을 파견해 도움을 요청했다.

1522년, 조르즈 알부케르크*가 멀라까에서 파견한 엔히크 레므와 술리왕이의 아들 사이에 조약이 체결되었다. 조약의 골자는 순다끌라빠에 포르투갈 요새를 건설하고, 빠자자란 왕은 우호의 표시로 매년 후추 1000자루(약 20톤)를 포르투갈에 제공한다는 것이었다.

하지만 포르투갈 요새는 곧바로 건설되지 못했다. 이 무렵 포르투갈은 멀라까해협의 제해권을 둘러싸고 아쩨, 조호르와 치열한 경쟁을 벌이느라 서부 자바에 신경 쓸 겨를이 없었다. 그러는 사이 빠자자란과 포

---

* 포르투갈령 멀라까 총독 아폰수 알부케르크가 1515년에 사망하자, 그 뒤를 이어 조르즈 알부케르크Jorge de Albuquerque가 새 총독으로 부임했다.

르투갈의 조약 체결 소식이 데막의 술탄인 뜨렝가나에게 전해졌다. 그는 자바 땅에 포르투갈 요새가 들어서는 것을 용인하지 않기로 마음먹었다. 이를 위해 뜨렝가나는 우선 반뗀에 이슬람 왕국을 세우고, 이를 교두보로 순다끌라빠를 정복할 계획을 세웠다.

반뗀 이슬람 왕국의 수립은 '아홉 왈리'* 중 한 명인 수난 구눙자띠와 관련이 있다. 수난 구눙자띠는 1524년 뜨렝가나의 여동생과 결혼하고, 1524~1525년 뜨렝가나의 도움을 받아 반뗀에 상관을 설치했다. 얼마 뒤 그는 반뗀에서 무슬림으로 개종한 현지 관료인 끼 종조와 손잡고 반란을 선동했다. 1526년 구눙자띠는 데막이 지원한 군사 약 2000명과 함께 내란으로 혼란스러운 반뗀을 어렵지 않게 점령했다. 이어 1527년 그는 뜨렝가나의 계획대로 반뗀을 교두보 삼아 순다끌라빠를 침공해, 빠자자란의 최대 항시를 장악했다. 이때 순다끌라빠의 이름이 '자야까르따Jayakarta(승리의 도시)'로 바뀌었고, 그 후 이 항시의 이름은 네덜란드동인도회사(VOC)의 '바타비아'를 거쳐 지금의 '자까르따'가 되었다.**

바로 이때 서부 자바의 격변을 감지하지 못한 포르투갈이 5년 전 빠자자란과 맺었던 조약에 따라 순다끌라빠에 요새를 건설하려고 선발 원정대를 파견했다. 프란시스쿠 드 사와 두아르트 코엘류 휘하의 300명이 배 5척을 타고 출발했으나, 폭풍으로 선단이 흩어져 단 3척만 코엘류와 함께 순다끌라빠 연안에 다다랐다. 먼저 한 척이 항구에 배를 대자, 그

---

* 왈리는 '실로 알라께 가까이 있는', 그러므로 '알라의 친구' 같은 신앙인을 뜻하는 '왈리 알라Wali Allah'에서 유래한 말로, 이슬람교의 성인 또는 성자를 가리킨다. 수난 구눙자띠는 인도 구자라트 가문의 후손으로, 당시 이슬람 세계의 정신적 지주이며 흠모의 대상이던 왈리 9명 중 한 사람이었다. 오늘날에는 말레이세계의 무슬림이 결혼할 때 신랑의 후견인을 왈리라 지칭하기도 한다.
** 순다끌라빠(397?~1527) → 자야까르따(1527~1619) → 바타비아(1619~1942) → 자까르따(오늘날).

곳에서 기다리고 있던 구눙자띠의 군대가 선원 30명을 모두 살해했다. 결국 포르투갈의 나머지 원정대는 멀라까로 회항했고, 빠자자란 왕의 마지막 희망도 사라졌다.

뜨렝가나는 1527년 구눙자띠(재위 1527~1552)를 반뗀의 술탄으로 임명했다. 그 후 몇 년 동안 구눙자띠는 빠자자란의 수도인 빠꾸안을 공격할 준비에 몰두했다. 구눙자띠의 반뗀 점령을 도왔던 끼 종조의 형제가 빠꾸안에 살고 있었다. 그는 빠꾸안의 수라위세사 왕에게 충성을 바친 데 대한 합당한 대우를 받지 못하고 있다는 불만을 품고 있었다. 끼 종조는 그의 불만을 부추겼고, 그는 밤에 빠꾸안의 성문 중 하나를 열어 반뗀의 군대가 수도에 침입하도록 도왔다. 새벽이 되자 빠꾸안의 순다인들은 왕국의 새 통치자를 맞이하게 되었다. 수라위세사는 추종자들과 함께 보고르의 산악지대로 피신했다.

1552년, 구눙자띠에 이어 그의 아들 하사누딘(재위 1552~1570)이 반뗀의 2대 술탄이 되었다. 그는 곧 즉위하자마자 뜨렝가나 술탄 사후 쇠퇴기에 접어든 데막과 후견-피후견 관계를 단절하고 독립했다. 이어 왕국의 영향권을 남부 수마뜨라 람뿡의 후추 생산지까지 확장했다. 이는 반뗀이 국제적인 후추 수출 항구로 번창하는 데 결정적으로 기여했다.

하사누딘을 계승한 몰라나 유숩(재위 1570~1580)은 1579년 남부 산악에 은신해 있던 순다인 잔여 세력을 섬멸했다. 이로써 빠자자란은 역사 속으로 완전히 사라지게 되었다. 이 무렵 서부 자바 대부분의 지역에 이슬람교가 확산되면서, 1500년 넘게 지속되어왔던 자바의 힌두-불교 시대가 막을 내리고 있었다.

반뗀은 술탄 아겡(재위 1651~1683)의 시대에 전성기를 맞았다. 이 시기에 반뗸의 교역 범위는 유럽과 중국 외에 페르시아 · 인도 · 태국 · 베트남 · 중국 · 필리핀 · 일본까지 확대되었다. 그런데 1596년 반뗸에 처음 다다른 네덜란드동인도회사(VOC)는 그 후 이 항구의 후추 공급권을 독점하길 원했다. VOC는 1619년 자바 현지 세력들과 후견인-피후견인 관계를 맺으며 순다끌라빠(바타비아)에 상관과 군사기지를 건설하는 데 성공했다. VOC는 바타비아 배후지로 영향력을 확대해나가면서, 부유하고 강력한 군사력을 갖춘 반뗸이 자신들과 인접해 있는 것을 항상 우려하고 있었다.

결국 1656년 VOC가 반뗸의 항구를 봉쇄했다. 그러나 반뗸은 곧 바타비아에 반격을 가했다. 1659년 양측의 공방이 소강상태에 접어들었지만, VOC는 불안 요소를 근본적으로 해결할 필요성을 느끼고 있었다. 그러다 VOC에게 좋은 기회가 찾아왔다. 술탄 아껭과 그의 아들인 술탄 하지 사이에 권력 투쟁이 벌어졌고, 이슬람 지도자들 대부분이 아껭 편에 가담했다. 1680년 3월 하지는 아껭을 가택에 연금해서 그들의 강한 반발을 샀다. 더욱이 하지는 권력 장악을 위해 VOC의 힘에 의존했기에, 무슬림 사이에 지지 기반을 완전히 상실했다.

VOC는 하지를 돕는 대가로 여러 가지 조건을 내세웠다. 특히 VOC는 반뗸의 후추 독점 공급권을 확보하기 위해 다른 유럽 세력의 항구 출입을 금지하라고 강력히 요구했다. 하지는 VOC의 모든 요구를 수용했다. 1682년 3월 VOC는 영국을 포함한 다른 유럽 세력을 모두 반뗸에서 몰아내고, 1년 뒤 아껭을 굴복시켰다. 아껭은 바타비아로 거처를 옮겨 그곳에서 1695년 생을 마감했고, 하지는 권력을 잃고 반뗸의 이름뿐인 군주로 남았다.[8]

데막

1521년 뜨렝가나(재위 1521~1546)가 부친인 라덴 빠따를 계승해 데막의 군주가 되었다. 새 술탄은 야심 찬 지도자로서 곧 일련의 군사 작전을 준비했다. 뜨렝가나의 첫 군사 원정은 서부 자바에 포르투갈의 요새가 들어서지 못하게 하기 위한 것이었다. 1526년 수난 구눙자띠가 뜨렝가나의 지원을 받아 2000군사를 이끌고 반뗀을 점령했다. 그리고 이듬해 빠자자란의 최대 항시인 순다끌라빠를 점령했다. 몇 년 뒤 빠자자란의 수도인 빠꾸안도 데막의 영향권에 편입되었다.

서부 자바 대부분을 장악한 뒤 뜨렝가나는 뚜반을 공격했다. 뚜반은 이슬람교를 받아들였지만, 여전히 마자빠힛의 통제를 받고 있었다. 1527년에 뚜반을 장악한 뜨렝가나의 최종 목표는 마자빠힛의 새 수도인 끄디리의 다하였다. 결국 그해 끄디리가 함락되면서 동남아시아에서 가장 강성했던 힌두 왕국 마자빠힛이 지도에서 사라졌다.

1529년 뜨렝가나는 기세를 몰아 마디운으로 진격했다. 마자빠힛의 귀족들은 중부 자바의 뼁깅에 피신해 저항을 이어갔다. 하지만 뼁깅도 1530년 데막에 합병되었다. 뜨렝가나는 파죽지세로 동쪽을 향해 진군을 거듭하여 같은 해에 그레식을 점령했다. 1535년 그의 군대는 빠수루안을 굴복시키고 빠나루깐에 도달했다. 하지만 뜨렝가나는 이곳에서 자바에 남아 있던 마지막 힌두 왕국인 발람방안의 강력한 저항에 부딪쳤다. 결국 발람방안을 복속시키는 데 실패하고 군사 원정이 소강 국면을 맞은 가운데, 뜨렝가나는 그동안 확장해온 영향권의 인구를 이슬람교로 개종시키며 지배 체제의 공고화에 힘썼다.

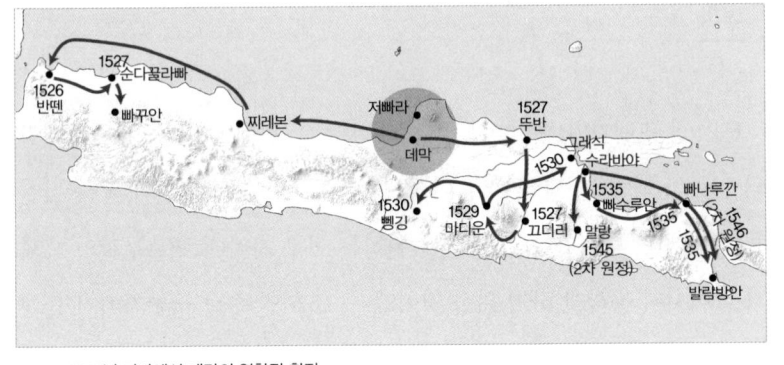

1526~1546년 자바에서 데막의 영향권 확장

　　10년간의 노력으로 중부와 북부 자바를 완전히 평정한 뜨렝가나는 1545년 동쪽으로 2차 군사 원정을 벌여 말랑을 복속시켰다. 그 이듬해 발람방안을 향한 그의 마지막 원정이 시작되었다. 이 원정에 그는 포르투갈 용병대의 도움을 받았다. 포르투갈 관리인 페르낭 멘데스 핀투 (1510~1583)는 회고록인 《페레그리나상(편력)》에 빠나루깐 원정에 관해 다음과 같은 기록을 남겼다. "약 100척에 이르는 대함대와 함께 4만 명이 1546년 2월 2일 저빠라를 출발해 3개월 동안 빠나루깐을 포위했다. 하지만 발람방안 왕국의 강력한 저항으로 공격이 실효를 거두지 못하고 전쟁이 장기화하자 뜨렝가나의 마음이 다급해졌다. 어느 날 뜨렝가나는 이성을 잃고 최측근 관료 한 사람을 공개적으로 심하게 비난했다. 그러자 모욕을 참지 못한 그가 뜨렝가나를 살해했다."

　　뜨렝가나가 사망하자 그의 막강한 군대는 와해되기 시작했다. 그의 계승자들은 방대한 데막왕국을 유지할 능력이 부족했다. 1552년 반뗀의 하사누딘 술탄이 데막의 영향권에서 이탈했다. 이어 수라바야도, 그리고 중부 자바에서 새롭게 발흥한 이슬람 왕국인 마따람도 데막과 후견-피후견 관계를 단절했다.

뜨렝가나는 정복 군주이자 강력한 통치자였다. 자바 정복 과정에서 그는 자신의 권위를 강화하기 위해 이슬람을 정치적인 도구로 이용했다. 혈통과 계보에 따라 정치·사회적 신분이 결정되었던 자바의 힌두 귀족 사회에서 중국계 혼혈인 뜨렝가나가 권위를 인정받기란 사실상 불가능했다. 그가 지도자로서 정치적 존재와 위상을 인정받는 것은 카스트와 인종을 가리지 않는 이슬람 사회에서만 가능했다. 따라서 그에게 점령된 힌두 왕국들의 지배층은 이슬람교로 개종하거나, 죽음 또는 유배를 선택해야 했다. 개종을 거부한 많은 사람이 발람방안이나 발리의 힌두 왕국으로 피신했다.

16세기 말 자바 극동에 위치한 발람방안이 이 지역 마지막 힌두 왕국으로 남아 있었다. 비록 데막이 마자빠힛을 대체할 만한 패권 국가로 발전하는 데는 실패했지만, 뜨렝가나의 정복 전쟁은 자바 대부분의 지역에 이슬람교를 확산하는 데 크게 기여했다. 자바에서 데막에 의해 무력을 통해 이뤄진 이슬람교의 2차 전파 과정을 고려할 때, 그동안 국제무역을 통한 평화적인 과정에만 초점을 맞춰온 말레이세계의 이슬람화에 관한 연구에 더 다각적인 시각을 도입할 필요가 있어 보인다.[9]

마따람

1546년 뜨렝가나가 사망하면서 데막이 쇠퇴하기 시작하자, 그 영향권에 속해 있던 세력들이 하나둘 이탈했다. 1570년경 그중 자바 중남부 지역의 마따람*이 가장 괄목할 만한 세력으로 성장했다. 이 왕국은 1619년 바타비아에 무역 거점을 세운 네덜란드동인도회사(VOC)와 정치 · 경제적으로 경쟁하며 인도네시아 전통시대의 대미를 장식했다.

마따람왕국 초기의 통치자들, 즉 빠넘바한 스나빠띠 인갈라가(재위 1584~1601), 빠넘바한 세다 끄라빡(재위 1601~1613), 술탄 아궁(재위 1613~1646)은 우선 왕국의 영향권을 확장하는 데 많은 노력을 기울였다. 그 결과 1624~1625년 마두라와 수라바야 점령을 끝으로, 마따람은 17세기 전반에 자바 중부 내륙, 북부 대부분의 항시들, 동부 전 지역, 수마뜨라의 빨렘방 · 잠비—멀라유, 그리고 남부 깔리만딴의 반자르마신에 이르기까지 과거 마자빠힛의 영향권 대부분을 차지했다.

반면 서부 자바는 상황이 달랐다. 반뗀이 여전히 독립 왕국으로 남아 있었고, 1619년에는 VOC의 4대 총독인 얀 피터르스존 코언(재임 1619~1623, 1627~1629)이 바타비아에 무역 · 군사 기지를 건설하고 마따람과 경쟁하기 시작했다. 이로써 중상주의 시대 자바에서 정치 · 상업적 주도권을 둘러싸고 마따람과 VOC 간에 200년 이상 지속된 분쟁의 막이 올랐다.

술탄 아궁은 1628~1629년 두 차례에 걸쳐 바타비아에 대대적인 군사 원정을 감행했다. 하지만 VOC에 큰 타격을 입히지는 못했다. 자바 최고의 정복 군주이던 그가 1646년에 사망하자, 그의 아들 수수후난 아망꾸랏 1세(재위 1646~1677)가 마따람을 물려받았다. 그는 즉위하자 왕

---

* 856~1222년 중부와 동부 자바에서 번성했던 마따람이 힌두 왕국이었던 반면, 1570년경 자바 중남부 내륙에 새로 나타난 이 왕국은 이슬람 왕국이다. 따라서 인도네시아 역사가들은 이 왕국을 전자와 구분해 '제2의 마따람 Mataram yang kedua'이라고 칭하기도 한다.

국의 중앙집권화에 착수하고, 1647
년 빠장 인근에 새 왕궁 '까르따수
라'를 건설했다. 이 왕궁은 이전의
것과 달리 벽돌로 지어졌는데, 아마
이를 통해 아망꾸랏 1세는 자신의
권위와 함께 왕국의 견고함을 과시
하려 했던 것으로 보인다.

아망꾸랏 1세는 강력한 전제 정치
를 펼쳤다. 자신의 절대 권력을 지키
기 위해 정적들을 무자비하게 살육

VOC 총독 얀 피터르스존 코언(1587~1629)
(Jacques Waben 그림. 네덜란드 호른 소재
Westfries Museum 소장)

했다. 그 과정에서 선친을 따르던 원로대신들이 많이 희생되었다. 아망
꾸랏 1세의 동생이 무슬림 지도자들의 지지를 업고 형의 폭정에 반기를
들었으나, 그를 권좌에서 몰아내는 데 실패했다. VOC의 기록에 따르면
1648년 아망꾸랏 1세는 반란에 가담한 무슬림 지도자들과 그 가족을 궁
전 앞 광장에서 공개 처형했다. 어린이와 여성을 포함해 약 5000~6000
명이 죽음을 당했으니, 반란의 후폭풍은 실로 참혹했다.

처음에 VOC와 아망꾸랏 1세의 관계는 우호적이었고 교역도 활발했
다. VOC가 요구한 주요 교역 품목은 미곡(쌀)과 목재였다. 그런데 아망
꾸랏 1세가 VOC와의 교역에서 기대에 못 미치는 수익을 얻자 양쪽의
관계가 틀어지기 시작했다. 아망꾸랏 1세는 북부 해안에 대한 강력한
통제를 통해 이익의 극대화를 꾀하기 시작했다. 급기야 1655년 그는 자
바 북부 해안의 모든 무역 항구에 전면적인 폐쇄령을 내렸다. 따라서 저
빠라의 VOC 상관商館도 문을 닫게 되었다.

1670년에서 1671년 사이 아망꾸랏 1세에 대항해 대대적인 반란이 일어났다. 폭군에게 아버지를 잃은 뚜르나자야 왕자가 이끄는 마두라 군대가 자바에 상륙해 수라바야를 점령했다. 반란군은 1676년 자바 북부 연안 대부분을 장악하고, 그 이듬해 6월에 까르따수라 왕궁을 점령했다. 반란군이 도착하기 전에 왕궁을 탈출한 아망꾸랏 1세는 7월 피난길에 사망했다. 그의 아들 아망꾸랏 2세(재임 1677~1703)가 왕위를 이었다.

뚜르나자야 반란군이 반反VOC의 조짐을 보이자, 1677년 VOC는 마따람의 적통 왕실을 보호한다는 명분으로 아망꾸랏 2세와 동맹을 맺고, 뚜르나자야 반란군을 진압했다. 왕실의 빚이 이미 심각한 지경에 이르렀던 터에, VOC는 반란 진압의 대가로 아망꾸랏 2세에게 많은 경제적 양보를 강요했다. 새로 맺은 협정을 통해 VOC는 빚을 돌려받을 때까지 쌀과 설탕 매매 독점권, 직물과 아편 수출 독점권, 관세 면제 등 막대한 경제적 이권을 보장받았다. 그 후 VOC가 자바의 내전에 개입해 새 협정을 맺고, 마따람을 상대로 더 많은 이권을 챙기는 일이 공식처럼 되풀이되었다.

1703년 아망꾸랏 3세(재위 1703~1708)가 왕위에 올랐다. 새 왕이 또 폭정을 일삼자, 그의 사촌인 뿌거르공이 스마랑으로 피신해 VOC에게 자신을 군주로 인정해줄 것을 요구했다. 1704년 6월에 VOC는 뿌거르공을 빠꾸부워노 1세로 인정했다. 이 사태는 곧 1차 자바 왕위 계승 전쟁(1704~1708)으로 발전했다. 아망꾸랏 3세와 빠꾸부워노 1세가 마따람의 왕위를 둘러싸고 벌인 이 내전은 4년 동안 지속되었고, 결국 빠꾸부워노 1세(재위 1708~1719)가 아망꾸랏 3세를 쫓아내고 왕위를 차지했다. 그 결과 16세기 말 마따람왕국을 개국한 빠넘바한 스나빠띠 왕실의

17~18세기 중동부 자바 마따람의 정치 중심과 주요 도시

직계 계보가 6대로 끝나고, 1708년 자바에서 빠꾸부워노 1세의 새 왕조 시대가 시작되었다.

1719년 2월 빠꾸부워노 1세가 세상을 떠나자, 그의 아들 아망꾸랏 4세 (재위 1719~1726)가 왕위를 계승했다. 그가 1726년 4월에 병사하자, 당시 16세이던 그의 아들이 빠꾸부워노 2세(재위 1726~1749)로 제위에 올랐다. 새 왕조가 아직 완전히 안정되지 않은 가운데 VOC는 어린 군주를 보호한다는 명분을 내세워 그와 새 협정을 체결했다. 이에 따라 빠꾸부워노 2세는 VOC에게 기존 채무에 대한 이자로 22년 동안 해마다 1만 레알real씩 지불하고, 까르따수라의 VOC 주둔군 비용을 책임지고, 향후 50년 동안 매년 1000코얀koyan*이라는 막대한 쌀을 공급하게 되었다.

이 무렵에 VOC는 심각한 위기를 맞고 있었다. 바타비아에 전염병이 창궐해 디르크 판클론(재임 1732~1735) 총독이 사망했다. VOC는 반뗀과

---

* 1코얀은 1650~2000킬로그램.

자바 연안 전역에서 계속해서 막대한 적자를 보고 있었다. 이러한 가운데 바타비아의 중국인 문제로 자바에 위기가 감돌았다.

16~17세기에 중국의 정치적 혼란을 피해 자바로 이주한 중국인들은 무역업자 · 숙련공 · 설탕 제분업자 · 일반 소매상인 · 환금작물 재배자 · 세금징수 청부업자 등으로 일하며 바타비아의 경제 발전에 중요한 역할을 담당했다. 당시 바타비아의 중국인 인구는 1만 5000명에 달해 그 도시 전체 인구의 약 17퍼센트를 차지했다. 중국인 집단은 바타비아 발전을 위해 VOC에 꼭 필요한 존재인 한편으로, 밀수 · 아편 거래 · 폭력 · 성매매 · 도박 같은 불법 행위에 관여하고, 고리대금업 · 입도선매 등을 통해 부를 축적하면서 VOC의 독점적 이윤을 위협하는 세력으로 성장했다.

1740년 10월, VOC가 불법 행위를 저지르는 중국인들을 붙잡아 노예로 팔아버릴 것이라는 소문이 돌면서 대규모 폭동이 발발했다. 바타비아와 자바 북부 해안의 중국인이 합세해 VOC에 무력으로 대항했다. 유혈 투쟁이 17년 동안 지속되면서 중국인 약 1만 명이 희생되었다. 이 사건을 '바타비아의 분노'라고 부른다.

많은 자바인이 중국인과 합세해 VOC에 대항했다. 그러던 중 전세가 VOC에 유리하게 전개되자 빠꾸부워노 2세가 VOC와 화해를 모색했다. 이에 분노한 자바인들이 반기를 들고, 아망꾸랏 3세의 열두 살 난 손자 라덴 마스 가렌디를 새 왕으로 추대했다.

그러자 혼란을 피해 동부 자바로 피신해 있던 빠꾸부워노 2세가 왕위 복귀를 위해 VOC에 도움을 요청했다. VOC는 그 대가로 마두라 · 수라바야 · 름방 · 저빠라 등 자바의 주요 항시에서 발생하는 수익의 일정 부분을 VOC에 양도하고, 왕국의 행정 최고 책임자인 '마하빠띠(재상)'도 VOC의 동의를 얻어 임명하라는 조건을 제시했다. 빠꾸부워노 2세는 그 제의를 받아들였고, VOC는 1742년 12월 까르따수라 왕궁을 점령하고 저항군을 몰아냈다. 1745년에 빠꾸부워노 2세는 왕궁을 수라까르따(지금의 솔로)로 이전했다.

빠꾸부워노 2세의 지나친 이권 양도에 반발해 1746년 망꾸부미 왕자가 반란을 일으켰다. 다시금 '2차 자바 왕위 계승 전쟁'(1746~1757)이라는 11년 동안의 긴 내전이 시작되었다. 이 내전 중에 빠꾸부워노 2세가 사망하고, 빠꾸부워노 3세가 그를 계승했다. 한편 1749년 12월에 망꾸부미가 추종자들의 추대를 받아 술탄 하멩꾸부워노(재위 1749~1792)란 왕호로 왕위에 올랐다.

그는 술탄 아궁 이후 '술탄' 칭호를 사용한 첫 번째 통치자로서, 오늘날까지 그의 후손이 사용하고 있는 '하멩꾸부워노'라는 왕호의 시조始祖가 되었다. 이제 마따람은 반란 세력이 추대한 욕야까르따의 하멩꾸부워노 왕국과 VOC의 후원을 받는 수라까르따의 빠꾸부워노 3세 왕국으로 나뉘었다. 1755년 2월 13일 기얀띠 조약을 통해 VOC는 중부 자바의 절반을 지배하는 하멩꾸부워노 1세를 공식적인 술탄으로 인정했다.

1757년에 자바의 긴 내전이 종식되었다. 그 후 디뽀네고로의 자바전쟁이 발발한 1825년까지 자바는 평온을 유지했다. 하지만 이러한 평화는 VOC의 분리 통치divide and rule 계략에 따른 왕국 분할의 산물로서 마따람의 약화를 의미했다.[10]

동부 인도네시아

1602년 설립 직후 동부 인도네시아에 진출한 네덜란드동인도회사(VOC)의 가장 큰 관심사는 말루꾸군도의 향료무역을 독점하는 것이었다. 준準국가quasi-state조직으로서 조약 체결, 무력 사용 등의 권한을 국왕에게서 위임받은 VOC는 막강한 군사력을 앞세워 회사의 목표에 어긋나는 모든 세력을 '본보기'로 가차 없이 처단했다.

1605년 VOC는 암본에서 포르투갈 상인을 무력으로 몰아내고, 그곳에 상관과 군사기지를 건설했다. 1621년 반다군도의 지배자들이 VOC의 육두구 통제에 저항하자, VOC는 그중 한 도시를 송두리째 파괴했다. 이 과정에서 13명이 참수형을 당하고, 24명이 투옥되어 고문을 당했다. 당시 1만 5000명이었던 인구 중 1000여 명을 제외하고 모든 사람이 그 도시를 떠났다. 1623년에는 암본학살을 자행해 영국 상인들을 말루꾸군도로부터 완전히 몰아냈다.

이런 무지막지한 조치를 취했어도 VOC는 의도한 대로 향료무역을 완전히 독점할 수 없었다. VOC가 암본의 작은 군사기지를 통해 1000여 개 섬으로 이뤄진 광범위한 말루꾸군도의 현지 저항 세력 모두를 통제하는 것은 사실상 불가능했기 때문이다. 현지인들의 향료 밀무역이 계속해서 성행했고, 이에 VOC가 더 적극적인 대책을 강구하면서 분쟁은 더욱 격해졌다.

VOC의 거센 공세는 말루꾸군도의 군소 국가들에게 결속의 계기를 제공했다. 할마헤라섬 중서부 근처에 있는 떠르나떼와 암본 북서쪽에 있는 히뚜왕국이 반反VOC 동맹에 앞장섰다. 1634년에 VOC는 히뚜

17세기 동부 인도네시아

의 왕자 까끼알리를 체포했다. 1637년에는 안토니오 판디먼 총독(재임 1636~1645)이 직접 대부대를 이끌고 떠르나떼를 공격했다. 그 이듬해 VOC는 떠르나떼 술탄과 협상을 시도했다. 정향 밀무역의 완전 종식을 전제로 VOC는 그에게 매년 4000레알씩 지불하겠다고 제안했다. 하지만 까끼알리와 떠르나떼 술탄은 그 제안을 거절했다.

그러던 중 1650년 VOC에게 기회가 찾아왔다. 그해에 떠르나떼의 술탄인 만다르 샤가 궁정 쿠데타로 권좌에서 밀려나자, VOC에 지원을 요청했다. 암본 총독 아르놀트 판아우츠호른(재임 1647~1650)이 쿠데타 세력을 진압하고 술탄의 권위를 회복해주었다. 1652년 1월 VOC와 만다르 샤는 VOC가 지정한 장소 외의 모든 지역에서 정향 경작을 금지하는 협약을 체결했다. 당시 말루꾸군도는 전 세계의 수요량을 초과하는 정향을 생산할 수 있었기 때문에, VOC의 수익 극대화를 위해선 정향 무역의 독점뿐 아니라 정향 경작 자체를 억제해야만 했다.

1663년 VOC의 무력 공세에 부담을 느끼던 스페인이 말루꾸군도에서 향료무역을 포기하고 필리핀으로 돌아갔다. 1667년 띠도레가 공식적으로 VOC의 향료 독점권을 받아들였다. 그 후에도 소규모 밀무역이 존재했으나, 전반적으로 말루꾸군도에서 VOC의 향료 독점권은 확고해졌다. 이제 동부 인도네시아군도에서 VOC의 향료 독점권에 대항할 수 있는 세력은 남부 술라웨시의 고와와 보네뿐이었다.

16~17세기 남부 술라웨시에서는 고와의 마까사르족과 보네의 부기스족이 군사적으로 만만치 않은 세력을 구축하고 있었다. 두 종족은 인도네시아군도 전체에서 가장 용맹스럽고, 조선술과 포격에 관한 전문 지식을 갖추고 있었다. 1605년 마까사르족이 이슬람교를 받아들였던 반면, 부기스족은 그 종교를 거부했다. 고와의 마까사르족은 포교 수단으로서 전쟁을 일으켰고, 그 결과 17세기 전반 남부 술라웨시 전 지역이 이슬람권으로 전환했다. 그 결과 1640년대에 고와는 이 지역의 가장 강력한 술탄 왕국이 되었다.

VOC는 종교적 알력으로 빚어진, 고와에 대한 보네의 적대감을 이용했다. VOC가 인도네시아군도의 크고 작은 나라들을 하나둘 정복해나가는 과정을 보면, 한 왕국의 영향권 안에서 후견 세력과 관계가 원만하지 못한 피후견 세력에게 접근해서 합세해 후견 세력을 무너뜨리는 방법을 곧잘 사용했다. 즉 만달라 체제의 특성을 이용해서 주변 세력과 새로이 후견 관계를 맺어 중심 세력을 분쇄하는 전략을 구사했던 것이다. VOC는 고와를 무너뜨리기 위해 보네의 아룽 빨락까 왕자에게 접근했다.

1660년 아룽 빨락까가 이끄는 부기스족의 약 1만 군사가 고와에 대항해 반란을 일으켰으나 성공하지 못했다. 반란에 실패한 아룽 빨락까와 그 추종 세력은 부똥섬에 은신했다. 1663년 VOC는 아룽 빨락까의 요청을 받아들여 그들을 바타비아의 네덜란드왕국군에 편입했다. 이로써 부기스족은 고와 정복을 위한 VOC의 선봉대가 되었다.

1666년 12월에 코르넬리스 스페일만이 이끄는 VOC 정예군 600명이 네덜란드왕국군 소속의 암본군과 부기스족 군대와 함께 함선 21척을 타고 마까사르(지금의 우중빤당)에 도착했다. 보네의 부기스족은 6년 전에 추방되었던 아룽 빨락까의 귀환에 한껏 고무되어 마까사르족에 맞서 반란을 일으켰다. 고와와 VOC 연합군 간의 전쟁은 육지와 바다 양쪽에서 거의 1년 동안 이어졌다.

이 전쟁에서 승리한 VOC는 1667년 11월 고와의 술탄 하사누딘과 평화협정을 체결했다. 그러나 하사누딘은 곧 협정을 무시하고 다시 전쟁을 시작했다. VOC에 대항한 두 번째 전쟁이 1668년 4월부터 1669년 6월까지 1년 넘게 지속되었다. 하지만 이번에도 VOC 연합군이 승리를 거두었다. 1669년 VOC와 고와 간에 붕아야 조약이 체결되었고, 남부 술라웨시에서 하사누딘의 시대가 막을 내렸다. 이리하여 17세기 후반 마침내 VOC는 그토록 염원해왔던 말루꾸군도의 향료 독점권을 완전히 장악했다.

붕아야 조약과 함께 남부 술라웨시에 일대 변혁이 일어났다. 스페일만은 마까사르의 요새를 인수해 '로테르담'이라 명명했다. 고와왕국은 소멸된 반면, VOC와 동맹을 맺은 부기스족의 보네가 남부 술라웨시 최고의 세력으로 떠올랐다. 특히 아룽 빨락까(재위 1672~1696)는 사망할 때까지 보네의 왕으로서 남부 술라웨시 최고의 실력자로 군림했다.

마까사르족은 북부 술라웨시의 미나하사 지역으로 이동해 그곳에 새 터전을 마련했다. 그 후에도 아룽 빨락까는 동부 인도네시아에서 패권을 강화하기 위해 전쟁을 멈추지 않았다. 부기스족과 마까사르족이 이 전쟁에 동원되었다. 그들은 계속된 전쟁으로 지쳤고, 결국 많은 수가 동남아시아 각지로 흩어지고 말았다. 이 모두가 향료 독점권에 대한 VOC의 집착에서 비롯되었다.

17세기에 VOC는 누사 뜽가라(소小순다열도)에서도 무역 활동을 펼쳤으나, 말루꾸군도에서만큼 활발하지는 못했다. 백단향의 주산지인 띠모르와 노예무역의 근거지인 발리 외에 누사 뜽가라의 다른 지역들, 즉 롬복·숨바와·숨바·플로레스·솔로르에는 수익을 가져다줄 교역 상품이 별로 없었기 때문이다. 1653년 VOC는 서부 띠모르의 꾸빵을 점령했다. 이후 VOC는 백단향 무역을 둘러싸고 또빠세(310쪽 각주 참조) 세력과 치열한 경쟁을 벌였고, 이는 1749년 VOC의 승리로 끝났다.

한편 18세기 초부터 꾸빵 인근 오쿠세의 리파우에 상관을 두고 무역 활동을 펼치던 포르투갈은 입지가 좁아진 또빠세 세력과 불화를 빚게 되자, 1769년에 동부 띠모르의 딜리로 본거지를 옮겼다. 오늘날 띠모르가 동서로 나뉘게 된 역사는 이렇게 시작되었다.[11]

발리

발리에 언제 처음으로 국가가 등장했는지는 불분명하다. 다만 서기

914년 새겨진 사누르 비문에 왕의 이름이 처음 등장한 것으로 보아, 적어도 10세기 초 발리의 뻬쨍에 국가가 존재했고, 그 왕의 이름은 '스리 *끄*사리바르마'였음을 짐작할 뿐이다. 비문에 등장한 두 번째 왕은 싱하만다와를 통치한 우그라네사(재위 915~939)였다. 그와 관련된 비문들이 바하한·슴비란·벤또간·바뜬햐 등지에서 발견되었는데, 이들의 분포는 싱하만다와의 영향권이 상당히 광범위했음을 나타낸다. 역사학자 스뛰테르헤임Willem Frederik Stutterheim(1892~1942)에 따르면, 이 시기에 발리 사회는 자바와 관계없이 완전히 독립적으로 존재했으며, 붓다와 시바를 동시에 신봉했다.

955년부터 발리 왕조의 계보가 분명하게 드러나기 시작한다. 이 왕들은 왕호 뒤에 공히 '신의 보호를 받는 자'란 뜻인 '바르마데바' 또는 '바르마데비'란 독자적인 칭호를 사용했다. 스리 아그니 따바넨드라 바르마데바(재위 955~960)부터 스리 자나사드후 바르마데바(재위 975~984)까지 그들이 남긴 비문에서는 왕호 맨 앞에 '상 라뚜'라는 칭호를 썼으나, 스리 비자야 바르마데비(재위 984~989)부터 동부 자바 마따람과 유사하게 '스리 마하라자' 또는 '빠두까 하지'라는 칭호를 사용했다. 이를 통해 발리가 늦어도 10세기 말부터 동부 자바의 마따람과 교류하기 시작했음을 짐작할 수 있다.

'우다야나'라는 이름으로 더 잘 알려진 스리 다르모다야나 바르마데바(재위 989~1022)는 마따람의 왕 마꾸따반사바르다하나의 딸인 마헨드라다따와 결혼했다. 이때부터 동부 자바와 발리의 교류가 본격적으로 이뤄져 두 국가가 문화적으로 통합되는 양상을 보이기 시작했다. 이 시기에 발리 조정에서 자바어를 사용하기 시작하고, 자바와 유사한 군대체계 및 힌두교와 불교 교단 편제를 도입했다.

우다야나는 마따람 공주와 사이에 아이르랑가 · 마라까따 · 아낙 웅수, 세 아들을 두었다. 이들 모두는 탄생과 함께 동시에 발리와 자바의 왕자가 되었다. 장남인 아이르랑가는 1006년에 스리비자야의 공격을 받고 사망한 외삼촌 다르마왕사의 뒤를 이어 1010년 마따람왕국의 제위에 올랐다. 아이르랑가(재위 1010~1049)가 동부 자바에서 왕국 재건에 매진하는 사이, 1022년 우다야나가 사망하자 둘째인 마라까따가 왕위를 계승해 발리를 약 3년 동안 통치했다. 그리고 셋째 아낙 웅수(재위 1025~1079)가 그의 뒤를 이었다. 1049년 아이르랑가가 사망한 뒤에 비로소 아낙 웅수의 비문들이 발리에 등장한 점으로 보아, 아마 두 동생이 통치하던 시기에 아이르랑가가 발리에 대한 종주권을 행사했던 것으로 보인다.

1079년 아낙 웅수의 사망 후 발리에서 왕조가 교체되었다. 스리 마하라자 왈라쁘랍후(재위 1079~1088)가 새 왕조를 열었는데, 이 왕가 역시 동부 자바의 아이르랑가 왕가와 혼인 관계로 연결되었다. 이 왕조의 마지막 왕은 빠두까 빠라메스와라 스리 향 아디데왈란까나(재위 1260~1284)였다. 그의 재위 말기에 발리는 싱오사리의 정복 군주인 꺼르따나가라의 공격을 받고 점령당했다. 하지만 자바의 점령은 일시적이었고, 발리는 곧 그 영향권에서 벗어났다.

1343년 가자마다가 주도한 팽창 정책에 따라 마자빠힛의 군대가 발리를 침공했다. 이때 뻬젱의 달렘 베다훌루 왕과 그 가족 모두가 볼모로 자바에 잡혀갔고, 발리는 마자빠힛 왕실의 직할령이 되었다. 마자빠힛 왕자 하얌 우룩의 삼촌이며 웽꺼르의 왕자인 비자야라자사가 발리를 직접 통치했다. 이 시기에 발리의 수도가 뻬젱에서 겔겔로 옮겨졌고, 많은 자바 사람들이 발리로 이주했다.

하얌 우룩 사후 왕위 계승 다툼으로 마자빠힛이 잦은 내란에 휩싸인 틈을 타 겔겔은 마자빠힛의 영향권에서 벗어났다. 1527년 데막에 의해 마자빠힛이 멸망한 뒤, 겔겔은 중부 자바의 두 이슬람 왕국, 즉 16세기의 데막과 데막 멸망 후 17세기엔 마따람의 팽창 정책에 맞서 싸워야 했다. 이 시기에 이들 두 왕국에 의해 이슬람교가 인도네시아 전 군도로 확산되던 가운데, 발리가 힌두교를 굳건히 보전해 오늘날까지 이를 수 있었던 데는 다음 세 요인을 꼽을 수 있다.

첫째, 발리는 당시 말루꾸군도를 중심으로 활발하게 전개되고 있던 향료무역에서 벗어나 있었다. 즉 발리에서는 향료 같은 환금작물이 생산되지 않았기 때문에, 당시 동남아시아에서 상업적 이익을 추구하던 세력들, 특히 무슬림 상인들은 이 섬에 관심을 두지 않았다.

둘째, 마자빠힛이 쇠퇴의 길로 접어든 15세기 초부터 중부 자바에 막강한 이슬람 왕국 마따람이 건설된 16세기 후반까지 대략 한 세기 반 동안, 동부 자바는 정치적 혼란기였다. 이 시기에 자바의 많은 힌두 귀족과 브라만 사제들이 데막의 정복 술탄인 뜨렝가나의 개종 강요를 거부하고 동부 자바의 발람방안과 발리로 피신했다. 겔겔을 위시한 발리의 지배자들은 그들과 함께 힌두교에 기반을 둔 정치체제를 더욱 강화하며 이슬람교의 확산에 대비했다.

끝으로, 발람방안의 역할이 중요했다. 마따람의 공격에 대한 발리의 주요 방어선은 동부 자바의 마지막 힌두 왕국인 발람방안이었다. 발람방안은 중부 자바의 이슬람 왕국들과 발리 힌두 왕국 사이에 든든한 담

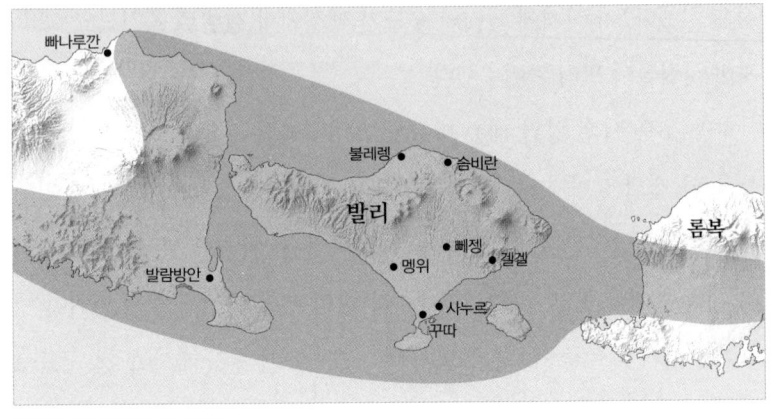

17세기 발리 겔겔왕국의 영향권

장 구실을 했다. 16세기에 발람방안은 데막의 집요한 파상 공세에도 함락되지 않은 채 힌두 세력으로 살아남았다.

데막의 쇠퇴를 틈타 17세기 초 마따람 이슬람 왕국이 중부 자바의 정치적 패권을 장악했다. 1613년 등위한 술탄 아궁(재위 1613~1646)은 적극적으로 팽창 정책을 펼쳤다. 1635년에서 1646년 사이에 겔겔은 발람방안에 대한 지배권을 놓고 마따람과 일진일퇴를 거듭했다. 1646년에 술탄 아궁이 사망한 뒤, 마따람은 바타비아의 네덜란드동인도회사(VOC)와의 경쟁에서 수세에 몰리면서 점차 발람방안과 발리를 이슬람화할 여력을 잃어갔다.

1650년에서 1670년 사이에 겔겔왕국은 피후견 세력들의 잦은 반란으로 말미암아 여러 군소 국가로 분열되었다. 17세기 말, 그들 중 북부의 불레렝, 동부의 끄룽꿍, 남부의 멩위가 대표적인 세력으로 부상했다.

이 무렵부터 18세기 말까지 한 세기 동안 발리의 군소 왕국들은 치열한 패권 경쟁을 벌였다. 발리의 왕국들이 이 경쟁에서 생존하고 나아가

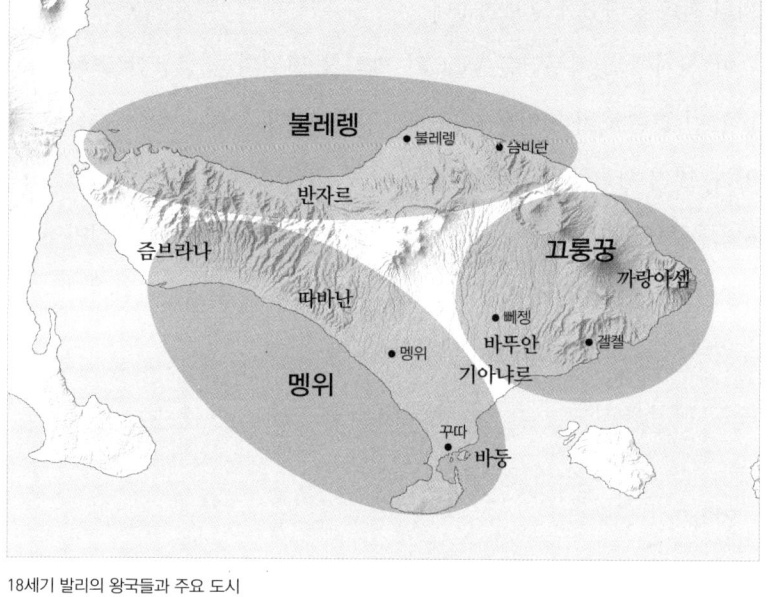

18세기 발리의 왕국들과 주요 도시

승리하기 위해 가장 중요했던 자금원은 노예무역이었다. 이 혼란기에 각 왕국은 저마다의 '빤지(주인master) 이야기'*를 만들어냈다. 빤지 이야기는 치열한 경쟁 속에서 왕위에 오르고 그 과정에서 아름다운 공주와 사랑에 빠지는 왕자들의 역경과 로맨스를 담은 일종의 무용담이다. 이들 이야기 속 왕자들은 전쟁의 승리와 낭만적인 심성으로 자신들을 영웅화하고 왕국의 결속을 다졌다. 이 같은 빤지 이야기는 당시 노예무역이 발리 왕국들의 생존과 직결된 제도로 기능하는 동안, 왕자들이 오랑라웃(바다 유목민)과 긴밀하게 유대하며 노예무역에 적극적으로 가담했을 뿐만 아니라, 이를 기반으로 전쟁에서 승리해 영웅으로 거듭나고 국

---

*   빤지 이야기Cerita Panji는 동부 자바의 끄디리왕국에서 유래했다고 알려져 있으나, 발리 · 말레이반도 · 캄보디아 · 태국 등 동남아시아 다른 지역에서도 각기 조금씩 다른 형태로 전승된다.

가의 결속을 다졌음을 보여준다.

이 시기에 노예무역은 VOC와 발리를 연결하는 중요한 고리였다. 1641년에 VOC가 장악한 멀라까가 말레이세계 노예 시장의 중심이 되었다. 발리 왕국들은 아편, 각종 사치품, 그리고 특히 전쟁을 위한 무기 구입을 위해 멀라까에 노예를 수출했다. 그 결과 식민지 시대 전야에 발리는 힌두문명을 지닌 이국적인 섬으로 여겨지는 동시에 야만적인 노예무역의 본고장이라는 오명을 쓰게 되었다.[12]

멀라까

1389년 하얌 우룩이 사망한 뒤 왕위 계승 문제로 마자빠힛에 내란이 발생했다. 이 혼란을 틈타 스리비자야의 왕자 빠라메스바라는 10~11세기의 전성기 재현을 목표로 마자빠힛의 영향권에서 이탈해 독자 노선을 추구했다. 그러나 그는 곧 마자빠힛의 공격을 받고 뜨마섹(지금의 싱가포르)으로 피신하게 되었다. 그 후 여러 곳을 전전하다가 결국 안착한 지역이 멀라까였다. 1403년 그는 이곳에 오늘날의 서부 말레이시아, 즉 단일한 말레이반도 정치공동체의 원형인 멀라까왕국을 건설했다.

멀라까는 전통시대 말레이세계에서 스리비자야를 계승한 대표적인 해상무역 왕국이었다. 그렇다면 멀라까가 흥기할 수 있었던 주요 이유는 무엇일까? 첫째로 멀라까의 지정학적 위치를 꼽을 수 있다. 말레이반도 서남쪽에 위치한 멀라까는 스리비자야와 마찬가지로 동서 바닷길을 연결하는 멀라까 · 순다 두 해협과 가까워 동서를 왕래하는 모든 선박을 통제할 수 있는 전략적 요충지였다.

다음으로는 반도 북부 아유타야의 위협에 대한 멀라까의 외교적인 노력을 들 수 있다. 《명사明史》 외국열전의 〈만랄가滿剌加〉 조에서는 1402년에 명나라 황제가 된 영락제가 그 이듬해 멀라까로 사절단을 파견했고, 빠라메스바라는 그에게 사신을 보내 화답했다고 전한다. 1405년 중국은 멀라까해협에서 극성을 부리던 중국 해적의 소굴을 소탕하고자 쳉호(정화鄭和)가 이끄는 함선 한 척을 보냈다. 쳉호의 방문을 계기로 중국이란 든든한 후견 세력을 얻은 멀라까는 아유타야의 위협에서 벗어날 수 있었다.

당시 말레이세계의 정세 변화도 멀라까의 번영에 크게 기여했다. 멀라까왕국이 수립될 무렵 마자빠힛은 쇠락의 길로 접어들었다. 자바의 해상 통제력이 느슨해진 틈을 이용해 멀라까를 포함한 다른 해상 세력들이 향료무역을 위해 자바와 말루꾸군도 사이를 자유롭게 왕래할 수 있게 되었다. 십자군전쟁(1096~1291)을 계기로 향료가 유럽인들에게 광범위하게 알려지기 시작한 뒤, 15세기부터 유럽에서 향료 수요가 폭발적으로 증가한 것도 막 개국한 멀라까의 교역에 유리하게 작용했다.

이슬람교의 유입도 멀라까의 흥기에 크게 기여했다. 15세기 이후 교역의 시대를 맞아 동서 바닷길을 빈번히 왕래하던 인도·아랍·페르시아의 무슬림 상인들이 같은 움마, 즉 형제애에 바탕을 둔 이슬람 공동체에 더 호감을 갖는 것은 당연했다. 따라서 말레이세계에서 해상무역을 지향한 통치자들은 그들과 교역하면서 자연스럽게 이슬람교를 받아들이고, 국부를 축적할 수 있었다. 빠라메스바라는 통치 말기에 개종해 '이스깐다르 샤'란 왕호로 이슬람 군주인 술탄이 되었다.

말레이반도의 천연 조건도 멀라까의 번영에 한몫했다. 각종 풍부한 수산 · 임산 · 농산 자원 외에 주석이 풍부하게 산출되었다. 말레이반도의 주석 생산이 서양에 본격적으로 알려진 것은 19세기이지만, 멀라까 왕국 시대에 이미 주석이 이 지역의 매우 중요한 산물로 알려져 있었다. 《명사》에서는 "사람들이 모두 주석 채취나 물고기 잡는 일을 업으로 삼고 있다"고 전한다.

무역 발전을 위한 멀라까 자체의 노력도 간과할 수 없다. 많은 무역상을 유치하려는 노력의 일환으로, 멀라까는 해로의 안전을 보장하기 위해 오랑 라웃과 후견인-피후견인 관계를 맺었다. 1512년부터 2년 반을 멀라까에서 보낸 토메 피르스의 《수마 오리엔탈》에 그러한 멀라까의 노력을 보여주는 내용이 있다. 빠라메스바라는 마자빠힛의 공격을 피해 스리비자야를 떠나, 오랑 라웃(바다 유목민) 30명을 이끌고 무아르와 버르땀, 두 곳에 마을을 세웠다. 그들은 처음에 이들 마을을, 자신들이 해상 약탈로 획득한 물건을 처분하는 시장으로 삼았다. 하지만 그들은 점차 무역상으로 활동 범위를 넓혀 멀라까해협 건너편의 수마뜨라섬, 그리고 그 위 벵골만灣 연안의 항시들과 무역 관계를 발전시켰다. 그들의 활동에 힘입어 빠라메스바라가 1403년 멀라까왕국을 개국했을 때, 이 지역은 스리비자야의 뒤를 이어 말레이세계에서 동서 무역을 연결하는 국제무역항의 입지를 마련할 수 있었다.

또한 멀라까는 교역 관련 법과 행정 체계를 효율적으로 구축했다. 3대 술탄인 무함마드 샤(재위 1424~1444) 재위기부터 5대 술탄인 무자파르 샤(재위 1446~1459) 재위기까지 거듭해서 개정 · 편찬된 《멀라까법전》*은

---

* 개정 · 편찬된 시기에 따라 《운당운당 멀라까》, 《리살랏 후꿈 까눈》, 《후꿈 까눈 멀라까》 등으로 다양하게 불린다.

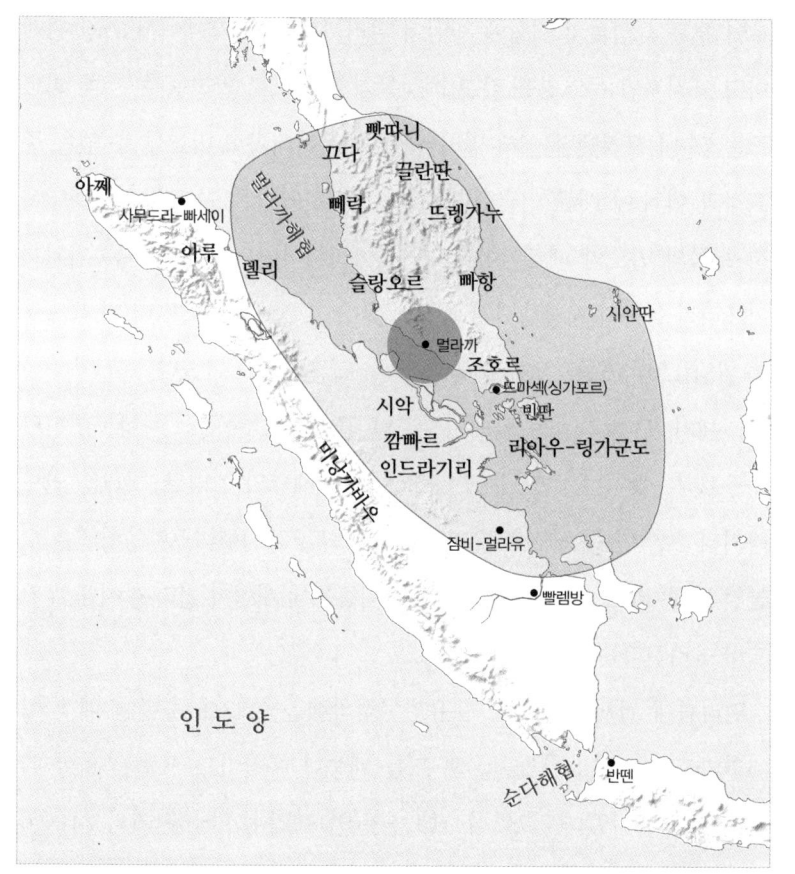

15세기 멀라까왕국의 영향권

해상 교역 활동에 관한 상세한 법령을 담고 있다. 세계 각지에서 온 무역 상들로 붐비던 국제도시 멀라까에는 상인뿐 아니라 노동자 · 기술자 · 종교인도 모여들었다. 멀라까 조정이 고안한 행정 체계에서 가장 돋보이는 것은 그들 각각의 외래 집단을 효과적으로 통제하는 방법이다. 각 집단을 비슷한 출신 지역별로 묶어 항구의 수장인 '샤반다르'가 통제했다. 통상 샤반다르를 4명 두었는데, 그중엔 인도인과 중국인도 있었다.

이 모든 요인들의 결합에 힘입어 멀라까는 당시 세계에서 가장 광대하고 조직적인 무역망을 갖춘 해상무역 왕국으로 발전했다. 토메 피르스는 《수마 오리엔탈》에서 멀라까의 '세상 어디와도 비교할 수 없는 중요성과 이익'에 대해 언급했다. 멀라까의 무역망은 인도네시아 전역에서 서쪽의 인도와 페르시아, 그리고 아라비아반도와 시리아를 거쳐서 아프리카 동부와 지중해까지 연결되었다. 그 장대한 연결고리가 북으로는 싸얌, 그리고 동으로는 중국·조선·일본까지 이어졌다.

15세기 말 멀라까는 말레이반도의 끌랑·브루아스·빠항·뜨렝가누·끄다·빳따니, 그리고 수마뜨라 동부 해안의 깜빠르·시악·인드라기리, 시안딴 등 광범위한 지역에 영향력을 행사했다. 이 영향권은 오늘날 말레이반도 전체를 포함하는 정치공동체 개념이 멀라까 시대로 거슬러 올라간다는 것을 보여준다.

멀라까에 언제 이슬람교가 유입·정착했을까? 2대 술탄인 메겟 이스깐다르 샤(재위 1414~1424)와 그를 계승한 무함마드 샤는 즉위할 때부터 무슬림이었다. 그러나 4대 술탄인 빠라메스와라 데와 샤(재위 1445~1446) 통치 기간에 힌두교도의 반란이 일어난 점으로 보아, 멀라까는 5대 술탄인 무자파르 샤 재위기에 이르러서야 이슬람교가 확고하게 정착했던 것으로 보인다.

대략 15세기 중엽에 멀라까에서 이슬람교가 학문적으로 크게 발전했다. 멀라까의 역사서 《스자라 멀라유》(1621)에서는 술탄이 빠세이의 저명한 무슬림 학자와 신학적 의문을 토론하도록 대표단을 파견했다고 전한다. 또한 술탄 만수르 샤(재위 1456~1477)는 빠세이의 이슬람 학자인 막흐둠 빠따깐에게 종교의 철학적 측면을 다룬 《다룰 만줌》을 말레이어로 번역해달라고 요청했다. 이 같은 사실을 통해 멀라까의 이슬람 학문이 기본적인 교리 학습 차원을 넘어서 발전했음을 알 수 있다.

말레이세계에서 동서 바닷길을 통해 가장 먼저 이슬람이 전파된 곳은 북부 수마뜨라의 아쩨 지역이었다. 그 후 점차 수마뜨라의 다른 지역으로 퍼져나가고, 이어 말레이반도로 전해졌다. 멀라까는 곧 말레이세계 이슬람의 중심지가 되었고, 여기서부터 자바 북부 해안 지역과 동부 인도네시아, 남부 필리핀을 포함한 군도 지역으로 이슬람교가 본격적으로 전파되었다. 1511년 포르투갈에 정복되기 전에 멀라까는 국제무역항이었을 뿐만 아니라 이슬람교 연구와 2차 전파의 중심지이기도 했다.

멀라까 시대에 말레이세계의 전통적인 정치 개념인 다울랏과 더르하까가 등장했다. '다울랏'은 경외스러운 왕의 권위를 의미한다. '더르하까'는 다울랏과 연관된 개념으로 '반역' 내지 '역모'를 뜻한다. 이러한 맥락에서 술탄의 권위에 도전하는 일은 곧 역모를 저지르는 것이었다. 멀라까의 영웅 항 뚜아는 "왕에게 더르하까를 저지르는 것은 신에게 죄를 짓는 것과 다르지 않다"고 했다.

멀라까 사회의 이러한 통념 때문에 백성과 관료가 술탄을 공개적으로 비난하는 것은 불가능했을지라도, 다울랏과 더르하까 개념이 술탄의 절대 왕권을 보장해주지는 못했던 것으로 보인다. 《스자라 멀라유》에 그러한 사실을 암시하는 다음 문구들이 등장한다. "백성을 위한 술탄, 술탄을 위한 백성Sultan untuk Rakyat, Rakyat untuk Sultan." "군주는 나무pohon와 같고, 백성은 그 뿌리akar와 같다. 나무는 뿌리 없이 올바로 지탱할 수 없다." "군주는 불api과 같고, 관료는 그 불을 타오르게 하는 장작kayu api과 같다." 이런 문구들은 군주와 백성, 군주와 관료 관계가 상호 보완적이

포르투갈령 인디아 총독 아폰수 알부케르크
(1453~1515) (포르투갈 국립고대미술관 소장)

라는 뜻을 나타낸다.

멀라까의 술탄이 대체로 종교에 헌신하는 동안, 주요 국사는 븐다하라가 주재하는 회의체mesyuwarat bicara에서 만장일치mufakat로 결정되었다. 재상인 '븐다하라'는 술탄의 으뜸 조언자였다. '락사마나'는 오늘날의 해군 제독에 해당한다. 하지만 멀라까의 락사마나는 분명 그 이상의 직책이었다. 예컨대 락사마나 항 뚜아는 바다뿐 아니라 육지까지 총괄하던 군사령관이었다. '뜨멍궁'은 오늘날의 경찰총장 같은 직책으로, 왕국의 치안을 담당했다. 샤반다르는 오늘날의 항만청장과 유사했다.

멀라까는 말레이세계의 역사에서 차지하는 중요성에 비해 단명했다. 개국한 지 한 세기가 조금 지난 1511년, 아폰수 알부케르크가 지휘하는 포르투갈 군대에 점령당했다. 동남아시아 역사에서 1511년은 매우 중요한 해다. 이해를 시작으로 서양인들이 동남아시아에 본격적으로 진출했고, 그 첫걸음이 멀라까였기 때문이다. 이후 멀라까의 전통은 말레이반도 남부의 조호르왕국이 이어갔다.[13]

조호르

1511년 멀라까가 포르투갈에 점령당한 뒤, 이 왕국을 계승한 것은 포르투갈령 멀라까가 아니라 말레이반도 남부의 조호르왕국이라 할 수 있다. 조호르는 식민지 시대 전야까지 약 3세기 동안 멀라까의 전통을 계승·발전시켰으며, 조호르의 궤적이 말레이인 삶의 변천을 대변한다는 점에서 말레이시아 역사에 중요한 비중을 차지한다.

조호르의 역사는 1511년 술탄 마흐무드(재위 1488~1530)가 포르투갈에 의해 멀라까에서 축출되면서 시작되었다. 싱가포르 남동쪽에 위치한 빈딴섬에서 권토중래를 염원하던 마흐무드가 1530년 사망하자, 그의 아들인 알라우딘 리아얏 샤가 1530~1536년 조호르강 상류에 위치한 쁘깐 뚜아에 새 수도를 건설하고, 조호르의 초대 왕이 되었다.

조호르는 16~17세기에 강력한 왕국으로 성장한 아쩨, 그리고 포르투갈령 멀라까와 멀라까해협의 제해권을 놓고 치열한 경쟁을 벌였다. 이 다툼은 네덜란드동인도회사(VOC)가 조호르와 연합해 1641년 1월 멀라까에서 포르투갈을 몰아낼 때까지 100여 년 동안 지속되었다.

17세기 중반 포르투갈 세력이 멀라까해협에서 모습을 감춘 시기에 아쩨의 정복 군주인 술탄 이스깐다르 무다가 사망했다. 그 후 이 지역에서 아쩨의 영향력이 점차 감소하기 시작했고, 이 지역의 새 강자가 된 VOC는 정치·종교보다 무역 활동에 치중하면서 말레이 세력들과 분쟁을 최소화하려 노력했다. 그 결과 멀라까해협과 그 주변 지역에 긴 평화가 도래했다.

이러한 가운데 조호르는 왕위 계승 문제로 내분에 휩싸였다. 1699년

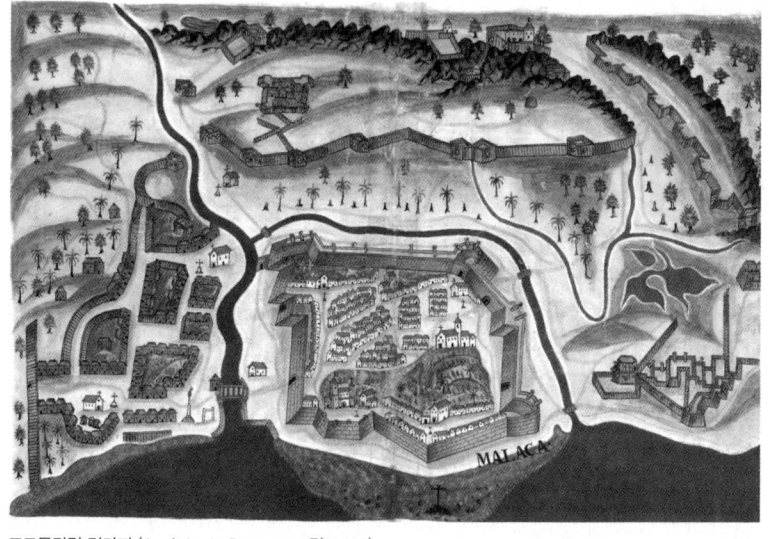

포르투갈령 멀라까 (António de Bocarro 그림, 1635)

에 술탄 마흐무드 2세(재위 1685~1699)가 사망한 뒤, 조호르의 통치권은 술탄 압둘 자릴 샤 2세(재위 1699~1718)란 칭호로 왕위에 오른 븐다하라의 수중에 넘어갔다. 이때 조호르의 내정에 외부 세력인 수마뜨라의 미낭까바우 세력과 술라웨시의 부기스 세력이 개입하면서 정세가 복잡하게 전개되었다.

1718년, 술탄 마흐무드 2세의 유복자를 자처한 미낭까바우의 왕자 라자 끄찔(재위 1718~1722)이 조호르를 기습 공격해 압둘 자릴 샤 2세를 제압하는 데 성공했다. 이 사건은 부기스 세력이 조호르의 내정에 개입할 수 있는 기회를 제공했다. 왕위를 찬탈당한 압둘 자릴 샤 2세는 미낭까바우세력에 대항하기 위해 모험적이고 용맹하기로 유명한 '부기스 5형제'에게 도움을 요청했다. 부기스 5형제는 압둘 자릴 샤 2세를 돕는 조건으로 왕위 복권에 성공할 경우 그 대가로 부왕vice-king의 지위를 달라고 요구했다. 그리고 부기스 5형제는 라자 끄찔을 제압한 뒤, 압둘 자릴 샤 2세와 '말레이인과 부기스인 간의 충성 규약'을 체결했다.

이후 부기스 세력은 말레이 세력에게 조호르 술탄의 지위를 보장했지만, 말레이 세력은 많은 대가를 치러야 했다. 이때부터 조호르에서 부기스 세력이 실권을 행사했고, 말레이 통치자의 권력은 명목상의 것에 불과했다.

부기스 세력이 왕국의 수도를 리아우군도로 옮긴 것은 선견지명이 있는 선택이었다. 말레이반도 남쪽 믈라까해협의 관문에 위치한 리아우군도는, 중국과 인도를 포함한 동서 세계와 도서 동남아시아를 연결하는 위치에 있었다. 이와 같은 자연 조건과 타고난 무역상 기질과 함께 풍부한 항해 경험을 바탕으로, 부기스 세력은 교역에서 크게 성공할 수 있었다.

벵골 · 인도 · 유럽 · 중국 · 태국 · 말레이군도 등 도처의 무역상이 리아우군도의 항구에 모여들었다. 중국에서 비단과 도자기, 인도에서는 아편과 의류, 필리핀에서 금과 은, 유럽에서 화약 · 무기, 그리고 말레이군도에서는 향신료와 갖가지 토산품이 흘러들었다. 리아우군도에서 생산되는 중요한 산품은 부기스인이 들여온 것으로 전해지는 빈랑고*였다. 농장이 개간되면서 외부인들, 특히 중국인들이 많이 들어와서 빈랑고 농장의 노동자로 종사했다.

18세기 조호르 왕실의 번영과 명성은 15세기 믈라까 시대를 능가할 정도였다. 조호르왕국은 경제적으로 융성했을 뿐 아니라 국제정치적 위세도 당당했다. 이 시기에 동부 수마뜨라의 시악 · 깜빠르 · 인드라기리,

---

* 종려나무의 일종인 빈랑의 씨앗으로, 말레이세계를 비롯해 동남아시아 열대 지방에서는 빈랑고 절편을 베틀후추 잎에 싸서 껌처럼 씹는 관습이 있다.

16~18세기 조호르왕국의 영향권

말레이반도의 빠항 · 슬랑오르, 그리고 링가군도가 조호르의 영향력 아
래 있었다.

하지만 조호르의 번영은 오래가지 못했다. 전적으로 부기스 세력에 의
존했기 때문에, 그들의 쇠퇴는 왕국의 멸망으로 이어질 수밖에 없었다.
부기스 세력은 말레이 세력과 VOC에게 공히 두려움의 대상이었다. 비록
부기스 세력이 말레이인의 권력을 완전히 찬탈하려고 시도하지는 않았
다 할지라도, 그들의 개입은 분명 말레이인의 통치권에 대한 위협이었다.
VOC 역시 경제적으로 부기스 세력과 경쟁하는 것을 부담스러워했다.

18세기 중반에 VOC는 막강한 부기스 세력이 이끄는 조호르와 전쟁
을 치렀다. 조호르에는 멀라까의 항 뚜아에 견줄 만한 전설적인 영웅 라

자 하지*가 있었다. 1790년대에 그가 죽고 나서야 비로소 VOC는 조호르를 제압할 수 있었다. 부기스 세력의 지원을 잃은 말레이 세력은 현격히 쇠약해졌다. 사실상 그들은 유럽인들의 공격에 직면한 조호르에게 방어와 저항의 마지막 보루였던 것이다.

1824년 조호르왕국은 영국과 네덜란드가 체결한 조약에 의해 둘로 갈라졌다. 즉 조호르와 싱가포르는 영국, 그리고 리아우-링가군도는 네덜란드의 식민지가 되어, 오늘날 각각 말레이시아와 인도네시아 영토로 재편되었다.

동부 인도네시아군도에 위치한 술라웨시의 부기스인이 조호르를 통해, 멀라까에서 시작된 말레이 전통의 연속성 유지에 기여했다는 것은 말레이시아 역사의 한 아이러니다. 또한 부기스 세력은 멀라까해협에서 VOC의 팽창 정책을 강력히 견제하며 말레이반도 내륙까지 VOC가 침입하지 못하도록 저지하는 방패 구실을 했다.

조호르는 당시 말레이세계에 관한 중요한 문헌들을 남겼다. 19세기 중엽에 쓰인 역사책 《진귀한 선물》**과 《말레이와 부기스 왕들의 계보》에서는 당시 조호르-리아우군도를 중심으로 전개된 말레이세계의 세력 경쟁에 관한 이야기들을 전해준다.[14]

---

* 라자 하지는 조호르왕국의 수호자인 부기스 전사로 용맹과 지략이 뛰어났다. 1511년 포르투갈이 멀라까를 침공했을 때 아폰수 알부케르크가 이끄는 군대에 대적했던 전설적인 말레이 전사 항 뚜아Hang Tuah와 종종 비교되는 인물이다.

** 19세기 중엽에 라자 하지 아흐맛Raja Haji Ahmad과 그의 아들인 라자 알리 하지Raja Ali Haji가 대를 이어 완성한 이 역사서의 원제목은 《투팟 알 나피스Tufat al-Nafis(The Precious Gift)》다. 이 문헌은 서구 세력의 도래 이전과 이후 조호르왕국의 문화, 위상, 상업 발전에 대해 상세한 정보를 제공하며, 멀라까왕국의 역사를 다룬 《스자라 멀라유》와 함께 말레이세계의 귀중한 역사 자료로 꼽힌다.

아쩨

수마뜨라섬 북단에 위치한 아쩨는 전통시대에 인도네시아군도의 다른 왕국들과 여러 면에서 다른 역사를 경험했다. 아쩨는 동서 세계를 해로로 연결하는 멀라까해협 어귀에 위치해서, 군도의 다른 지역과 비교해 이슬람교의 영향을 직접 더 강하게 받았다. 아쩨는 아랍세계로 떠나는 순례자들이 머무는 마지막 항구였을 뿐 아니라 인도네시아군도로 온 무슬림 학자들과 선교사들이 처음으로 경유하는 곳이었기에 '메카의 베란다serambi Mecca'라 불리기도 했다. 아쩨는 말레이반도와 인접한 까닭에 16~17세기 말레이반도의 역사에도 깊숙이 관여했다.

1511년 포르투갈이 멀라까를 점령하자, 말레이세계의 무슬림 상인 대부분이 북부 수마뜨라의 사무드라-빠세이를 무역 거점으로 삼았다. 1523년 포르투갈의 공격으로 사무드라-빠세이가 위협을 받자 그들은 더 안전한 거점을 찾아야만 했고, 사무드라-빠세이보다 더 북쪽에 위치한 아쩨가 대안으로 떠올랐다. 이러한 변화에 힘입어 아쩨는 곧 많은 상인이 모여드는 동서 해상무역의 중심지로 급부상했다.

16세기 초 유럽 상업 세력이 등장하자, 말레이세계의 사람과 자원을 무력으로 통제하려는 현지 왕국들 간의 경쟁이 격해졌다. 따라서 만달라 체제의 후견인-피후견인 관계가 지배-피지배 관계로 바뀌는 양상이 나타났다. 이 무렵 대표적인 지배 세력으로 등장한 것이 아쩨였다. 아쩨의 팽창 정책은 술탄 이스깐다르 무다(재위 1607~1636) 시대에 정점에 달했다.

자바의 술탄 아궁과 비교되는 아쩨의 정복 군주인 이스깐다르 술탄은

16~17세기 아쩨왕국의 영향권

이전에 말레이세계가 경험해본 적이 없던 엄청난 무력으로 주변 세력들을 제압하고 지배했다. 그는 1612년 아루를 점령하고, 그 이듬해에 조호르의 수도를 함락했다. 1619년 끄다도 아쩨에 예속되어 거의 궤멸했다. 당시 이 지역을 방문했던 한 프랑스인의 기록에 따르면, 후추 농장은 황폐해지고 살아남은 주민 2만 2000명이 아쩨로 끌려갔는데, 그들 중 대부분이 아쩨에서 아사했다. 한동안 독립적인 위치에 머물렀던 뻬락도 1620년에 다시 점령되었다.

하지만 포르투갈령 멀라까는 달랐다. 이스깐다르가 여러 차례 집요한 공격을 퍼부었지만 멀라까 요새는 쉽게 함락되지 않았다. 1629년 이스깐다르는 다시 강력한 함대를 파견했다. 아쩨 군대에 포위된 멀라까의 병영은 필사적으로 저항했고, 포루투갈의 아시아 본거지인 서부 인도 고아에서 원군이 온 덕분에 겨우 살아남았다. 이것이 멀라까에 대한 아쩨의 마지막 원정이었다. 그 후 아쩨의 국운은 쇠퇴의 길로 접어들었다. 아쩨의 멀라까 공격이 거듭 실패한 가장 중요한 이유 중 하나는 아쩨와 조호르 간의 불화였다. 포르투갈은 이러한 두 왕국 간의 관계를 적절히 이용해서 작은 요새에서 130년 동안 생존할 수 있었다.

아쩨와 포르투갈의 대립은 종교적 양상을 띠었다. 적극적으로 이슬람교를 전파하고 무슬림 상인들을 배려한 덕분에 아쩨의 항시들은 많은 무역량을 유치해 큰 이익을 얻을 수 있었다. 아쩨는 무슬림 연합을 꾀하면서 포르투갈의 독점 무역에서 무슬림 상인을 보호하는 역할을 맡았다. 이러한 성격은 해외 동맹 관계에도 반영되었다. 아쩨는 벵골·오스만튀르크 등 이슬람권과 긴밀한 관계를 유지했다. 1564년 아쩨는 오스만튀르크에 사절단을 보내 보호국이 되어달라고 요청했다. 이에 오스만튀르크가 용병 400명을 파견했고, 1568년 이들을 포함한 아쩨-오스만튀르크 동맹군 약 2500명이 멀라까에 대대적인 공격을 감행했다.

그러나 1641년 VOC의 멀라까 점령과 함께 말레이세계에서 아쩨의 정복 시대는 완전히 막을 내렸다. 멀라까의 멸망으로 시작된 아쩨의 번영이 멀라까의 두 번째 함락과 함께 사그라진 것은 역사의 아이러니라 아니할 수 없다. VOC의 영향력이 점차 증대하면서 이 지역의 정치·상업 양상에 또 다른 변화가 일어났다. 그러나 아쩨는 이제 주위의 변화를 이용할 수 있는 경쟁력을 상실하고 말았다.

쇠퇴기에 접어든 아쩨는 오랫동안 내부 갈등을 겪으며 영향권이 현격히 축소되었고, 북부 수마뜨라 지역에서 겨우 명맥을 유지했다. 1641년부터 1699년까지 여왕 4명이 통치를 이어갔고, 1699년부터 1838년까지 술탄 11명이 그 뒤를 이었다. 술탄 3명은 아랍인이었고(1699~1726), 1726년엔 한 해에 말레이 술탄 2명이 등장했다. 그 뒤를 이어 부기스인 술탄 6명이 군소 왕국으로 전락한 아쩨를 잇따라 통치했다(1727~1838).[15]

브루나이

브루나이의 초기 역사에 관해 알려진 것은 그다지 많지 않다. 《신당서 新唐書》의 630년 조목에 '폴리Poli(발니渤泥)'라는 지역의 기후와 금, 진주 등 토산품, (과거 보르네오에서 사용되었던) 원반형 칼, 풍습이 소개되어 있다. 브루나이 역사학자인 로버트 니콜Robert Nicholl은 이 내용을 바탕으로 폴리가 북서 보르네오의 브루나이만灣에 위치했던 초기 국가일 것으로 본다. 그리고 950년 쓰인 아랍 문헌 《아집 알힌디(경이로운 인도)》에 '스리부자Sribuza'라는 지명이 등장한다. 이는 당시 수마뜨라 빨렘방에서 번성하던 '스리비자야Srivijaya'로 음역되지만, 로버트 니콜에 따르면 이 문헌이 당시 브루나이 대표적인 토산품인 캄포*를 언급한 점으로 보아, 스리부자는 빨렘방의 스리비자야가 아니라 7세기 중 첸라에 의해 멸망한 푸

---

* 녹나무에서 추출되는 장뇌樟腦로, 향신료·방부제·약재·방향제로 사용되었다. 오늘날 녹나무는 항균 도마를 만드는 재료로 쓰이기도 한다.

난의 말라요- 폴리네시아 인종집단 유민들이 브루나이만에 세운 국가일 가능성이 높다.

이 밖에 고고학적 발굴 결과도 고대에 브루나이만에 무역 왕국이 존재했음을 보여준다. 서기 750년 초의 것으로 추정되는 중국 도자기 조각들과 동전들이 오늘날 브루나이의 수도인 반다르 스리 브가완 인근 뜨루산 꾸빵에서 발견되었다. 이런 자료들을 토대로 브루나이의 초기 국가가 늦어도 8세기 중엽 이전에 성립했다는 결론을 내릴 수 있다.

9세기 초 브루나이는 스리비자야의 영향권에 편입되었고, 스리비자야가 따와란(지금의 사바 뚜아란)의 캄포 무역을 통제했다. 이때부터 약 150년 동안 스리비자야의 통제로 중국과 브루나이의 직접 무역은 완전히 차단되었다. 10세기 말에서 11세기 초 사이에 스리비자야가 동부 자바 마따람과 남부 인도의 촐라 왕국을 상대로 전쟁을 벌이던 틈을 타, 브루나이는 스리비자야의 영향권에 벗어나 중국과 무역을 재개했다. 브루나이는 977년과 1082년 두 차례 중국 황제에게 조공 사절단을 파견했다.

아랍인들은 브루나이를 '무자'라고 불렀다. 1154년의 아랍 문헌에 "무자는 세계 최고의 캄포 생산지이며, 이 지역 사람들은 뺑이란*이 이끄는 해적행위**에 가담한다"는 기록이 있다. 1365년 쓰인 마자빠힛의 《나가라꺼르따가마》에 조공국 중 하나로 '브루넹'이 등장한다. 당시에 중국인과 아랍인은 브루나이를 각각 포니(또는 폴리)와 무자로 불렀지만,

---

* 왕족의 남자 즉 왕자에게 붙이는 칭호로서 자바의 '빵에란pangeran'에 해당한다.
** 전통시대 말레이세계 오랑 라웃(바다 유목민)의 해상 약탈 행위는 왕족이나 귀족들과 맺은 후견인-피후견인 관계 아래서 벌어지면 적법한. 심지어 영예로운 행위로 여겨지고, 반면 제도권 밖에서 이뤄지면 불법적인 뻐롬빡 perompak(해적)으로 간주되었다. 따라서 전통 말레이세계 오랑 라웃 집단의 해상 약탈에 대한 개념은 16세기부터 말레이세계에 등장한, 주로 경제적 동인에 의한 유럽식 해적행위piracy와는 달랐기에, 이 같은 현지 현상을 연구할 때 서구 개념을 무분별하게 적용하는 것은 오리엔탈리즘으로 비판받을 소지가 있다.

말레이세계에서는 '브루넹'*으로 칭했다.

1405년 브루나이 왕 마하라자 까르나가 명나라에 조공 사절단을 보냈다. 3년 뒤 그는 자신의 부인·자녀들·동생들을 포함해 무려 150명에 이르는, 전례가 드문 대규모 사절단을 이끌고 중국을 방문했다. 그의 목적은 마자빠힛으로부터 완전히 독립을 확보해 중국과 무역을 재개하는 것이었으리라 추측된다. 하지만 까르나는 중국에 도착한 지 한 달 만에 사망했다. 이때 중국 황제였던 영락제(재위 1402~1424)는 브루나이 왕을 위해 사원과 특별한 왕릉을 건설하도록 했다. 왕릉으로 향하는 길 양쪽에 실물 크기의 3분의 1 정도 되는 사람과 동물 석상들이 일렬로 세워졌다. 이 왕릉은 1958년 난징南京박물관 연구자들에게 발견되어 새롭게 정비되었다. 왕릉의 웅장한 규모는 당시에 중국인들이 브루나이를 얼마나 중시했는지 보여준다.

13세기 말부터 도서 동남아시아에 유입되기 시작한 이슬람이 브루나이에는 언제 전파되었을까? 이에 관한 단편적인 기록들이 소수 존재한다. 하지만 여기에 거론된 시기들이 큰 차이를 보이거나 서로 상충하기 때문에 명확한 전파 시기를 알기가 쉽지 않다.

14세기에 편찬된 브루나이 왕실의 족보이자 연대기《실실라》에 따르면, 아왕 알락 브따따르가 이슬람으로 개종해 말레이반도의 조호르 공주와 결혼하고, 무함마드(재위 1364~1402)라는 이름으로 브루나이의 초대 술탄이 되었다. 영국의 식민지 행정 관료였던 토머스 스탬퍼드 래플스가 쓴《자바 역사》에서는 브루나이 3대 술탄인 라자 체르민이 1400년

---

* '브루넹', '보르네오', 그리고 '브루나이'란 명칭은 공히 산스크리트어로 '뱃사람'을 뜻하는 '바루아'에서 유래했다는 설이 있다.

대 초에 마자빠힛의 왕을 방문해 이슬람으로 개종할 것을 권유했다고 전한다. 한편 1408년 까르나의 방문을 기록한 중국 문헌들에서는 브루나이 왕의 중국 방문이 분명 큰 관심거리였음에도 그가 무슬림이라는 언급이 전혀 없다. 한편 멀라까의 포르투갈인들은 1515년에 브루나이 상인들에게서 자신들의 왕이 최근 이슬람으로 개종했다고 전해 들었다.

이들 기록에 나타난 시기 차이는 마젤란 원정대의 기록관인 안토니오 피가페타의 1521년 기록으로 어느 정도 설명이 가능하다. 안토니오 피가페타는 다음과 같은 기록을 남겼다. "브루나이만 위에 이교도의 도시가 있는데, 이는 무슬림의 것보다 더 컸고, 두 집단의 사람들은 같은 항구에서 매일 접촉하며 살아간다. 이교도 왕은 무슬림 왕만큼 강하지만, 그다지 배타적이지 않아 기독교로 쉽게 개종될 수 있을 것으로 보인다."

13세기 말 도서부 동남아시아에 전파되기 시작한 이슬람은 주로 해상 무역이 활발한 항시들을 중심으로 약 3세기에 걸쳐 서에서 동으로 확산되었다. 이러한 점진적인 과정과 피가페타의 기록을 고려할 때, 브루나이만과 그 배후 지역엔 크고 작은 여러 공국이 있었고, 그들은 1364년 아왕 알락 브따따르를 시작으로 시차를 두고 이슬람교를 받아들였을 가능성이 크며, 그 결과 대략 16세기 중에 이 지역 대부분이 이슬람권으로 전환했던 것으로 정리할 수 있다.

1511년 포르투갈의 멀라까 점령은 말레이세계의 무슬림 무역망에 일대 변화를 초래했다. 무슬림 상인들은 이 해상무역 왕국을 대신할 수 있는 무역 거점을 새로 찾아야 했고, 이에 북부 수마뜨라의 아쩨, 남부 말레이반도의 조호르, 그리고 남중국해를 면하고 있는 브루나이가 반사이익을 거두어 무슬림 상인들의 새 무역 거점 중 하나로 부상했다.

이러한 정치·경제적 변동에 힘입어 브루나이는 대략 17세기 중엽까지 약 한 세기 반 동안 전성기를 구가했다. 피가페타의 기록에 따르면 브루나이만의 '수상도시Water City'에서 약 5000채에 이르는 가옥이 물가에 밀집해 있었고, 육지에 자리한 왕궁은 나무로 된 성벽으로 둘러싸여 있었다. 그 성벽은 당시 말레이세계에서 가장 성능이 뛰어난 대포 62문으로 무장하고 있었다. 더욱이 왕국은 전함 수백 척을 보유하고 있을 정도로 막강했다. 도처에서 상인들이 빈번하게 드나들었고, 무역을 관장하는 관료인 샤반다르는 비단 복장과 고급 보석으로 장식된 호신용 단검 끄리스로 화려하고 세련된 위용을 뽐냈다. 16세기 전반 브루나이는 오늘날 남부 필리핀의 술루군도에 종주권을 행사하면서 그 지역에서 고급 진주를 상당량 확보했다.

9대 술탄 무함마드 하산(재위 1582~1597)과 10대 술탄 압둘 잘릴룰 악바르(재위 1597~1659)가 브루나이왕국의 최전성기를 이끌었다. 무함마드 하산 재위 중에 술루군도에 대한 종주권을 재확인하고, 아쩨와도 외교 관계를 맺었다. 이때 브루나이는 아쩨의 행정 편제를 따라서 조정의 최고위 관직을 둘에서 넷으로 늘렸다. 이전에는 재상 격인 '뻥이란 븐다하라'와 경찰청장 격인 '뻥이란 뜨멍궁'이 내륙과 바다의 제반 업무를 총괄했는데, 여기에 재정과 조정 업무를 총괄하는 '뻥이란 디가동'과 의전을 책임지는 '뻥이란 뻐만짜'가 추가되었다. 술탄 압둘 잘릴룰 악바르는 60년 넘게 재위했는데, 브루나이 역사상 보기 드문 긴 통치 기간이 암시하듯 이 시기에 브루나이는 왕권의 안정과 함께 번영을 구가했다.

1661년 브루나이는 심각한 내란을 기점으로 쇠퇴의 길로 접어들었다. 《실실라》에 따르면 술탄 무함마드 알리(재위 1660~1661)의 아들이 븐다

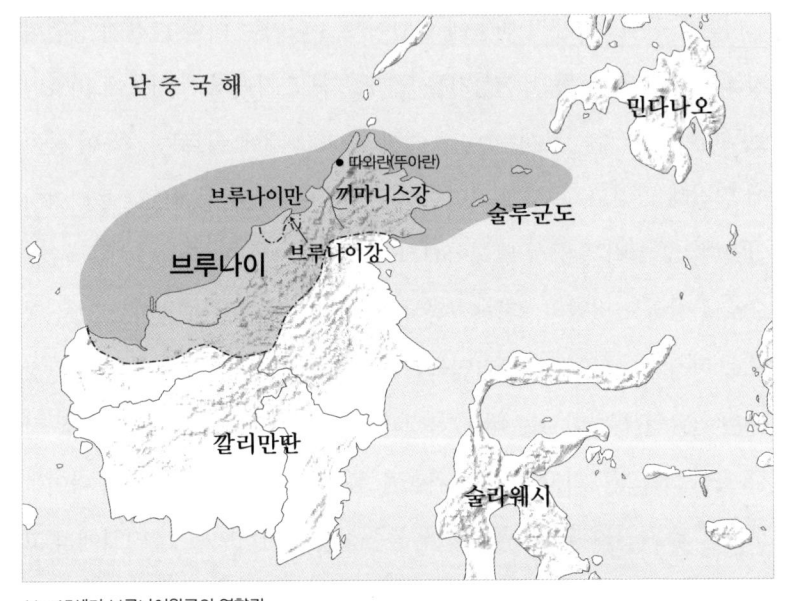

16~17세기 브루나이왕국의 영향권

하라의 아들을 살해한 사건을 계기로 1661년에 내란이 발생했다. 븐다하라는 아들에 대한 복수로 무함마드 알리 술탄을 살해하고, 자신이 압둘 무빈이란 이름으로 술탄에 등극했다(재위 1661~1673). 압둘 무빈 술탄은 유화책으로 전임 술탄의 조카인 무히딘을 븐다하라로 임명했지만, 무히딘은 삼촌의 복수를 결심하고 12년간 긴 내전을 벌인 끝에 승리를 거두어 새 술탄(재위 1673~1690)이 되었다.

이 내전은 브루나이의 국력에 큰 타격을 주었다. 이 무렵 술루군도에 대한 영향력을 상실했고, 게다가 술루 술탄은 브루나이 내전에서 무히딘을 도운 대가로 보르네오 동북부 지역 일부를 양도하라고 요구했다. 그 결과 1704년 끼마니스강 일대(지금의 사바 지역)가 술루왕국에 할양되었으며, 이 양도는 훗날 국제적인 영유권 분쟁의 불씨가 되었다.

국력 상실은 지배 영역 축소에 그치지 않았다. 브루나이가 중요한 해상무역로를 통제하려면 반드시 오랑 라웃(바다 유목민)과 손잡아야 했다. 《실실라》에 따르면 오랑 라웃, 특히 술루군도의 바자우 집단은 브루나이 귀족들에게 대대로 상속되는 '재산'으로 여겨졌다. 하지만 내란을 기점으로 1700년대 중반까지 바자우 집단의 상당수가 '소유주'의 통제에서 벗어났다.

게다가 네덜란드와 스페인 등 유럽 중상주의 세력들의 독점 무역으로 브루나이 귀족들과 오랑 라웃 간의 경제적 분배를 바탕으로 한 전통적 후견인-피후견인 관계가 거의 와해되면서, 생계 수단을 잃은 오랑 라웃 집단이 '해적'으로 돌변하는 사태가 흔하게 발생했다. 유럽인들의 무역 지배에 대항해 브루나이의 어떤 통치자들은 해적을 지원하거나 최소한 그들의 활동을 묵인하기도 했다. 그 결과 브루나이만[灣]은 해적이 들끓는 위험한 해역이 되어, 유럽인 항해자들 사이에 '브루나이강 상류로 올라가면 분명히 죽는다'는 말이 있을 정도였다. 그 결과 1800년, 600톤 규모 물량을 선적할 수 있는 브루나이 항구의 활동이 뜸해졌고, 1830년대에 이르러서는 무역항의 기능을 완전히 상실하게 되었다.[16]

필리핀

포르투갈이 멀라까를 점령한 뒤 10년이 지난 1521년, 마젤란 일행이 비사야스군도의 세부섬에 도착했다. 하지만 스페인이 본격적으로 필리핀군도에 진출한 것은 1565년 레가스피가 지휘하는 원정대가 루손섬에 상륙하면서부터였다.

당시 이슬람 술탄 왕국인 술루가 지배하던 남부 필리핀과 달리, 북부 필리핀에는 외부 세력의 침투에 조직적으로 대항할 만한 국가체제가 아직 형성되지 않았다. 따라서 스페인은 이 지역에 용이하게 침투할 수 있었으며, 이곳에서 다른 유럽 세력들보다 250~300년 앞선 16세기 후반에 식민지 국가를 건설하는 데 성공했다.

북부 필리핀을 스페인의 대제국에 통합하려면 총독이 주재하는 강력한 중앙집권적 정부를 수립할 필요가 있었다. 스페인은 입법 · 행정 · 사법 제반의 통치권을 가진 인도제도위원회*를 통해 필리핀을 지배했는데, 이 기관에 전달된 국왕의 칙서를 받아서 총독이 전권을 갖고 집행했다.

남아메리카에서와 마찬가지로 필리핀에서도 스페인 식민지배의 지방 행정단위는 '엥코미엔다'였고, 엥코미엔다의 수장은 '엥코미엔데로'였다.**

엥코미엔다는 그 아래 주州인 '알카디아'로 나뉘고, 주는 다시 '푸에블로'라는 읍邑으로 나뉘며, 그 아래 말단 행정단위로 '바랑가이' 또는 '바리오'라고 부르는 촌락이 있었다. 알카디아, 푸에블로, 바랑가이는 각각 알칼데(주지사), 고베르나도르시요(읍장), 카베사 데 바랑가이(촌장)의 관할 아래 있었다. 알카디아에 대해 스페인은 두 가지 지배 방식을 취했다. 평화가 정착한 지역에는 알칼데마요르(민정 주지사)를 두고, 아직 저항 세력이 존재하거나 군사적으로 중요한 지역에는 코레히도르(군정 주지사)를 임명했다.

---

* 당시 유럽에서는 도서 동남아시아를 '동인도East Indies'라 칭했다.
** 원래 스페인 국왕이 스페인에서 이주한 사람들 즉 페닌술라레스에게 지역 원주민을 '위탁'하는 제도로, '신탁'을 뜻하는 스페인어 encomendar에서 유래했다. 지역 원주민을 위탁받은 특정인을 엥코미엔데로라 칭했으며, 엥코미엔데로는 지역 원주민을 징발해 노역을 시킬 권리를 갖는 한편, 그들을 가톨릭교로 개종시킬 의무를 부여받았다.

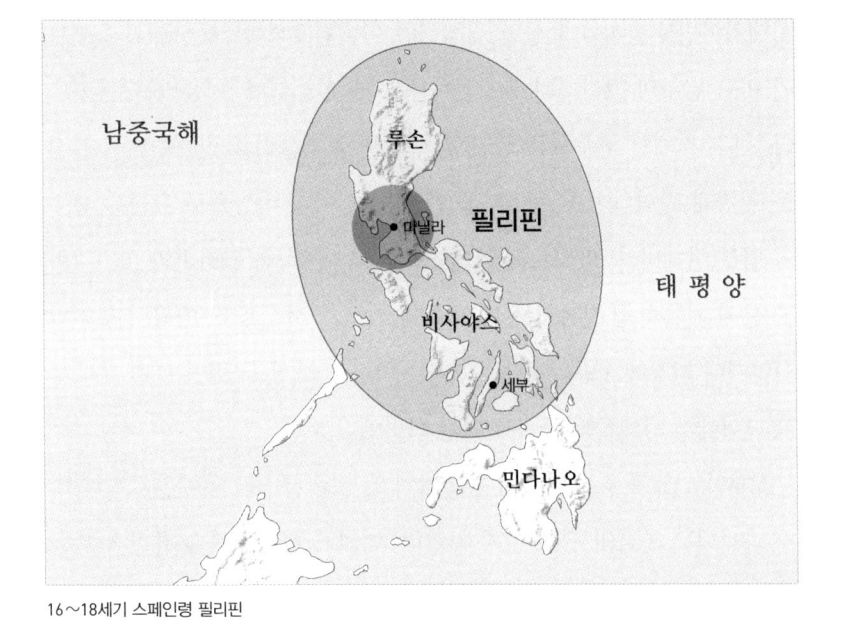

16~18세기 스페인령 필리핀

스페인 역시 포르투갈과 마찬가지로 동방으로 진출해 획득하고자 한 것은 3G(Gold · God · Glory)였다. 1543년 당시 왕자였던 스페인 왕 펠리페 2세(재위 1556~1598)의 이름을 따 점령 지역을 'Filipinas(필리핀)'라 명명한 것으로 왕의 영예는 충분히 실현되었다고 볼 수 있다.

기독교 복음 전파에 관한 한 스페인은 필리핀을 300여 년 지배한 결과 인구 수천만 명의 기독교 국가로 만들었으니, 포르투갈 · 네덜란드 · 영국 등 다른 경쟁국들에 비교할 수 없을 정도로 큰 성공을 거두었다. 그렇다면 동남아시아 다른 지역과 달리 유독 북부 필리핀에서만 이처럼 대대적인 개종이 가능했던 이유는 무엇일까?

스페인 카스티야의 이사벨 공주와 아라곤의 페르난도 왕자가 결혼 후 각각 왕위를 계승하면서 탄생한 아라곤-카스티야 통합 왕국은 1492년,

이베리아반도를 780년 동안 점령했던 이슬람교도를 그들 최후의 보루인 반도 남부의 그라나다에서 몰아내는 데 성공했다. 이른바 '레콩키스타' 직후 스페인 군주들은 국민 결속을 위해 가톨릭과 민족주의적 열정을 결합해 강력한 이데올로기를 만들었다. 이를 바탕으로 그들은 중부와 남부 아메리카, 카리브해 일대, 동남아시아, 특히 필리핀의 식민지화를 통해 가톨릭을 전파하는 데 박차를 가하기 시작했다. 따라서 필리핀 식민지배 과정에 교회 세력이 중요한 구실을 하게 되었다. 특히 푸에블로 단위에서 사제들의 활동이 가장 활발했다.

스페인 관료들은 현지어에 능통하지 못했을 뿐더러 푸에블로 단위까지 파견되는 관료의 수도 많지 않았다. 따라서 현지어에 능통한 사제들이 현지 주민들을 접하면서 선교 활동과 병행해 그들을 실질적으로 통치하게 되었다. 교회는 푸에블로에서 가장 중요한 기관이었다. 교회는 신앙생활의 중심이자, 전도의 근거지이고, 교육기관이며, 지방행정의 주체이기도 했다. 이 때문에 필리핀 사람들은 모두 교회의 '종鐘 아래' 살게 되었다는 말이 생겨났다. '하느님은 하늘에, 왕은 스페인에, 총독은 마닐라에, 신부님은 어느 곳에나'라는 말도 당시 필리핀의 상황을 나타내는 표현이다.

한편 3G 중 필리핀에서 스페인의 경제적 이득에 대한 전망은 밝지 않았다. 필리핀군도에서는 향료가 나지 않았고 남아메리카의 은처럼 값나가는 자원도 없었기 때문이다. 이러한 가운데 중국과의 교역이 유일한 희망으로 떠올랐다. 북부 필리핀은 도서부 동남아시아에서 중국과 가장 인접한 지역이기 때문이었다.

스페인 식민정부는 애초에 의도한 대로 중국과의 교역을 시도했다.

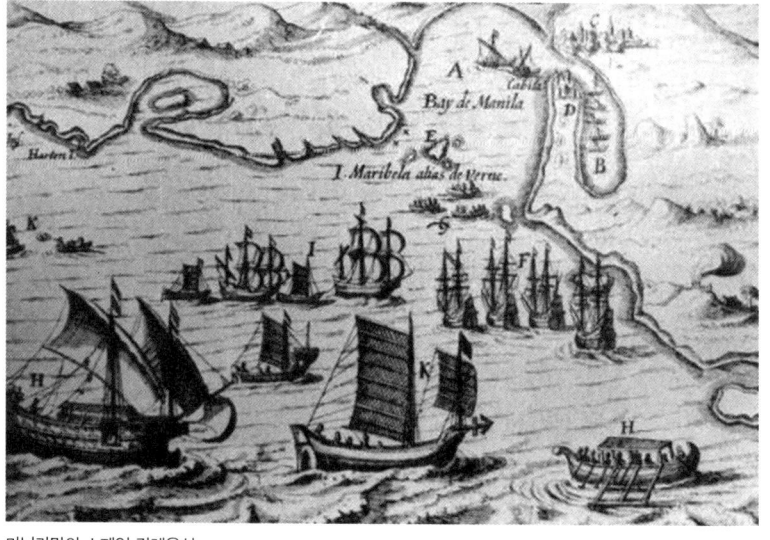

마닐라만의 스페인 갈레온선

그러나 다른 유럽 세력의 견제와 남부 중국 해안에 들끓던 해적들이 큰 장애였다. 일본과도 교역 관계를 맺었으나, 1603년 일본을 통일하고 에도江戸시대(1603~1867)를 연 도쿠가와 막부德川幕府*가 스페인 사제들의 종교적 열정에 불안을 느끼고 기독교를 박해하면서 파국을 맞았다. 마지막 대안으로 떠오른 것이 스페인의 남아메리카제국과 아시아제국의 물자를 아카풀코와 마닐라에서 교환하는 갈레온 무역이었다. '갈레온 무역'이라는 명칭은 교역 물품을 싣고 필리핀과 멕시코를 오가던 스페인의 갈레온 범선에서 따왔다.

갈레온선은 주로 은을 싣고 멕시코 아카풀코 항을 출발해서 약 3개월 걸려 마닐라에 도착했다. 마닐라에서 은으로 아시아 각지에서 온 비

---

* 12세기부터 19세기까지 일본은 막부가 통치한 시대였다. 막부란 쇼군(장군將軍)을 중심으로 한 무사정권을 말한다.

단·도자기·약재·면화·향료 등을 사들여 이것들을 다시 싣고 아카풀코로 항해했다. 이들 교역 물품 외에도 갈레온선은 한 번에 승객 약 400명을 실어 날랐고, 필리핀과 멕시코 식민정부 간의 교신도 맡아 했다. 갈레온 무역은 높은 수익이 보장되는 투자 대상이었다. 식민지배 초기에 스페인이 갈레온 무역에 집중하는 동안, 식민지 개발 사업은 뒷전으로 밀려났다.

식민지 개발 사업은 스페인이 필리핀을 점령한 지 200여 년이 흐른 뒤 아시엔다 즉 대농장을 개발하면서 시작되었다. 갈레온 무역은 18세기 말 사양길로 접어들었다. 동남아시아로 세력을 확대하려는 영국의 간섭을 받게 되었을 뿐 아니라, 1810~1820년대 스페인의 남아메리카 식민지들이 독립했기 때문이다. 그러자 새로 수입원이 필요해진 식민정부가 국제 시장을 겨냥한 환금작물 재배를 시작했다. 담배·사탕수수·쪽·커피·마닐라삼 등이 주요 품목이었다.

대농장이 개발되면서 필리핀 사회에 계층 분화가 시작되었다. 처음 대농장에 투자할 수 있었던 사회계층은 세 부류였다. 국왕령이었던 토지를 매입해 보유한 스페인인, 교회, 그리고 중국인이나 중국인과 현지인 혼혈(메스티소)인 상업 자본가들이 그들이다. 하지만 그들 대부분은 대농장을 직접 경영할 수 없는 부재不在 지주였다.

이러한 가운데 지주에게서 토지를 임차한 후 그것을 다시 농민에게 임대하는 임대차농이 등장했다. 그리고 임대차 농업을 통해 부를 축적해서 토지를 사들여, 대규모 환금작물 농장을 직접 경영하는 재지在地 지주층이 새로이 형성되었다. 이들 새 지주층은 교육에 열성적으로 투자해 마닐라뿐 아니라 스페인을 비롯한 유럽 각지로 자녀를 유학 보냈다.

훗날 필리핀 민족주의 운동의 주체가 되는 계몽 지식인층 '일루스트라도스'가 이렇게 탄생하게 되었다. 일루스트라도스 계층의 많은 수가 메스티소 가문 출신이다. 현지인과 중국인 혼혈은 동남아시아 각지에서 흔히 볼 수 있으나, 필리핀의 메스티소는 다른 지역의 혼혈인과 달리 유난히 필리피노(필리핀인)라는 정체성이 강했다.

그것은 왜일까? 그 이유는 무엇보다도 스페인 식민정부의 중국인에 대한 정책과 밀접한 관련이 있다. 스페인 식민당국은 마닐라 건설 초기부터 중국인들과 잦은 물리적 충돌을 빚었기에, 중국인에 대한 경계심이 강했다. 중국 황제가 지원한다는 거짓 정보에 고무된 중국인들이 1603년 마닐라에서 반란을 일으켰다. 이때 무려 2만 5000명이 희생되었다. 중국인들의 반란은 1639년, 1686년, 1762년에도 발생해 역시 많은 희생자를 낳았다.

하지만 이러한 학살이 중국인의 대거 이주를 막지는 못했다. 갈레온 무역으로 연간 400여 척에 이르는 배가 중국에서 필리핀으로 교역물을 실어 날랐기 때문이다. 중국인의 영향력이 커지자 스페인 식민정부는 1744년, 1755년, 1769년, 1785년 네 차례에 걸쳐 비기독교도 중국인 추방령을 내렸다. 그럼에도 1811년 멕시코 갈레온 무역이 폐지되었을 때에야 비로소 중국인 이주민의 물결이 수그러들기 시작했다.

스페인 식민정부는 중국인의 체류를 허용하더라도 그들의 주거지를 마닐라 주변으로 제한하는 조치를 취하기도 했다. 그러는 동안 스페인 식민정부는 중국인들과 달리 메스티소는 현지인처럼 대우했다. 중국인에 대한 통제가 강화될 때 메스티소가 그들의 역할을 대신하면서, 중국인과는 다른 필리핀인으로서 정체성을 갖게 되었다. 메스티소 가운데 부유층이 나타나기 시작했다. 그들은 토지에 자본을 투자하여 대농장주로 변신해 자녀를 일루스트라도스로 키웠으며, 그들의 후손이 오늘날 필리핀 정치 · 경제 사회의 주류를 이루고 있다.

스페인 식민정부는 17세기 초부터 필리핀인들의 저항에 직면했다. 필리핀인들의 봉기는 주로 강압적인 징세와 노역, 기독교 강요와 전통종교 억압, 스페인이 벌이는 전쟁을 지원해야 하는 부담 등에 대한 저항의 성격을 띠었다. 대개 지방의 수장인 엥코미엔데로를 공격 목표로 삼았지만, 사제와 교회를 겨냥한 경우도 있었다. 예컨대 북부 루손의 이고롯 (1601), 가당(1621)과 비사야스의 탐볼트(1621~1622), 반카우(1622), 타빠르(1633)에서 발생한 봉기들이 그러했다.

18세기엔 스페인 식민지배에 대항해서 장기간에 걸쳐 조직적인 대규모 봉기가 일어나기 시작했다. 비사야스 보홀의 프란시스코 다고호이, 그리고 루손 팡가시난의 후안 데 라 쿠르스와 일로코스의 디에고 실랑이 주도한 봉기가 대표적인 사례다.

다고호이의 봉기는 공무를 집행하다 사망한 필리핀인 치안관의 장례 문제가 발단이 되었다. 교회 묘지에 장사 지내는 것을 교회가 거부하자 스페인 사제들의 편협한 태도에 대한 불만으로 촉발된 봉기가 1744년부터 1829년까지 무려 80년 넘게 이어졌다.

쿠르스와 실랑의 봉기는 영국과 프랑스 사이에 벌어진 7년전쟁(1756~1763)*의 여파로 일어났다. 유럽에서 영국과 프랑스 사이에 전쟁이 일

---

* 18세기 중엽 유럽에서 영국과 프랑스 간에 벌어진 7년전쟁은 인도에 대한 두 나라의 패권 경쟁에 직접적인 영향을 미쳤다. 이 전쟁에서 승리한 영국이 인도의 패권을 독차지하게 되었다. 한편 당시 필리핀을 지배하던 스페인과 프랑스의 왕실이 같은 부르봉 가문으로 동맹 관계였던 까닭에, 이 전쟁의 간접적인 영향으로서 인도의 영국군이 스페인 점령지인 마닐라를 공격했다.

어나자 인도인 용병인 세포이sepoy가 주를 이룬 동인도회사의 영국군이 1762년 스페인 점령지인 마닐라를 포위했다. 이때 팡가시난의 주지사가 필리핀인 약 1500명을 모아 구원병으로 파견했다. 그런데 도중에 마닐라가 영국에 함락되었다는 소식이 전해졌다. 이 사건을 계기로, 필리핀인들은 자신들을 보호할 능력이 없는 정부에 세금을 납부할 필요가 없다고 주장하기 시작했다. 실랑 역시 납세 거부뿐 아니라 교회에 대한 개인적 봉사와 강제노역 철회를 주장했다. 그 역시 스페인이 마닐라 방어에 실패했기 때문에 세금을 낼 필요가 없다고 주장했던 것이다.

이들 봉기는 아직 필리핀인으로서 민족주의적 각성이 일기 전의 국지적 저항 운동이었으나, 식민지배가 시작된 지 100여 년이 흐른 시점에 스페인의 절대적 권위가 서서히 도전받기 시작했다는 조짐을 나타내며, 훗날 필리핀 민족주의 운동의 뿌리가 되었다는 점에서 그 역사적 의의를 찾을 수 있다.[17]

남부 필리핀

'모로Moro'는 인종명이 아니라, 남부 필리핀의 민다나오, 술루군도, 그리고 빨라완 남부에 거주하는 무슬림을 일컫는 총칭이다. 그들은 인종적으로 말레이인에 속한다. '모로'는 본래 중세에 이베리아반도 남부를 점령했던 모로코 무슬림을 가리키는 스페인어(영어로 '무어인Moors')다. 스페인 사람들이 모로코 사람들과 피부색이 비슷한 필리핀 무슬림을 '모로'라고 칭했고, 이는 오늘날 남부 필리핀의 무슬림에 대한 통칭으로 자

17~18세기 남부 필리핀 모로랜드

리 잡았다. 그리고 이들이 거주하는 지역을 '모로랜드'라고 부른다. 모로 즉 남부 필리핀 무슬림은 거주 지역에 따라 크게 세 집단, 즉 빨라완 집단·술루 집단·민다나오 집단으로 나뉘고, 세부적으로는 13개 종족* 으로 이뤄져 있다.

이슬람교가 필리핀군도에 처음 유입된 시점에 대해선 의견이 분분하다. 그래도 사가들 대부분은 15세기 후반부터 말레이세계를 통해 남부 필리핀의 술루군도와 민다나오 지역에 이슬람교가 본격적으로 들어오기 시작했으며, 16세기 중엽 중부의 비사야스와 북부의 루손 일부 지역

---

* 빨라완 집단 : 빨라완, 몰복, 자마마푼. 술루 집단 : 따우숙, 사말, 바자우. 민다나오 집단 : 마라나오, 일라눈, 마권다나오, 꼴리부간, 야깐, 까라가, 상일.

까지 퍼져나갔으리라고 생각한다.

이 무렵에 스페인이 필리핀 중·북부로 진출함에 따라 이 지역에서 이슬람교의 확장세는 주춤해졌다. 하지만 남부의 민다나오와 술루군도의 모로 사회는 중·북부 지역의 바랑가이*와는 달리, 늦어도 15세기에 이미 움마, 즉 이슬람 공동체 형제애 의식을 바탕으로 혈연관계를 초월해 강력한 통합 술탄 왕국을 건설하기 시작했다. 나아가 그들은 말레이 세계의 이슬람 왕국들과도 동맹관계를 맺었다. 그들 중 술루군도의 홀로에 중심을 둔 술루왕국과 사잇 까붕수완이 건설한 것으로 알려진 민다나오 서남부 꼬따바또의 마귄다나오왕국이 대외에 가장 널리 알려져 있었다. 오늘날 기독교(가톨릭)권인 중·북부와 달리 남부 필리핀 지역이 이슬람권에 포함되는 것은 바로 이와 같은 역사적 배경 때문이다.

1571년 마닐라에 정청을 세우고 장기 지배의 기틀을 마련한 스페인은 그해 6월에 톤도 해안의 모로 세력과 격렬한 전투를 벌였다. 그 후 마닐라의 스페인 식민정부는 민다나오와 술루군도의 술탄 왕국들을 정복하려고 주기적으로 군사 원정을 감행했다. 원정이 성공을 거둔 적도 있으나, 그 성과는 오래가지 않았다. 1578년 스페인 군대가 홀로섬을 정복했다. 하지만 군대가 철수하자 술탄과 모로는 곧 세력을 회복했다. 그 직후 오히려 비사야스 해안 지역이 그들의 반격을 받았다. 이러한 공방이 계속되자 1635년 스페인 식민정부는 방어 차원에서 민다나오 북서부의 잠보앙가에 필라 요새를 건설했다.

* 혈연관계를 중심으로 구성된 각각의 바랑가이는 자치적 성격이 강한 정치·사회 공동체였다. 레가스피가 1571년 마닐라에 정청을 세우기 전, 필리핀 북·중부 지역에서 몇몇 다뚜 간에 통합 시도가 있었지만, 독립성이 강한 그들은 단일한 국가체제를 수립할 수 없었다. 당시 이러한 정치·사회적 상황은 스페인이 이 지역을 비교적 용이하게 점령해 기독교화할 수 있는 여건으로 작용했다.

1637년 2월 세바스티안 코르쿠에라 총독이 잠보앙가 요새를 기지 삼아 또 한 번 대대적인 군사 원정을 단행했다. 스페인군 760명과 필리핀 기독교인 수천 명이 라나오를 점령하고, 이듬해 홀로섬까지 점령했다. 코르쿠에라는 모로 세력을 완전히 분쇄했다고 확신하고 1638년 마닐라로 돌아갔다.

이처럼 장기간에 걸친 두 세력의 주기적인 공방을 촉발한 주요 원인 중 하나는 술루왕국의 적극적인 비호하에 이뤄진 노예사냥이었다. 사실 인력이 곧 부를 의미하는 동남아시아 만달라 체제의 사회에서 오랑라웃(바다 유목민)의 노예사냥은 여러 세기 동안 이어져 내려온 지역 전통이었다. 술루군도에서도 유럽인이 도래하기 훨씬 전부터 노예사냥은 '망가여'라고 불리는 '가장 추앙받는 전쟁 형태'였다.

18세기 후반부터 술루왕국에서 무역이 증대하자 들과 바다, 항구에서 일할 인력이 더 많이 필요해졌고, 더 많은 노예가 거래되었다. 그리하여 무역과 노예사냥은 한 순환 구조를 형성했다. 즉 노예사냥이 무역의 흐름에 필요한 노동력을 제공하면, 무역은 상당한 부와 권력을 창출했다. 그리하여 무역의 팽창에 따라 노예사냥 원정도 함께 증가했다.

당시 술루왕국의 무역이 급속히 증대한 데는 무엇보다도 중국과 서구 간 무역의 '국제화'와 깊은 관련이 있다. 이 무렵 영국을 위시한 서구에서 차를 마시는 풍습이 확산하면서 중국의 차에 대한 수요가 나날이 늘었고, 서구 상인들은 중국의 차와 교환할 상품이 필요했다. 술루왕국은 그 상품들의 중요한 공급자로 떠올랐다. 따라서 그 상품들을 생산하는 데 노동력을 제공할 노예에 대한 수요가 급격히 증가했다.

오랑 라웃 집단 중 일라눈과 발랑잉이 두 집단은 술루왕국에서 선박,

18세기 말 일라눈족의 노예선 (Rafael Monleón 그림, 1890)

선원, 무기 등을 전폭적으로 지원받으면서 동남아시아의 광범위한 해역에서 대대적으로 노예사냥을 자행했다. 필리핀군도는 물론 뉴기니의 해안, 말루꾸군도, 깔리만딴, 수마뜨라, 멀라까해협, 베트남, 그리고 심지어 태국의 해안 지역에 이르기까지 당시 그들의 노예사냥이 얼마나 극성이었던지, 동부 인도네시아를 포함한 많은 지역에서 사람의 씨가 마를 지경이었다.

그들은 때로는 함포로 무장한 전함 40~50척과 선원 2500~3000명으로 구성된 대규모 노예사냥 선단을 꾸리기도 했다. 생포된 사람들은 네덜란드령 멀라까와 깔리만딴 항구, 그리고 술루왕국의 중심인 홀로에서 중국인과 부기스인 노예 무역상에게 판매되었다. 노예사냥꾼들은 생포자를 인질 삼아 몸값을 요구하기도 했는데, 필리핀인은 50페소, 일반 유럽인은 300페소, 스페인 사제의 경우에는 2000페소였다.

19세기 중반 이후 스페인 식민정부와 모로 세력, 특히 술루왕국 간에 첨예했던 상업적 경쟁도 물리적 충돌의 원인으로 작용했다. 1842년, 아편전쟁에서 영국에게 패한 중국은 난징(남경南京) 조약에 따라 서구 열강에 광저우(광주廣州), 푸저우(복주福州), 상하이(상해上海) 등 5개 항구를 개방했다. 이를 기회로 술루군도의 모로 세력은 지리적인 이점과 풍부한 천연 자원을 바탕으로 교역에 활발히 참여했다. 그들은 중국인의 수요가 많은 진주, 거북이 등껍데기, 상어 지느러미, 제비집, 계피, 등나무, 상아, 코코아 등 토산물을 앞세워 영국 무역상들과 활발한 교역을 벌이며 마닐라 식민정부를 자극했다. 모로는 홀로를 중심으로 벵골·마카오·보르네오·싱가포르 등 아시아 지역의 다른 여러 항구들과도 활발히 접촉했다.

마닐라 식민정부의 지속적인 공격을 받으면서도 모로는 19세기 말까지 자신들이 지배하는 무역 지대, 이른바 '술루존Sulu Zone'에서 벌어들이는 막대한 부를 바탕으로 남부 필리핀의 독립을 꿋꿋이 유지했다. 스페인과 모로 세력과의 전쟁을 일반적으로 '모로전쟁'이라고 한다. 양측의 공방전은 스페인 지배 기간 내내 전개되었기 때문에 300여 년의 스페인 지배기는 곧 모로전쟁기로 인식되기도 한다. 오늘날 남부 필리핀에서 진행되고 있는 무슬림 분리주의 운동은 바로 이때부터 비롯된 일이다.[18]

근대 동남아시아

19세기 – 1945년

상충과 변화

8장

근대 초기의 위기와 대응

18세기 후반 영국에서 시작된 산업혁명이 서구 세계에 퍼져나가는 가운데, 서구 각국은 동남아시아를 원자재 공급처와 공산품 판매 시장, 그리고 자본 투자처로 인식하기 시작했다. 따라서 이전 중상주의에 입각한 보호 · 독점 무역에 대한 관심이 제국주의적 식민주의*에 입각한 정

---

* '식민주의colonialism'는 어떤 민족이나 국가가 다른 민족이나 국가를 지배하는 정책이나 사상을 의미하는 말이다. 고대 로마의 '식민시植民市'를 뜻하는 라틴어 'colonia(콜로니아)'가 그 어원이라는 점에서 알 수 있듯이 식민주의의 역사는 길다. '제국주의imperialism'는 군사력을 바탕으로, 다른 민족이나 국가의 영토로 정치 · 경제적 지배권을 확대하려는 대외 팽창 정책이나 사상을 지칭하는 말이다. 황제, 제국을 의미하는 'imperator(임페라토르)', 'imperium(임페리움)'에서 유래했다. 이 정책 또는 사상은 프랑스의 나폴레옹 1세와 3세가 고대 로마제국을 재현하고자 한 데서 비롯되었다. 이후 제국주의는 19세기 후반 산업혁명에 성공한 유럽 열강과 미국, 일본 등 선진 공업국이 막강한 군사력을 이용해 경쟁적으로 후진 지역에 진출해서 약소민족을 지배했던 이른바 '제국주의적 식민주의imperialistic colonialism'를 가리키게 되었다.

치적 지배와 경제적 착취로 전환했다.*

이러한 시대 상황의 변화와 함께 동남아시아 국가와 사회는 앞선 시대와는 차원이 다른 위기에 직면하게 되었다. 몇몇 통치자들은 서구의 선진 문물과 상당히 근대적인 정책을 적극 도입하며 제국주의 세력의 위협에 대응하려 노력했다. 싸얌(태국)의 경우 어느 정도 그러한 노력에 힘입어 서구 식민지배를 모면할 수 있었다. 하지만 다른 동남아시아 국가의 통치자들과 전통 관료 계층 대부분은 새로운 위협의 실체를 제대로 파악조차 하지 못한 채 분열되어 위기의 순간에 민첩하게 대응하지 못했다. 그들은 강한 정복 의지와 월등한 무기로 무장한 서구 제국주의 세력에 역부족을 실감하며 얼마나 오래 버티는가를 시험하고 있었을 뿐이다.[1]

1 대륙부

* 중상주의 시대에 서구 각국의 상업 세력은 향료 같은 특산물을 얻으려고 동남아시아로 진출했다. 따라서 이 시대에는 각 지역에서 개방된 항구의 상관商館을 중심으로 한 '점点의 지배'가 대세였다. 산업혁명과 함께 자본주의가 태동하면서 서구 각국이 동남아시아를 보는 관점도 바뀌었다. 이들에게 동남아시아는 단순히 상품을 확보하고 거래하는 상대가 아니라, 서구 자본주의의 성장을 떠받치는 하부 구조로 편입해야 할 대상이 되었다. 동남아시아를 지배하는 방식은 '점의 지배'에서 '면面의 지배'로 전환했다. 서구 각국은 앞다투어 광범위한 지역에서 광산을 개발하고, 철도 등 기반시설을 건설하고, 그리고 플랜테이션 방식으로 커피, 고무 등 환금작물을 생산했다. 면의 지배가 심화하면서 서구 각국은 안정적인 원료 공급, 그리고 자본과 판매 시장의 안전 확보를 위해 제국주의적 점령과 지배를 적극 추진하게 되었다.

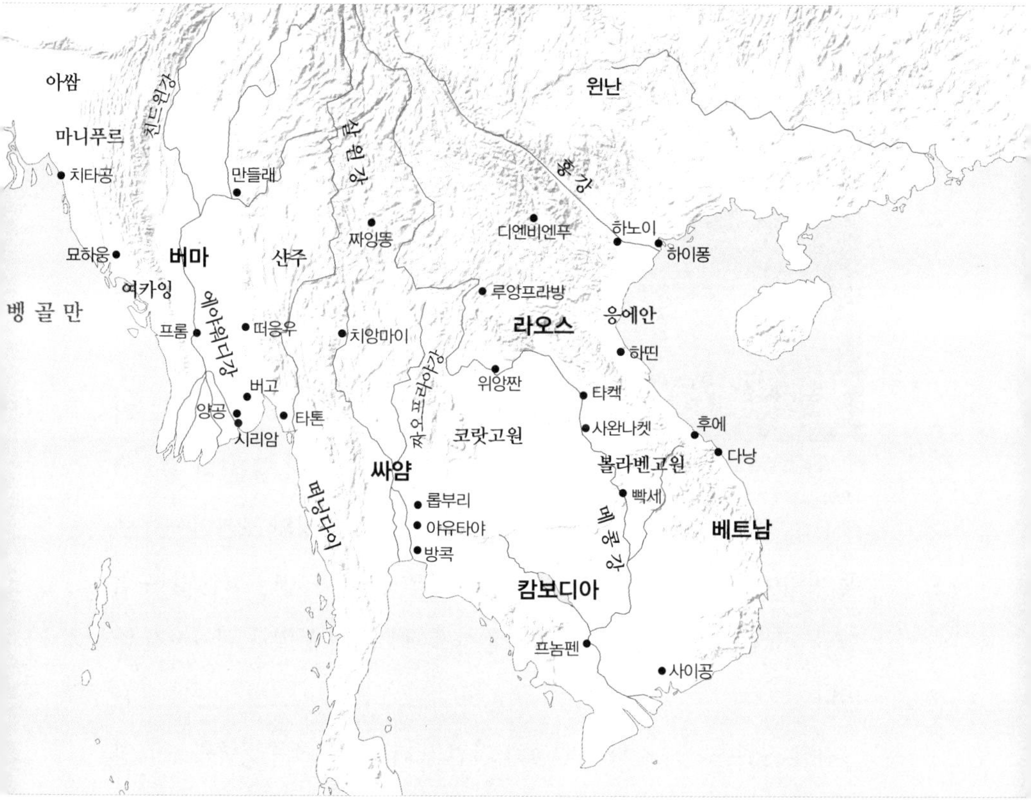

식민지배 전야의 대륙 동남아시아

응우옌 왕조

1771년 남부 베트남 꾸이년 부근의 떠이썬(서산西山) 마을에서 응우옌 씨 3형제—응우옌 반 낙(완문악阮文岳)·응우옌 반 르(완문려阮文呂)·응우옌 반 후에(완문혜阮文惠)—가 일으킨 반란은 농민들의 전폭적인 지지를 얻어 순식간에 전국으로 확산되었다. 떠이썬 세력은 북부의 찐 정권

아드랑 주교 피뇨 드 베엔Pigneau de Béhaine(1741~
1799)

과 남부의 응우옌 정권을 무너뜨리고 약 2세기 동안 지속된 남북 분립을 종식했다.

1788년에 형제 중 막내인 응우옌 반 후에가 꽝 쭝(광중光中) 황제가 되었다. 하지만 불과 4년 뒤 그가 39세 나이로 갑자기 세상을 떠나면서 떠이썬 정권이 흔들리기 시작했다. 이 틈을 타 응우옌 정권 마지막 왕의 조카인 응우옌 푹 아인(완복영阮福映)이 남부에 또 다른 정권, 이른바 쟈딘 정권*을 수립했다. 따라서 남북 분립의 종식이 곧바로 베트남의 통일로 이어지지 않았다.

쟈딘 정권은 지주층과 상인들의 지원을 바탕으로 소수민족과 중국인들을 포용하고, 포교의 자유를 내세워 기독교도의 협조도 끌어냈다. 특히 프랑스인 아드랑 주교는 응우옌 푹 아인에게 의용병 300여 명과 각종 무기 제조, 요새 건설, 조선술, 육해군의 훈련 등을 지원해 쟈딘 정권의 군사력 강화에 적잖게 기여했다. 이처럼 포용적인 정책을 통해 힘을 키운 쟈딘 정권은 떠이썬 세력을 제압하고, 1802년 베트남 최초의 명실상부한 통일 왕조이자 마지막 왕조인 응우옌(완阮) 왕조(1802~1945)**를

---

* '쟈딘'은 사이공과 메콩강 유역을 포함하는 남부 베트남 지역을 가리킨다. 사이공을 중심으로 이 지역을 지배영역으로 삼았던 세력을 '쟈딘 정권'이라고 부른다.
** 우리나라 조선 후기後期에 해당하는 왕조.

수립했다.

응우옌 푹 아인(재위 1802~1820)은 연호를 쟈 롱(가룡嘉龍)으로 정했다. 이는 남부의 중심 쟈딘(가정嘉定)과 북부의 수도 탕롱(승룡昇龍)에서 한 글자씩 딴 것으로, '쟈딘에서 탕롱까지' 즉 베트남 전체를 의미한다. 응우옌 푹 아인은 1803년 청나라에 사절을 보내, 중국에서 전통적으로 베트남을 일컫던 명칭인 '안남安南'과 과거 참파 지역을 부르는 이름이었던 '월상越裳'에서 각각 한 자씩 딴 국호 '남비엣南越'을 인정해달라고 요청했다. 하지만 청나라는 과거 찌에우 다의 남비엣을 연상케 한다는 이유로 그 요청을 거부하고, 대신 '南'과 '越' 두 글자의 순서를 바꾸어 '비엣남越南(베트남)'이란 국호를 제시했다. 이리하여 응우옌 푹 아인의 국가 통합에 대한 강한 열망과 중국의 '견제'로 오늘날의 '베트남'이란 명칭이 생겨났다.

쟈 롱 황제의 국가 통합 노력은 다방면에 걸쳐 진행되었다. 그는 건국 초기에 지역 갈등을 고려해 왕국을 세 지역으로 나누어 분리 통치했다. 중부는 후에에 수도를 둔 황제 직할령으로 하고, 남부와 북부는 각각 떠이썬 정권을 제압한 개국 공신 무장인 레 반 주엣과 응우옌 반 탄을 총독으로 임명하고 반半자치권을 부여했다. 또한 그는 소수민족 동화 정책에도 노력을 기울였다. 특히 베트남인과 이민족이 섞여 살고 있던 남부에서 동화 정책이 적극적으로 시행되었으며, 크메르인·중국인 등 이민족에게 베트남의 복장·언어 등을 강요했다.

쟈 롱 사망 후 1884년 프랑스의 보호령이 될 때까지 60여 년 동안 베트남은 세 황제, 민 망(명명明命, 재위 1820~1841)·티에우 찌(소치紹治, 재위 1841~1847)·뜨 득(사덕嗣德, 재위 1848~1883)이 이어서 통치했다. 이 기간 중에 응우옌 왕조는 비교적 안정되게 국정을 운영했지만, 국운을 위태롭게 할 수 있는 여러 결점도 갖고 있었다.

먼저 민 망 황제의 팽창 정책이 베트남의 국운에 악영향을 미쳤다. 민 망 황제는 1835년에 캄보디아를 합병했다. 그가 캄보디아의 행정조직을 개편하고 동화 정책을 실시하자 캄보디아인들이 저항하기 시작했다. 그들의 독립운동에 싸얌(태국)의 군대가 가세하며 전쟁이 장기화했고, 이에 베트남의 일반 농민들은 잦은 징집으로 평안한 날이 거의 없었다. 군비 지출도 국고에 부담이 되었다. 소수민족에 대한 동화 정책도 많은 반발을 초래했는데, 특히 중국인들의 반발이 컸다.

기독교도에 대한 박해도 큰 문제로 대두되었다. 건국 과정에서 기독교인들의 공헌이 컸으므로 쟈 롱 황제 시대에는 선교의 자유가 보장되었다. 하지만 민 망 재위기부터 기독교에 대한 조정의 시각이 바뀌면서 박해가 시작되었다. 무엇보다도 당시 동남아시아에서는 기독교의 진출이 늘 서구 세력의 정치적 침략을 동반했기 때문이다. 기독교도와 비기독교도 사이의 반목이 심각한 수준에 이르렀다. 게다가 기독교도는 여러 차례 반란에 가담하면서 응우옌 왕조를 위협했다. 민 망 황제의 재위 21년 동안 무려 230건에 달하는 반란이 발생했다. 지방 농민의 반란은 티에우 찌와 뜨 득 황제 때에도 꾸준히 일어나, 그 수가 98건에 달했다.

두 세기 동안 지속된 남북 대립을 극복하고 국가 통합을 완수할 시간도 충분히 주어지지 않았다. 응우옌 통일 왕조는 남북의 통합을 고려해 수도를 그 중간에 위치한 후에로 정하고, 천년 가까이 베트남 왕조의 수도였던 '용의 땅' 탕롱을 '물 한가운데 있는 도시'라는 뜻인 하노이(하내河內)로 개칭했다. 이는 그동안 왕조의 자존심을 지켜온 북부 베트남 사람

1859년 프랑스군의 사이공 공격 (1859년 4월 23일 자 《L'Illustration》 게재 삽화)

들에게 커다란 상실감을 주었다. 따라서 남부에 기반을 둔 응우옌 왕조
가 짧은 시간에 북부의 자존심을 누그러뜨리고 민심을 얻기란 결코 쉽
지 않은 일이었다.

처음에 프랑스는 중국 시장으로 들어갈 교두보를 확보하는 차원에서
베트남에 관심을 두고 있었다. 그러던 중 첨예한 팽창 경쟁을 벌이고 있
던 영국이 남부 버마 · 멀라까 · 뻬낭 · 싱가포르를 식민지로 만들고, 싸
얌까지 넘보며 동남아시아에서 영향력을 확대하자, 이에 자극을 받은
프랑스도 이 지역의 식민지 획득에 본격적으로 나서기 시작했다. 게다
가 선교사들의 요구도 거셌다. 프랑스 군함이 1858년 선교사들을 태우
고 다낭 항구로 들어왔다. 그들은 몇 가지 형식적인 요구 사항을 제시하
고는 곧바로 공격을 감행하며 침략 야욕을 노골적으로 드러냈다.

이러한 위기 상황에서 동화 정책에 불만을 품은 중국인들이 친프랑스 세력으로 돌아섰고, 박해를 받던 기독교인들도 프랑스의 침략을 돕는데 앞장섰다. 남부의 조정이 북부의 민심을 확보하기 전에 프랑스 군대가 들어온 것도 베트남에겐 치명적인 일이었다. 프랑스가 사이공을 공격했을 때, 북부의 반란으로 베트남 군대는 사이공 방어에 전력을 다하지 못했다.

여러 악조건에도 베트남인들은 거세게 저항했지만, 응우옌 왕조는 마침내 근대 무기를 앞세운 프랑스 제국주의 세력에게 굴복했다. 프랑스 군은 1859년 사이공을 점령해 1862년 사이공 조약을 체결하고, 1867년 남부 전체를 장악했다. 1883년에는 중부와 북부까지 손에 넣었다. 결국 1884년 파트노트르 조약이 체결되면서 베트남은 독립을 잃었다. 황실은 그대로 유지되었으나, 중부와 북부 지역은 보호령protectorate으로서 각각 '안남'과 '통킹'이라는 이름으로 프랑스 고등주재관의 감독을 받는 황제의 명목상 지배지가 되었고, 남부는 '코친차이나'라는 이름으로 프랑스 총독governor이 직접 지배하는 식민지colony가 되었다.[2]

캄보디아

1771년부터 시작된 떠이썬 반란과 이어진 내전으로 인해 캄보디아에 대한 베트남의 영향력이 현저히 약해졌다. 이를 틈타 태국의 톤부리 왕조는 캄보디아에 대한 우위를 확보하려 했다. 톤부리 왕조는 1772년 프놈펜을 점령하고 엥 왕자를 옹립해 섭정을 시작했다. 한편 떠이썬 반란을 진압하고 1802년 응우옌 왕조를 수립한 베트남은 캄보디아에 대한 종주권을 회복하고자 호시탐탐 기회를 엿보고 있었다.

1794년이 되어서야 왕이 된 엥(재위 1794~1797)은 자신이 새로 지은 우동의 왕궁에서 3년간의 짧은 재위를 마치고 1797년 초에 사망했다. 당시 7세였던 짠 왕자가 왕위를 계승해야 했으나, 태국은 9년간 옥야(고위 관료층)를 통해 캄보디아를 통제하다 1806년에 가서야 짠(재위 1806~1835)을 등위케 했다. 선왕의 관례에 따라 방콕에서 즉위식을 마치고 우동으로 돌아오자마자, 짠 왕은 막 개국한 베트남의 응우옌 왕조에게 자신의 즉위를 윤허해달라는 요청을 보냈다. 베트남의 쟈 롱 황제는 그에게 인증서와 함께 중국식 궁중 복장을 보냈다. 그 후 짠 왕은 4년마다 베트남 조정에 조공 사절단을 보내, 조정의 실권을 장악하고 있던 친타이 집단을 견제했다.

싸얌과도 관계를 유지했으나, 짠 왕은 재위 중 내내 친베트남적인 태도를 견지했다. 1809년 싸얌의 라마 1세가 사망하자 짠 왕은 태국 왕실을 더욱 멀리했다. 짠 왕은 라마 1세의 다비식에 참석을 거부했고, 다비식에 참석한 친타이파 크메르 관료 두 명을 처형하며 싸얌에 대한 반감을 드러냈다.

1811년에 캄보디아 조정에서 친타이파와 친베트남파 사이에 충돌이 발생했다. 이 과정에서 싸얌이 짠 왕을 폐위시키고 그에게 반기를 든 형제들을 지지하자, 짠 왕은 베트남에 도움을 요청했다. 급기야 캄보디아에서 베트남과 싸얌 간에 교전이 벌어졌다. 이 전쟁에서 베트남이 승리하자, 두앙을 포함한 짠 왕의 세 형제가 모두 방콕으로 망명했다. 이에 짠 왕은 재위 중에 자유롭게 친베트남 정책을 추진할 수 있었다. 하지만 이 사태를 계기로 베트남의 영향력이 압도적으로 커지고 말았다. 짠 왕과 조정 대신들은 두 달에 한 번씩, 후에에서 하사한 베트남 관료 복장을 입고서 프놈펜 인근 베트남 사원을 방문해, 베트남 황제의 이름이 새겨진 위패 앞에 절을 해야 했다.

싸얌의 라마 3세(재위 1824~1851)는 캄보디아에 대한 종주권을 독점하고자 1830~1831년 몇 차례 군사적 침입을 시도했다. 하지만 1832년 남부 베트남의 명장인 레 반 주엣이 사망하기 전까지 싸얌은 캄보디아로 진군할 기회를 얻지 못했다. 레 반 주엣이 사망하자 민 망 황제가 남부 자치 지역에 측근 관료들을 중용하려 했고, 이에 반발해 레 반 주엣의 양아들이 반란을 일으켰다. 이 소식을 전해들은 라마 3세는 곧바로 원정대를 꾸리기로 결정했다. 특히 짠 왕의 두 형제(세 형제 중 한 명은 싸얌에서 사망했다)가 돌아가면 캄보디아 조정의 옥야(고위 관료층)가 환영할 것이라는 보고를 받고, 라마 3세는 베트남의 오만을 벌할 때가 왔다고 생각했던 것이다. 당장은 그의 군사 작전이 성공을 거두었다. 베트남은 프놈펜을 포기했고, 짠 왕은 베트남으로 망명했다. 하지만 1834년 초에 베트남의 반격을 받고 싸얌은 캄보디아에서 철수했다. 이때 수도로 돌아온 짠 왕은 베트남에게서 전보다 더 엄격한 통제를 받아야 했다.

1835년 짠 왕이 아들을 두지 못한 채 사망했다. 장녀인 밴 공주가 친타이 성향이라는 의심을 받자, 옥야는 베트남 조정의 제안에 따라 짠 왕의 둘째 딸인 메이를 여왕으로 옹립했다. 이 무렵 베트남의 정복 군주 민 망 황제는 인도차이나반도에 대한 '베트남화'에 몰두하고 있었고, 유약한 명목상의 여왕이 지배하는 캄보디아가 그 대상이 되었다.

1835년 캄보디아는 '쩐떠이성(진서성鎭西城)'이란 명칭으로 베트남의 한 지방으로 합병되었다. 베트남은 크메르인들에게 강력한 동화 정책을 실시했다. 베트남 말과 문자 사용이 강요되었고, 행정기구 이름도 베트남식 한자어로 바뀌었다. 크메르 고위 관료층은 베트남식 이름과 복장을 따라야 했다. 사원이 파괴되는 등 상좌부불교도 동화 정책의 표적이 되었다(베트남은 대승불교를 신봉했다).

처음엔 베트남화가 성공하는 듯 보였으나, 지방으로 확대되면서 상황이 달라졌다. 1830년대 후반부터 저항이 시작되었다. 특히 크메르인들은 수확량을 근거로 세금을 매기던 자신들의 관행을 무시하고 토지대장, 즉 땅 면적을 근거로 세금을 부과하는 베트남식 징세에 반발했다. 여러 가지 동화 정책도 반발을 샀고, 수룩(지방의 각 성城)의 세습 토호들은 특히 행정제도 개편으로 자신들이 대대로 누려온 영지 관할권을 잃을지 모른다는 불안감에 사로잡혔다. 승려와 호족을 중심으로 저항 운동이 급속도로 확대되었다. 그들은 싸얌에도 지원을 호소했다.

1840년 싸얌의 침공을 염려한 베트남은 캄보디아의 여왕을 남부 베트남으로 데려갔다. 그녀가 살해되었다는 소문이 퍼졌고, 캄보디아 곳곳에서 그리고 베트남의 소수 크메르족 집단 사이에서 산발적인 소요가 이어졌다. 그사이 싸얌 군대가 두앙을 앞세우고 캄보디아로 진격하면서 베트남 군대와 교전을 벌였다.

1841년 민 망 황제가 사망하고, 그를 계승한 티에우 찌가 부친의 정책에 미온적인 태도를 보이자, 캄보디아의 베트남 내지화는 동력을 상실하기 시작했다. 결국 1847년에 베트남과 싸얌 두 나라는 두앙을 캄보디아의 왕으로 인정하고 프놈펜에서 철수하기로 합의했다. 1848년 10월 52세인 두앙은 베트남과 싸얌의 대표 사절이 함께 참석한 가운데 우동에서 즉위식을 했다.

노로돔 왕의 두상이 새겨진 프랑스 보호령
시기의 주화

두앙(재위 1848~1860)이 즉위할 무렵, 이웃 국가들의 상황이 캄보디아에 유리하게 바뀌고 있었다. 같은 해 베트남에서는 뜨 득이 티에우 찌를 계승했다. 그 역시 외정보다 주로 내치에 힘을 쏟으며 캄보디아에 대한 종주권 회복에는 미온적인 태도를 보였다. 한편 싸얌에서는 1851년에 라마 3세가 사망하고 몽꿋 왕이 즉위했다. 그는 국내 개혁을 추진하는 동시에 유럽 세력들의 압력에 대처하느라 캄보디아에 신경 쓸 겨를이 없었다.

두 국가의 간섭이 현격히 약해진 상태에서 두앙은 국가 재건을 위해 노력했다. 우선 그는 베트남에 합병되었을 때 파괴된 불교사원을 보수하고, 우동에 많은 사원을 새롭게 봉헌했다. 불교 복원은 왕권의 정통성을 세우고 국가를 통합하는 데 매우 중요한 의례儀禮적 절차였다. 법률과 제도 정비를 통해 중앙집권화를 꾀하고, 지방 권력에 대한 통제도 강화했다. 이 시기에는 적어도 전쟁이 없었고, 왕권이 안정되었으며, 특히 왕이 모처럼 독립적으로 국가 재건에 힘을 쏟을 수 있었다.

그러나 타이식 표현으로 양쪽의 눈치를 살핀다 해서 '머리 두 개를 가진 새'에 비유되는 캄보디아 왕실이 200여 년 동안 두 이웃나라에 시달려왔던 악몽에서 벗어나기에는 그 무게가 너무 무거웠다. 두앙은 1853년 프랑스의 나폴레옹 3세에게 보호를 요청하는 사절을 보냈다. 3년 뒤 프랑스 정부 관료인 몽티니가 상업조약을 체결하기 위해 캄보디아를 방문했다. 하지만 그 전에 그가 싸얌 조정과 조약을 맺으려고 논의했다는 정보를 입수하고, 두앙은 프랑스와의 협상에서 한발 물러났다. 1860년 두앙이 세상을 떠나자 그의 아들인 노로돔(재위 1860~1904)이 왕위를 이었다. 1863년 프랑스 해군 장교들이 캄보디아를 방문했고, 노로돔은 그들에게 다시 보호를 요청했다. 결국 이렇게 해서 캄보디아는 프랑스의 보호령이 되었다.[3]

라오스

18세기 후반에 란쌍왕국은 북부의 루앙프라방, 중부의 위앙짠, 그리고 남부의 짬빠싹, 세 왕국으로 분열되어 딱신의 톤부리 왕조(1767~1782)와 그 뒤를 이은 싸얌 짜끄리 라따나꼬신 왕조(1782~현재)의 통제 하에 있었다. 싸얌은 만달라 체제의 전통 지배 방식을 그대로 따랐기 때문에 세 왕국은 이전처럼 직접 세금을 거두고 법을 집행하는 등 자치를 누렸다. 하지만 왕의 등위와 후계자 지정, 그리고 이웃 국가에 대한 전쟁 선포만은 반드시 타이 조정의 사전 승인을 받아야 했다.

1804년 아누웡(재위 1804~1827)이 위앙짠의 왕위에 올랐다. 그는 새로 궁전을 짓고 상가(승단僧團)에 넉넉히 기부함으로써 위엄 있고 불교에 충실한 왕의 면모를 과시하며 자신의 시대를 시작했다. 이 시기에 씨싸켓 사원을 포함해 여러 사원이 새로 건축되었는데, 씨싸켓 사원은 오늘날까지 전통 라오스 건축의 대표적인 상징으로 남아 있다. 베트남 응우옌 왕조의 개막과 함께 베트남과 외교 관계도 복원했다.

대내외 상황이 호전되자 아누웡은 싸얌의 간섭에서 벗어나려는 움직

씨싸켓 사원

임을 보이기 시작했다. 1827년 그의 군대는 싸얌군을 공격해 500여 명을 살해했다. 이에 싸얌이 1만여 군사를 동원해 위앙짠을 공격하자, 아누웡은 베트남으로 도망쳐 도움을 요청했다.

위앙짠의 군사력이 절대적으로 열세였음에도 아누웡은 왜 싸얌을 공격했을까? 돌이켜보면 아누웡은 상황을 오판했다. 그는 1차 영국-버마 전쟁(1824~1826)에서 영국이 막 승리를 거둔 상황에서, 싸얌의 라마 3세가 영국의 제국주의적인 동향을 예의주시하느라 즉각적인 대응을 망설일 것으로 생각했다. 그러나 싸얌 조정은 이미 영국과 조약을 체결한 상태여서 아누웡의 공격에 자유롭게 대처할 수 있었다.

아누웡은 베트남 대군의 도움으로 위앙짠을 탈환했다. 이어 그가 메콩강 너머로 물러나 있던 싸얌 군대를 단독으로 공격하자, 베트남은 그만 아누웡의 무모한 공격을 돕지 않고 철군했다. 1827년 5월까지 아누웡은 남부 위앙짠을 마지막 방어선으로 저항을 이어가다 쩐닌(진녕鎭寧, 지금의 항아리평원)으로 도망쳤다. 그곳에서 베트남의 지원을 애걸하다가 거절당하고 1828년 붙잡혀 방콕으로 압송되었다. 1835년 그는 그곳에서 생을 마감했다.

그런데 후에 조정은 왜 아누웡을 끝까지 돕지 않았을까? 이 시기에 베트남의 민 망 황제는 영토 확대에 큰 관심을 기울이고 있었다. 아마 아누웡을 버리면 피후견국 하나를 잃게 되겠지만, 그 대신 다이비엣의 타인 똥(재위 1460~1497) 시기에 베트남의 속지였던 라오스의 쩐닌을 영구히 확보할 수 있다는 계산이 작용했던 것으로 보인다. 만일 아누웡을 도와 그가 독립을 쟁취하면 대담하고 끈질긴 아누웡이 쩐닌 지역의 반환을 집요하게 요구할 것이 분명했다. 라마 3세와 아누웡이 전쟁을 벌이던 와중에 쩐닌 지역을 완전히 확보한 뒤, 민 망 황제가 "화살 한 개도 잃지 않고 쩐닌을 얻었다"고 기뻐했다는 베트남의 기록이 그 사실을 대변한다.

위앙짠과 짬빠싹은 싸얌의 속지가 되었고, 루앙프라방만이 피후견국으로 불안한 독립을 유지하게 되었다. 이 시기에 라마 3세는 라마 1세가 루앙프라방에 돌려주었던 프라방 불상을 다시 방콕으로 가져갔다. 게다가 싸얌은 베트남이 라오인들을 부추겨 자신들에게 대항하도록 만드는 것을 우려해 위앙짠의 많은 라오인을 코랏고원으로 강제 이주시켰다. 이 지역에 라오인 인구가 갑작스레 증가하면서 그들의 활동 범위가 급속도로 확대되었다. 역사학자 그랜트 에번스Grant Evans는 이러한 현상을 '코랏고원의 라오화'라 표현했다.

위앙짠 정권이 괴멸된 뒤 루앙프라방은 싸얌의 눈치를 살피는 한편, 베트남과 중국에도 사절을 보내며 왕국의 독립을 유지하기 위해 노력했다. 1850년대에 루앙프라방은 베트남이 프랑스와 전쟁하는 데 몰두한 틈을 이용해 쩐닌 지역을 수복했다. 그리고 싸얌과 우호적인 관계를 유지하는 가운데 프라방 불상이 다시 라오스로 돌아왔다.

한편 이즈음에 중국 정세의 불안정이 루앙프라방을 위협하기 시작했다. 특히 남부 중국에서 발생한 태평천국 운동*이 문제였다. 1860년대부터 라오스로 밀려들기 시작한 태평천국 잔당은 비적匪賊으로 변신해 도처를 활보했고, 1870년대에 들어서는 수도까지 위협하는 지경에 이르렀다. 이 무렵에 싸얌은 서양 제국주의 세력의 압력에 대처하느라 라오왕국을 보호할 여유가 없었다.

1888년 루앙프라방은 어쩔 수 없이 프랑스를 새 후견국으로 선택했다. 1893년 10월 프랑스-싸얌 조약이 체결되었고, 이로써 싸얌은 루앙프라방에 대한 종주권뿐 아니라 위앙짠과 짬빠싹을 포함한 메콩강 좌안, 즉 동부 지역 전체를 프랑스에 할양했다. 루앙프라방은 비록 프랑스의 보호령이 되었지만, 라오스의 미래를 위한 중대한 실익도 거두었다. 이때 루앙프라방은 베트남의 속지였던 쩐닌 지역을 영구히 되찾았을 뿐 아니라, 라오의 합법적이고 유일한 왕실로 인정받아 그 명맥을 계속 이어갈 수 있게 되었다. 더욱이 이 무렵에 처음으로 '라오스Laos'라고 하는 정치적 실체가 만들어져, 프랑스 식민지 시대의 권역을 국토로 하는 오늘날의 독립 국가로 이어지게 되었다.[4]

---

* 아편전쟁 후 청 조정이 재정 위기를 극복하기 위해 농민에게 무거운 세금을 지우자, 이에 반발해 화남 지역에서 홍슈취안(홍수전洪秀全, 1814~1864)이 이끄는 태평천국 운동이 일어났다. 기독교의 영향을 받은 홍슈취안은 그리스도의 동생을 자처하며 상제회를 조직한 뒤 멸만흥한滅滿興漢의 기치를 내걸고 태평천국(1851~1864)이란 나라를 선포했다. 이들은 1853년 난징을 점령하고 토지를 균등하게 분배하는 제도를 실시했다. 하지만 중국의 혼란을 원치 않은 영국이 이끄는 다국적군이 1864년 난징을 함락하면서 태평천국 운동은 종말을 맞이했다.

꽁바웅

떠응우 이후 버마족의 왕조사를 이은 것은 알라웅퍼야(재위 1752~1760)가 세운 꽁바웅(1752~1885)이다. 1757~1759년 그는 하부 버마의 버고와 북부의 샨족 지역을 점령해 버마를 통합했다.

꽁바웅의 정치체제는 떠응우 시대의 것을 그대로 답습했다. 왕 아래 장관 회의체인 '흐룻도'가 있었고, 지방은 묘자 제도의 틀에서 '묘두지'가, 그리고 외곽의 이민족 지역은 '택두지'라 불린 세습 토호가 관할했다. 아직 장자 상속제 같은 체계적인 왕위 계승 제도가 확립되지 않은 가운데, 왕의 아들이나 형제 중에서 실력자가 왕위를 계승했다. 왕·귀족·평민·노예 등으로 이뤄진 계층 사회도 그대로 유지되었다. 남자가 일정 기간 승려가 되어 사원에서 교육받는 풍습도 변함없었다.

18세기 말부터 꽁바웅의 왕들이 국가 통합에 노력을 기울이면서 사회에 중요한 변화가 나타나기 시작했다. 우선 정통 불교의 형태를 표준화하려는 시도가 있었다. 왕이 선발한 고승위원회에서 달력의 개정, 종교 축제나 불교 교리 등의 표준화에 관한 토론이 진행되었다. 그 결과가 왕국 전역으로 전파되어 불교의 의식과 상징들이 통일되었다.

또한 이 무렵에 남부 버마의 몬족 지역이 현저히 버마화하면서, 범汎 버마 정체성이 형성되기 시작했다. 이전 버마족 왕조들은 몬족의 세련된 문화와 문물을 받아들이며 융화적인 통합을 시도했지만, 꽁바웅 시대에 들어서는 동화 정책이 추진되었다. 버마족의 남부 이주가 활발해지고, 이민족과의 결혼이 적극 장려되었다. 연극·음악·춤 등 버마족 대중문화에 대한 많은 기록이 수집·편찬되었다. 이 밖에도 유랑 극단

1차 영국-버마 전쟁(1824~1826) (J. Moore 그림)

의 공연을 통해 버마족의 법·풍습·위계질서·역사 등이 전국 각지로
전파되었다.

그러던 중 보도퍼야(재위 1782~1819) 재위기에 서쪽의 여카잉(아라
칸)·아쌈·마니푸르 지역에서 국경 분쟁이 싹트기 시작했다. 1811년
서부 버마 지역의 피후견국 중 하나인 여카잉의 수도 묘하웅에서 친빤
이 반란을 일으켜 버마족을 거의 몰살시킨 사건이 발생했다. 보도퍼야
의 군대는 여카잉 너머 당시 영국이 지배하던 인도 동부의 접경지인 치
타공까지 반란군을 추격했다. 이 때문에 영국과 버마의 관계가 극도로
긴장되었다. 그 후 두 나라 간의 관계는 국가의 경계가 명확한 서구식
피라미드 체제 국가와 그렇지 않은 동남아시아 만달라 체제 국가 간의
서로 다른 세계관이 충돌하는 전형적인 예를 보여주었다.

여카잉 지역은 버마의 종주권이 미치는 영향권이었는데, 이러한 영향권 개념은 국가의 분명한 경계선을 전제로 하는 통치권 개념에 익숙한 영국에겐 생소한 것이었다. 영국은 버마에 명확한 국경선을 설정하고 그 선을 준수할 것을 요구했지만, 거꾸로 버마에게 국경선이란 매우 낯선 개념이었다. 게다가 여카잉이 버마의 영향권에서 벗어나 영국과 후견-피후견 관계를 맺으려 했으니, 버마로서는 방관할 수 없는 상황이었다.

보도퍼야 시기에 양국은 신중한 태도를 취했다. 본격적인 충돌은 그의 아들 바지도(재위 1819~1837) 때 시작되었다. 버마가 더 적극적으로 서쪽으로 진출하여 아쌈과 마니푸르를 정복한 것이 발단이었다. 1824년 영국이 버마에게 전쟁을 선포해 이른바 1차 영국-버마 전쟁(1824~1826)이 발발했다. 명장 마하 반둘라가 결사 항전했지만 버마는 전쟁에서 패하고 말았다. 그 결과 1826년 2월 양더보 조약이 체결되었고, 버마는 조약에 따라 전쟁 배상금 100만 파운드를 부담하는 한편 여카잉과 떠닝다이 지역을 영국에게 양도해야 했다. 이때부터 양공(랭군)에 영국인 행정 관료인 주재관이 상주하게 되었다.

그러나 사실 국경 문제는 빌미일 뿐 영국은 애당초 다른 의도를 갖고 버마를 호시탐탐 노리고 있었다. 무엇보다 영국은 버마를 통해 중국의 배후 시장인 윈난(운남雲南)으로 들어가는 교통로를 확보하고 싶어 했다. 인도에서 멀라까해협을 지나 중국 동남부까지 항해하는 것보다는, 버마를 통해 육로로 들어가는 것이 중국 시장에 접근하기에 훨씬 가깝고 용이했기 때문이다. 또한 영국은 티크나무 숲과 루비 광산도 탐을 내고 있었다.

이즈음에 프랑스 역시 육로를 통해 중국 배후로 들어가는 길을 찾고 있었기 때문에, 영국은 버마에서 윈난으로 통하는 길에 대한 배타적 독점권을 서둘러 확보하고자 했다. 하지만 이에 버마는 좀처럼 응하지 않았다. 티크나무 숲과 루비 광산에 대해서도 꽁바웅 조정은 한 치도 양보하려 들지 않았다. 역사가들은 이러한 버마의 융통성 없는 대응을 태국의 개방 정책과 비교하기도 한다.

그렇다면 버마는 왜 중국으로 가는 통로 개방을 그토록 꺼렸을까? 그 원인은 무엇보다도 버마의 복잡한 인종 구성과 관련이 있다. 버마는 전체 인구의 과반이 되지 않는 버마족이 몬족을 비롯해 샨·꺼잉(까렌)·까친·여카잉 등 주변 소수민족을 통합해 유지하던 다인종 국가였다. 1차 전쟁과 2차 전쟁(1852~1856)을 통해 떠닝다이와 버고를 포함한 하부 버마가 영국의 지배 아래 들어가면서 꽁바웅 왕실의 권위가 크게 추락했다. 그런데 이때 상부 버마를 관통하는 길을 영국에 내줄 경우, 샨족을 비롯한 주변 소수민족들이 버마족 왕실에 도전하기 시작하면 왕실의 존속이 위태로워질 수밖에 없었다.

게다가 영국인들이 탐내던 티크나무와 루비는 왕실의 중요한 수입원으로서 국가 독점 품목으로 지정되어 있었다. 티크나무는 고급 가구나 선박을 만드는 최고급 목재로서 당시 유럽인들 사이에서 수요가 급증하고 있었다. 왕실이 이들 품목을 포기하는 것은 재정 손실뿐 아니라 왕실의 권위 실추를 의미하는 것이었다.

이처럼 중국으로 통하는 내지 통행권과 왕실 독점 품목을 넘기느냐 마느냐는 왕실의 존폐가 달린 중대한 사안이었다. 따라서 꽁바웅 조정은 태국에 비해 융통성을 발휘할 여지가 매우 적을 수밖에 없었다.

2차 영국-버마 전쟁으로 조정이 어수선한 틈을 타 쿠데타가 일어났다. 강경책을 고수하던 바간(재위 1846~1852)이 폐위되었고, 온건파의 추대를 받은 민동(재위 1853~1878)이 왕위에 올랐다. 역사가들은 민동 재위기를 근대 초기 '개혁의 시기'라고 평가하기도 한다. 민동 왕 시기에 많은 개혁 조치가 발표되었다. 근대 교육기관 설립, 유학생 파견, 공장 설립, 증기선 구입, 행정제도 개편, 다자적 국제관계 수립을 위한 외교 노력과 불교 종단 정화 등이 그것들이다.

하지만 그의 근대화 노력은 별다른 성과를 거두지 못했다. 민동은 조정이 불안정한 상태에서 왕실 독점 품목을 축소하고, 관세율을 낮추고, 영국 주재관의 위상을 격상하는 등 주로 왕실의 기득권을 대폭 포기하는 적극적인 유화 정책을 통해 정권을 유지했다. 한편 민동은 왕국의 독립을 지키기 위해 다자 외교 정책을 시도했다. 특히 중국으로 가는 통로를 개척하는데 혈안이 된 프랑스를 끌어들여 영국 세력을 견제하려 했다. 그러나 이 정책은 오히려 영국의 경계심만 자극해 민동의 입지를 약화하는 결과를 초래했다. 영국의 압력이 점차 강해지면서 그는 더욱 위축되어갔다. 재위 말기 그는 개혁보다 종교 활동에 더 치중한 듯한 모습을 보였다. 그의 후원으로 세계 불자 대회가 1872년 만들래(만달레이)에서 개최되었다.

민동 왕에 이어 버마의 마지막 왕 띠보(재위 1878~1885)가 즉위했다. 그는 왕위에 오르자마자 후계자의 왕위 계승을 위협할 수도 있는 잠재적 경쟁자들을 제거하려고 형제 및 친척 80여 명을 살해했다. 그의 살육극은 '민주주의와 하느님을 믿고, 버마 왕실이라는 거추장스러운 존재가 사라지기를' 바라던 영국인들에게 침략의 빌미를 제공하기에 충분했다.

해리 프렌더개스트 장군이 영국의 공격을 이끌었다. 이에 대항해 흘레 띤 어뜨윙윙이 왕국 방어를 맡았다. 1885년 12월 1만 대군을 이끌고 프렌더개스트가 양공을 점령했다. 띠보는 폐위되어 인도로 끌려간 뒤 1916년 그곳에서 사망했다. 결국 1886년 2월 26일 버마는 인도의 한 주州로 편입되었다.[5]

싸얌

단절 위기에 처했던 타이 왕조사는 딱신이 버마 군대를 몰아내고 톤부리 왕조(1767~1782)를 세우면서 재건되었다. 중국 광둥성 차오저우(조주潮州) 출신 아버지와 타이인 어머니 사이에서 태어난 딱신은 본래 이름이 '신Sin'인데, '딱Tak' 지방을 통치하던 인물이라 해서 '딱신Taksin'이라 불렸다.

일설에 따르면 그는 '재위 말기 불교적 명상을 통한 신비주의적인 체험을 추구하며 불교 군주로서 비정통적인 행동'을 보이고, 부친의 고향 사람들에게 '여러 가지 이권을 주고 고위 관직에 중용'하는 바람에 기존 관료 사회의 반발을 불렀다고 한다. 하여간 1782년 딱신은 쿠데타로 폐위되었고, 그의 부하 장군이었던 짜오프라야 짜끄리가 권력을 차지했다.

짜끄리는 수도를 방콕으로 천도하고 라따나꼬신 왕조(1782~현재)를 창건해서, 왕호와 국호를 각각 라마와 싸얌으로 정하고, 오늘날까지 그의 후손이 사용하고 있는 '라마'라는 왕호의 시조始祖가 되었다.

라마 1세(재위 1782~1809)는 우선 새 국가의 안정을 위해 개혁에 착수했다. 그는 도덕적인 부패가 아유타야 왕조의 멸망을 가져왔다고 생각하고, 국가의 도덕적 기강과 질서 회복에 무엇보다 역점을 두었다. 이를 위해 라마 1세는 불교 개혁을 단행했다. 왕실의 지속적인 토지 보시로 비대해진 상가를 정비하고, 1805년에《삼인법전三印法典》을 반포해 속인과 다를 바 없는 승려들의 타락상을 지적하며 개혁을 강조했다. 한편 그는 새 왕조의 정당성 확보를 위해 불교계의 지지를 얻으려는 노력도 병행했다. 그 일환으로 라마 1세는 19년에 걸친 불경 개정 작업을 펼쳐 1802년 불교의 우주론인《뜨라이푸미까따(삼계론三界論)》를 편찬했다.

수미산에 있는 인드라(제석천)의 궁전을 묘사한《뜨라이푸미까따》삽화

라마 1세 시기에 싸얌은 주변 왕국들과 전쟁을 치르며 영향권을 확장했고, 안보도 굳건히 다졌다. 1784년에 재개되어 2년 동안 지속된 버마 꽁바웅의 공격을 물리쳤으며, 란나 일대에 주둔하던 버마 군대를 1802년까지 모두 내쫓아, 오늘날 태국 북부 지역을 방콕 정부의 영향권에 편입했다. 또한 1785년 북부 말레이반도에 군사 원정을 감행해 빳따니에 대한 영향력을 강화했을 뿐 아니라, 이 지역의 네 술탄국 뻐르리스·끌란딴·끄다·뜨렝가누에 대한 종주권도 확보했다. 1794년에는 오늘날의 캄보디아 서북부 지방인 바땀방과 시엠립이 싸얌의 영향권에 편입되었다. 동쪽으로는 딱신 시대인 1778년에 이미 라오스가 태국의

피후견국이 되어 있었다.

싸얌의 통치 체제는 아유타야 시대와 유사했다. 왕을 정점으로 '칼라홈'과 '마하타이'라는 장관이 각각 군사와 민사를 관장했다. 이러한 중책은 왕의 측근으로 채워졌으며, 그들은 상호 혼인으로 연결되어 견고한 지배 가문을 형성했다. 17세기 초 태국에 정착했던 한 페르시아인의 후손인 분낙 가문이 대표적인 경우였다. 분낙 가문은 라마 1세의 정부에서 요직을 차지하기 시작했다. 라마 3세 때는 딧 분낙이 칼라홈과 재정 및 외국 무역을 관장하는 프라클랑을 겸직하며 왕위 계승에 관여하는 등, 라따나꼬신 왕조의 최고 실세 가문이 되었다.

라마 1세와 2세(재위 1809~1824), 3세(재위 1824~1851) 재위기까지 '초기 방콕 시기'로 불리는 약 반세기 동안 왕권의 안정은 싸얌의 경제적 번영으로 이어졌다. 이 시기에 싸얌의 국제무역을 주도한 것은 왕국의 지배층과 결탁한 중국인이었다. 중국인 집단은 중국과 직접 무역하는 데 핵심고리 구실을 했을 뿐 아니라, 영국의 자유무역항과 자유이민 정책에 힘입어 싱가포르가 동아시아 교역의 중심지로 급부상하면서 국제무역에서 더욱 큰 활약을 하게 되었다. 짜오프라야강 유역에서 생산된 쌀이 동남아시아 각 교역 중심지 및 중국 동남부 지대로 수출되었다.

이 시기에 뛰어난 문화 업적이 양산되었다. 불교 경전들이 새롭게 번역되었고, 인도 서사시 《라마야나》와 중국의 《삼국지연의三國志演義》를 비롯해 아시아 각국의 고전이 타이어로 재창조되었다. 특히 《라마야나》의 태국판인 《라마끼엔》은 총 102권으로 가장 길고 가치도 높은 작품으로 평가된다.

태국의 근대사를 논할 때 가장 중요한 관심사 한 가지가 다른 동남아시아 국가들과 달리 이 나라는 서구의 식민지배를 경험하지 않았다는 것이다. 그 중요한 원인 중 하나로, 태국이 두 유럽 세력, 즉 프랑스와 영국의 이해가 상충하는 지역에 놓여 있는 일종의 '완충지대buffer zone'였다는 점이 꼽힌다. 그러나 태국의 독립 유지는 다른 나라에서 찾아 볼 수 없는 내적 역량, 특히 밀려드는 서구 제국주의 세력의 위협에 직면해 타이 왕들이 발휘한 대처 능력의 결과라는 점을 간과할 수 없다.

몽꿋, 즉 라마 4세(재위 1851~1868)가 즉위한 다음 해인 1852년 영국은 버마와 전쟁을 시작했고, 마침내 승리했다. 여세를 몰아 영국은 홍콩 총독인 존 보링을 사절로 보내 싸얌을 압박하기 시작했다. 그는 도저히 받아들이기 어려운 조항들이 담긴 조약 문안을 타이 조정에 내밀었다. 이 문안에는 불평등 조약의 3대 요소인 협정 관세·치외 법권·최혜국 대우뿐 아니라 심지어 영국의 아편 무역을 허용하는 내용도 포함되어 있었다. 그런데도 1855년 몽꿋은 보링 조약에 저항 없이 서명했다. 조약으로 인한 왕실과 귀족들의 경제적 손실을 기꺼이 감수하는 대신, 왕은 어떤 형태로든 손실을 보상받을 방안을 강구했다. 예컨대, 아편·술·복권 판매와 도박장 운영 등에 대한 징세 청부제tax-farming*를 강화하여 세수를 늘리는 방침을 세웠다.

그 후 라마 4세는 프랑스·독일·미국·이탈리아·벨기에·덴마크 등과도 조약을 체결했다. 그는 조정의 각 부서에 새로운 서양 문물 도입을 장려하고, 서양 여러 나라에서 온 고문관을 활용했다. 그의 재위 기간에 유럽인 84명이 싸얌 군대의 장교, 경찰청장, 세관장, 항만청장 등

---

* 전통적으로 아편 등 제도권 밖의 특정 사업 분야에 대한 징세를 주로 중국인 징세청부업자tax-farmer에게 위임하던 제도.

몽꿋 왕(라마 4세) (John Thomson 사진)

으로 공직에 기용되었다. 이러한 다자 외교 정책은 서양 제국주의 세력들의 상호 견제를 유도하려는 것이기도 했다.

몽꿋에 이어 라마 5세로 즉위한 쭐라롱꼰(재위 1868~1910)은 개혁 군주로 유명하다. 그는 노예 제도와 자유민의 강제 노역을 폐지하고, 군대·세제·법체제 등을 현대식으로 개편했다. 또한 그는 보통교육 제도를 도입하고, 방콕을 중심으로 동서남북 사방으로 철도를 부설하고, 증기선을 도입했다. 당시 근대화의 일반적인 징후라고 볼 수 있는 개혁 정책이 군주의 자발적 노력으로 적극 추진된 것은 적어도 당시 아시아에서는 매우 드문 일이었다.

개혁을 위한 왕권을 강화하는 데 가장 큰 힘이 되어준 사람들은 쭐라롱꼰의 형제인 왕자들이었다. 그들 중 여러 명이 서양에 유학해 전통 교육과 서구 교육을 겸해서 받고, 왕실 보호와 싸얌 근대화에 대한 사명감과 책임감을 진지하게 공유한 젊은 세대였다. 이들은 국가의 행정·사법·문학·군대·기술 등 다양한 분야에서 태국의 근대화를 이끌었다. 근대 역사학의 발전에 공헌한 담롱 왕자, 외교 분야에서 활약한 데바윙지 왕자, 근대법 도입을 주도한 라비 왕자가 대표적인 예다.

라마 5세 시기에 싸얌의 영향권은 대폭 축소되었다. 란쌍에 대한 종주

권이 프랑스로 넘어갔고, 1909
년엔 북부 말레이반도의 네 지
역을 영국에게 할양했다. 이
시기에 태국은 판도가 가장 넓
었던 라마 3세 시기 영토의 반
을 서구 세력에 양도했다. 하
지만 엄밀한 의미에서 이는 영
토 할양이 아니라 단지 만달라
체제의 영향권에 대한 종주권
의 포기였다. 즉 군주들의 개

쭐라롱꼰 왕(라마 5세)과 왕세자

혁 노력에 더해 태국은 '살을 내주고 뼈를 지키는' 전략으로 독립을 유
지할 수 있었다.[6]

빳따니

1767년에 아유타야가 버마의 꽁바웅에 의해 멸망하자, 빳따니를 비롯
한 남부 태국의 여러 지역은 한동안 태국의 영향권에서 벗어나 있었다.
1782년 방콕에 라따나꼬신 왕조가 들어서고, 라마 1세가 팽창 정책을
추진함에 따라 빳따니는 다시 타이 조정의 통제를 받게 되었다. 이 무렵
북부 말레이반도의 술탄 왕국 네 곳, 뻐르리스 · 끌란딴 · 끄다 · 뜨렝가
누도 빳따니와 같은 운명에 처해 매년 싸얌에 조공을 바쳐야 했다.
1791~1808년 빳따니의 말레이계 무슬림들이 수차례 반란을 일으키

며 불교 왕의 지배에 저항했다. 1808년 타이 조정은 저항 세력을 약화하고 남부 지역을 안정시키고자 빳따니 지역을 7개 소주小州로 분리하고, 싸얌 왕에게 충성을 바치는 술탄 또는 라자(왕)를 임명했다. 그러나 1832년과 1838년 두 차례에 걸쳐 다시 반란이 일어났고, 싸얌은 반란을 강력하게 진압했다. 그 후 20세기 초까지 빳따니는 비교적 평온한 분위기를 유지했다.

1902년 쭐라롱꼰이 몬톤제(관구제管區制)를 도입해 중앙집권적 행정 제도를 수립하면서 빳따니의 상황은 새로운 국면을 맞게 되었다. 몬톤제에 따라 종전 7개 소주가 태국 고등판무관*이 관할하는 단일 관구로 통합되었다. 각 소주 통치자의 직책은 그대로 유지되었지만, 이제 그들은 빳따니에 상주하는 고등판무관의 지시를 받는 타이 주재관의 조언을 받아들여야 했다. 이는 영국이 1874년 말레이반도에 도입했던 주재관 제도와 유사하다는 점에서 흥미롭다.

이 제도 아래에서 빳따니의 세습 통치자들은 타이 조정의 녹봉을 받는 처지가 되어, 세금을 걷거나 노역을 부릴 권한을 박탈당했다. 게다가 그들이 연합해 저항하지 못하도록 싸얌은 1906년 빳따니를 다시 4개 주로 분할했다. 이러한 일련의 행정적인 변화는 빳따니 무슬림 사회에 큰 영향을 미쳤다. 무엇보다도 이는 이슬람 통치자들의 전통적인 지위와 권한을 크게 위축시켰다. 그리고 이러한 싸얌의 중앙집권적 제도 개혁은 결국 말레이계 무슬림에게 독립적인 자치정부 수립을 열망하는 분리주의 운동의 단초를 제공하게 되었다.[7]

---

* 중앙정부에서 파견한 서양식 관료로 총독보다는 중앙과 지방정부를 연결하는 외교관 직책에 가깝다.

2 도서부

마따람

18세기 후반, 마따람은 하멩꾸부워노 2세(재위 1792~1810, 1811~1812, 1826~1828)의 욕야까르따와 빠꾸부워노 4세(재위 1788~1820)의 수라까르따 왕국으로 나뉘어 대립하고 있었다. 그러는 동안 유럽에서 발생한 나폴레옹전쟁(1797~1815)의 파장이 인도네시아까지 밀려들면서 두 왕국은 새로운 위기를 맞이하게 되었다.

1795년 프랑스혁명의 여파로 네덜란드가 프랑스에 예속되자, 네덜란드의 빌럼 5세는 영국으로 탈출해 망명정부를 세우고, 런던의 거처인 큐에서 이른바 '큐 레터'를 통해 네덜란드동인도회사(VOC)에 모든 해외 영토를 영국에게 양도하라고 명령했다. 1796년 암스테르담에서 VOC를 관리하던 17인위원회가 해산되었고, 1800년 1월 1일에는 200년 가까이 서구 중상주의의 대표적인 상징이던 VOC가 공식 해체되었다. 하지만 자바에서 VOC는 당분간 그대로 남아 이전처럼 운영되고 있었다.

1806년 프랑스 황제 나폴레옹 보나파르트(재위 1804~1814/15)가 점령지에 친정 체제를 강화하고자 동생인 루이 보나파르트를 네덜란드 왕으로 임명하면서 자바와 네덜란드의 관계가 새 국면을 맞았다. 1808년 루이 보나파르트는 영국의 인도네시아 진출을 막고자 자바의 강력한 식민지화를 명령하고, 군인인 헤르만 빌럼 다엔덜스(재임 1808~1811)를 바타

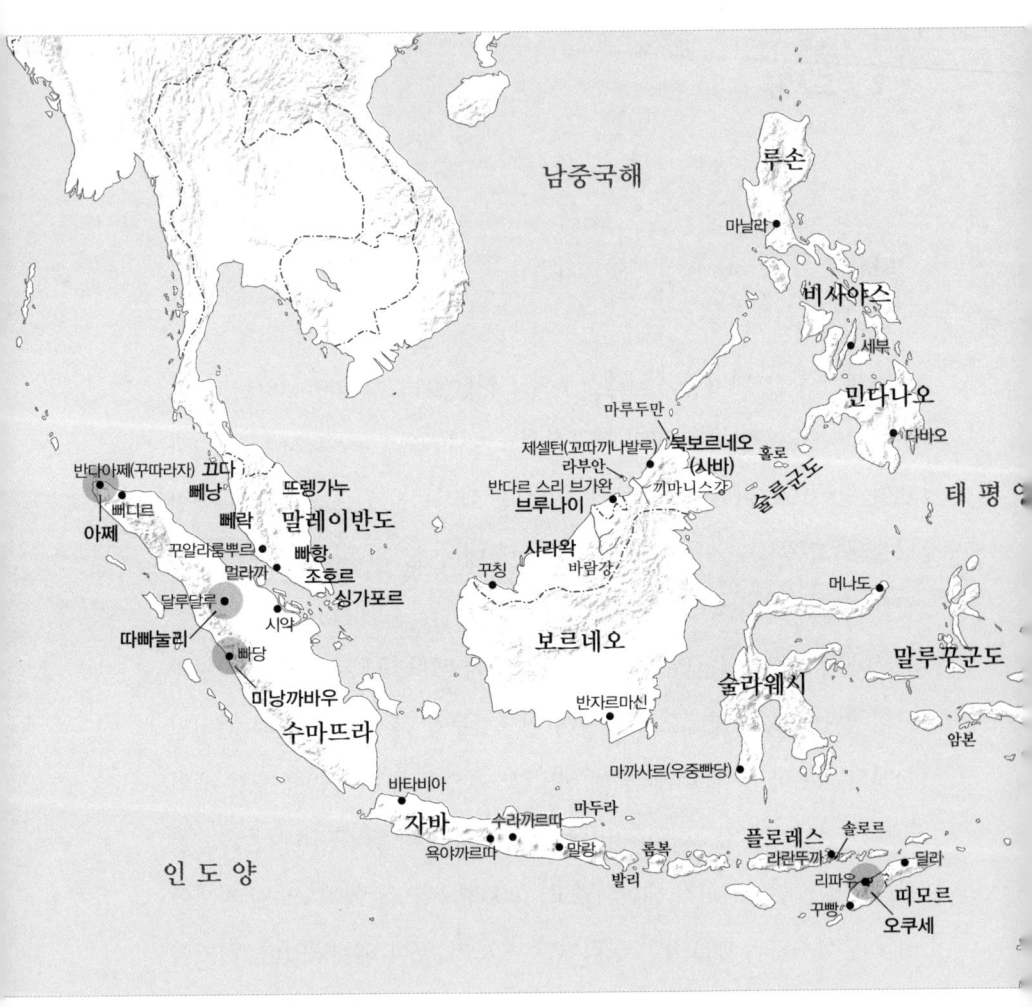

남중국해

루손

마닐라 ●

비사야스

세부 ●

민다나오

다바오 ●

마루두만 ○

제셀턴(꼬따끼나발루) ╲ 북보르네오 ╲ 홀로

반다르 스리 브가완 ╲ (사바)

브루나이 ╲ 라부안 ╲ 끼나바뚜강

술루군도

태 평 ○

반다아쩨(꾸따라자) 끄다

뻬낭

뻬락

빠항

꾸알라룸뿌르

멀라까

조호르

싱가포르

말레이반도

사라왁

꾸칭

바람강

머나도 ●

보르네오

말루꾸군도

달루달루

시악

따빠눌리

빠당

술라웨시

암본

미낭까바우

반자르마신 ●

수마뜨라

마까사르(우중빤당) ●

바타비아

인 도 양

자바

수라까르따 마두라

욕야까르따

말랑

발리

롬복

플로레스 솔로르

라란뚜까 ● 딜라

리파우 ● ╲ 띠모르

꾸빵 ● 오쿠세

식민지배 전야의 도서 동남아시아

비아 총독으로 임명했다.

다엔딜스가 욕야까르따와 수라까르따 두 왕국을 식민지로 간주함에
따라 네덜란드 주재관의 외교적 지위가 격상되었다. 본국 국왕을 대신해

식민지 통치에 직접 관여할 권한을 갖게 된 주재관들은 모든 의전에서 자바의 군주들과 동등한 대우를 요구했다. 이러한 격변과 압력에 직면해 정치·군사적 입지가 탄탄한 하멩꾸부워노 2세는 완강하게 버텼지만, 그렇지 못한 빠꾸부워노 4세는 순응하는 태도를 보였다.

바타비아 총독 헤르만 빌럼 다엔덜스(재임 1808~1811) (S. J. Rochard 그림, 암스테르담 국립박물관 소장)

1810년 욕야까르따 만짜느가라에서 라덴 랑가가 VOC에 대항해 소요를 일으켰다. 그는 하멩꾸부워노 2세의 매부로서 욕야까르따 조정의 은밀한 지지를 받고 있었다. 이 소요를 진압한 뒤 다엔덜스는 하멩꾸부워노 2세에게 주재관의 격상된 지위를 받아들이고, 라덴 랑가의 소요에 대해 책임질 것을 요구했다. 술탄이 그의 요구를 거절하자, 1810년 12월 다엔덜스는 군사 3200명을 이끌고 욕야까르따를 공격했다. 하멩꾸부워노 2세는 폐위되었고, 그의 아들 하멩꾸부워노 3세(재위 1810~1811, 1812~1814)가 새 술탄이 되었다. 이후에도 하멩꾸부워노 2세는 외세에 의해 등위와 폐위를 되풀이하는 수모를 겪었다.

이즈음 빌럼 5세의 큐 레터에 따라 영국이 인도네시아군도에 진출하기 시작했다. 암본·빠당·반다군도·멀라까 등은 빌럼 5세의 명령대로 별다른 충돌 없이 영국에 이양되었지만, 친프랑스 세력인 다엔덜스가 장악하고 있던 자바를 영국이 차지하려면 무력을 동원해야만 했다. 1810년 말 영국은 자바 정복에 돌입했다. 1811년 5월 다엔덜스가 얀 빌럼 얀선스(재임 1811)에게 VOC 총독직을 넘기고 바타비아를 떠났다. 8월 26일 영국은 바타비아와 그 주변 지역을 점령했다. 얀선스는 스마랑으로 퇴각하고, 9월 18일에 항복했다. 이 기회를 틈타 하멩꾸부워노 2세가 다시 왕위에 올랐다.

영국은 토머스 스탬퍼드 래플스(재임 1811~1816)를 자바 총독서리로 임명했다. 래플스는 앙시앵 레짐ancient regime(구체제舊體制), 특히 군주 제도를 반대하는 혁명주의자였다. 자연히 그는 하멩꾸부워노 2세를 탐탁지 않게 생각했고, 그들의 관계는 처음부터 냉랭했다. 1812년 6월 래플스는 네팔 구르카 용병을 포함한 군사 1200명을 동원해 욕야까르따 궁전을 포위했다. 이때 하멩꾸부워노 2세의 동생으로 자신의 아들을 왕위에 올리려는 나따꾸수마와 수라까르따의 빠꾸부워노 4세가 후방에서 영국을 지원했다.

하멩꾸부워노 2세는 또다시 폐위되어 말레이반도의 삐낭으로 유배되었고, 그의 아들 하멩꾸부워노 3세가 다시 왕위에 올랐다. 영국은 나따꾸수마에게 지원의 대가로 빠꾸알람 1세(재위 1813~1829)라는 칭호와 함께 광활한 영지를 할양했다. 이로써 외세에 의해 마따람에 또 다른 군주가 생겨났고, 이제 마따람은 세 왕국으로 분열되었다.

1816년까지 5년 동안 재임하는 동안 래플스는 여러 가지 개혁을 단행했다. 욕야까르따 세습 귀족의 영지를 몰수해 영국의 식민지에 합병하고, 그들의 시장세와 통행세 징수권을 박탈했다. 귀족들은 자신들의 징수권을 1세기 가까이 중국인 징세청부업자에게 위탁하고 있었다. 또한 래플스는 자본주의 시장경제의 기초를 마련하고자 토지세와 토지 임대차 제도를 도입했다. 그의 개혁 노력은 별다른 성과를 거두지 못했지만, 래플스는 근대 싱가포르를 건설하고 욕야까르따 보로부두르 사원을 재발견한 업적으로 동남아시아에 영원한 발자취를 남겼다.

1815년 나폴레옹전쟁이 끝나고 그 이듬해에 네덜란드의 왕정이 복고되자, 영국은 바타비아를 네덜란드에 반환했다. 이때부터 1825년까지 약 10년 동안 네덜란드가 자본주의 시장경제 도입을 적극 시도하면서 자바에 여러 가지 문제가 발생하기 시작했다. 유럽인과 중국인은 중부 자바에서 설탕 · 커피 · 후추 등 열대 환금작물 재배를 위해 넓은 지역을 임차했다. 이 과정에서 자바의 임대차 관습법이 흔히 무시되어 많은 농민의 반발을 샀다. 게다가 화폐경제의 도입으로 현금이 필요하게 된 농민들이 유통망을 장악한 상인, 특히 중국인에게 농산물을 너무 낮은 가격에 넘겨 피해를 입는 경우가 빈발했다. 그리하여 자바 농민 사회가 동요하면서 네덜란드 지배에 대한 불만이 증폭했고, 아편 사용도 늘어나 심각한 병리 현상이 되고 있었다.

이때 인도네시아 역사상 손꼽히는 위인인 욕야까르따 왕자 디뽀네고로가 등장했다. 술탄 하맹꾸부워노 3세의 장남인 그는 조부와 부친이 외세의 간섭으로 등위와 퇴위를 반복하는 가운데 각종 음모가 난무하는 궁정 생활을 좋아하지 않았다. 그래서 전통 이슬람 학교인 뻐산뜨렌에서 주로 생활하면서 자바의 고전 · 역사 · 이슬람 교리에 심취했다. 자바의 상황이 점차 악화되자 장자인 왕자로서, 그리고 이슬람 신비주의자로서 자바 사람들에게 인기 있었던 디뽀네고로 주위에 추종자들이 모여들기 시작했다.

이 무렵에 불길한 사건들이 잇따라 발생했다. 1821년 벼농사가 흉

디뽀네고로(1785~1855)

작이었고, 자바 전역에 콜레라가 만연했다. 그 이듬해에 하멩꾸부워노 4세(재위 1814~1822)가 사망하자 그가 독살되었다는 소문이 돌았다. 궁정에선 그의 세 살 된 아들 하멩꾸부워노 5세(재위 1822~1826, 1828~1855)의 후견인 문제로 심각한 논란이 벌어졌다. 1822년 말 머라삐화산이 대폭발했다. 이 모든 악재가 사회 불안을 더욱 증폭했다. 게다가 1823년 총독 판데르 카펠런 남작(재임 1816~1826)은 개인의 토지 임대를 금지했다. 이로 인해 그동안 토지를 임대해왔던 많은 세습 귀족이 수입원을 상실하고, 임대료로 받은 선금을 환불해야 하는 상황이 발생했다.

이러한 혼란 가운데 1825년 디뽀네고로가 봉기를 일으키자, 네덜란드의 개혁에 불만을 품고 있던 많은 농민과 귀족이 적극 동참했다. 왕자 29명 중 15명, 그리고 욕야까르따 부빠띠(군수) 88명의 중 41명이 봉기에 동조했다. 이슬람 사회도 적극적으로 나섰다. 특히 끼야이* 마자가 합류해 디뽀네고로 봉기의 정신적 지도자가 되었다. 봉기는 욕야까르따에서 발원해 곧 중부와 동부 자바 전역으로 급속히 퍼져나갔다.

이러한 상황에서 욕야까르따 왕실이 네덜란드를 지지하자, 디뽀네고로 세력의 증오는 술탄에게로도 향했다. 자바 동북부의 마두라도 네덜

---

* 동남아시아에서 메카를 순례하고 참다운 이슬람을 접하고 돌아온 사람에게 붙이는 칭호로, 자바에서는 성인을 의미한다. 또한 아랍어 울라마ulama와 거의 비슷한 의미로서 이슬람 지도자, 이슬람 학자, 뻬산뜨렌의 교사를 부르는 호칭이기도 하다.

란드 편에 섰다. 네덜란드가 자바 동맹 세력의 지원을 받고 있었음에도 디뽀네고로 세력은 1826년 말까지 중부 자바의 내륙 지방 대부분을 장악했다. 다급해진 네덜란드는 1826년 8월, 뻬낭에서 유배 생활을 하고 있던 디뽀네고로의 조부인 하멩꾸부워노 2세를 불러들여 다시 왕좌에 앉혔다. 그러나 1828년까지 디뽀네고로 세력의 기세는 누그러들지 않았다. 게다가 콜레라·말라리아·이질 등 역병이 돌아 양쪽 모두에게서 많은 희생자가 났다.

1828년부터 전세가 네덜란드 동맹 세력에 유리하게 전개되기 시작했다. 그 이듬해 4월에 끼아이 마자가 체포되면서 디뽀네고로 세력은 급격히 기세가 꺾이기 시작했다. 1830년 3월 디뽀네고로는 말랑에서 협상에 들어갔다. 네덜란드는 협상장에 나온 디뽀네고로를 체포해 마두라로 추방했다. 디뽀네고로의 봉기는 이렇게 끝나고 말았다. 그는 술라웨시의 마까사르로 이송되어, 1855년 그곳에서 생을 마감했다.

이 봉기의 와중에 네덜란드 쪽에선 군인을 포함해 약 1만 5000명이 희생되었다. 반면에 자바인은 최소한 20만 명이 목숨을 잃었다. 봉기가 끝난 후 네덜란드는 욕야까르따 왕실에 책임을 물었다. 그 결과 만짜느가라 지역 전부와 수라까르따 외곽 지역이 네덜란드 식민지에 합병되었다.

1825년부터 1830년까지 5년간 지속되었던 이 봉기를 '자바전쟁'이라고 부른다. 이 전쟁에서 군주와 지방의 많은 세습 귀족이 네덜란드 편에 섰다. 이때까지 인도네시아 사람들 대부분은 서구 제국주의 세력의 위협이 얼마나 큰 것인지 인식하지 못하고 분열된 채 위기의 순간에 기민하게 대응하지 못했다. 이 전쟁을 계기로 자바 전역에서 확고한 지배권을 장악한 네덜란드는 이제 이 지역을 발판 삼아 인도네시아군도 전역

으로 식민지 확장을 준비하게 되었다.[8]

수마뜨라

서부 수마뜨라의 미낭까바우 지역 전통 귀족 계층은 여러 세대에 걸
쳐 금을 생산하고 교역하며 부와 권위를 유지해왔다. 1780년대부터 금
의 공급이 원활하지 못하게 되자, 그들은 커피 · 빈랑고 등 열대작물 생
산과 교역에 관심을 기울이기 시작했다. 그런데 그동안은 무슬림 상업
계층이 주로 열대작물을 생산 · 교역하고 있었기에, 계약 방식과 이익
배분 등 관행의 차이로 갈등과 대립이 빚어졌다. 상업 계층은 자신들의
권익을 보호하기 위한 방패막이로 이슬람교를 적극 이용하기 시작했다.
그리하여 이른바 '빠드리운동'이 일어났다. 빠드리운동이란 19세기 초
아쩨의 항시인 뻐디르를 통해 메카로 순례 여행을 다녀오던 뻐디르 사
람들이 주축이 되었기 때문에 붙은 이름이다.

빠드리운동은 처음에 상업 계층의 권익을 보호하고자 하는 운동이었
는데, 19세기 중반 이후 메카 등 서아시아에서 확산하기 시작한 이슬람
개혁운동*의 영향을 받은 이슬람 개혁주의자들이 가담하면서 점차 미낭
까바우 전통 사회에 대한 개혁운동의 성격을 띠게 되었다. '빠드리주의

---

* 근대 이슬람 개혁운동의 선구자인 자말 알딘 알아프가니Jamal al-Din al-Afghani와 그의 후계자인 무함마드 압
두흐Muhammad Abduh는, 시대의 흐름에 따른 이슬람의 합리적 · 실용적 재해석과 국가의 사회개혁 의지가 개혁
의 관건이라고 주장했다. 특히 종교와 과학이 이슬람의 기반을 이루는 양대 근원이라고 강조한 그들의 사상과 이
론은 아랍세계뿐 아니라 멀리 말레이세계까지 교육, 신앙관, 사회적 생활윤리 등 무슬림 생활의 개선과 향상에 큰
영향을 미쳤다.

자'라고도 불린 그들은 도박, 닭싸움, 아편, 주류를 포함한 자극성 음료, 지나친 끽연 등을 즐기는 관습과 신앙 의무를 소홀히 하는 무슬림의 나태함을 비판했다. 대표적인 빠드리주의자로 뚜안꾸* 이맘 본졸을 들 수 있다. 이 운동을 통해 따빠눌리 남부 지역의 바딱인Batak人** 사회에 이슬람이 확산되었다.

빠드리운동은 때로 격렬한 대규모 유혈 사태를 빚기도 했다. 1815년 미낭까바우 지역의 따나다따르에서 빠드리주의자와 뺑훌루*** 세력이 물리적 충돌을 일으켜 전통 귀족이 다수 희생되었다. 이러한 가운데 프랑스혁명의 여파로 영국에 인도네시아를 양도하고 떠났던 네덜란드가 1819년 빠당에 돌아왔다. 이때 뺑훌루들은 네덜란드의 복귀를 적극 환영했고, 이러한 계층 간의 갈등과 반목은 빠드리주의자와 네덜란드의 충돌을 불가피하게 만들었다.

1821년 2월 뺑훌루 세력은 네덜란드의 미낭까바우 지배를 인정하는 조약에 서명했다. 그 직후 네덜란드는 빠드리주의자에 대한 공격을 시작했고, 이렇게 해서 발발한 빠드리전쟁(1821~1838)이 무려 17년 동안 지속되었다. 하지만 이 무렵 네덜란드는 자바전쟁(1825~1830)을 동시에 수행하고 있었기 때문에 빠드리전쟁에 모든 군사력을 집중할 수 없었다.

1830년 자바전쟁이 끝나자 네덜란드는 빠드리전쟁에서 우위를 점하기 시작했다. 1837년 이맘 본졸의 근거지가 함락되었다. 그는 항복하고

---

* '뚜안꾸'는 미낭까바우 사회에서 이슬람 교리를 가르치는 선생을 부르는 존칭으로, 아쩨에선 '뜽꾸Tengku'라는 호칭을 사용한다.
** 수마뜨라 북중부에 거주하는 오스트로네시아 계통의 인종집단으로, 바딱어를 사용한다.
*** 미낭까바우의 전통 귀족 관료 계층에 대한 호칭으로, 이는 자바의 '부빠띠Bupati', 아쩨의 '울레발랑Uleebalang'에 해당한다고 할 수 있다.

술라웨시의 머나도로 유배되었고, 1864년 그곳에서 생을 마쳤다. 빠드리전쟁은 1838년 말 달루달루에서 네덜란드의 승리와 함께 끝났다. 그 후 네덜란드의 통치가 미낭까바우와 따빠눌리 전역으로 확대되었고, 뼁훌루는 식민지 정부에서 급여를 받는 관료가 되었다. 중부 수마뜨라 대부분을 장악한 네덜란드의 다음 목표는 북부 수마뜨라의 아쩨 지역이었다.

19세기 초반 아쩨는 세계 후추 공급량의 절반 이상을 생산하고 있었다. 그러는 동안 유럽 세력들이 이 지역의 후추무역 경쟁에 하나둘 뛰어들면서 북부 수마뜨라는 점차 국제적인 갈등의 장이 되어갔다. 당시 아쩨에는 유능한 지도자인 뚜안꾸 이브라힘(재위 1838~1870)이 17세기의 전성기 이래 처음으로 확고한 세를 구축하고 있었다. 그는 네덜란드를 위시한 유럽 세력의 북부 아쩨 진출을 봉쇄하고, 나아가 네덜란드가 영향력을 넓히고 있던 남쪽으로 세력 확장을 꾀했다.

네덜란드가 이브라힘의 팽창 정책을 예의 주시하는 가운데, 1852년 아쩨의 한 밀사가 프랑스 황제를 알현했다는 소문이 돌았다. 다른 외세가 끼어들까 봐 다급해진 네덜란드는 1858년 동부 수마뜨라의 시악과 협약을 체결해 그 지역 일대를 장악했다. 이 협약은 시악의 영향권을 실제보다 광범위하게 설정해서, 영국이 관할하고 있던 몇몇 중요한 후추 무역항이 그 영역에 포함되도록 했다. 이에 불만을 품은 영국은 1863~1865년 시악 근방에 군함을 파견해 무력시위를 벌였다. 이러한 양국 간의 견제가 아쩨의 안위에 유리하게 작용했다.

하지만 이즈음에 영국의 정책이 바뀌면서 아쩨의 독립이 도전을 받기 시작했다. 유럽 열강들이 '면面의 지배'를 점차 가속하는 가운데, 영국은

아쩨전쟁(1873~1881)에 동원된 네덜란드왕국군 소속 암본 병사들

상대하기에 벅찬 프랑스나 미국보다 우방인 네덜란드가 아쩨를 차지하
는 편이 더 낫겠다고 판단했다. 그 결과 1871년 11월 체결된 영화조약*
에서, 영국은 수마뜨라에서 일절 손을 떼고 네덜란드에게 지배권을 넘기
기로 했다. 이는 곧 아쩨전쟁(1873~1881)으로 이어졌다.

1873년 초 싱가포르 주재 미국 영사와 아쩨의 밀사가 협약 체결을 위
해 비밀 회동을 한 사실이 알려졌다. 네덜란드는 이를 빌미로 그해 3월
군사 3000명을 동원해 아쩨왕국의 수도인 꾸따라자(지금의 반다아쩨)를 공
격했다. 이 전투에서 네덜란드는 장군 1명을 비롯해 80여 명의 희생을 치
르고 퇴각했다. 이제 네덜란드는 인도네시아군도에서 이슬람교 이데올
로기가 확고하며 막강한 무장도 갖춘 적을 본격적으로 상대하게 되었다.

---

* 영화조약이란 영국과 화란和蘭(네덜란드 즉 Holland의 한자 표기)이 맺은 조약을 말한다.

1873년 말 네덜란드의 2차 군사 원정이 시작되었다. 이 원정대는 인도네시아군도에서 네덜란드 원정사상 가장 규모가 큰 것으로, 정예군 8500명과 예비 병력 1500명이 동원되었다. 1874년 1월 원정대는 꾸따 라자를 점령하고, 술탄 통치 시대가 끝났다고 선언했다. 그러나 이 역사적인 승리가 아쩨인의 저항을 잠재우지는 못했다. 1881년 네덜란드는 전쟁 종식을 선언했지만, 이슬람교 지도자인 울라마*가 이끄는 게릴라의 끈질긴 저항이 지속되었다. 그들 중 가장 유명한 지도자가 뜽꾸 찍디 띠로였다. 그의 지도 아래 아쩨인의 저항은 지하드(성전聖戰)의 성격을 띠었다.

아쩨의 지속적인 저항에 직면한 식민지 정부는 당시 네덜란드 최고의 이슬람 학자인 크리스티안 스나우크 휘르흐론여와 군인 정치가인 판 회츠에게 자문해 문제 해결을 시도하려 했다. 스나우크 휘르흐론여는 1891~1906년 인도네시아 이슬람에 대한 식민정부의 고문으로 활약했다. 그는 어떠한 방법으로도 아쩨 무슬림의 '광신적인' 저항을 누그러뜨릴 수 없으므로, 아쩨를 원만하게 지배하려면 전통 귀족 계층인 울레발랑에 기대야 한다고 조언했다.

네덜란드는 울레발랑과 접촉하는 데 많은 노력을 기울였다. 예상대로 1903년경 많은 울레발랑의 협조로 아쩨에 안정적인 식민정부가 들어섰다. 그러나 아쩨 무슬림은 네덜란드에 대한 항쟁을 멈추지 않았다. 울레발랑이 식민정부에 협조함에 따라 그들과 이슬람 세력 간에 심각한 갈등이 일었고, 이는 2차 세계대전 이후 혁명기(1945~1949), 즉 독립전쟁

---

* 울라마는 '일름ilm(지식)을 가진 사람'을 뜻하는 아랍어인데, 여기서 일름(지식)이란 이슬람교의 지식을 말한다. 따라서 울라마는 본래 이슬람 학자를 가리키는데, 현재는 이슬람 지도자층을 지칭하는 용어로 쓰인다.

초기에 울레발랑에 대한 집단적인 학살극으로 이어졌다.

판회츠는 1904년부터 1909년까지 식민정부의 총독으로 재임하는 동안 인도네시아 전역에 대한 점령을 마무리했다. 아쩨를 끝으로 1910년 오늘날 인도네시아의 모든 지역이 네덜란드 식민정부의 지배권으로 편입되었다. 하지만 아쩨인의 마음속에서 전쟁은 결코 끝나지 않았다. 인도네시아 역사에서 아쩨전쟁의 종료 여부는 단지 해석상의 문제에 불과했다. 2차 세계대전 후 네덜란드가 인도네시아를 재정복하려 했을 때, 인도네시아군도에서 아쩨는 그들의 재진주를 허용하지 않은 유일한 지역이었다.[9]

발리

나폴레옹전쟁이 끝나고 1816년 네덜란드가 인도네시아군도로 복귀했다. 전쟁 중 인도네시아군도에 머무는 동안 이 지역에 무역 거점을 둘 필요를 느낀 영국은 1824년 영화조약을 통해 싱가포르를 확보한 뒤, 이를 교두보로 활발한 무역 활동을 전개하기 시작했다. 그러자 네덜란드 동인도회사(이하 VOC)는 영국이 발리나 롬복에 제2의 싱가포르를 건설하지 않을까 우려하며 발리에 대한 지배권 확보를 서둘렀다.

이 무렵에 동방의 물물교역에서 아편이 점차 노예를 대체하기 시작했다. 노예보다 아편이 조달하기가 더 쉬운 데다, 인도주의 차원에서 노예무역을 반대하는 기류가 강해졌기 때문이다. 결국 1830년대에 네덜란드는 발리의 노예무역을 전면 금지하기에 이르렀다. 하지만 발리의 왕국들

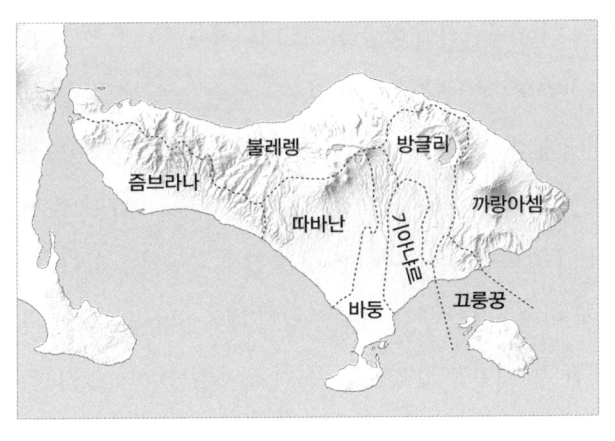

식민지배 전야의 발리

은 노예무역 금지 조치에 아랑곳하지 않았다. 게다가 밀수, 해적행위, 난파선 약탈 행위도 여전히 극성을 부렸다. 이를 빌미로 VOC는 독점 무역권을 확보하고 식민정부의 권위를 세우기 위해 발리와 조약 체결을 계획했다. 당시 발리에는 여러 군소 왕국이 존재했으나, 네덜란드는 편의상 위계가 가장 높은 왕 한 사람과 조약을 맺으려 했다. 끄룽꿍왕국이 대표가 되어, 내정간섭 불가를 조건으로 VOC와 조약을 체결했다.

　그러나 발리 왕국들의 밀수와 해상 약탈 행위는 그치지 않았다. 이러한 상황은 어느 정도 발리와 네덜란드 간 인식의 차이에서 비롯된 측면이 있다. 발리인에게 전통적으로 조약이란 의식儀式의 성격을 지닌 것으로, 체결 당사자들 간에 직접적인 교류가 끊길 경우 쌍방 간의 계약은 자연스럽게 효력을 잃고 파기되는 것으로 여겨졌다. 반면 네덜란드에게는 상호 간의 동의가 완전히 깨지지 않는 한 조약은 명백히 유효한 것이었다. 그리하여 발리의 왕국들은 조약 체결 후에 네덜란드가 접촉해오지 않자 조약을 무효로 간주했고, 반면 네덜란드는 이것을 계약 위반이자 책임 회피로 생각했다.

조약을 이행하지 않는 발리 왕들을 통제하고자 VOC는 왕위 계승 문제와 경계선 분쟁에 끼어들고, 자신들이 보기에 야만적인 관습을 금지하는 등 내정간섭을 하다가, 급기야 기존의 조약을 확대 해석하여 주권 양도를 요구하기에 이르렀다. 이에 분노한 발리 왕국들이 저항하자, VOC는 1846년 롬복을 시작으로 발리에 대한 무력 점령을 시작했다.

1846년부터 1908년까지 불레렝 · 즘브라나 · 바둥 · 따바난 · 끄룽꿍 왕국이 무력 투쟁에 패해 차례로 네덜란드의 지배하에 놓이게 되었다. 방글리 · 기아냐르 · 까랑아셈 왕국은 무력 저항 없이 항복했다. 그러나 점령 과정은 순탄치 않았다. 특히 끄룽꿍의 저항 투쟁은 장렬했다. 끄룽꿍의 발리인들은 네덜란드에 굴복하는 것을 거부했다. 그들은 1906년과 1908년 두 차례에 걸친 뿌뿌딴*을 통해, 호신용 단검인 끄리스만 가지고서 행군으로 네덜란드의 기관총에 맞섰다. 많은 발리인이 희생되었지만, 결국 발리는 네덜란드의 식민지배를 받게 되었다.[10]

띠모르

16세기 초 띠모르와 그 주위 도서 지역에 맨 처음으로 관심을 보인 유럽 국가는 포르투갈이었다. 포르투갈이 멀라까를 점령한 지 4년 뒤인 1515년, 도미니크수도회에 속한 포르투갈 사제들이 동남아시아에서 처음으로 띠모르와 그 인근 지역에 가톨릭을 소개했다. 그 후 1556년에 안토니우 타베이라 신부가 도착하면서 이 지역에 대한 선교 사업이 본격적으로 진행되었다. 10년 뒤 포르투갈은 띠모르 북쪽의 솔로르에 요새를 건설하고 백단향** 무역을 시작했다.

1613년에 네덜란드가 솔로르 요새를 점령하자 포르투갈은 플로레스로 이동해 라란뚜까에 새 요새를 건설했다. 그리고 그곳에서 포르투갈은 또빠세***라 불리는 인종집단과 동맹하여, 곧 라란뚜까와 띠모르 지역을 연결하는 백단향 무역망을 장악했다. 이 과정을 통해 또빠세 집단이 점차 띠모르에 정착하게 되었고, 1640년대에 이르러 그들은 띠모르에

---

* 외세에 최후의 한 사람까지 저항하다 영광스러운 죽음을 선택하는 발리인의 집단 자살 의식. 발리어로 '종료 finishing'를 의미한다.
** 백단향sandalwood은 은은한 향을 풍길 뿐 아니라 혈액 순환을 돕고 정신을 맑게 해주는 약재로도 쓰이는데, 당시 같은 무게의 금과 가격이 비슷했다고 한다.
*** 포르투갈 남성과 플로레스 원주민 여성 사이에 태어난 혼혈인과 그들의 후손으로 '검은 포르투갈인'이라 불리기도 한다.

서 정치·경제적으로 존재감을 드러내기 시작했다.

17세기 중엽 포르투갈은 또빠세 집단의 도움을 받아 띠모르섬 전체의 종교적·정치적 중심인 웨할리왕국을 점령했다. 그 후 18세기 초에 포르투갈은 마침내 서부 띠모르 오쿠세의 리파우에 정청政廳을 세우는 데 성공했다. 1701년 안토니우 코엘류 게헤이루가 초대 총독으로 파견되었고, 2년 뒤 안토니우 알부케르크 코엘류가 그를 이었다.

한편 1653년 서부 띠모르의 꾸빵을 점령한 네덜란드가 백단향 무역에 적극적인 관심을 보이기 시작했다. 이 무렵부터 19세기 초까지 약 150년 동안 또빠세·네덜란드·포르투갈·띠모르 왕들, 네 집단 간에 백단향 무역을 둘러싼 주도권 쟁탈전이 치열하게 전개되었다.

그들 간에 이합집산이 거듭되는 동안, 어떠한 세력도 압도적인 우세를 점하지 못했다. 띠모르 왕국들은 또빠세와 포르투갈 세력에 대항해 이따금 반란을 일으켰지만, 네덜란드에 대항하기 위해선 그들과 연합했다. 또빠세 집단은 부분적으로 포르투갈인의 후손이지만, 네덜란드에 대항할 때만 포르투갈과 연합했다. 자신들의 최대 관심사인 백단향 무역이 위협을 받을 때 그들은 띠모르 왕들과 합세해 포르투갈에 맞서 싸웠다. 포르투갈이 또빠세 집단과 싸우기 위해 네덜란드와 손잡는 상황도 벌어졌다.

1769년 8월 11일 포르투갈 총독 안토니우 조즈 텔르스 드메네즈스가 또빠세 집단에 의해 리파우에서 쫓겨났다. 이 사건을 계기로 포르투갈은 오늘날 동띠모르의 수도인 딜리에 새 정청을 세웠다. 딜리를 거점으로 포르투갈은 동띠모르의 내륙 왕국들을 무력으로 점령하기 시작했다. 하지만 그들은 포르투갈의 통제를 순순히 받아들이려 하지 않았다.

1847년부터 1923년까지 수많은 저항 봉기가 발생했고, 포르투갈은 60차례 이상 진압 원정에 나서야 했다.

19세기 중반에 띠모르는 꾸빵과 딜리의 두 유럽 세력에 의해 동서로 양분되기 시작했다. 1846년, 포르투갈이 확보하고 있던 웨할리왕국의 영토를 획득하기 위해 네덜란드는 과거 웨할리 왕과 체결했던 파라비시니 협약을 근거로 협상을 제의했다. 그러나 포르투갈은 이를 거부했다. 5년 뒤 포르투갈의 딜리 총독인 리마 로페스가 본국 정부의 공식 승인도 없이 띠모르의 식민지 경계 구분을 네덜란드와 임의로 합의해버렸다. 사실 이 협상은 리스본 정부의 승인 없이 이뤄졌기 때문에 법적으로 문제가 될 소지가 있었다. 그러나 양국은 로페스의 합의를 토대로 경계 구분 협상을 계속했고, 1854년 양국 정부가 공식 합의에 이르러 1859년에 원안대로 비준되었다. 이로써 띠모르섬의 여러 전통 왕국들은 동서로 나뉘어, 네덜란드 혹은 포르투갈의 지배 영역으로 편입되었다.

하지만 두 유럽 세력의 인위적인 경계 구분은 여러 문제를 내포했다. 첫째, 동서 양쪽의 영토로 에워싸인 고립 지역에 대한 관할권 문제가 제기되었다. 둘째, 경계 개념이 불분명한 만달라 구조의 토착 왕국들 간에 전통적인 영향권 주장이 끊이질 않았다. 이러한 문제를 해결하기 위해 네덜란드와 포르투갈 정부는 세 차례나 더 협상을 벌여야 했다. 마침내 1916년 8월 17일 헤이그에서 띠모르섬의 경계 구분을 확정하는 조약이 체결되었다. 이로써 띠모르와 띠모르 사람들은 자신들의 의지와는 전혀 무관하게 동서로 나뉘게 되었다.[11]

말레이반도

18세기 후반부터 북부 말레이반도의 _끄다_는 싸얌(태국)의 지속적인 침략 위협에 시달렸다. _끄다_는 1년에 세 번씩 금꽃과 은꽃을 싸얌에 보내 충성을 표했다. 하지만 이 같은 외교적 노력이 _끄다_의 안전을 보장해주지는 못했다. _끄다_의 안위는 싸얌의 라마 1세가 팽창 정책을 추진하던 18세기 말에 특히 위태로웠다. 이에 압둘라 2세(재위 1778~1798) 술탄은 삐낭섬을 양도할 테니 _끄다_를 보호해달라고 영국에 제의했다. 이로써 1786년 영국이 삐낭을 교두보로 말레이반도에 첫발을 내딛게 되었다. _끄다_ 술탄은 1800년 삐낭섬 건너편 땅(웰즐리주province wellesley)도 영국에 내주었다.

얼마 후 영국에게 또 한 번 뜻하지 않은 기회가 찾아왔다. 1795년 프랑스군의 침공을 받고 영국으로 망명한 네덜란드 왕이 해외 식민지를 영국에게 양도하는 사태가 발생했다. 이때 영국은 네덜란드령 멀라까를 인수했다. 하지만 전쟁이 끝나자 영국은 1814년 네덜란드와 맺은 런던 협정에 따라, 1816년 종전의 네덜란드 식민지를 모두 반환했다. 그러자 그동안 네덜란드의 보호무역에서 벗어나 있었던 영국의 지방무역country trade 상인들*이 멀라까해협 남방에 영국 선박이 자유로이 다닐 수 있는 항구

---

* 대략 17세기 중엽에 중국의 찻잎이 영국에 전해진 뒤 한 세기가 지나면서 홍차는 영국의 국민 음료로 자리를 잡았다. 그러자 찻잎 수입으로 인해 영국의 은이 대거 유출되는 사태가 발생했다. 이를 막을 방편으로 영국은 캘커타에 있는 동인도회사를 정점으로 중국의 차-인도의 아편-영국의 면직물을 거래하는 이른바 '삼각무역'을 벌였다. 하지만 중국 찻잎에 대한 지불 수단으로 은 대신 아편을 사용하는 것은 법적인 문제가 발생할 소지가 있었다. 이를 피하기 위해 동인도회사는 '지방무역'이라는 형태를 취했다. 본래 지방무역은 동방 무역에서 다른 유럽 국가들의 상관商館과 마찰을 피하기 위해, 동인도회사의 사원이 회사가 아닌 개인 자격으로 자기 자본을 들여 상품을 거래하는 일종의 민간 자유 무역이었다. 1750년대 이후 중국 찻잎 수입이 비약적으로 늘면서 동인도회사는 지방무역의 활성화를 위해 전문 민간 상사商社의 참여를 허용했다. 1813년 동인도회사의 인도 무역 독점권이 폐지된 후 인도 · 중국 · 동남아시아에서 지방무역상들의 비중이 더욱 커지게 되었다.

토머스 스탬퍼드 래플스(1781~1826) (James Thomson 그림, 런던 국립초상화미술관 소장)

를 확보해달라고 적극적으로 요구하기 시작했다. 결국 영국동인도회사(이하 EEIC)는 그들의 끈질긴 요청을 받아들여, 1818년 3월 토머스 스탬퍼드 래플스에게 새 식민지 건설을 허락했다. 이때 래플스가 관심을 쏟은 곳이 바로 말레이반도의 남단에 위치한 싱가포르(뜨마섹)다.

1819년 1월 28일 래플스는 어부와 오랑 라웃(바다 유목민)을 포함해 1000여 명이 살고 있는 한적한 어촌 마을인 뜨마섹*에 첫발을 디뎠다. 그리고 1월 30일 래플스는 싱가포르를 관할하던 조호르의 뜨멍궁과 예비협정을 맺었다. 이어 2월 6일에 술탄과 영-말레이 동맹조약을 체결함으로써 싱가포르에 상관商館을 개설하는 데 성공했다. 근대 싱가포르의 역사가 이렇게 시작되었다.

하지만 조호르의 영향권에 속한 싱가포르를 자신들의 관할지로 여기고 있었던 네덜란드가 반발했다. 영국 정부는 네덜란드와 분쟁을 일으키고 싶지 않았지만, 그렇다고 지방무역상들이 자유무역항을 강력히 요구하는 만큼 싱가포르를 포기할 수도 없었다. 이때 EEIC의 해법은 싱가포르 문제를 런던 정부의 손에 넘기는 것이었다. 런던과 헤이그 정부는

---

* 싱가포르는 마자빠힛왕국의 역사서인 《나가라꺼르따가마》(1365)에 처음 '뜨마섹Temasek(어촌)'으로 등장한다. 원나라 말 왕대연汪大淵이 기록한 《도이지략島夷誌略》의 〈용아문龍牙門(싱가포르해협)〉 장엔 싱가포르가 '단마석單馬錫'으로 거명된다. 싱가포르는 대략 14세기 말부터 '싱아뿌라Singapura(사자의 도시)'라고 불렸는데, 어떻게 해서 뜨마섹이 싱아뿌라로 바뀌어 불리게 되었는지는 알려지지 않았다.

싱가포르 문제를 놓고 교섭을 시작했다.

1819년부터 1823년까지 양국 간의 외교적 교섭이 진행되는 동안 래플스가 싱가포르를 관장했다. 이 기간에 싱가포르는 탁월한 입지 조건에 힘입어 동남아시아의 새 무역 중심지로 빠르게 자리를 잡아갔다. 항만·조선소·창고·경찰서·재판소·상점·시장·교회·극장·학교·식물원 등이 건설되었다. 주민의 거주 지역은 인종별로 나뉘었고, 영국 법에 기초한 법 제도가 도입되었다. 가장 주목할 만한 사건은 이 기간에 싱가포르 상업 발전의 미래를 결정지은 두 가지 원칙, 무관세 자유무역과 자유이민 정책이 확립된 것이었다. 그 결과 대대적인 이민, 특히 중국인의 유입과 함께 싱가포르는 불과 몇 년 만에 바타비아·뻬낭·멀라까 등을 압도하는 국제무역항으로 성장했다.

1824년에 두 가지 조약이 체결되었다. 3월에 체결된 영화조약은 오늘날의 멀라까를 포함한 말레이반도·싱가포르와 인도네시아군도를 각각 영국과 네덜란드의 영역으로 구분했다. 그 결과 영국령 말라야와 네덜란드령 동인도라는 두 식민지 세력권이 형성되었다. 이 조약은 뒤에 말레이세계가 오늘날의 인도네시아와 말레이시아 두 국민국가로 나뉘는 결정적인 단초를 제공했다는 점에서 근·현대 말레이세계 역사의 가장 획기적인 사건이 된다. 같은 해 8월에 래플스의 후임자인 존 크로퍼드가 말레이 술탄과 영-말레이 우호조약을 체결했다. 이 조약으로 영국 동인도회사는 싱가포르와 인근 해안 10마일 이내의 모든 섬을 할양받게 되었다. 이후 1826년 말 싱가포르는 뻬낭·웰즐리(오늘날 뻬낭주의 쁘라이 Prai)·멀라까와 함께 '해협식민지'로 통합되었다.

이 무렵 영국의 주 관심사는 무역로 장악이었고, 특히 중요한 것은 '중국으로 가는 길'이었다. 이미 싱가포르 점령을 통해 그 목적을 달성한 영국은 말레이반도 내륙을 통해 중국으로 들어갈 일이 없었다. 1826년 이후 영국은 말레이세계에서 술탄국들 간의 분쟁에 휘말리거나, 자칫 우방인 네덜란드와 충돌을 야기할 수 있는 영토 확장을 회피하는 정책을 일관되게 유지했다. '전진 운동forward movement' 대신에 영국은 무관세 자유무역항과 자유이민 정책을 통해 해협식민지를 다른 지역보다 사업상 편리하고 이익이 많이 나는 투자처로 만드는 데 몰두했다.

하지만 19세기 후반 사업 환경의 변화와 영국 상업 세력의 끈질긴 요청에 따라 말레이반도를 향한 영국의 전진 운동이 탄력을 받기 시작했다. 그 변화의 중심에는 주석이 있었다. 주석을 포함해 말레이반도에서 생산되는 수출 품목을 확보하는 것이 해협식민지의 사업에서 점차 중요한 비중을 차지하게 되었다. 특히 주석을 이용한 양철 제조 기술이 발전하고 수요가 증대함에 따라, 말레이반도의 주석 광산이 커다란 수익을 올리게 되었다. 특히 미국의 남북전쟁(1861~1865)이 발발하면서 주석 판매가 급증했다. 그 결과 해협식민지와 말레이반도의 경제적 유대가 점차 긴밀해졌다.

이즈음 말레이반도의 주석 광산에서 심각한 정치·사회적 소요가 빈번히 발생했다. 주석 광산의 운영에는 세 집단이 관련되어 있었다. 첫째는 주석 광산을 소유한 술탄, 둘째는 그것을 운영하는 영국 자본가들, 셋째는 주석 광산에서 일하는, 주로 남부 중국 출신인 쿨리(노동자)였다.

술탄의 관할권 밖에서 '까삐딴 찌나(중국 캡틴)'라 불리는 우두머리가 쿨리 집단을 독자적으로 통제하고 있었다. 쿨리가 급증해 출신지별로 파벌을 조성하면서 그들 간에 분쟁이 빈발했다. 거기에 비밀결사secret society까지 종횡으로 엮여 파벌 다툼이 우려할 정도로 심각했다. 이러한 가운데 아홉 술탄국 간에는 분권의 식parochialism이 강한 까닭에 말레이반도 전반의 정치적 안정을 유지·통제할 수 있는 강력한 중앙 세력이 부재했다. 게다가 주석 광산을 둘러싼 중국인 파벌 간 분쟁에서 말레이 통치자들은 자신들의 이권에 따라 특정 세력을 지지하는 태도를 취했다. 그 결과 주석 광산이 개발된 주

'까삐딴 찌나' 얍아로이Yap Ah Loy(1837~1885)

들의 정치적 상황이 실로 혼란스러운 양상을 띠게 되었다.

그러자 안정적인 투자를 바라는 자본가들이 영국 식민 당국의 개입을 강하게 요구하고 나섰다. 술탄들과 중국인 지도자들도 그들의 의견에 동조했다. 해협식민지의 영국 관료 입장에서도 배후지의 정치적 불안정이 미칠 영향을 우려하지 않을 수 없었다.

1870년대에 들어 말레이반도 북서부 뻬락에서 중국인들의 소요가 극에 달했다. 그러자 뻬락의 술탄 라자 압둘라는 새로 부임한 해협식민지 총독 앤드루 클라크에게 사태 진정을 요청하는 서신을 보냈다. 관련 당사자들이 뻬락의 빵꼬르섬에서 회합을 열었다. 1874년 1월 빵꼬르 조약에 따라 라자 압둘라는 영국의 주재관 파견에 동의했다. '이슬람과 말레이 전통에 관한 제반사를 제외하고' 주재관은 뻬락의 행정 전반에 대해 술탄에게 조언할 수 있다는 조건이었다.

삐락의 술탄 라자 압둘라(1842~1922)

이 조약을 기점으로 영국은 1896년 뻬락·슬랑오르·빠항·느그리 슴빌란 네 주를 묶어 연방말레이주를 탄생시켰다. 1909년 싸얌과 조약을 맺고 말레이반도의 북부에 위치한 네 주, 끌란딴·뜨렝가누·끄다·뻐르리스에 대한 지배권을 확보한 뒤, 1919년에 영국은 반도 남단의 조호르와 함께 비연방말레이주를 결성했다. 20세기 초 영국령 말라야가 이렇게 완성되었다.[12]

브루나이

19세기 초 유럽 상업 세력의 무역 독점과 해적의 극성으로 무역량이 급감한 탓에 브루나이 왕실과 귀족들은 세수 부족에 시달렸다. 이 같은 상황은 백성에 대한 학정과 착취로 이어져 잦은 반란을 초래했다. 그러면 조정은 외부 세력을 끌어들였고, 반란 진압에 기여한 이방인 세력에게 임대 형식으로 토지를 양도하는 것으로 사태가 귀결되었다. 또한 왕위 계승 다툼과 귀족들의 권력 투쟁으로 인한 내란이 발생하면 그들은 어김없이 이방인 세력을 끌어들였고, 사태 수습의 대가는 역시 그 세력에게 토지를 양도하는 것이었다. 이러한 악순환이 19세기 내내 공식처럼 반복되는 동안 브루나이는 점차 소왕국으로 축소되어갔다.

1828년 오마르 알리 사이푸딘 2세(재위 1828~1852)가 브루나이 제23대 술탄이 되었다. 그는 곧 뻥이란 인데라 마흐꼬따에게 사라왁에 대한 지배권을 부여했다. 하지만 이 지역에서 소요가 끊이질 않았다. 분란은 주로 왕실의 세수 확보를 위한 인데라의 학정과 착취에서 비롯되었

사라왁의 백인 왕 제임스 브룩(1803~1868) (Francis Grant 그림)

다. 그는 낮은 임금으로 다약인* 원주민들을 안티몬 광산의 노동자로 부리고, 현지에서 말레이 상인들이 하던 무역을 독점해 그들의 불만을 샀다. 1835년 말레이인 상인들과 함께 다약인들이 대규모 반란을 일으켰다. 이 소요가 한창이던 1839년, 제임스 브룩이 브루나이와 외교 관계를 맺고자 하던 싱가포르 영국 총독의 친서를 오마르 알리 술탄에게 전달할 임무를 띠고 브루나이에 왔다.

오마르 알리는 사돈인 뻥이란 우숩의 강권에 따라, 븐다하라(재상)인 뻥이란 무다 하쉼을 꾸칭으로 보내 반란을 진압하도록 했다. 이는 사실 무다 하쉼의 븐다하라직을 차지하려 한 뻥이란 우숩의 음모였다. 소요가 진정될 기미를 보이지 않자, 무다 하쉼은 제임스 브룩에게 도움을 청

---

* 다약인은 보르네오섬의 비무슬림 토착민 중 최대 인종집단으로, 말라요-폴리네시아어족에 속한 언어를 사용하는 다양한 토착 종족을 포함한다. 예컨대 바다 다약인Sea Dayak은 이반족Iban을 가리킨다.

했다. 보르네오 무역에 대한 영국 해협식민지 정부의 관심 덕분에, 브룩은 영국 해군의 협조를 어렵지 않게 얻어낼 수 있었다. 내란을 진압한 대가로 1841년 오마르 알리는 제임스 브룩에게 꾸칭 일대를 양도했다. 뺑이란 우숩의 강한 반대를 무릅쓰고, 브룩을 통해 영국의 보호를 받기 원했던 오마르 알리는 그해 7월에 그를 사라왁의 총독 겸 왕으로 임명했다. 이렇게 말레이세계에 유례없는 백인 왕이 탄생하게 되었다.

전통 방식에 따라 오마르 알리는 토지를 양도받은 제임스 브룩을, 단지 술탄에게 매년 세금을 일정액 바치는 조정 관료로 간주했다. 그러나 백인 왕의 생각은 달랐다. 일단 사라왁에 교두보를 마련한 이상 그는 지속적으로 영토를 팽창하려는 야심을 품고 있었다. 사라왁 양도를 시작으로, 보르네오에서 거듭된 내란의 와중에 브루나이의 지배 영역이 점차 백인 왕에게 넘어갔다.

뺑이란 우숩에 의해 조정에서 밀려난 무다 하쉼이 제임스 브룩에게 도움을 요청했다. 그는 오마르 알리의 내정된 후계자였지만 조정의 정적들을 감당할 만한 힘이 없었다. 1844년 그는 영국 군함을 타고서 제임스 브룩과 함께 수도로 귀환해 브다하라에 복귀했다. 그 대가로 사라왁을 브룩 가문의 사유지로 전환하는 조약이 체결되었다. 이로써 제임스 브룩은 자신의 후계자들에게 사라왁을 대물림할 수 있게 되었다. 또한 술탄은 궁극적으로 보호조약 체결을 기대하며 영국과 무역 관계를 맺었다. 게다가 술탄은 백인 왕이 해적을 진압하는 데도 동의했다. 그 후 보르네오에서 제임스 브룩의 모든 군사 작전은, 해적의 노예사냥과 노예무역을 금지하고 그들을 '개화'시키는 도덕적인 행보로 정당화되었다.

브다하라 무다 하쉼은 영국과 거래해서 이득을 본 소수 귀족을 제외하고는 조정에서 거의 지지를 받지 못했다. 그러던 중 1846년 초 그와 그의 인척들이 술탄의 서자인 뺑이란 아낙 하쉼과 하지 사만에게 살해되고 말았다. 제임스 브룩은 이를 자신에 대한 간접적인 공격으로 간주하고, 항의 표시로 영국 군함 7척을 브루나이강으로 보냈다. 이 사건을 계기로 그해 12월 브루나이는 영국에 라부안을 양도하는 협정을 체결했다. 그 이듬해 양국은 우호통상조약을 체결했다. 이에 따라 브루나이 술탄은 향후 자신의 보르네오 영지를 외부 세력에 양도하는 조약을 체결할 때 반드시 사전에 영국의 승인을 얻어야 했다.

백인 왕은 라부안에 중국인 상인들을 유치하기 시작했고, 그들이 싱가포르와 말레이반도에서처럼 식민정부에게 최소한의 협조를 받아 지역경제를 크게 활성화하기를 희망했다. 중국인들이 그 기대에 부응하자, 세입에 목마른 브루나이 귀족들도 그들에게 세금 징수권과 무역 독점권을 양도했다. 브루나이 수도에서도 점차 중국인들이 말레이 상인들을 대체했다. 결국 19세기 말 브루나이에서 경영할 수 있는 사업 대부분이 중국인의 손으로 넘어갔고, 이러한 현상은 오늘날까지 이어지고 있다.

1852년 귀족 출신 부인에게서 후계자를 보지 못한 채 오마르 알리 술탄이 사망하자, 왕위 계승 다툼으로 왕실 내 당파 싸움이 폭발 직전에 이르렀다. 제임스 브룩은 그동안 쌓아온 정치적 영향력을 이용해 귀족들에게 고관직을 제의하며 븐다하라인 뺑이란 압둘 무님(재위 1852~1885)을 술탄으로 등위시키는 데 성공했다.

이제 왕실과 귀족 집단에게 한층 강력해진 영향력을 바탕으로 백인 왕은 영지 확장 협상을 더욱 거침없이 이어나갈 수 있게 되었다. 백인 왕의 이러한 행보가 다른 유럽 세력들과 마찰로 이어질까 봐 영국 정부가 우

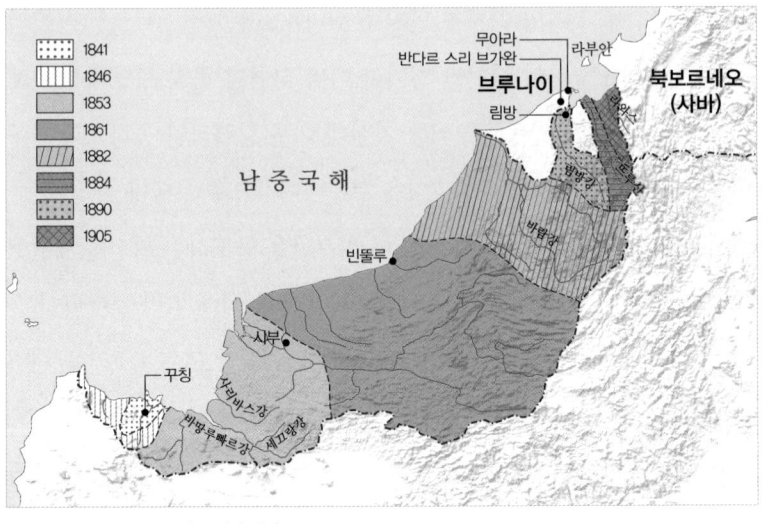

1841~1905 브루나이의 영토 이양 과정

려할 때마다, 브룩 가문은 야만적인 머리 사냥head-hunting · 해적 · 노예무역 근절을 그 명분으로 내세웠다. 사라왁의 백인 왕이 영토를 점차 넓히는 동안, 브루나이왕국의 지배 영역은 그만큼 줄어들었다. 별다른 수입원이 없던 왕실과 귀족들은 백인 왕이 제공하는 연간 세입을 기대하며, 소국으로 전락해가는 왕국을 속수무책으로 바라보는 처지가 되었다.

1863년 제임스 브룩은 광활한 사라왁 지역을 조카인 찰스 브룩에게 물려주었다. 그 후 소소한 소요 사태가 끊이지 않았으나, 이 무렵 백인 왕에 대한 브루나이 토착 세력의 저항은 거의 무력해졌다.

브루나이왕국의 영향권이 북부 보르네오섬의 서부 해안 지역에 한정되어 있는 동안, 북보르네오(지금의 사바)를 포함한 동부 해안 지역 대부분은 사실상 방치되어 있었다. 이 지역에선 술루군도의 오랑 라웃(바다 유목민)이 특정한 세력의 간섭 없이 자유롭게 활동하고 있었다.

1865년 미국은 15년 전에 브루나이와 조인했던, 사문화한 통상조약을 되살려, 찰스 모시스를 북보르네오의 영사로 임명했다. 그해 압둘 무님 술탄과 찰스 모시스는 북보르네오를 미국에게 10년 임대하는 계약을 체결했다. 모시스는 이 지역에 아메리카무역회사를 설립했다. 이를 통해 압둘 무님은 단지 금전적인 이득을 보는 데 그치지 않고 사라왁 백인 왕의 영토 확장을 저지할 수 있기를 기대했다.

하지만 그들의 임대계약은 브루나이 영토에 대한 국제적인 영유권 분쟁을 촉발했다. 전에 브루나이 술탄에게 북보르네오의 끼마니스 일대 지역을 할양받았던 술루왕국이 종주권을 주장하고 나섰다. 아메리카무역회사는 끼마니스에서 사업상의 성과를 올리는 데 실패하자, 1877년 오스트리아인 오버베크 남작과 영국인 알프레드 덴트에게 북보르네오 임대권을 매각했다. 그들은 이 지역에 북보르네오회사를 설립하고, 술루 술탄에게 매년 일정액을 지불하기로 합의함으로써 분쟁을 해결했다.

그러자 당시 북·중부 필리핀을 식민지배하면서 남부 술루왕국도 자신들의 식민지로 간주하고 있었던 스페인이 술루 술탄의 영지에 대해 권리를 주장하며 이의를 제기했다. 술루군도와 북보르네오 사이의 항로는 오스트레일리아와 중국을 잇는 무역로로서 영국에게 중요했다. 그동안 이 지역에서 영토 확장에 소극적이었던 영국이 적극적인 전진 운동을 꾀하기 시작했다. 1881년 영국은 덴트와 오버베크가 설립한 북보르네오회사에 국왕 특허장을 내주었다. 나아가 1885년 영국은 술루군도에 대한 스페인의 통치권을 인정하고, 대신 스페인은 북보르네오에 대한 주장을 철회하는 영서협약*을 체결했다.

보르네오 지역에 새 경쟁자로 북보르네오회사가 등장하자 찰스 브룩은 영토 확장을 더욱 적극적으로 추진했다. 그는 북보르네오회사를 견제하고자 북보르네오의 식수원인 바람강 일대를 합병하려고 했다. 영국은 찰스 브룩의 이러한 저돌적인 시도를 우려했으나, 북보르네오회사의 활동을 승인한 마당에 브룩의 팽창 정책을 억제할 명분이 약했다. 결국 1882년 브루나이왕국은 바람강 유역을 내주고 더 쪼그라들었다.

1885년 압둘 무님이 사망하자 뜨멍궁인 하쉼 잘릴룰 알람 아콰마딘 (재위 1885~1906)이 왕위에 올랐으나, 이번에도 역시 승계를 둘러싼 내분이 일었다. 이 혼란을 틈타 다른 외세가 이권을 챙기지 못하게끔 영국은 브루나이에 보호령을 제안했다. 대폭 축소된 왕국에서 거듭된 왕실의 음모와 반란에 직면해 무기력할 뿐인 새 술탄은 영국의 제안을 받아들일 수밖에 없었다. 영국은 1888년 브루나이 · 사라왁 · 북보르네오를 보호령으로 선언하고, 1906년 보호조약을 공식 체결했다.[13]

필리핀

19세기 필리핀 경제 발전의 결과로 중산층이 출현했다. 이 신흥 계층은 인술라레스** · 메스티소*** · 중국인 · 인디오(원주민) 등 다양한 인종으로

---

* 영국과 서반아西班牙(스페인)의 협약.
** 스페인 혈통으로서 아메리카 또는 필리핀에서 태어난 사람. 스페인 본토(이베리아반도)가 아닌 '섬insular의 사람'이라는 의미다.
*** 말레이계 필리핀 원주민과 중국인 사이에서 태어난 혼혈인(mestizo de sangley).

구성되어 있었다. 그들 중 일부는 식민지의 억압을 피해 자발적으로 홍콩·싱가포르·파리·런던·마드리드 등지로 떠났고, 다른 일부는 자녀를 스페인으로 유학 보냈다. 이러한 경로를 통해 해외에서 교육을 받고 귀국한 중산층 자녀들은 필리핀에서 '일루스트라도스'라 불리는 신지식인 집단을 형성했다. 19세기 후반 이 집단은, 스페인에서 태어나 식민지로 이주해서 지배 세력으로 군림하고 있던 페닌술라레스*의 압정과 차별에 맞서 정치·농업·교육의 개혁과 스페인 사제 추방 등을 요구하는 이른바 '프로파간다propaganda 운동'(계몽적인 선전 활동)을 펼치기 시작했다.

'프로파간다주의자'로 불리는 그들의 운동은 전반적으로 온건한 성격을 띠었다. 그들은 페닌술라레스와 싸워 이길 만한 힘을 갖지 못한 상황에서 평화적인 방법으로 목적을 이뤄야 한다고 생각했다. 대표적인 프로파간다주의자로 호세 리잘, 그라시아노 로페스 하에나, 마르셀로 델 필라르를 꼽을 수 있다. 그들은 자신들을 자랑스러운 '인디오', 또는 인종에 관계없이 필리핀에서 태어나 살고 있는 모든 사람을 통칭하는 '필리피노(필리핀인)'라 불렀다. 이로써 필리피노의 현대적 의미가 탄생했다.

1888년 그라시아노 로페스 하에나는 자유주의적 이념과 개혁을 설파하고자 《라 솔리다리다드》라는 신문을 창간했다. 마르셀로 델 필라르는 이듬해부터 1895년까지 그 신문의 발행을 책임지고, 스페인 마드리드로 거점을 옮겼다. 호세 리잘은 예수의 재림을 묘사한 소설 《나를 건드리지 마라》와 스페인 식민정부의 폭정을 고발한 《전복》을 각각 1887년과 1891년 출간했다. 리잘은 1892년에 귀국해 '라 리가 필리피나(필리핀

---

* 스페인 본토(이베리아반도) 태생 스페인인. '반도peninsula 사람'이라는 의미.

호세 리잘(1861~1896)

안드레스 보니파시오(1863~1897) (1897년 2월 8일 자 《La Ilustración Española y Americana》 게재 삽화)

연맹'라는 조직을 결성하고 계몽 운동을 전개했다. 그러나 그는 체포되어 민다나오로 유배되었다가, 4년 뒤 마닐라 북쪽 산티아고 요새에서 처형되었다. 그의 죽음은 온건한 개혁 운동의 실패를 의미하는 한편, 식민 압제에 대한 저항 행동을 부르는 자극제가 되었다. 이로써 필리핀 혁명이 뿌리를 내리기 시작했다.

온건한 개혁 운동이 별다른 성과를 거두지 못하는 사이, 필리핀혁명의 아버지로 불리는 안드레스 보니파시오가 주도하는 혁명운동 세력은 1892년 7월 7일 '가장 위대하고 숭고한 자손 연합'(이하 '까띠뿌난')이라는 비밀 결사를 조직해 무장 독립 투쟁을 전개하기 시작했다. 1895년 회원이 3만 명에 달한 까띠뿌난은 〈자유〉란 소식지를 발간했다. 그들은 1897년 3월 마닐라 인근 까비떼에서 총회를 개최해 '비약-나-바토공화국' 수립을 선언하고, 에밀리오 아기날도를 대통령으로 선출했다. 지속적인 전투를 원하지 않았던 스페인과 혁명군 양쪽이 마침내 12월 5일 비약-나-바토 휴전 문서에 조인했다. 이 문서의 조건에 따라 아기날도 일 행은 12월 27일 홍콩으로 망명을 떠났다.

에밀리오 아기날도(1869~1964)

　1898년 5월 1일 필리핀의 마닐라만灣에서 미서전쟁*이 시작되었다. 이 전투에서 미국이 승리하자, 미국을 우방으로 생각한 필리핀 사람들은 오랜 식민지배에서 벗어나 독립을 이룰 것이라는 생각으로 기쁨에 들떴다. 아기날도가 그해 5월 19일 까비떼로 귀환했다.

　스페인을 대신하여 필리핀을 지배하려는 미국의 의도를 간파한 혁명주의자들은 1898년 6월 12일 필리핀의 독립을 선언하고, 9월에 페드로 파테르노의 주도로 138명이 제헌의회를 구성해 헌법 제정에 착수했다. 1899년 1월 21일 그들은 마닐라 북쪽에 위치한 말로로스에서 이 헌법과 함께 공화국을 선포했다. 이렇게 필리핀 제1공화국(1899~1901), 이른바 말로로스 공화국이 탄생했다.

　미국과 스페인은 전후 처리를 위해 파리 회담을 열고 1898년 12월 10일 파리 조약을 체결했다. 이 조약의 내용은 스페인이 푸에르토리코와 괌에 대한 미국의 지배권을 인정하고, 쿠바에서 철수하고, 필리핀에 대

---

*　미국과 남아메리카 사이에 위치하며 미국 동부와 서부 해운을 중계하는 카리브해에 대한 지배는 미국의 중요한 정치적 과제였다. 이러한 가운데 스페인 식민지이나 실질적으로 미국 자본의 지배를 받고 있던 쿠바에서 반스페인 봉기가 일어났다. 그러자 미국의 제25대 대통령인 매킨리(재임 1897~1901)가 쿠바의 아바나 항에 최신예 전함 메인Maine호를 파견했다. 1898년에 2월 메인호가 원인 모를 폭발로 침몰하자, 미국은 이를 스페인의 음모로 간주하고 5월 1일 선전포고를 했다. 미국 국무장관 존 헤이John Hay가 '멋진 소전쟁'이라 부른 것처럼 4개월간의 짧고 작은 전쟁에서 미국은 큰 전과를 올렸다. 스페인은 쿠바의 독립을 인정했으며, 미국에 푸에르토리코와 괌을 할양했고, 필리핀을 2000만 달러에 매각했다. 이로써 미국은 동아시아 진출의 교두보를 마련하게 되었다.

한 지배권을 미국에 양도하는 대신, 미국이 스페인에게 미화 2000만 달러를 보상한다는 것이 골자였다. 스페인은 해외에서 유지해오던 식민지 대부분을 상실했고, 필리핀에서는 새로운 식민지배 시대가 열렸다.

새 지배자에 대한 필리핀 혁명주의자들의 저항은 거셌다. 아기날도를 중심으로 한 혁명 공화국 정부와 미국의 전쟁이 시작되었다. 1899년 2월 4일 토요일 저녁 8시경 마닐라시의 산후안 다리에서 양국 군대가 서로 총격을 가하는 사건이 일어났다. 일명 '산후안교 사건'으로 시작된 양국의 교전은 공식적으로 1902년 4월 16일까지 3년 2개월 동안 지속되었다.

미국은 전쟁을 조기에 끝내려고 아기날도 체포 계획을 수립해 1901년 3월 23일 그를 생포하는 데 성공했다. 4월 1일 아기날도는 미국에 대해 강요된 충성 맹세를 하고, 19일 모든 필리핀 사람들에게 미국의 지배권을 수락하도록 호소하면서 교전의 완전한 종식을 선언하는 성명서를 발표했다. 일부 혁명 세력은 무장 해제를 거부하고 1913년까지 투쟁을 지속했다. 하지만 1902년 4월 16일 필리핀 혁명정부와 미국의 전쟁이 공

식적으로 종결되면서, 300여 년에 걸친 스페인 식민지배가 마감되고 또
다른 식민지 시대가 시작되었다.[14]

남부 필리핀

300년이 넘는 동안 남부 필리핀의 민다나오와 술루군도의 모로(남부
필리핀 무슬림)는 줄곧 스페인 식민정부의 통제에서 벗어나 있었다. 비
록 1885년에 스페인이 북보르네오를 영국에 양보하는 대가로 필리핀에
대한 지배권을 차지하는 조약을 체결했다 할지라도, 그것은 단지 문서
상의 약속일 뿐 그들은 실제로 스페인의 식민지배를 받은 적이 없었다.
1898년 미서전쟁의 결과 스페인이 필리핀군도를 미국에 양도했을 때에

술루 술탄 지말 카림 2세(앉아 있는 사람)

도, 민다나오와 술루군도의 술탄 왕국은 독립을 유지했다.

에밀리오 아기날도를 위시한 필리핀 독립운동 지도자들은 필리핀공화국의 독립을 인정받기 위해 짧은 미서전쟁 기간에 미국에 협력했다. 하지만 1898년 12월 10일 체결된 파리 조약으로 그들의 희망은 좌절되었다. 이 조약은 독립을 기대했던 필리핀군도 전역의 민심을 성나게 만들었고, 7만 6000명에 달하는 미군의 주둔에 강력하게 대항하는 혁명전쟁을 촉발했다.

이러한 가운데 기독교도인 필리핀인과 미국을 모두 의심한 모로 술탄들은 내심 남부 필리핀이 분리되기를 기대하며 필리핀혁명 지도자들이 이끄는 전쟁에 가담하지 않았다. 1898년 술루의 자말 카림 2세 술탄은 미국이 민다나오와 술루군도의 무슬림 내정에 개입하지 않는 조건으로 중립을 서약하는 베이츠 협정을 존 베이츠 장군과 체결했다.[15]

9장

식민지배기의 근대적 전환

대략 19세기 후반 서구 열강들은 동남아시아에서 식민제국 수립을 완성했다. 이때부터 2차 세계대전까지 태국을 제외한 동남아시아 국가들은 나라마다 정도의 차이는 있지만, 식민지배 치하에서 정치·경제·사회·교육 등 다방면에 걸쳐 이른바 근대화를 경험하게 되었다.

정치적으로 가장 괄목할 만한 근대화의 징후는 국경선 개념의 도입이었다. 동남아시아 전통 만달라 체제 국가들의 영역은 경계가 분명한 국경선이 아니라 유동적이고 상징적인 영향권을 기반으로 했다. 식민지배의 시작과 함께 프랑스와 영국을 위시한 제국주의 세력은 우선 자신들의 식민지 경계를 명확히 정하기 위해 측량을 하고 지도를 제작했다. 일부 예외는 있지만 이 식민지 경계가 오늘날 동남아시아 국가들의 국경

포르투갈	미국
프랑스	네덜란드
영국	

중국

영국령 버마

만들래

통킹
하노이

라오스

프랑스령
인도차이나

양공

싸얌

방콕

캄보디아

안남

사이공

코친차이나

남중국해

마닐라

미국령
필리핀

태평양

북보르네오(사바)

브루나이

영국령 말라야

말라까해협

영국령 보르네오

사라왁

셀레베스해

싱가포르

수마트라

술라웨시

말루꾸군도

뉴기

자바해

바타비아(자까르따)

네덜란드령 인도네시아

반다해

자바

포르투갈령
동띠모르

서구 열강의 동남아시아 식민지배 영역

선으로 확정되었다. 또 식민지배하에서 동남아시아의 전통 정치·행정 제도가 서구식 제도로 대체되었다.

경제를 보면, 식민지배에 편승해 동남아시아에 진출한 서구 자본은 우선 농경 사회인 이 지역에서 농업에 집중했다. 그 결과 플랜테이션(재식栽植) 산업이 활발해졌다. 고무를 위시해 커피·사탕수수·담배·차 등 수출용 환금작물을 재배하는 대규모 플랜테이션이 개발되었고, 19세기 후반부터 쌀에 대한 국제 수요가 급증하면서 버마의 에야워디강, 태국의 짜오프라야강, 베트남의 메콩강 등 삼각주의 쌀 경작지가 대폭 확장되었다. 동시에 산업화 자원 공급을 위해 주석 채굴과 원유 시추 등 지하자원 개발에도 많은 투자가 이뤄졌다.

개발 지역 인근에 인구가 집중되고 새 도시들이 출현했다. 효율적인 행정과 경제적 수탈을 위한 기반시설, 즉 철도·도로·항만과 여타 운송 및 통신 시설이 건설되어 주요 도시들과 농업 및 산업 지역을 연결했다. 대규모 환금작물 재배로 본래의 자급자족 경제가 수출경제 체제로 전환되어 세계 자본주의 시장에 편입되었다. 그 결과의 하나로 1930년대 초 대공황이 동남아시아 경제를 강타했다.

경제 개발의 여파로 동남아시아에 이민족, 특히 중국인과 인도인이 대대적으로 유입되었다. 이는 훗날 국민국가 형성 과정에 심각한 민족 갈등의 단초를 제공했다. 또한 식민지배하에서 근대 서구식 교육 제도가 도입되었다. 이를 통해 탄생한 신지식인 집단은 다음 장에서 논할 동남아시아 민족주의 운동의 견인차 역할을 했다.

1 대륙부

프랑스령 인도차이나

1862년 6월 5일 사이공 조약을 시작으로 다른 지역보다 먼저 프랑스령이 된 코친차이나는 프랑스 총독이 직접 통치하는 직할 식민지^{colony}였다. 통킹 · 안남 · 캄보디아 · 라오스는 권한이 현격히 축소된 군주가 관할하는 보호령^{protectorate}이었다. 각 보호령엔 행정 제반사를 총괄하는 프랑스 고등주재관을 두었다. 보호령의 각 주엔 고등주재관의 행정 지도를 받는 주재관을 임명했다. 간접통치를 받는 보호령에는 전통 왕정 체제가 유지되었으나, 실질적인 권한은 프랑스 주재관이 행사했다.

코친차이나에서 20년 가까이 실시된 군정이 끝나고, 1879년에 최초의 민간인 총독으로 르 미르 드 빌레(재임 1879~1882)가 부임했다. 이듬해 그는 식민지평의회*를 만들었다. 코친차이나는 베트남에서 미곡 생산량이 가장 풍부한 곡창 지대이고 미개간지도 넉넉했기 때문에, 미곡 수출로 올릴 수 있는 잠재적 이익이 막대한 지역이었다. 그러다 보니 식민지평의회는 식민정부의 이권에 기생하는 일부 민간 특권층으로 구성된, 식민주의자들의 이익을 대변하는 기관으로 변질되었다. 그들은 자신들의 경제적 이익을 위해 코친차이나가 다른 보호령과 분리되기를 원했다.

---

* 식민지평의회는 프랑스인 6명, 베트남인 6명, 사이공 상공회의소 대표 2명, 총독이 임명하는 2명으로 구성되었다.

프랑스령 인도차이나 주요 개발 지역

그러나 1887년 프랑스는 베트남의 코친차이나 · 통킹 · 안남, 그리고 캄보디아를 아우르는 인도차이나연방을 결성했다(라오스는 1893년 합병되었다). 이로써 프랑스령 인도차이나는 행정상 단일 공동체가 되었다. 프랑스가 인도차이나연방을 결성한 것은 인도차이나 지역들에 통일된 식민 정책을 마련하고 시행하기 위함이었다.

하지만 코친차이나 식민지평의회의 독단적인 행동으로 인도차이나연방은 명목상의 행정 공동체일 뿐 총독의 권한은 안남과 통킹에 제한되었다. 1891년 프랑스 정부는 연방 설립의 본래 취지를 살리고자 총독의 권한 확대를 시도했지만, 실패로 돌아갔다.

이러한 상황은 1897년 폴 두메르(재임 1897~1902)가 인도차이나연방 총독으로 부임하면서 점차 변화하기 시작했다. 두메르는 코친차이나 식민지평의회를 견제하기 위해 연방에 속한 다섯 지역의 대표자들로 인도차이나평의회를 구성했다. 또한 그는 인도차이나연방 정부의 행정적 권한을 확립하고 연방에 통합 행정을 효율적으로 시행하기 위해 연방정부에 별도의 행정부서를 신설했다. 그는 우선 관세와 간접세를 징수하는 부서와 농업과 상업을 담당하는 부서를 설치했는데, 이는 세수를 확보해 식민지 개발에 필요한 토목사업에 들일 재원을 마련하기 위한 것이었다.

두메르는 보호령인 통킹도 코친차이나처럼 식민 당국의 직접 통치를 받도록 프랑스 고등주재관의 권한을 강화하고, 황제의 권한을 없앴다. 이어 두메르의 시선은 후에의 황궁에서 응우옌 왕조의 군주가 부분적으로나마 여전히 행정을 관장하고 있는 안남으로 향했다. 1897년 두메르는 프랑스 고등주재관이 회의를 주재하는 내각內閣을 만들어 황제의 권한을 축소했다. 이 밖에도 그는 예산권을 장악하고 각종 세금 징수를 관장했다. 이로써 예산권을 상실한 황제는 연금 수령자로 전락했다.

두메르의 개혁은 곧 실효가 나타나 인도차이나 각 지역과 연방정부의 재정이 튼튼해졌다. 그러자 두메르는 도로와 철도 부설 등 토목사업으로 시선을 돌렸다. 하이퐁에서 하노이를 거쳐 라오까이까지 베트남 북부를 횡단하는 철도와, 하노이에서 사이공까지 베트남을 남북으로 종단하는 철도 부설 사업이 시작되어 1936년 완공되었다. 이 밖에도 두메르는 프랑스국립극동연구원*을 설립한 것으로 유명하다. 이 학술기관은 인도차이나 문화 · 지리 · 역사 · 풍습 · 종교 등에 관해 중요한 연구 성과를 남겼다.

1902년에 두메르에 이어 폴 보(재임 1902~1907)가 새 총독으로 부임했다. 그는 두메르가 벌여놓은 토목사업 뒷감당에 매진하는 한편, 그동안 전임자들이 소홀히 했던 교육 개혁과 의료시설 개선에도 노력을 기울였다. 또한 그는 하급 관리직에 가능하면 베트남인을 임명하려 노력했고, 남딘에 행정학교를 개설해 관리가 되기를 희망하는 베트남인을 받아들이기도 했다.

1908년 폴 보의 후임으로 앙토니 클로뷔코프스키(재임 1908~1910) 총독이 부임했다. 이 무렵 러일전쟁에서 일본이 승리한 영향으로 베트남에서 반反프랑스 식민지배 기류가 강하게 일고 있었다. 이러한 가운데

---

* 프랑스국립극동연구원Ecole Francaise d'Extreme-Orient 또는 원동박고원遠東博古院, Vien Vien Dong Bac Co 은 아시아 연구를 위해 프랑스 식민정부가 1900년 하노이에 설립한 연구기관으로, 파리 과학인문학대학Universite PSL의 구성원이다. '원동遠東, Extreme-Orient'이란 동아시아 지역을 가리키는 말이다. 1968년부터는 파리의 대통령거리 22번지 '아시아의 집'에 본부를 두고, 아시아 각지에 연구센터나 출장소를 설치해 인류학 · 고고학 · 역사학 · 미술사 · 언어학 · 철학 · 비문 연구 등 동양학 전문가 수십 명이 현지에서 연구 활동을 수행하고 있다.

그는 우선 통킹 지역의 게릴라와 민족주의자들의 활동을 억압하는 데 노력을 쏟았다. 또한 전임자의 교육 정책과 베트남인 관리 채용에 부정적인 견해를 갖고 있던 그는 하노이대학을 폐쇄하고, 교육청과 몇몇 관련 자문위원회를 없앴다.

프랑스의 식민지배는 처음부터 동화 정책에 바탕을 두었다. 하지만 순수한 인도주의적 차원에서 이른바 '문명화 과업'에 중점을 두었던 이 정책은 20세기 초부터 도전을 받기 시작했다. '동화同化'는 사실상 불가능하고, 식민지 경영의 본래 목적은 경제적인 것이기 때문에, 현지 풍습이나 제도를 급격히 바꾸려 드는 것은 무리수일 뿐 아니라 오히려 식민지 경영의 본래 목적을 달성하는 데 방해가 된다는 주장이 설득력을 얻었다. 따라서 동화가 아닌 '협력協力' 정책이 채택되었다. 이 정책의 골자는 힘의 지배를 통한 동화를 점차 현지민과의 협력으로 바꿔야 한다는 것이었다. 이후 협력 정책이 프랑스 식민지배의 기본이 되었다.

협력 정책은 1911년 11월 급진 사회주의자인 알베르 사로 총독이 부임하면서 시작되었다. 유일하게 두 번 인도차이나연방 총독직을 역임(1911~1914, 1917~1919)한 그는 협력 정책을 근간으로 지방 분권을 지향하고, 현지인의 복지 향상을 위해 노력했다. 사로는 특히 전통문화 존중, 현지인 하급관리 채용, 보건위생사업 확대 등의 정책을 실시해 식민지 역사에서 보기 드문 개혁적인 인물로 알려져 있다. 1920년에 사로의 뒤를 이은 모리스 롱 총독(재임 1920~1922) 역시 급진 사회주의자로 협력 정책을 지지했다. 그는 의료와 교육을 개선하는 데 많은 재원을 투자했다.

모리스 롱에 이어 1923년 앙리 메를랭(재임 1923~1925)이 부임했다.

그는 연방정부 예산이 적자를 보이자 교육예산 삭감, 농민 토지세 인상 등 현지 주민의 바람에 어긋나는 정책을 펼쳤다. 그는 1924년 6월 일본 방문을 마치고 돌아오는 길에 중국 광저우(광주廣州)에서 베트남 급진파 민족주의자인 팜 홍 타이에게 저격을 당했는데, 이 사건은 그의 반反현지인 정책과 무관하지 않은 것으로 보인다.

1925년 알렉상드르 바렌(재임 1925~1928)이 총독으로 부임했다. 그 역시 사회주의자로서 협력 정책을 적극적으로 지지했다. 특히 그는 노동 분야에 진보적인 견해를 보였다. 그의 가장 중요한 업적으로 노동자보호법과 농업협동기금법 제정을 꼽을 수 있다. 1927년 10월에 그가 반포한 노동법에는 노동자 보호를 위해 노동자의 채용, 근무 시간, 산업재해 환자의 치료, 임금, 노무관의 감독 등을 규정한 구체적인 조항이 들어 있었다.

1928년 바렌의 뒤를 이은 피에르 파스키에(재임 1928~1934)는 인도차이나에서 30년을 지내는 동안 이 지역에 관해 많은 저술을 남겨, 총독으로서보다는 저술가로서 더 잘 알려진 인물이다. 그의 재임 중에 베트남에서 민족주의 운동이 본격적으로 전개되었는데, 그는 민족주의자들을 강력하게 탄압했다. 한 예로 1930년 2월 9일 베트남국민당 군대가 하노이 서북쪽에 위치한 옌바이의 프랑스 병영을 공격한 소위 옌바이 사건에 연루된 많은 민족주의자들이 투옥되거나 처형되었다.

그 후 2차 세계대전이 발발하기 전까지 르네 로뱅(재임 1934~1936)과 쥘 브레비에(재임 1937~1939)가 총독으로 부임했다. 그들은 현지 사정에 밝거나 개혁주의적인 인물이었음에도 교육, 의료, 기반시설 사업 등 인도차이나의 근대화에 미온적인 태도를 보였다.

2차 세계대전 이전에 동남아시아 국가들 중 베트남에서 반反식민지 투쟁이 가장 열렬하게 전개되었을 뿐 아니라 민족주의자들에 대한 식민 정부의 탄압도 가장 강했던 점을 고려할 때, 결론적으로 프랑스 사회주의자들이 내세운 협력 정책은 분명 '프랑스인과 베트남인이 동등한 위치에서 협력한다'는 의미가 아니었고, 식민지 개발과 수탈을 위한 식민 정부의 허울 좋은 명분에 불과한 것이었다.

1863년부터 약 20년 동안 프랑스가 베트남에 대한 지배력 강화에 힘쓰는 사이, 캄보디아는 식민정부의 관심 밖으로 밀려나 있었다. 1884년에 비로소 프랑스는 노로돔 왕과 지배층의 권한 축소를 시도하며 캄보디아에 대한 통제를 강화하기 시작했다. 노로돔 왕이 세금 징수권 양도를 거부하자, 프랑스는 프놈펜에 군함을 보내는 등 위압적인 분위기를 조성하며 그에게 서명을 강요했다. 이 무렵 노예 제도의 전면적 폐지 결정에 반발해 반反프랑스 봉기가 여러 지방에서 일어났다. 노로돔은 3년 동안 지속된 그 소요를 간접적으로 지원했던 것으로 추정된다. 이 사태를 계기로 노로돔은 프랑스 고등주재관의 철저한 감시를 받게 되었고, 남은 생을 비통에 잠겨 마약에 취해 살았다.

1904년 노로돔이 사망하자 그의 동생인 씨소왓(재위 1904~1927)이 왕위에 올랐다. 그는 노로돔과 달리 프랑스에 협조적이었다. 프랑스는 1790년대에 태국에 합병되었던 바땀방과 시엠립을 캄보디아로 환원하기 위한 협상에 착수했다. 그 결과 1907년 캄보디아는 과거 크메르제국의 영화를 상징하는 앙코르 사원과 미곡 지대를 되찾았다. 그 후 수십 년 동안 바땀방은 쌀 수출을 통해 프랑스령 캄보디아 경제의 한 축을 담당했다.

2차 세계대전 이전에 캄보디아는 정치적으로 비교적 평온했다. 무엇보다도 프랑스의 보호하에서 이제 캄보디아는 강력한 이웃들의 위협을 걱정할 필요 없이 존속할 수 있었다. 이 시기에 캄보디아 경제는 자급자족 형태에서 농산품, 특히 쌀과 고무(1920년대 이후)에 기반을 둔 수출경제로 전환했으며, 이 두 산물이 캄보디아의 경제 붐을 주도했다. 경제 개발과 함께 도로와 철도 등 기반시설이 확충되었다. 1900년부터 1930년까지 9000킬로미터에 달하는 포장 및 자갈 도로가 건설되었다. 1928~1932년에는 프놈펜과 바땀방을 연결하는 철도 500킬로미터가 부설되었다.

식민지배 시기에 캄보디아에서 주목할 만한 변화로 인종 구성을 들 수 있다. 프랑스는 인도차이나연방의 세 주요 인종집단, 즉 베트남인·크메르인·라오인 중 베트남인이 행정·경제적으로 가장 유용하다고 보았다. 따라서 통킹·안남·코친차이나에서 많은 베트남인이 캄보디아로 이주하게 되었다. 그들은 식민정부의 중간 관료로 행정직과 교사직을 거의 독차지했을 뿐 아니라 시장과 무역을 장악했다. 이러한 가운데 베트남인들이 드러낸 우월의식에서 캄보디아 사람들의 반反베트남 정서가 싹텄고, 이는 훗날 지우기 어려운 식민지배의 유산이 되어 현대사 전개에 커다란 영향을 미쳤다.

이 시기에 중국인의 이주도 급증했다. 1920년 이후 캄보디아의 경제 붐을 타고 매년 중국인이 5000명 이상 이주했다. 그 결과 1905년 17만 명이던 캄보디아의 중국인 인구가 2차 세계대전 직전에는 30만 명으로 증가했다. 그들은 프랑스인들과 함께 캄보디아의 상업 발전, 특히 쌀과 고무 수출을 독점하며 많은 경제적 이득을 차지했다.

식민지배하에서 프놈펜은 인종집단에 따라 세 구역으로 나뉘었다. 베트남인과 참인은 북쪽에, 중국인과 프랑스인은 상업 중심지에, 그리고 크메르인은 남쪽과 메콩강을 마주한 왕궁 서쪽에 거주했다. 식민지배 기간 프놈펜을 제외하고 캄보디아는 전반적으로 근대화의 영향에서 소외된 채 정체된 사회로 남아 있었다.

라오스는 1893년 프랑스의 보호령으로 인도차이나연방에 합병되었다. 1905년 프랑스는 위앙짠을 행정수도로 삼고 라오스를 12개 주로 나누었다. 그리고 루앙프라방의 왕을 라오 왕국의 적자로 인정한 반면, 위앙짠과 짬빠싹의 왕은 주지사로 강등했다.

프랑스의 라오스 개발은 처음부터 딜레마에 빠져 있었다. 라오스는 인구가 희박할 뿐 아니라, 개발 가치도 당초 예상했던 것과는 달리 크지 않을 것으로 판단되었다. 이러한 약점을 극복하고 경제적 이득을 얻기 위해서 프랑스는 우선 인구를 늘리고, 라오스를 베트남과 연계해 부속해서 개발하는 작업에 착수했다.

프랑스는 단순히 인구의 수를 늘리는 문제를 넘어 과연 누가 일을 할 것인가 하는 데 관심의 초점을 두었다. 프랑스의 시각에 라오인은 적극성과 열심히 일하는 능력이 부족해 보였다. 그렇기 때문에 라오스를 신속히 개발하려면 그들의 노동력에 의존하는 것은 적절하지 못한 일로 여겨졌다. 따라서 프랑스의 선택은 베트남인을 들여오는 것이었다.

그 결과 1943년 라오스에서는 베트남인의 수가 거의 4만 명에 달해 위앙짠·타켁·사완나켓·빡세 등 모든 주요 도시의 인구 중 절반 이상을 그들이 차지했다. 심지어 타켁에서는 무려 주민의 85퍼센트가 베트남인이었다. 대도시 중 단지 루앙프라방에서만 라오인 인구가 대부분을 차지했다. 캄보디아에서와 마찬가지로 베트남 이주민들은 라오스의 시장과 무역을 지배하고, 식민정부의 행정직을 거의 독차지했다.

베트남과 라오스 간의 교통이 수월해지도록 프랑스 식민정부는 우선 메콩강 하류의 수로를 개발하기 시작했다. 하지만 콘 지역의 협소한 수로가 대형 선박의 통행에 장애가 되었다. 이 지역을 우회할 수 있도록 철도 7킬로미터를 건설했으나, 배에서 열차로 짐을 옮겨 실으려면 선박회사에 많은 추가 요금을 지불해야 하기 때문에 비용 부담이 커지는 문제가 있었다.

수로에 대한 대안으로 식민정부는 도로 건설을 계획했다. 사실 폴 두메르 총독(재임 1897~1902)이 이미 인도차이나연방 전역에 걸친 거대한 도로망 건설을 계획한 바 있었다. 그중 하나인 남북고속도로는 사이공에서 캄보디아의 끄라띠를 거쳐, 메콩강을 따라 위앙짠을 경유해, 북으로 루앙프라방에 이르는 경로였다. 1930년 사이공과 타켁을 연결하는 13번 국도가 먼저 건설되었다. 하지만 위앙짠과 루앙프라방을 연결하는 마지막 구간은 1944년에 가서야 완공되었다.

1921년에 도로와 철도를 연계하는 계획이 수립되었지만, 이 역시 재원 부족으로 거의 실현되지 못했다. 1931년에 프랑스는 베트남의 떤업과 라오스의 타켁을 연결하는 철도(187킬로미터)를 1936년까지 완성한다는 계획을 세웠다. 1933년 떤업에서 시작되는 첫 구간 17.5킬로미터가 완성되었으나, 이 계획은 대공황의 여파로 재원이 부족해져 더 진행되지 못했다.

1920년대 초 라오스의 광물자원을 과장해서 추산한 보고서들이 프랑스 투자자들의 관심을 끌었다. 파리의 회사들이 광산 개발을 위한 투자 설명회를 개최해서 많은 투자자가 몰렸으나, 그 결과는 기대에 턱없이 못 미쳤다. 1930년대에 라오스의 주석 생산이 연 1000톤에 머물자, 프랑스 회사들은 임산물과 농산물로 관심을 돌렸다.

매년 티크나무 1만 2000~1만 5000그루가 북부 라오스에서 벌목되어 사이공으로 운송되었다. 하지만 라오스의 플랜테이션 사업은 짬빠싹 지역 볼라벤고원의 커피를 제외하곤 거의 성공을 거두지 못했다. 1930년대에 볼라벤고원에서 커피 연 200톤이 생산되었고, 그중 절반이 수출되었다. 고무 재배도 시도되었으나 시험 단계에 그쳤다. 1930년대에 라오스의 주요 수출 농산품은 볼라벤고원의 생강과 씨앙쾅 지역의 아편이었다.

프랑스 지배 시기에 라오스 대부분의 인구는 자급자족을 하는 농민이었다. 관개 시설이 빈약한 가운데, 벼농사는 거의 전적으로 천수답에 의존했다. 1930년대에 쌀이 연 30만 톤 생산되었는데, 이는 한 사람이 하루에 1킬로그램을 소비할 수 있는 양이었다. 하지만 도로 등 기반시설과 운송 수단이 미비하여 곡창 지대에서 쌀이 부족한 다른 지역으로 원활하게 공급되지 않았기 때문에, 많은 사람들이 부족한 식량을 콩·고구마·카사바 등으로 메우는 실정이었다.

인도차이나연방에서 라오스 개발이 베트남의 부속으로 이뤄지는 동안, 라오스의 대부분 지역은 캄보디아와 마찬가지로 식민지배 기간 내내 근대화 과정에서 소외된 채 정체된 사회로 남아 있었다.[1]

영국령 버마

1886년 2월 26일 버마가 인도의 한 주州로 편입된 뒤, 6월에 대규모 소요가 발생했다. 나라 전체가 곧 심각한 혼란에 휩싸였고, 식민정부는 이 소요 세력을 '무장 강도dacoity'라고 불렀다. 소요는 1887년에 접어들어 인도 군대와 경찰이 버마의 지방을 하나둘씩 장악하면서 점차 수그러들었다.

혼란이 진정되자 영국은 우선 식민제국 건설을 위해 서구식 행정제도 도입에 착수했다. 고등판무관인 찰스 크로스트웨이트가 행정 개혁을 주도했는데, 그 핵심은 촌락을 행정의 기본 단위로 하고, 상급 행정기관과 연계시키는 것이었다. 1887년 전통적인 촌락 공동체인 '묘'를 마을 단위로 분리하는 촌락법이 제정되었다. 이에 따라 1만 7000~1만 8000개에 달하는 촌락에 각각 촌장이 임명되었다. 촌장은 세금 징수를 비롯해 도로·위생 관리 등을 관장하는 임무를 맡았다. 하지만 새 제도는 곧 난관에 부딪혔다. 식민정부가 원하는 만큼 다양한 임무를 맡길 수 있는 촌장 후보자가 턱없이 부족했다. 게다가 마을 주민들은 전통적으로 묘의 장長인 묘두지와 자신들 간에 유지되어온 후견인-피후견인 관계를 고려하지 않은 채 식민정부가 임명한 새 촌장을 신뢰하지 않았다.

'버마인이 되는 것은 불교도가 되는 것'이라는 속담이 있다. 즉 불교는 버마 사회의 근본적인 가치이며, 버마인의 정체성 그 자체였다. 따라서 통과의례, 교육, 정치·사회적 명성과 영광 등 생활사 전반이 상가(승단僧團)와 관련되어 있었다. 한 예로, 버마어로 승려인 '퐁지'는 '큰 영광'을 뜻한다. 상가는 '타타나바잉'이란 국사國師를 정점으로 한 위계질서에 따라 체계적으로 운영되었다. 하지만 1885년에 군주 제도를 폐지했던 식민정부는, 왕이 임명했던 국사가 1896년에 사망하자 그의 후임 자리를 비워둔 채 버마 사회를 상가와 분리하는 세속화를 꾀했다. 이러한 가운데 종단 사이에 당파주의가 극성을 부리며 상가의 쇠퇴를 가속했다. 기강을 잡아줄 국사가 없는 가운데, 승법僧法은 승려의 품행을 통제하는 기능을 점차 상실해갔다.

식민정부의 사업은 미곡 · 목재 · 지하자원 산업에 집중되었다. 하부 버마 삼각주와 천연자원이 풍부한 지역이 급격한 사회변동을 경험했다. 새로운 임금노동의 기회를 찾아 많은 사람이 하부 버마에 몰려들었다. 특히 노동집약적인 미곡 사업은 상당히 많은 노동력을 요구했고, 개간지가 지속적으로 확장되면서 국내의 노동력이 부족해지자 버마 외부, 주로 인도 · 말라야(말레이반도) · 중국에서 새 이주민이 대거 유입되었다. 그 결과 20세기 초에 하부 버마는 인구가 가장 밀집한 지역이 되었다.

이주민 집단 중 인도인의 수가 압도적이었다. 19세기의 마지막 20년 동안 인도인 29만 7000명이 버마로 이주했다. 그들 중 70퍼센트가 수도인 양공에 거주했기에, 1901년에 이미 양공 인구의 50퍼센트가 인도인이었다. 그 수는 꾸준히 증가해 2차 세계대전 직전까지 버마로 이주한 인도인이 약 260만 명에 이르렀다. 그 결과 1930년대에 동남아시아에서 가장 유명한 불교 순례지인 양공(랭군)은 버마인이 오히려 소수인, 인도인의 도시가 되어버렸다.

1855년부터 1905년까지 버마의 쌀 수출은 연간 16만 2000톤에서 약 200만 톤으로 증가했다. 이 기간에 하부 버마의 벼농사 면적은 80만 에

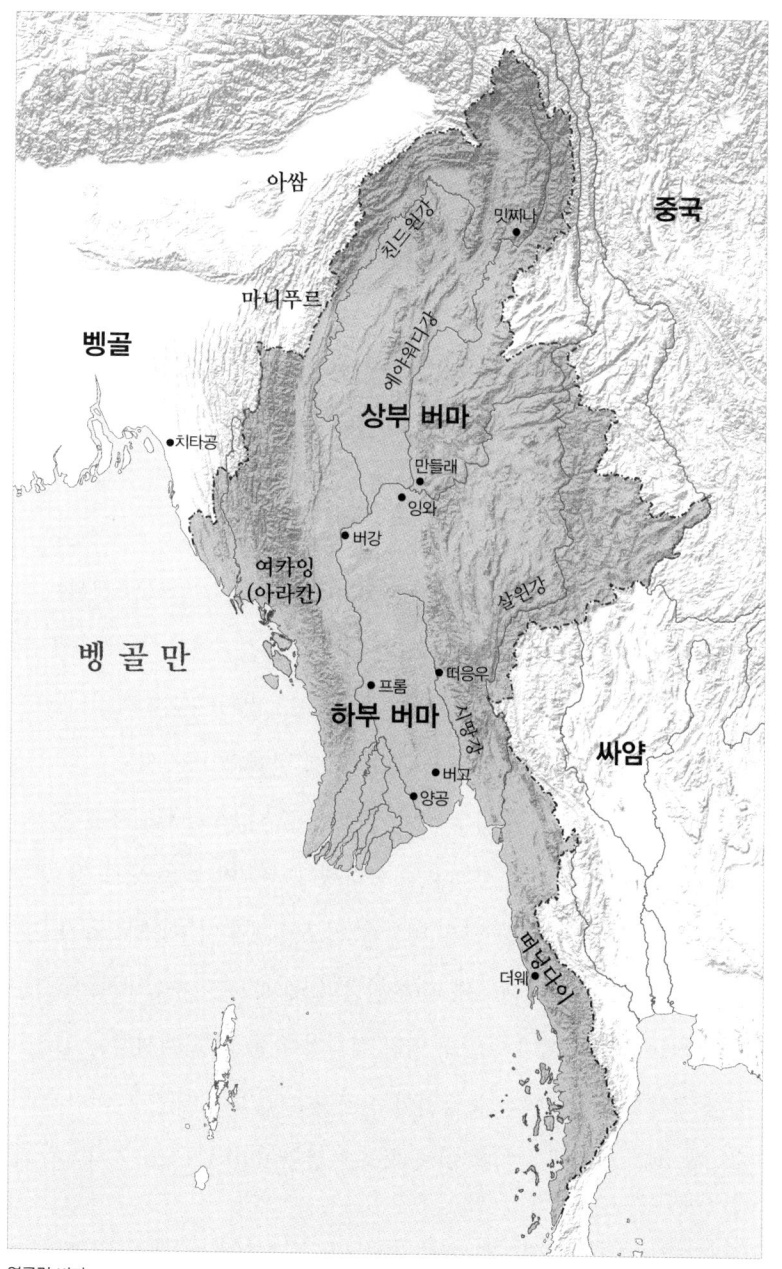

아쌈

중국

밋찌나

친드윈강

마니푸르

에야와디강

벵골

치타공

상부 버마

만들레

잉와

버강

여카잉
(아라칸)

살윈강

벵골만

프롬

떠응우

시땅강

하부 버마

버고

양공

싸얌

떠닝다이

더웨

영국령 버마

이커에서 약 600만 에이커로 급증했다. 2차 세계대전 직전에는 벼농사 면적 870만 에이커, 연간 쌀 수출량 312만 3000톤으로 버마는 세계 최대 미곡 수출국이 되었다.

버마는 당시 세계 최대 티크나무 보유국이었다. 영국은 이 귀중한 자원을 보호하고 개발하려고 버마삼림국을 설립했다. 티크 목재사업 확대에 따라 생겨난 일자리를 찾아 많은 사람이 몰려들었다. 이 밖에도 인도와 영국의 자본이 지하자원 개발에 대거 투자되었다. 1930년대에 버마는 원유를 연간 2억 5000~2억 8000갤런 수출했다. 은·납·텅스텐 등 지하자원과 옥·사파이어·루비 같은 보석도 식민지 수출경제에 한몫을 했다.

식민지 개발 사업에는 자연히 운송의 편의를 위한 기반시설 건설이 뒤따랐다. 1889년 철도가 만들래(만달레이)까지 연결되었고, 뒤에 중국 국경에서 약 50마일 떨어져 있는 까친주의 주도 밋찌나까지 확장되었다. 1914년에는 철도의 길이가 2575킬로미터에 달했다. 증기선도 도입되어 수로를 통해 상부 버마와 하부 버마의 주민들 간 왕래가 활발해졌다.

식민지 개발의 이면엔 부작용도 심각했다. 버마인들은 새로 쌀 경작지를 개간하는 데 필요한 많은 비용을 인도인 체티아*에게서 융자받았다. 그 이자율이 120퍼센트에 달해 원금의 몇 배 내지 수십 배에 달하는 돈을 갚아야 했다. 게다가 몇몇 영국 회사가 유통 및 도매시장을 장악하고, 소매시장은 인도인과 중국인이 장악하고 있었기 때문에, 버마 농민들은 쌀 판매를 통해 이익을 얻기 어려운 상황이었다. 1929년 시작된 대

---

* 남인도에서 다양한 분야의 상인 카스트 계층을 지칭하는 이름으로, 이 계층의 사람들이 동남아시아에서 주로 고리대금업을 했다.

공황으로 세계시장에서 미곡 가격이 하락했을 때, 버마 농민 대부분은 저당 잡힌 농지를 고리대금업자에게 빼앗겼다. 그 결과 1930년대에 인도인에 대한 버마인들의 인종적 반감이 최고조에 달했다.

식민정부는 버마 사회에 동화되지 않은 꺼잉족(까렌족)·몬족 등 소수민족 집단에 다양한 혜택과 권한을 제공했다. 이로써 그들의 정치·경제·사회적 지위가 급상승했다. 꺼잉족은 식민지배하 버마에 몇 안 되던 서구식 학교에서 영어를 배운 첫 번째 인종집단이었다. 그들은 영국과 관련된 새로운 용어·상징·이념 등을 사용하며 자신들의 정체성을 식민지배자 사회의 시민으로 정의했다. 자신들을 구출할 백인의 도래를 예언한 새 구세주 신화를 만들기도 했다. 이러한 식민지배의 유산은 독립 후 버마족이 주도한 국가 통합 과정에서 불가피한 갈등과 충돌을 유발했다.

영국은 1937년까지 버마를 인도의 한 주로 통치했다. 식민지배 기간에 버마는 세계시장에 식량·목재·광물자원·면·차 등을 공급하는 지역으로서 영국령 인도의 지위를 보완하는 위치에 있었다. 따라서 버마 사회를 통제하는 정책들은 대부분 두 식민지의 사업을 유기적이고 효율적으로 운영하기 위해 입안되고, 수행되었다.[2]

태국

2차 세계대전 이전에 식민지배를 겪지 않은 태국의 근대화는 외세보다 내부의 동학으로 추진되었다. 라마 5세인 쭐라롱꼰 때 시작된 이른바 '자체 근대화'는 라마 6세인 와치라웃(재위 1910~1925) 시대에도 꾸준히 진행되었다. 그러는 동안 두드러진 현상 중 하나는 타이 사회에 서양의 민주주의 사상과 제도에 대한 관심이 점차 확산하면서 절대군주제를 문제시하는 경향이 나타나기 시작했다는 점이다.

1912년 3월 절대왕정을 전복하려는 모의가 발각되었다. 이 모의에 가담한 이들은 대부분 20대 초반인 젊은 육군 장교였다. 그들은 1908~1909년 터키에서 '영턱스Young Turks'로 불린 청년튀르크당이 압둘 하미드 2세 왕정을 무너뜨리고 의회민주주의 제도를 도입한 사건과 1911년 만주족의 청淸조가 붕괴하고 중화민국이 탄생한 신해혁명 등 당시 외국에서 일어난 정치혁명의 영향을 받았다.

와치라웃은 재위 중 왕국의 근대화를 위해 많은 노력을 기울였다. 방콕에 새 도로를 건설하고, 전차와 상수도 시설을 구축했다. 이 무렵 발전소가 처음으로 세워졌다. 이미 라마 5세 때 건설되기 시작했던 철도는 1930년 방콕에서 랏차부리를 경유하여 펫차부리까지 확장되었다. 근대화 조치의 하나로 와치라웃은 국경일을 제정했다. 1912년 그는 부왕의 서거일인 10월 23일을 '쭐라롱꼰날'로 명명하고, 이날을 국경일로 정했다. 또한 그는 재위 초부터 스포츠를 중시해, 유럽의 보이스카우트를 모방해 만든 청소년 조직 '스아빠(맹호단)'와 '룩스아(새끼맹호단)'의 훈련 과정에 다양한 서양 운동 경기를 도입했다. 이 밖에도 와치라웃은 1913년 3월 22일 포고문을 통해 성씨姓氏 제도 도입*을 선언하고, 성

---

* 태국에는 오래전부터 성씨가 있었지만, 왕족 및 귀족 가문 중에서도 극소수 특별한 경우에만 성씨를 사용했다. 1914년 1월 1일 이전에 태국인 대부분은 성 없이 이름만 가지고 살아왔다. 1913년 3월 22일 포고문에서는 한 집안의 최고 연장자인 남성이 성씨를 선택하고, 이 성은 남계男系로 이어져야 한다고 규정했다.

씨의 목록을 만들어 1914년 1월 1일까지 태국 국적을 가진 모든 집안의 가장이 그중 하나를 선택해 관청에 등록하도록 했다.

이처럼 근대화를 추진하면서도 와치라웃은 여전히 정부의 중심엔 강력한 군주가 있어야 한다고 생각했다. 절대왕정을 비난하는 신문 기사가 증가하자 짜끄라퐁 왕자는 1917년 4월 21일 와치라웃 왕에게 입법위원회 설립을 건의했다. 하지만 그는 태국 국민이 아직 국회의원을 선출할 만큼 충분히 교육받은 상태가 아니므로 입법위원회 설립은 시기상조라며 왕자의 건의를 일축했다.

입헌 체제에 대한 논의는 와치라웃을 계승한 라마 7세 쁘라차띠뽁(재위 1925~1935) 재위 중에 활발히 이뤄졌다. 이 시기에 태국에서 발행되는 신문과 잡지의 수가 크게 늘었고, 이들 매체는 서양의 사상과 제도를 적극적으로 소개했다. 이와 더불어 입헌군주 및 의회민주주의 정부에 대한 논의가 본격화하면서, 정부를 비판하는 기사도 더욱 늘어났다. 그러나 입헌 체제에 대해 라마 7세는 라마 6세와 같은 태도를 견지했다. 그는 1927년 6월의 비망록 〈싸얌의 민주화〉에서 '태국이 현재로서는 대의정부 형태를 수용할 준비가 덜 되어 있으며, 만약 수용하더라도 그것은 먼 미래의 일'이라는 견해를 밝혔다.

의회민주주의를 도입하라는 압력이 점차 거세지자, 쁘라차티뽁은 1927년 6월 그 첫 단계로 왕실 자문기구인 추밀원樞密院, privy council 활성화를 추진했다. 그는 기존의 추밀원에서 40명을 뽑아 추밀원평의회를 구성하고, 1927년 11월 말 그 첫 회의를 개최했다. 하지만 추밀원평의회는 1932년까지도 국민의 여론을 반영하여 국정을 토론하는 대의기관으로 발전하지 못했다.

태국 입헌혁명(1932)의 주역들. 가운뎃줄 왼쪽에서 세 번째가 피분 송크람, 다섯 번째가 혁명정부의 수상 파혼.
(Khana Ratsadon 사진, 방콕 King Prajadhipok Museum 제공)

라마 7세가 라마 6세에게 물려받은 정부의 재정 상태는 '비참할' 정도
였다. 1920년대 잠시 호전된 태국의 재정은 1930년대 대공황의 여파로
다시 침체에 빠졌다. 예산 부족에 시달리던 라마 7세는 긴축 정책을 펴
기 시작했다. 긴축 정책은 왕실보다 평민들에게 더 심각한 영향을 미쳤
다. 국민의 생계가 갈수록 힘들어지는 가운데, 지식인들 사이에서 절대
군주 체제의 비효율성과 민주적인 정치체제에 관한 논의가 더욱 활발하
게 일어났다.

마침내 법학도인 쁘리디 파놈용, 정치학도인 쁘라윤 파몬몬뜨리, 그
리고 뒤에 피분 송크람으로 더 잘 알려진 군사학도 쁠랙 킷따싱카 등 해
외 유학생들이 절대왕정을 타도하고 입헌군주제를 수립하기 위해 귀국
후 거사를 계획했다. 거사는 1932년 6월 23일 밤에 전격적으로 단행되
었다. 혁명 주동 세력은 중국인 폭동을 진압한다는 허위 명령으로 해군
을 동원해 왕궁을 포위했다. 이튿날 아침 그들은 정부의 핵심 관료들을
체포하고, 막 설립된 인민당의 이름으로 쿠데타를 공식 선포했다. 그들
은 성명서에서 쁘라차띠뽁 정부의 무능력과 금권 정치를 강하게 비판하
며 쿠데타의 정당성을 역설하고, 왕에게 입헌군주 지위를 받아들이라고

촉구했다. 라마 7세가 그들의 요구를 수
용함으로써 태국에서 절대군주제 시대가
막을 내리게 되었다.

입헌혁명의 주역들은 1932년 12월 헌법
을 제정해 내각·수상·의회 제도를 도입
하고 새 정부를 출범시켰다. 하지만 쁘라
차띠뽁을 위시한 왕실 세력은 절대군주의
권력을 완전히 포기하려 하지 않았기 때문
에, 인민당 정부와 왕실 사이에 자주 긴장
이 감돌았다. 이러한 정정 불안을 빌미로
1933년에 6월 군부가 인민당 정부 친위

피분 송크람(1897~1964).
두 차례(1938~1944, 1948~1957)에
걸쳐 총 15년 동안 태국의 수상을 역임
했다.

쿠데타를 일으켰고, 이것은 이후 태국의 정치사에 거듭된 군부 쿠데타의
효시가 되었다. 같은 해 10월 왕실 세력이 시도한 쿠데타가 실패한 직후
쁘라차띠뽁은 영국으로 망명을 떠났다. 그는 망명지에서 군부정권을 상
대로 군주의 권한 강화를 위한 협상을 시도했으나 거절당하고, 1935년
폐위되었다. 그리고 1941년 타국에서 세상을 떠났다.

1933년 쿠데타로 권력을 잡아 수상이 된 파혼 파혼유세나는 비교적
온건한 인물로 알려졌다. 파혼은 근대 태국이 어떤 통치 체제로 나아가
야 할지 서로 견해가 다른 인민당 내 여러 당파를 중재하는 데 힘을 쏟
았다. 하지만 그는 수상으로서 자신의 역할에 만족하지 못한 채 여러 차
례 사임을 시도하다가 결국 1938년 초 수상직에서 물러났다.

그의 뒤를 이어, 1933년에 왕실 세력을 제압하는 데 가담해 권력 기
반을 다진 군부의 또 다른 핵심 인물인 피분 송크람이 수상직에 올랐다.

1938년부터 1944년까지 그는 대외적으로 파시즘 신봉자로서 친일 정책을 견지하며 일본과 동맹을 맺고, 대내적으론 독재적인 방식으로 민족주의 정책을 펼쳤다.[3]

남부 태국

1909년, 북부 말레이반도에서 태국과 영국령 말라야 간의 국경을 분명히 설정하려는 영국의 압력을 받고 있었던 태국의 라마 5세는 말레이반도 북부의 술탄국들 중 빳따니를 제외하고 뻬르리스·끄다·끌란딴·뜨렝가누를 영국에 양도했다. 영국은 그 대가로 태국 남부 접경 지역까지 철도를 부설하는 데 쓰일 차관을 제공했다. 그 결과 뻬르리스·끄다·끌란딴·뜨렝가누는 오늘날 말레이시아에 속하게 되었지만, 빳따니는 태국의 일부로 남게 되었다.

빳따니와 끌란딴의 술탄 가문은 혼인을 통해 서로 돈독한 관계를 맺고 있었다. 이러한 가운데 타이 조정은 빳따니에 대한 끌란딴의 영향력을 의식해 세금을 직접 징수하고, 학교와 정부기관에서 말레이어 대신 타이어를 의무적으로 사용하도록 하는 정책 등을 통해 중앙집권화를 지속적으로 강화해나갔다. 그러는 동안 빳따니 무슬림은 자신들의 권한을 박탈하고, 전통문화를 말살하려는 타이 조정의 정책에 대해 깊은 의구심을 품고 있었다. 결국 중앙정부에 대한 그들의 반감은 1923년 2~3월에 몇 차례 폭력 사태로 분출되었으나, 강경 진압을 당한 후 철저히 무시되었다.

1932년 입헌혁명으로 젊은 민족주의 지도자들이 정권을 장악하자, 빳따니 말레이계 무슬림을 포함한 타이 무슬림에 대한 동화 정책이 더욱 강화되었다. 새 중앙정부는 그들에게 태국 국가國歌를 받아들이고, 태국 역사 및 타이어를 배우도록 강요했다. 중앙정부의 이 같은 민족주의 정책은 성공을 거두지 못하고, 오히려 타이 무슬림의 단결과 자치권 획득을 위한 투쟁을 촉발했다.

1938년 피분 송크람이 정권을 장악하면서 타이 무슬림에 대한 중앙정부의 동화 정책이 절정에 달했다. 피분은 랏타니욤 즉 범汎타이주의를 바탕으로 소수인종의 언어나 문화를 인정하지 않는 조치를 취하며 태국 내 모든 인종을 태국 국민으로 동화시키려는 문화 민족주의 정책을 추진했다. 태국 중앙정부가 타이 무슬림을 '콘타이(태국인)'라고 부르게 된 것도 이때부터였다. 이전에는 그들에게 '손님'을 뜻하는 '캑'을 붙여 '캑무슬림(무슬림 손님)', '캑말라유(말레이 손님)', '캑팍따이(남부 손님)' 등 무슬림을 멸시하거나 차별하는 호칭을 사용했다.

빳따니 무슬림과 관련해, 피분은 그들의 초등학교에서 말레이어 교육 과정을 폐지하고, 끌란딴을 통한 말레이어 서적 반입을 금지했다. 또한 전통 이슬람 교육기관인 뽄독을 이슬람 공립학교로 전환하는 조치를 단행했다. 더욱이 피분의 동화 정책은 빳따니 무슬림의 말레이 풍습까지 간섭했다. 예컨대 원통형 치마인 사룽 착용을 금지하고, 짐을 운반할 때 말레이식으로 머리에 이면 안 되고 타이식으로 어깨에 메도록 강요했다.

1933년에 몬톤제가 폐지된 뒤 몬톤은 '짱왓(도道)'으로 바뀌었다. 이때 빳따니 몬톤이 세 짱왓, 즉 빳따니 · 얄라 · 나라티왓 짱왓으로 분리되어 오늘에 이른다.

현재 남부 태국의 네 짱왓 중 다른 하나인 싸뚠은 본래 싸이부리(지금
의 끄다)에 속했다. 라마 3세 때에 싸이부리가 싸이부리 · 꾸방까수 · 뻐
르리스 · 싸뚠으로 분할되었고, 그 후 꾸방까수가 다시 싸이부리에 합병
되었다. 그리고 1909년에 싸뚠을 제외한 지역, 즉 싸이부리와 뻐르리스
가 영국에 양도되었다. 그 결과 싸뚠은 오늘날 빳따니 · 얄라 · 나라티왓
과 함께 남부 태국의 한 짱왓으로 존속하게 되었다.[4]

2 도서부

네덜란드령 인도네시아

자바전쟁을 끝으로 1830년 네덜란드는 자바 전역에 대한 지배권을 확
보했다. 이 무렵에 네덜란드는 식민지배의 경제적 이익을 극대화하기
위해 자바에 대한 다양한 개발 계획을 숙고하기 시작했다. 이때 등장한
인물이 바로 요하네스 판덴보스(재임 1830~1833)다. 1829년에 그는 '퀄
튀르스텔설(경작 체계)'이라는 경작제도 운영 계획을 정부에 제안하고,
1830년 1월 자바의 신임 총독으로 부임했다.

'강제 경작'을 뜻하는 '따남 빡사'라는 인도네시아 말로 더 알려진 이
제도는 식민정부의 불안정한 재정을 토지세에 의존하지 않고, 자바인이

자바의 한 플랜테이션에서 감독관이 지켜보는 가운데 담뱃잎을 말리고 있는 노동자들(1939년 이전).

재배한 환금작물을 이용해 확충하는 데 목적을 두었다. 식민 당국은 각 마을에 수출 작물의 생산 목표를 설정하고 달성하도록 강요했다. 이 제도에 따라 자바 농민들은 자신들의 논밭 전체 면적의 5분의 1에는 식민 정부가 지정한 커피·사탕수수·담배·차 등 환금작물을 재배해서 낮게 정해진 가격으로 정부에 납품해야 했다. 그리고 1년 중 120일 이상은 반드시 그 납품할 작물을 재배하는 땅에서 일해야 했다. 이렇게 해서 거둬들인 작물은 암스테르담을 통해 세계시장에서 판매되었다.

판덴보스의 의도대로 이 강제 경작 제도에 힘입어 식민정부의 재정 상태가 급속도로 개선되었다. 이 제도는 본국의 재정에도 큰 보탬이 되었다. 예컨대 1851년에서 1866년 사이에 네덜란드 국고 중 32~34퍼센트가 인도네시아의 송금으로 충당되었다. 이 재정으로 네덜란드는 산업화를 추진할 수 있었으며, 암스테르담은 커피·설탕 등 열대 농산품을 세계에 공급하는 주요 시장이 되었다.

그러나 이 강제 경작 제도의 성과는 자바 농민의 체력과 생명을 희생시킨 결과였다. 많은 농민이 병으로 쓰러지고, 아사하는 사태가 속출했다. 이러한 참상이 네덜란드 본국에도 알려졌다. 1860년, 전 식민지 관리였던 에뒤아르트 다우어스 데커르가 '뮐타튈리'*라는 필명으로 소설 《막스 하벨라르》를 출간했다. 그는 강제 경작 제도로 자바인이 겪는 고통을 적나라하게 고발했다. 이 소설이 네덜란드 지식인 사회에서 큰 반향을 불러일으키면서 식민지 정책에 대한 비판이 거세지고, 야만적인 강제 경작 제도의 폐지를 요구하는 목소리가 높아졌다. 결국 강제 경작 제도는 1870년에 공식 폐지되었다.

20세기 들어서면서 네덜란드는 인도네시아 식민정책의 방향 전환을 모색했다. 인도네시아군도 전체에 대한 통제가 가능해짐에 따라, 식민정부는 광범위한 자바 외곽 도서 지역에 대한 정책 목표를 새로이 설정해야 했다. 이 과정에서 인도네시아인의 권익 보호와 복지 증진을 고려한 이른바 '윤리정책'이 등장했다. 이 정책의 골자는 인도주의와 경제적 이익을 동시에 추구한다는 것이었다. 1901년 빌헬미나 여왕(재위 1890~1948)은 이 새로운 정책을 재가했다.

윤리정책 실시와 함께 네덜란드 식민정부의 경제개발 중심이 자바에서 외곽 도서 지역으로 옮겨졌다. 이 지역에 대한 투자와 개발을 유럽의 개인 사업가들에게 개방하자, 열대작물과 자원 생산량이 급증했다.

---

* 뮐타튈리Multatuli는 라틴어로 '너무 많은 고통을 받았다'는 뜻을 지닌다.

1900년에서 1930년 사이에 설탕과 주석의 생산이 각각 4배와 11배로 늘었고, 담배 · 후추 · 코프라* · 커피 등 다른 작물의 생산량도 크게 증가했다.

20세기 들어서 인도네시아는 원유와 고무 생산으로 세계의 관심을 모으기 시작했다. 두 가지 전략 산품 대부분이 자바 외곽 도서 지역에서 생산되었다. 1883년에 네덜란드인 사업가 지이커르가 북부 수마뜨라 랑깟에서 석유 시추를 시작해서, 1888년 경제성이 충분한 질 좋은 원유를 생산하는 데 성공했다. 1890년 그는 네덜란드왕국석유회사를 설립했다. 1907년에 이 회사와 영국 셸사社가 합병해 '로열더치셸'이라는 당시 세계 최대의 다국적 석유기업이 탄생했다. 20세기 초부터 시작된 서구의 자동차 산업 발전에 힘입어 인도네시아의 석유 산업은 급속히 번창하기 시작했다. 이 시기에 다국적 석유기업들이 인도네시아로 몰려들었다. 1920년대에 수마뜨라의 아쩨에서 빨렘방에 이르는 동부 해안 지역, 자바의 스마랑 · 름방 · 수라바야, 그리고 보르네오 동부 해안 지역에 석유회사 약 50개가 설립되었다.

고무 산업도 자동차 산업의 발전에 편승해 급속도로 확대되었다. 네덜란드 식민정부는 1864년부터 서부 자바와 동부 수마뜨라 해안에서 토종 고무나무Ficus elastica의 플랜테이션 재배를 시험했다. 하지만 고무 산업이 본격화한 것은 1900년 브라질이 원산인 개량종 고무나무Hevea brasiliensis 재배에 성공하면서부터다. 1906년부터 수마뜨라에서 이 개량종의 재배가 급속히 확산했고, 1912년부터 고무가 수출되기 시작했다. 그 후 지속

* 코코넛 열매나 씨앗을 말린 것. 코코넛기름을 추출하는 원료가 된다.

된 고무 산업의 붐으로 1930년에는 인도네시아에서 열대작물 전체 재배 면적의 44퍼센트를 플랜테이션 고무 농장이 차지하게 되었다.

하지만 인구 증가는 윤리정책에 따른 모든 복지 정책의 성과를 무색하게 만들었다. 자바 외곽 도서 지역은 여전히 인구 밀도가 대단히 희박한 반면 자바, 특히 중부와 동부 지역은 가파른 인구 증가세로 상당한 수준의 인구 밀도를 기록했다. 1900년 자바와 마두라에 거주하는 토착 인도네시아인 인구는 2840만 명 정도였다. 1920년에 이는 3440만 명으로 증가했고, 1930년엔 그 수가 4090만 명에 달했다. 반면 1905년 자바와 마두라 외의 도서 지역에 거주하는 토착 인도네시아인 인구는 730만 명 정도였다. 1920년에 이는 1390만 명에 달했고, 1930년엔 그 수가 1820만 명으로 증가했다.

1930년에 네덜란드령 인도네시아의 토착 인도네시아인 전체 인구는 약 5910만 명이었다. 여기에 유럽인과 유라시아인 160만 명, 그리고 중국인 120만 명을 합하면 당시 인도네시아군도의 총인구는 약 6190만 명 정도였다.

이들 수치는 1930년에 이미 전 국토의 7퍼센트밖에 되지 않는 자바와 마두라에 인도네시아 인구의 거의 70퍼센트(6190만 명 중 4090만 명)가량이 집중해 있었음을 나타낸다. 이러한 인구 집중 현상으로 복지 수준은 계속해서 낮은 상태에 머물렀다. 하지만 네덜란드 식민정부는 이 괴리를 근본적으로 해결할 어떤 정책도 마련하지 못했다.

교육 개혁도 그 성과가 미미한 수준에 머물렀다. 1930~1931년 인도네시아어 초등학교 과정에 재학 중인 학생의 수는 166만 명이었는데, 이는 전체 인구의 2.8퍼센트에 해당했다. 유럽식 중등학교와 각급 직업

학교에 총 8만 4609명이 재학했는데, 이는 전체 인구의 0.14퍼센트에 지나지 않았다. 대학생은 178명에 불과했다. 이는 전체 인구에서 300만 명당 1명만이 대학생이라는 뜻이었다.

네덜란드 식민정부의 윤리정책은 그 공언에 비해 전반적으로 성과가 지극히 미미했다. 국가의 부가 외국 기업의 이윤 획득 수단으로 이용되는 동안, 토착 산업은 발전하지 못했다. 경제적 발전은 주로 자바 외곽 도서에서 이뤄졌으나, 복지 혜택은 주로 자바에 집중되었다. 학교의 수와 방대한 인구를 비교해 볼 때 교육 기회는 너무나도 제한된 수준이었다. 결론적으로 윤리정책은 자바 외곽 도서를 개발하기 위한 식민정부의 명분에 불과한 것이었다.[5]

네덜란드령 발리

1906년과 1908년 두 차례 일어난 뿌뿌딴을 무릅쓰고 네덜란드는 발리를 정복했다. 네덜란드는 1920년대 초에 두 가지 이유로 이 지역을 관광지로 개발하려는 계획을 세웠다. 당시 네덜란드는 뿌뿌딴의 잔학성으로 국제사회의 비난에 직면해 있었다. 식민정부는 한편으로는 발리 전통을 보존하여 자비로운 인상으로 쇄신을 꾀하고, 관광 산업을 통해 발리의 안정된 모습을 보여줌으로써 식민지배의 정당성을 확보하려 했다. 다른 한편으로 식민정부는 당시 자바와 아쩨에서 각각 개혁주의 이슬람 단체인 무함마디야와 빠드리운동을 중심으로 활발하게 전개되고 있던 이슬람 개혁운동이 발리로 번져 오지 못하게끔 발리의 힌두 전통문화를 보존·강화해야 할 필요성을 느꼈다.

이러한 맥락에서 힌두교는 발리 전통문화의 토대이자, 이슬람의 확산을 막는 방패인 동시에, 관광 산업을 위한 상품이었다. 향료와 플랜테이션에 적합한 토지가 없는 가운데 노예무역을 차단당한 발리에게는 새로운 수입원이 필요했다. 네덜란드 식민정부가 발리 전통문화를 상품으로 선정하면서, 관광은 발리를 대표하는 이미지이자 주요 경제수단으로 자리 잡기 시작했다. 발리 관광은 네덜란드 왕실 정부가 네덜란드왕립해운회사(이하 KPM)를 설립해 1908년 인도네시아군도의 선박 운행권을 독점하고, 관광부를 공식 설치하면서 본격적으로 시작되었다.

1차 세계대전은 서구인들에게 큰 상처가 되었다. 이 사건을 계기로 유럽 지상주의에 대한 회의와 반성이 일어나기 시작했다. 문명이 일직선상으로 진보한다는 관점에서 벗어나 문화를 바라보는 다양한 시각이 생겨났고, 인간 본연의 모습이 발현되는 '진정한authentic' 문화에 대한 관심이 커졌다. 이러한 시대 조류에 따라 유럽 문명에 염증을 느낀 서구 부유층 사이에선 이른바 '미개'의 이채로운 문화를 보고 체험함으로써 피폐한 정신을 치유하는 여행이 유행했다. KPM은 '미개'를 연상케 하는 폭포·화산·계단식 논·열대우림 등의 자연 경관과 힌두교 사원 같은 발리 전통 문화유산을 결합해 관광 코스를 개발했다. KPM은 이 관광 코스를 따라 박물관을 건축하고, 관광객이 묵는 호텔에서 발리의 전통춤을 공연했다.

1920년대 후반부터 증기선과 숙박 시설의 발달, 문화의 진정성에 대한 관심 증폭 등에 힘입어 발리로 향하는 유럽 관광객의 수가 점차 증가했다. 이 무렵에 유럽과 미국에 호화 크루즈 여행이 유행했다. 높은 비

발리의 렘뿌양 힌두사원

발리의 전통 무용인 르공Legong 공연

1930년대의 발리 관광포스터

용과 긴 여행 시간이 소요되는 호화 크루즈 발리 여행은 부유한 계층만
이 누릴 수 있는 매우 제한적인 특권이었다. 당대 최고의 코미디언 찰리
채플린이 휴가 여행으로 발리를 관광했고, 석유 재벌 넬슨 록펠러도 신
혼여행으로 발리를 다녀갔다.

　이 시기 서구에서 발리의 문화는 책 · 영화 · 여행 상품으로 유통되며
동경의 대상으로서 유행했다. 서구에서 발표된 서적 · 그림 · 사진 · 영

발리의 계단식 논

화 등은 발리를 이국적이고 진정한 문화를 갖춘 장소로 묘사하면서 발
리 관광산업이 흥성하는 데 일조했다. 특히 1930년 발리를 배경으로 찍
은 〈발리: 마지막 낙원〉이란 영화가 인기를 끌면서 관광지로서 발리의
명성이 더욱 높아졌다. 1931년엔 독일인 빅토어 폰플레셴이 〈악마들의
섬〉이란 영화를 찍어 이른바 원숭이 춤이라는 '께짝 댄스'를 유럽인들에
게 소개했다. 멕시코 작가인 미겔 코바루비아스가 1937년에 발리를 여
행하고 쓴 책 《발리섬》은 전 세계 관광객에게 발리 관광의 교과서로 통
했다. 이 책은 가슴을 드러낸 소녀, 야자수, 굽이치는 파도와 해변의 사
진을 전면부에 내세우며, 남태평양의 낙원과 같은 발리의 낭만적인 인
상을 굳혔다.

께짝 댄스. 흑백 체크무늬 천을 허리에 두른 남자들 수십 명이 무대를 에워싸고 손을 흔들면서 일제히 "께짝께짝" 소리를 친다. 원래는 사원에서 제례를 올리며 신들린 상태에서 추던 춤이었는데, 1930년대 초 영화 〈악마들의 섬〉을 위해 발리의 춤꾼 와얀 림박Wayan Limbak이 독일인 화가 발터 슈피스Walter Spies와 함께 영화에 걸맞은 형태로 재구성했다. 그 뒤 인도의 서사시 《라마야나》의 줄거리가 가미되어 오늘날과 같은 무용극이 되었다.

　　발리 전통문화의 보존은 발리인을 위해, 발리인에 의해, 발리인의 정체성을 유지하고 문화적 풍요를 북돋우려는 것이라기보다는 관광객에게 이른바 '진정한 문화'의 낙원을 보여주기 위한 것이었다. 하지만 발리인들 역시 자신들을 위해 전통을 보존하려는 노력을 기울이고, 변화하는 상황에 적절히 대처했다. 특히 왕족들은 식민 세력에 의해 정치적인 힘을 상실했지만, 종교 의식과 예술 공연 등을 후원함으로써 문화적인 힘을 통해 지위와 권위를 유지하고, 전통의 보존에도 기여했다. 이처럼 네덜란드 식민지 시대에 관광을 목적으로 추진된 '발리화' 과정은 비록 발리인 스스로가 아닌 식민정부에 의해 의도적으로 만들어진 것이지만, 이 시기에 발리 힌두문화는 식민지배라는 외적 동학과 발리인들의 창의적인 대응이란 내적 동학의 결합을 통해 발리인의 정체성으로 뿌리를 내렸다.[6]

포르투갈령 동띠모르

19세기 말 서유럽 국가 대부분이 산업화를 추진하는 동안, 포르투갈은 그 흐름에서 벗어나 농업에 기반을 둔 봉건사회를 유지하고 있었다. 지주 계급이 정치적 권한을 유지하려고 의도적으로 산업화에 미온적인 태도를 고수했기 때문이다. 그 대신 그들은 해외 식민지를 본격적으로 개발하는 정책을 취했다. 이 정책의 핵심은 수출을 위한 열대 환금작물 재배였다.

1884년에서 1890년 사이에 동띠모르에서 강제노동을 이용한 도로 건설이 시작되었다. 1899년 포르투갈은 네덜란드와 영국의 동인도회사와 유사한 '농업 조국과 노동 회사'를 설립해 북서쪽 에르메라에서 커피 플랜테이션(재식) 사업을 시작했다. 1908년 18세부터 60세까지 띠모르 남성 모두에게 인두세를 부과했고, 1911년에서 1917년 사이에 코프라를 재배하기 시작했다.

개발 정책, 특히 강제노동은 띠모르인들의 분노를 촉발했다. 남부 마누푸히의 왕인 동 보아벤투라가 왕국들을 연합해 식민지배의 학정에 저항하기 시작했고, 1910~1912년 그 기세가 정점에 달했다. 식민정부는 모잠비크와 마카오에서 군대와 군함을 동원해 소요를 진압했다. 이 과정에서 띠모르인 3000명이 사망했다.

동띠모르인의 강한 결속과 저항력은 왕국 또는 부족 간 결혼 동맹에 바탕을 두고 있었다. 식민정부는 이러한 전통적 혈맹 관계가 식민지배 체제 공고화에 큰 걸림돌이 된다고 판단하고, 서구식 행정 체제를 도입했다. 수쿠-콘셀류-포스투, 즉 우리의 군-읍-리에 해당하는 수직적인 3단계 행정 편제를 두었는데, 수쿠의 장은 식민정부가 직접 임명했고, 그 아래 콘셀류가 행정 계통을 통해 포스투를 통제했다. 하지만 이러한 근대식 행정 체제가 동띠모르 사회 전반에 별다른 영향을 미치지는 못했다. 수쿠의 장들은 행정 제반사에서 여전히 부족 간 동맹으로 맺어진 지역 사회의 협조가 필요했기 때문이다. 그 결과 행정 체제가 식민지 행정 제도와 토착 행정 제도로 이원화되었을 뿐이다.

1930년에 포르투갈은 해외 식민지에 대한 강력한 중앙 집권 체제를 구축했다. 식민지법에 따라 모든 해외 식민지가 리스본이 직접 관할하는 중앙집권적인 식민지배 체제에 편입되었다. 따라서 동띠모르의 식민행정 체제는 본국 행정 체제의 일부로 통합되었고, 식민지 엘리트층인 관료·교회·농장주·군인의 이익을 대변하기 위해 동띠모르에 입법의회가 설립되었다. 이러한 행정 체제의 변화는 동띠모르의 미래와 관련된 두 가지 중요한 결과를 낳았다. 그 하나는 교회 세력의 정치 참여, 다른 하나는 포르투갈 세계관에 익숙한 동띠모르 엘리트 집단의 출현이었다.

포르투갈의 안토니우 살라자르 정부는 동띠모르 사람들을 공식적으로 두 집단, 즉 원주민indigenes과 신원주민neo-indigenes으로 분류했다. 신원주민은 포르투갈인과 원주민의 혼혈인, 그리고 가톨릭을 신봉하고 포르투갈어를 사용하는 등 포르투갈 세계관에 동화한 원주민을 말한다. 신원주민은 본국의 포르투갈인과 동등한 시민권을 부여받았고, 따라서 본국 국회의원과 지방의회의원 선거권도 주어졌다. 이들은 주로 가톨릭 교회의 교육을 통해 탄생했다.

신원주민으로 양성된 동띠모르 정치 엘리트 집단은 오늘날에도 동띠모르 국가의 지도층으로서 새로운 국가와 사회의 건설에 상당한 영향력을 행사하고 있다. 오늘날 동띠모르에서 교회 세력이 정치에 참여하고 있는 것도 바로 식민지 시대의 유산이다.[7]

영국령 말라야

영국령 말라야는 해협식민지(이하 SS), 연방말레이주(이하 FMS), 비연방말레이주(이하 UMS)로 구성되었다. 영국이 말라야를 세 행정단위로 나누어 통치한 것은 효율적인 식민지 경영을 위해서였다. 물자 수송에 필수적인 항구도시들로 구성된 SS는 총독이 관할하는 직할 식민지였다. 주석 산업과 고무 플랜테이션 농업의 중심지인 FMS에서는 주재관의 관할하에 술탄들에게 부분적인 행정 자치권만을 부여했던 반면, 비교적 경제적 이용 가치가 적은 UMS에서는 고문관을 두고 술탄에게 폭넓은 자치권을 허용했다.

1826년에서 1867년 사이 SS, 특히 싱가포르는 무관세 자유무역과 자유이민 정책을 바탕으로 하는 자유무역항 정책에 힘입어 무역 총액과 인구가 각각 4배와 8배로 급증했다. 이러한 성장의 뒷면에는 자유무역

영국령 말라야

에 개입하려는 식민 당국에 맞서 자유항 정책을 고수하려는 SS 상업 세력의 커다란 노력이 있었다. 이러한 맥락에서 이 시기를 '자유무역항 투쟁기'라고 부른다.

1867년부터 1차 세계대전 이전까지 SS는 더욱 급속한 성장세를 이어 갔다. 무엇보다도 이는 1869년 수에즈운하의 개통에 힘입은 바가 컸다. 수에즈운하의 개통을 계기로 서구 제국주의 세력의 동남아시아 진출이

증기선이 수에즈운하를 지나는 장면을 담은 사진엽서

한층 더 진척되었고, 수에즈-홍해-멀라까해협을 경유하는 항로가 희망봉-순다해협 항로를 압도함에 따라 싱가포르의 전략적 · 경제적 중요성이 배가되었기 때문이다.

수에즈운하 개통 후 싱가포르는 중계무역의 거점 역할을 하는 데 그치지 않고 서구 제국주의 세력들의 상품 시장과 투자 대상이 되었다. 이와 더불어 근대적 행정 및 입법 제도가 도입되었고, 싱가포르는 동남아시아의 해운 · 무역 · 금융 중심지로서 탄탄한 입지를 구축했다. 그 결과 싱가포르의 무역은 비약적으로 증가했다. 예컨대 1860년부터 1869년까지 10년간 싱가포르의 무역 총액이 약 1300만 달러 증가한 데 비해, 1869년부터 1870년까지 단 1년 사이에 약 1200만 달러, 1870년부터 1879년까지 10년간에는 약 3750만 달러가 증가했다. 1874년 1월 뻬락의 술탄 라자 압둘라와 영국이 빵꼬르 조약을 체결한 후 싱가포르와 말

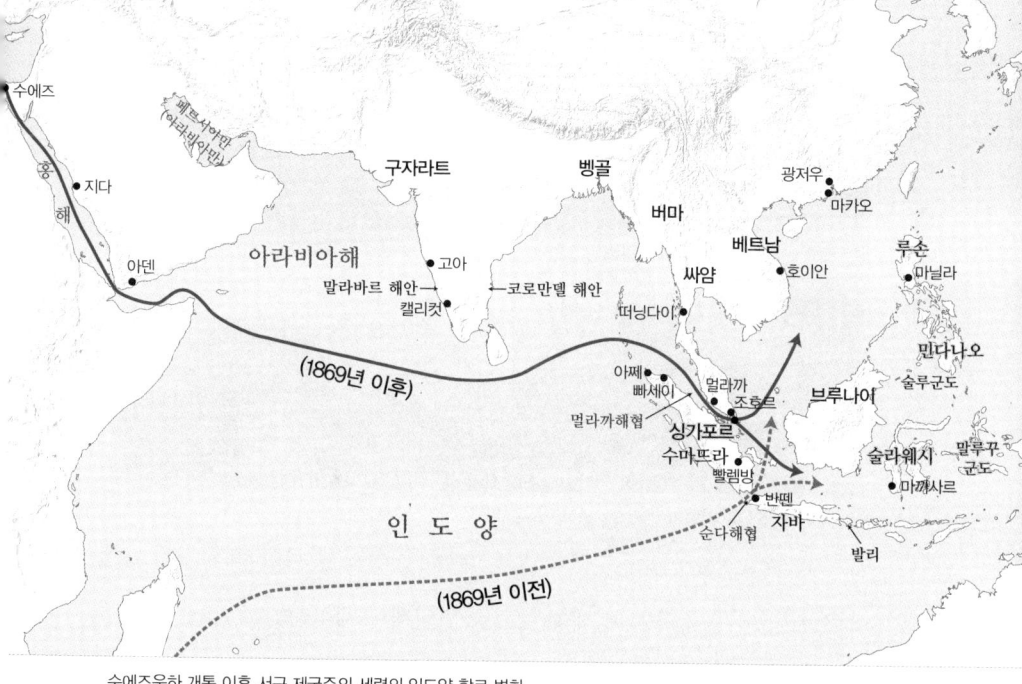

수에즈운하 개통 이후 서구 제국주의 세력의 인도양 항로 변화

레이반도가 고무·주석 수출항과 생산지로서 상호 보완적인 경제 관계를 형성한 것도 싱가포르의 번영에 한몫했다.

싱가포르의 무역은 1926년 최고조에 달했다. 그러나 곧 발생한 세계대공황으로 싱가포르 경제도 침체하게 되었다. 1933년의 싱가포르 무역 총액은 절정기인 1926년에 비해 3분의 1에 지나지 않았다. 경제 블록화 추세 속에서 영국도 보호무역 정책을 도입했다. 1932년 오타와 협약으로 싱가포르도 영제국 내 특혜관세가 적용되었다. 자유무역항 정책의 퇴조와 더불어 1930년 이민규제법을 제정하면서 싱가포르는 그동안 유지했던 자유이민 정책을 포기했다. 1933년 이후 비영국인의 이민은

1930년대 말라야 주석 광산에서 일하는 중국인 노동자들

연간 이민 허용 건수를 정해놓은 고정 쿼터제로 제한되었다.

20세기 초 20년 동안 영국령 말라야, 특히 FMS는 SS와 함께 전반적으로 경제적 번영을 누렸다. 1898년부터 1906년까지 말라야의 주석 생산량은 전 세계 총생산량의 절반 이상을 차지했다. 1906년 이후에 다른 나라들, 특히 볼리비아·나이지리아와 경쟁을 하는 동안에도 말라야의 주석 생산은 전 세계에서 계속 부동의 선두를 유지했다. 주석의 가치는 점차 높아져서 1930년대 세계공황 이후 4년 동안 그 평균 가치가 1898~1903년 5년간 평균치의 2배에 달했다.

주석과 함께 고무가 말라야 번영의 시기를 이끌었다. 1908년 2만 7000 에이커였던 고무농장 면적이 1913년 80만 에이커로 급속히 확대되었다. 고무 수출량도 1910년 7300톤에서 1920년 20만 3000톤으로 비약적인 증가를 기록했다. 그 후에도 고무 농장이 계속 개간되어, 1930년대에 말

라야의 고무농장 면적은 전 세계 고무농장 면적의 절반을 차지했다.

이러한 산업 성장은 도로와 철도 등 기반시설 건설을 촉진했다. 1885
년 철도가 처음으로 건설되어 뻬락의 따이뼹에서 웰드 항까지 주석광
물을 운반하기 시작했다. 1886년 슬랑오르의 꾸알라룸뿌르와 스웨트넘
항(끌랑), 그리고 1891년엔 느그리슴빌란의 서름반과 딕슨 항을 연결하
는 철도가 부설되었다.

그러나 주석과 고무 산업이 비약적으로 성장했다 해서 그것을 말라야
전체의 경제 발전으로 보는 것은 불합리하다. 뻬락의 따이뼹, 슬랑오르
의 꾸알라룸뿌르, 느그리슴빌란의 서름반 등 주석 산업에서 직접 이득
을 얻은 지역들은 경제적 번영을 누렸던 반면, 그 밖의 말라야 대부분은
그 혜택에서 소외된 채 정체된 상태로 남아 있었다.

이 시기에 말라야의 경제 성장은 주로 해외, 특히 영국 자본에 의존했다. 주석 산업의 경우 1910년 말까지 SS의 중국인 자본이 지배적이었으나, 1912년 이후 재정 능력이 더 막강한 영국 회사가 중국인 회사를 압도하기 시작했다. 이들 간의 격차는 준설법^{dredging method}* 도입으로 더욱 벌어졌다. 1937년 준설법을 이용한 주석광물 1삐꿀^{pikul}**당 평균 생산 비용은 33.34달러였던 반면, 중국인 회사의 자갈 펌프에 의한 평균 생산 비용은 1삐꿀당 63.11달러였다. 그 결과 1937년 중국인 회사에 의한 주석 생산량은 전체의 3분의 1에도 못 미쳤다. 고무 산업의 경우엔 영국인 자본이 처음부터 압도적인 우위를 점했다. 1938년 말 말라야에서 100에이커 이상 되는 대규모 고무 농장 대부분은 영국인이 소유하고 있었다.

고무 산업이 주석 산업보다 더 넓은 지역에 분포했다. 말레이반도의 인도인 인구 증가세를 살펴보면 당시 고무 산업의 지리적 위치를 파악할 수 있다. 인도인 이주가 늘어난 곳에서 고무 산업이 성장했기 때문이다. 1910년에 인도인 계약 노동자 2523명이 삐낭에 상륙했다. 그 이듬해부터 1921년까지 인도인 계약 노동자의 수는 매년 약 10만 명에 이르렀다. 1926년에는 17만 4795명으로 최고치에 달했다.

FMS 중 뻬락과 슬랑오르에 가장 많은 인도인 이주자가 모여들었다. 1911년 이들 두 주의 인도인 인구는 각각 7만 명 이상이었는데, 1940년엔 각각 20만 명으로 증가했다. 1911년 느그리슴빌란에는 인도인의 수가 1만 8248명이었으나, 1940년엔 5만 9472명에 이르렀다.

UMS에서는 끄다와 조호르만 많은 인도인을 받아들였다. 1911년 조

---

* 강력한 기계를 사용해 강바닥에서 흙을 퍼 올리는 방법.

** 약 60.5 킬로그램.

1930년대 말라야 고무나무 플랜테이션의 인도인 노동자들

호르에는 인도인이 5659명 있었으나, 1940년에 그 수가 5만 8622명으로 증가했다. 77다의 인도인 인구는 1911년에 6074명으로 시작했으나, 1940년에 6만 1161명이 되었다. 이를 통해 말라야의 고무 산업이 주로 삐락·슬랑오르·느그리슴빌란·77다·조호르 다섯 주에 집중해 있었음을 알 수 있다.

고무보다 주석이 정부의 세입에 더 큰 비중을 차지한 까닭에, 기반시설을 포함한 사회간접시설 발전에 주석 산업이 더 많이 기여했다. 그뿐만 아니라 2차 세계대전 이전 말레이반도의 주요 도시들은 주석 산업에 힘입어 발전했다고 할 수 있다. 반면 고무 농장이 들어선 지역에서 도시의 발전은 보기 드문 현상이었다. 규모가 큰 고무 농장 지역에서도 인구의 대부분은 도시 수준의 경제생활을 영위하기에는 턱없이 낮은 임금을 받는 인도인이었다. 예컨대 77다는 고무 농장이 광범위하게 조성되어 있었어도 여전히 낙후된 상태를 벗어나지 못했다.

고무나무 플랜테이션과 주석 광산 개발은 말레이반도에 중국인과 인도인의 대대적인 유입을 초래했다. 사실 말레이인과 다른 민족집단이 교류해온 역사는 매우 길다. 지리적으로 말레이반도는 동서 세계를 해로로 연결하는 멀라까해협에 연해 있기 때문에, 오래전부터 중국·인도·아랍 등의 상인들이 빈번히 드나들었다. 그러나 오늘날 말레이시아 다인종 사회의 형성은 20세기 초 30여 년에 걸친 영국 식민지배의 유산이다.

자본주의를 태동시킨 빅토리아 시대(1837~1901) 영국 보수주의의 핵심 가치 한 가지는 '일하는 것이야말로 가난에서 벗어나는 최선의 방법'이라는 말로 요약할 수 있다. 따라서 영국인은 한 사회의 가난이나 낙후성의 근본 원인을 그 사회 구성원의 게으른 속성 탓으로 돌리는 경향이 있었다. 영국인들이 보기에 '게으른 말레이인'은 경제적 활용 가치가 적었기에, 더 '근면한 인종'으로 생각되는 중국인과 인도인의 이민을 적극 장려한 결과 오늘날 말레이시아의 다인종 사회가 형성되었던 것이다.

식민정부는 '말레이인 우대 정책'이라는 명목하에 이민족을 일시적인 체류자로 간주한 반면, 말레이인을 '말라야의 주인'으로 대우했다. 이 정책에 따라 영국은 술탄의 형식적·의례적 지위를 보장하고, 말레이귀족층의 자제를 식민지 하급 관리로 등용하고, 말레이인의 전통 사회와 문화를 보호한다는 명분으로 말레이인 대부분을 농촌에 머물게 하는 방침을 취했다. 그러는 동안 말레이인 사회가 근대화의 흐름에서 소외되어 말하자면 '화석화化石化, fossilization'되었던 반면, 이민족 집단들은 근대화에 편승해 식민지 자본주의 경제체제의 하부 담당자가 되었다. 그 결과 식민지배하에서 세 인종집단이 각기 다른 경제 영역을 차지하게 되었다. 말레이인은 주로 농민으로서 농촌에 거주하고, 중국인은 도시와 광산의 상업과 산업에, 그리고 인도인은 고무 플랜테이션의 노동자로 종사했다.

20세기 초 20년 동안 왕성한 경제적 번영을 누리던 지역에서도 낙관적인 미래를 예견할 수는 없었다. 말라야, 특히 FMS가 이룩한 번영은 거의 전적으로 고무와 주석 산업에 의존했기 때문이다. 고무와 주석은 둘 다 100퍼센트 수출을 위해 생산되었기 때문에 세계 수출 시장의 변동에 따라 직접적인 영향을 받을 수밖에 없었다. 1930년대 세계 대공황은 말라야의 경제·사회적 환경에 직접적인 타격을 주었다. 특히 중국인들의 대량 실업 사태가 발생했다.

이러한 상황은 근대 말라야가 1920~1930년대에 직면하기 시작한 많은 문제 중 하나에 불과했다. 영국 식민지배하에서 이민의 빠른 증가로 인한 다인종 사회의 형성, 말라야 경제에 이민족 특히 중국인이 차지하는 비중의 증대, 말레이인 사회의 화석화, 서구식 교육의 보급으로 인한 민족의식 각성 등 새롭고 다양한 현상들이 이 시기에 서로 복잡하게 뒤엉키면서 오늘날까지 해결이 어려운 여러 난제를 싹틔웠다.[8]

영국령 보르네오

1906년 브루나이는 영국의 보호령이 되었다. 초기에 브루나이 정부의 재정 상태가 영국 주재관에게 급여를 지급할 만큼 넉넉하지 못했던 까닭에, 라부안의 주재관이 브루나이의 주재관을 겸직했다. 1915년에 가

영국령 보르네오

서야 브루나이 주재관이 별도로 임명되었다.

브루나이는 행정적으로 영국령 말라야의 해협식민지(SS), 연방말레이주(FMS)와 밀접하게 연결되어 있었다. SS의 총독이 브루나이 고등판무관*을 겸했으며, SS와 FMS 관료들이 정기적으로 브루나이를 방문해 행정 제반사에 대해 조언하고 감독했다.

영국령 말라야에서와 마찬가지로 조약에 따라 브루나이 술탄은 이슬람 관련사事를 제외한 대부분의 행정사에 주재관의 조언을 따라야 했다. 1906년 5월 10일 하섬 잘릴룰 알람 아콰마딘(재위 1885~1906) 술탄이 사망하자, 그의 아들이 무함마드 자말룰 알람 2세(재위 1906~1924)로 새 술

---

* 서구 열강은 종속국이나 피보호국, 피점령국에 외교관 격으로 고등판무관High Commissioner을 파견했다.

영국령 보르네오(브루나이)

탄이 되었다. 무함마드가 1924년에 35세 나이로 세상을 떠나자, 11세인 그의 아들 아흐맛 따주딘(재위 1924~1950)이 왕위에 올랐다.

식민지배하에서 2차 세계대전 발발 전까지 브루나이는 정치 · 경제 · 행정 등 다방면에서 근대화를 경험했다. 초기에 관세 · 우편 · 농업 · 공공토목 부서가 설립되었다. 세입이 점차 증가하면서 경찰 · 보건소가 추가로 신설되었다. 서구식 행정 제도가 도입되면서 브루나이는 브루나이 · 무아라 · 뜸부롱 · 뚜똥 · 블라잇, 5개 행정구역으로 나뉘었다.

브루나이 토지가 유럽의 투자자들에게 개방되었다. 고무 플랜테이션이 개간되었고, 1904년 이후 브루나이 북서부 해안에 원유가 있다는 사실이 알려지면서 이 지역에 대한 영국 투자자들의 관심이 급증했다. 영국 회사들이 원유 시추권을 신청해서, 초기에 버마보르네오석유회사가 그 권리를 획득했다. 1924년 한 유전에서 원유 238톤을 생산했다. 같은 해 영국보르네오석유회사가 버마보르네오석유회사의 권리를 인수해 시추를 확대하기 시작했다.

1929년 세리아에서 대규모 유전이 발굴되어 작은 왕국에 큰 행운을 가져다주었다. 이 유전은 대영제국 전체에서 발굴된 것 중 가장 큰 유전이었으며, 브루나이는 곧 원유 부국으로 번영하기 시작했다. 1933년에 브루나이가 받은 로열티 즉 원유 사용료가 23만 달러였는데, 이는 브루나이 전체 세입 중 5분의 2를 차지하는 액수였다. 1935년 원유 사용료 수입이 급증해 전체 세입 중 47퍼센트를 차지했다. 원유는 오늘날까지 브루나이 경제의 버팀목이며, 작은 왕국의 독립적인 정체성을 유지할 수 있게 해준 가장 중요한 원동력이다.

1841년부터 1941년까지 100년간 사라왁의 역사는 브룩 가문의 역사였다. 초대 백인 왕인 제임스 브룩은 1863년 조카인 찰스 브룩에게 왕위를 넘겨주었다. 찰스 브룩은 1917년까지 50년 넘게 계몽 군주를 자처하며 사라왁을 직접 통치했다. 1917년 찰스 브룩이 사망하자, 그의 아들인 바이너 브룩이 그해 5월에 왕위를 계승했다. 그의 통치 기간에는 정치적으로 특별히 기록될 만한 사건이 없었다. 고령인 그에게는 아들 없이 세 딸이 있었는데, 사라왁의 왕위 계승은 브룩 가문의 남자로 한정되어 있었다. 따라서 바이너 브룩의 적법한 후계자는 형제인 버트럼 브룩이었다. 하지만 그 역시 고령이었고 건강이 좋지 않아, 버트럼 브룩의 아들 앤서니 브룩이 후계자가 되었다.

왕세자 앤서니 브룩은 1939년 4월 바이너 브룩이 영국으로 떠나면서 사라와 정부를 넘겨받았다. 그는 행정의 중앙집권화에 강한 집착을 보이면서 관료들과 마찰을 빚었다. 그러자 몇 개월 뒤 사라왁으로 다시 돌아온 바이너 브룩이 앤서니 브룩의 왕세자 지위를 박탈했다.

전통적인 왕위 계승이 시대착오적인 제도로 인식되자 바이너 브룩은 정치적 변화를 꾀했다. 민주주의적인 정부 구성이 세계적인 대세를 형성한 가운데 바이너 브룩은 비서인 제럴드 맥브라이언의 조언에 따라 1941년 9월 헌법을 도입해 입헌군주가 되었다. 5명으로 구성된 최고평의회와 25명으로 구성된 주평의회가 설립되었다. 왕의 유고 시 계승자가 지명되기 전까지 최고평의회가 왕의 권한을 대행하도록 했다.

백인 왕들은 '원주민 생활방식 보존'이란 개인적 소신을 강조하며 사라와의 발전을 등한시했다. 그 결과 1938년 당시에는 사라와 전체에 도로가 단지 1094킬로미터 건설되어 있었을 뿐이고, 그중 전천후로 이용할 수 있는 도로는 10퍼센트에도 못 미쳤다. 또한 같은 맥락에서 그들은 사라와 자원 개발의 독점뿐 아니라 원주민 토지의 양도를 금지하는 법을 제정해 다른 유럽인의 침투를 철저히 봉쇄했다. 19세기 말까지 정부의 주 세입원은 아편과 아락(원주민 전통주酒)을 판매하고, 도박장과 전당포를 운영하고, 그들에게서 세금을 징수할 권리를 가진 중국인 사회였다. 토산품 중엔 사고*가 주요 수입원이었는데, 당시 사라왁은 싱가포르를 통해, 세계시장에서 판매되는 사고의 절반을 공급했다.

20세기에 들어서도 백인 왕들은 여전히 원주민 생활방식 보존을 고수

---

* 사고sago는 야자나무에서 얻어지는 전분으로, 일반적으로 동양에서는 밀가루처럼 사용되고, 서양에서는 요리를 걸쭉하게 하는 농후제로 많이 사용된다.

하는 한편, 전통적으로 옮겨 다니며 농사를 짓던 원주민들이 정착 농경 방식을 받아들이도록 하려고 노력했다. 담배·사탕수수·차·커피·빈 랑고·후추 등 상업 작물을 도입했으나 후추를 제외하고는 결과가 기대에 미치지 못했다. 중국인들의 후추 재배는 대성공을 거두어, 사라왁이 네덜란드령 인도네시아에 이어 두 번째로 큰 후추 생산지가 되었다.

찰스 브룩은 중국인들이 이주해서 벼농사도 잘 지어주기를 바랐다. 중국 푸젠성의 푸저우(복주福州) 출신 중국인 기독교인들이 1900년부터 라장강 하류를 따라 정착하기 시작했다. 여러 절기 동안 많은 노력을 기울였지만 벼농사가 성공을 거두지 못하자, 그들 중 많은 수가 후추·고무와 같은 상업 작물 재배로 전환했다.

20세기 초반의 이른바 '고무 열기rubber fever'에 원주민 사회도 예외일 수 없었다. 고무 재배는 별다른 기술이 필요하지 않고 소자본으로 가능했기 때문에, 내륙에 거주하는 사람들 대부분이 쉽게 뛰어들 수 있었다. 그 결과 1920년대부터 고무는 사라왁의 주요 수출품이 되었다. 2차 세계대전 이전에 사라왁의 고무농장 면적이 9만 7000헥타르에 달했다. 이처럼 내륙의 소규모 지주 대부분이 고무 재배에 몰입한 동안, 사라왁은 1940년까지 쌀 수요의 60퍼센트를 수입에 의존해야 했다.

사라왁의 지하자원 개발을 위해 찰스 브룩이 허가를 내준 유일한 서구 기업이 영국의 보르네오회사였다. 하지만 이 사업은 희비가 엇갈리는 결과를 얻었다. 안티몬과 수은 광산은 1880년대 중반에 이미 하락세를 탔다. 금 생산도 1920년대에 매장량이 고갈되면서 빛을 잃었고, 석탄 생산도 실망스러운 수준이었다. 그럼에도 보르네오회사는 2차 세계대전이 발발할 때까지 백인 왕들의 소신에 어긋나지 않으면서도 어

꾸칭의 영국 보르네오회사 사옥(1900)

느 정도 이득을 얻을 수 있었다. 이는 미리에서 생산된 원유 덕분이었
다. 1880년대부터 원주민들에게 '미냑 따나minyak tanah'로 알려진 원유가
1913년 처음으로 수출되었다. 그 후 1940년까지 원유는 사라왁의 주요
외화 수입원이었다.

영국 식민부가 북보르네오회사에 국왕 특허장을 내준 1881년 11월
부터 북보르네오(지금의 사바)는 사실상 영국의 관할권에 편입되었다. 그
후 2차 세계대전 이전까지 영국은 이 회사를 통해 북보르네오를 지배했
다. 1881년 트리처(재임 1881~1887)가 북보르네오의 초대 총독으로 부임
했다. 그 후 19세기 말까지 크로커(재임 1887~1888)와 찰스 크리그(재임
1888~1895)를 포함한 세 총독은 영국령 말라야의 행정 체제와 경제 정
책을 본떠 북보르네오의 경제 개발에 힘을 쏟았다.

이 기간에 그들은 설탕 · 타피오카 · 아편 · 대두 · 파인애플 · 빈랑
고 · 후추 · 담배 등 상업 작물을 도입했으나, 담배 재배만이 성공을 거
두었다. 1884년 런던에 담뱃잎 견본을 보내 세계 최고 품질로 평가받았

영국북보르네오회사 임직원들(1898)

지만, 1891년 미국 정부가 자국의 산업을 보호하기 위해 매키넌 관세법을 도입함에 따라 북보르네오의 담배 산업은 곧 쇠퇴하기 시작했다. 그 사이 영국북보르네오회사의 초기 재정은 외래 작물이 아니라 전통 항로를 통한 무역과 임林산품에 의존했다. 예컨대 중국인이 요리 재료로 선호하는 제비집을 해안의 절벽 동굴에서 채취해서 홍콩으로 수출했다. 그 밖에 등나무·구타페르카*·송진 등이 싱가포르를 경유해 세계시장으로 팔려 나갔다.

20세기 들어 풍부한 목재가 유럽인들의 관심을 끌면서 북보르네오를 대표하는 상품으로 떠올랐다. 1885년 2월에 원목이 처음 오스트레일리아로 수출된 뒤, 당시 중국에서 진행되던 철도 확장 사업으로 갱목 수요

---

* 구타페르카나무에서 채취한 천연수지.

가 급증하면서 목재 수출이 더욱 활기를 띠게 되었다. 원시림에 대한 개발은 원목 운송을 위한 도로 확장과 중국인 노동력의 이주로 이어졌다. 1907년 북보르네오 전체 노동력의 50퍼센트 이상을 중국인이 차지했다. 1920년 영국보르네오목재회사라는 대형 기업이 설립되어 향후 25년 동안 북보르네오 목재 사업을 독점하면서 목재 무역을 확대하는 데 필요한 자본을 제공했다. 그 결과 1937년 목재 수출량이 약 17만 8000세제곱미터에 달했고, 산다깐은 세계에서 가장 중요한 목재 수출항으로 꼽히게 되었다.

1920년 이후 목재가 북보르네오에서 가장 중요한 수출 상품이 되었지만 북보르네오의 경관을 전반적으로 지배한 것은 고무였다. 1882년 처음으로 고무나무가 북보르네오에 도입되었다. 하지만 고무나무가 중요한 상업 작물로 자리를 잡기까지는 한 세대가 걸렸다. 그 후 투자자들이 값싼 토지 임대료, 수출관세 면제, 그리고 값싼 중국인·자바인 노동력에 매료되어 북보르네오로 몰려들었다. 영국북보르네오회사의 경영자 코위(재직 1894~1910)가 시작했다가 중단되었던 철도 부설 사업이 고무 운송을 위해 1921년에 재개되었다. 도로 건설도 뒤따랐다. 농장 개간을 원하는 중국인과 유럽인이 도로나 철도에 면한 토지를 서둘러 임대했다. 그 결과 북보르네오의 고무 재배 면적은 1906년 1306헥타르에서 1940년 5만 3812헥타르로 증가했다. 이렇게 된 데는 많은 소규모 재배 농민들도 한몫을 했다.[9]

미국령 필리핀

1898년 5월 쿠바 독립을 명분으로 시작된 미서전쟁이 끝나고, 그해 12월 10일 조인된 파리 조약에 따라 미국은 스페인에 미화 2000만 달러를 주고 필리핀군도를 공식 인수했다. 미국의 윌리엄 매킨리 대통령은 필리핀인을 교육하고, 개화시키고, 자치를 위해 훈련하는 일이 미국의 의무라는 점을 강조하며 필리핀의 '은혜로운 동화benevolent assimilation'를 천명했다. 하지만 점령 초기 3년 동안 약 22만 5000명에 이르는 희생자를 낼 정도로 필리핀 사람들은 격렬한 독립투쟁을 벌였다. 미국은 이 기간에 웨슬리 메릿(재임 1898), 엘웰 오티스(재임 1898~1900), 아서 맥아더(재임 1900~1901)를 군정총독으로 임명했다.

1901년 7월 3일 윌리엄 태프트 초대 민정총독이 부임하면서 미국은 필리핀을 점령하면서 내세웠던 대의인 은혜로운 동화의 실천에 착수했다. 그 후 1946년까지 필리핀의 완전한 독립을 향한 여정, 즉 '식민지의 필리핀화'를 위한 입법 과정이 진행되었다. 그 첫 조치로 미국 하원의 필리핀문제위원회 의장이었던 헨리 쿠퍼가 필리핀 법안을 의회에 제출했다. 시어도어 루스벨트 대통령이 1902년 7월 2일 일명 '쿠퍼법'에 서명했다. 필리핀 입장에서 볼 때 쿠퍼법의 가장 의미 있는 내용은 필리핀 입법부의 기능을 수행할 필리핀 하원을 설립한다는 조항이었다.

쿠퍼법에 따라 초대 필리핀 의회 선거가 1907년 7월 30일 실시되었다. 하원의원 80명이 선출되어 그해 10월 16일 의회가 공식 출범했다. 세부 출신으로 29세인 세르조 오스메냐가 하원의장으로 선출되었으며, 마누엘 케손이 다수당인 국민당의 대표가 되었다.

1912년 미국 대통령 선거에서 민주당이 집권하면서 미국의 대對필리핀 정책이 전환점을 맞았다. 우드로 윌슨 대통령과 프랜시스 해리슨 총독이 모두 필리핀 자치에 대해 긍정적인 입장이었고, 그것을 구체화할 입법화가 필요했다. 이런 상황에서 "안정된 정부가 수립되면 곧 필리핀군도에 대한 통치권을 양도하고 독립을 인정한다"는 존스법이 입안되었다.

1916년 8월 29일에 윌슨 대통령이 존스법에 서명함으로써 미국의 두 번째 입법적 약속이 실현되었다. '필리핀 자치법'이라고도 하는 이 법은 몽테스키외의 권력 분립론을 바탕으로 입법부·사법부·행정부로 구성되는 완전한 자치정부를 수립한다는 취지로 만들어졌다.

존스법에 따라 상·하원 의원을 선출하는 선거가 1916년 10월 3일 실시되었다. 그 결과 10월 16일 마닐라에서 새 의회가 개원했다. 케손이 상원의장으로, 국민당 당수인 오스메냐가 하원의장으로 선출되었다. 이 선거에서 상원 1석과 하원 7석을 제외하고 국민당이 전체 의석을 석권하면서 상·하 양원 모두에서 다수당이 되었다.

행정부도 재구성되었다. 1916년 정부재구성법에 따라 교육부 장관을 제외하고 전 각료가 필리핀인으로 임명되었다. 입법부와 행정부 간의 협조와 조화를 위해 해리슨 총독은 1918년 10월 16일 행정명령 37호로 국가협의회를 설치했다. 국가협의회는 총독을 의장으로 해서 하원의장, 상원의장, 각부 장관들로 구성되었다. 상원의장인 케손의 제청에 따라 하원의장인 오스메냐가 이 협의회의 부의장으로 선출되었다. 이로써 입법부와 행정부를 갖춘 중앙집권적 필리핀 지도 체제가 만들어졌다.

1920년 미국 대통령 선거에서 공화당의 워런 하딩이 대통령에 당선되었다. 공화당이 집권하자 해리슨 총독은 사임했고, 1921년 10월 5일 레

너드 우드(재임 1921~1927)가 부임했다. 우드는 필리핀 지도자들에게 위임된 각종 정치적 권한과 행정권을 도로 거둬들이려고 애썼다. 군인 출신인 그는 개인적인 성향이나 정치적 신조가 전임 총독이었던 해리슨과는 대조되는 인물이었다. 그는 필리핀화 과정을 간섭하고, 통제하고, 나아가 적극적으로 탄압하기도 했다. 이로 인해 우드 총독 재임기는 필리핀화에 대한 탄압과 필리핀 지도자들의 반발이 되풀이된 시기였다.

그 후 1935년 독립 과도정부가 수립될 때까지 필리핀의 독립 과정은 순탄치 않았다. 필리핀은 모두 열한 차례에 걸쳐 독립 청원 사절단을 파견했으나, 미국이 필리핀 독립 가능성의 척도로 내세운 정치적 자치 능력, 경제적 안정, 사회적 환경 등에 관한 여건이 변하지 않는 한 확실한 약속을 받아낼 수 없었다.

1930년대에 접어들면서 상황이 필리핀에게 유리하게 전개되었다. 이 시기에 미국이 경제공황에 직면해 어려움을 겪는 가운데, 필리핀산 농산물의 무관세 유입과 값싼 필리핀 노동력의 대거 유입은 미국 내 농민과 노동자 세력의 강한 반발을 샀다. 관련 단체들이 각종 요구 조건을 제시했지만 문제가 해결될 기미가 보이지 않자, 종국에는 원천적인 해법을 제시하게 되었다. 그것은 문제 발생의 원천인 필리핀 식민지의 독립이었다. 정치권에서 이 해법을 받아들인 결과가 바로 향후 10년 뒤에 필리핀의 완전한 독립을 인정하겠다는 내용을 포함한 타이딩스-맥더피법이다.

1934년 3월 24일 프랭클린 루스벨트가 서명한 타이딩스-맥더피법에 의거해 그해 7월 10일 제헌의회를 구성할 대표자를 선출하는 선거가 치러졌고, 202명이 제헌의원으로 선출되었다. 이어 7월 30일 제헌의회가 열리고, 제헌의원 7명이 헌법 초안을 입안했다. 1935년 2월 8일 제헌의회는 헌법을 통과시켰고, 3월 23일 미국 대통령이 이 헌법을 승인했다. 그해 9월 17일에 실시된 독립 과도정부 선거에서 케손과 오스메냐가 각각 대통령과 부통령에 당선되었다. 이로써 1935년 11월 15일, 필리핀이 완전한 독립을 이룰 1946년 7월 4일까지 약 10년간 필리핀의 내정에 전권을 행사할 독립 과도정부가 출범했다.[10]

남부 필리핀

미국은 1902년 7월 필리핀 정부재구성법을 통해 필리핀군도를 여러 주州로 나누는 행정구역 개편을 단행했다. 그 주들 중 하나가 민다나오와 술로군도를 아우르는 모로주였다. 미국 식민지배하에서 필리핀의 한 주가 된 모로랜드에 많은 변화가 일기 시작했다. 노예 제도가 폐지되었고, 비무슬림 교과 과정을 가르치는 현대식 공립학교가 설립되었으며, 마닐라에서 임명한 총독이 관할하는 새 지방정부가 설립되어 술탄과 다뚜(족장)들의 전통적인 권한이 유명무실해졌다. 더욱이 이슬람법인 샤리아를 완전히 무시하는 새로운 서구식 법 제도가 도입되었다.

모로(남부 필리핀 무슬림)의 입장에서 볼 때 필리핀에 대한 미국의 정책은 전에 스페인이 적용하던 것보다 더 파격적이었다. 따라서 미국 식민 당국은 모로의 크고 작은 저항에 끊임없이 마주치게 되었다. 하지만 1913년 모로 저항 세력이 미군에 무참히 진압된 버드박삭 전투를 기점으로 그들의 기세가 현저히 약해졌다.

1920년까지 미국의 직접 통치 기간에 식민 당국은 모로주에 특별한 관심을 쏟았다. 첫 민간인 총독인 프랭크 카펜터는 미국식 현대 교육에 기반을 둔 보통교육을 장려하고, 학교 건설에 많은 노력을 기울인 교육자였다. 이 시기에 보건소·신新도로·항구 시설·전화·전보망 등 현대적인 기반시설도 구축되었다. 여전히 인구 밀도가 낮은 민다나오섬에 많은 기독교도 필리핀인이 들어가 정착 농경지를 개간했다. 특히 이 개간 사업은 민다나오 지역의 신속한 경제 발전, 기독교도와 무슬림의 상호 교류 증진, 그리고 단일 필리핀 사회의 구성원으로 양측의 통합을 지향한다는 명분하에 적극적으로 추진되었다.

1916년 8월에 존스법이 입법되면서 속도를 높인 행정의 필리핀화로 인해 모로주가 새로운 전환점을 맞게 되었다. 1920년에 미국 총독이 직접 관할하던 '민다나오와 술루 담당 부서'가 폐지되고, 모로주는 필리핀 의회가 관할하는 '내륙부 산하 비기독교인 부족청'의 행정 감독을 받게 되었다.

모로주의 행정 관할권이 식민 당국에서 기독교도 필리핀인의 수중으로 넘어가면서 모로의 불만이 더욱 증폭했다. 식민정부가 모든 주민에게 인두세를 부과하면서 다뚜의 전통적인 세금 징수권이 박탈된 점, 샤리아를 가르치지 않는 새 공립학교의 의무교육, 무기 반납을 통한 무장 해제 요구, 도로 건설을 위한 노동 착취, 일부일처제 강요, 기독교도 필리핀인 경찰대의 폭압이 불만의 주요 원인이었다.

가장 심각한 문제는 민다나오에 기독교도 필리핀인들의 정착지를 건설한 것이었다. 이 정책으로 1918년에 이미 민다나오에서 모로와 기독교도 필리핀인의 인구 비율이 같아졌다. 모로랜드의 인구 구성 변화는

1935년 독립 과도정부가 출범한 뒤로 더욱 가속했다. 1939년에는 모로 가 75만 5189명으로 이 지역 인구의 34퍼센트를 차지한 반면, 기독교도 가 148만 9232명으로 66퍼센트를 차지해 모로 인구를 2배가량 앞질렀 다. 이 인구 구성비 문제는 오늘날까지 모로랜드의 분쟁에 주요한 뇌관 으로 작용하고 있다.[11]

10장

식민지배기의 민족주의 운동

　20세기 초부터 식민정부들은 동남아시아에 서구식 근대 교육 제도를 도입하기 시작했다. 그 주된 목적은 식민지 하급 관리와 원주민 초등학교 교사 양성이었다. 주로 귀족층 자제가 전자의 대상이 되어 식민지 본국 언어로 교육을 받은 반면, 평민층은 후자의 대상으로서 현지어로 교육을 받았다. 다른 한편 이 시기에 식민지 체제와 무관한 근대식 이슬람 교육을 받은 사람들도 등장했다.

　근대 교육은 동남아시아 전통 사회의 계서階序에 속하지 않는 새로운 사회계층의 출현으로 이어졌다. '신新지식인'이라고 불리는 이 집단은 정치적으로는 민주주의를 옹호하고, 사회적으로는 계급을 넘어선 평등을 강조하고, 이념적으로는 민족주의, 사회주의 또는 이슬람 개혁사상에 심취했다. 1920년대부터 그들은 식민지배하 동남아시아 사회에 나타난 다양한 정치·경제·사회적 병리 현상에 본격적으로 의문을 제기하기 시작했다. 그들은 근대식 학교 교사나 언론인으로 활동하면서 야학野學, field school과 신문·잡지 발간 등을 통해 민중에게 반反식민주의 이념을 전파하고, 나아가 민족주의 세력을 규합해 식민지배에 저항하며, 2차 세계대전 이전 동남아시아에서 민족의식 형성과 발전에 중추역할을 했다.

1 대륙부

베트남

베트남 근대 민족주의 운동은 20세기 초에 이른바 '신서新書세대'와 함께 시작되었다. 신서란 1900년 전후에 서양의 문물을 받아들여 부국강병을 이룩하려 했던 중국의 두 근대화 사상, 즉 양무洋務*와 변법자강變法自彊**에 관한 책을 일컫는다. 베트남 신서세대에 영향을 미친 대표적인

---

* 태평천국 운동을 진압한 뒤 청나라는 유럽의 군사 기술, 군대 편제, 생산 체계 등 서구 문물을 적극적으로 도입해 지배체제의 재건을 꾀했다. 이것을 양무운동(1861~1894)이라 한다. 하지만 리훙장(이홍장李鴻章)을 비롯한 한인 관료가 주도한 이 운동은 '중체서용中體西用'이란 말에 나타나듯이, 유교식 관료 통치·왕조 체제·전통 사회를 온존하면서(중체), 서양의 기술을 도입하는 것(서용)이어서 표면적인 개혁에 그쳤다.

** '법제를 개혁하여 국력을 강하게 한다'는 뜻으로 청나라 말기에 캉유웨이가 주장했다.

판 보이 쩌우(1867~1940)

판 쭈 찐(1872~1926)

책으로 서구의 저작을 한문으로 번역한 루소의 《민약론民約論(사회계약론)》과 스펜서의 《진보: 그 법칙과 원인》, 그리고 동양의 저작으로는 1898년 변법자강 운동을 주도한 캉유웨이(강유위康有爲)의 저술과 량치차오(양계초梁啓超)의 《무술정변기戊戌政變記》*를 비롯해 《신민총보新民叢報》**, 《일본유신삼십년사日本維新三十年史》***, 《영환지략瀛環志略》****, 《중동전기본말中東戰紀本末》***** 등을 꼽을 수 있다.

신서세대 베트남 민족주의 운동의 두 주역은 판 보이 쩌우와 판 쭈 찐이다. 판 보이 쩌우는 1904년 4월 유신회維新會를 결성하고, 베트남 최초의 혁명적 역사서로 알려진 《월남망국사越南亡國史》를 저술했다. 또한 그는 베트남 청년들의 교육 수준을 높이고 의식을 일깨우기 위해 그들을 일본으로 보냈다. 이들의 유학을 가리켜 '동유東遊운동'이라고 한다. 이 운동은 1908년

---

* 량치차오가 1898년 무술정변의 실상을 기록한 책.
** 캉유웨이가 무술정변에 실패하고 일본으로 망명해서 조직한 단체 '보황회保皇會'가 간행한 기관지.
*** 기시가미 미사오岸上操 편, 《明治三十年史》(1898)를 중국어로 번역한 책(廣智書局 역, 상해, 1903)이다.
**** 청나라 관리 쉬지위(서계여徐繼畬)가 쓴 세계 지리서.
***** 《만국공보萬國公報》 주필로 린러지(임락지林樂知)라는 중국식 이름을 가진 미국인 선교사 영 앨런Young John Allen이 청일전쟁에 관해 쓴 책.

판 보이 쩌우가 계획한 무장 봉기의 실패로 프랑스 식민 당국의 탄압을 받아 1909년에 막을 내렸다.

판 쭈 찐은 프랑스를 적으로 간주하기보다는 오히려 식민 세력을 이용하여 봉건적 군주제를 타파하고 베트남을 근대화하려 한 점에서 판 보이 쩌우와 달랐다. 판 쭈 찐의 주장은 진보적인 문신들에게 상당한 영향을 끼쳤다. 그 결과 1907년, 일본의 계몽주의자 후쿠자와 유키치(복택유길福沢諭吉)가 세운 게이오의숙(경응의숙慶應義塾, 일본 게이오대학의 전신)을 본떠서 일종의 사립학교인 동경의숙東京義塾이 하노이에서 문을 열었다.

동경의숙의 학생 수는 거의 1000명에 달했고, 교과 내용은 전통적인 유교 교육이 아니라 세계사·지리·수학·자연과학 등 근대적인 과목이 주를 이루었다. 수업에는 베트남어를 로마자로 적은 꾸옥 응으國語를 사용했다. 베트남 민족주의자들은 외국의 사상과 기술을 소개·도입하는 데에 한자보다 꾸옥 응으가 유리하다고 생각했기 때문이다. 동경의숙에서 토론하고 설파하는 담론들이 곧 하노이 주위는 물론 멀리 중부 지방까지 퍼져나갔다. 하지만 그들이 프랑스의 식민 정책을 비난하며 점차 급진적인 색채를 띠자, 식민 당국은 1908년 1월 동경의숙에 폐쇄 명령을 내렸다.

동유운동이 좌절되고 동경의숙이 폐쇄된 후 베트남 민족주의 운동은 일시 소강상태에 빠졌다. 그러던 중 판 보이 쩌우는 1911년 중국 신해혁명의 성공 소식에 고무되어 1912년 2월 중국 광둥(광동廣東)에서 베트남광복회를 조직했다. 그는 같은 해에 총독인 알베르 사로 암살을 기도하고, 1913년 4월에는 하노이호텔에 폭탄을 투척하여 프랑스 군인 2명을 살해했다. 식민 당국은 이를 빌미로 일제 검거에 나서 베트남 민족주의자들을 250명 넘게 체포했다. 판 보이 쩌우도 1914년 1월에 체포되었다. 그가 1917년에 석방되었을 때 베트남광복회는 거의 괴멸 상태에 빠져 있었다.

판 쭈 찐은 1908년 동경의숙 폐쇄와 함께 베트남 남단의 꼰썬섬에 유배되었다가 1911년 석방된 후 파리로 추방되었다. 그는 14년 만인 1925년 6월에 베트남으로 돌아와, 그해 연말 하노이에서 군주제를 비판하고, 유교적 가치는 이미 시대착오적인 것이며, 베트남의 문제는 전통을 고수하지 못한 게 아니라 새로운 것을 받아들이지 못한 데 있다고 역설했다. 판 쭈 찐은 1926년 3월 사이공에서 세상을 떠났다. 그의 장례식은 신서세대 신지식인 집단이 이끈 초기 베트남 민족주의 운동의 일단락, 그리고 새 세대에 의한 민족주의 운동의 출발을 의미했다.

1차 세계대전이 끝난 후 1920년경까지 베트남에는 많은 중등 교육기관이 설립되었다. 또한 상당수 젊은이가 프랑스로 유학을 떠났다. 그들이 귀국했을 때, 베트남 사회의 지적知的인 수준과 분위기가 상당히 바뀌어 있었지만 식민지배 체제는 별로 달라진 것이 없었다. 새로운 지식인층이 정계로 진출할 기회도 막혀 있었고, 이들의 수가 많아진 데 비해 일자리는 늘지 않았기에 마땅한 직업을 구하기도 어려웠다. 이러한 암담한 현실 속에서 지식인층은 자연히 급진주의로 기울게 되었다. 1920년대에 그들의 주장은 식민지 사회의 병리 현상을 시정하자는 차원을 넘어 프랑스 식민지배로부터 해방되자는 데까지 발전했다.

그들 중에 무력을 통한 혁명적인 방법으로 독립을 쟁취하는 길을 모색하던 인물들이 있었다. 1923년 중국 광둥에서 떰떰싸(심심사心心社)라는 단체가 조직되었다. 그 핵심 회원 중 한 사람인 팜 홍 타이가 1924년

6월 프랑스 인도차이나 총독인 앙리 메를랭 암살을 기도했다.

1925년 6월에는 중국 광둥에서 베트남혁명동지회, 약칭 '청년'이 조직되었다. '청년'은 뒤에 호찌민(호지명胡志明) 또는 응우옌 아이 꾸옥(완애국阮愛國)이란 가명으로 더 잘 알려진 응우옌 신 꿍(완생공阮生恭)* 이 떰떰싸의 회원들을 끌어들여 창립한 단체였다. 이는 겉으로는 단순히 민족주의를 표방했으나, 실질적

1921년 마르세유 공산주의자 대회에 참가했을 때의 호찌민(1890~1969)

으로는 베트남 최초의 공산주의 단체였다. '청년'은 1929년에 당원 수가 800~1000명에 이르렀다.

1927년 중국에서 장제스(장개석蔣介石, 1887~1975)의 국민당이 북벌**에 성공하자 이에 고무된 응우옌 타이 혹이 그해 12월 하노이에서 교사·학생·언론인을 중심으로 베트남국민당을 창당했다. 베트남국민당은 세력이 급속히 커져 1929년 초에 당원이 1500여 명에 달했다. 1929년 초, 확대일로에 있던 베트남국민당에 큰 타격을 준 사건이 하노이에서 발생했다. 남부 베트남의 고무 농장이나 해외의 프랑스 식민지에 노동자를 알선하는 프랑스인 사업가 바쟁이 2월에 하노이의 한 노점상에게

---

* 응우옌 신 꿍이 본명이며 자字는 떳 타인Tat Thanh(필성必成), 호號는 아이 꾸옥Ai Quoc(애국愛國)이다. 나중에 본명처럼 된 '호찌민'은 '깨우치는 자'라는 의미가 있다고 한다.
** 중국 신해혁명 후 광둥에 혁명정부를 수립한 국민당이 1926년부터 1928년까지 장제스를 총사령관으로 해서, 중국공산당의 적극적인 협력을 받으며, 북방의 군벌 정권을 타도하기 위해 벌인 전쟁을 말한다.

살해되었다. 이 사건을 빌미로 식민 당국은 베트남국민당원에 대한 일제 검거에 나섰고, 400명 정도가 체포되었다. 그중 78명은 5~10년 징역형에 처해졌다.

체포 위기를 모면한 응우옌 타이 혹은 베트남국민당 회의를 소집하고, 궤멸에 직면한 당을 조속하게 구할 수 있는 유일한 방법으로 전면적인 무장 봉기를 주장했다. 그의 뜻대로 1930년 2월 9일 베트남국민당 군대는 하노이 서북쪽 옌바이의 프랑스군 병영에 공격을 감행했으나 실패했다. 그 결과 응우옌 타이 혹을 비롯한 베트남국민당 지도자 대부분이 처형을 당했고, 많은 혁명투사들이 체포·구금되었다. 이른바 옌바이 사건은 베트남 독립운동사에서 중요한 전환점이 되었다. 이를 계기로 비非공산주의 혁명 세력이 궤멸됨에 따라, 이제 공산주의 혁명 세력이 프랑스 식민지배에 맞서는 유일한 대항마로 부상해 베트남 민족주의 세력을 규합할 수 있는 입장에 놓였기 때문이다.

베트남의 공산주의 운동은 처음부터 호찌민이 이끌었다. 그는 1890년 응에안 지방의 한 유학자 집안에서 태어났다. 호찌민은 어려서 전통적인 유교 교육을 받고, 프랑스-베트남 학교인 국학에 진학해서 프랑스어·역사·지리·자연과학을 공부했다. 하지만 1908년에 징세 반대 운동에 참여했다는 이유로 국학에서 퇴학당했다. 그 후 판 보이 쩌우의 도움으로 잠시 고향에서 교사로 일하던 호찌민은 1911년 유럽으로 가기 위해 프랑스 상선의 요리 보조원이 되었다.

1차 세계대전이 끝날 무렵 파리로 간 호찌민은 러시아혁명의 영향을 받아, 1920년 프랑스공산당이 창립되자 그 당원이 되었다. 그리고 이듬해 프랑스공산당의 지원을 받아 프랑스식민지인민연맹을 결성했다.

1922년에는 식민지 정책의 해악을 고발하는 기관지《르 파리아(추방자)》를 편집·발행했다.

　호찌민은 1923년 중반에 파리를 떠나 모스크바로 향했고, 이듬해 7월에 코민테른(국제공산당) 제5차 대회에 참석하고 12월에는 광둥으로 갔다. 그곳에서 그는 이름을 리 투이(이서李瑞)로 바꾸고, 망명 중인 베트남 민족주의자들과 만나 1925년 6월 '청년'을 조직했다. 또한 그는 혁명정신 고취를 위해《청년青年》이란 기관지를 발행하고, 베트남의《공산당 선언》*에 해당하는《혁명의 길》이란 책을 저술했다. 그 후 그는 코민테른의 지시를 받고, 베트남에서 이미 자생하고 있었던 공산주의 단체들을 통합해 1930년 2월 초 베트남공산당을 창당했다. 1930년 10월 베트남공산당은 홍콩에서 총회를 열어 당명을 인도차이나공산당(이하 ICP)으로 바꾸고, 쩐 푸를 초대 서기장으로 선출했다.

　베트남공산당이 조직되고 나서 몇 주 후 베트남 몇몇 지역에서 노동자들의 소요가 연이어 일어났다. 1930년 3월 비엔호아 근처의 한 고무 농장에서, 이어 통킹 지방의 남딘에 있는 직물 공장과 응에안성 벤투이의 성냥 공장에서 노동자들이 임금 인상과 노동시간 단축 등을 요구하며 파업을 일으켰다. 파업은 곧 북부와 중부 각지로 번졌고, 많은 노동자와 농민이 자발적으로 참여했다.

---

* 1848년 프랑스 2월혁명 직전에 마르크스와 엥겔스가 공동 집필해 발표한. 과학적 공산주의의 강령과 같은 문서다. 독일어판이 발간되고 나서 순식간에 여러 언어로 번역되어 각국에 소개되었다. 비록 분량은 길지 않지만, 이 선언만큼 마르크스주의를 널리 전파하고, 정확하게 전달한 글은 없다고 평가된다. 따라서 오늘날《공산당 선언》은 인류 문명의 변천에 지대한 영향을 미친 '근본 텍스트source text' 중 하나로 거론되기도 한다. 총 4개 장으로 구성된 이 글의 제1장에서는 모든 사회의 기본적 발전 법칙, 즉 계급투쟁을 설명한다. 제2장에서는 노동자 계급의 전위대로서 당의 역할을 설명하고, 당의 강령을 서술한다. 제3장에서는 부르주아적이거나 프티小부르주아적인 비非프롤레타리아 사회주의 조류들을 비판한다. 마지막 제4장에서는 당이 취할 전략 전술의 원칙을 서술한다.

같은 해 9월 응에안과 하띤에서 농민 소요가 절정에 달하면서 각 현의 행정기구가 마비 상태에 빠졌다. 이 행정 공백을 이용하여 공산당의 세포조직은 그 지역에 '응에-띤 소비에트'를 수립했다. 소비에트*의 주축을 이룬 가난한 농민들의 투쟁이 토지 재분배, 소작료 인하, 세금 경감 등을 주장하며 점차 과격해지기 시작했다. 결국 1931년 중엽 프랑스 군대의 무자비한 탄압으로 소비에트 운동은 거의 궤멸 상태에 빠졌다. 당 서기장 쩐 푸를 비롯하여 당 중앙위원회 위원들과 핵심 당원 거의 모두가 투옥되었다. 호찌민도 홍콩에서 영국 경찰에 체포되었다.

1930년대 초 식민 당국의 강경한 탄압으로 ICP의 활동이 거의 불능 상태에 빠진 동안, 트로츠키파** 조직이 베트남 반식민주의 운동의 전면에 등장했다. ICP 당원들이 주로 북부나 중부 베트남 출신으로 중국이나 러시아에서 훈련을 받았던 반면, 트로츠키파 공산주의자들은 남부 출신으로 프랑스에서 교육을 받은 지식인층이었다.

베트남 최초의 트로츠키파 조직으로 알려진 '인도차이나공산주의'가 1931년 코친차이나에서 따 투 터우의 주도로 결성되었다. 이 조직은 1933년 4월 사이공 시의회 선거에 참여해 당선자 2명을 내고, 1935년 5월 선거에서는 베트남인에게 할당된 6석 중 4석을 차지했다. 두 선거는 이전까지 없었던 합법적인 반식민주의 운동을 가능하게 했다는 데 중요한 의미가 있다. 이제까지 반식민주의자들이 불법적으로 비밀리에

---

* 러시아어 '소비에트soviet'의 원래 뜻은 '평의회' 또는 '대표자 회의'다. 러시아혁명기에 자연발생적으로 노동자와 농민 대표 소비에트가 형성된 뒤로, 소비에트는 민중의 에너지를 결집하고 모든 혁명적 당파의 통일전선을 구축하는 등의 기능을 수행하는 특수한 조직이 되었으며, 결국 국가기관으로까지 발전했다.

** 스탈린은 러시아만으로도 세계 사회주의 혁명을 이룰 수 있다는 '일국사회주의'를 주장한 반면, 트로츠키는 산업화 후진국인 러시아만으로는 세계 사회주의 혁명이 불가능하므로 산업화한 유럽 국가들의 도움을 받아, 즉 혁명의 국제화를 통해 세계 사회주의 혁명을 성취할 수밖에 없다는 주장을 폈다.

회동했던 것과 달리, 트로츠키파 공산주의자들은 신문을 통해서나 공공장소에서 공개적으로 제국주의를 공격하면서 자신들의 생각을 선전하고 동조자를 모았다.

1936년 프랑스 총선에서 반反파시즘* 좌파 연합인 인민전선이 승리하자 베트남 공산주의자들의 민족주의 운동이 새로운 국면을 맞이했다. 1931년 결성 이후 가장 활발한 움직임을 보이고 있었던 '인도차이나공산주의'는 프랑스의 새 사회주의 정권이 보장할 정치적 자유를 한껏 기대하며, 민중의 지지를 얻고자 신문과 팸플릿을 간행했다. 또한 그들은 프랑스 정부가 파견할 예정인 식민지 조사단에 여러 가지 문제를 진정할 목적으로 '인도차이나회의'를 결성했다.

이러한 정치 환경의 변화는 1935년경부터 점차 침체 상태에서 벗어나 북부 베트남에서 활동을 재개하기 시작한 ICP에게도 호재로 작용했다. 북부 지방은 프랑스 인민전선 정부의 정책에 따라 석방된 ICP 당원들의 독무대가 되었다. 그들은 각종 공산주의 관련 서적의 출판과 신문 발간을 통해 민중에게 혁명 사상을 고취했다.

트로츠키파와 ICP가 각각 남부와 북부에서 세력을 결집하는 사이, 코민테른 제7차 대회에서 채택된 반파시즘 결의에 따라 1936년 중반부터 ICP의 혁명 노선이 변화했다. 이제까지 그들이 표방하던 반봉건 · 반제

---

* 이탈리아는 1차 세계대전의 전승국이긴 했으나 전후에 경제 위기를 맞아 노동자의 공장 점거, 농민운동의 고양 등으로 혁명 전야와 같은 상황이 되었다. 이러한 가운데 1919년 베니토 무솔리니Benito Mussolini(1883~1945)는 국민 단결과 체제 유지를 주장하며 '파시즘'이라고 하는 지배 이념을 만들고, 이를 사회주의와 민주주의의 대안이라고 주장했다. 파시즘은 고유한 사상 없이 다른 사상에 대한 거부만으로 이뤄졌다는 점이 특징이다. 즉 파시즘은 반마르크스주의, 반공산주의, 반민주주의, 반자본주의였다. 이탈리아 파시스트들은 '믿고, 복종하고, 투쟁하라'는 구호를 내세워 1인 독재 전체주의 체제를 구축했다. 파시즘은 같은 전체주의 이념인 독일의 나치즘과 일본의 군국주의 형성에 절대적인 영향을 미쳤다.

국주의 기치를 철회하고, 모든 계층의 협력을 통한 파시즘에 대한 투쟁, 언론·결사·출판의 자유, 노동조건의 개선 등을 새 노선으로 채택했다. 노선 변경으로 ICP와 트로츠키파는 격렬한 논쟁을 벌였다. 트로츠키파는 ICP가 프롤레타리아의 이익에 역행하며 부르주아와 손을 잡는다고 비난하고, ICP는 트로츠키파를 파시스트의 앞잡이라고 공격했다.

1938년 9월 30일 뮌헨 회담*에 참석한 영국·프랑스·이탈리아 정상들이 나치 독일에 대한 유화 정책을 펴자, 11월에 프랑스 급진사회당이 공산당과 결별하면서 프랑스의 인민전선이 붕괴했다. 이 여파로 인도차이나 식민 당국이 공산당을 불법화하고, 관련 인물들을 대대적으로 검거하러 나섰다. 이때 지하운동 경험이 전무한 트로츠키파는 일대 타격을 받았다. 반면 2차 세계대전이 발발하기 전에 이미 지하로 숨어들기 시작한 ICP는 큰 피해를 모면해 훗날을 도모할 수 있게 되었다.[1]

캄보디아

캄보디아 민족주의 운동은 2차 세계대전 중에 가시화하기 시작했다. 하지만 그 뿌리는 1936년에 빠치 체운과 심 와가 창간한 신문인 《나가라 와타(앙코르 와트)》에서 찾을 수 있다. 그들은 코친차이나에서 태어나 프랑스에서 교육받은 젊은 크메르인 판사 쏜 응옥 타인이 사서를 맡은

---

* 나치 독일은 1938년 오스트리아를 합병한 뒤 체코슬로바키아에 수데텐란트Sudetenland(주민의 20퍼센트가 독일인인 지역)의 할양을 요구했다. 체코슬로바키아는 거절했지만, 영국과 프랑스는 작은 나라를 희생해 나치 독일의 창끝을 소련으로 향하게 하려는 생각으로 영국·프랑스·독일·이탈리아 정상이 참석한 뮌헨 회담München Conference에서 독일의 요구를 받아들였다.

불교기관에서 밀접한 관계를 맺으면서, 상가(승단)의 지도자들과도 접촉하며 활발한 저술 활동을 펼쳤다.

《나가라 와타》 사설의 논조는 기본적으로 캄보디아 사회를 옹호하면서도 반反프랑스적 견해를 드러내지 않았다. 그 주된 관심사는 캄보디아 관료직을 독점한 베트남인, 상업과 무역 분야를 독점한 중국인, 고용 부족으로 인한 크메르 엘리트의 실업난 등이었다. 또한 중국인 상인들의 고리대금업을 비난하고, 캄보디아 교육 체계의 근대화에 대한 프랑스의 무관심과 캄보디아 관리들의 저임금에 대한 불만을 드러냈다. 한 사설은 19세기 베트남의 캄보디아 침공을 히틀러의 유럽 침공에 견주기도 했다.

1937년 초 《나가라 와타》는 5000부 이상 발행되었는데, 그 독자의 수는 그보다 훨씬 많았을 것으로 추측된다. 캄보디아 역사에서 이 신문은 1863년 식민지배가 시작된 이래 처음으로 프랑스 식민 당국과 캄보디아 엘리트 간에 소통의 장을 열었다는 점에서 중요한 의미가 있다. 더욱이 《나가라 와타》는 2차 세계대전 이전에 캄보디아 사람들의 민족의식을 일깨웠고, 처음으로 캄보디아 사람들 수천 명이 자신들의 언어로 바깥세상에서 일어나는 일들에 대해 읽기 시작했다는 점도 그 역사적인 의미가 크다고 할 수 있다. 전쟁 후 망명지에서 돌아온 쏜 응옥 타인이 '캄보디아인의 각성'을 의미하는 《크메르 끄룩》이란 또 다른 신문을 창간할 때까지, 《나가라 와타》는 캄보디아 사람들을 계몽하는 유일한 신문이었다.[2]

버마

버마의 초기 민족주의 운동은 1906년 불교청년회(이하 YMBA) 결성과 함께 가시화하기 시작했다. YMBA는 우 메이와 우 킨을 포함해 설립자 중 많은 수가 영국식 교육을 받고 영국적인 세계관을 가진 신지식인이 었다. YMBA는 전국에 흩어져 있던 불교 조직을 하나로 묶는 데는 성공했으나, 정치적 색채를 띠진 않았다. YMBA의 활동은 버마가 인도의 한 주로 통합된 뒤로 영국 식민지배하에서 도전받고 있던 버마 전통문화의 보존에 초점을 두었다.

그런데 당시 인도에서는 독립운동이 활발하게 전개되고 있었다. 영국 식민 당국이 인도 민족주의자들을 버마로 추방하자, YMBA를 이끄는 버마의 개혁적인 젊은이들이 자연스럽게 그들과 접촉할 기회를 갖게 되었고, 그러면서 점차 버마의 신지식인들의 민족의식이 깨어나기 시작했다.

1916년에 버마의 신지식인들은 오랫동안 논란이 되어왔던, 영국인들이 불교사원과 파고다 안에서 신발을 벗지 않는 것을 본격적으로 문제 삼기 시작했다. 이처럼 전통문화를 적극적으로 이용해 버마인들의 민족의식을 자극하기 시작한 선구자는 당시 YMBA 프롬 지부장을 맡고 있던 변호사 우 떼인 마웅이다. 그의 주도로 YMBA의 50개 지부장 연합회의가 열리고, 불교사원과 파고다에 신발을 신고 들어가는 행위를 법적으로 금지하라는 성명을 발표했으나, 식민정부는 이를 묵살했다. 우 떼인 마웅은 1918~1919년 사원 경내 착화 금지를 요구하는 성명서를 거듭거듭 식민 당국에 제출했다.

이 요구가 관철되지 못하자 버마 사회에서 신망받는 고승 레디 사야도는 장장 95쪽에 달하는 성명서를 통해 영국인이 신발을 벗지 않는 행위의 부당성을 지적했다. 이 성명서에 많은 승려들이 서명하는 등 사원 경내 착화 금지 운동이 거세지고 있는 와중에, 1919년 10월 유럽 관광객 한 무리가 만들래(만달레이)의 한 파고다 안에 신발을 신고 들어간 사건이 발생했다. 그 광경을 목격한 승려들이 격분해서 그들을 비난했다. 그러자 식민 당국은 주동자인 우 케떼야를 비롯한 승려들을 체포해 징역형에 처했다.

승려들과 민중이 분노하기 시작했다. 그들은 집회를 열며 식민정부에 조직적으로 저항하기 시작했다. 사태의 심각성을 깨달은 식민정부는 이 사건이 발생한 지 한 달 뒤, 마침내 향후 누구든지 사원 경내에 들어갈 때 반드시 신발을 벗어 붓다에게 누를 끼치지 않도록 하라는 명령을 정식으로 공포했다. 이로써 약 3년 동안 이어졌던 개혁적인 버마 젊은이들의 초기 민족주의 투쟁이 결실을 맺었다.

1920년대에 개혁적인 젊은이들이 문화적인 쟁점을 통해 민족주의 의식을 분출하는 동안, 기성 정치인들의 관심은 1919년 인도 정부법이 약속한 입헌 절차를 통해 이뤄질 변화, 특히 인도에 도입되는 양두체제*라는 일종의 자치정부 제도가 영국령 인도의 한 주인 버마에도 해당될 것인가에 쏠려 있었다. 그들은 만약 자치제도가 인도에 대한 자유화 조치라면 같은 식민지인 버마에도 당연히 적용되어야 한다고 생각했다.

이 문제에 조직적으로 대응하기 위해 1920년 YMBA와 이 단체에서 파생한 불교도협회총회가 전국 회합을 거쳐 버마인단체총협의회(이하

---

* 영국 국왕이 임명하는 행정평의원으로 구성된 행정부와, 선출된 현지인 의회의원들 중 총독이 임명하는 각료로 구성된 행정부가 공존하는 이원 정부 체제.

GCBA)를 출범시켰다. 이 단체를 통해 민중이 결집하고, 버마의 민족주의 운동은 새 국면으로 접어들었다. 식민 당국이 자치정부 구성에 버마를 배제하자, GCBA는 몇 주 만에 전국적으로 영국 상품 불매 운동을 전개했다. 버마 민중의 대대적인 호응을 받은 이 운동을 '윈따누운동'이라 한다.

윈따누운동은 1920년 12월 식민정부가 대학 법령을 공포하면서 대학으로 번졌다. 이 법령의 골자는 대학교 입학시험 수준을 상향 조정하고, 모든 입시 지망생이 정식으로 대학에 입학하기 전에 1년 동안 예비학교에 다녀야 한다는 것이었다. 이 법령은 사실상 대학 입시 절차를 까다롭게 바꾸어 버마인들에게 고등 교육의 기회를 제한하고, 예비학교 과정에서 식민주의 교육을 통해 학생들의 민족주의 의식을 약화하려는 시도였다. 이에 맞서 대학생들이 시위를 조직하기 시작했고, 도시의 개혁운동가·학부모·승려들이 합세했다. 시위는 순식간에 하급 학교까지 퍼졌다. 식민 당국은 크리스마스와 신년 휴일을 구실로 방학을 선포했으나, 시위대는 해산하지 않고 여전히 사원·파고다 등지에 모여 시위를 계속했고, 이러한 집단적인 저항은 1922년 말까지 이어졌다.

그러는 동안 1922년에 승려들이 연합승단총협의회(이하 GCSS)를 조직했다. 본래 GCSS는 승려와 일반 신도의 수행을 장려하려는 목적으로 설립되었지만, 곧 반식민주의적 민족주의 운동에 참여했다. 영국이 '정치적인 승려'라고 칭한 이들 중에 우 옥뜨마와 우 위사라가 대표적인 인물이다. 이들은 사방을 여행하며 불자들에게 반식민주의 민족의식을 고취했다. 이 승려 집단은 도시와 농촌의 중심 지역에 그들과 불자들을 연결하는 일종의 소통 조직도 만들었다. 또한 GCSS는 농촌 마을에 새로운 정치적인 이념을 전파하고 조직의 고문 역할을 담당할 정치 승려단 '담마까띠까'를 체계적으로 훈련했다.

이러한 버마인들의 조직적인 저항에 직면해 결국 영국은 1923년 1월 1일 새 헌법에 따라 인도와 동등하게 버마에도 양두체제 정부를 도입하기로 결정했다.

1930년대로 접어들면서 버마인들의 민족주의 운동이 점차 과격해지기 시작했다. 경제 대공황의 여파로 농민들이 경제적 파탄지경에 이르자 남부 버마의 벼농사 지역에서 강력한 저항이 일어났다. 도시의 개혁주의자들, 정치적인 불교 단체, 그리고 농촌 지도자들이 만나면서, 농촌 사회가 겪는 식민지배의 다양한 문제들 즉 세금, 임대료 인상, 산림자원에 대한 접근 차단 등에 대한 불만이 적극적으로 터져 나왔다.

식민 당국은 이러한 동향을 우려해 농촌의 지도자들이 도시에 기반을 둔 민족주의자들 및 '정치적인 승려들'과 접촉하는 것을 예의 주시했다. 몇몇 승려가 체포되고, 관련 단체들이 폐쇄되었다. 그럼에도 버마 민족주의자들은 꾸준히 농촌 사회의 불만을 경청하고, 인도로부터 버마를 분리하자는 정치적 쟁점에도 그들을 끌어들였다. GCBA의 구성원으로서 그러한 역할을 수행했던 사람 중 한 명이 바로 서야 상이다. 그는 1930년 12월 버마 역사상 가장 규모가 큰 농민 무장 봉기를 일으켰다.

서야 상이 이끈 농민들의 무장 봉기는 1931년 초 버마 하부 삼각주 전역으로 번졌고, 상부 삼각주와 심지어 샨족이 거주하는 외곽 지역까지 퍼졌다. 쌀값 폭락으로 성난 버마 농민들은 식민정부의 상징물과 철도를 파괴하고, 지방 식민지 관리, 정부 건물, 그리고 영국과 결탁한 버마 지도자들을 공격했다. 식민 당국은 이 봉기가 모든 외국인을 버마에서 몰아내고 군주를 다시 옹립하려는 목적을 갖고 있다고 주장했다. 신비주의로 무장한 서야 상이 그러한 목적으로 봉기를 일으켰는지는 불분명한 가운데, 그가 1931년 11월에 체포되어 처형되면서 버마의 역사적인 봉기가 막을 내렸다.

이 무렵 양공대학의 개혁적인 젊은이들이 다시 한 번 버마 민족주의 운동의 전면에 나서기 시작했다. 그들은 모든 대학 기구의 중요 직책을 독차지하고 언제나 학생들을 하급자로 여기는 영국인들의 태도를 비판했다. 강의가 영국인의 일방적인 시각으로 진행되는 것에 대한 불만도 있었다. 예컨대 어느 영국인 교수는 역사 수업에서 버마 역대 왕들의 치적을 과소평가하면서, 심지어 영국이 버마를 통치하게 된 것을 버마인들은 다행으로 생각해야 한다고 했다. 학생들은 그에 대한 항의 표시로 전통 의상을 입고 등교하기도 하고, 그런 말을 하는 교수의 강의실 앞 복도를 지날 때면 일부러 나무 슬리퍼 끄는 소리를 크게 내기도 했다.

바 쎄인, 바 또웅, 레이 마웅, 떼인 뻬 민, 마웅 아웅산, 마웅 누 등이 개혁적인 학생 집단을 이끌었다. 그들은 자신들의 이름 앞에 '주인'을 뜻하는 '떠킹'이란 접두어를 붙였다. 이는 영국인들뿐 아니라 버마인들에게도, 버마의 진정한 주인은 버마인이라는 의식을 알리고 고취하려는 의도였다. 그들은 1935년 '우리 버마 연맹'이란 뜻인 '도버마아시아용'이란 정당을 창당해 본격적으로 정치의 장에 뛰어들었다. 그들 중 마웅 아웅산이 바로, 후일 버마 독립에 주도적인 역할을 맡아 버마의 국부로 칭송되는 아웅 산(1915~1947)이다. 마웅 누는 독립 후 우 누란 이름으로 버마의 초대 수상이 된 인물이다.

그들의 민족주의 운동은 마르크스주의의 영향으로 더욱 거세졌다.

1930년대 들어 마르크스주의 서적들이 버마에 물밀듯이 흘러들었다. 민족의 독립은 혁명으로만 가능하다는 논리가 떠킹들 사이에 번져나갔다. 마침내 1939년 1월 31일 버마공산당이 출범했다. 1939년 8월 15일 전당대회가 처음으로 열려, 서기장 아웅 산을 비롯해 주요 당직자들을 선출했다.

1933년 영국은 버마를 인도에서 분리하기로 결정했다. 1935년 버마 정부법에 따라 버마의 자치정부를 위한 버마 의회 제도가 도입되었다. 1937년 버마는 인도에서 분리되었고, 강력한 반영反英 인사인 바 모가 초대 수상으로 1939년 초까지 자치정부를 이끌었다.[3]

태국

동남아시아의 다른 나라들이 식민지배에 저항하며 민족주의 운동을 강화하는 동안, 독립 왕국인 싸얌에서는 '타이 민족'이라는 정체성을 재발견하고 확립하는 차원에서 민족주의 운동이 전개되었다. 타이 민족주의 운동의 다른 한 가지 특징은 왕족과 귀족 관료 등 엘리트 계층에서 시작해서 하향식으로 확산했다는 점이다.

19세기 말 싸얌에서 '찻'이라는 단어가 영어의 nation, 즉 '민족'이나 '국가'에 해당하는 개념으로 유행한 사실을 고려할 때, 이 무렵에 타이인들이 서구 열강의 식민지배 위협에 직면하여 국가의 존립과 수호를 위해 민족의 단결을 진지하게 고민하기 시작했던 것으로 보인다.

불교는 전통시대에 왕권과 결합해서 불교적인 성격과 기능을 띤 왕권 개념을 형성했다. 이 개념에 따라 타이 군주는 불교의 교리를 바탕으로 나라를 통치하는 의무를 가진 왕, 즉 '탐마라차'로 인식되었다. 이러한 가운데 19세기 말 외세의 간섭에서 비교적 자유로운 개혁 군주들이 등장해서 근대 국민국가 형성을 주도한 까닭에, 타이 민족주의는 자연스럽게 국왕과 불교를 근간으로 태동, 발전했다.

싸얌에서 절대군주가 근대 국가 형성과 발전을 이끌어야 한다는 생각은 쭐라롱꼰에게서 비롯되어 그의 후계자인 와치라웃에 의해 강화되었다. 1885년 몇몇 왕자가 태국의 근대화와 독립 유지를 위한 대안으로 입헌군주제 도입을 쭐라롱꼰에게 건의했으나, 왕은 그들의 건의를 거부했다. 그 이유로 쭐라롱꼰은 서구 열강의 위협이 계속되고 있다는 점, 자신이 절대군주로서 이미 국가의 근대화를 위해 노력해온 점, 그리고 그러한 국왕에 대한 백성의 신뢰가 크다는 점을 강조했다.

쭐라롱꼰의 이 같은 생각은 영국에서 법학을 공부한 루앙 랏따나 야띠라는 귀족 관료가 1893년에 쓴 글에 잘 나타난다. 그는 당시 외세의 군사적 위협에 직면해 있던 태국 국민에게 '국왕의 은혜에 보답하기 위해 단결하여 적과 싸워야 하며, 불교가 불경스러운 자들에게 짓밟히지 않도록 수호해야 하고, 우리의 조국을 적의 침략에서 방어해야 하며, 태국의 자유와 독립을 보존'해야 한다고 호소했다.

와치라웃은 부친의 생각을 물려받아 타이 민족주의와 정체성의 핵심 요소로 '국가와 민족, 불교, 국왕'을 본격적으로 거론하기 시작했다. 그는 태국 역사에서 민족주의를 체계적으로 형성, 발전시킨 국왕으로 평가된다. 와치라웃은 즉위 직후인 1911년 5월 유럽의 보이스카우트를 모방하여 전국에서 청년들을 뽑아 '스아빠(맹호단)'라는 준군사조직을 창

설했다. 7월에는 스아빠의 하부 조직으로 '룩스아(새끼맹호단)'를 창설했
다. 와치라웃은 1911년 12월 대관식을 치르는 자리에서 스아빠의 창설
목적을 아래와 같이 밝혔다.

> 우리 민족의 가슴속에 국가의 정치적 독립을 〔정의롭고 공정하게
> 다스리고〕 유지하는 국왕에 대한 사랑과 충성심을, 조국인 국가와
> 우리의 종교와 그리고 무엇보다도 국가적 단결과 〔상애상조相愛相助
> 의 진작〕에 대한 헌신을 심어주고자 하는 것이다.

여기서 와치라웃은 타이 국민이 국왕·불교·국가와 민족에 충성심을 가져야 하며 이 세 요소의 바탕 위에 타이 국가가 존립할 수 있음을 강조한 것이다.

근대 국가에서도 여전히 국왕이 국가의 중심이 되어야 한다는 와치라웃의 생각은, 1912년 쭐라롱꼰 왕의 서거일인 10월 23일을 태국 역사상 최초의 국경일로 정한 데 이어 1918년에는 라따나꼬신 왕조가 시작된 4월 6일 역시 국경일로 정한 사실에서도 엿볼 수 있다. 이 밖에도 그는 1917년 9월 28일 각각 국가와 민족, 불교, 국왕을 의미하는 적 · 백 · 청 3색으로 된 새 국기를 제정 · 공포했다.

와치라웃은 고유한 역사와 문화의 바탕, 즉 국왕에 대한 충성과 불교에 대한 숭앙 위에 근대 국가를 건설해야 한다고 생각했다. 그는 국민 모두가 개혁 군주의 통솔 아래 일치단결해 '문명화한' 근대 국가를 건설하고 발전시키기를 원했다.

하지만 1932년 6월 23일 밤 쿠데타로 절대군주제가 무너지고 입헌군주제가 수립됨으로써 타이 민족주의 운동의 주도권이 절대군주에서 입헌혁명의 주역들에게 넘어갔다. 특히 1938년에 집권한 피분 송크람은 독재자로 군림하며 민족주의적인 정책을 펼쳤다. 그는 많은 반대 세력을 탄압하고 투옥했으며, '타이인을 진정한 타이인'으로 개조하려는 목적으로 국가주의 정책을 폈다. 이 정책은 구체적으로 타이인이 나라의 실질적인 주인이 되도록 하는 것, 그리고 타이 문화를 활성화해 전국의 지배적인 문화로 승격시키는 것을 목표로 삼았다.

피분은 싸얌의 모든 소수민족에게 타이어를 배우고 불교를 숭앙하도록 강요했다. 또한 그는 국제적으로 통용하는 공식 국호도 타이 민족과 문화를 강조해 '싸얌'에서 '타이랜드Thailand'(태국)로 바꾸었다. 그리고 문명화한 새 태국 건설을 위해 국민이 준수해야 할 사회·문화적 지침으로 '랏타니욤' 12개 항목을 1939년 6월 24일부터 1942년 1월까지 단계적으로 발표했다. 또한 그는 태국 내 화인華人(중국인)의 경제 활동을 제한하는 반화교적인 정책을 실시했다.[4]

2   도서부

인도네시아

네덜란드 식민정부는 20세기 초 윤리정책을 실시하면서 인도네시아에 서구식 교육제도 도입을 시도했다. 1900년에서 1905년 사이 식민정부의 교육장관이던 아벤다논은 원주민공무원양성학교(이하 OSVIA)와 원주민의사양성학교(이하 STOVIA)를 설립했다.

1908년 와히딘 수디라 우사다(1857~1917)를 중심으로 STOVIA 졸업생들이 사회 개혁을 목적으로 '숭고한 마음'을 뜻하는 '부디 우또모'(이하 BU)를 결성했다. 그들은 자바 지역을 넘어 군도 전체로 이 운동을 확산할 계획을 세웠다. 일반인도 가입하게 되면서 1909년 말 BU의 회원수가 1만 명에 달했다. 하지만 그 후 BU는 점차 자바의 보수적인 전통 지배층인 '쁘리야이'를 주축으로 발전하면서, 개혁보다 자바의 전통문화와 가치를 강조하는 단체로 변모했다.

STOVIA의 한 교실

19세기 중반 이후 서아시아에서 확산하기 시작한 이슬람 개혁운동의
영향을 받아, 20세기 초 인도네시아에 이슬람 개혁주의자 집단이 출현
하기 시작했다. 1906년에 그들은 싱가포르에서 말레이세계의 다양한
논점을 다룬 잡지 《알이맘》을 출간했다. '까움 무다(젊은 세대)'라고도 알
려진 이 개혁주의 집단은 이 잡지를 통해 '까움 뚜아(기성세대)'라고 불
리던 이슬람 전통주의자들이 지닌, 각종 이설이 비체계적으로 혼합된
syncretic 신비주의 신앙 성향을 비판하고, 《쿠란》과 《하디스》*의 가르침
에 충실할 것을 강조했다.

초기에 이슬람 개혁운동을 주도한 것은 메카에서 12년 동안 수학한

---

* 전승되어온 예언자 무함마드의 언행(순나sunna). 9세기 이후 체계적으로 수집, 기록되었으며, 《쿠란》과 더불어
이슬람의 경전이다.

셰이크 무함마드 따히르 빈 잘랄루딘 알아즈하리, 셰이크 무함마드 다밀 잠벡, 하지 라술 등 미낭까바우인스 이슬람 학자들이었다. 1909년 그들은 수마뜨라 빠당에 현대식 이슬람 학교인 마드라사 아다비야를 설립했다. 1915년에는 하지 라술을 비롯한 개혁주의자들이 빠당빤장에 마드라사 따왈립과 마드라사 디니야를 개교했는데, 마드라사 디니야는 처음으로 여학생을 위해 세워진 학교였다. 전통적인 뻐산뜨렌과 달리 마드라사는 학생에게 책걸상을 제공하고, 이집트에서 출판된 서적을 교재로 사용하며, 지리·역사 등 세속적인 과목도 가르쳤다.

곧 자바에도 이슬람 개혁운동이 전파되었다. 1912년 끼야이 하지 아흐맛 다흘란이 욕야까르따에서 현대화·교육·사회 복지를 표어로 이슬람 개혁주의 단체인 '무함마디야'*를 창설했다. 1925년에 하지 라술이 무함마디야 미낭까바우 지부를 설립했고, 점차 군도 전역으로 세가 빠르게 확산해 1938년에는 그 회원수가 25만 명에 달했다. 무함마디야는 전국에 사원과 기도원 834곳, 공공 도서관 34곳, 그리고 학교 1774곳을 산하에 둔, 2차 세계대전 이전 인도네시아에서 가장 큰 이슬람 단체로 성장했다.

개혁주의자들의 활동과 비판에 자극을 받아 이슬람 정통주의자들도 세를 조직하기 시작했다. 1926년 동부 자바의 좀방을 중심으로 끼야이 하지 와합 차스불라(1883/4~1971)가 끼야이 하지 하쉼 아샤리(1871~1947)의 도움을 받아, 이슬람 개혁주의를 반대하는 이슬람 정통주의자들의 권익을 수호하려는 목적으로 '나흐다뚤 울라마'**(이하 NU)

---

* '선지자 무함마드의 길'이라는 뜻.
** '종교학자의 융성'이라는 뜻.

를 창설했다. 동부 자바의 끼야이들(300쪽 각주 참조)이 핵심 회원이었다. NU는 곧 동부 자바를 넘어 다른 지역으로 퍼져나갔다. 주로 가난한 농민과 토착 상인의 활동을 지원한 NU는 1942년 자바와 남부 보르네오(지금의 깔리만딴)에 120개 지부를 두었다.

한편 20세기 초에 정치적 행동을 지향하는 이슬람 단체도 등장했다. 1909년, OSVIA에서 수학한 전직 공무원 띠르또아디수르요(1880~1918)가 바타비아(지금의 자까르따)에서 '사레깟 다강 이슬라미야(무슬림 상인 연합회)'를 설립했다. 이 단체의 취지는 중국인 상인과 경쟁하는 자바인 무슬림, 특히 바띡(전통 방식으로 염색한 천) 상인을 지원하는 것이었다. 1911년 띠르또아디수르요의 제안에 따라, 바띡 사업가인 사만후디(1868~1956)가 수라까르따(솔로)에서 '사레깟 다강 이슬람'(이하 SDI)이라는 자바인 바띡 상인들의 협력 단체를 또 하나 결성했다. SDI는 인도네시아에서 민중을 기반으로 한 첫 번째 민족주의 정치단체다.

오마르 사잇 쪼끄로아미노또(1882~1934)가 1912년에 SDI의 수라바야 지부장을 맡은 뒤, SDI를 '사레깟 이슬람(이슬람연합, 이하 SI)'이라 개칭하며 이 단체를 이끌게 되었다. 쪼끄로아미노또가 카리스마적인 지도력을 발휘한 덕분에 SI는 급속히 팽창해 1919년 그 회원수가 50만 명에 달했다. SI의 회원이 되려면 비밀 서약을 해야 했고, 그 회원증은 때때로 부적으로 간주될 만큼 일반 민중에게 영향력이 컸다.

1912년에 중부 자바의 수라까르따에서 중국인 바띡 상인들이 세를 조직해 SI에 대응하자, 자바 곳곳에서 중국인과 인도네시아 상인 간에 대규모 유혈 충돌이 빚어졌다. SI가 도시 바깥 지역까지 세력을 확대해나가면서 1913~1914년 대도시는 물론 시골에서도 두 집단 간에 격렬한

1914년 사레깟 이슬람 블리따르 지부 창립대회. 블리따르는 수라바야에서 167킬로미터 떨어진, 자바 동부의 도시다.

폭력 사태가 빈발했다.

급진적인 좌익 정당들도 태동했다. 1912년 《막스 하벨라르》 저자의 친척으로 그와 동명인 다우어스 데커르가 동인도국민당을 결성했다. 찝 또 망운꾸수모와 후일 끼 하자르 데완따라로 더 잘 알려진 수와르디 수르야닝랏(1889~1959)이 그 당에 합류했다. 동인도국민당은 인종에 관계없이 인도네시아를 고향으로 여기는 모든 사람을 아우르는 민족주의와 인도네시아의 독립을 내세웠다. 1913년 네덜란드 식민정부는 이 당의 합법화를 거부하고, 지도자 세 명 모두를 네덜란드로 추방했다.

1914년 네덜란드 사회주의자인 스네이블리트가 수라바야에서 동인도사회민주연합(이하 ISDV)을 창설했다. 처음에 ISDV 회원 대부분은 네덜란드인이었지만, 대중적 기반을 구축하고자 곧 SI에 접근했다. ISDV는 인도네시아 사회주의자인 스마운(1899~1971)과 다르소노(1897~?)가 이끌고 있던 SI 스마랑 지부에 침투하는 데 성공해 영향력을 행사하기 시작했다. 1917년에 SI 스마랑 지부는 회원이 2만 명에 달했고, ISDV의 영향으로 반자본주의 노선을 택했다.

1918년 ISDV와 연계된 SI의 비밀 혁명 조직 B당파Section B가 식민 당국에 발각되었다. 스네이블리트를 포함한 ISDV의 네덜란드인 지도자들과 알리민 쁘라위로디르요(1889~1964), 무쏘(1897~1948) 등 SI의 B당파 관련자들이 대부분 체포되거나 국외로 추방되었다. 그러는 동안 많은 온건한 농민 회원들이 SI를 탈퇴했다. 1921년에 개최된 제6차 SI 총회에서 아구스 살림(1884~1954)과 압둘 무이스(1890~1959)를 주축으로 한 보수파 지도부가 ISDV와 SI에 공동으로 가입하는 것을 금지하는 결정을 내렸다. 그 결과 SI에서 사회주의적 요소가 제거되고, ISDV의 대중 기반이 약해졌다.

하지만 20세기 초 ISDV의 등장과 활동은 인도네시아 근·현대 정치사에서 중요한 전환점이 되었다. 이를 통해 스마운, 다르소노, 알리민 쁘라위로디르요, 무쏘 등 인도네시아 민족주의자들이 좌파 민중운동을 이끌 수 있는 발판을 마련했기 때문이다. 1920년 5월 그들은 인도네시아인 구성원만 남은 ISDV를 '동인도공산주의자연합'으로 개칭했고, 1924년 다시 인도네시아공산당(이하 PKI)으로 명칭을 변경했다. 이렇게 해서 1921년에 창당된 중국공산당보다 1년 일찍 아시아 최초의 공산당이 인도네시아에서 탄생했다.

1926~1927년 반뗀과 미낭까바우에서 PKI가 기획한 봉기가 여러 차례 일어났다. 특히 1927년 무쏘가 주도한 미낭까바우의 봉기는 격렬한 전투 양상을 띠었고, 유럽인 한 명이 살해되기까지 했다. 이를 진압하는 과정에서 약 1만 3000명이 체포되었고, 그들 중 1308명은 이리안자야

인도네시아공산당(PKI) 지도자들(1924)

(지금의 서파푸아)의 악명 높은 보벤디굴 감옥으로 끌려갔다. 이때 무쏘는 식민 당국의 검거를 피해 소련으로 망명했다. 이로써 PKI 주도로 인도네시아에서 일어난 첫 번째 반식민주의 무력 투쟁은 완전한 실패로 끝났다. 그 후 PKI는 2차 세계대전이 끝날 때까지 인도네시아 민중운동에 별다른 역할을 하지 못했다.

1920년대에 종교나 사회주의 색채를 띠지 않은 세속적 민족주의 단체들이 인도네시아 국내외에서 나타났다. 그들 중 한 집단은 모함마드 하따(1902~1980), 수딴 샤흐리르(1909~1966) 등 네덜란드에서 유학 중이던 인도네시아 학생들이 주축을 이뤘다. 그들은 1908년에 인도네시아 유학생들이 결성했던 동인도협회를 1922년 인도네시아협회(이하 PI)로 개칭하고 민족주의 정치단체로 변모시켰다. PI는 식민정부에 대한 비타협·비협력을 기본 전략으로 해서, 식민정부에 대항하기 위해 전 인도네시아군도가 통합할 것을 강조했다. 또한 그들은 '동인도East-Indies'를 대신해 '인도네시아Indonesia'란 새로운 민족정체성 개념을 창안했다.

이 무렵 국내에선 수까르노(1901~1970)가 세속적 민족주의 운동을 조직하기 시작했다. 그는 자바의 공립학교 교사인 아버지와 발리인 어머니 사이에서 태어났다. 1916년 수까르노는 동부 자바 마자꺼르따의 유럽식 초등학교를 졸업했다. 그 후 그는 수라바야에서 부친의 친구이자 뒤에 자신의 장인이 되는 쪼끄로아미노또의 집에 기거하면서 유럽식 중등학교를 다녔다. 이때 그는 아구스 살림, 스네이블리트, 스마운, 무쏘, 알리민 쁘라위로디르요 등 당시 사회주의 성향의 저명한 정치인들과 접촉하면서 그들로부터 반식민주의 이념의 영향을 받았다. 1921년 수까르노는 반둥공과대학에 입학했다. 당시 반둥은 이슬람 개혁주의 운동과 PKI의 활동이 매우 활발하던 지역이었다. 1925년 수까르노는 다우어스 데커르, 찝또 망운꾸수모와 함께 '반둥스터디클럽'을 결성했다.

1926년 수까르노는 반둥공과대학에서 공학사 학위를 취득한 직후 반식민주의 투쟁에 참여했다. 이 무렵 수까르노는 이슬람 · 마르크스주의 · 민족주의 세 요소의 결합을 주장했다. 교도민주주의教導民主主義 시기(1957~1965)* 수까르노 정치체제의 핵심 이념인 나사꼼NASAKOM**이 이렇게 잉태되었다.

1927년 7월 4일 반둥스터디클럽과 네덜란드에서 귀국한 PI 회원들이

----

* 교도민주주의Guided Democracy는 인도네시아 초대 대통령인 수까르노가 제창한 이른바 '인도네시아식 민주주의'다. 1945년 독립과 더불어 대통령이 된 그는 의회민주주의 시기(1950~1957)에 다수 정당의 난립에 의한 정국 분열에 불만을 품고 있었다. 1957년 그는 서구 정치제도를 무분별하게 모방한 것이 혼란의 원인이라고 진단하고, 일반 대중을 교도해야 할 엘리트의 역할을 강조하며, 의회민주주의 대신 강력한 대통령 1인 중심 체제를 출범시켰다.

** 민족주의nasionalisme · 종교agama · 공산주의komunisme의 앞 글자를 따서 만든 조어.

인도네시아민족연합을 결성했다. 1928년 5월 이 조직은 인도네시아국민당(이하 PNI)으로 개칭했다. PNI는 인도네시아 통합을 도모하고, 식민 당국과 타협·협력을 하지 않으며 독립을 추구하여 인도네시아 민족주의를 고양하는 것을 목표로 정했다. 1929년 5월까지 PNI는 자바의 주요 도시와 빨렘방에 지부를 설립하고, 반둥·바타비아·수라바야 등 대도시에서 3860명을 당원으로 확보했다. 1929년 말 PNI의 당원 수는 1만 명에 달했다. 이러한 민족주의 운동의 기류가 1928년 10월 28일 개최된 제3차 인도네시아 청년 회의에서 역사적인 숨빠 뻐무다* 선언으로 이어졌다.

성장해 나가던 PNI의 활동은 네덜란드 식민정부의 탄압을 받기 시작했다. 수까르노를 비롯해 지도자들이 체포되었다. 수까르노는 공공질서를 해쳤다는 죄목으로 징역 4년을 선고받고, 반둥의 수까미스낀 감옥에 수감되었다. PNI의 기능이 거의 마비 상태에 빠졌고, 결국 1931년 4월 해체되고 말았다.

PNI의 활동을 이어가려는 사람들이 인도네시아당(약칭 '빠르띤도 Partindo')을 설립했다. 수까르노는 감형을 받아 1931년 12월 석방되고, 이듬해 8월 빠르띤도에 가입했다. 1933년 7월까지 이 새 정당은 2만 명을 당원으로 확보했다. 하지만 1933년 8월 1일 수까르노는 다시 체포되어 동부 인도네시아 플로레스섬의 감옥으로 끌려갔다. 1934년 2월 하따와 샤흐리르도 체포되어 보벤디굴 감옥에 수감되었다. 식민 당국의 강

---

* '청년의 맹세'를 의미하는 이 선언에서 '하나인 국가Satu Negara―인도네시아 국가Negara Indonesia, 하나인 민족Satu Bangsa―인도네시아 민족Bangsa Indonesia, 하나인 언어Satu Bahasa―인도네시아어Bahasa Indonesia' 란 표어를 채택했다.

경 대응으로 1934년 말까지 반식민주의 지도자들 대부분이 구금되었고, 비타협을 지향하던 반식민주의 민족주의 운동은 사실상 인도네시아에서 설 땅을 잃게 되었다.

그 후 2차 세계대전이 발발할 때까지 인도네시아 민족주의 운동은 네덜란드와 타협·협력함으로써 독립을 달성하려는 온건한 정당들이 주도했다. 1935년 온건한 성향의 여러 조직이 연합해 대인도네시아당(약칭 '빠린드라Parindra')을 결성했다. 1937년엔 사회주의 성향을 띤 인도네시아인민운동(약칭 '게린도Gerindo')이 탄생했다.

1930년대 후반에 발생한 정치적 변화가 이들 정당에게 정치적 운신의 폭을 넓혀주었다. 유럽과 일본에서 파시즘이 기세를 올리면서, 네덜란드와 인도네시아 간에 공고한 대對파시즘 연합전선을 구축할 필요가 생겼기 때문이다. 이를 계기로 1939년 5월 게린도·빠린드라·인도네시아이슬람연합당 등이 인도네시아정치연맹(이하 GAPI)을 결성했다.

GAPI는 유럽인·인도네시아인·중국인 등 여러 인종이 참여하고 있던 일종의 국민의회인 폴크스라트*가 아닌, 인도네시아인으로만 구성된 의회를 요구했다. 이때 무함마디야와 NU가 종교적 협력을 위해 '인도네시아대이슬람회의'를 결성하고, GAPI의 인도네시아 의회 설립 제안을 지지했다. 1939년 11월에 GAPI는 바타비아에서 일종의 국민 대회인 '인도네시아국민회의'를 개최했다. 1939년 9월 히틀러가 폴란드를 침공

---

* 네덜란드 식민정부는 분권화 정책을 취하면서 정치에 참여하려는 대중의 열망에 어느 정도 응답하고자 1918년 선출직과 임명직 각각 19명씩 총 38명으로 구성된 단원제 의회 '폴크스라트Volksraad'를 설립했다(1927년 60명으로 증원했다). 하지만 폴크스라트는 그저 총독의 자문기구였고, 게다가 인도네시아인 의원은 선출직 10명과 임명직 5명으로 그 비중이 39퍼센트에 불과했다. 유럽인과 중국인이 나머지 대부분을 차지하다가, 1931년 인종집단별 의원 수가 재조정되면서 인도네시아인 의원이 50퍼센트를 차지하게 되었다.

하면서 시작된 전쟁이 전 유럽으로 빠르게 번지고 있었다. GAPI는 파시즘에 대항해 네덜란드에 협력하는 대가로 인도네시아의 자치를 요구했다. 그러던 차에 일본이 인도네시아를 점령했고, 새로운 국면이 열리게 되었다.[5]

말라야

20세기 초 영국령 말라야에서 말레이 전통 사회의 계서 밖에 새로운 사회계층이 점차 모습을 드러내기 시작했다. 이른바 신지식인 계층 중 맨 먼저 나타난, 종교 교육을 받은 집단은 식민 당국이 도입한 근대 서구식 교육 제도와는 아무런 관련이 없었다. 이 집단의 출현은 19세기 중반 이후 서아시아를 비롯한 이슬람 세계의 종교·정치적 발전과 관련이 있었다. 이들은 특히 아프가니스탄의 범이슬람주의 혁명가 자말 알딘 알아프가니(1838~1897)와 이집트의 이슬람 법학자 무함마드 압두흐(1849~1905)의 개혁운동에서 강한 영향을 받았다.

사잇 셰이크 빈 아흐맛 알하디, 셰이크 무함마드 따히르 빈 잘랄루딘 알아즈하리(셰이크 따히르 빈 잘랄루딘), 그리고 하지 아바스 빈 모하마드 따하를 위시한 이들 신지식인 집단은《알이맘》,《알이크완》같은 잡지를 발간해 말레이세계에 이슬람 개혁사상을 전파하기 시작했다. 그들은 각종 이설이 비체계적으로 혼합된 전통 이슬람 집단의 신앙 성향을 비판하며《쿠란》과《하디스》의 가르침에 전력을 기울일 것을 역설했고, 이에 말레이세계에서 교리 논쟁이 촉발되었다. 그 결과 2차 세계대전 이전

사잇 셰이크 빈 아흣맛 알하디(1867~1934)

셰이크 따히르 빈 잘랄루딘(1869~1957)

말레이세계 이슬람 사회는 전통적 질서를 구성하는 기성세대인 '까움 뚜아(구세대)'와 개혁주의 사상을 주장하는 젊은 세대인 '까움 무다(신세대)' 두 집단으로 분열되었다.

까움 무다 집단은 1930년대에 싱가포르·멀라까·삐낭을 포함한 해협식민지(이하 SS)에 알이크발 알이슬라미야, 알하디, 알마스호르 알이슬라미야 등 현대식 이슬람 학교인 마드라사를 세워, 이슬람 개혁사상을 전파하고 많은 이슬람교 교사를 양성하는 데 노력을 쏟았다.

1896년 연방말레이주(이하 FMS) 수립과 함께 서구식 행정 제도인 '말라야 공무 서비스'가 도입되어, 영어 구사 능력을 갖춘 하급 관리를 양성할 필요가 생겼다. 그러자 술탄을 비롯한 말레이 귀족 계층은 식민 당국에 말레이인을 위한 영어 대학을 신설해달라고 요구했다. 1905년 1월 꾸알라깡사르말레이대학(이하 MCKK)이 교사 3명, 학생 8명과 함께 삐락에 문을 열었다. MCKK에 대한 말레이 귀족 계층의 관심이 점차 높아짐에 따라 1913년 학생 수가 138명으로 급증했다. 그 후에도 등록생 수가 계속 늘어 2차 세계대전 이전에 MCKK

1930년대 꾸알라깡사르말레이대학 재학생들

는 영어 교육을 받은 신지식인 배출의 요람이 되었다.

영어 교육을 받은 신지식인 집단은 왕족·귀족 출신으로 대부분 식민 정부의 하급 관리로 일했다. 그들은 반식민주의 성향을 띠지는 않았지만, 말레이 사회의 개혁과 발전에 무관심하지 않았다. 1924년 식민지 정부가 SS 입법의회 최초의 말레이인 의원으로 임명한 모함메드 유노스 빈 압둘라는 1926년에 싱가포르말레이연합(이하 KMS)을 창설했다. KMS는 민족주의를 내세우지 않고, 영국에 협조적인 태도를 유지하면서 말레이인에게 특별한 정치적 지위를 부여해달라는 주장을 폈다. KMS는 영어를 교육받은 신지식인 집단이 세운 최초의 말레이 정치단체로서 1930년대 말레이반도에 등장한 뻬락말레이협회, 빠항말레이협회, 슬랑오르말레이협회 등 여러 유사한 단체의 모델이 되었다.

1939년 8월 6일 KMS와 슬랑오르말레이협회의 주도로 꾸알라룸뿌르에서 말레이협회 총회가 개최되었다. 전국적으로 41개 말레이협회가 참석한 이 총회에서 참석자들은 말레이반도협회연합을 결성하고, 그 본부를 꾸알라룸뿌르에 두기로 했다. 영어를 교육받은 신지식인 집단이 주도한 그 단체들은 식민 당국에 대한 타협을 바탕으로 말레이 사회의 발전을 도모하며 온건한 정치적 성격을 띠었다. 말레이협회 총회는 2차 세계대전 후 1946년 말라야연합에 반대해 결성된 연합말레이민족기구(UMNO)의 서막이었다는 점에서 그 역사적 의미가 크다.

20세기 초 식민 당국이 말레이인의 문맹률을 낮추고자 설립한 말레이어 초등학교의 수가 늘어남과 동시에 말레이인 교사를 양성할 필요가 생겼다. 1878년 싱가포르에 처음 사범대학을 세웠던 식민 당국은 1920년까지 멀라까, 뻬락, 조호르에 각각 사범대학을 설립했다. 이들 대학에서 매년 60명 정도 교사를 배출했지만, 이는 당시 SS와 FMS에 세워진 556개 초등학교의 말레이 학생 3만 968명에게는 현저히 부족한 수였다.

이 문제를 해결하고자 FMS 교육부의 관료인 리처드 윈스테드가 멀라까와 뻬락에 있는 두 대학을 합쳐 더 규모가 큰 사범대학을 새로 설립하자고 제안했다. 이에 따라 1922년 11월 술탄이드리스사범대학(이하 SITC)이 평민 출신 말레이인 학생 120명과 함께 뻬락에서 문을 열었다. 개교 이래 SITC는 말레이 사회의 민족의식 고취에 공헌한 지도자를 여럿 배출했기에, 독립 후 '말레이 민족주의의 요람'으로 불렸다.

SITC 학생들은 인도네시아 민족주의 운동의 영향을 받았다. 당시 SITC 학생들의 교육에 가장 큰 문제점은 말레이어로 된 교재가 부족한 것이었다. SITC는 당시 인도네시아에서 출간된《민중의 소리》를 비롯해 여러 정기 간행물을 교재로 이용했다. 이들 매체를 통해 SITC 학생들은

술탄이드리스사범대학(1924)

이브라힘 야콥(1911~1979)

자연스럽게 인도네시아 지식인들의 반식민주의 투쟁 정신을 접할 수 있었다. 1929~1930년 이브라힘 야콥과 하산 마난이 SITC 내에 학생청년동맹, 반도-보르네오연맹, 말라야청년 등 정치적인 학생 단체를 결성했다.

이브라힘 야콥은 1911년 숭에이 빠항의 작은 마을에서 부기스인의 후손으로 태어났다. 그는 말레이 초등학교를 마치고 1928년 SITC에 입학했고, 그곳에서 민족주의자인 교사 압둘 하디 빈 하지 하산의 가르침과 인도네시아 민족주의 운동의 영향을 받아 '인도네시아 라야'*에 매료되었다. 20세에 SITC를 졸업한 뒤 이브라힘 야콥은 빠항 븐똥의 한 말레

---

* '대인도네시아Greater Indonesia'란 뜻으로, 인도네시아와 합병해서 말라야 독립을 이루자고 주창한 이념.

이 초등학교에서 3년간 교사로 근무했다. 그는 1934년 꾸알라룸뿌르로 거처를 옮긴 뒤, 1937년 3월에 동료들과 함께 그곳의 한 호텔에서 모여 말라야청년동맹을 결성했다. 그들은 두 달 뒤에 단체의 이름을 청년말레이연합(이하 KMM)으로 개칭했다.

KMM 결성은 말라야에서 반영국적이고 친인도네시아적인 평민 출신 신지식인 집단의 목소리가 조직적으로 표출되기 시작했다는 점에서 그 의미가 크다. 이때부터 말레이 민족주의 운동은 귀족 출신으로 영어로 교육받은 친영국적인 신지식인 집단과 말레이어로 교육받은 친인도네시아적인 신지식인 집단이 서로 경쟁하는 두 진영을 이루게 되었다.

2차 세계대전 이전 말라야 중국인들의 정치적 각성은 주로 중국의 정치적 발전에서 촉발되었다. 중국의 변법자강 운동, 1900년 2월 캉유웨이와 1906년 4월 쑨원(손문孫文)의 싱가포르 방문을 계기로 신문이 창간되었고, 여러 정치단체들이 결성되어 반청反淸 활동을 조직적으로 전개했다.

신해혁명 후 중국 경제를 재건하는 데 특히 SS에 있는 난양(남양南洋) 중국인*의 경제력을 동원할 목적으로 1912년 중국 국민당이 싱가포르에 지부를 설립했다. 하지만 1913년 위안스카이(원세개袁世凱)**가 중국의 정권을 장악하고 국민당을 불법화하자 싱가포르 국민당 지부가 해체되

---

* 동남아시아에 거주하거나 이 지역에서 무역 활동을 하는 중국인에 대한 통칭.
** 쑨원(1866~1925)이 이끄는 혁명군이 1911년 신해혁명을 일으키고 중화민국을 세우자, 청 왕조는 북부 지방의 군벌 위안스카이(1859~1916)를 총리로 임명해 혁명군을 진압하도록 했다. 하지만 위안스카이는 중화민국의 임시 대통령인 쑨원에 접근해, 그가 제창한 삼민주의三民主義(민족 · 민권 · 민생)를 따르고 청 왕조의 황제를 퇴위시킨다는 조건으로 자신에게 임시 대통령직을 넘기라고 요구했다. 쑨원은 그 요구를 받아들였으나, 임시 대통령이 된 다음 위안스카이는 열강의 자금 지원을 등에 업고 국민당을 탄압했다. 중화민국은 불안정한 군벌 정권 시대에 접어들어 분열 상태가 되었다. 쑨원은 죽기 전에 '혁명은 아직 이루지 못했다'는 말로 중화민국의 혼란을 안타까워했다.

었다. 그러나 1919년 이후 중국 국민당 조직은 비밀리에 중국어 학교와 독서회를 통해 쑨원의 삼민주의를 전파했고, 그 결과 말라야 중국인의 정치 활동이 대중운동으로까지 발전했다.

1919년 중국의 5 · 4운동* 이후 말라야 중국인들의 반일 불매운동이 일본인 상점 · 공장 · 가옥을 파괴하는 등 폭력적이고 대중적으로 발전했다. 그 후 식민 당국의 탄압으로 소강상태를 보이던 중국인들의 반일 민족주의 운동은 1937년 중일전쟁(1937~1945)으로 다시 고조되었다. 말라야의 중국인 대부분이 1937~1941년 항일 투쟁 기금을 모금하는 등 광범위한 '남양 중국인 민족구원운동'을 전개했다.

2차 세계대전 전 중국인 사회의 각성을 자극한 또 한 가지 요소는 공산주의였다. 공산주의자들은 1924년 중국에서 국민당과 공산당이 제1차 국공합작을 이뤘을 때, 국민당 싱가포르 지부의 외피外皮를 이용해 중국인들에게 반영 감정을 확산하고, 1926년 남양총공회를 결성했다. 1927년 국공합작이 깨졌을 때 공산주의 활동은 일시 퇴조했으나, 중국 공산당의 도움으로 1928년 남양공산당이 결성되었다. 이 당은 1930년 말라야공산당(MCP)으로 개칭했다. 중일전쟁이 발발하자 중국 국민당과 공산당은 제2차 국공합작으로 다시 손을 잡았고, 중국 본토의 국공합작

---

* 1차 세계대전 중 일본은 위안스카이 정부에 중국의 주권을 무시한 '21개조 요구'를 제시했다. 위안스카이 정부가 이를 받아들이자, 중국인들 사이에서 반일 감정이 확산했다. 이러한 가운데 1차 세계대전의 전후 처리를 위해 열린 파리 강화회의에서 연합국은 일본의 '21개조 요구'를 철회하라는 중국의 목소리를 무시했다. 이에 위기를 느낀 중국인 학생들은 1919년 5월 4일 베이징 톈안먼(천안문天安門) 광장에 모여 '21개조 취소', '매국노 처벌' 등을 외치며 시위를 벌였다. 정부의 강경 진압을 무릅쓰고 시위는 베이징뿐 아니라 다른 도시들로 퍼져나갔고, 상인과 노동자들도 참여하는 전국적인 민중운동으로 발전했다. 결국 중국 정부는 6월 10일 친일파 관리 3명을 파면하고, 6월 28일 파리의 중국 대표단도 강화조약 조인을 거부했다. 5 · 4운동을 계기로 중국의 항일 · 반제국 · 반봉건 학생운동과 민중운동이 폭넓게 조직되었다.

은 국민당 싱가포르 지부와 말라야공산당의 협력으로 이어졌다.

2차 세계대전 이전 말라야의 중국인 사회는 중국의 위기로 촉진된 변법자강 운동과 반일 운동 등을 계기로 중국인이란 민족의식을 갖게 되었다. 하지만 이는 언젠가 돌아갈 고국을 지향한 것이고, 반식민주의 민족주의라기보다는 중국인 애국주의에 가까웠다고 할 수 있다.

한편 SS에서 태어난 중국인*은 이민 1세대 중국인**과는 다른 정치 성향을 보였다. 그들은 영국식 대학 교육을 받아 전문 직업인 집단을 형성하고, 영어를 구사하는 지식인으로서 두각을 나타내면서, 중국보다는 영국에 소속감과 충성심을 갖고 있었다. 1900년에 그들은 해협화영華英협회를 창설했다. 이 협회의 목적은 SS의 영어로 교육을 받은 중국인 지식인 집단을 통합하고, 영국 식민 정권 아래서 중국인의 이익을 도모하며, 영국에 충성하는 것이었다. 이 협회는 식민지 입법회의와 행정회의에 대한 중국인 참정권 확대 운동을 주도했다.

말라야 인도인들의 정치 활동은 중국인들만큼 활발하지는 못했다. 그들이 모국의 독립투쟁에 관심을 가졌다 할지라도, 중국인 사회와는 달리 인도 본토의 정치적 동향이 곧바로 말라야 인도인 사회에 반영되지는 않았다.

1923년 변호사 · 의사 · 기술자 · 하급 관리 · 회사원 등이 주축이 되어 인도인협회를 결성했는데, 친목 도모가 단체의 주요 취지였다. 인도인은 지역별, 카스트별로 나뉘어 있어 조직 결성이 용이하지 않았다. 그

---

* 말레이세계에서 태어난 중국인을 통칭해서 뻐라나깐peranakan이라고 하고, 이들 중 해협식민지 태생 남자에겐 바바baba, 여자에겐 뇨냐nyonya란 호칭을 사용한다.
** 중국 본토에서 태어나 말레이세계로 이주한 이민 1세대 중국인을 통칭해서 'sinkeh(신객新客) Chinese'라 한다.

러나 대공황을 겪으면서 인도인 사회는 자신들을 대표할 기구가 필요함을 깨닫고, 1936년 말라야중앙인도인협회를 결성했다. 이 협회는 여러 지역에 각각 있었던 인도인협회와 인도인상공회의소 4곳을 통합한 연합체였다. 말라야 인도인의 정치적 각성도 말라야보다는 인도 독립운동과 관련해서 이뤄졌다.

2차 세계대전 이전에 대부분의 중국인과 인도인은 말라야에 소속감을 두기보다는 언젠가 부자가 되어 조국으로 돌아가기를 희망했다. 이러한 가운데 영국의 말레이인 우대 정책과 이를 통한 말레이 사회의 '화석화化石化, fossilization', 그리고 친영국파와 친인도네시아파 신지식인 집단의 분열로 인해 말레이 민족주의는 영국 식민지배에 대한 투쟁보다는 주로 이민족, 특히 중국인에 대한 의구심과 적개심, 즉 인종적 민족주의를 바탕으로 형성, 발전했다. 그 결과 2차 세계대전 이전 말레이 민족주의 운동은 이웃 인도네시아와 달리 강한 반식민주의 기류를 타지 않았다. 이것이 2차 세계대전 이전 영국령 말라야의 민족주의 운동에서 두드러져 보이는 특징이다.[6]

필리핀

미 군정에 체포된 아기날도는 1901년 4월 19일 성명서를 발표해 모든 필리핀 사람들에게 미국의 지배권을 수락하도록 호소하면서 교전의 완전한 종식을 선언했다. 하지만 일부 혁명 세력은 무장 해제를 거부하고 투쟁을 지속했다.

1902년 루시아노 산미겔(1875~1903) 장군의 지도하에 여러 게릴라 조직이 하나로 통합되었다. 이 혁명 세력은 마을의 무기고를 습격하고, 그들의 투쟁에 동조하는 주민들이 제공한 은신처에 숨어 식민 당국의 체포를 피했다. 그러자 미군은 주민과 게릴라의 접촉을 차단하고 감시가 편하도록 주민들을 이른바 '전략촌strategic village'으로 강제 이주시켰다. 결국 1903년에 산미겔이 이끄는 혁명 세력은 미군에 궤멸되었다.

생존한 소수 혁명 세력은 '가장 위대하고 숭고한 자손 연합'(까띠뿌난)을 재건해, 이를 중심으로 다시 한 번 무장 투쟁을 이어나갔다. 이 단체의 새 지도자인 마카리오 사카이(1870~1907)는 안드레스 보니파시오와 함께 전투를 하고 미군의 포로가 된 경력이 있는, 혁명전쟁의 베테랑이었다. 그는 투쟁을 재개해 국기·헌법·정부와 함께 필리핀공화국을 선포했으나, 1907년 체포되어 교수형에 처해졌다. 그 후 혁명 세력은 무장투쟁 동력이 급격히 약해진 가운데 1913년까지 간헐적인 투쟁을 이어갔다.

미국 점령 초기에 이처럼 반식민주의 엘리트 집단이 무장 혁명투쟁에 매진하는 동안, 사제들이 이끄는 종교적 또는 주술적 성격을 띤 농민운동이 여러 지역에서 대규모로 일어났다. 이 운동에 참여한 농민들은 지도자들이 영생불멸하는 초자연적 힘을 갖고 있다고 믿었다. 1907년 대지주 제도가 발달한 루손섬 북부와 중부에서 일명 '이페 신부'로 불리는 펠리페 살바도르가 '산타 이글레시아 운동'*을 전개했다. 한 종교 집회에서 그는 이교도를 멸망케 할 인류 역사상 두 번째로 거대한 홍수를 예

---

* '거룩한 교회 운동'이라는 뜻.

언했다. 또한 그는 식민정부를 무너뜨린 후 대지주들의 땅을 몰수해 추종자들에게 분배할 것을 약속했다. 이 운동의 영향을 받아 북부 루손에서 생겨난 '과르디아 데 오노르'*란 농민운동은 5000명에 이르는 회원을 확보했다. 루손의 초기 농민운동은 1910년 살바도르가 식민 당국에 처형되면서 동력을 상실했다.

이와 유사한 종교적인 운동이 중부 필리핀 비사야스에서도 맹위를 떨쳤다. 1902년 네그로스에서 '이시오 신부'라는 이름으로 더 유명한 디오니시오 마그부엘라스가 '바베일라네스'**라고 하는 단체를 이끌면서 토지의 공정 분배, 사탕수수 경작 폐지 등을 요구했다. 세부에서는 킨틴 타발과 아나톨리오 타발 형제가 '뿔라잔*** 운동'을 이끌었는데, 그들은 붉은 옷을 입고 맹렬히 싸우는 것으로 이름을 떨쳤다. 역시 뿔라잔 운동의 지도자인 파우스티노 아블렌은 추종자들에게 어느 언덕 꼭대기에 오르면 그곳에 금으로 만들어진 일곱 교회가 있으며 죽은 친지들이 환생하고 잃어버린 물소를 돌려받을 것이라고 예언했다. 1907년 아블렌은 체포되었으나, 뿔라잔 운동은 이시드라 뿜빡에 의해 1911년까지 지속되었다.

1920년대에 '콜로룸**** 운동'이 전국적으로 확산하면서 식민 당국을 긴장케 했다. 대부분 가난한 농민·소작인·도시 빈민이 참여한 이 운동역시 종교적 성격을 띠었다. 콜로룸 운동은 반식민주의 저항의 아이콘인 호세 리잘과 이페 신부를 숭배했다. 그들은 만약 죽음을 당하면 5일

---

* '명예의 수호'라는 뜻.
** 바베일라네스는 필리핀 전통 사회의 무당을 가리키는 말이다.
*** '붉은 옷을 입은 사람들'이라는 뜻.
**** 라틴어 'in saecula saeculorum(영원무궁토록)'에서 따온 말로, '영원한 세상'을 의미한다.

이내에 부활한다고 믿었다. 1923년에 그들은 한 미군 분대를 공격해 지휘관 1명과 병사 12명을 살해했다. 그러자 식민정부의 경찰대는 콜로룸 운동원 수백 명을 살해하고 시체가 썩어가도록 방치해 불멸에 대한 그들의 믿음을 불식하려 했다.

　이처럼 종교적 성격의 반식민주의 저항 운동이 산발적으로 전개되는 가운데, 필리핀 민족주의자들이 노동운동 조직을 체계적인 민족주의 운동의 통로로 이용하면서 식민 당국을 더욱 긴장케 했다. 1902년 이사벨로 들로스 레이예스(1864~1938)의 주도로 인쇄공·석판공·담배 제조공·신발 제조공·재단사 등의 150개 노동조합이 노동조합총연맹을 결성했다. 이 연맹은 조합원들에게 의료와 장례 혜택을 제공하면서 대대적인 파업을 시도했다. 들로스 레이예스가 투옥되자 1907년 로페 산토스가 이를 필리핀노동조합으로 재편했다.

　1913년 노동운동 지도자들은 필리핀노동조합을 기반으로 규모가 더 크고 체계적인 필리핀노동자연맹(이하 COF)을 결성하고 하루 8시간 노동, 어린이와 여성 노동자를 위한 법률 제정, 고용주의 법적 책임 등을 요구했다. 1917년 필리핀소작농민조합이 결성되었다. 1919년에 노동운동 지도자들은 소작 농민과 도시 노동자 세력을 결집하기 위해 '아낙 빠와스'*란 단체를 만들었다. 그들은 1922년 소작인 총회를 개최하며 농민의 고통을 경감할 법 제정 운동을 전개하는 한편, 소작인·농장노동자전국연합(이하 NCTFL)이란 거국적인 노동조합을 결성했다.

　한편 노동운동 지도자들은 해외 좌파 노동운동과 연대하며 더욱 급진

---

* '세상의 불쌍한 자'란 뜻.

3부 | 근대 동남아시아(19세기~1945년)

434

적인 성격을 띠었다. 1919년에 COF 지도자인 크리산토 에방헬리스타가 미국의 노동운동 지도자들 및 급진적인 정치인들과 만났다. 5년 뒤 그는 마르크스주의 성향의 필리핀노동당을 창당했다. 1924년 NCTFL은 미국노동연맹·사회당·'미국 농민과 노동당'과 함께 자치정부 쟁취를 위한 로비를 벌이기도 했다. 1927년에 COF 지도자들은 모스크바에서 열린 붉은국제노동조합 회의에 참석했다. 이 회의를 통해 그들은 중국 공산당 지도자들과도 접촉했다. 1928년에 NCTFL은 필리핀전국농민조합으로 확대·재편되었다.

1929년 에방헬리스타가 이끄는 조직이 COF에서 나와 '까띠뿌난'(과거의 까띠뿌난과는 다른 조직)이란 단체를 새로 결성했다. 1930년 11월에 그들은 필리핀공산당을 창당했다. 식민정부는 에방헬리스타를 체포하고, 1932년에 필리핀공산당을 불법화했다. 그렇지만 공산당 조직은 비밀리에 세를 넓혀나갔다. 공산주의자인 떼오도로 아세디요와 혁명전쟁의 베테랑인 니콜라스 엥카야도가 농민을 규합했다.

1930년대에 베니그노 라모스가 이끈 '삭달 운동'*이 광범위한 지지를 받았다. 이 운동은 처음에 식민 당국과 가톨릭교회를 비판하는 운동으로 출발했다. 1933년 의회 선거운동 기간에 삭달주의자들은 식민지 공공 교육, 경제에 대한 미국의 지나친 간섭 등의 문제를 부각했다. 그들은 국회의 여러 의석과 중부 루손의 시의회 의석을 차지하고, 주지사 한 명을 당선시키는 데 성공했다.

한편 삭달주의자들은 제도권 밖에서도 활발한 투쟁을 벌였다. 1935년

---

* 비판·고발 운동.

5월 농민 150명이 불라칸 시의회 건물을 점거해 미국 국기를 내리고, 삭달을 상징하는 깃발을 걸었다. 이들의 봉기가 확산되어 1000명이 남부 카비테의 마을들을 점령했다. 하지만 삭달주의자들은 현대 무기로 무장한 정부 경찰대를 상대하기엔 역부족이었다. 이 봉기로 농민 57명이 목숨을 잃고, 500여 명이 투옥되었다.

1935년에서 1940년 사이에도 노동자와 농민은 자주 파업과 시위를 벌였다. 루손에서 페드로 아바드 산토스(1876~1945)가 합법적인 제도권 내에서 급진주의를 지향하는 사회당을 창당했다. 그러나 지주들과 결탁한 정계의 실력자들은 사회당이 발의한 노동법, 소작법, 토지개혁법의 통과를 조직적으로 방해했다. 심지어 대지주들은 파업을 막으려고 군대까지 고용하며 노동자·농민 운동을 방해했을 뿐 아니라, 농민들의 폭력 시위를 봉쇄하려고 저녁 회합을 금지하는 법령이 통과되도록 로비 활동을 벌이기도 했다.[7]

남부 필리핀

미국의 존 베이츠 장군과 모로(남부 필리핀 무슬림)를 대표해 술루의 술탄 자말 카림 2세가 1898년 8월 베이츠 협정을 체결했다. 이에 따라 미 군정은 처음 2~3년 동안 모로랜드에 단지 형식적으로 소수 군대만 주둔시키고, 모로의 전통을 존중하며 불간섭 정책을 폈다. 그러던 중 1902년부터 미 군정이 필리핀에 대한 개발·문명화·교육 정책을 모로랜드에도 적용하려 하자, 분란이 일기 시작했다. 그 후 1913년까지 모로랜드에서 반미 무장투쟁이 전개되었다.

라나오의 다뚜 암빠낭구스, 마권다나오의 다뚜 알리, 그리고 술루의 빵리마 하산이 그 투쟁을 이끌었다. 하지만 그들의 크고 작은 저항은 절대적인 힘의 우위를 앞세운 미 군정에 무참히 진압되었다. 1913년 버드 박삭 전투를 끝으로 모로와 미군 사이에는 아무런 교전도 발생하지 않게 되었다.

1913년 모로랜드에서 소요 사태가 종식된 후 다뚜들을 포함한 모로 지도자들은 식민 당국에 우호적인 태도를 취했다. 미국이 필리핀의 궁극적인 독립을 목표로 기독교도 필리핀인들에게 '유인 정책'을 펴는 동안, 그들은 내심 식민 당국에 적극적으로 협력해 모로 독립국 건설을 위한 지지를 얻으려는 바람을 갖고 있었기 때문이다. 하지만 식민 당국은 필리핀 인구의 대부분을 차지하는 기독교도 필리핀인들의 의사를 존중하며 필리핀 통합 정책을 일관되게 유지했다.

민간 행정의 필리핀화 정책에 따라 1920년 모로랜드의 행정 관할권이 식민 당국에서 기독교도 필리핀인의 수중으로 넘어갔다. 그러자 1921년 6월 술루 다뚜 57명은 모로랜드를 분리 독립시키거나 '영원한 미국의 땅'으로 삼아달라는 청원서를 마닐라와 워싱턴 양쪽에 보냈다. 1934년, 10년 뒤에 필리핀의 완전한 독립을 인정한다는 내용을 포함한 타이딩스-맥더피법이 통과되자, 민다나오 다뚜 120명이 분리 독립을 원하는 청원서를 다시 한 번 미국의 루스벨트 대통령에게 보냈다.

그러나 1898년 스페인에게서 필리핀을 양도받은 뒤로 미국 식민 당국은 분리 독립을 추구하는 모로의 노력을 무시한 채, 줄곧 필리핀 통합 정책을 유지했다. 미국의 행정가들은 어떠한 형태의 분리도 적극 반대하는 기독교도 필리핀인들의 영향을 강하게 받았다. 따라서 모로에 대한 식민 당국의 일반적인 인식은 기독교도 필리핀인들의 그것과 다르지 않았다. 미국 역시 '낙후되고 진보에 대한 강한 거부감을 가진' 모로가 개화 문명의 혜택을 받으려면 진보적인 기독교도 필리핀인들이 지배하는 통합 국가가 필요하다고 생각했던 것이다.[8]

11장

2차 세계대전과 일제하의 격동

　　1868년 메이지 유신을 기점으로 근대화에 성공한 일본은 청일전쟁 (1894~1895)*과 러일전쟁(1904~1905)**의 승리를 계기로 아시아의 신흥

---

*　1894년에 조선에서 전봉준이 이끄는 농민 봉기인 동학혁명이 발발하자 이를 진압할 힘이 없었던 조선의 조정은 청에 도움을 요청했다. 이에 청이 출병하자, 청이 일본에 통보하지 않고 조선에 출병한 것은 청일 양국이 체결한 톈진(천진天津) 조약(1885) 위배라며 일본도 출병을 했다. 동학혁명이 진압된 뒤, 일본군이 청군을 공격해 조선 땅은 청과 일본의 전쟁터가 되었다. 전쟁은 일본의 승리로 끝났고, 그 결과 체결된 시모노세키(하관下關) 조약으로 일본은 향후 청에서 조선에 불간섭한다는 약속을 받아내고, 랴오둥(요동遼東)반도와 대만을 할양받았으며(대만은 이후 2차 세계대전이 끝날 때까지 50년 동안 일본의 식민지배를 받았다). 배상금으로 3억 6525만 엔이라는 거액을 거머쥐게 되었다(참고로 메이지 26년 곧 1893년 일본의 세출이 약 1억 5000만 엔이었다).

**　청일전쟁에서 승리한 일본은 동아시아에서 영토를 확대하고자 한반도와 만주로 진출했다. 한편 러시아도 발칸반도에서와 동시에 동아시아에서 남하를 전개하며 시베리아 철도 건설에 착수했다. 일본이 조선·만주 방면으로 영토를 확대하려면 무엇보다 러시아의 남하를 막아야 했다. 시베리아 철도가 완성되면 일본이 러시아와 대결해 승리할 가능성이 희박했기 때문이다. 일본은 1902년 영국과 동맹을 맺고(영일동맹), 1904년 랴오둥반도 남부의 뤼순항에 정박해 있던 러시아 함대를 기습하며 선전포고를 했다. 만주와 압록강, 대한해협이 이들의 전쟁터가 되었고, 이번에도 전쟁은 일본의 승리로 끝났다. 미국의 조정으로 1905년 일본과 러시아는 포츠머스 조약을 체결했다. 이

제국주의 세력으로 급부상했다. 그 후 일본은 줄곧 자원 확보와 해외시장 개척을 위해 동남아시아에 관심을 두고 있었다. 그러던 중 1937년 7월에 시작된 중일전쟁(1937~1945)이 국공합작國共合作*으로 장기화 조짐을 보이자, 일본은 남방 진출을 전격 결정했다. 중국과의 장기전에 대비하고 유럽 세력들과의 불가피한 충돌에서 우위를 점하려면 석유·고무·주석·쌀 등 동남아시아의 자원이 필요했기 때문이다.

1938년 10월 중국 광둥(광동廣東) 지역을 점령한 뒤 일본은 동남아시아 점령의 전진기지를 확보할 목적으로 1940년 7월 북부 베트남의 랑썬을 기습 공격했다. 9월 27일 일본은 독일·이탈리아와 함께 삼국동맹을 체결한 뒤, 이어 프랑스령 인도차이나로 진입했다.

그 후 1년여 동안 인도차이나를 거점으로 삼아 동남아시아로 진출할 준비를 마친 일본은 1941년 12월 8일(미국 시간 12월 7일) 하와이의 진주만을 공격하고, 몇 시간 뒤 필리핀으로 진격했다. 같은 날 태국에 최후통첩을 통보하자, 방콕 정부는 일본과 군사동맹을 맺고, 미국과 영국에 대해 전쟁을 선포했다. 곧바로 일본은 태국을 거쳐 북부 말레이반도를 침공해 1942년 2월 반도 남단의 싱가포르까지 밀고 내려갔다. 3월엔 네덜란드 총독의 항복을 받아내고 자바의 바타비아(지금의 자까르따)에 무혈 입성했다. 이어 7월 버마 진주를 끝으로 일본은 동남아시아 점령을 완료했다. 진주만 공습 후 불과 7개월여 만에 벌어진 일이었다.

조약으로 일본은 남만주 철도 부설권, 조선에 대한 보호권, 랴오둥반도 남부 지역에 대한 조차권, 사할린 남부 지역에 대한 영유권을 획득했다.
* 국공합작은 중국 국민당과 공산당이 두 차례 맺었던 협력 관계다. 제1차 국공합작(1924.1~1927.7)은 북방의 군벌과 그 배후 세력인 제국주의 열강에 대항하기 위한 것으로 국민혁명, 이른바 북벌에 크게 기여했다. 제2차 국공합작(1937.9~1945.8)은 일본 제국주의에 대항하는 연합전선으로, 일본이 연합군에 무조건 항복한 1945년 8월까지 지속되었다.

2차 세계대전 중 약 3년 8개월에 걸친 일본의 점령은 짧은 기간이었음에도 동남아시아 사회에 여러모로 무시할 수 없는 영향을 미쳤다. 이는 무엇보다도 그 지역에서 오랫동안 지속되었던 서구 식민지배를 일시에 종식하고, '대大동아시아 공영권', '아시아인을 위한 아시아' 같은 인종주의적 수사와 함께 동남아시아 사람들에게 백인불패白人不敗 신화를 불식했다는 점에서 획기적이었다.

그뿐만 아니라 전쟁이란 특수한 환경에서 각계각층의 사람들이 일본 군정에 동원되고, 전례 없는 혹독한 체험을 하는 동안 전반적으로 반식민주의 정서가 크게 고양되었다. 그 결과 전후 강력한 재식민지화를 계획하던 서구 제국주의 세력은 예상치 못한 거센 도전에 직면하게 되었다.

1 대륙부

베트남

1940년 6월 중부 프랑스의 휴양지인 비시에 친독일 정부가 수립했다. 비시 정부(1940.6~1944.8)의 등장은 1938년 10월 중국 광둥을 점령한 후 프랑스령 인도차이나를 호시탐탐 노리고 있던 일본에게 호재였다. 독일·이탈리아와 함께 삼국동맹 체결을 눈앞에 두고 있던 일본은 인도차이나의 영토와 시설을 이용하기 위해 프랑스 식민정부와 외교 접촉을 시작했다.

 1940년 6월 19일 일본은 프랑스령 인도차이나의 총독인 조르주 카트루에게, 중국 국민당 정부가 자리한 충칭(중경重慶)으로 물자가 반입되는 통로인 중국-베트남 국경의 통관을 차단하고 그곳을 감시할 군사 사절단 입국을 허가하라고 요구했고, 이를 관철했다. 이어 7월에 일본은 중국·베트남 국경에 인접한 랑썬을 기습적으로 침공하고, 8월에 하노이에 입성했다. 9월에 프랑스와 맺은 군사협정으로 일본은 비행장 3곳의 사용권, 그리고 2만 5000명 이내의 일본군이 북부 베트남을 경유해 중국으로 진주할 수 있는 권한을 보장받았다.

 이로써 일본은 베트남과 중국의 국경을 차단했을 뿐 아니라 동남아시아 점령의 전진기지로서 인도차이나를 확보하게 되었다. 하지만 일본은 인도차이나에서 프랑스 식민지배를 대체할 인력도 부족했고 독일의 동맹국으로서 독일과 프랑스가 체결한 정전협정을 존중해야 했기 때문에, 1945년 3월 초까지 프랑스 식민정부를 그대로 존속시켰다.

 동남아시아의 다른 지역과 달리 인도차이나에서는 이처럼 기이하게도 두 식민 세력이 공존했고, 이러한 혼돈 속에서 베트남 민족주의 세력들은 다양한 형태로 정치적 입장을 표출했다. 친일 세력은 '아시아인을 위한 아시아'라는 일본의 선전 구호에 고무되었고, 일본이 베트남에 해방자가 되리라고 기대했다. 그 대표적인 세력이 '까오다이'와 '호아하오', 두 종교집단이었다.

 1925년에 식민지 관료인 응오 반 찌에우가 사이공에서 창시한 까오다이는 유교·도교·불교·그리스도교 등의 교리를 종합해 만든 혼종 종교였다. 이 종교는 조직적인 계급 체계와 다양한 종교의식을 통해 베트

남 농민들 사이에서 급속히 퍼
져, 교세가 절정일 때는 그 신
도 수가 30만 명을 넘었다. 까
오다이는 베트남 좌익 세력에
대응하는 우익 보수 세력으로
서 일본 식민 당국과 밀접한 협
력 관계를 유지했다. 1941년
프랑스 식민 당국은 까오다이
의 교주인 팜 꽁 딱과 지도자들
을 체포해 마다가스카르로 추
방했다. 프랑스 식민 당국의 지
속적인 탄압에 대응해 일본은
까오다이 교도에게 은신처를

모든 것을 보고 모든 것을 안다는 '까오다이 신의 전지
전능한 눈'이 불교의 상징인 연꽃으로 둘러싸여 있다.

제공했다. 전쟁이 일본에게 불리하게 전개되자, 1944년에 일본은 까오
다이 교도에게 군사 훈련을 시키기도 했다.

호아하오는 1939년 쩌우독 지방에 있는 호아하오 마을의 후인 푸 쏘
가 불교를 단순화해 만든 종교였다. 이 종교는 시작된 지 1년 만에 추종
자 10만 명을 거느렸다. 교세 확장에 놀란 프랑스 식민 당국은 후인 푸
쏘를 정신병원에 연금하고, 1942년에 그를 라오스로 추방할 계획을 세
웠다. 이때 일본 당국이 개입해 그를 석방케 하고 비호해주었다. 호아하
오는 후인 푸 쏘 개인의 종교적 체험에 기대 만들어진 종교였기 때문에
까오다이만큼 체계적인 조직을 갖추지 못해, 친일 세력으로서 두드러진
역할을 하진 못했다.

한편 프랑스의 인민전선 붕괴 후 식민 당국의 대대적인 검거를 피해 지하로 숨어든 좌익 민족주의자들, 특히 인도차이나공산당(이하 ICP)의 남부위원회는 급변하는 국내외 정세 속에서 1940년 11월에 무장 봉기를 일으킬 계획을 세우고 기회를 엿보고 있었다. 하지만 이 거사는 프랑스 식민 당국에게 사전에 발각되어 주모자들이 체포되었다. 주모자들이 체포되었음에도 남부 8개 성에서 많은 농민과 노동자가 무장 봉기를 일으켜 경찰서를 비롯한 식민정부의 건물을 파괴하고, 비상혁명위원회를 결성했다. 이 무렵 남부 베트남에 처음으로 붉은 공산당 깃발이 등장했다. 프랑스 식민 당국이 이들의 봉기를 진압하는 과정에서 8000여 명이 체포·구금되었고, 공산당 간부 100여 명이 처형되었다.

이 사건을 계기로 ICP는 공산주의가 아직 민중의 폭넓은 지지를 받기에는 미숙한 단계라고 판단하고, 치밀한 계획·조직·훈련·선전을 준비하기 시작했다. 그 일환으로, 1941년 5월 호찌민의 주재로 베트남과 중국 사이 국경 지대인 까오방에서 열린 ICP 8차 중앙위원회에서 베트남독립동맹이 결성되었다. 일명 '베트민(월맹越盟)'이란 약칭으로 더 잘 알려진 베트남독립동맹은 사회 각계각층을 망라하는 통일전선을 구축해 프랑스 식민주의와 일본 파시스트 세력을 동시에 타도하는 것을 목표로 삼았다.

그 후 ICP의 모든 정치 활동은 베트민의 이름으로 이뤄졌다. 공산주의가 아직 민중 속에 뿌리내리지 못한 상황에서 반공산주의 세력이 적대감을 갖지 않도록 하고, 계급투쟁보다는 일본과 프랑스 식민 세력에 대항한다는 애국적인 대의를 내세워 민중을 끌어들이기 위해 ICP는 뒤로 숨고 베트민 통일전선 세력을 앞세운 것이다. 나아가 ICP는 베트민을 반파시스트 조직으로 포장해, 일본 파시스트 제국주의를 공동의 적으로 하는 영국 · 미국 · 중국 민족주의자들의 협조를 얻으려고 했다. 이 같은 전략으로 베트민은 일본 점령 기간에 프랑스와 일본 모두에게 대적하여 인도차이나에서 가장 견실하게 세력을 결집할 수 있었다.

일본은 까오다이 · 호아하오 · 다이비엣 등 친일단체들을 규합해 베트남복국復國동맹회를 결성했다. 1943년부터 전황이 일본에게 불리하게 전개되었다. 프랑스 식민 당국은 1943년 11월 친일단체 수뇌부를 검거하기 시작했다. 1944년 8월 독일군에 맞서 싸우던 '자유프랑스군'이 파리에 입성했고, 그해 10월 미국 정부는 자유프랑스운동*을 이끌던 드골 정권을 프랑스 임시 정부로 공식 승인했다.

유럽 전선의 상황 변화, 특히 드골 정권이 친독 비시정권을 대체함에 따라 인도차이나에서 프랑스와 일본의 갈등이 더욱 증폭되었다. 일본은 중일전쟁의 와중에 만일 인도차이나에 중국군이 진격해 올 경우 프랑스군이 일본군을 공격하리라 예상하고, 인도차이나에서 프랑스군을 몰아내기로 했다. 1945년 2월 도쿄에서 인도차이나의 프랑스 식민 체제를 전복할 구체적인 논의가 시작되었다. 일본은 베트남복국동맹회 회원들에게 비밀리에 무기를 공급하고, 군사 훈련을 시켜, 반프랑스 폭동을 일으키도록 한다는 계획을 세웠다. 1945년 3월 9일 일본은 베트남에서 쿠데타를 일으켜 4년 반에 걸친 두 식민 체제의 불편한 동거를 청산했다. 그 결과 베트남에서 80여 년 동안 이어졌던 프랑스 식민 통치가 막을 내리고, 일본군 사령관이 지배하는 군정이 시작되었다.

---

* 1940년 히틀러(1889~1945)의 침공을 피해 런던으로 망명한 샤를 드골(1890~1970)이 그곳에서 주도한 대對독일 프랑스 해방 운동.

일본은 응우옌 왕조의 마지막 황제 바오 다이에게 황제의 지위를 인정해주고, 그에게 독립을 선언하고 프랑스와 맺었던 보호조약을 폐기할 것을 요구했다. 바오 다이 황제는 3월 11일 베트남의 독립을 선언하고, 4월 17일에 쩐 쫑 낌을 수상으로 하는 내각을 구성했다.

쿠데타 직후 독립의 환호성이 베트남 전역을 휩쓸었다. 까오다이와 호아하오를 비롯한 친일단체들은 일본에게서 큰 이권을 얻을 것이라는 막연한 기대감에 빠져, 남부 베트남 전역에서 축제를 벌이기에 여념이 없었다.

반면 베트민은 일본군의 쿠데타가 결코 베트남의 독립으로 연결되지 않으리라는 결론을 내리고, 선전 활동과 조직 강화에 주력했다. 일본군의 쿠데타로 식민지 행정 체제가 마비됨에 따라 베트민의 활동이 훨씬 수월해졌다. 1945년 6월에는 하노이 주위의 거의 모든 마을이 베트민의 활동 근거지가 되었다. 도시에서도 베트민은 자유롭게 가두연설을 하고 유인물을 배포했다.

쩐 쫑 낌 정부가 급변하는 정세에 무기력한 대응으로 일관하는 동안, 베트남 민중은 일본의 패망이 임박했다는 베트민의 선전에 더욱 귀를 기울이게 되었다. 베트민이 주도하는 마을 단위 혁명위원회가 나날이 조직되고, 그 세가 북부 베트남 전역을 포함해 중부 후에까지 확산되었다. 종전에 다다랐을 때, 베트민에 대한 민중의 인식은 완전히 바뀌어 있었다. 이제 베트민은 허술하게 조직된 반식민주의 단체가 아니라 베트남의 진정한 독립을 쟁취할 수 있는 거국적인 단체로 인식되었던 것이다.

1945년 8월 6일 미국이 원자폭탄을 히로시마에 투하하고, 이틀 후 소

련이 일본에 선전포고를 하
면서 만주 국경을 넘자, 일본
의 항복이 임박함을 느낀 ICP
는 8월 13일 당 대회를 소집
했다. 이 대회에서 호찌민을
수반으로 하는 임시 정부와
민족해방 중앙위원회를 구성
하고, 주요 정책 10개 항과
전국적인 무장 봉기를 결의
했다. 8월 19일 ICP는 하노
이를 장악하고 해방을 선언
했다. 베트민은 전국으로 흩

1945년 9월 2일 하노이 바딘 광장에서 호찌민이 독립을
선포했다.

어져 해방을 외쳤고, 8월 23일 후에서도 혁명을 선언했다. 곧 베트민
세력은 남부의 사이공까지 영향을 미쳤다. 이 사태를 베트남공산당은 '8
월혁명'이라고 부른다.

수많은 베트남 민중이 조국의 독립과 자유를 외치는 베트민의 호소에
고무되었다. 남부의 친일 세력인 까오다이와 호아하오는 바오 다이에 대
한 충성을 선언했다. 하지만 4만여 청년 선봉대를 앞세워 '임시정부 구
성과 연합군 환영'을 선전하는 베트민의 기세에 눌려, 다른 모든 정파는
힘을 잃고 말았다. 8월 30일 바오 다이 황제가 권력과 권위의 상징인 황
금 보도寶刀를 베트민에게 넘겨주고 퇴위함으로써 응우엔 왕조의 143년
역사가 막을 내렸다. 사흘 뒤인 9월 2일 호찌민은 하노이에서 베트남민
주공화국의 독립을 국내외에 선포했다.[1]

캄보디아

전쟁 중 일-불 공동 지배 체제라는 기이한 상황에서 인도차이나에 대한 프랑스의 권한이 약해진 것은, 일본의 동맹인 태국이 과거 프랑스에 빼앗겼던 캄보디아 영토를 회복하기에 좋은 기회가 되었다. 범凡타이 정책을 추진하던 태국의 피분 송크람 수상은 프랑스에 국경선 수정과 영토 반환을 요구했다. 1940년 11월 태국과 프랑스 간의 국경 분쟁이 발생했고, 결국 일본의 중재로 프랑스는 태국의 요구를 받아들여 바땀방 대부분과 시엠립의 일부를 태국에 반환했다.

이 사건은 아마 모니옹 왕(재위 1927~1941)의 죽음을 재촉한 것으로 보인다. 그는 1941년 4월 사망하기 전 마지막 몇 주 동안, 프랑스 관료들을 포함해 어떤 프랑스 인사와도 만나거나 대화하는 것을 거부했다. 예상치 못한 왕조 위기 상황에 직면해 인도차이나 총독인 장 드쿠는 모니옹의 후계자로 그의 장남 대신 식민 당국에 순응할 것으로 보이는, 당시 18세였던 노로돔 시하누크를 선택했다. 노로돔 왕의 손자인 그는 하노이에서 수학하고 있었다.

2차 세계대전 중 캄보디아에서 반프랑스 민족주의 운동은 불교기관과 《나가라 와타》 신문을 중심으로 소수 지식인이 주도했다. 그들 중 한 사람인 승려 헴 찌에우가 1942년 6월 식민 당국에 체포되어 승려직을 박탈당하는 사건이 발생했다. 이는 불교 신도인 캄보디아인들이 문화적으로 용인하기 어려운 심각한 도발이었다. 많은 승려와 평신도가 프놈펜에서 대규모 시위를 벌였으나, 식민 당국에 곧바로 진압되었다. 이 사건은, 시위에 참여한 승려들이 햇볕을 가리려고 우산을 들고 있었기 때문에 '우산전쟁'이라고 불린다. 헴 찌에우를 비롯해 몇몇 민족주의 지도자들이 체포되어 투옥되었다.

이 무렵 쏜 응옥 타인은 불교기관에서 활동하며 적극적으로 반식민주의적인 목소리를 내고, 우산전쟁에도 참여했다. 그리고 그는 프랑스 식민 당국의 검거를 피해 태국으로 탈출했다가 일본 도쿄로 건너갔다. 그를 비롯한 소수 캄보디아인이 2차 세계대전 중 도쿄에 머물며 일본과 관계를 유지하고 있었다.

1945년 3월 일본의 쿠데타 직후 캄보디아는 명목상으로나마 독립을 부여받았다. 이때부터 8월에 일본이 패망할 때까지 몇 달 동안 캄보디아 지도자들은 정치적 입장에 따라 각기 다르게 '주어진 독립'에 대응했다. 몇몇 크메르 민족주의자들은 인도차이나공산당에 가입해 베트남 공산주의자들과 함께 반프랑스 운동에 참여했다. '크메르 이싸락(자유크메르)' 지도자들은 태국의 정치 엘리트들과 함께 반제국주의 운동을 벌였다.

시하누크는 국가 정사에 적극적으로 임했다. 쏜 응옥 타인은 일본에서 돌아와 잠시 시하누크 정부의 수상직을 맡았다. 그러나 두 사람은 정치적으로 지향하는 바가 서로 달랐기 때문에, 동지이기보다는 서로에게 위협이 되었다. 일본이 항복하고 프랑스의 복귀가 임박하자 쏜 응옥 타인은 반프랑스 저항 세력을 조직했다. 하지만 그는 프랑스의 '보호를 받는 군주'인 시하누크의 세에 밀려, 1945년 10월 체포되어 프랑스로 추방되었다.[2]

라오스

　2차 세계대전 중 라오스에서는 캄보디아의 우산전쟁에 견줄 만한 외세 저항 운동이 발생하지 않았다. 라오스에서 민족주의 운동은 '위대한 라오' 운동을 중심으로 전개되었는데, 이는 반식민주의보다는 문화 중흥을 중시하면서, 인도차이나연방 체제에서 베트남인들이 라오스로 대거 유입되는 현상을 비판하는 데에 치중했다.

　이 무렵에 또 한 부류의 라오 민족주의자 집단이 태국에서 성장하고 있었다. 일본의 동맹이 된 태국이 메콩강 우안에 있는 싸야부리와 짬빠싹을 프랑스에 요구했고, 프랑스 식민정부가 이것을 받아들이지 않자, 1940년 11월 태국과 프랑스 식민정부 사이에 전쟁이 벌어졌다. 이때 프랑스 식민정부가 동원한 베트남군이 현지 주민들을 약탈하는 등 만행을 저지르자, 이를 피해 라오스 지도급 인사들의 자제 중 많은 수가 태국으로 망명했다. 태국 정부의 보호를 받던 그들은 1945년 3월 인도차이나에서 일본이 쿠데타를 일으킨 직후, '자유 라오'를 뜻하는 '라오 이싸라'란 이름으로 정치적 장에 등장했다. 그들 중 대표적인 인물이 펫싸라 왕자였다. 그는 친프랑스 성향인 씨싸왕웡 왕(재위 1904~1959)을 견제하려고 일본에 협조했다.

　일본은 왕과 왕세자에게 독립을 선포하도록 강요했다. 하지만 왕세자 싸왕왓타나가 그들의 요구를 거절하고 항일 민중 봉기를 선동하자, 일본은 그를 사이공으로 추방했다. 결국 1945년 4월 8일 씨싸왕웡은 일본의 강압에 굴복해 라오스의 독립을 선포했고, 펫싸라가 왕국 정부의 수상으로 임명되었다.

1945년 8월 15일 일본의 갑작스런 항복으로 인한 혼란 속에서, 군주와 수상은 라오스의 미래를 두고 상반된 견해를 보이며 대립하기 시작했다. 펫싸라가 이끄는 라오 이싸라 세력은 태국에서 귀환한 반프랑스 인사들, 그리고 펫싸라의 이복형제로 베트남 혁명주의자들과 친분이 두터운 쑤파누웡과 함께 라오스의 즉각 독립을 추구했다. 반면 씨싸왕웡은 프랑스가 돌아와 라오스가 다시 보호령이 되기를 바라고 있었다.[3]

버마

2차 세계대전이 발발하자 버마의 급진파 민족주의 집단인 떠킹들이 '자유블록'을 결성했다. 이 단체를 통해 그들은 전후 영국이 버마의 독립을 약속하면 영국의 편에 설 것이며, 그러지 않으면 그 반대가 될 거라는 말을 전국에 전파하기 시작했다. 식민 당국은 그들에 대해 대대적인 검거령을 내렸고, 이를 피해 많은 떠킹이 중국으로 넘어갔다.

중국에 넘어간 떠킹들은 일본의 첩보요원들과 접촉하고, 그들과 버마 독립군(이하 BIA) 창설을 논의했다. 스스로를 '30인 동지'라고 부르는 이들이 1941년 4월 초 하이난(해남海南)섬의 일본 해군기지에 설치된 특별 훈련소에서 정보 업무 · 군사 작전 · 정치 조직 · 게릴라 전쟁 관련 훈련을 받기 시작했다. 10월 말에 훈련을 마친 뒤, 12월 28일 그들 전원이 방콕에 모여 BIA를 창설했다. 그들 중 한 사람이 버마 독립의 영웅으로 추앙받는 아웅 산이다.

한편 국내에선 도버마아시아용(우리 버마 연맹)의 지도자 중 한 사람인

1942년 버마방위군 제복을 입은 아웅 산과 부인인 킨 지Khin Kyi

떠킹 먀가 영국의 검거 선풍을 피해 민중혁명당의 결성을 주도했다. 그들은 버마 독립을 달성하기 위해 일본과 접촉해 무기와 자금 제공을 약속받았다. 민중혁명당은 전쟁 직후 버마 사회당으로 개칭한다.

일본의 점령이 임박한 시점에 BIA는 지방 곳곳에 침투해 대원을 모집했다. BIA는 정보 수집과 번역 등을 통해 일본의 버마 침공을 도왔다. BIA의 규모는 날로 커져서 1942년 3월 일본이 양공을 점령했을 때 그 수가 약 1만 명에 달했고, 버마 전역이 점령된 7월에는 2만 3000여 명에 이르렀다. BIA의 급격한 증대를 우려한 일본은 7월에 BIA를 해산하고, 아웅 산을 총사령관으로 소수 정예인 버마방위군(BDA)을 창설해 철저하게 감시하고 통제했다.

일본 군정은 버마 정체성의 핵심 요소로서 불교를 중시했다. 일본의 대승불교와 다른 상좌부불교를 믿는 버마인들이 자신들을 같은 불교 신도로 생각해주길 바라며 특별한 종교 행사들을 개최했다. 1942년 승려협회연합을 적극적으로 후원했고, 도쿄에서 동아시아불자대회를 개최해 일본을 불교 권위의 중심으로 부각하려 했다. 또한 그들은 대동아시아 공영권 의식을 고취하려는 차원에서 버마의 많은 불교 유물을 일본의 사찰에 봉안하기도 했다.

일본 군정은 꺼잉족(까렌족)을 비롯한 소수민족에도 세심한 관심을 기울였다. 소수민족들의 최대 관심사는 향후 버마족이 지배할 국가에서 과연 어떻게 자신들의 권익을 보호 · 증진할 것인가 하는 문제였다. 이를 고려해 일본 군정은 소수민족들이 참여하는 다양한 협회를 조직해 그들이 자유롭게 목소리를 낼 수 있는 환경을 조성했다. 일본 군정은 그렇게 해서 그들의 친영국적인 정서를 돌리려 했다.

일본 점령기에 버마인들의 생활상은 전반적으로 처참했다. 도시뿐 아니라 시골 구석구석까지 파괴된 전흔이 남았다. 버마와 태국을 연결하는, '죽음의 철도'라 불리는 콰이강 교량 건설에 영국인 포로들과 함께 수많은 버마인이 동원되었고, 그들 중 상당수가 목숨을 잃었다. 또한 항만 · 교통 시설 등 대부분의 기반시설이 파괴되어 버마 경제는 거의 재기 불능 상태에 빠졌다. 일본 군정은 화폐 개혁을 통해 버마인들에게 일본 화폐를 쓰도록 강요하고, 이를 어기면 고문을 가하고 엄벌에 처했다. 점령 기간 중 인플레이션의 심화로 일용품 가격이 100배 이상 폭등하자 버마 민중은 전례 없는 심각한 경제난을 겪어야 했다.

전황이 일본에게 불리하게 전개되자, 일본 군정은 전 수상인 바 모에게 독립 버마의 헌법을 만들도록 지시했다. 그는 헌법을 발표하고 새 정부를 구성해 수상이 되었다. 1943년 8월 1일 일본은 버마의 주권 인정을 선언했다. 한편 파시즘을 혐오하고 일본의 저의를 의심해온 아웅 산은 바 모와 손잡기를 거부하고, 일본과 맞서 싸울 연합전선 구축에 노력을 쏟았다. 그는 떠킹 쏘와 떠킹 딴 뚠이 이끄는 공산당, 우 쪼 네인 · 우 바 쉐 · 흘라 마웅 · 떠킹 칫 등이 이끄는 민중혁명당과 손을 잡았다. 1944년 이들은 "자유와 독립을 위해서는 파시스트 일본을 몰아내야 한다"는 강령을 채택하며 '반파시스트기구'(이하 AFO)를 결성했다.

일본의 패망이 임박하자 AFO는 떠킹 쏘를 의장, 아웅 산을 국군 총사령관, 그리고 떠킹 딴 뚠을 서기로 하는 임시정부 수립을 서둘러 추진하면서 자신들의 목표를 분명히 밝혔다. 그 첫째는 일본 파시스트 정권을 완전히 몰아내는 것이고, 둘째는 버마의 완전한 독립과 이른 시일 안에 선거로 선출한 대표자들이 헌법을 제정하는 것이었다. 1945년 3월 27일 AFO는 일본에 대항해 무장 봉기를 일으켰고, 5월 3일 영국-인도 연합군이 양공을 탈환했다. 이때 AFO는 임시 정부를 수립하고 즉각 독립할 것을 기대했지만, 영국은 임시 정부를 인정하려 하지 않았다. 이제는 전쟁 중에 더 강력해진 버마 민족주의 세력과 영국의 일전이 불가피해 보였다.[4]

태국

유럽에서 전운이 감돌자, 피분 송크람 내각은 임기 초기부터 서구 열강과 일본 사이에서 어떤 행보를 취해야 전쟁의 와중에서 피해를 최소화할 수 있는지를 놓고 고민에 빠졌다. 피분은 태국의 자주 독립과 주권을 수호하고, 국제적으로 독립국으로서 태국의 명예를 지키고, 인민당 내 소장파의 수뇌로서 자신의 정치적 생명을 보전하려면 중립 정책을 견지하는 것이 최선이라고 생각했다.

하지만 피분 내각의 중립 정책은 일본의 동남아시아 진출이 본격화하면서 흔들리기 시작했다. 일본의 침공에 대비해 영국과 미국에게 무기

구입 의사를 밝혔을 때, 두 나라가 미온적인 반응을 보이자 피분은 자위를 위해 다른 대책을 강구해야만 했다. 1940년 7월 일본군이 인도차이나로 진군하자, 피분은 그들이 영국령 말라야와 버마를 침공하기 위해 먼저 태국을 공격할 것으로 판단했다. 만약 그러한 사태가 발생하면 전쟁이 불가피하고, 태국이 독립을 상실할 수도 있음을 우려했다.

1941년 12월 피분 내각은 태국이 전쟁터가 되지 않도록 하자는 데 합의를 보았지만, 구체적인 결정은 내리지 못한 채 양분되었다. 피분은 일본이 태국의 자주 독립을 인정하면 협조해야 한다고 주장한 반면, 쁘리디 파놈용을 비롯한 반제국주의자들은 중립정책 고수를 강조했다.

1941년 12월 8일 일본은 피분 정부에 최후통첩을 통보했다. "첫째 일본군이 말라야와 버마를 점령하는 데 태국은 그 통로를 제공하라, 둘째 태국은 일본과 공동방위조약을 체결하라, 셋째 태국은 추축국의 일원으로 연합국인 미국과 영국에 선전포고하라"는 것이었다.

12월 10일 말라야 근해에서 영국의 전함 2척을 침몰시킨 것을 비롯해 일본이 짧은 시일에 남방에서 승승장구하자, 태국은 일본의 승리를 확신하기 시작했다. 일본의 요구에 따라 태국은 12월 21일 에메랄드 불상 앞에서 양국은 상대국의 주권과 독립을 인정하며, 당사국 중 일방이 군사적 침략을 당하면 동맹국으로서 정치 · 경제 · 군사적 지원을 하고, 부칙으로 일본은 태국이 서구 열강에 빼앗겼던 영토를 회복하는 데 협조한다는 공동방위조약을 체결하고, 1942년 1월 25일 미국과 영국에 선전포고를 했다.

피분의 이러한 외교적 도박엔 중요한 국가적 목표가 작용했다. 비록 피분이 미국과 영국에 전쟁을 선포하는 데 동의했지만, 그에게 전쟁은 일본과 서구 국가들 간의 일이었다. '두 육중한 코끼리의 싸움에서 개미 같은 존재'인 태국은 어떻게든 안전을 보장받아야 했다. 또한 일본과 동맹을 맺음으로써 피분은 내심 전쟁 전 영국과 프랑스에 빼앗겼던 영토를 되찾을 수 있기를 기대했다.

미국과 영국에 대한 선전포고 후 태국 안팎에서 피분의 친일 정책에 반대하는 움직임이 나타나기 시작했다. 이들은 '자유타이운동'으로 승화되었으며, 해외에서 이 운동을 이끈 대표적인 인물 중 한 사람이 당시 주미 공사였던 쎄니 쁘라못이다. 그는 샌프란시스코 라디오 방송을 통해 '주미 태국 공사관은 태국의 대연합국 선전포고를 정부의 합법적인 정책으로 인정하지 않으며 향후 태국 공사관은 태국 정부와 별도로 행동할 것'을 천명했다. 이어 쎄니는 미국에 거주하는 관료와 유학생 87명을 중심으로 자유타이운동을 결성했다. 이 운동의 목적은 미국인들에게 태국의 친서방주의 입장을 알리고, 미국을 도와 전쟁에 참여하며, 태국인에게 반일 운동을 유도하는 것이었다.

국내에서는 쁘리디가 자유타이운동을 이끌었다. 전세가 일본에게 불리하게 돌아가자 1943년 중엽부터 태국 내에서 쁘리디를 중심으로 반일 운동이 본격적으로 전개되었다. 쁘리디는 미국과 영국에 대한 태국의 선전포고가 무효임을 연합국에 알리고, 연합국의 조언을 구했다. 또한 그는 관료들을 영국과 미국에 파견해 태국 내 반일 운동의 상황을 알렸다. 1944년 8월 1일 쁘리디를 중심으로 한 태국 의회는 문민정부를 세우고자 피분 군부 내각을 사퇴시키고, 자유타이운동의 핵심 일원인 쿠앙 아파이웡(재임 1944.8~1946.3) 내각을 출범시켰다.[5]

2 도서부

인도네시아

일본은 1942년 3월 8일 동부 자바의 깔리자띠에서 네덜란드 총독의 항복을 받아 인도네시아 점령을 마쳤다. 이로써 인도네시아군도에서 100여 년 동안 지속된 네덜란드의 식민지배가 일시에 종식되었다.

일본 군정은 인도네시아군도를 세 지역으로 나누어, 각각 다른 데 관심을 두고 지배했다. 자바와 마두라의 지배를 맡은 제16군은 자바의 풍부한 인력과 높은 민족주의 의식에 관심을 기울였다. 수마뜨라를 관할한 제25군은 전쟁자원 조달에 초점을 맞추었다. 그리고 보르네오(지금의 깔리만딴)를 포함한 동부 인도네시아 지역을 관할한 해군 제2함대는 이 지역을 병참기지로 삼았다.

일본은 무엇보다도 당시 약 6000만에 달한 인구가 자바의 가장 값진 자원이라고 생각했다. 이 인적 자원을 동원하려고 일본은 주로 전쟁 전 반식민주의 활동을 했던 정치인과, 전통주의 이슬람학교인 뻐산뜨렌을 운영하던 끼야이에게 접근했다. 정치인들 중에 일본의 관심은 수까르노·모함마드 하따·수딴 샤흐리르에게 집중되었다. 하따는 인도네시아 독립이란 대의를 내세워 일본에 동조했던 반면, 샤흐리르는 냉담한 태도를 보였다. 게다가 그는 네덜란드 식민 당국의 탄압으로 해체된 인도네시아국민당(PNI)의 당원들을 조직해 연합군과 접촉을 시도했다. 유럽에서 수학하고 반파시즘 성향을 갖고 있던 하따·샤흐리르와 달리 인도네시아를 떠나본 적이 없는 수까르노는 대중적인 호소력이 있는 파시즘에 매력을 느끼고 있었다.

일본은 끼야이에게 접근해 학생들에게 일본 무사도武士道의 인내와 불굴의 정신을 주입하고자 했다. 점령 기간에 1000명이 넘는 끼야이가 일본의 선전 교육을 받았다. 한편 일본은 이슬람 개혁주의자에겐 별다른 관심을 두지 않았다. 인도네시아 인구 대부분이 농촌에 거주하는데, 이슬람 개혁주의자들의 영향력은 주로 도시 지역에 한정되었기 때문이다. 게다가 그들과는 종교적으로 갈등을 일으킬 소지가 다분했다. 대표적인 개혁주의자인 하지 라술은 도쿄의 일황을 향해 절하는 '황성요배皇城遙拜'를 거부했다. 메카를 향해 오직 유일신 알라에게만 기도해야 하는 무슬림의 의무를 어기는 일이라는 이유였다. 또한 그들은 일본의 전쟁을 결코 지하드로 받아들일 수 없었다. 일본과 같은 비무슬림을 위해 싸우는 것이 그들의 지하드 개념에 부합하지 않기 때문이다. 그리하여 점령 기간 내내 일본은 이슬람 개혁주의자들과 관계가 냉랭했다.

1943년 초부터 전세가 일본에게 불리하게 전개되자, 군정은 준準군사para-military조직을 만들어 대중 동원에 더욱 힘을 쏟았다. 그해 4월에 보조군인 '헤이호(병보兵補)'가 조직되었고, 유사한 조직이 연이어 생겨났다. 10월에 약칭 '뻬따'로 불리는 조국방위군이 창설되어, 수디르만을 포함한 끼야이들이 장교로 임관했다. 전쟁이 끝날 무렵, 각종 준군사조직을 총칭해서 '기유군(의용군義勇軍)'의 수가 자바에서 3만 7000명, 발리에서 1600명, 그리고 수마뜨라에서 2만 명에 달했다. 그들은 전후 수디르만 장군(1915~1950)의 휘하에 창립된 인도네시아국군(TNI)의 근간이 되었다.

또한 일본은 각종 협회를 구성했다. 1943년 10월 인도네시아무슬림협회(약칭 '마슈미')가 창립되었다. 끼야이 중심의 이슬람 전통주의 단체인 나흐다뚤 울라마(NU)가 마슈미의 주축이 된 가운데, 개혁주의 단체인 무함마디야는 배제되었다. 1944년 1월 일종의 봉사회로 14세 이상인 모든 자바인을 회원으로 하

1942~1945년 일본 군정이 발행해 동남아시아에 유통시킨 화폐. '바나나 화폐'라는 통칭은 10달러짜리 지폐에 바나나가 그려져 있는 데서 유래했다.

는 '자바 호꼬까이(봉공회奉公會)'가 결성되었다. 근린 화합과 상부상조 정신을 바탕으로 하는 전통적인 자바 사회의 최말단 행정조직 '루꾼 뜨땅가'가 자바 호꼬까이의 기본 조직이었다. 군정은 10~20가구로 구성된 그 조직을 '도나리구미(인조隣組)'라고 부르면서, 이를 통해 중앙정부의 각종 지시를 하달하고 쌀·설탕·담배·옷가지 등 생필품을 배급했다.

일본 군정 아래서 인도네시아 사람들은 전례 없는 고통에 시달렸다. 많은 인도네시아 사람들이 일종의 공병인 로무샤(노무자勞務者)로 강제 징용되어 멀리 버마와 태국 등지로 끌려갔다. 그 수가 대략 15만 명에서 40만 명에 달하는데, 그들 중 단지 7만 명만이 생환했다. 게다가 일본 군정이 새로 발행한 '바나나 화폐banana money'의 과잉 공급으로 1943년

일본군 장교 앞에서 열병 행진을 하는 인도네시아 청년들(1944). 상단 오른쪽에서 여섯 번째, 흰옷 입은 사람이 수까르노.

이후 심각한 인플레이션 현상이 발생했다. 그 결과 전쟁 말기에는 화폐의 가치가 액면가의 2.5퍼센트 수준까지 떨어졌다. 생필품을 구하는 것이 거의 불가능한 상황에서 대규모 기근이 발생했다. 또한 일본군 껨뻬이따이(헌병대憲兵隊)의 공공연한 구타, 테러 행위, 그리고 잔인한 체벌로 인도네시아 사람들은 점령 기간 내내 공포에 떨어야 했다.

1944년 9월 7일 일본 수상 고이소 구니아키(소기국소小磯國昭, 재임 1944.7~1945.4)는 인도네시아의 독립이 임박했다고 공개 선언했다. 이에 고무된 마슈미가 '알라의 군대'라는 '히즈불라전선'을 결성했는데, 전쟁 말기에 그 회원수가 약 5만 명에 달했다. 자바 호꼬까이도 청년 8만 명으로 구성된 준군사조직 '선구자전선'을 창설했다.

1945년 초 자바에 혁명의 분위기가 감지되기 시작했다. 연합군의 승리가 임박한 가운데, 한편으로는 일본 군정의 유례없는 학정에 시달리던 인도네시아 사람들의 반식민주의 감정이 극에 달했고, 나른 한편으로는 전쟁 중 반서구 선전을 받으며 정치의식을 가지게 되고 기본적인 군사 훈련까지 받은 수많은 청년이 전국 각지에 흩어져 있었다.

1945년 3월 인도네시아 지도자들은 인도네시아독립준비위원회(이하 BPUPKI)를 설립하고, 독립을 향해 구체적인 계획을 수립하기 시작했다. 5월 말 BPUPKI의 첫 번째 회합이 자까르따에서 열렸다. 이 회합에 라지만 웨디오딩랏 의장을 포함해 수까르노, 하따 등 민족주의 지도자 62명이 참석했다.

그들은 이슬람과 세속적 민족주의를 둘러싸고 독립 인도네시아 국가 이념에 관한 논의를 벌였다. 후자를 선호한 수까르노는 1945년 6월 1일 연설에서 현재 인도네시아공화국의 핵심 국가이념인 '빤짜실라'*를 발표했다. 이는 독립 이후 인도네시아가 세속적인 국가가 되는 데 결정적인 역할을 했다. 헌법에 이슬람교를 국교로 하는 조항을 명문화하자고 주장한 무슬림 집단이 그 대신 빤짜실라 다섯 원칙에 첫 번째로 '유일신에 대한 믿음'을 넣는 방안을 수용했기 때문이다.

또한 BPUPKI는 대통령 중심제와 단일 공화국을 근간으로 하는 인도네시아 최초의 헌법인 '45년 헌법(UUD 45)'을 입안했다. 이 헌법에서는 인도네시아군도뿐 아니라 말라야·사라왁·북보르네오(지금의 사바)·브

---

* 인도네시아 건국 5대 원칙으로, 산스크리트어에서 '다섯'을 의미하는 '빤짜panca'와 '원칙'을 의미하는 '실라sila'의 합성어다. 그 다섯 가지 원칙은 다음과 같다. '유일신에 대한 믿음, 공정하고 문명화한 인본주의, 인도네시아의 통합, 합의제와 대의제를 통한 민주주의 실현, 인도네시아 국민에 대한 사회 정의.'

1945년 8월 17일 독립 선언문을 낭독하는 수까르노

루나이도 단일 인도네시아공화국 영토에 포함한다고 명시했다.

일본은 인도네시아 민족주의자들의 환심을 사 그들의 협조를 얻으려는 의도로, 늦어도 1945년 9월 초까지 자바를 우선 독립시키고, 다른 지역도 곧이어 독립시킨다는 결정을 내렸다. 8월 6일 수까르노와 하따를 각각 의장과 부의장으로 하는 독립 준비 실무위원회가 자까르따에서 발족했다. 8월 9일 수까르노와 하따는 일본군 남방사령부가 있는 사이공을 방문해 데라우치 히사이치(사내수일寺內壽一) 사령관에게서 독립을 약속받았다. 하지만 데라우치는 전쟁 전에 영국령이었던 말라야·사라왁·북보르네오·브루나이를 독립 인도네시아의 영토에 포함하는 것은 자기 권한 밖의 문제라며 답을 피했다.

수까르노와 하따가 자까르따로 돌아온 다음 날인 8월 15일 일본이 갑작스럽게 연합군에 무조건 항복을 선언했다. 예상치 못한 상황이 벌어짐에 따라 그동안 일본 군정과 인도네시아 지도자들이 논의해왔던 모든 독립 준비 계획이 중단되었다. 게다가 일본군을 대신할 연합군의 입성이 바로 이뤄지지 않아 3주간 무정부 상태가 초래되었다. 이러한 가운데 수까르노와 하따를 비롯한 보수적인 기성세대 지도자들은 독립 선포에 신중한 태도를 보였다. 일본의 후원하에 진행되던 독립 계획과 선포를 연합군이 부정해버릴까 봐 우려했기 때문이다. 반면 수딴 샤흐리르가 이끄는 급진적인 청년 집단은 즉각 독립을 선포하자고 강력하게 주장했다.

수까르노와 하따가 독립 선포를 주저하자 청년 집단은 8월 15일 밤두 민족지도자를 자까르따 근교의 한 요새로 납치해 독립 선포를 강요했다. 이러한 우여곡절 끝에 수까르노는 결국 8월 17일 자신의 집 앞에서 "우리 인도네시아 국민은 이 선언서로써 인도네시아 독립을 선언한다"는 독립 선언문을 낭독했다. 이제 연합군의 입성이 임박한 가운데 인도네시아 독립을 위한 혁명은 기정사실이 되었다.[6]

동띠모르

일본의 진주만 공습 후 네덜란드와 오스트레일리아 군대로 구성된 연합군 400명이 동띠모르의 딜리에 상륙했다. 그들의 목적은 곧 닥쳐올 일본의 띠모르섬 점령을 막고, 이 섬을 연합군의 오스트레일리아 방어를 위한 전진기지로 삼으려는 것이었다. 이에 일본은 2만 명 규모의 군대를 동띠모르로 급파했다.

2년 동안 연합군 400명이 일본군에 맞서 치열한 게릴라 전투를 벌인 결과, 일본군 사상자 1500명을 냈다. 이러한 연합군의 전과는 연합군 편에서 싸운 띠모르 사람들의 협조 없이는 불가능했다. 하지만 연합군이 1943년 1~2월에 오스트레일리아로 철수하면서 띠모르에 최악의 순간이 닥쳤다.

연합군의 퇴각 이후에도 띠모르 사람들은 계속해서 일본군에 대항해 싸웠다. 1943년 말 이 전투가 일본군의 승리로 종식되자, 그 대가는 참혹했다. 일본군은 연합군에 협조한 띠모르 사람들을 대대적으로 색출해 무자비하게 살상했다. 오스트레일리아군의 활동이 활발하던 지역의 마을들은 불에 탔다. 많은 띠모르 사람이 고향을 떠나 삶의 터전을 옮겨야 했다. 게다가 그들은 전쟁 기간 내내 일본군의 식량 공출과 강제노동에 시달려야 했다.

1945년 8월에 일본이 항복할 때까지 당시 띠모르 전체 인구의 13퍼센트에 달하는 약 6만 명이 목숨을 잃었다. 점령 기간 중 도시와 마을 대부분이 파괴되었고, 심지어 몇몇 지역에서는 마을이 통째로 사라졌다. 가축의 수가 1939년의 3분의 1로 줄었고, 많은 사람이 기근에 허덕였다.[7]

말라야

1942년 2월 15일 싱가포르에서 일본 제25군 사령관인 야마시타 도모유키(산하봉문山下奉文)가 영국군 사령관인 퍼시벌의 항복을 받고 영국령 말라야 점령을 완수했다. 일본군이 태국의 협조로 북부 말레이반도에

1942년 2월 15일 일본군에 항복하러 가는 싱가포르의 영국군 중장 아서 퍼시벌 일행

도착한지 70일 만의 일이었다.

일본은 점령 이튿날 '아시아의 빛'을 의미하는 '쇼난(소남昭南)'으로 싱가포르의 명칭을 바꾸었다. 제25군이 싱가포르를 거점으로 말라야와 수마뜨라에 대한 지배를 맡았다. 이 지역에서 일본 군정의 목적은 전략적·경제적 중요성을 고려해 싱가포르 항구를 확보하고, 수마뜨라와 말라야에서 고무·주석·보크사이트 등 전쟁에 필요한 전략 물자를 안정적으로 획득하는 것이었다. 전전 영국령 말라야의 행정단위인 해협식민지·연방말레이주·비연방말레이주는 일본 총독들이 지배하는 10개 주로 재편되었다.

일본은 파시즘적 '전시 자급자족 경제 정책autarky'에 따라 말라야에서 1944년까지 식량을 자급자족할 것을 목표로 정했다. 이를 위해 일본 군정은 말레이인들에게 쌀 생산의 증진을 다각도로 압박했다. 전쟁 중에 고무 수출이 중단되자 소규모로 고무를 재배하던 말레이인들에게 벼농사로 전환하도록 했다. 또한 도시 거주자들도 도시 근교에 농장을 개간하게 하고, 잡지 등 대중매체를 통해 농촌 생활을 미화하면서 귀농을 적극 권유했다.

전쟁 전에 말라야는 전체 쌀 소비량 중 37.5퍼센트만 자급하고, 나머지 대부분은 태국과 버마로부터 수입했다. 전쟁의 와중에 수입이 중단된 데다, 일본은 1943년 7월 북부 말레이반도 4개 주州인 끄다·뻐르리스·끌란딴·뜨렝가누를 태국에 양도했는데, 이 중 뜨렝가누를 제외한 다른 세 주는 곡창 지대였다. 이러한 상황에 말라야에서 1944년까지 식량을 자급자족한다는 목표는 실현 가능성이 매우 낮았다. 일제 강점기 3년 8개월 내내 말라야 사람들은 식량난에 의한 기아와 질병으로 전례 없는 고통을 받았다. 말레이인들은 일제 강점기에 카사바*를 주식으로 끼니를 연명한 것에 빗대어 이 시기를 '카사바 시기'라고 부른다.

일본 군정은 말라야의 다인종 사회를 지배하면서 각 민족집단의 정치·경제적 성격에 따라 각각 다른 정책을 적용했다. 중국인 사회에 대해 일본은 점령 전부터 강한 적대감과 불신을 갖고 있었다. 그 구성원 대부분이 1937년에 발발한 중일전쟁에서 '남양 중국인 민족구원운동' 등을 통해 모국母國을 물심양면으로 지원하며 항일운동에 간접적으로 동참했기 때문이다.

중국인 사회를 전쟁의 대의에 순응시키기 위해 일본 군정은 점령 직후 2월부터 싱가포르 중국인 남성을 대상으로 대대적이고 조직적으로 성향

---

* 카사바cassava는 길쭉한 고구마처럼 생긴 열대 식물로, 탄수화물을 공급하는 구황 작물로 이용된다.

일본군은 싱가포르 중국인들을 '숙청'하기 직전에, 이들이 묻힐 구덩이를 손수 파도록 시키기도 했다.(Liu Kang 그림)

분석 작업을 실시했다. 이른바 '숙청肅淸 운동'이 18세부터 50세에 이르는 모든 중국인 남성을 대상으로 공개적으로 진행되었다. 일본은 인민재판을 통해 적대적인 성향이 의심되는 중국인들을 숙청했다. 이 과정에서 반일 활동과 관련 없는 많은 중국인이 희생되었다. 숙청 운동으로 대략 적게는 6000명에서 4만 명까지 목숨을 잃었을 것으로 추산된다.

한편 일본 군정은 전쟁 물자의 부족을 극복하고 말라야 경제를 진흥하기 위해 중국인들의 협조를 얻어야 했다. 싱가포르에 화교협회(이하 OCA)가 설립되었고, 해협식민지 중국인 사회에서 존경받는 인물인 림분켕 박사가 적극적으로 고사했음에도 OCA 의장으로 추대되었다. 군정은 OCA에게 말라야 화폐로 5000만 달러를 자발적 기금으로 조성하는 임무를 맡겼다. 군정의 강한 압박에도 기금 조성액이 2800만 달러에

림분켕 박사(1869~1957)

그치자, 군정은 부족분 2200만 달러를 메우기 위해 OCA가 요코하마특수은행에서 6퍼센트 이자로 융자를 받도록 주선했다.

반면 급진적인 좌파 중국인들은 일본에 협력하는 것을 전적으로 거부하고 항일운동을 전개했다. 그들은 말라야공산당(이하 MCP)의 전위 군사조직인 말라야인민항일군(이하 MPAJA)에 가담해 후방에서 영국 잠수함의 은밀한 지원을 받으며 항일 무장투쟁을 벌였다. 일제 강점기의 막바지 무렵, MPAJA는 전국에 산재한 게릴라 부대를 동원해 며칠 안에 말라야를 통제할 수 있는 강력한 무장 세력으로 급성장했다.

일본 군정은 중국인 사회를 억압적으로 대했던 데 비해 말레이인 사회에는 전반적으로 유화적인 태도를 보였다. 말라야 침공 전 일본 첩보부대는 이브라힘 야콥이 이끄는 청년말레이연합(이하 KMM)과 접선했고, 말라야 점령 과정에서 KMM은 안내인과 통역 요원으로 일본군의 침투를 도왔다.

일본은 친영국적인 기존 말레이인 식민지 관리들을 불신했다. 따라서 말레이인 사회의 협조를 얻기 위해 점령 초기에는 KMM에 의존했다. 하지만 점령 5개월이 지나면서 일본은 '인도네시아 라야'를 추구하는 급진적인 민족주의 단체인 KMM의 세력 확장을 우려하기 시작했다. 또한 이

시점에 일본은, 술탄을 비롯한 말레이인 전통 귀족과 관료 집단에 대한 존경심이 여전히 강한 말레이인 사회에서 KMM이 과연 자신들에게 유용한 도구로서 효과적으로 영향력을 발휘할 수 있는 존재인지 의심하게 되었다. 결국 1942년 6월 일본은 KMM을 해산했다.

　KMM의 지도자인 이브라힘 야콥은 중령으로 임관해서 일본의 감독하에 약칭 '뻬따'라고 하는 조국방위군을 창설하는 임무를 맡았다. 이 밖에도 말레이인 청년들은 보조군인 헤이호(병보兵補)와 의용대 같은 준군사조직에 동원되었다. 일본은 말레이인으로 구성된 준군사조직들을, 대부분 중국인으로 구성된 MPAJA 소탕 작전에 동원했다. 따라서 일본 군정과 MPAJA의 충돌은 말레이인과 중국인 두 인종집단의 반목과 대립을 부추기는 결과를 낳았다.

　KMM을 정치적으로 소외시킨 가운데, 일본은 말레이인 사회를 효과적으로 동원하기 위해 전쟁 전의 말레이인 식민지 관리들에게 시선을 돌렸다. 일본 총독들이 새로 재편된 말레이주들의 행정을 맡으면서, 과거의 식민지 관리들은 전쟁 전의 위상을 잃고 전처럼 말레이인 사회와 접촉하면서 말레이인들을 보호할 수 있는 위치에 있지 못했다. 이제 일본의 새로운 정책으로 그들에게 전전의 역할을 다시 수행할 수 있는 기회가 주어졌다. 전쟁 중의 이러한 경험을 바탕으로 그들은 전후 영국이 복귀했을 때 말레이인 사회에 대한 영향력을 계속 유지, 발휘할 수 있었다.

　전쟁 기간 일본 군정은 전반적으로 학정을 저질렀지만, 말레이인들의 원만한 협조를 얻고자 하는 노력의 일환으로 이슬람교를 존중했다. 기도와 종교 축제 등 비교적 자유롭게 영위할 수 있었던 신앙생활은 군정하에서 정신적 · 육체적 고통을 겪는 말레이인들에게 큰 위안이 되었다. 게다가 자유로운 신앙생활을 통해 그들은 전쟁 중에도 '말레이다움 Malayness'을 유지할 수 있었다.

일본 군정은 인도인 사회에도 유화적인 태도를 보였다. 인도를 지배하고 있던 영국의 기세를 누르기 위해 말라야 인도인 사회의 반영국 민족주의 정서를 고양할 필요가 있었기 때문이다. 일본은 고호 · 메논 · 모한 싱 등 인도인 사회의 민족주의 지도자들이 이끄는 인도독립연맹(이하 IIL)을 후원했다. 준군사조직인 인도국군(이하 INA)이 창설되었다. 일본은 1943년 7월 벵골 출신 인도 독립운동가로 열렬한 친일파인 수바스 찬드라 보스(1897~1945)를 IIL과 INA의 수장 자리에 앉혔다.

1942년부터 약 3년 8개월에 걸친 일본의 말라야 점령은 전쟁 이전 영국 식민지배하에서 잉태된 말레이인과 중국인 사회 간의 잠재적 인종 갈등이 표출될 환경을 제공했다. 극심한 인플레이션과 일본 군정의 강제적 쌀 공출은 말레이반도에 심각한 식량난을 유발했다. 도시에 거주하던 중국인들은 생계난을 극복하고자 전통적으로 말레이인들의 거주지인 농촌으로 대거 이주했다. 그곳에서 생존을 위한 투쟁이 벌어지면서 두 인종집단 간의 적대감이 깊어졌다. 일제 강점 기간 영국의 지원을 받으며 항일 게릴라 투쟁을 전개한 MPAJA와 농촌 말레이인들 간의 잦은 대립과 마찰도 두 민족집단 간의 반목을 더욱 부추겼다.

1945년 8월 15일 일본이 연합군에 무조건 항복한 직후, 영국군이 삐낭에 상륙하기 전까지 말라야는 약 3주 동안 무정부 상태였다. 그동안 MPAJA는 밀림 지대에서 내려와 말라야 전역을 장악하기 시작했고, 일본에 협력한 말레이인들을 대상으로 무자비한 테러를 자행했다. 약 3주간 지속된 무법천지는 단지 전쟁 중의 원한을 푸는 차원을 넘어, 말라야의 주인으로 간주되었던 말레이인의 전통적인 정치적 권한에 중대한 위협이 되었다. 이민족의 위협에 말레이인들은 대대적으로 저항했고, 말라야 전역은 유혈 투쟁의 장이 되고 말았다. 사태가 악화할수록 두 인종 집단의 반목과 적개심은 더욱 심각해졌다.[8]

브루나이

유럽에서 세계대전이 일어나자 브루나이는 전보다 더 중요한 지역이 되었다. 브루나이의 원유가 영국의 중요한 자원이었기 때문이다. 하지만 영국은 예상되는 일본의 침공에 대비해 말라야, 특히 싱가포르 방어 계획에 치중하면서, 브루나이를 그 계획에서 제외했다. 1941년 12월 16일 일본군 1만 명이 꾸알라블라잇에 도착해서, 아무런 저항 없이 6일 만에 브루나이 전체를 점령했다. 일본 군정하에서 아흐맛 따주딘은 술탄의 지위를 그대로 유지하고 연금을 지급받았다. 전쟁 전의 식민지 관료들이 그대로 자리에 남아 일본 총독의 지시하에 행정을 담당했다.

브루나이에서 일본의 최대 관심사는 원유·석탄 등 전쟁 수행에 유용한 지하자원을 확보하는 것이었다. 특히 그들은 원유 증산에 관심을 기울이며 점령 기간 중 미리와 세리아 유전에 16개 광구를 새로 시추했다. 전쟁이 끝날 무렵 브루나이의 원유 생산은 전전 수준의 절반까지 회복되었다.

일본 군정은 브루나이 사람들을 동원하기 위해 부락위원회와 '까움 이부(부녀자회)'라고 하는 여성 조직을 만들었다. 소수 지식인들이 해외로 파견되어 군사 훈련과 교육을 받았다. 그중 한 사람이 아흐맛 아자하리다. 아흐맛 아자하리는 인도네시아에서 교육을 받고 전후에 브루나이인민당(PRB)을 이끌었다. 일본 군정은 동남아시아 다른 지역에서와 마찬가지로 반서구 정서를 고양하기 위해 학교에서 일본어를 가르쳤고, 정부 관료들에게도 야간에 일본어 강좌를 수강하도록 했다.

말라야에서와 달리 일본 군정은 브루나이 중국인 사회에 관대한 태도를 보였다. 전쟁 전에 그들은 어떠한 반일 활동에도 가담하지 않았기 때문이다. 하지만 전쟁이 일본에게 불리하게 진행되면서 일본 군정의 통치는 점차 가혹해졌다. 일본군 헌병대는 브루나이 사람들에게 공포의 대상이었고, 영국의 첩자로 의심받은 말레이 지도자들은 심한 고문을 받고 처형되었다.

전쟁 중 브루나이 사람들의 삶은 매우 팍팍했다. 연합군이 일본 선박을 공격했기에 1943년부터 모든 무역이 중단되었다. 극심한 인플레이션으로 일본의 바나나 화폐는 사실상 무용지물이 되었다. 의약품 · 식량 · 의복이 공급되지 않았고, 1945년에 이르러서는 식량 부족이 심각해져 기아로 인한 사망자가 속출했다. 중국인을 포함한 많은 사람들이 식량을 찾아 도시에서 시골로 이주했다.[9]

필리핀

1941년 6월, 루스벨트 대통령은 일본의 침략에 대비해 필리핀 육군과 해군을 필리핀 주둔 미군에 통합해서 5만 병력의 합동군인 극동미

죽음의 바따안 행진

군(이하 USAFFE)을 창설하고, 더글러스 맥아더 장군에게 지휘를 맡겼다. 1941년 12월 8일 진주만 공습 몇 시간 뒤 혼마 마사하루(본간아청本間雅晴)가 지휘하는 제14군이 필리핀을 침공했고, 해를 넘겨 1942년 1월 2일에 마닐라를 점령했다. 맥아더는 마닐라를 '무방비 도시'*로 선언하고 USAFFE를 바따안반도로 옮겨서 일본군의 공격을 여러 차례 격퇴했다.

그사이 미국과 영국이 유럽 우선 정책에 합의함에 따라 미국의 필리핀 지원이 감소했다. 1942년 3월부터 식량 배급이 크게 줄고, 병사들은 영양실조와 말라리아 같은 질병으로 쓰러져 갔다. USAFFE가 더 버틸 여력이 없다고 판단한 루스벨트 대통령은 1942년 3월 11일 맥아더 장군에게 오스트레일리아로 전출 명령을 내렸다. 5월 6일, 치열한 전투 끝

---

* '무방비 도시open city 선언'은 적군에게 군사적 저항을 하지 않겠다는 뜻을 알려, 도시 파괴를 막는 수단으로 활용된다.

에 USAFFE의 새 사령관인 조너선 웨인라이트 장군이 혼마에게 항복함으로써 필리핀군도 전역이 일본군의 지배하에 놓이게 되었다.

이 과정에서 '죽음의 바타안 행진'으로 알려진 반인륜적인 사건이 발생했다. 1942년 4월 9일 루손섬 남서쪽의 바타안반도가 함락된 직후 일본군은 부상병과 환자를 포함한 USAFFE 약 7만 명을 이 반도 남단에서 산페르난도까지 약 90킬로미터에 이르는 거리를 강제로 걸어가게 했다. 이 행진에서 1만여 명이 사망했다.

미국의 필리핀 지배 종식을 선언한 일본 군정은 새로운 질서를 세우기 위해 국민적 신망이 있는 저명인사들을 이용했다. 필리핀 독립 과도정부의 수반인 마누엘 케손을 포함해 호르헤 바르가스, 베니그노 아키노, 조제 라우렐 등 정치 지도자들에게 필리핀 행정위원회를 설립하도록 했다.

사회 통제와 감시를 목적으로 일본 군정은 필리핀군도 전역에 걸쳐 5~10가구씩 묶어 인도네시아의 자바 호꼬까이 같은 조직인 '이웃협회'를 만들었다. 이 협회는 각종 행사에 동원되고, 마을 행정단위 기능을 하고, 주민에게 생필품을 배급하는 역할을 담당했다. 정당 활동이 법적으로 금지된 가운데 일본 군정은 '새로운 필리핀 봉사협회'(이하 KALIBAPI)라고 하는 비정치적인 공공 서비스 조직을 만들었다. 친일파인 베니그노 라모스를 회장으로 한 KALIBAPI는 회원을 적극적으로 모집해 1943년 7월에는 그 수가 35만 명에 달했다.

일본 군정은 새로운 필리핀을 건설하기 위해 개인주의 · 자유주의 · 민주주의에 바탕을 둔 미국문화의 영향을 희석하고, 일본 파시스트 정권이 추구하는 이른바 아시아적 가치관을 고양하려 노력했다. 전쟁 전

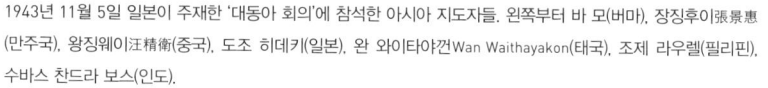

1943년 11월 5일 일본이 주재한 '대동아 회의'에 참석한 아시아 지도자들. 왼쪽부터 바 모(버마), 장징후이張景惠 (만주국), 왕징웨이汪精衛(중국), 도조 히데키(일본), 완 와이타야껀Wan Waithayakon(태국), 조제 라우렐(필리핀), 수바스 찬드라 보스(인도).

에 발간되던 신문은 모두 폐간되었고, 다른 대중매체와 출판물도 일본이 운영하는 마닐라신문사의 검열을 받았다. 또한 일본 군정은 필리핀 사람들이 외국 라디오 방송을 듣지 못하도록 엄격히 감시했다. 영어 사용이 금지되고, 일본어와 따갈로그어가 공용어公用語로 채택되었다. 이 밖에 교과서를 새로 제작하고, 대동아 공영권 건설에 필리핀인이 한몫을 해야 한다고 강조하는 교육 지침을 교사들에게 내리고, 직업 교육을 장려하는 등 공공교육 개편에도 관심을 기울였다.

일본 군정은 필리핀인들의 적극적인 협력을 끌어내려고 1943년 12월 이전에 독립시켜주겠다는 약속을 했다. 1943년 6월 일본은 KALIBAPI에 게 헌법을 초안할 필리핀독립준비위원회를 구성하도록 지시했다. 이어 국회가 구성되어 베니그노 아키노가 국회의장으로 선출되었고, 조제 라우렐이 새 공화국의 대통령으로 선출되었다. 이로써 1943년 10월 14일 일본이 후원하는 필리핀공화국*이 공식 출범했다. 새 공화국의 지도자들은 일본과 정치·경제·군사적으로 긴밀히 협력하기로 했다.

그러는 동안 식량 부족이 사회를 강타했다. 1943년 11월 마닐라의 쌀 부족 상태가 최악에 다다라, 기아로 목숨을 잃은 주검들이 길에 널린 지경이 되었다. 식량 증산을 위해 라우렐 정부는 공무원들을 지방으로 보냈다. 쌀을 확보해 배급할 목적으로 전국쌀·옥수수공사公社(이하 NARIC)를 설립했으나, 상황이 호전되지 않았다. 수집상들은 쌀과 옥수수를 사재기해 주로 일본군, 일본 회사나 암거래 상인들과 거래했다. 암거래 시장에서 정부가보다 2~3배 높은 가격으로 쌀이 유통되자, 일반 시장에서 쌀값이 폭등했다.

1944년 1월, NARIC을 대신해 '국민쌀창고'(이하 BIBA)라는 기관이 설립되었다. 얼마 동안 BIBA는 중부 루손에서 쌀과 다른 곡물을 확보하는 데 성공했다. 마닐라에서 한 사람당 120그램씩 정부 배급을 받을 수 있게 되었다. 하지만 이는 곧 60그램으로 줄었고, 나머지 양은 감자로 보충했다. 그러나 점차 상황이 악화하면서 그마저 중단되었다.

라우렐 정부는 사재기하는 수집상들을 통제하고자 특별 법정을 신설했으나 별 효과가 없었다. 정부는 각 주지사와 시장에게 곡식을 심을 경작지를 늘리라는 임무를 부여하고, 16세부터 60세에 이르는 모든 필리핀인에게 일주일에 한 번 8시간씩 농장에서 일하도록 했다. 그래도 식량 사정이 호전되지 않자, 마지막 수단으로 라우렐 정부는 사재기 수집상에게서 쌀을 강제로 압수할 권한을 경찰에 부여했다. 하지만 수집상

---

* 필리핀 제2공화국(1943~1946).

들은 경찰에 뇌물을 주고 압수를 피했다. 게다가 일본 헌병대가 라우렐 정부와 사전 협의 없이 별도로 사재기 수집상들로부터 쌀을 압수했다. 결국 라우렐 정부는 자력으로 식량 부족 문제를 해결하려는 시도를 포기하고 BIBA를 '쌀·옥수수 필리핀-일본 공동관리국'으로 대체했다. 그러나 이 기관이 압수한 식량 대부분은 일본군에게 돌아갔다.

이처럼 경제난이 날로 악화하는 가운데, 사소한 마찰에도 공연히 사람들의 뺨을 때리고, 강간을 일삼고, 여성을 일본군 위안부로 강제 징발하는 등 일본군의 만행이 끊이지 않았다. 분노한 필리핀의 민심은 맥아더 장군의 복귀를 고대하게 되었고, 그 결과 조직적인 저항이 분출했다.

필리핀의 항일운동은 두 집단으로 대별할 수 있다. 하나는 중부 루손 지역에 근거를 두고 필리핀의 완전한 독립을 지향하는 훅발라합(항일연합군), 일명 '훅스'이고, 다른 하나는 미국에 충성하며 거국적인 연계망을 갖춘 USAFFE 게릴라 부대였다. 훅스는 중부 루손 지역의 농민을 위해 토지의 균등 분배를 주장했고, 빈민 노동자와 좌파 단체들의 광범위한 지지를 받았다. 반면 USAFFE는 마닐라 출신 중국인 무역조합, 교사, 서기, 신문기자 등 유산 계층의 지지를 받았다. 훅스는 정기적으로 매복, 일본군을 급습해서 무기와 식량을 탈취했다. 그들은 스스로를 인민군이라고 칭하며, 조직이 부정부패에 잠식되지 않도록 권위와 권한을 남용하는 대원을 가차없이 처단했다.

USAFFE 게릴라 부대는 맥아더에게 일본군의 움직임과 부대 위치 등 군사 정보를 제공했다. 또한 그들은 지하신문을 만들어 배포하고, 일본의 통제에서 자유로운 몇몇 지역을 장악해서 전쟁 기간에 그곳 주민의 안위를 보살폈다. 반면 그들은 내부 파벌 싸움에 시달렸을 뿐 아니라 권

1944년 10월 23일 필리핀 레이떼섬 해방 선포식에 참석하려고 나란히 상륙정에 탄 세르조 오스메냐(왼쪽)와 맥아더 장군

한 남용으로 민중에게 큰 원성을 샀다. 예컨대 리잘에서 '헌터스'와 '마킹스'로 알려진 두 게릴라 분파는 서로를 비난하다가 엄청난 유혈 사태를 일으켰다. 또 어떤 게릴라 대원들은 약탈과 강간을 자행해 주민들 사이에서 공포와 증오의 대상이 되었다. 그러나 전후에 많은 사람들이 일본의 부역자로 고발되어 처벌을 받을 때, 이들은 오히려 항일 전력을 인정받아 미국의 막대한 보상금을 챙겼다.

1944년 10월 20일 맥아더 장군이 필리핀으로 돌아왔다. 그의 귀환에 고무된 미국군과 필리핀 항일 세력이 일본군을 몰아붙였고, 1945년 2월 마닐라를 수복했다. 1945년 2월 27일 독립 과도정부가 재건되었고, 1944년 8월 1일 뉴욕에서 세상을 떠난 마누엘 케손 대통령을 이어 부통령이었던 세르조 오스메냐가 대통령직을 승계했다.[10]

남부 필리핀

일본은 남부 필리핀의 민다나오와 술루군도를 도서부 동남아시아에 깊숙이 침투하기 위한 전략적 요충지로 삼았다. 그들은 보르네오와 술라웨시로 진격하기 위한 공군기지를 건설하려고 먼저 다바오와 술루군도의 홀로섬을 점령했다.

일본군은 사전에 모로(남부 필리핀 무슬림)의 정치적 성향을 전혀 파악하지 않은 채 모로랜드를 점령했기 때문에, 전쟁 전 남부 필리핀 분리 독립에 대한 견해차로 미국과 필리핀 기독교도에 대해 그들이 품고 있었던 반감을 이용하지 못했다. 점령 초기에 일본군은 모로를 가능한 한 빠르게 일본 군정 체제에 순응시키려고 테러 등 잔인한 방법을 동원했다.

그래서 일제 강점기에 모로 대부분은 오히려 미국과 필리핀 기독교도와 손잡고 USAFFE 게릴라 대원이 되어, 일본군에 맞서 싸웠다. 그들은 오스트레일리아에 주둔한 미군에게서 잠수함을 통해 자금과 무기를 공급받았다. 이들의 항일 무장투쟁이 어느 정도 성공을 거두어, 남부 필리핀의 방대한 지역이 USAFFE 게릴라 세력의 통제하에 놓였다.

모로랜드에 대한 일본의 점령은 전후 모로와 필리핀 정부의 관계에 최소한 네 가지 중요한 결과를 낳았다. 첫째, 전쟁 중 무슬림과 기독교도의 동맹 관계가 전후에도 어느 정도 지속되었다. 1946년 국회의원 선거를 통해 세르조 오스메냐 대통령은 모로 게릴라 지도자들을 주요 정당인 국민당과 자유당 소속으로 상·하원에 입성토록 했다. 이후 마누엘 로하스 대통령(재임 1946~1948)은 무슬림 필리핀인 세 명을 모로랜드 주지사로 임명했다.

둘째, 전후 미국은 전쟁 중 항일 게릴라 투쟁을 했다고 공식 인정된 모로에게 막대한 보상금을 지급했다. 이 돈으로 그들은 성지 순례를 떠나고, 이슬람사원과 현대식 이슬람 학교인 마드라사를 건설하고, 공공 종교 행사들을 후원하는 등 이슬람 부흥에 힘을 쏟을 수 있었다. 또한 현금이 크게 유통되면서 많은 모로가 급여를 받는 일자리에 관심을 기울이게 되었고, 전통적인 물물교환 경제에서는 볼 수 없었던 각종 상품과 서비스에 대한 관심도 커졌다.

셋째, 이슬람이 부흥하고 물물교환에서 화폐경제로 전환되자, 전후 필리핀공화국에서 모로의 지위에 대한 불만이 높아졌다. 이슬람 부흥은 모로의 정체성을 강화해, 기독교도와 동등한 대우를 받지 못하는 현실을 감내할 수 없게 만들었다. 한편 화폐경제로 대대적인 전환이 이뤄지는 상황에서 필리핀의 다른 지역에 비해 현금 유통이 원활하지 못하자, 모로는 자신들이 경제적으로 차별을 받는 2등 국민이라는 인식을 갖게 되었다.

끝으로, 전쟁 중 모로 게릴라에게 합법적으로 제공된 무기와 탄약은 전후 모로랜드에 대한 필리핀 정부의 통제를 어렵게 했다. 전쟁 전 미국과 필리핀 독립 과도정부는 오랜 기간 많은 노력을 기울여 모로를 무장 해제했다. 그런데 전쟁 중에 정당한 재무장이 허락되었고, 이러한 가운데 전후에 다시 무장 해제를 설득하는 것은 쉽지 않은 일이었다. 대부분은 단순히 무기를 잃어버렸다고 변명하며 무장 해제를 거부했다. 그리하여 전후에 모로는 자신들의 뜻에 어긋난 정부 시책과 그 정책을 집행하는 기독교도 공무원에게 종종 무력으로 대응했다.[11]

4부

현대 동남아시아

1945년 – 1990년대

새로운 국가 건설과 발전

12장

전후의 탈식민지 투쟁

1945년 8월 15일 일본이 갑작스레 항복했고, 동시에 서구 제국주의 세력의 복귀가 임박했다. 이때 민족주의 세력이 강한 몇몇 동남아시아 국가에서는 혁명의 기운이 감돌았다. 반면 그렇지 않은 나라들에선 격변하는 상황을 관망하면서 복귀할 서구 제국주의 세력과 협상을 시도하자는 분위기가 우세했다. 이러한 내부적 요인과 더불어, 외부적으로는 전후 미국과 소련의 주도로 형성된 냉전*이라는 국제질서가 동남아시아

---

* 전후 세계의 국제질서 재건에 임하면서 미국과 소련은 처음부터 목표가 달랐다. 전쟁에서 피해를 입지 않은 미국은 전후 유럽과 일본에 물자와 자금을 지원해 경제를 부흥케 하고, 그 과정에서 자국의 정치력·경제력·군사력을 모두 세계 최고로 키우기 위해 세계 자유무역 경제체제 구축을 원했다. 한편 사회주의 국가인 소련은 전쟁으로 황폐해진 영토 복구와 국가 부흥을 위해선 더 많은 자원과 노동력이 필요하다고 판단해, 소련군 점령 지역에 사회주의 정권을 세워 '소비에트연방Soviet Union'의 영역을 넓히려 했다. 양쪽 모두 세계를 자국이 주도하는 체제로 재편하려 했기에, 갈등은 불가피했다. 이 갈등을 미국의 트루먼 대통령(재임 1945~1953)은 '자유롭고 민주적인 서

국가들의 탈식민지 과정에 고스란히 반영되었다.

　베트남과 인도네시아는 각각 프랑스와 네덜란드에 맞서 혁명革命을 통해 독립을 쟁취했다. 인도네시아혁명의 성공은 1945년부터 4년간 이어진 군사적 투쟁과 외교적 노력의 결합으로 이뤄졌다. 베트남 역시 무력투쟁을 통해 프랑스의 식민지배를 종식하는 데 성공했으나, 냉전의 와중에 미국·중국·소련을 비롯한 외부 세력이 개입해 1954년 남북이 분단되는 상황을 맞았다. 다른 국가들의 독립투쟁은 베트남과 인도네시아처럼 혁명적이진 않았지만, 그렇다고 해서 완전히 평화롭게 진행되지도 않았다. 말레이시아와 필리핀은 내부 세력들의 무장 봉기로 인한 비상사태를 경험했고, 버마 역시 비슷한 대립과 갈등을 겪었다.

　구체적인 이행 방법은 나라마다 조금씩 달랐지만, 전후에 동남아시아의 탈脫식민지화decolonization와 국민국가nation-state 건설은 거스를 수 없는 대세가 되었다. 동남아시아 국가들은 대략 1950년대 말까지 독립 또는 자치권을 획득해 서구 제국주의 세력의 오랜 식민지배에서 벗어났다.

방 체제와 전체주의적인 동구 공산주의 체제의 대립'으로, 반면 소련의 스탈린 서기장(재임 1922~1953)은 '자유로운 사회주의 진영과 자본주의·제국주의가 지배하는 진영의 대결'로 보았다. 두 초강대국의 주도권 경쟁에 따라 세계는 적대적인 두 블록으로 나뉘어 이른바 동서 냉전의 시대가 시작되었다. 이 동서 갈등은 1989년 12월 미국의 조지 부시 대통령H. W. Bush(재임 1989~1993)과 소련 초대 대통령 미하일 고르바초프(재임 1990~1991)가 몰타 정상회담에서 냉전 종식을 선언하면서 공식적으로 종결되었다.

1 대륙부

베트남 1945-1954

1945년 '8월혁명'으로 바오 다이 황제와 쩐 쫑 낌 정부를 무너뜨린 호찌민은 9월 2일 하노이에서 베트남민주공화국(이하 DRV)의 독립을 국내외에 선포했다. 여기서 한 가지 흥미로운 점은, 호찌민이 비非민주적인 식민지배에 비판적인 미국을 포함해 서방 국가들에게서 외교적인 지지를 얻어 전후 국면을 유리하게 끌어나가기를 희망하며, '민주Democratic'란 용어를 넣어서 나라 이름을 정했다는 사실이다.

하지만 이미 1945년 7월에 열린 포츠담 회담의 결정에 따라 9월 12일 북위 16도선을 경계로 북에는 중국 국민당 군대가, 남에는 영국군이 진주하게 되었다. 이러한 가운데 10월에 프랑스와 DRV 정부가 교섭을 벌였다. DRV는 통킹·안남·코친차이나 세 지역의 통일과 함께 완전한 독립을 원했다. 반면 프랑스는 베트남·캄보디아·라오스에 각각 자치를 허용하되 이들 3개국을 '프랑스연합'으로 묶는 방식으로 재식민지화를 노리고 있었기에, 애당초 DRV의 요구를 전혀 고려하지 않았다. 양쪽의 타협은 불가능했다.

1945년 말 2만 명에 달하는 프랑스 군대가 계획한 대로 남부 베트남 주요 지역을 장악하고, 이듬해 2월 5일 북위 15도선 이남 지역의 평정을 선언했다. 3월에 영국은 병력을 완전히 철수하면서, 남부 베트남의 지

현대 베트남

배권을 프랑스 고등판무관인 티에리 다르장리외에게 넘겼다.

이 무렵에 DRV 정부는 나라 안팎으로 매우 어려운 상황에 처해 있었다. 내부에서 DRV 정부는 우선 막 출범한 신생 국가를 안정시켜야 했다. 외부에서 소련은 인도차이나공산당보다 프랑스공산당에 더 많은 관심을 기울였다. 미국은 전후 경제재건 등 유럽의 여러 상황을 고려해 DRV 정부보다는 프랑스 정부를 지지하고 있었다. 게다가 북부 베트남에 진주한 중국 국민당 군대의 기회주의적인 태도가 DRV 정부를 더욱 곤란하게 만들었다. 1946년 2월 프랑스와 장제스 정부는 프랑스가 지난날 중국에 압력을 가해 체결했던 불평등 조약을 포기하는 대신, 북부 베트남에서 국민당 군대가 철수하기로 하는 협정을 맺었다.

이런 불리한 여건에서 DRV 정부는 당분간 프랑스와 협상을 지속하는 것 외에 별다른 대안이 없었다. 따라서 1946년 3월 DRV 정부는 한 자치국으로서 프랑스연합에 합류한다는 협정을 맺는 한편, 코친차이나 즉 남부 베트남에 대한 지배권 문제를 두고 계속해서 프랑스에 협상을 시도했다. 이를 위해 팜 반 동이 이끄는 사절단이 프랑스를 방문했다. 팜 반 동을 만난 프랑스 대표는 줄곧 베트남의 독립 자체를 결코 허용할 수 없음을 강조한 반면, 팜 반 동은 통일과 완전한 독립을 주장하며 남부 베트남 분리를 결사반대했다. 서로 합의점을 도출하지 못한 채 회담은 9월 10일 결렬되고 말았다.

그러는 사이 하이퐁 항의 관세권을 둘러싸고 양측의 긴장이 고조되던 가운데, 11월 20일 프랑스 초계정이 하이퐁 항에서 중국 밀수선을 나포한 사건을 계기로 DRV 세력과 프랑스군 간에 총격전이 벌어지면서 1차 인도차이나전쟁(1946~1954)이 일어나게 되었다.

프랑스군이 격렬한 공격을 퍼부으며 하노이 근처까지 밀고 올라가자, 12월 20일 호찌민과 DRV 지도자들은 하노이를 탈출해 북부의 박깐에 새 근거지를 마련했다. 7만 5000병력과 화력의 절대적 우세를 갖춘 프랑스군은 1947년 3월 남딘까지 점령했고, DRV 정부의 궤멸은 시간문제처럼 보였다. 하지만 베트민(월맹越盟)*이 산악과 밀림 지대에서 농민을 규합해 게릴라전으로 대응하면서, 전쟁은 교착 상태에 빠졌다.

이를 타개하려고 프랑스군은 1947년 10월 이른바 '레아 작전'을 펼쳤다. 병력 1만 2000명을 투입해 DRV 정부군의 거점인 랑썬·까오방·박깐을 점령하고자 한 작전이었다. 그들은 DRV 정부가 관할하던 몇몇 도시를 점령해 보급 시설과 무기 생산 시설을 파괴하고, 수천 명에 달하는 DRV 정부군을 사살했다. 하지만 DRV 정부군의 거점이 8000제곱킬로미터에 달하는 방대하고 험난한 산악 지대였을 뿐 아니라, 점점 더 많은 농민이 베트민 게릴라에 가담하여 갈수록 게릴라 세력이 커지자, 프랑스군은 이를 감당하지 못하고 얼마 후 철수하고 말았다.

레아 작전이 실패로 돌아가자, 프랑스는 남부 베트남에서 DRV 정부와 경쟁할 세력을 찾아 대안 정권을 수립하는 쪽으로 방향을 전환하기 시작했다. 티에리 다르장리외의 제안에 따라 프랑스는 전 황제 바오 다이에게 시선을 돌렸다. 우여곡절 끝에 베트남의 완전한 독립을 원하는 바오 다이의 요구를 받아들였고, 그 결과 1949년 3월 바오 다이를 수반으로 하는 '베트남국'이 탄생했다. 이로써 남과 북에서 두 베트남 정부

---

* 1941년 5월 인도차이나공산당(ICP) 8차 중앙위원회에서 결성된 베트남독립동맹의 약칭. 이 조직은 좌·우익을 포함해 베트남 사회의 각계각층을 망라한 통일전선united front 세력으로, 2차 세계대전 중엔 프랑스 식민주의와 일본 파시스트 세력을 동시에 타도하는 것을 목표로 삼았다. 전후에 베트민은 남부 베트남은 물론 캄보디아와 라오스의 공산화에 커다란 역할을 했다.

가 공존하게 되었고, 그 후 베트남의 독립전쟁은 외세의 지원 속에 본격적으로 내전 양상을 띠게 되었다.

'바오 다이 해결책'으로 알려진 바오 다이 정부의 주요 목표는 남부 베트남 사회의 반공 세력을 규합하고 프랑스의 위상을 강화하는 것이었다. 하지만 그 해결책은 별다른 효과를 보지 못했다. 바오 다이는 강한 통솔력을 발휘하지 못했고, 프랑스에 의존해 정부를 수립했기에 민중에 대한 정치적 명분도 약했다. 바오 다이 정부보다 먼저 존재해온 DRV 정부가 오히려 남부 베트남 사회에서 더 폭넓은 지지를 받고 있었다.

남북 두 국가 간에 내전이 계속되고 DRV와 바오 다이 정부 양쪽 모두 승리를 낙관할 수 없는 가운데, 1949년 10월 1일 중화인민공화국(이하 PRC)이 수립되면서 1차 인도차이나전쟁은 대내외적으로 중대한 분수령을 맞이했다. 중국 대륙의 공산화에 자극을 받은 미국이 이제까지 미온적이던 태도를 바꾸어 프랑스군을 적극적으로 지원하기 시작했다. 그러자 1950년 1월 18일 PRC 정부는 세계 최초로 DRV를 공식 승인하고 군사적 지원을 시작했다. 1월 30일에 소련도 DRV와 정식으로 외교 관계를 맺었다. 이로써 DRV 정부는 뒷마당에 든든한 우군을 확보했고, 그들의 원조를 받으며 프랑스를 몰아내려 총공세를 펴기 시작했다. 한편 이즈음 미국의 트루먼 정부는 호찌민이 공산주의자라고 확신하고, 2월 7일 바오 다이 정부를 공식 승인했다. 이러한 가운데 베트남전쟁은 한국전쟁(1950~1953)과 함께 동서 냉전의 대표적인 각축장으로 전환되었다.

3년에 걸쳐 치열한 공방전이 이어졌다. 1953년, 인도차이나에서 프랑스의 미래가 점차 어두워지고 있었다. 미국이 막대한 원조를 퍼부었음에도 프랑스가 지원하는 세력은 베트남에서 정치·군사적 우위를 점

디엔비엔푸 작전을 결정한 베트남군 수뇌부 회의(1954). 호찌민 주석(왼쪽에서 두 번째)이 보 응우옌 지압 장군
(맨 오른쪽)의 설명을 듣고 있다.

하지 못한 채 고전했다. 더욱이 오랜 전쟁에 지친 프랑스 국내의 여론도
악화했고, 침략전쟁에 대한 국제적인 비난도 빗발쳤다.

이 무렵 DRV 정부와 베트민은 8년에 걸친 '해방전쟁'을 승리로 이끌
기회가 왔다고 판단했다. 1954년 3월 13일 보 응우옌 지압 장군의 군대
가 디엔비엔푸의 프랑스군 진지에 집중 공격을 개시했다. 2~3일 만에
프랑스군의 주요 거점이 함락되자, 프랑스 정부는 공수부대 4000명을
급파했지만 전세를 뒤집기에는 역부족이었다. 디엔비엔푸 전투는 전후
재식민지화를 노린 서구 세력에 대한 동양의 승리로서, 탈식민지 투쟁
사에서 전례가 없던 사건이다.

1차 인도차이나전쟁이 끝나고 1954년 4월 26일 이 지역의 미래를 결
정할 중요한 회담이 제네바에서 시작되었다. 한국전쟁과 인도차이나전

중국

하장

라오까이

홍
강

북베트남

랑썬

옌바이

하노이

홍가이

하이퐁

타인호아

통킹만

하이난

라오스

빈

태국

메
콩
강

동허이

비무장 지대

17도선

1954년 7월의 휴전선

후에

다낭

꽝응아이

꼰뚬

플레이꾸

안케

빈단

꾸이년

남베트남

뚜이호아

반메투옷

나짱

다랏

깜라인

캄보디아

메
콩
강

떠이닌

비엔호아

사이공

판티엣

붕떠우

껀터

메콩 델타

1954년 제네바 협정 이후 분단된 베트남

쟁을 어떻게 마무리할지 논의할 목적으로 열린 제네바 회담에는 프랑스·영국·미국·소련 같은 강대국뿐 아니라 한국전쟁의 당사국과 참전국, 그리고 인도차이나의 세 나라 베트남·캄보디아·라오스의 공산주의·반공산주의 대표들도 참석했다. 인도차이나와 관련해서 가장 치열한 쟁점은 북위 17도를 분기점으로 베트남을 분단하는 것이었다. DRV 정부는 자신들이 베트남 전체에서 유일한, 합법적이고 정통성을 갖춘 정부라고 강변했다. 하지만 영국과 미국은 DRV 정부의 주장을 무시한 채 분단을 강행했다. 그 결과 DRV 정부의 통치권은 17도 이북 지역으로 한정되었고, 바오 다이 정부가 그 이남 지역을 차지하게 되었다.

제네바 회담에서 결정된 협정의 주요 내용은 다음과 같다.

"첫째, 북위 17도선을 경계로 300일 이내에 DRV 정부군은 그 이북으로, 그리고 프랑스군은 그 이남으로 이동한다. 둘째, 민간인도 자유의사에 따라 17도선 이남과 이북으로 거주를 이전할 수 있다. 셋째, 군사 경계선은 잠정적인 것일 뿐이며, 정치적 통일은 1956년 7월 이전에 총선거를 실시하여 결정한다. 넷째, 이후 어떠한 외국 군대도 증원될 수 없으며 프랑스군은 총선까지 주둔할 수 있다. 다섯째, 캐나다·폴란드·인도 3개국으로 구성된 국제감시위원회를 두어 협정의 이행을 감시한다."

1차 인도차이나전쟁의 종식과 함께 베트남은 일단 프랑스의 식민지배를 벗어나는 데 성공했다. 하지만 이 무렵 프랑스를 대신해 미국이 베트남 반공 정권의 동맹으로 나설 태세를 갖추었고, 분단을 유지하려는 남쪽의 반공 정부와 통일을 이루려는 북쪽의 사회주의 정부 간에 다시금 전쟁이 불가피해 보였다. 이념적인 '내전'과 '독립전쟁'으로 남쪽과 북쪽이 각각 시각을 달리한 2차 인도차이나전쟁은 동서 냉전의 기류에

휩싸여 1975년까지 지속되었다.[1]

캄보디아 1945-1954

1945년 3월 9일 쿠데타에 성공한 직후 일본은 노로돔 시하누크 (1922~2012)에게 캄보디아 독립 선언을 강요했다. 그리고 강한 카리스마를 갖춘 그의 정치적 영향력을 견제하기 위해, 일본에 있던 반反프랑스 인사 쏜 응옥 타인을 불러들여 수상직을 맡겼다. 많은 크메르인의 지지를 받던 민족주의자가 정치적 장에 다시 등장하면서 프놈펜은 친군주 세력과 반군주 세력의 갈등으로 혼란스러워졌다. 그러다가 전쟁이 연합 군의 승리로 끝나자, 프랑스는 그 혼란을 틈타 별다른 저항 없이 프놈펜에 재입성했다. 1945년 10월 프랑스는 쏜 응옥 타인을 일본에 협력했다는 이유로 프랑스로 추방하고, 1946년 1월 캄보디아를 프랑스연합 내 한 자치국으로 편입하는 협정을 시하누크와 체결했다.

이 '자치' 협정에는 캄보디아에 헌법과 다당제를 도입한다는, 즉 입헌 절차constitutional process를 통해 독립의 물꼬를 틀 수 있는 안案이 포함되어 있었다. 1946년 9월 씨소왓 유테웡(1912~1947) 왕자와 노로돔 노린데스 왕자가 각각 민주당과 자유당을 결성했다. 두 지도자는 독립에 관해 분명한 견해 차이를 보이며, 서로 상반된 세력의 지지를 받았다.

프랑스에서 고등 교육을 받고 프랑스인과 결혼한 진보적인 유테웡은 프랑스 식민지배의 신속한 종식과 입헌군주제 도입을 원했다. 그가 이끄는 민주당은 주로 상가(승단僧團)의 개혁적인 종파, 젊은 관료층, 청년

현대 캄보디아

지식인층, 크메르 이싸락 지지자 등 1940년대 초 빠치 체운과 쏜 응옥 타인의 민족주의 운동에 매료되었던 진보적인 사람들의 지지를 받았다. 반면 대지주인 노린데스는 프랑스와 협력하며 식민지배의 연장선으로 서 군주제를 옹호했다. 그의 자유당은 주로 귀족 계층, 원로 관료층, 중국계 캄보디아인 상업 엘리트 등 현상 유지를 선호하는 기득권층의 지지를 받았다.

1946년 9월 제헌국회 구성을 위한 선거가 실시되어, 유권자의 60퍼센트 이상이 투표에 참여했다. 그 결과 반프랑스 애국주의를 강조한 민주당이 67석 중 50석을 얻은 반면, 친프랑스파인 자유당은 14석을 얻는 데 그쳤고, 나머지 3석은 무소속 후보에게 돌아갔다.

이웃 베트남에서와 달리 2차 세계대전 이전 캄보디아에서는 민족주의 열기가 미약했는데, 전후에 반프랑스 크메르민족주의가 갑작스레 분출한 것일까? 그렇다기보다는, 식민지배 체제에서 왕실을 포함한 전통 귀족 세력과 일반 농민 간의 후견인-피후견인 관계가 붕괴한 탓에 민주당이 반사 이익을 얻은 것이었다.

선거에서 압승한 민주당은 1947년 프랑스 제4공화국 헌법과 매우 유사한 헌법안을 마련했다. 이로써 캄보디아에 의회정치 기반이 마련되었고, 국회의 다수당인 민주당이 국정을 장악할 수 있는 정당성을 확보했다. 하지만 캄보디아의 독립이 여전히 식민정부의 '자비mercy'에 의해서만 가능한 상황에서, 새로 도입된 민주적 헌법은 단지 문서에 불과했다. 사실 전쟁 직후 인도차이나에 자유민주주의에 입각한 입헌 절차를 도입한 주목적은 냉전 기류 속에서 이 지역의 공산화를 막으려는 데 있었기 때문에, 프랑스는 인도차이나에서 권력을 이양할 어떤 구체적인 계획을 세우고 있지 않았다.

게다가 1947년 7월 유테웡 왕자가 결핵으로 사망하고, 그 후 같은 해 일명 '흑성 사건'이란 반프랑스 소요를 배후에서 조종했다는 거짓 혐의로 민주당 고위급 인사 몇몇이 구속되었다. 이러한 분란과 탄압 속에서 머지않은 시기에 입헌 절차를 통해 독립한다는 것은 현실과 동떨어진 몽상에 불과했다.

민주당의 또 한 가지 약점은 왕국의 주요 경제주체인 프랑스인, 왕실 구성원, 중국계 크메르인 등 보수 세력이 독립투쟁으로 발생할 무질서를 극도로 꺼려 자유당을 지지한다는 점이었다. 이는 민주당이 관료에게 영향력을 발휘하고, 선거에서 승리하고, 무장 독립투쟁을 지원할 재정적인 뒷받침이 부재함을 의미했다. 따라서 국회에서 압도적 다수를 점했으면서도 민주당은 정치적인 의지를 관철할 힘이 절대적으로 부족했다.

1948년 중엽부터 세계적으로 공산주의 세력이 약진하며 자유주의 진영을 위협하는 가운데, 프랑스는 식민지의 공산화를 막기 위해 캄보디아에 점진적인 권한 이양을 고려하기 시작했다. 1949년 말에 조인된 조약에 따라 외교에 관한 권한 일부가 주어지고, 바땀방과 시엠립을 자치 군사구역으로 설정하는 등 부분적인 자치권이 캄보디아에 허용되었다. 하지만 외교·재정·국방·관세·치안에 대한 전반적인 통제권은 여전히 식민정부의 손에 있었다. 민주당은 이러한 점진적인 권한 이양에 반대했으나 무시되었다.

1951년에 새 국회를 구성할 선거가 실시되었다. 그 결과는 1947년 선거와 큰 차이가 없었다. 민주당이 78석 중 55석을 차지했다. 또 한 번의 선거 패배로 수세에 몰린 시하누크가 자신의 정치적 입지를 강화하려 시도했다. 그는 프랑스로 추방되었던 쏜 응옥 타인의 귀환을 식민정부에 요청했고, 프랑스는 그 제안을 받아들였다. 시하누크와 그의 프랑스 조언자들은 여전히 민주당의 정신적 지주인 쏜 응옥 타인이 귀국해 정치적으로 위협을 느끼고 중립적인 태도를 취하면 민주당이 분열될 것으로 기대했던 듯하다.

하지만 공교롭게도 그가 돌아온 바로 그날 프랑스 고등판무관인 장 레몽이 베트남인 사환에게 살해당한 사건이 발생했다. 이 예상치 못한 사건의 영향으로 쏜 응옥 타인은 시하누크의 기대와 달리 1951년 말까지 각료직을 고사하고 정치 활동을 자제했다. 그리고 1952년 3월 9일 그는 분명히 알려지지 않은 이유로 라디오 송신기를 가지고 몇몇 추종자와 함께 갑자기 수도를 빠져나갔다. 그 후 쏜 응옥 타인은 캄보디아 정치의 장에서 영향력을 잃고 잊힌 존재가 되었다.

1930년에 인도차이나공산당(이하 ICP)이 홍콩에서 창립되었을 때 크메르인은 단 한 사람도 참여하지 않았다. 2차 세계대전 말에야 소수 크메르인이 처음으로 ICP 회원으로 가입했을 뿐이다. 그럼에도 1952년에 ICP의 전위 조직인 베트민과 협력하는 캄보디아 공산주의 게릴라 세력이 왕국 영토의 6분의 1을 장악하고 있었다. 2년 뒤 제네바 회담이 열린 시점에 그들은 왕국의 절반 이상을 통제하기에 이르렀다.

공산주의 세력이 전후 캄보디아에서 이처럼 급성장할 수 있었던 까닭은 무엇일까? 1945~1947년 베트민은 캄보디아와 라오스에 '해방투쟁'을 지원하는 노력을 기울였다. 1947년 초에 크메르 청년 수백 명이 베트민의 지원으로 설립된 정치학교에서 공산주의 이념 교육을 받았다. ICP는 1951년 해체되고, 곧 베트남·캄보디아·라오스에 각기 공산당이 설립되었다. 캄보디아에서는 같은 해 9월 크메르인민혁명당(이하 KPRP)이 창당했다. 이때 베트남어를 구사하며 베트민과 유대가 돈독한 크메르인들로 구성된 KPRP 지도부는 공산주의 이념 교육을 받은 크메르 청년을 대거 영입했다. 그들 중 체아 심과 헹 삼린은 훗날 캄보디아에 들

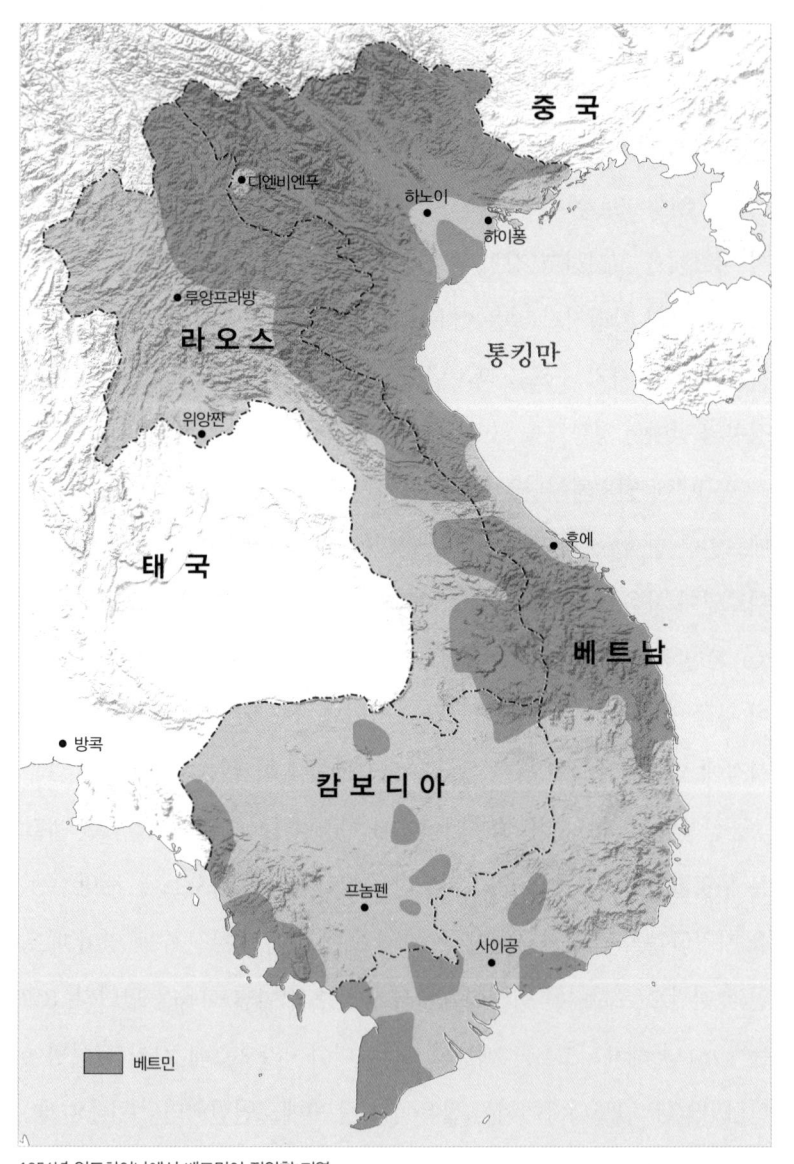

1954년 인도차이나에서 베트민이 장악한 지역

어선 친베트남 정권의 핵심 인물이 되었다. 창당 직후 KPRP의 당원 수는 1000명에 이르렀다.

프랑스의 압제하에서 많은 크메르인이 좌익으로 기울고 있는 가운데 인도차이나 전역에 걸쳐 점차 베트민이 세를 확대했고, 캄보디아의 친북베트남 세력은 그 수와 결집력이 더욱 커졌다. 1952년 프랑스 정보국의 추산에 따르면 크메르 이싸락 세력이 약 5000명에 달했다. 1954년 7월에는 KPRP의 당원 수가 2000명으로 늘어나 있었다. 이처럼 전후 캄보디아 공산주의 세력의 성장은 무엇보다도 베트민의 지원에 힘입은 바가 컸다.

캄보디아의 공산주의 세력이 확대일로를 걷자, 시하누크와 그를 지지하는 보수 세력은 반공反共을 기치로 냉전에 편승해 프랑스로부터 독립을 얻어내고, 권력을 차지할 수 있으리라고 생각했다. 1952년 7월 초 국회에서 한 연설에서 시하누크는 "캄보디아에는 〔공산주의 세력의 극성으로〕 모든 질서가 무너져 이제 계서階序가 존재하지 않는다"고 선언했다. 그는 프랑스의 묵인하에 스스로 쿠데타를 일으켜 민주당 각료들을 해임하고 수상이 되었다. 그는 직접 내각을 임명하고, 민주당이 장악한 국회를 철저히 무시했다. 이 밖에도 그는 3년 내에 완전한 독립 획득을 약속했다.

이러한 시하누크의 정치 행보에 맞서, 군주제를 반대하고 민주적인 제도를 추구하던 민주당 지지 세력은 항의 시위를 벌이며 그를 '국민의 배신자'라고 비난했다. 1953년 1월 국회가 정부의 예산 승인을 거부하자, 시하누크는 공산주의 세력의 위협으로 국가가 심각한 위험에 처했다고 주장하며 계엄령을 선포하고 국회를 해산했다. 그리고 계엄하에서

면책 특권을 상실한 민주당 국회의원을 포함해 자신의 정적들을 체포·
구금하도록 명령했다.

그러나 민주당과 진보 인사들의 반발이 더욱 거세지자, 시하누크는
1953년 2월 신병 치료를 이유(이후 정치적으로 수세에 몰릴 때마다 이 수법을
자주 이용했다)로 프랑스로 떠났다. 그곳에 도착하자마자 그는 '왕으로서
자신과 왕국의 미래는 프랑스연합에 대한 충성과 프랑스와의 협력에 달
려 있으며, 만약 공산주의자들이 캄보디아를 점령하면 캄보디아 국민이
프랑스의 이익을 지키는 행동에 나설지 보장할 수 없다'는 '협박성' 서
신을 프랑스 대통령인 뱅상 오리올에게 보냈다.

시하누크는 귀국길에 캐나다·미국·일본에 들러 신문과 라디오 인
터뷰를 통해 캄보디아의 공산화 위험과 프랑스의 비협조적인 태도를 적
극적으로 선전했다. 1953년 5월 그는 프놈펜에 도착해서 캄보디아의 독
립과 자신의 생명을 맞바꾸겠다는 극적인 조건을 제안하며 국민의 반식
민주의 정서를 자극했다. 그럼에도 파리에서 독립 협상은 더디게 진행
되었다. 그러자 그는 또 한 번 승부수를 던졌다. 6월에 시하누크는 유배
를 자처해 태국으로 떠났다. 하지만 태국에서 환영받지 못하자, 시엠립
자치군사구역에 있는 한 저택에 칩거하면서 프놈펜의 식민정부 관료들
과 완전히 연락을 끊었다.

이 무렵 베트남에서 전쟁이 프랑스에 매우 불리하게 전개되면서 프랑
스의 국내 여론이 악화일로로 치달았다. 그러자 프랑스 정부는 캄보디
아의 공산화 위험과 시하누크의 독립 요구를 진지하게 숙고하기 시작했
다. 1953년 10월 프랑스는 캄보디아 왕에게 군대·사법·외교에 관한
권한을 이양했다. 1954년 제네바 회담 이후 캄보디아는 군사지휘권과

함께 완전한 독립(공식적으론 1953년 11월)을 획득했다.

시하누크는 국내에서는 반군주제 세력을 압도하는 '노련하고 능숙한' 정치적 수완을 발휘하는 동시에, 국제적으로는 반공운동을 통해 냉전 국면을 자신에게 유리하게 유도했다. 그리고 1차 인도차이나 전쟁의 전황에 힘입어 결국 자신이 약속했던 시한보다 1년 일찍 명실상부한 독립을 획득하는 데 성공했다.[2]

라오스 1945-1957

전쟁 직후 강력한 반식민지 민족주의 세력이 부재한 가운데, 라오스의 지도자들은 복귀가 임박한 프랑스에 대해 분열된 입장을 보였다. 루앙프라방의 씨싸왕웡 왕은 프랑스의 보호하에 군주의 지위를 유지하기를 갈망했다. 따라서 그는 일본의 강압에 의한 독립 선언을 무효라고 주장하며, 프랑스의 복귀를 환영하는 입장을 취했다. 짬빠싹에서 통치 가문의 후손으로서 강한 영향력을 발휘하고 있던 부눔 왕자도 짬빠싹의 군주가 되기를 희망하며 씨싸왕웡과 비슷한 태도를 보였다. 반면 중부 라오스의 대응은 달랐다. 왕당파와 달리 즉각 독립하여 민주공화국을 건설하길 희망하던 펫싸라가 이끄는 공화파 라오 이싸라 세력은 호찌민의 베트남민주공화국(DRV) 독립 선포에 고무되어 있었다. 1945년 8월 27일 펫싸라는 일본군에게서 위앙짠의 통제권을 인수하고, 프랑스의 귀환에 저항할 준비를 하고 있었다.

8월 말 9월 초 즈음부터 군주인 씨싸왕웡과 수상인 펫싸라는 라오스의

현대 라오스

미래에 대해 극명한 입장 차이를 드러내며 대립하기 시작했다. 펫싸라
는 프랑스가 일본의 침공에서 라오스를 지켜주지 못했으므로 전쟁 전 라
오스와 프랑스가 체결했던 모든 조약은 효력을 잃었으며, 라오스의 독립
선언은 유효하다고 주장했다. 9월 2일 그는 왕을 방문해 자신의 주장에

대한 재가와, 루앙프라방·위앙짠·짬빠싹으로 갈라져 있는 왕국의 통합을 선포할 것을 요청했다. 그러나 씨싸왕웡은 일본의 강요에 의한 독립 선언을 이미 철회했으며, 왕국을 대표하는 자신은 프랑스의 보호를 다시 받기를 원한다고 밝히며 그의 요청을 거절했다.

군주와 수상의 상반된 입장은 10월에 극단적인 대립으로 발전했다. 씨싸왕웡은 펫싸라의 수상직과 왕세자^{uparat} 지위를 박탈했다. 그러자 라오 이싸라의 인민위원회는 즉시 위앙짠에서 회합을 열고 라오스의 독립을 재천명하면서, 라오 이싸라 임시정부와 임시 국회를 구성했다. 씨싸왕웡은 이 모두를 불법으로 선언하고 펫싸라를 소환했다. 이에 맞서 펫싸라는 10월 20일 임시 국회를 열어 씨싸왕웡의 폐위를 의결했다.

펫싸라 해임으로 촉발된 라오 이싸라 임시정부의 출범은 라오스 민족주의 지도자들을 하나로 결집했을 뿐 아니라, 1975년 12월 라오인민민주공화국을 탄생케 할 이른바 '30년 투쟁'을 이끌 주요 인물들이 정치 무대에 데뷔하는 계기가 되었다. 그들 중 가장 눈에 띄는 인물로 펫싸라의 동생인 쑤완나품 왕자와 막내 이복동생인 쑤파누웡 왕자를 꼽을 수 있다.

쑤완나품이 신중하고 온건한 성품이었던 반면, 쑤파누웡은 정열적이고 야심만만한 인물이었다. 또한 쑤완나품은 프랑스인과 결혼했고 친프랑스 성향을 보였으나, 쑤파누웡은 베트남인과 결혼했고 베트민의 열렬한 지지자인 처妻의 영향을 받아 친베트남 정서가 강했다.

라오 이싸라 정부는 국내에서 많은 난제에 직면했다. 무엇보다 군주인 씨싸왕웡이 불법 정부로 규정했기에 합법성이 문제가 되었고, 재정을 확보하지 못했기에 국방비를 충당하거나 공무원 임금을 지불할 수

쑤완나품(1901~1984)

없었다. 라오 이싸라 정부는 가까운 이웃 국가들 외에 다른 국제적인 지원을 받을 수 있는 통로도 갖지 못했다. 더욱이 프랑스는 라오 이싸라 정부와 독립 협상을 할 뜻이 없었다. 이러한 가운데 라오 이싸라 정부는 프랑스의 복귀를 방관할 수밖에 없는 처지였다.

1946년 1월 말 씨앙쾅을 시작으로 4월 24일 위앙짠, 그리고 5월 중순 루앙프라방이 다시 프랑스에 점령되었다. 이때 펫싸라, 쑤파누웡, 그리고 쑤완나품을 위시한 라오 이싸라 정부 지도자들은 핵심 지지자 약 2000명 일가와 함께 국경을 넘어 태국 영토로 피신했다. 이로써 라오스에서 반프랑스 민족주의 운동의 서막은 실패로 끝났다. 한편 군주는 프랑스에 환영과 감사를 표하고, 역시 펫싸라의 이복동생인 낀다웡 왕자를 임시 수상에 임명했다.

복귀 직후 프랑스는 인도차이나에 대한 전후 계획 실천에 돌입했다. 프랑스의 기본 생각은 베트남·캄보디아와 마찬가지로 라오스를 '프랑스연합'에 한 자치국으로 편입하는 것이었다. 프랑스–라오스 공동위원회가 7월에 첫 회합을 열었다. 8월 27일 협정이 체결되어 프랑스연합 내에 입헌군주제를 바탕으로 통합된 라오왕국 자치정부가 탄생했다. 이때 부눔 왕자는 독립 짬빠싹의 군주가 되는 것을 포기하는 대신, 짬빠싹의 종신 총감독관Inspector-General 자리를 프랑스로부터 보장받았다. 국방과 외교를 포함해 국정 전반에 대한 실질적인 권한은 프랑스가 장악한 반면, 왕국정부에게는 농업·보건·교육 등에 제한된 권한이 주어졌다.

1946년 12월 제헌의회 구성을 위한 선거가 실시되어 의원 44명이 선출되었다. 그 이듬해 3월 15일, 의회가 공식 개원해 헌법 제정에 착수했고, 펫싸라의 또 다른 이복동생인 쑤완나랏 왕자가 이끄는 임시 내각도 출범했다. 헌법 채택과 함께 라오스는 자치국으로서 공식적인 면모를 갖추었다.

한편 열렬한 반反제국주의자이던 태국 수상 쁘리디 파놈용(재임 1946. 3~8)의 지원을 받으며 방콕에 본부를 차린 라오 이싸라 망명정부의 정통성을 선전하고, 프랑스를 비난하며, 미국을 포함한 국제 사회를 설득하는 데 많은 힘을 쏟았으나 별다른 성과는 거두지 못했다.

그러는 사이 1946년 9월, 베트남에서 활동하던 라오스 민족주의 지도자들이 라오 이싸라 망명정부를 지원하고자 베트민의 후원하에 라오저항위원회를 결성했다. 라오스와 베트남을 왕래하던 무역업자 누학 품사완이 의장을 맡은 이 위원회는 시작부터 인도차이나공산당(ICP)의 비밀 지령을 받았다. 베트남인 아버지와 라오인 어머니 사이에서 태어나 하노이에서 법학을 공부한 까이손 폼위한(1920~1992)이 베트민과 유대를 강화하는 임무를 맡았다. 두 사람 모두 모두 사완나켓 출신이며 ICP의 당원으로, 베트민의 굳은 신뢰를 받고 있었다.

1947년 11월 태국에서 군부 쿠데타가 일어나 피분 송크람이 다시 정권을 잡았고, 이 정변을 계기로 태국 정치는 우익으로 기울기 시작했다. 그 결과 태국과 프랑스의 관계가 개선되었고, 라오스 독립투쟁은 새로운 국면을 맞았다. 이제 망명정부가 이전처럼 태국 영토를 근거지로 독립투쟁을 이어가기가 어렵게 된 가운데, 망명정부 내에서 쑤파누웡의 혁명파와 쑤완나품의 온건파 간에 분열 조짐이 고개를 들기 시작했다.

혁명파는 베트민과 긴밀한 협력을 통해 독립투쟁을 지속하기를 원했던 반면, 온건파는 귀국을 고려하고 있었다.

1949년 초 쑤파누웡의 혁명파는 망명정부를 떠나, 베트민의 지원을 받으며 동북부 라오스에서 독자적인 게릴라 투쟁을 펼치기 시작했다. 쑤파누웡은 라오스의 모든 혁명 세력을 결집하기 위한 저항위원회 결성을 선언했다. 반면 쑤완나품의 온건파는 1949년 10월 자신들이 의도한 독립(자치정부 수립)이라는 목표가 라오왕국 정부에 의해 이미 성취되었다는 명분을 내세워 망명정부 해체를 결정했다. 쑤완나품과 그의 추종자들 대부분은 위앙짠 정부의 사면 제의를 받아들이고 라오스로 돌아갔다. 펫싸라는 여전히 방콕에 남아 자신의 왕세자 복권을 거부하는 씨싸왕웡과 대립했다.*

라오 이싸라 온건파의 귀환으로 라오스 정치의 장에 일대 변동이 일었다. 라오 이싸라를 지지했던 민족주의자들과 그들에 맞서 프랑스를 지지했던 사람들 간에 정치적 주도권 경쟁이 시작되었던 것이다. 전자가 국민진보당을 창당하자, 푸이 싸나니콘이 이끄는 반反라오 이싸라 세력이 독립당을 결성했다.

부눔은 독립(자치정부 수립)과 국민 화합이 달성되었다고 선언하며 국가 통합의 대의를 위해 짬빠싹의 총감독관직을 사임했다. 이어 1950년 2월 푸이 싸나니콘이 이끄는 새 내각이 출범했다. 새 정부 각료로 독립당에서 5명, 그리고 국민진보당에서 2명(캄마오 빌라이와 쑤완나품)이 참여했다. 1951년 8월 국회의원 선거가 실시되어 국민진보당이 독립당에 신

---

* 펫싸라는 그 후 1957년 3월 라오스로 돌아왔으나 정치적으로 별다른 활동을 하지 않다가 1959년 10월에 세상을 떠났다.

누학 품사완(1910~2008)

1978년 루마니아 사절단을 영접하는 쑤파누웡(맨 왼쪽, 1909~1995)과 까이손 폼위한(맨 오른쪽, 1920~1992)

승했다. 그 결과 푸이 싸나니콘 내각이 사퇴하고, 쑤완나품이 처음 내각을 구성하게 되었다.

한편 쑤파누웡은 하노이에 머물며 베트민 지도자들과 라오스의 혁명 세력을 체계적으로 조직할 방안을 마련하는 데 몰두했다. 1950년 8월 13~15일 그는 인민 대표 총회를 개최했다. 이 총회에서 쑤파누웡을 의장으로, 라오스 북부·중부·남부 세 지역의 대표자들을 부의장으로 해서 15명으로 중앙위원회를 구성하고, 연합전선인 '네오 라오 이싸라(자유라오전선)'와 라오인민해방군이 출범했다. 그리고 25년 뒤 라오스에서 혁명투쟁을 승리로 이끌 핵심 인물들로 구성된 '빠텟 라오(라오 조국) 저항정부'를 수립했다. 쑤파누웡이 대통령과 외무장관직을 맡았다. 전 후 아판 주지사인 푸미 윙위칫이 내무장관, 그리고 루앙프라방의 왕족인 쑥 윙삭이 교육과 선전 장관, 까이손 폼위한이 국방장관, 그리고 누학 품사완이 재무장관이 되었다.

1951년 2월 11~19일 ICP는 2차 당대회를 개최해, 인도차이나의 상황 변화를 고려해 당을 해체하고, 각국의 혁명투쟁을 이끌 세 정당을 새로 구성하기로 결정했다. 이 당대회에서 ICP가 베트남노동당으로 개칭했고, 같은 해 9월 크메르인민혁명당이 창당했다. 라오인민당(이하 LPP)은 4년 뒤인 1955년에 창당했는데, 이 준비 기간에 까이손 폼위한은 전前 ICP 라오스 당원들을 주축으로 당조직위원회를 구성해 유능한 당원을 발굴하고, 베트남노동당의 지도하에서 당원들에 대한 이념 교육에 전념했다.

빠텟 라오 정부는 라오인민해방군의 충원에 노력을 쏟는 한편 라오스 동북부 곳곳의 외딴 산골 마을에 침투해 농민·여성·청년 위원회를 조직하고, 학교와 무료 진료소를 설립하고, 주민들에게 글자를 가르치고, 자립 사업을 장려하고, 농업 기술을 전수하고, 마을 민방위대를 조직하는 등 라오 사회에 꾸준히 영향력을 넓혀갔다.

그 결과 빠텟 라오 정부는 1953년 초 라오스 동북부의 광범위한 지역을 확고하게 장악했다. 1953년 4월에 쑤파누웡은 후아판의 쌈느어에 빠텟 라오 본부를 설립하고, '해방구liberated zone' 건설에 착수했다. 빠텟 라오 정부는 베트민의 지원에 힘입어 퐁쌀리와 후아판 두 지역을 해방구로 만들었고, 이로써 처음으로 정치적 영토를 갖게 되었다.

1954년 4월 26일 제네바 회담이 열렸다. 이 역사적인 회담에 라오왕국, 빠텟 라오, 호찌민의 DRV, 프랑스가 지원하는 베트남국, 크메르 이싸락, 그리고 프랑스·영국·중국·소련·미국의 대표들이 참석했다. 빠텟 라오 정부를 대표해서는 누학 품사완이 참석했다. 이 회담 결과 베트남이 비무장 지대를 사이에 두고 두 정치단위로 분할되었고, 캄보디아에는 변화가 없었으며, 북동부 라오스의 퐁쌀리와 후아판 지역이 빠텟 라오 정부의 '임시 재집결temporary regroupment'을 위해 할당되었다. 라오왕국의 쑤완나품 정부는 독립 후 국가 통합이란 대의를 위해 그 결정에 크게 반대하지 않았다. 제네바 회담에서 가장 이득을 본 세력은 분명 쑤파누웡이 이끄는 빠텟 라오 정부였다. 빠텟 라오 정부는 국제적으로 영토를 인정받았을 뿐 아니라, 그 지역을 통치하면서 국가 운영 경험을 쌓으며 혁명투쟁을 지속할 수 있게 되었다.

1955년 3월 22일 마침내 LPP가 창당했다. 까이손 폼위한을 서기장으로 해서 당정치국 위원 7인이 선출되었다. 하지만 LPP는 공산주의 색채를 감춘 채 애국과 완전한 독립을 강조하며, 1956년 1월 청년·여성·농민·소수민족·노동조합 등을 포함하는 광범위한 국민 전선 조직으로 종전의 자유라오전선(네오 라오 이싸라)을 대신할 '라오애국전선(이하 LPF)'을 결성해 전면에 내세웠다.

1956년 12월 쑤완나품과 쑤파누웡 형제는 태국에서 결별한 지 약 7년 만에 만나, LPF를 합법적인 정치단체로 인정하고 연립정부를 구성하자는 데 합의했다. 그러자 미국·영국·프랑스가 빠텟 라오 포용 정책을 꺼리는 가운데, 국회는 연립정부를 구성하기 전 먼저 빠텟 라오의 해방구인 퐁쌀리와 후아판, 그리고 라오인민해방군을 국가에 편입해야 한다고 주장하며 쑤완나품을 압박했다. 국회의 압력을 못 이겨 쑤완나품이 사퇴하고, 그 후 두 달 동안 정치적 위기가 지속되었다. 그러나 온건한 쑤완나품을 대신해 정국을 이끌 만한 인물이 부재했고, 결국 그가 다시 한 번 정부 구성을 주도하게 되었다.

그는 빠텟 라오와 즉각 협상을 재개해 위앙짠 협정을 체결했다. 이 협정의 주요 골자는 연립정부 구성을 위해 쑤완나품과 쑤파누웡의 소통 창구를 설치하고, 퐁쌀리와 후아판에 라오왕국의 행정기관을 재설립하며, 그리고 빠텟 라오 군인 약 6000명 중 1500명을 라오왕국군에 통합하고 나머지는 해산한다는 것이었다.

1957년 11월 19일 국회는 빠텟 라오 장관들을 포함하는 '국민연합임시정부' 설립을 만장일치로 통과시켰다. 마침내 연립정부가 구성되어, 라오스는 2차 세계대전 말기에 일본의 후원으로 독립을 선포한 지 12년 만에 국가 통일과 함께 완전한 독립(공식적으론 1953년)을 획득했다.[3]

버마 1945-1948

1945년 5월 3일 양공을 점령한 직후 영국은 전후 버마에 대한 재식민지 계획이 담긴 백서*를 발표했다. 이는 영국이 버마를 약 3년간 직접 통치하되, 1935년의 버마 정부령에 따라 적절한 과정을 거쳐 선거를 실시해 전쟁 전의 입법의회를 복원하며, 영연방 내에서 버마에 민주적인 자치정부를 수립할 새 헌법을 만들고, 산간 지역에 거주하는 소수민족들이 버마의 다른 지역들과 통합할 의사가 없으면 그들은 새 정부에서 배제한다는 내용을 골자로 했다.

이 구상은 전후 가급적 신속하게 완전한 독립 정부 수립을 바라던 버마 민족주의자들의 강한 반대에 부딪혔고, 이때부터 버마의 미래를 놓고 영국과 아웅 산(1915~1947) 세력 간에 기氣 싸움이 본격적으로 시작

---

* 영국 정부의 공식 보고서 명칭이다. 표지가 흰색이기 때문에 '백서White Paper'라는 명칭이 붙었다. 반면 영국 의회의 보고서는 표지를 파란색으로 하기 때문에 '청서Blue Book'라 한다.

현대 버마(미얀마)

되었다.

아웅 산의 주도로 버마에서 항일 투쟁을 벌여온 반파시스트기구(AFO)의 후신 반파시스트인민자유연맹(이하 AFPFL)은 영국에 부담스러운 존재였다. 그래서 영국은 AFPFL 군대를 해산하고 영국군 소속 정규 부대로 통합하려 했다. 진통 끝에 1945년 9월 초 아웅 산과 연합군 동남아시아 총사령관인 마운트배튼은 AFPFL군을 나온 군인들이 영국군의 지휘를 받는 버마 군대에 입대할 수 있도록 하는 절충안에 합의했다.

AFPFL과 영국의 기 싸움은 1945년 10월 도먼스미스 총독의 복귀와 함께 더욱 고조되었다. 도먼스미스 총독은 AFPFL에 대한 민중의 지지를 과소평가하고, 총독이 임명하고 주재하는 행정부 각료회의 구성원 11명 중 7명을 할당하라는 AFPFL의 요구를 일축했다. 도먼스미스는 각료 전원을 자신의 심복들로 채웠다. 게다가 누군가의 잘못된 조언에 따라 도먼스미스는 1942년에 친영국 성향인 한 촌장을 살해했다는 혐의로 아웅 산을 기소하려 했다. 이 문제는 런던 정부의 개입으로 유야무야되었으나, 총독과 AFPFL의 관계는 더욱 냉랭해졌다.

정부 각료회의에서 배제되자, AFPFL 의장으로서 아웅 산은 전국을 돌며 상당한 대중을 동원하는 능력을 과시했다. 또한 그는 인민의용단(이하 PVO)을 결성해 많은 전역 용사들을 결집했다. 겉으로는 전후 재건과 치안에 기여하는 봉사단체를 표방했으나, 사실상 PVO는 AFPFL의 예비군이었다. PVO 대원들은 제복을 입고 공개적으로 훈련했다. 이를 통해 그들은 평화롭게 독립을 이루기를 바라지만 상황에 따라 어떠한 투쟁도 불사할 수 있다는 강한 인상을 영국에 심어주려 했다. 도먼스미스는 계속 AFPFL을 무시하는 태도로 일관했지만, 아웅 산 세력은 끊임없이 목

소리를 높이며 정치적 주도
권을 쥐려 했고, 이에 버마
사회의 긴장감은 날로 높아
졌다. 그러던 중 도먼스미스
는 이질에 걸려 1946년 6월
영국으로 떠났고, 8월 말에
휴버트 랜스가 새 총독으로
부임했다.

1947년 독립 회담을 위해 런던에 간 아웅 산

랜스가 도착한 지 일주일
도 채 안 돼서 양공(랭군) 경
찰이 급여 인상을 요구하는
시위를 벌였다. AFPFL의 지
지를 받은 시위는 곧 양공
밖으로 번져나갔고, 모든 공공 업무를 마비시킬 정도로 위력적이었다.
랜스는 백서가 효력을 발휘하지 못하고 있는 상황에서 버마의 폭발적인
정국을 누그러뜨리려면, 정부에 AFPFL이 추천하는 인사를 참여시킬 필
요가 있다는 결론을 내렸다.

아웅 산은 곧 랜스와 협상을 시작했다. 랜스는 도먼스미스가 구성한
각료회의를 해산하고, 1946년 9월 28일 11명 중 AFPFL 인사가 6명으
로 다수를 차지하는 새 각료회의를 구성했다. 10월에 아웅 산은 버마
전국노동조합대회를 장악하고, 시위 중단을 반대하던 공산주의 정파를
AFPFL에서 축출했다. 이러한 아웅 산의 단호한 조치는 냉전의 외중에
서구 자유주의 세계를 안심시키기에 충분했다. 11월 아웅 산은 1년 이내

에 버마 독립 달성을 목표로, 각료회의를 국가 정부로 인정하라며 영국에 압력을 가했다.

아웅 산의 이러한 노력에 힘입어 1947년 초부터 버마 독립을 향한 행보가 급물살을 타기 시작했다. 1월 13~27일, 영국 수상 클레멘트 애틀리의 초대로 아웅 산을 비롯한 AFPFL 대표 6명이 런던에 가서 독립 회담에 참석했다. 이 회담의 결과로 다음과 같은 합의 사항이 발표되었다. "버마는 1년 내에 독립을 달성할 것이며, 독립 버마가 영연방에 남을지는 스스로 결정한다. 1947년 4월 의회 선거를 실시하고 5월에 의회가 개원하며, 과도기에는 각료회의가 정부 기능을 한다. 변방의 소수민족들이 새 버마에 합류할지는 스스로 결정한다."

귀국 길에 오른 아웅 산은 1947년 2월 12일 샨주의 뺑롱에서 샨·까친·친족 등 소수민족의 지도자들을 만나, 협상을 시도했다. 그는 샨주와 까친주의 자치 요구를 수용하고, 소수민족의 권익을 대변할 샨족 자문관 1명, 그리고 까친족과 친족 부자문관 각 1명을 각료회의의 일원으로 삼자고 제안해 통합 협상을 성공으로 이끌었다.

하지만 최대 소수민족인 꺼잉족(까렌족)은 이 협상을 인정하지 않고, 1947년 4월 9~10일 실시된 총선을 거부했다. 그들은 2차 세계대전 중 영국을 지원하면 독립 국가를 세우게 해주겠노라는 약속을 영국의 일부 고위 관료에게서 받은 터라 통합 협상을 꺼리고 있었다.

선거에서 AFPFL은 210석 중 204석을 얻어 압승했다. 이로써 AFPFL은 새 정부로서 정통성을 확보했다. 새로 구성된 의회에서는 헌법을 제정하면서, 버마가 영연방에 합류하지 않고 독립 국가를 수립하는 안을 의결했다. 이로써 버마는 영국 식민지였다가 독립한 신생 국가 중 영연방 합류를 거부한 유일한 나라가 되었다.

독립을 눈앞에 둔 시점에 갑자기 아웅 산의 시대가 막을 내렸다. 1947년 7월 19일 아웅 산과 각료 6명이 각료 회의실에서 암살되었다. 그의 나이 32세였다. 암살범들은 전 수상 우 쏘(1900~1948, 재임 1939~1942)와 관련 있음이 밝혀졌고, 우 쏘는 교수형에 처해졌다. 이 사건은 버마 정치 지도자들 사이의 권력 암투에서 비롯되었다. 1939년에 바 모(1893~1977, 재임 1937~1939)의 후임으로 수상에 올랐던 우 쏘는 아웅 산이 주도한 독립 내각에 참여하지 않고 바 모와 연대하여 AFPFL과 경쟁하는 새 정당을 결성했다. 또한 아웅 산과 독립투쟁을 함께해온 떠킹 바 쎄인, 떠킹 딴 뚠, 떠킹 떼인 뻬 민 등이 노선 차이로 아웅 산과 결별했다. 특히 떠킹 딴 뚠은 AFPFL에서 축출된 공산주의 정파를 이끌면서 아웅 산과 대립했다. 그러던 중 총선이 AFPFL의 압승으로 끝나자 실망한 우 쏘는 아웅 산에 반대하는 당파들과 손잡고 그를 시해할 것을 모의한 끝에, 무장 저격병 3명을 각료 회의실에 침투시켜 아웅 산과 각료들을 살해했다.

아웅 산의 갑작스런 공백으로 입헌 독립 절차가 지지부진해질 것을 우려한 휴버트 랜스는 즉각 새로운 AFPFL 정부를 구성하도록 우 누(1907~1995)에게 요청했다. 1947년 9월 24일 제헌의회가 새 헌법을 채택한 뒤, 1947년 10월 17일 우 누와 애틀리는 9개월 전에 이미 아웅 산이 영국과 합의한 협정서를 바탕으로 작성된 독립 문서에 서명했다. 아울러 버마-영국 간 상호방위조약이 체결되었고, 영국은 버마의 부채 4000만 달러도 탕감해주었다. 12월 영국 의회가 독립 문서를 비준한 뒤, 1948년 1월 4일 버마는 만방에 독립을 선언했다.[4]

태국 1945-1948

1945년 8월 전쟁이 연합국의 승리로 끝나자, 태국의 국제적인 지위는 풍전등화와 같은 위기를 맞았다. 태국의 정치인들은 무엇보다도 급변한 국제 정세에 불리한 국가의 입장을 극복하고자 전쟁 전의 상태를 회복하려고 동분서주했다. 전쟁 중에 국내에서 자유타이운동을 이끌었던 쁘리디 파놈용은 미국과 영국에 대한 전쟁 선포가 불법이며 무효라고 강변하면서, 피분 송크람이 일본과 공동방위조약으로 맺은 공수동맹攻守同盟 관계를 부정했다. 또한 수상인 쿠앙 아파이웡(재임 1944.8~1946.3)은 일본과 손잡은 데 대한 책임을 지고 자진해서 사임 의사를 밝혔다. 태국 의회는 주미 공사인 쎄니 쁘라못이 귀국하는 대로 그를 수상으로 추대한다는 계획을 발표하고, 저명한 민간 정치인인 타위 분야껫이 이끄는 과도 내각을 구성했다.

1945년 9월 초 영국은 태국에 북부 말라야의 끌란딴·뜨렝가누·끄다·뻬르리스와 버마의 샨주를 반환하고 모든 재산 손실을 완전히 배상할 것과 경제적 특권, 태국에 무한정 연합군을 주둔할 권한, 쌀 150만 톤 무상 제공 등을 강력하게 요구했다. 하지만 전후 냉전의 전략적인 차원에서 태국을 동남아시아의 반공 거점으로 삼으려는 미국의 중재에 힘입어, 12월 말 태국은 영국의 요구를 대폭 완화한 협정에 서명할 수 있었다.

프랑스와의 협상도 녹록지 않았다. 1947년 1월에 가서야 프랑스가 태국의 국제연합(이하 '유엔') 가입에 반대하지 않는 대신, 태국은 라오스와 캄보디아 영토를 프랑스령 인도차이나에 반환하기로 합의했다. 태국은

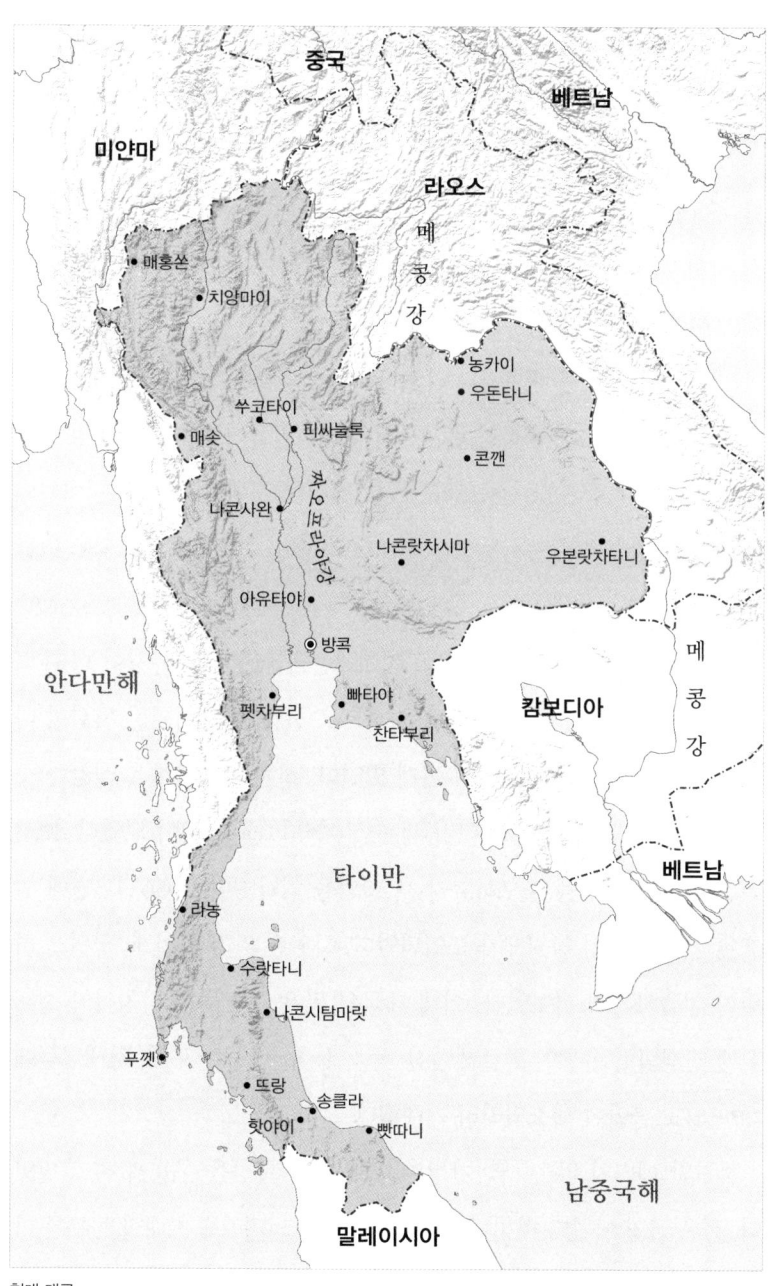

현대 태국

유엔에 가입하는 데 소련의 동의를 얻기 위해 1930대부터 유지해온 반공법을 폐기해야 했다.

전후 쁘리디는 이렇게 위태로운 외교 관계를 헤쳐나가면서 태국 정치를 주도했다. 서구의 불신을 받던 군부가 정치를 떠나 있는 동안, 민간인 정치가들이 처음으로 정당을 조직하고 자유롭게 경쟁할 수 있게 되었다. 1946년 초에 최소한 주요 정당 4개가 창당되었다. 당시 라오스 북부에서 활동하고 있던 베트민과 라오 공산주의자들에게 영향을 받아 반제국주의 성향이 강한 태국 북동부 출신의 정치인들이 협력당을 창당해서, 쁘리디의 오랜 동료들이 주도하는 인민당과 제휴했다. 쿠앙 아파이웡의 민주당과 쎄니 쁘라못의 동생인 쿡릿 쁘라못이 주도하는 진보당이 그들과 경쟁했다.

1946년 1월 선거에서 쁘리디를 지지하는 협력당과 인민당이 다수 의석을 획득했으나, 의회는 쿠앙을 수상으로 선출했다. 하지만 의회의 다수가 여전히 쁘리디의 영향력 아래 있었다. 정치적 역부족을 실감한 쿠앙이 3월에 사임하고, 쁘리디가 새 수상(재임 1946. 3~8)이 되었다. 쁘리디는 정치적 안정을 도모하고자 새 헌법을 입안했다. 1946년 3월에 발효된 헌법에 따라 양원제가 도입되었다. 하원은 완전 직선제, 상원은 하원이 선출하는 방식이었다. 이제 태국의 많은 사람들은 정치적 안정과 함께 전쟁의 후유증인 인플레이션, 물자 부족, 만연한 부패, 강대국들에 대한 외교 불안이 해소되리라 기대했다.

하지만 예기치 않은 사건이 일어나 그러한 희망을 무색케 하고 말았다. 젊은 국왕 아난타 마히돈(재임 1935~1946) 라마 8세가 대학 공부를 마치려고 스위스로 돌아가기 며칠 전인 1946년 6월 9일, 침실에서 총에 머리를 맞아 사망했다. 현대 태국 역사에서 아직도 풀리지 않은 수수께끼로 남은 그의 죽음은 정치적인 위기를 촉발했다.

이 엄중한 사건에 대한 정부의 부적절한 초기 대응이 위기를 더욱 증폭했다. 쁘리디 정부는 처음에 국왕의 죽음이 사고에 의한 것이라고 발표했다. 그런데 정부의 위임을 받아 사건을 조사한, 미국과 영국의 의사들이 포함된 위원회가 왕의 피살 가능성을 제

푸미폰 아둔야뎃(1960)

기하자 상황이 급변했다. 여론은 빠르게 인민당의 반군주제 정서와 1933년 쁘리디가 국가 경제계획을 놓고 쁘라차티뽁 왕과 격렬한 불화를 일으켰던 것을 떠올리며 국왕 시해의 배후로 그를 지목했다. 아난타의 동생인 푸미폰 아둔야뎃(재위 1946~2016)이 즉각 왕위를 계승해 군주 공백 문제는 일단 해결되었다. 하지만 국왕의 죽음을 둘러싼 의혹과 그 사건에 대한 쁘리디의 책임 문제는 전후 태국의 정치적인 기류를 냉랭하게 만들었고, 결국 쁘리디는 8월에 사임하고 해외로 떠났다.

쁘리디에 이어 타완 탐롱나와싸왓(재임 1946.8~1947.11)이 수상에 올랐다. 타완 정부는 국정을 안정시키기엔 역부족이었다. 1946년 8월에 실시된 중간 선거에서 가까스로 다수 의석을 유지하는 데 성공했으나, 1947년 초 여러 여당 의원이 연이어 의문스러운 죽음을 당하면서 다수

당의 지위를 상실했다.

이처럼 정정이 불안한 가운데 쁘리디가 동남아시아 민족주의자들과 반反제국주의 세력의 단결이란 명분을 내세우며 귀국했다. 그는 전쟁 중에 자유타이운동을 전개하며 베트남·캄보디아·라오스의 반일·반프랑스 세력과 밀접한 관계를 맺었고, 이러한 유대 관계는 전쟁 직후 그가 태국 정치의 실세로 부상하면서 더욱 굳건해졌다. 그는 1947년 9월에 그 유대 관계를 바탕으로 방콕에서 동남아시아연맹을 창설했고, 이 연맹에 참여한 인도네시아·라오스·베트남 민족주의자들은 정보 수집과 무기 조달을 위해 각각 방콕에 사무소를 열었다. 태국 군부는 쁘리디가 공산주의자들과 연계되어 있다고 의심하고 있었다.

전쟁 중 일본에 협력하여 참전했기에 전범으로 체포되었던 피분은 1946년 태국 정부의 신속한 친서방 정책에 힘입어 석방되었다. 그러나 서구 강대국들이 그를 포함한 태국 군부를 여전히 불신했기에 그는 정치 전면에 나서길 주저하고 있었다. 그러는 동안 방콕에서도 점차 냉전의 기운이 감지되기 시작했다. 쁘리디와 공산주의 세력의 연계는 불분명했다. 그럼에도 그 가능성을 의심하던 서구 세력, 특히 미국의 묵인하에 피분 송크람, 파오 씨야논, 싸릿 타나랏 3인방이 이끄는 육군이 정국 안정을 명분으로 1947년 11월 8일 쿠데타를 일으켜 정부를 장악했다. 하지만 피분을 위시한 쿠데타 주역들은 여전히 서구 세력의 불신을 우려해 신중한 태도를 취했다. 자신들이 정치 전면에 등장하지 않고, 이미 두 번이나 수상을 역임했던 쿠앙을 다시 수상으로 옹립해 당분간 현상을 유지했다.

쿠앙 정부는 다시 총선을 준비하며 경험 많고 신뢰받는 정치인들로 임시 내각을 구성해 기대를 모았다. 그러는 동안 군과 경찰은 반제국주의 성향의 좌익 정치 집단들, 특히 쁘리디의 오랜 지지자들, 자유타이 운동가들, 그리고 북동부 출신 정치인들에 대한 숙청肅淸에 착수했다.

1948년 1월 선거에서 쿠앙의 민주당이 의회의 다수 의석을 차지했다. 쿠앙 정부와 민주당이 군부의 정치적 영향력을 약화하려고 새 헌법안을 준비하는 약 3개월 동안, 쿠데타 세력은 국내외 정국을 관망하는 태도를 취했다. 하지만 결국 그들은 쿠앙을 사임케 하고, 전쟁 중 피분이 쿠앙에게 수상직을 이양한 지 3년 8개월 만인 1948년 4월 8일 그를 다시 수상으로 추대했다.

동남아시아의 다른 지역에서 탈식민지 투쟁이 열기를 뿜는 가운데, 급변한 국제 정세에서 태국은 풍전등화와 같던 위기를 극복하는 데 성공했다. 전후 서구 세력의 강한 불신을 받던 피분과 군부가 국제 냉전의 기류를 이용해 불리한 국면을 극복하고 정권을 다시 장악했다. 이러한 일련의 사태는 식민지배를 경험하지 않았던 태국이 그에 준하는 상황을 벗어난 것으로, 다른 나라들의 탈식민화에 상응하는 전환점으로 보아도 큰 무리가 없을 듯하다.[5]

남부 태국

빳따니의 뜽꾸 마흐무드 술탄은 영국의 2차 세계대전 승리에 힘입어 태국의 지배에서 벗어날 수 있으리라 기대했다. 1945년 11월에 빳따니의 전통 지도자 7명이 런던에 다음과 같은 청원을 보냈다. "우리는 영국

정부에 싸얌의 압제에서 빳따니를 해방해줄 것을 요청한다. 우리는 싸얌 정부의 지배하에 더 남아 있기를 원하지 않기 때문이다."

전쟁 직후 태국은 국제적 위기를 맞았고, 이는 빳따니의 말레이계 무슬림이 보기에 빳따니가 태국에서 분리될 전무후무한 기회였다. 영국 정부는 이들의 청원을 신중하게 검토했다. 영국 정부의 일부 구성원들은 전쟁 중에 태국이 취한 반서구 정책에 대한 응징으로 이들의 청원을 받아들일 것을 고려하기도 했다. 하지만 결국 영국 정부는 아무런 응답도 하지 않았다.

이러한 영국 정부의 태도엔 아마 다음의 두 가지 이유가 중요하게 작용했을 것이다. 새로 구성된 태국 정부는 피분 정부가 일본과 맺었던 협정을 부정하고, 전쟁 중 태국에서 활동했던 연합군 정보원들을 적극적으로 도운 정치 지도자들로 구성되었다. 따라서 서구 세계는 전쟁 중과는 달리 이제 태국을 적이 아니라고 생각하기 시작했다.

이 밖에도 미국이 간접적으로 중요한 역할을 했던 것으로 보인다. 2차 세계대전 후반기부터 미국은 전략적인 차원에서 태국을 동남아시아의 주요 반공 거점으로 삼기를 원했다. 고로 미국 정부는 전후 영국과 태국의 관계를 훼손할 수 있는 어떠한 합의도 용인하려 하지 않았다.[6]

2 도서부

1945년 8월 17일 독립 선언에 이어 8월 말 자까르따에 인도네시아공화국 정부가 수립되었다. 독립을 선언했다는 소식이 전국으로 전파되었고, 연합군의 진주가 늦어지는 가운데 인도네시아의 다양한 급진 세력이 혁명 분위기를 조성하기 시작했다. 특히 청년 집단은 무장투쟁 단체를 결성해 공화국의 이름으로 자까르따·욕야까르따·수라까르따·반둥 등 자바 주요 도시의 공공시설을 접수하고, 무기와 탄약 확보를 위해 일본군 부대를 습격했다. 이슬람 지도자들도 조국의 독립을 위한 투쟁을 지하드로 선포하고 모든 무슬림의 참여를 독려해, 마슈미의 무장 세력인 히즈불라전선의 수가 급증했다.

영국 동남아시아사령부 예하의 오스트레일리아군이 1945년 9월 말부터 10월 중순까지 동부 인도네시아 대부분을 순탄하게 점령했다. 이 지역에 기독교 인구가 상당수 있었고, 일본 점령기에 대중이 전쟁 지원 행사에 동원되거나 달리 정치의식을 자극받은 경험이 없었던 까닭에 혁명의 기운이 비교적 약했기 때문이다.

하지만 자바와 수마뜨라의 상황은 달랐다. 연합군이 속속 입성하면서 팽팽한 전운이 감돌았다. 10월 중에 시가전이 도시 곳곳에서 발생했다. 혁명을 지지하는 청년 집단이 한편을 이루고, 암본인을 포함한 네덜란

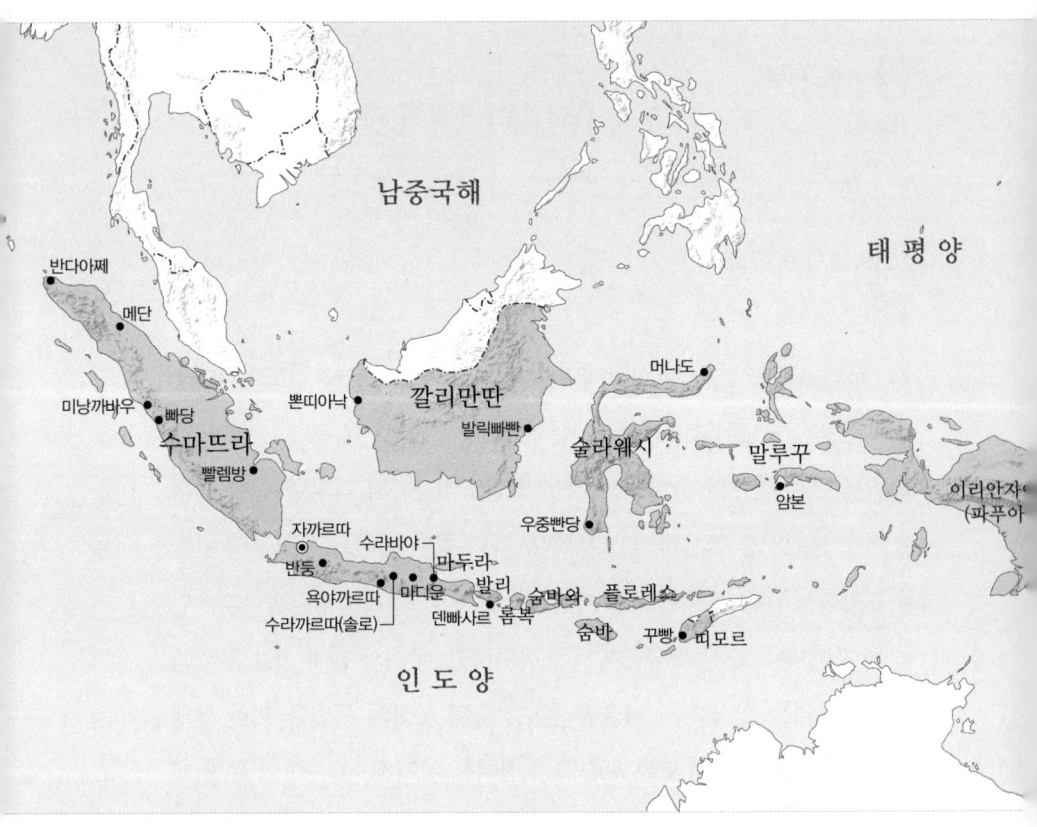

현대 인도네시아

드왕국군·중국인·유럽인이 다른 한편에 있었다. 이 와중에 일본군은
연합군의 명령대로 질서를 유지하지 않고, 혁명 세력에 무기를 넘겨주
고는 도시 외곽으로 빠져나갔다. 그 후 연합군이 몇몇 도시 중심부를 점
령하려 하면서 혁명 세력과 무력 충돌이 발생했다. 특히 동부 자바의 수
라바야에서 가장 치열한 전투가 벌어져, 이 지역은 인도네시아 혁명기
에 '저항의 아이콘'이 되었다. 10월 25일 인도인 보병 약 6000명으로 구
성된 영국군이 유럽인 억류자들을 대피시킬 목적으로 혁명의 열기에 휩

싸인 수라바야에 입성했다. 약 3만 명이 넘는 인도네시아 무장 세력과 영국군 간에 치열한 전투가 벌어졌다.

이 과정에서 영국군 사령관인 말라비 장군이 사망했다. 영국군은 3일 내에 수라바야 대부분을 장악했으나, 이 지역을 완전히 평정하기까지는 3주 이상이 걸렸다. 이때 인도네시아인이 최소한 6000명 희생되었다. 하지만 그들의 희생은 결코 헛되지 않았다. 이 전투를 통해 영국은 혁명에 대한 민중의 강력한 지지를 확인하고, 인도네시아를 조기에 떠나는 것이 현명하다는 판단을 내렸기 때문이다. 네덜란드도 인도네시아의 독립 선언이 단지 일본의 부추김으로 급조된 것이 아니라는 사실을 인식하게 되었다.

사실상 1945년 말까지 인도네시아의 초기 혁명은 공화국 정부의 의도와 상관없이 다양한 혁명 세력에 의해 자발적으로 펼쳐졌다. 이 시기에 혁명은 사회계층 간의 끔찍한 살육전 양상을 띠었다. 공화국을 지지하는 혁명 세력이 일제 부역자, 전쟁 전의 식민지 관리, 암시장의 중국인 상인 등을 공격했다. 또한 아쩨에서 공화국을 지지하던 울라마들이 네덜란드와 일본의 조력자로 낙인찍힌 울레발랑들을 살육했다. 미낭까바우에서도 마찬가지 이유로 빠드리 세력이 귀족 집단인 뼁훌루를 공격해 많은 희생자를 냈다.

그러는 동안 네덜란드의 복귀가 임박하자 공화국 정부의 지도자들은 혁명 세력의 단합뿐 아니라 네덜란드와 협상하기 위한 대책 마련에 부심하기 시작했다. 수까르노와 하따는 전쟁 중 일본과 협력했다는 약점 때문에 협상에 불리할 것으로 판단되었다. 기성 보수 정치인에 대한 청년 세력의 불신으로, 반일 급진 성향을 띤 수딴 샤흐리르(1909~1966)와

아미르 샤리푸딘(1907~1948)이 수까르노와 하따를 대신할 인물로 부각되었다.

1945년 10월 16일 샤흐리르와 샤리푸딘이 혁명 내각인 인도네시아국민중앙위원회(KNIP)를 장악했다. 샤흐리르를 내무장관과 외무장관을 겸한 수상으로, 샤리푸딘을 공보장관을 겸한 국방장관으로 하는 샤흐리르 내각(1945~1947)이 구성되었다. 수까르노 대통령(재임 1945~1967)과 하따 부통령(재임 1945~1956)이 뒷전으로 밀려나 있는 동안, '45년 헌법(UUD 45)'에 근거한 수까르노의 강력한 대통령 중심제 구상은 보류되었다. 네덜란드의 자까르따(1942년 일본 군정이 바타비아를 개칭했다) 재점령에 대비해 샤흐리르 정부는, 하맹꾸부워노 술탄의 제의에 따라 1946년 1월 욕야까르따로 수도를 이전했다.

혁명 초기에 군부가 인도네시아의 주요 정치세력으로 급부상했다. 군부는 성격이 다른 두 집단으로 나뉘어 있었다. 하나는 일본 점령기에 헤이호 · 뻬따 · 기유군 등 준군사조직에 참여했던 급진적인 청년 세력들로, 그들의 추대로 수디르만(1915~1950)이 1945년에 인도네시아군(TNI)의 총사령관이 되었다. 다른 한 집단은 전쟁 전 네덜란드왕국군에 속했던 세력으로 정식으로 군사 훈련을 받은 정예 군대였다. 이 집단은 수마뜨라 바딱족 무슬림인 나수띠온(1918~2000)을 지도자로 추대했다. 공화국 정부는 급진적인 수디르만보다 보수적인 나수띠온 세력과 더 가까웠다. 나수띠온은 1946년 5월에 서부 자바의 최정예군인 실리왕이 사단의 지휘를 맡았고, 실리왕이 사단은 가장 핵심적인 친공화국 군대가 되었다.

1946년 3월에 샤흐리르는 공화국이 자바와 수마뜨라를, 네덜란드가 그 밖의 지역을 통치하는 네덜란드연방을 건설하는 협상을 진행하기로 네덜란드 부총독(전후 네덜란드는 총독을 임명하지 않았다)인 판묵(재임 1942~1948)과 비밀리에 합의했다. 이 사실이 알려지자 단일 독립 공화국을 원하던 급진 세력은 그 협상에 반대하고, 급기야 샤흐리르를 체포했다. 수까르노는 즉시 샤흐리르 석방을 명령했다. 하지만 수디르만은 그의 명령을 거부했다. 6월 30일 수까르노가 라디오 방송을 통해, 샤흐리르 체포는 인도네시아 혁명 세력의 결집을 위협하는 일이라는 성명을 발표하고 나서야, 그날 밤에 샤흐리르가 석방될 수 있었다.

네덜란드는 연방을 수립하려는 시도를 계속했다. 1946년 7월부터 네덜란드는 자바와 수마뜨라 외의 인도네시아 지역에 대한 지배권을 강화하기 시작했다. 이 지역엔 공화국 정부의 반反귀족 정치를 우려하며 네덜란드연방을 지지하던 세습 군주들이 있었다. 네덜란드가 그들에게 연방 내의 자치권을 약속함에 따라 외곽 군도에서 연방에 참여하는 지역이 하나둘씩 등장했다.

11월에 공화국 지도부와 네덜란드가 링가자띠 협정을 체결했다. 이 협정의 골자는 자바·마두라·수마뜨라에 대한 공화국 정부의 지배권을 인정하고, 양쪽은 1949년 1월까지 연방제 국가 수립을 위해 함께 노력한다는 것이었다. 하지만 서로에 대한 불신으로 협정 이행 절차가 잘 진척되지 않자, 1947년 6월 샤리푸딘과 그를 따르는 세력은 샤흐리르 수상의 지도력에 회의를 품고 그에 대한 지지를 철회했다. 당시 샤흐리르는 공화국 정부를 대표해 국제연합(유엔)에 참석하려고 해외에 머무르던 중이었다. 7월에 샤리푸딘이 샤흐리르의 후임으로 새 수상이 되었다.

네덜란드는 1947년 7월 20일 15만 명 규모의 군대를 동원해 대대적

인도네시아 독립 영웅인 조선인 양칠성(왼쪽)은 일본군에 징용되어 인도네시아에 갔다가, 일제 패망 후 인도네시아 독립군에 합류했다. 그리고 1948년 네덜란드군에 잡혀 이듬해 처형되었다. 인도네시아에서 그는 '꼬마루딘 Komarudin'이라는 이름으로 기억되고 있다.

인 공세를 취하기 시작했다. 이른바 '질서 유지를 위한 군사행동police action'을 통해 네덜란드는 삽시간에 자바의 주요 항구와 마두라, 동부 자바의 설탕 산지, 그리고 수마뜨라의 원유·석탄·고무 산지 등을 장악했다. 그들의 공세에 밀려 공화국 군대는 후퇴를 거듭했다.

이 무렵에 국제사회가 인도네시아 사태에 개입하기 시작했다. 네덜란드의 첫 번째 군사행동이 시작된 지 일주일이 지나서 인도와 오스트레일리아가 유엔 안전보장이사회(약칭 '안보리')에서 인도네시아 사태를 거론했다. 공화국 정부가 사회주의 성향을 띠고 있다고 의심하던 미국은 모호한 입장을 취했고, 영국·프랑스·벨기에 등 식민 세력은 기권을 택한 반면, 소련을 포함한 대부분 국가는 네덜란드와 인도네시아가 휴전을 하고 협상을 통해 문제를 해결할 것을 촉구했다.

1948년 1월 유엔의 중재에 따라 자까르따의 딴중 쁘리욱 항구에 정박해 있던 미국 군함 렌빌에서 양쪽이 휴전협정을 체결했다. 네덜란드의 군사행동에 무기력하게 대응하고 이어서 굴욕적인 휴전협정을 체결하기에 이르자 샤리푸딘 내각(1947~1948)은 무너지고 말았다. 수까르노가 다시 전면에 등장하고, 하따가 비상내각 구성에 착수했다.

인도네시아 혁명 세력이 여전히 분열되어 있고 서방 세계의 지지도 미온적인 가운데, 1948년 세계적으로 공산주의의 약진이 목도되었다. 내전 중인 중국에서 공산당군이 국민당군을 압도하기 시작한 데다, 소련의 베를린 봉쇄, 버마 공산주의 세력과 말라야공산당의 무장 봉기, 필리핀 공산주의 세력인 훅발라합의 항쟁, 체코슬로바키아 공산주의 세력의 쿠데타 등이 서구 자유주의 진영을 긴장케 했다. 1946년 3월 윈스턴 처칠이 예언한 대로 '철의 장막^{Iron Curtain}'이 지구를 다 둘러쌀 것처럼 보였다. 냉전의 양대 축 중 하나인 미국은 자국이 이끄는 이른바 '자유세계'가 공산주의의 위협을 받는 것을 결코 용인할 수 없었다.

1948년 8월, 인도네시아공산당(PKI)을 초창기에 이끌다가 1927년 미낭까바우 봉기 후 소련으로 망명했던 무쏘가 인도네시아로 돌아왔다. 그는 곧 좌파 정당들을 PKI에 통합했다. PKI는 정통파 무슬림이 아닌 무슬림 집단을 일컫는 '아방안' 농민의 정당을 표방하며, 소규모 소작농과 임차농 등 토지 없는 농민들 사이에 '토지 점유 운동'을 일으켰다. 이는 마슈미를 지지하던 독실한 무슬림 집단인 산뜨리 농민과 지주들의 거센 반발을 샀다.

그해 9월 18일 PKI 지지자들이 동부 자바의 마디운을 점령하고 사회주의공화국을 선포했다. 그러나 급진 세력을 옹호하던 수디르만 장군조차 인도네시아가 공산주의자의 지배하에 놓이는 것은 원치 않았다. 또한 수디르만은 이 사건이 네덜란드에게 혁명 공화국을 공격할 빌미로 이용될까 봐 우려했다. 수디르만은 협상을 통해 사태가 진정되기를 바랐지만, 수까르노는 일절 협상의 여지를 주지 않고 방송을 통해 공산주의자들을 비난하면서 공화국 정부를 중심으로 모두 결집할 것을 호소했다. 결국 실리왕이 사단이 마디운으로 진격해 치열한 전투 끝에 PKI 봉기를 진압했다. 이 과정에서 약 8000명이 목숨을 잃고, 약 3만 5000명이 체포되었다.

이른바 '마디운 쿠데타'는 국내외적으로 인도네시아혁명의 결정적인 전환점이었다. 공화국 정부 내의 좌파 세력이 제거되고, 군부도 좌파 장교를 숙청하기 시작했다. 군부는 이제 수까르노를 대체할 수 없는 국가 지도자로 인정하기 시작했고, 욕야까르따의 공화국 정부가 정통성 있는 유일한 정부로 자리를 굳혔다. 더욱이 마디운 쿠데타는 당시 세계 도처에서 공산주의가 엄청난 기세로 약진하던 가운데, 인도네시아의 공화국 정부가 반공산주의 체제라는 것을 서방 세계에 분명히 각인해주었다. 공화국 정부가 공산주의 무장 봉기를 유혈 진압했기 때문이다. 이 쿠데타 진압을 기점으로 미국을 포함한 자유주의 진영이 인도네시아 독립투쟁을 적극적으로 지지하기 시작했다.

그러는 동안 네덜란드는 공화국 정부를 전복하려고 마지막으로 필사적인 시도를 했다. 1948년 12월 8일 렌빌 휴전협정을 일방적으로 파기하고, 이튿날 두 번째 군사행동을 감행해 공화국의 임시 수도인 욕야까르따를 점령했다. 하지만 국제 시류가 변화한 가운데 네덜란드의 무력 행동은 국제사회의 공분을 사기에 충분했다. 이때 공화국 군부는 게릴라 부대를 활용해 인도네시아 전역에서 네덜란드 군대를 괴롭혔다. 지루한 공방전이 벌어지는 동안 네덜란드가 세운 연방 소속 국가들이 하나둘 이탈하기 시작했다.

유엔은 휴전, 공화국 정부의 욕야까르따 복귀, 그리고 1950년 7월 1일까지 인도네시아가 독립할 수 있도록 보장할 것을 네덜란드에 요구했다. 미국은 네덜란드에 대한 원조를 연기하고, 마셜 플랜*에서 네덜란드를 제외하겠다고 압박했다. 네덜란드에게는 다른 선택의 여지가 없어 보였다. 휴전협정이 조인되고, 공화국 정부는 욕야카르따를 재탈환했다. 1949년 8~11월 네덜란드에서 열린 회담 결과, 12월 28일에 네덜란드는 이리안자야**를 제외하고 모든 네덜란드령 인도네시아를 독립 국가로 인정했다.

2차 세계대전 이후 동남아시아 국가들 중 인도네시아와 베트남만이 혁명을 통해 독립을 달성했다. 인도네시아의 독립은 네덜란드 재점령에 대항한 무장 투쟁과, 냉전에서 비롯된 우호적인 국제 환경의 결합으로 가능했다. 2차 세계대전은 국제정치의 판도를 송두리째 바꾸어놓았다. 유럽이 황폐해지면서 전후 세계에 미국과 소련이 양대 초강국으로 등장했고, 유엔이 설립되었다.*** 동유럽과 중국에서 공산주의 세력이 약진하고 그 밖의 지역에서도 공산주의 봉기가 확산되자 반공산주의 진영 역시 강력히 결집했고, 세계의 공산화를 우려하던 미국과 그 동맹국들을

----

* 1947년 미국의 트루먼 대통령은 소련의 확대에 위기를 느끼고 '소수 무장 세력이나 외부 세력의 전복 행위에 저항하는 자유민들을 지원하겠다'는 외교 원칙을 천명한 '트루먼 독트린Truman Doctrine'을 발표했다. 이어 미국 정부는 2차 세계대전으로 피폐해진 서유럽 16개 국가에 대규모 재정을 원조하는 유럽부흥계획(이른바 '마셜 플랜 Marshall Plan')을 수립했다. 이는 경제 원조를 통해 서유럽의 공산화를 막으려는 대소련 봉쇄 정책이었다.
** 이리안자야는 1963년 인도네시아공화국에 통합되었다.
*** 전후 평화로운 국제질서를 확립하고자 1944년 8~10월 미국·영국·소련·중국이 '덤버턴 오크스 회의 Dumbarton Oaks Conference'를 열고 국제연합 헌장의 초안을 작성했다. 1945년 4~6월 51개국이 참여한 가운데 열린 샌프란시스코 회의에서 국제연합 헌장을 채택하고, 10월에 국제연합United Nations(유엔)이 발족했다. 유엔은 총회, 안전보장이사회, 경제사회이사회, 신탁통치이사회, 사무국, 국제사법재판소 등으로 구성되었다. 그중 국제 평화와 안전을 담당하는 안전보장이사회는 미국·영국·프랑스·소련·중국을 상임이사국으로 하고, 상임이사국에게는 이사회의 의결을 부결할 수 있는 거부권이 주어졌다. 유엔의 가장 큰 특징은 평화 유지에 비협조적인 나라에 경제적 제재를 가하거나, 유엔군을 파견해 군사적으로 제재하는 등 강력한 권한을 행사한다는 점이다.

한편으로, 소련과 그에 의존하는 세력을 다른 한편으로 하는 동서 냉전
이 갈수록 치열해졌다. 그러는 동안 미국의 반식민주의는 반공산주의와
강하게 결합되었고, 이것이 인도네시아혁명에 촉진제 구실을 했다.

하지만 우호적인 국제적인 환경이 조성되었다 해도 인도네시아 내부
에 혁명을 이끌 동력이 부재했다면 그 효과가 미진했을 것이다. 그들에
겐 교육받은 민족주의 지도자들, 이슬람 지도자들, 독립을 열망하는 정
치의식을 갖춘 청년층, 그리고 정예 군대가 있었다. 또한 네덜란드의 탄
압으로 단련되고, 일본 지배의 쓰라린 경험을 통해 외세의 지배를 다시
는 허용할 수 없다는 결의를 다지고, 더 나은 미래를 위해 공화국 정부
를 필사적으로 지지한 민중이 있었다. 결론적으로 인도네시아인의 결
단, 무장 투쟁, 공화국 정부를 중심으로 한 혁명 세력의 결집, 유리한 국
제 환경과 효과적인 외교의 결합이 동남아시아에서 가장 큰 나라인 인
도네시아를 탄생케 한 것이다.[7]

동띠모르 1945-1976

2차 세계대전이 끝나자 포르투갈이 동띠모르로 돌아왔다. 인도네시
아가 1949년에 네덜란드로부터 독립을 쟁취한 반면, 포르투갈령 동띠
모르는 당시 대세인 탈식민지화 과정에서 소외된 채로 남았다. 전쟁 중
에 파괴된 기반시설을 재건하는 데 강제 노역이 동원되었고, 이는 많은
동띠모르 사람들의 분노를 촉발해 1959년에 대규모 폭동으로 이어졌
다. 포르투갈의 무자비한 진압으로 약 1000명이 사망했고, 폭동을 이끈

현대 동띠모르

주동자들은 앙골라와 모잠비크로 추방되었다.

1963년 인도네시아 정부는 자까르따에 장관 12명으로 구성한 띠모르 공화국해방청을 설립하고 동띠모르의 탈식민지화를 논의하기 시작했다. 1969년 말 인도네시아 군부는 동띠모르 현지에서 좌파 정부를 수립하려는 움직임이 일고 있는 것을 인도네시아 안보에 대한 위협으로 간주하고, 만약 포르투갈의 통치가 불안정할 경우 인도네시아가 대신 동띠모르를 합병하길 바랐다. 1970년대 초에 이 문제는 인도네시아 · 오스트레일리아 · 미국 정보기관의 첨예한 관심사가 되었다.

그러는 동안 1974년 4월 포르투갈에서 예상치 못한 일이 벌어졌다. 장기 독재를 이어가던 안토니우 살라자르 정권(1932~1974)이 군사 쿠데타로 무너지고, 리스본에 새로 들어선 민주 정부는 포르투갈의 모든 해외 식민지를 탈식민지화하겠다고 약속했다. 곧바로 1974년 5월, 동띠모르의 탈식민지화를 목표로 한 젊은 동띠모르 엘리트들의 단체 3개가 거의 비슷한 시점에 설립되었다. 하지만 출신 배경과 이해관계에 따라 이들 단체의 목표와 지향하는 바가 서로 달랐다.

1974년 5월 11일에 띠모르민주연합(이하 UDT)이 맨 먼저 설립되었다. UDT는 포르투갈과 연방을 결성해 연방 산하의 독립국이 되자고 주장했다. 마리우·마누엘·주앙 카하스칼랑 형제, 도밍구스 올리비에라, 프란시스쿠 샤비에르 로페스 크루즈, 세자르 아우구스투 모지뉴 등이 UDT를 이끌었다. UDT는 포르투갈과 우호적인 관계를 맺어온 왕과 리우라이(부족장) 집단, 그리고 그들 리우라이가 이끄는 부족들을 주요 지지 기반으로 했다.

그리고 5월 20일 띠모르사회민주협회(이하 ASDT)가 결성되었다. ASDT의 지도부는 프란시스쿠 샤비에르 아마랄, 조제 하무스 오르타, 주스티누 모타, 니콜라우 로바투, 마리 알카티리 등으로 구성되었다. 그들은 온전히 동띠모르인의 정부를 수립하여 완전한 독립을 이루기를 원했다. 같은 해 9월에 ASDT는 조제 하무스 오르타가 한때 참여했던 모잠비크해방선선(약칭 '프렐리무FRELIMO')을 본떠서 독립동띠모르혁명전선(약칭 '프레틸린FRETILIN')으로 개칭했다. 이들은 명망 있는 리우라이를 비롯해 각계각층 민중의 폭넓은 지지를 받았다.

ASDT 설립 5일 뒤인 25일에 설립된 띠모르대중민주협회(약칭 '아포데티APODETI')는 자치를 전제로 인도네시아와 통합하는 방식을 선호하고, 인도네시아어 교육을 중시했다. 아포데티는 주로 인도네시아와 관계를 맺으며 지위와 각종 혜택을 누려온 무역업자·세관 관리·전통적인 지도자들의 지지를 받았다. 아르날두 헤이스 아라우주, 오자리우 소아르스, 그리고 전 앗사베왕국의 리우라이로 많은 추종 세력을 거느린 동 길레르므 곤살베스가 이 단체를 이끌었다.

1974년 11월에 포르투갈 정부는 동띠모르 탈식민화 계획을 추진하기 위해 레무스 피르스를 딜리로 파견했다. 그는 동띠모르가 가급적 리스본의 개입 없이 스스로 탈식민지화 단계를 밟아나가기를 바랐다. 그의 계획에 따라 우선 주요 정치단체 3개가 합법적인 정당으로 전환되었다. 1975년 초에 포르투갈은 세 정당 대표 모두가 참여하는 임시 연립정부 수립을 제안했다. 아포데티가 이 제안을 거부하자 1975년 1월 UDT와 프레틸린 두 정당 대표만으로 연립정부가 구성되었다. 3월 중순 연립정부와 리스본 정부는 동띠모르의 완전한 독립과 과도정부 수립을 위한 방안에 합의했다. 이 방안의 골자는 UDT · 프레틸린 · 포르투갈이 동수로 과도정부를 구성하고, 3년 후에 제헌의회 선출을 위한 총선을 치른다는 것이었다.

하지만 냉전의 와중에 인도네시아가 동띠모르 합병을 원했기 때문에, 이 지역의 미래는 외세에 좌지우지될 운명이었다. 미국 · 오스트레일리아 · 포르투갈의 암묵적인 동의에 따라 1974년 중반 인도네시아 군정보국은 동띠모르 통합을 위한 '꼬모도 작전 계획'을 최종 점검했다. 이 계획의 핵심은 인도네시아와 통합하기를 바라는 아포데티 지지자들과 협력하고, 프레틸린의 사회주의적 성향을 동띠모르 사회 전반에 알리는 것이었다.

1975년 5월 27일 UDT가 프레틸린과의 연립을 파기하고 8월 10일에 반공 선언을 하며 무력 투쟁에 돌입했다. 이에 프레틸린이 대응하여 내전이 발생했다. 짧은 유혈 사태 후 8월 27일 프레틸린은 딜리 전역을 장

12장 | 전후의 탈식민지 투쟁

535

악하고, 형식적으로 남아 있던 포르투갈 식민정부를 무너뜨렸다. 프레틸린은 빠르게 질서를 회복하고, 민중의 폭넓은 지지를 얻었다. 포르투갈 소속 동띠모르 군대가 프레틸린을 지지했고, 그들은 곧 창설된 동띠모르민족해방군(FALINTIL)의 근간이 되었다.

국제연합(유엔)의 한 공식 보고서에 따르면 이 내전에서 양민 약 6만 명이 프레틸린 무장 세력에게 살해되었다. 그들 중 대부분은 인도네시아와의 합병을 지지하던 사람들이었다. 이 사태를 계기로 UDT는 서띠모르로 넘어가, 프레틸린의 학살에서 벗어나게 해줄 것을 인도네시아에 청원했다. 10월 8일 인도네시아군은 바뚜가데에 꼬모도 작전을 위한 본부를 설립했다. 1975년 10월 16일 인도네시아군이 보보나로를 점령했다. 인도네시아의 공격이 계속되자 프레틸린은 유엔 안보리에 인도네시아군 철수 청원서를 보냈다.

1975년 11월 28일 프레틸린은 동띠모르민주공화국의 성립을 공식 선포했다. 이 신생국은 12개 나라로부터 독립국 지위를 인정받았으나, 포르투갈 · 오스트레일리아 · 미국은 침묵으로 일관했다. 독립 선포에 대한 인도네시아의 반응은 신속했다. 1975년 12월 7일 인도네시아가 전면적인 침공을 시작했다. 6개월 뒤인 1976년 6월 동띠모르는 인도네시아의 제27번째 주로 합병되었다. 이 과정에서 당시 동띠모르 전체 인구의 7분의 1에 해당하는 10만 여 명이 목숨을 잃었다. 프레틸린 군대는 산악으로 퇴각했다. 이제 그들은 포르투갈의 식민지배에서 벗어나, 인도네시아의 이른바 '내적 식민지배internal colonialism' 즉 '동족同族 식민지배'에 맞서 싸우게 되었다. 24년이나 이어질 기나긴 전쟁이었다.

인도네시아의 동띠모르 합병에 대한 미국과 오스트레일리아의 암묵적인 동의는 당시 냉전의 시각에서 이해할 필요가 있다. 베트남전쟁 이후 동남아시아에서 공산주의가 확산할 것을 두려워한 서구 세계는 프레틸린 당내의 급진 좌파 세력을 우려했다. 그들의 묵인은 반공을 우선시한 미국의 세계 전략과 원유를 둘러싼 인도네시아와 오스트레일리아의 지역 전략이 합작한 결과였다. 오스트레일리아는 곧 인도네시아와 띠모르해 연안의 대륙붕에 매장된 원유에 관한 협상에 돌입했다.[8]

말라야 1945-1957

1945년 9월 5일 말라야로 복귀한 영국은 10월, 재식민지화를 위해 전쟁 중 마련한 '말라야연합안案'을 백서 형태로 발표했다. 이 안의 골자는 술탄제를 폐지하고, 연방말레이주(이하 FMS)·비연방말레이주(이하 UMS)·싱가포르를 제외한 해협식민지(이하 SS)를 총독이 직접 통치하는 강력한 단일 식민지 체제로 재편하며, 모든 이민족에게 말레이인과 동등한 시민권을 부여한다는 것이었다. 이러한 영국의 전후 계획은 2차 세계대전 이전에 '말라야는 말레이인의 나라'라고 강조하던 말레이인 우대 정책과 완전히 동떨어진 조치로, 말레이인 사회에 커다란 충격을 주었다. 특히 이민족에게 동등한 시민권을 부여하는 것은 말레이인 사회가 그동안 누려왔던 전통적인 특권을 박탈당한다는 의미이기에, 이 안은 처음부터 말레이인 사회의 강한 반대에 부딪혔다.

그러나 영국은 말라야연합의 도입을 강행하려 했고, 말레이 정치인들은 반대투쟁을 위해 정치세력을 조직하기 시작했다. 다또 온 자파르

현대 말레이반도(서부 말레이시아)

(이하 다또 온)는 말레이반도에서 영어 교육을 받은 귀족 출신 친영파 신지식인 집단이 1930년대에 조직했던 41개 정치단체를 하나로 통합해 1946년 3월 연합말레이민족기구(이하 UMNO)를 결성했다. 다른 한편 부르하누딘 알헬미는 말레이어 교육을 받은 평민 출신 반영파 신지식인 집단을 결집해 말레이국민당(이하 MNP)을 결성했다.

영국은 예정대로 1946년 4월 1일 말라야연합을 출범시켰다. 말레이인 사회는 UMNO와 MNP를 중심으로 단합해 강력한 말라야연합 철회 투쟁을 펼쳤다. 그러나 UMNO와 MNP는 서로 다른 목표를 추구했다.

현대 말레이시아

친영적인 UMNO는 전전의 말레이인 우대 정책을 회복하기를 주장한 반면, 반영적인 MNP는 인도네시아 라야(인도네시아와 통합해서 독립하는 방식)를 대의로 내세웠다. 결국 영국은 1948년 2월 1일 말라야연합을 철회하고, 대신 당시 말레이인 사회의 다수를 대표하는 UMNO의 요구에 따라 말라야연방 체제를 도입했다.

말라야연방 체제는 전쟁 전 영국 식민지배하에서 말레이인 사회가 누렸던 전통적인 특권을 고스란히 유지하면서, 적절한 시기에 '독립'을 보장했다. 이는 전후 강력한 재식민지화를 노리던 영국에 대한 말레이 민

다또 온 자파르(1895~1962)

부르하누딘 알헬미(1911~1969)

족의식의 승리로 평가할 수 있다. 반면 전쟁 중 영국의 지원을 받으며 항일 투쟁에 참여한 대가로 '신민주말라야'를 건설하리라 기대했던 말라야공산당(이하 MCP)과 인도네시아 라야를 위해 투쟁하던 MNP는 커다란 좌절을 맛보았다.

말라야연방의 출범과 함께 다또 온을 비롯한 UMNO의 정치 지도자들은 머지않은 장래에 독립을 달성할 방안을 구체적으로 구상하기 시작했다. 그런데 1948년 6월 MCP가 말라야연방 도입에 반발해 무장 봉기를 일으키자, 영국 식민정부는 말라야 전역에 비상사태(이후 1962년까지 지속)를 선포했다. MCP의 무장 봉기는 두 가지 면에서 말라야의 평화적인 독립 획득에 결정적인 촉매제

구실을 했다. 첫째, 비상사태하에서 식민정부는 말라야 대부분의 반영 정치단체를 불법화하고 탄압했다. 이러한 가운데 MCP의 신민주말라야 구상뿐 아니라 MNP의 인도네시아 라야 실현도 동력을 크게 상실했다.

그 결과 이제 말라야의 독립을 위해 남은 현실적인 대안은 영국 식민정부와 친영 정치단체인 UMNO가 협상하여 입헌 절차constitutional process를 밟아나가는 방법뿐이었다.

둘째, 1948년 말 영국 식민정부는 말라야에서 MCP의 게릴라 투쟁을 진압하고 승리할 수 있는 관건은 '민심hearts and minds'의 동향에 달려 있다고 판단하고, 친영국 성향의 온건·보수적인 중국인 사회의 협력을 얻으려고 그들에게 정당 설립을 제안했다. 그 결과 말라야중국인협회(이하 MCA)가 탄생했다. 나아가 식민정부는 1949년 4월 MCP의 무장투쟁 진압을 포함해 말라야연방의 당면한 문제 해결을 협의하는 기구로서 민족집단유대위원회(이하 CLC)를 구성했다. UMNO와 MCA의 지도자들이 참여한 이 위원회는 곧 그들이 말라야연방의 정치적 미래를 논의하는 자리가 되었다.

한편, 다또 온은 말라야연방 출범이 임박했을 때 독립 구상을 구체적으로 피력하기 시작했다. 그는 독립을 달성하려면 무엇보다도 이민족 즉 비말레이인 집단의 협력이 필수이기 때문에, 말레이인 사회는 그들과 동일체 의식을 갖도록 의식을 개혁하기 위해 스스로와 싸워야 한다고 역설했다. 다또 온은 UMNO와 CLC에서 자신의 독립 구상을 실현하려고 애썼지만, 그의 주장은 말레이인 사회의 강한 반발에 부딪혀 실질적인 성과를 거두지 못했다. 다또 온은 1951년 초 UMNO 의장직을 사퇴하고, 그해 9월 자신의 독립 구상을 관철하기 위해 다인종 정당인 말라야독립당(이하 IMP)을 창당했다.

UMNO와 CLC에서 다또 온이 별다른 성과를 얻을 수 없었던 이유는 무엇보다 그의 구상 자체의 비현실성 때문이었다. 독립을 위한 전제로 다인종 사회의 통합을 위해 말레이인 사회와 비말레이인 사회가 완전한 동일체 의식을 가져야 하고, 이를 위해 말레이인 사회의 의식 개혁이 필요하다고 강조했는데, 이는 말레이인 사회가 말라야에서 지금껏 누려오던 전통적인 특권을 포기하고 비말레이인과 융합하라는 의미였다. 말레이인 대부분이 다또 온의 구상을 지나치게 급진적이고 비현실적인 것으로 생각했다.

그의 뒤를 이어 1951년 뚠꾸 압둘 라만이 UMNO의 새 의장으로 취임했다. 그는 다또 온의 실패를 반면교사로 삼아, 한편으로 '말라야는 말레이인의 나라'라는 전통적인 특권을 포기할 수 없음을 강조하면서, 다른 한편으로는 말라야의 독립 획득을 위해선 비말레이인의 협력이 필요하다는 사실을 인정했다. 비록 압둘 라만 역시 말라야의 독립을 위해선 다인종 사회의 통합이 필수라고 믿고 있었지만, 이를 실현하는 수단과 방법을 다또 온과 달리 취한 것이다.

다또 온은 말레이인과 비말레이인의 융합fusion을 추구한 반면, 압둘 라만은 동맹alliance을 제안했다. 융합안이 독립에 앞서 말라야에서 통일된 국민 집단을 먼저 창조해야 한다는 구상인 반면, 동맹안은 그보다 먼저 서로 다른 집단들 간의 협력을 통해 독립부터 획득해야 한다는 주장이었다. 당시 인종집단 간 반목의 골이 깊었던 상황을 고려할 때, 압둘 라만의 동맹안이 다또 온의 융합안보다 더 현실성 있는 국민 통합 구상이라고 할 수 있다.

말라야의 독립 달성을 위해선 중국인 사회의 협력이 필수적이었다. 다또 온, 압둘 라만과 마찬가지로 MCA의 의장인 탄쳉록(진정록陳禎祿) 역시 인종통합 의지가 강했다. 1951년 다또 온이 UMNO를 탈퇴해 IMP를 창당하고 압둘 라만이 UMNO의 새 의장으로 취임하자, 중국인 사회를 대표하는 탄쳉록의 행보가 말라야 정치의 향방에 중요한 변수로 떠올랐다. 그러나 압둘 라만이 취임 직후 말레이인 사회의 전통적인 특권을 강력하게 옹호하는 태도를 취하자, 탄쳉록은 일단 별수 없이 다또 온의 IMP를 지지하는 결정을 내렸다.

그러는 동안 UMNO와 MCA의 지구당 간부들 사이에 예상치 못한 일이 벌어졌다. 그들은 1952년 초로 예정된 꾸알라룸뿌르 시의회 선거에서 승리하기 위해 연합을 논의하기 시작했다. UMNO와 MCA의 중앙 지도부가 지구당에 미치는 영향력이 느슨한 가운데 벌어진 두 지구당 간부들의 연합 시도는 처음엔 의외의 일로 생각되었다. 하지만 탄쳉록은 곧 그것이 UMNO-MCA 동맹과 IMP의 지지도를 시험해볼 좋은 기회라고 생각했다. UMNO-MCA 동맹이 1952년 꾸알라룸뿌르 시의회 선거에서 IMP에 압승을 거두자, UMNO와 MCA 중앙당 간에 정치적 협력이 본격적으로 진행되었다.

1953년 초까지 UMNO와 MCA의 정치적 유대가 점차 강화됨에 따라, 다인종 사회의 통합을 통한 독립 획득 움직임이 새 전기를 맞게 되었다. 식민정부로선 이들의 행보가 더 폭넓은 지지를 얻을수록 MCP의 무장투쟁을 진압하기에 유리하기 때문에, 이들을 지지할 수밖에 없었다. 이제 머지않은 시기에 말라야가 독립할 것이 기정사실로 여겨졌다. 식민정부가 말라야 독립을 위한 입헌 절차의 시작으로 1955년에 연방입법의회 선거를 치를 것이라고 발표하자, 말라야의 모든 정당이 입법의원 52석을 놓고 분주히 움직이기 시작했다.

이 무렵 말라야의 정치 판도에 몇 가지 변화가 일어났다. UMNO-MCA

탄쳉록(1883~1960)

동맹은 1954년 12월 말라야인도인의회 (이하 MIC)와 제휴해 UMNO-MCA-MIC 동맹당(이하 동맹당)을 구축했고, 비상사태에 정치력을 거의 상실한 MNP 지도자들은 범말라야이슬람당(PMIP)을 결성했다. 또한 다또 온은 분명치 않은 이유로 다인종 정당인 IMP에서 탈퇴하고, 1954년 2월 말레이인으로만 구성된 국민당을 결성했다. 1955년 7월 27일에 치러진 연방입법의회 선거는 동맹당의 압승으로 끝났다.

선거 직후 말라야의 정치 지도자들은 독립 획득을 위해 더욱 적극적인 행보를 시작했다. 1955년 12월 말에 개최된 UMNO 총회에서 압둘라만을 비롯한 정치 지도자들은 늦어도 1957년 8월 31일까지는 말라야 독립을 획득할 것을 천명했다. 1956년 2월 8일 런던에서 체결된 협정에 따라, 6월에 영국과 말라야의 정치인들은 독립 말라야의 헌법을 마련할 '리드Reid 제헌위원회'를 구성했다.

이 위원회가 말라야연방 헌법 최종안을 준비하는 동안, 말레이인의 특별한 지위 보장, 언어, 시민권 등 민감한 문제들이 부각되었다. 이들 문제는 UMNO · MCA · MIC 정치 지도자들 간의 협상을 통해 말레이인의 특별한 지위를 보장하고, 독립 후 10년 동안 말레이어와 영어를 공용어로 하되 그 뒤엔 말레이어를 유일한 국어로 채택하며, 속지주의 원칙에 따라 독립 이후에 탄생하는 모든 중국인과 인도인은 자동으로 말라야 시민권을 획득하게 하고, 여타 비말레이인도 독립 이후 일정 기간 체

류하고 말레이어를 습득하면 말레이인과 동등한 시민권을 부여하기로
합의함에 따라 일단락되었다.

　비상사태 기간에 급진 정당들이 주도하는 대중정치가 퇴조하고 온건
한 보수 정당들의 협력정치가 우세를 점한 가운데, 동맹당은 영국과 입
헌 협상을 벌여 1957년 8월 31일 영연방 내에서 독립을 획득하는 데 성
공했다. 말라야 독립 과정에서 동맹당의 결성에는 여러 요인이 작용했
다. 우선 동맹당의 대표들은 부르주아 계층으로서 영어 교육을 받은 친
영국 정치 엘리트라는 공통점을 갖고 있었다. 중국의 공산화와 인도의
해외 이주민 입국 금지 조치도 그들의 동맹에 어느 정도 영향을 미쳤다.
하지만 무엇보다도 다인종 사회에서 전통 세력일 뿐 아니라 다수 인종인
말레이인 사회를 대표하는 UMNO가 다른 소수인종 대표들을 포용하지
않았더라면, 말라야 독립 과정은 더 험난한 전혀 다른 방향으로 전개되
었을 가능성이 크다. 이러한 관점에서 타협과 협상을 통한 말라야 독립
과정은 말레이인의 융화적인 세계관을 엿볼 수 있는 대목이기도 하다.[9]

싱가포르 1945-1959

1945년 9월 말라야에 복귀한 영국은 10월에 싱가포르를 말라야에서 분리해 직할 식민지로 두고, 반도의 9개 말레이주와 삐낭·멀라까를 말라야연합으로 통합하는 식민지 체제 개편안을 발표했다. 1946년 4월 1일 말라야연합이 출범함에 따라 싱가포르는 전쟁 전의 해협식민지 중 유일하게 영국의 직할 식민지가 되었다.

싱가포르의 분리에는 영국의 경제·군사적 전략이 중요하게 작용했다. 영국에게 싱가포르는 아시아에 대한 수출과 군사 기지*로 중요한 곳이었다. 따라서 영국은 말라야 독립 후에도 싱가포르에 대한 지배권을 계속 유지하기 위해 이 지역을 직할 식민지로 남겨둘 필요가 있었다.

또한 영국은 말라야연합 도입을 위한 협상이 만만치 않으리란 점도 고려했다. 특히 술탄들에게 통치권을 포기하게 하고, 이민자들에게 말레이인과 동등한 시민권을 부여하려면 상당한 난항을 겪으리라 예상되었다. 영국이 술탄제를 폐지하고 이민자에게 말레이인과 동등한 시민권을 부여하기로 결정한 데에는, 아마 전쟁 중 항일 투쟁을 벌였던 이민자 사회 특히 중국인들과 달리 일본에 협조했던 말레이인 사회 특히 술탄들에게 '괘씸죄'를 물으려는 의도도 있었을 것이다. 그래서 중국인이 인구의 절대다수를 점하는 싱가포르를 분리하면 새 평등 정책에 대한 말레이인 사회의 거부감을 줄일 수 있을 것으로 판단했다.

전쟁 직후 말라야공산당(MCP)과 그 전위 부대인 말라야인민항일군

---

* 싱가포르는 당시 아시아의 영국령인 홍콩, 오스트레일리아, 인도를 연결하는 중요한 해군기지이자 국제무역항이었다. 윈스턴 처칠은 싱가포르를 '아시아의 지브롤터Gibraltar(이베리아반도 남단의 영국 식민지)'라고 불렀다.

현대 싱가포르

(MPAJA)은 싱가포르의 '중국어 세계'*에서 전쟁 영웅으로 추앙받았다. 따라서 전후 싱가포르 정치 무대에서 친공산주의적인 중국어 세계의 민중을 포섭하는 것이 곧 정치적 성공의 관건이었다. 영국이 전쟁 중 협력한 대가로 MCP의 합법화 등 온건한 정책을 고려하는 가운데, MCP는 MPAJA를 자진 해산하고, 합법적이고 정치적인 방법으로 '신민주말라야' 건설을 추진하기로 했다.

　이 목표를 위해 MCP는 전쟁 전의 노동조합총연맹(이하 GLU)을 재결집하면서 중국어 세계에 다가갔다. 전쟁 직전 자유노동법이 통과되어 노동조합 설립이 허용되었지만, 노동자의 자유와 권리를 원천적으로 봉쇄한 일본 군정하에서는 어떠한 노동조합도 존재할 수 없었다. 전쟁 직

---

*　식민지 시대 중국어로 교육받은, 싱가포르의 급진좌파 중국인 사회.

후 MCP는 싱가포르에 GLU 본부를 세우고, 전쟁 중에 얻은 명성을 바탕으로 전쟁 직후의 무질서·실업·인플레이션·물자 부족 같은 사회 문제를 제기하면서 세를 확장하고자 힘썼다. 1945년 말 GLU는 노동조합 6개 이상을 회원단체로 확보했다.

한편 영국은 말레이반도에서 연합말레이민족기구(UMNO)와 말레이 국민당(MNP)을 중심으로 말라야연합 도입에 반대하는 말레이인 사회의 대대적인 저항에 부딪혔다. 반도 말레이인 사회의 민족의식 분출은 싱가포르 정치 무대에도 영향을 미쳤다. 1946년 9월 MCP는 말라야연합을 영국 제국주의 악마의 본색이 드러난 것이라고 비난하고, 말라야를 위한 자치정부와 말라야의 모든 사람에게 평등한 시민권 부여를 요구하며, 2만 명이 참석한 대중 집회를 열었다.

전후 싱가포르의 첫 정당인 말라야민주연합(이하 MDU)이 창당되었다. '영어 세계'*에서 구성된 MDU는 필립 호알림을 당의장으로 해서, 싱가포르 분리를 반대하고 영연방 내에서 말라야의 한 주로서 독립하는 것을 당의 목표로 정했다. 1946년 10월 MDU는 식민지 정부에게 새 헌법을 논의할 모든 정당과 사회 대표가 참여하는 위원회 구성을 요구하고, 이를 관철하고자 1946년 12월 해협식민지의 원로 지도자인 탄쳉록을 의장으로 하는 범말라야연합행동협의회(이하 PMCJA)를 결성했다.

하지만 영국은 PMCJA의 요구를 일축하고 말레이인 우대 정책으로 회귀할 것을 주장하는 UMNO와 말라야연방을 추진했다. 1947년 4월 PMCJA는 인도네시아와 합병하는 것을 목표로 하는 MNP의 전위 조직

---

* 식민지 시대 영어로 교육받은, 싱가포르의 중국인 엘리트 사회로 필립 호알림, 데이비드 마셜 등이 이끄는 우파와 리콴유를 위시한 '리 그룹'이 이끄는 좌파로 나뉘어 있었다.

'인민중심세력'(PUTERA)과 함께 말라야전국연합행동협의회(AMCJA)란 동맹을 구축했다. 이들은 노동조합을 기반으로 싱가포르 민중의 말라야 연방 반대 운동을 주도하고, 1947년 10월 10일에는 말라야 역사상 최대의 정치 파업으로 기록된 전국적인 철시撤市*를 전개했다.

1948년 2월 1일 말라야연방이 계획대로 출범했고, 그해 4월 싱가포르에서는 6석의 의회 구성을 위한 첫 선거가 치러졌다. 이 선거에서 해협 중국인협회의 후원으로 1947년 8월에 창당한 싱가포르진보당(이하 SPP)이 3석을 차지했다. 한편 MCP는 말라야연방 출범에 항의해 선거를 거부하고 무장투쟁으로 돌아섰다. 이들은 말라야에서 반영 게릴라 무장투쟁을, 싱가포르에서는 대규모 파업 투쟁을 벌였다. 영국은 MCP를 진압한다는 구실로 1948년 6월 18일 말라야 전역에 비상사태를 선포했다. 싱가포르도 5일 뒤인 6월 23일부터 비상사태에 들어갔다. MCP는 불법 단체가 되었고, MNP의 여러 지도자가 체포되었으며, MDU는 자진 해산했다.

비상사태 선포로 싱가포르의 정치 무대에서 말라야연방을 반대하는 좌익 연합전선이 주도하는 '대중정치'가 퇴조하고, 영국의 식민지 후견 정책에 발맞춘 SPP와 싱가포르노동당(이하 SLP) 등 보수 정당에 의한 '협력정치'가 우세하게 되었다. 이들 협력 정당은 공히 자치권을 먼저 획득한 다음 말라야연방과 통합하는 방안, 즉 선자치 후통합을 내세웠다.

1951년 영국은 선출직 의회 의석을 9석으로 늘렸다. 같은 해 치러진 선거에서 SPP가 9석 중 6석을 차지해 이후 4년 동안 싱가포르 의회를

---

* '철시hartal'는 중소상인들이 상점을 열지 않는 동맹 휴업 투쟁이다.

이끌게 되었다. 1952년 SPP는 '10년 내 싱가포르의 자치정부 수립'을 목표로 정하고, 이어 말라야연방과 합병하는 형태로 완전한 독립을 추진하기로 했다.

1953년 초부터 식민정부가 MCP의 게릴라전에 승기를 잡으면서, 말라야에서 정치적 압제가 차츰 풀어지기 시작했다. 싱가포르에서도 긴장이 누그러지고 있었다. 새 국면을 맞아 영국은 전후 점차 고조되고 있던 탈식민주의 분위기에 상응해 말라야연방·싱가포르와 각각 독립·자치 협상을 진행하기 시작했다. 1954년 2월 렌들 헌법으로 불리는 싱가포르 행정제도 개편안이 발표되었다. 이 안의 골자는 싱가포르 의회 의원수를 32명으로 늘리고, 시민권 부여 기준을 대폭 확대하는 것이었다.

1955년에 치를 입법의회 선거를 앞두고 정계 개편이 추진되었다. 1954년 7월 데이비드 마셜, 프랜시스 토머스, 림유혹 등의 주도로 '노동전선'이 창당되었다. 또한 영어 세계의 새로운 좌파 엘리트 집단이 빠르게 정치세력화를 꾀하고 있었다. 전후에 영국 유학을 경험한 리콴유, 고켕쉐, 토친차이 등 이른바 '리 그룹'이었다.

리콴유는 1923년에 태어난 해협식민지 4세대 중국인으로, 영국 케임브리지대학에서 법학을 전공하고 1950년 8월 싱가포르로 돌아온 뒤 옹 앤 레이콕 법률회사에서 변호사로 경력을 쌓기 시작했다. 1951년 의회 선거에서 SPP의 존 레이콕을 도우며 정계에 발을 들여놓은 리콴유는, 곧 싱가포르의 미래는 '여왕의 중국인(영어 세계 중국인)'이 아니라 친공산주의적인 중국어 세계 민중을 움직일 수 있는 좌익 지도자에게 달려 있다는 사실을 깨달았다. 옹 앤 레이콕 법률회사가 좌익 성향 말레이어 일간지인《우뚜산 멀라유》의 자문 변호를 담당하고 있었기 때문에, 리콴유는

리콴유(맨 오른쪽)와 데이비드 마셜(그 옆)

세인트존스섬에 구금되어 있던 사맛 이스마일 편집장을 만날 수 있었다. 그의 소개로 싱가포르교사노조 위원장인 데반 나이르 등 수감자들과 만나면서 리콴유는 좌익 운동에 눈을 뜨고, 많은 노동조합의 법률 고문으로 일하며 중국어 세계의 인권 변호사로 빠르게 명성을 얻어갔다.

포부가 있는 젊은 정치인들이 리콴유 주위에 모여들기 시작했다. 그들 중엔 1953년에 영국에서 돌아온 토친차이도 있었다. 리콴유는 중국어 세계 민중의 지지를 얻으려면 급진주의자들과 동맹을 맺는 것이 유리하다고 판단하고, 불법화된 MCP와도 관계를 맺었다. 사맛 이스마일과 데반 나이르가 석방되어 리 그룹에 합류했다. 이제 리 그룹이 커져서 정치인의 회합을 금지하는 비상사태 조치를 위반할 정도에 이르자, 토친차이가 정당으로 등록하자는 제안을 했고, 이리하여 1954년 11월 21일 인민행동당(이하 PAP)이 탄생했다.

PAP는 근본적으로 반식민주의 노선을 지향했다. 하지만 평화롭고 합법적인 수단을 통한 사회주의 말라야 건설을 목표로 삼았다. PAP는 속지주의에 기초한 평등한 시민권 부여와 즉각적인 싱가포르-말라야연방 통합을 주장하며 이를 핵심적인 정치 쟁점으로 만들었다. PAP는 MCP를 포함한 모든 반식민주의 세력을 아울렀기에, 창당 주역 14명 가운데 림친시옹을 위시한 8명이 급진적인 좌익 노동운동 지도자였다.

1955년 4월에 치러진 선거에서 총 32석 중 SPP · SLP · 민주당* 등 영국 협력 정당은 6석을 얻는 데 그친 반면, 데이비드 마셜과 림유혹이 이끄는 노동전선이 18석을, 리콴유의 PAP는 3석을 얻어 좌파 정당의 약진이 두드러졌다. 이는 유권자 자동 등록제를 도입한 덕분에 반식민주의 · 좌파 정당을 선호하는 중국어 세계 민중이 대거 투표에 참여한 결과였다.

여당이 된 노동전선의 당수 데이비드 마셜과 림유혹이 각각 싱가포르의 수석장관chief minister과 부수석장관(노동부 장관 겸직)이 된 한편, PAP가 다른 좌파 정당들과 야당 연합을 결성하면서 리콴유가 야당 지도자로 부상했다. 이제 싱가포르 영어 세계 좌파 정당들은 친공산주의적 중국어 세계 민중의 지지를 어떻게 확보할 것인가, 그리고 영국과 자치 협상을 어떻게 완수할 것인가 하는 이중 과제를 안게 되었다.

1956년 4월 모든 정당이 참여해서 구성한 싱가포르 대표단이 런던에서 영국과 제1차 영-싱가포르 헌법 회담을 열었다. 싱가포르 대표단을 이끈 데이비드 마셜은 1957년 4월까지 완전한 자치정부를 수립하는 안

---

* 부유한 중국인 사회를 대표하는 중국인상공회의소가 선거 직전에 창당한 정당.

을 주장했다. 이 회담의 쟁점은 싱가포르의 국내 치안을 누가 담당할 것이냐 하는 문제였다. 영국은 총 7명으로 치안위원회를 구성하되 영국과 싱가포르가 각 3명씩 위원을 선임하고, 영국 고등판무관이 남은 한 자리를 맡아 캐스팅 보트를 행사하는 방안을 주장했다. 싱가포르가 중국의 공산화 기지가 되지 않도록 하기 위해서 영국은 치안 문제를 결코 양보할 수 없었기 때문이다. 막판에 영국은 비상사태에 한해서만 캐스팅 보트를 행사한다는 조건을 제시했으나, 마셜이 이를 거부면서 결국 협상은 결렬되었다. 협상 결과에 대한 책임을 지고 마셜이 수석장관직을 사임했다.

1956년 7월 7일 데이비드 마셜의 뒤를 이어 림유혹이 싱가포르의 수석장관이 되었다. 그는 자치정부 수립을 위해 무엇보다도 치안 문제가 중요하다고 생각했다. 그래서 곧 대대적인 좌익 숙청 작업을 전개했다. 9월에 림유혹은 싱가포르중등학교학생회를 포함한 7개 공산주의 전위 조직을 해산하고, 중국인 학교 2곳을 폐쇄해 좌익 학생 142명을 추방했다. 이에 림친시옹을 비롯한 좌익 지도자들은 학생 5000명과 중국인 학교 6곳에서 연좌 농성을 벌이며 정부의 강경 조치에 반발했다. 그들을 강제 해산하는 과정에서 15명이 사망하고 100여 명이 다쳤다. 싱가포르에 20일 동안 통행 금지령이 내려졌다. 10월에 싱가포르공장상점노동자조합이 해체되고, 림친시옹을 포함한 좌익 지도자들이 체포되었다.

이런 단호한 조치로 입지가 굳어진 림유혹은 1957년 3월 다시 대표단을 이끌고 런던에 가서 2차 헌법 회담을 벌였다. 1차 회담의 주요 결렬 요인이었던 치안 문제는 영국의 종전 요구대로 국내치안위원회(이하 ISC)를 구성하는 선에서 합의를 보았다.

하지만 이 회담 결과에 좌파 중국어 세계는 거세게 반발했다. 그동안 좌익 학생들의 주 활동 무대가 1956년에 신설된 난양대학교로 옮겨진 가운데, 불법화된 싱가포르중등학교학생회의 구성원들이 난양대학교에 학생회를 결성해 ISC 신설에 반대하는 운동을 조직적으로 벌였다.

이 무렵 MCP는 PAP 완전 장악에 나섰다. 1957년 PAP 3차 연례 회담에서 온건파와 급진파 간에 치열한 세력 다툼이 벌어졌다. 급진파는 리콴유가 PAP 대표로 런던 회담에 참석해서 받아들인 ISC 신설, 말라야연방과 합병하는 독립 방안 등에 반대하며 온건파를 공격했다. 급진파가 당 중앙집행위원회의 반 이상을 차지하고 있는 가운데, 온건파의 미래가 위태로워 보였다.

림유혹은 1957년 8월 2차 공산주의자 숙청을 단행해 35명을 체포했다. 이는 PAP 지도부 구성에 커다란 영향을 미쳤다. 그들 중 5명이 새롭게 선출된 PAP 중앙집행위원, 그리고 11명이 지부 위원이었다. PAP 중앙집행위원 12명 중 친공산계 5명이 체포되자 PAP 내 급진파는 위축되었고, 이는 리콴유를 위시한 온건파에게 당권을 장악할 절호의 기회가 되었다. 온건파는 구속된 급진파 동료들을 도우면서 그들의 석방을 위해 노력하는 한편, 민중의 지지를 끌어모으고자 애썼다. 리콴유는 중국어 세계 민중에게 큰 비난을 받지 않고 PAP 지도부에서 공산주의자들을 합법적으로 완전히 축출한 셈이 되었다.

1958년 4월 세 번째 싱가포르 대표단이 런던을 방문해 새 헌법안에 대해 신속한 합의를 이루었다. 영국 의회가 싱가포르 자치법을 통과시켰고, 이로써 싱가포르는 외교와 국방을 제외한 모든 내정 권한을 갖게 되었다. 싱가포르 최초의 총선이 1959년 5월 치러졌다. PAP는 말라야

헌법 회담에 참석한 림유훅(오른쪽에서 두 번째)

연방과 통합하는 방식의 독립을 공약해 51석 중 43석을 확보했다. PAP
의 압승은 리콴유를 비롯한 영어 세계 좌파 엘리트들이 공산주의 집단
을 매개로 중국어 세계 민중을 포섭하는 데 성공한 결과로 볼 수 있다.
처음으로 싱가포르는 완전한 선거를 통해 선출한 정부를 갖게 되었다.
리콴유가 이 자치정부의 첫 수상이 되었다.[10]

브루나이 1945-1959

2차 세계대전 중에 영국 식민부colonial office는 말라야와 마찬가지로 브
루나이 · 사라왁 · 북보르네오(1963년 이후 사바) 등 보르네오에 대해 몇
가지 전후 계획을 구상했다. 궁극적으로는 보르네오를 독립국으로 만들

되, 웨스트민스터Westminster식 의회 제도*를 이식할 필요가 있으므로, 이 제도를 준비하는 동안 보르네오를 정치적으로 보호하는 방안이 제기되었다. 또한 전쟁 전 일각에서 제기된 적이 있는 보르네오연방을 결성하는 방안도 다시 고려되었다. 이 밖에 보르네오 세 지역 모두를 일단 영국의 직할 식민지로 전환해야 한다는 의견도 있었다.

영국의 말라야연합 도입과 이에 대한 말레이인 사회의 강한 저항이 브루나이의 전후 역사 전개에 커다란 영향을 미쳤다. 1947년 싱가포르 주재 동남아시아 영국령 총독으로 임명된 맬컴 맥도널드는 브루나이에 혼란을 부추길 만한 어떠한 조치도 취하지 않는 것이 현명하다는 결론을 내렸다. 다만 그는 브루나이의 규모가 너무 작아서 홀로 서기엔 어려움이 있다는 점을 고려해, 행정 차원에서 사라왁과 연계해야 한다고 영국 식민부에 권고했다. 그 결과 북보르네오와 사라왁이 영국의 직할 식민지로 전환된 반면, 브루나이는 말레이인 사회의 반발을 불러일으킬 수도 있는 체제 변동 없이 전전과 마찬가지로 영국의 보호령으로 남았고, 또 사라왁 총독이 브루나이 고등판무관을 겸직하도록 했다.

1950년에 아흐맛 따주딘(재위 1924~1950) 술탄이 사망하자, 그의 동생인 오마르 알리 사이푸딘 3세(재위 1950~1967)가 새 술탄이 되었다. 그는 전후 새로운 세계질서 속에서 브루나이가 정치적으로 영국의 보호를 필요로 하는 만큼, 영국도 원유 부국인 브루나이를 경제적으로 필요로 한다는 사실을 잘 알고 있었다. 이러한 정치·경제적 공생 관계를 이용해

---

* 영국은 1832년 선거법 개정을 통해 의회에서 총리와 내각을 구성하며, 왕이 아닌 의회가 실질적인 통치권을 가지고 행정 책임을 지는 제도를 만들었다. 영국 국회의사당과 관청, 왕궁이 있는 런던 웨스트민스터 지구의 이름을 따 이를 '웨스트민스터식 의회 제도'라 한다. 행정수반인 총리는 의회 선거에서 승리한 정당의 당수가 맡게 되지만, 형식적으로는 명목상의 국가원수인 군주가 임명한다.

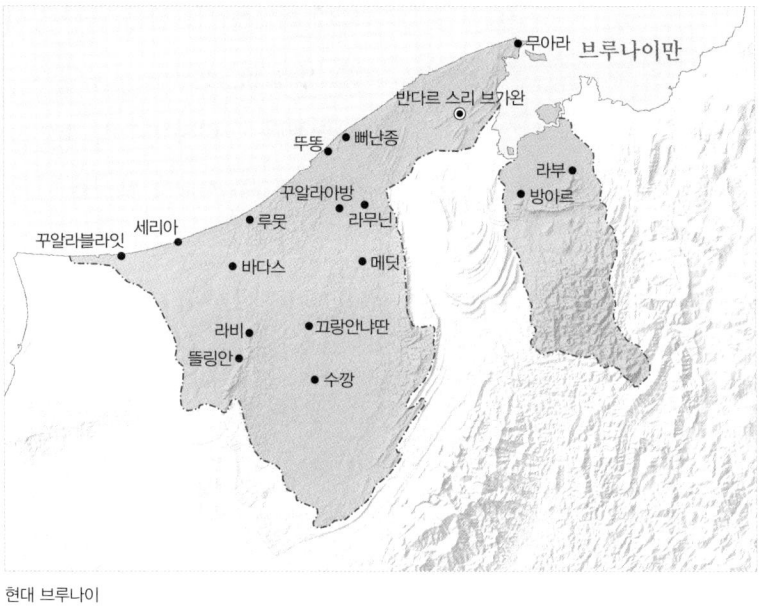

현대 브루나이

오마르 알리 사이푸딘은 영국의 보호하에 이슬람 군주의 지위와 권한을
되도록 그대로 유지한 채, 영국과 점진적인 협상을 통해 시대의 변화에
대비하기를 원했다.

　이처럼 전통 군주로서 자신의 기득권 유지를 위해 시대의 흐름에 역
행하는 술탄의 태도와 이로 인한 브루나이 독립의 기약 없는 지연은 브
루나이 민족주의 운동을 촉진하는 계기가 되었다. 브루나이 민족주의
운동을 처음 시작한 단체는 1938년에 뻥이란 유소프, 인체 살레, 하지
자밀이 설립한 브루나이청년전선이었다. 2차 세계대전을 거치면서 이
들의 운동은 소멸되었으나, 1950년대 초 브루나이의 더딘 정치적 변화
에 대한 불만이 일면서 다시 민족주의 운동이 표출되기 시작했다. 1952
년에 아흐맛 아자하리를 비롯한 몇몇 민족주의자들이 브루나이영화제

오마르 알리 사이푸딘 3세(1914~1986)

작사 설립을 시도했다. 술탄은 이를 정치적인 단체로 보고 등록을 불허했다. 그러자 1953년 1월 그들은 반정부 시위를 조직했고, 결국 아자하리를 포함해 몇 명이 투옥되기에 이르렀다.

이 사건으로 아자하리가 처음으로 브루나이 민중에게 이름을 알리게 되었다. 아랍과 말레이 혼혈인의 후손으로 알려진 아자하리는 1929년 라부안섬에서 태어났다. 전쟁 중에 그는 친일파 지식인을 양성하고자 한 일본 군정의 권유로 인도네시아 보고르에서 공부했다. 전후 그는 인도네시아 군대에 입대해 네덜란드 복귀에 맞서 싸우면서 수까르노의 지도력에 매료되었다. 1952년 브루나이에 정착한 아자하리는 브루나이영화제작사 시위를 주동한 죄목으로 6개월 동안 옥고를 치렀다. 이를 계기로 그는 브루나이의 독립과 공화정 도입을 통한 민주화를 추구하는 대표적인 반정부 지도자로 부상했다.

1956년 1월 22일 아자하리는 브루나이인민당(이하 PRB)을 설립했다. PRB는 브루나이 내에서 활동할 수 있었지만, 술탄이 정당 등록을 허가해주지 않아 사라왁과 북보르네오까지 활동 영역을 넓히지는 못했다. 영국은 보르네오연방 결성을 지지하는 PRB의 정당 등록에 긍정적이었던 반면, 술탄은 그러한 구상을 향한 어떠한 움직임도 극도로 경계했다.

술탄의 견제 때문에 PRB는 그해 8월에야 합법 정당이 되었다.

그 직후부터 아자하리와 PRB가 헌법에 기반을 둔 정부 수립을 추진하기 시작했다. PRB는 의석 중 4분의 3이 선출되는 국민의회 도입을 주장하고, 보르네오연방 결성과 독립에 도달하기 위한 시간표를 제시했다. 1957년 6월 PRB는 브루나이 독립을 지향하는 양해각서를 작성하기 위해 영국 헌법 전문가를 만났다. 그리고 3명으로 구성된 대표단이 영국 정부와 접촉하기 위해 런던으로 갈 예정이었다. 하지만 PRB의 '머르데까 미션(독립 특사)'은 술탄의 로비에 막혀 성과를 얻지 못했다.

다른 한편으로 보르네오연방 결성에 관한 논의는 1953년에 이미 시작되었다. 1953년에 4월 23일 브루나이 술탄과 사라왁 총독, 북보르네오 총독이 참석한 가운데 꾸칭에서 열린 회의에서 맬컴 맥도널드가 연방안을 공식 제기했다. 아자하리도 사라왁·북보르네오·브루나이가 연방을 결성해서 '브루나이제국'을 이룬다는 구상에 매력을 느끼고 있었다.

1957년 8월 31일 말라야연방이 독립을 획득하자, 사라왁과 북보르네오의 총독들이 다시 보르네오연방 구상을 제기했다. 그들은 그동안의 성과를 강조했다. 세 지역이 공용 화폐를 사용하고, 사법기관과 지리 연구기관, 민간 항공기구를 공유하고 있다는 점 등을 들었다. 1958년 2월 7일 두 총독은 더 구체적인 계획을 발표했다. 연방정부가 국방·외교·치안·통신을 관장하고, 각 주정부가 예산을 통제하는 방안이었다. 여기에는 분명 브루나이에 대한 배려가 깔려 있었으나, 연방정부의 재정을 어떻게 충당할지를 두고 다른 두 지역에 비해 월등히 부유한 브루나이를 설득해야 하는 문제가 있었다.

입헌 정부의 도입과 보르네오연방 결성이란 안팎의 지속적인 도전에 직면해 오마르 알리 사이푸딘은 1957년에 독립한 말라야연방과 긴밀한 관계를 맺기 시작했다. 1958년 10월 《스트레이츠 타임스》와 한 인터뷰에서 술탄은, 브루나이 정부 엘리트들은 말라야연방과 더 긴밀한 관계를 원한다고 밝혔다. 이 발언이 나오기 한 달 전 수도인 브루나이타운에서 오마르 알리 사이푸딘 이슬람 사원의 개원식이 열렸다. 이 행사에 말라야연방의 술탄들과 정치 지도자들이 참석했다. 말라야연방과 브루나이를 합병하자는 생각은 이때 이미 제기되었을 것이다.

술탄은 다음과 같은 이유들로 보르네오연방 결성보다 말라야연방과 합병하기를 선호했다. 보르네오연방을 결성할 경우 그 연방 안에서 중국인과 비토착인 인구보다 말레이인 인구가 적어지는 데 대한 두려움이 있었다. 반면 말라야는 말레이인이 주류일 뿐 아니라, 말라야와 밀접한 관계는 국제적으로 브루나이의 위상을 높여주리라 여겨졌다. 또한 브루나이는 보르네오연방이 결성되면 원유 수입을 연방 내 다른 가난한 두 주와 공유하게 되는 것을 극도로 경계했다.

PRB의 머르데까 미션을 좌초케 하고, 말라야연방과 통합할 가능성을 제기하며 정국의 주도권을 잡은 오마르 알리 사이푸딘은, 입헌 정부를 수립하기 위한 조치들을 긍정적으로 검토하기 시작했다. 하지만 그는 이러한 변화가 아래로부터 혁명적으로 진행되면 안 되고 하향식으로 추진되어야 함을 강조했다.

1959년 3월 PRB가 배제된 가운데 열린 회담에서, 브루나이 대표단이 제출한 헌법안이 거의 원안대로 영국 정부에 받아들여졌다. 또한 새로 브루나이 협정이 조인되어 1906년에 체결되었던 조약을 대체했다. 영국은 브루나이에 자치권을 부여하고, 국방·외교·치안에 대한 권한은 유지했다. 술탄과 그 정부의 자문을 맡아온 주재관 제도는 폐지되고, 고등판무관이 그 역할을 대신하게 되었다. 이로써 사라왁과 브루나이의 행정적 연계는 공식적으로 끝났다. 주재관인 데니스 찰스 화이트가 브루나이 초대 고등판무관이 되었다.

술탄은 1959년 9월 19일 새 헌법을 공포했다. 이로써 국가수반인 술탄에게 국방과 외교를 제외한 모든 면에서 자치권이 부여되었다. 술탄은 행정부 기능을 하는 행정의회를 통해 국가를 통치하게 되었다. 국회 기능을 하는 입법의회는 당연직 8명, 술탄이 임명하는 공식 의원 6명과 비공식 의원 3명, 그리고 주州의회에서 전체 55명인 주州의원 중 선출하는 16명까지 총 33명으로 구성하도록 했다. 또한 사면권과 같은 술탄의 고유 권한에 대해 조언하는 추밀원privy council이 설치되었다.

브루나이의 자치권 획득은 분명 '현대 이슬람 군주'*가 되기를 바라던 술탄의 승리였다. 영국은 브루나이 국민 대신 술탄에게 자치권을 부여했기 때문이다. PRB는 이를 술탄과 전통 지배층의 지위와 권한을 보장하는 장치라고 강하게 비난했다. 하지만 그들은 2년 뒤에 실시하기로 한 주의회 선거를 기다리기로 했다. 이 선거에서 압도적인 지지를 얻어 정부 내에서 자신들의 권한과 책임이 강해질 것으로 확신했기 때문이다.

사실 영국은 브루나이에 더 개방적인 민주 헌법을 도입하려고 유도해왔다. 하지만 술탄은 극도로 보수적인 입장을 견지했고, PRB와 브루나이 국민은 그러한 제도의 도입을 압박할 만큼 충분한 세력을 형성하지

---

* 브루나이에서 '현대 이슬람 군주제'란 정당 설립, 선거를 통한 의회 구성, 헌법 제정 등 현대식 정치 제도를 도입하면서도 술탄이 입법·사법·행정에 관한 여러 직책을 동시에 갖고 그 3부를 통제한다는 점에서 '군림하나 지배하지 않는' 명목상의 입헌군주제와는 다른, 실세 군주제를 가리킨다.

못했다. 더욱이 브루나이 유전의 자원을 고려할 때, 앞으로 어떤 문제를 드러낼지 예측하기 어려운 아자하리와 PRB를 지지하기보다는 현 지배층을 안정되게 유지하는 편이 더 많은 정치·경제적 이익을 확보할 수 있을 터였다. 이런 점을 볼 때 브루나이의 자치권 획득은 영국과 술탄, 두 기득권 세력의 정치·경제적 타협이 낳은 산물이었던 것이다.[11]

북보르네오·사라왁 1945-1963

영국 식민정부는 전쟁 전부터 북보르네오회사와 라자(왕) 브룩의 사라왁 정부를 못마땅하게 여겼다. 특히 그들의 시대착오적인 정치체제와 정치·경제·사회적 진보를 향한 의지 부족이 문제라고 보았다. 이러한 인식을 바탕으로 전쟁 중에 수립된 전후 식민지화 정책에 따라 영국은 북보르네오회사와 순조로운 협상을 거쳐 1946년 7월 북보르네오 지역을 라부안섬과 함께 영국 직할 식민지로 전환했다.

하지만 사라왁의 식민지화 과정은 순탄하지 않았다. 72세인 바이너 브룩은 전후 사라왁을 재건할 수 있는 재정 능력이 부족하다는 생각에 사라왁을 영국의 식민지로 양도하는 데 기꺼이 동의했다. 반면 전쟁 중에 런던에서 사라왁 임시정부를 운영했던 앤서니 브룩과 다른 가족 구성원들은 이 지역에 브룩 가문이 지배하는 정부를 다시 세우길 원했다. 그러자 바이너 브룩은 1945년 10월 조카 앤서니 브룩을 해임하며 임시정부를 폐지하고 자신이 직접 사라왁을 관장했다.

1946년 5월 바이너 브룩은 의회를 열어 양도법안을 논의하고 표결에 부쳤다. 19 대 16으로 가까스로 양도가 결정되었다. 1946년 7월 사라왁에 새 헌법이 공포되자, 양도를 반대하던 토착민들이 무력 투쟁을 벌였다. 이 투쟁은 1949년 12월 사라왁의 부총독인 덩컨 스튜어트가 한 말레이인 청년에게 암살당하면서 절정에 달했다. 이에 충격을 받은 영국은 토착민들의 반대 투쟁을 무력으로 강력 진압했다. 이러한 우여곡절 끝에 사라왁은 1951년 영국 직할 식민지로 편입되었다.

1953년부터 보르네오연방을 수립하려는 움직임이 가시화하기 시작했다. 보르네오의 세 정치단위인 브루나이 · 북보르네오 · 사라왁을 결속해 이 지역의 정치적 안정을 꾀하려는 것이었다. 사라왁은 이러한 변화에 관심을 보였던 반면, 브루나이는 빈곤한 두 지역과 원유 세입을 공유하기를 꺼린 데다 보르네오연방 내에서 비말레이인 인구가 말레이인을 압도할 것이 두려워 그 연방 구성을 반대했다.

보르네오연방 구성이 답보 상태를 보이는 동안, 1950년대 말에 보르네오의 세 지역뿐 아니라 말라야와 싱가포르까지 확대해 연방을 구성하자는 새 제안이 나왔다. 독립 말라야연방의 초대 수상인 뚠꾸 압둘 라만의 구상이었다. 라만 수상은 1958년 12월과 1960년 6월 두 차례에 걸쳐 영국과 확대 연방 구상을 심도 있게 논의했다.

1962년 1월 중순 영국은 사라왁과 북보르네오에서 합병에 대한 주민들의 지지 의사를 확인하고자 조사위원회를 파견했다. 코볼드가 이끈 위원회는 두 지역에서 주민 대부분이 '말레이시아'라고 하는 확대된 형태의 연방에 찬성한다고 보고했다. 런던에서 1961년 11월, 1962년 7월, 1963년 7월까지 세 차례에 걸쳐 싱가포르 · 브루나이와 진행한 협상이 지지부진한 것에 실망한 압둘 라만 수상은 말라야 · 사라왁 · 북보르네

1963년 9월 16일 말레이시아연방 합류 선서를 하는 사바 주지사 뚠 푸아드 스티븐스Tun Fuad Stephens

1963년 9월 16일 말레이시아연방 합류 선서를 하는 사라왁 주지사 뜨멍궁 주가Temenggung Jugah

오만으로 '작은 말레이시아Little Malaysia' 결성을 추진할 준비가 되어 있다고 밝혔다. 이러한 가운데 싱가포르는 꾸알라룸뿌르 정부와 이견을 좁히고 있었지만, 브루나이는 그렇지 못했다. 결국 브루나이 술탄은 석유 세입 배분 문제로 말레이시아연방에 합류하지 않기로 결정했고, 브루나이는 계속해서 영국의 보호령으로 남았다.

한편 말레이시아연방 결성에 대해 인도네시아와 필리핀은 강하게 반발했다. 수까르노 대통령은 이 연방이 신식민주의 음모라고 비난하며 대결을 선언했고, 필리핀은 예전에 북보르네오가 술루왕국에 종속되어 있었다는 주장을 폈다. 두 나라가 유엔 안보리에서 정식으로 문제 삼았기 때문에 1963년 8월 31일(독립기념일)로 예정되었던 말레이시아 연방의 출범이 연기되었다. 그러나 유엔 실사위원회는 말레이시아연방 결성에 대한 현지의 지지가 부족하다는 인도네시아와 필리핀의 주장을 일축했다. 결국 1963년 9월 16일 말레이시아연방이 출범했다. 사라왁과 이때 사바로 개칭된 북보르네오가 싱가포르와 함께 말라아연방에 합류하면서 식민지배에서 벗어나게 되었다.[12]

필리핀 1945-1946

전후 필리핀의 탈식민지화 과정은 동남아시아의 다른 식민지들과 달랐다. 10년 뒤 필리핀의 독립을 인정하겠다는 내용이 포함되어 1934년 3월 24일 미국 의회를 통과한 타이딩스-맥더피법에 따라 전쟁 전에 이미 독립의 시간표가 정해졌기 때문이다. 전쟁 중 일본의 점령이 그 일정을 조금 늦췄을 뿐이었다. 종전과 함께 동남아시아로 복귀하는 옛 제국주의 세력을 '정복자imperialist'로 냉대한 다른 국가들과 대조적으로, 필리핀에서 미국은 '해방자liberator'로 환영을 받았다.

1945년 2월 27일 독립 과도정부의 재수립과 함께, 부통령이었던 세르조 오스메냐가 그 전해 뉴욕에서 세상을 떠난 마누엘 케손의 대통령직을 승계했다. 그해 6월에 다시 개원한 필리핀 의회에서 마누엘 로하스가 상원의장으로 선출되었다.

전후 필리핀의 좌익 세력, 전범, 일제 부역자를 색출하러 나선 미국 방

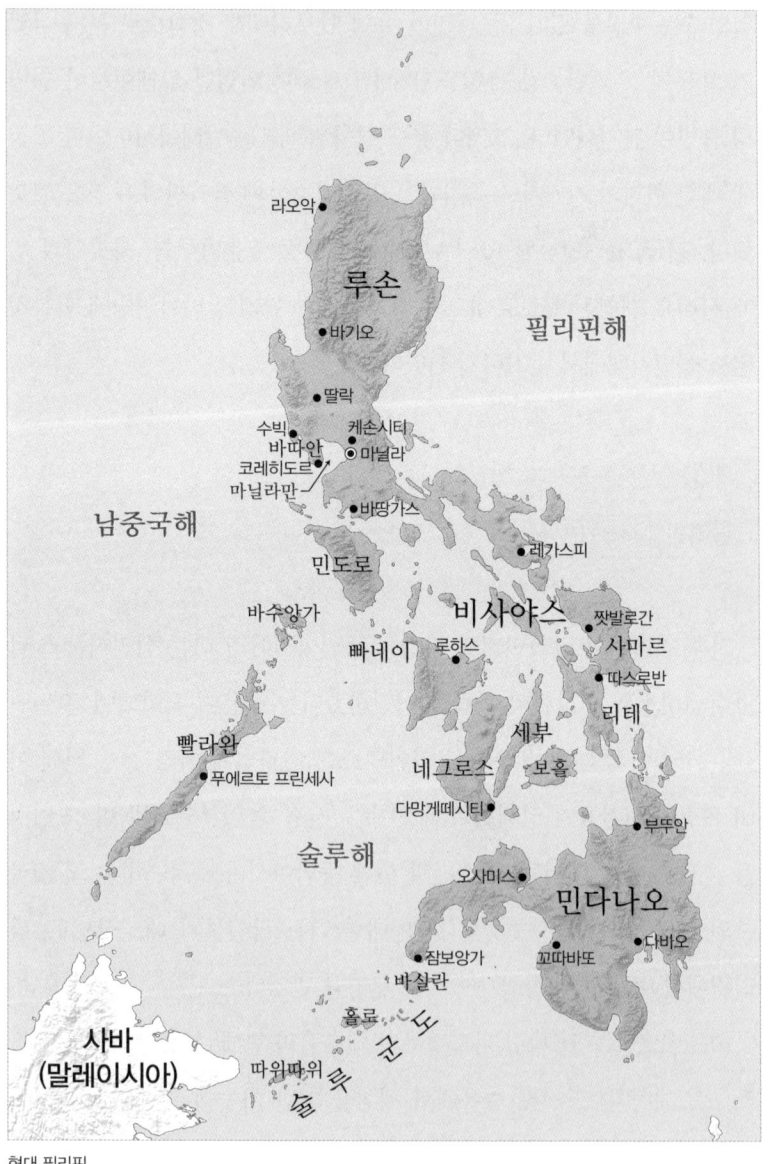

라오악

루손

필리핀해

바기오

딸락

수빅
바따안
코레히도르
마닐라만

케손시티
◎마닐라

바땅가스

남중국해

레가스피

민도로

비사야스

바수앙가

짯발로간

빠네이

로하스

사마르

따스로반

리테

빨라완

세부

푸에르토 프린세사

네그로스

보홀

다망게떼시티

술루해

부뚜안

오사미스

민다나오

잠보앙가

꼬따바또

다바오

바실란

사바
(말레이시아)

홀로

따위따위

현대 필리핀

첩부대(CIC)는 필리핀인 약 5000명을 구금했다. 그들 중엔 하원의원들도 있었다. 로하스는 그들의 보석을 허용하는 법안을 통과시키도록 하원을 설득했다. 이는 곧 출마할 예정인 자신의 대통령 선거 운동에도 도움이 되는 일이었다. 예상대로 구금에서 풀려난 하원의원들은 로하스 주위로 모여들었고, 로하스는 측근들과 함께 여당인 국민당(이하 NP)을 떠나 자유당(이하 LP)을 창당했다.

오스메냐의 NP는 로하스의 보수적인 LP 진영에 맞서기 위해 그 반대 세력인 민주동맹(이하 DA)과 연합전선을 구축했다. DA는 훅발라합·자유필리핀·'푸른 독수리'를 포함한 게릴라 단체와 전국농민연합, 노동기구위원회, 국민해방연맹, 반반역자동맹, 반일동맹 등으로 구성된 급진 좌파 연합 세력이었다. DA는 자주 독립·민주주의·사회 보장·농업 개혁·산업화 등을 내세웠고, 일제에 협력했던 사람들을 혐오했다. NP-DA 연합으로 전후 필리핀 정계는 로하스의 보수파(우파)와 오스메냐의 진보파(좌파), 두 진영으로 나뉘어 대선을 준비하게 되었다.

NP-DA 좌파 연합으로 오스메냐는 보수적인 우파 세력과 멀어지게 되었다. 특히 경제 과두寡頭 세력economic oligarchy과 미국은 그를 정치·경제적으로 부적절한 상대로 간주했다. 따라서 필리핀인 부호들뿐 아니라 안드레스 소리아노, 하코보 소벨, 호아킨 엘리살데 등 맥아더 측근 인사들도 로하스를 지지했다. 로하스 지지자들 중에는 일제에 협력했던 인사들도 있었다.

《데일리 뉴스》와 《발리따》 등 주요 보수 성향 신문들은 미국에서 막대한 원조와 투자를 끌어들여 전후 필리핀 재건 사업을 성공적으로 수행할 수 있는 유능한 후보로 로하스를 부각했다. 결국 1946년 4월 23일 선거에서 LP 후보인 로하스와 엘피디오 키리노가 각각 대통령과 부통령으로 당선되었다. 그들은 5월 28일 독립 과도정부 수반으로 취임했고, 곧이어 전쟁 전에 정해졌던 시간표에 따라 1946년 7월 4일 필리핀 제3공화국(1946~1965)의 대통령과 부통령으로 재취임했다.[13]

13장

국민국가 건설의 실험

전후 완전한 독립 또는 자치권을 획득한 동남아시아 신생 국가들 모두는 큰 틀에서 서구식 민주주의 제도를 도입했다. 이러한 데는 다음과 같은 몇몇 요인이 작용했다. 첫째, 식민지 본국에서 서구식 교육을 받는 동안 민주적인 사상과 제도에 매료되었던 동남아시아 지도자들에게 민주주의 제도는 의심할 여지 없이 국민국가 건설*에 가장 유용한 대안이

---

* 현대 국민국가는 국왕이 주권자 자격으로 관료와 상비군이라는 수단을 통해 국가를 통치하는 근대 서유럽의 주권국가에서 유래했다. 근대 주권국가는 언어나 역사 등 문화의 동일성에 바탕을 둔 공동체(민족의식), 절대적인 정치권력(주권), 영토(국경)라는 세 가지 요소로 구성되어 있었다. 이러한 근대 정치체제의 정착은 국왕의 영토 주권을 규정한 1648년 베스트팔렌 조약에 힘입은 바가 크다. 이후 시민 계층의 확대, 미국 독립전쟁과 프랑스혁명을 위시한 시민혁명, 그리고 나폴레옹전쟁을 거치며 절대왕정이 붕괴되었다. 이 과정에서 국민이 국왕을 대신해 국가의 주권자가 되고, 의회가 제정한 법률의 지배를 받는 국민국가가 탄생하게 되었다. 이러한 현대 정치체제는 19세기부터 2차 세계대전까지 이른바 '19세기적 세계질서' 속에서 서유럽이 세계를 제패하면서 전 세계로 확대되었고,

었다. 둘째, 자치정부 수립 또는 완전한 독립을 향해 입헌 절차를 거치면서 민주주의 제도가 자연스럽게 도입되었다. 셋째, 탈식민지 투쟁 과정에서 동남아시아 정치 지도자들이 전략적으로 민주주의 제도를 내세운 측면이 있었다. 이로써 그들은 비민주적인 식민지배를 반대하는 미국을 위시한 서구 세계로부터 동정과 지지를 받기를 바랐던 것이다. 1945년 8월혁명의 성공과 함께 호찌민이 세운 '베트남민주공화국'이 그 대표적인 예다.

하지만 동남아시아 신생 국가들이 단순히 서구식 민주주의 제도를 도입하는 것과 그 제도를 자국 사회에 맞게 운영하는 것은 매우 다른 문제였다. 그들은 새 국민국가 체제를 고안考案하고 적용하는 과정에서 예상치 못한 난관에 무수히 부딪히게 되었다. 특히 정치 지도자들 간 이념적 지향의 차이와 이로 인한 대립과 갈등, 식민지배의 유산, 경제적 불안정, 민주주의 경험 부족, 냉전의 국제질서 등 내외부적 요소들이 신생국들의 국민국가 건설 과정에 커다란 걸림돌로 작용했다. 그 결과 대략 1950~1970년대에 걸쳐 진행된 이 과정에서 신생국 대부분은 내전·내란·정변 등 크고 작은 시련과 많은 시행착오를 겪었다. 이러한 맥락에서 역사가들은 동남아시아의 현대 전반기 30년을 '혼란기', '안정 추구 시기', 또는 '국민국가 건설 실험기'라고 부른다.

그 결과 현재 약 190여 개 국민국가가 지구상에 존재한다. 동남아시아는 식민지배와 탈식민지 투쟁을 거치면서 서구보다 약 한 세기 반 늦은 1945년 즈음부터 본격적으로 국민국가 건설을 시작했다.

1 대륙부

베트남 1954-1976

1954년 제네바 협정에 따른 남북 분단 이후 하노이와 사이공의 두 베트남 정부는 지지 기반과 정통성 면에서 서로 대조적인 처지에 놓였다.

하노이의 공산주의자들이 여러 해 동안 외세에 저항해 투쟁하면서 변방의 농촌 지역까지 공고히 장악하는 동안, 그들의 연합전선 조직인 베트민(월맹越盟)은 창립 초기부터 마르크스주의적인 계급투쟁보다 반식민주의 운동을 앞세우며 애국심에 호소해 반공산주의자들의 힘까지 끌어모으려고 애썼다. 그러나 분단 이후 1950년대 후반부터 북부의 DRV 정부는 선명한 좌익 노선을 드러내기 시작했다. 합작사合作社* 설립 등 사회주의 정책을 실시하면서 반프랑스적, 즉 식민주의에 반대하지만 마르크스주의에 찬동하지 않는 많은 지식인을 연합전선 조직에서 배제하기 시작했던 것이다. 따라서 북부 베트남 사회에 긴장감이 돌았다. 하지만 외세에 저항하는 길고 치열한 전쟁 기간 단결해온 주민들 사이에 단단한 기반을 다졌던 DRV 정부의 입지에 이러한 분위기가 별다른 영향을 미치지는 못했다.

반면 DRV 정부의 대항마로 프랑스의 비호하에 탄생한 사이공의 바오

---

* 자본주의 사회의 협동조합에 해당하는 사회주의 사회의 국영 기관으로, 직능별로 농업생산합작사, 신용합작사, 수공업합작사 등이 있다.

다이 정권은 그 후원자가 사라지자 지탱해줄 기반이 없었다. 비록 남부가 DRV 정부의 직접 통치를 받은 적은 없지만, 농촌 지역에서 베트민의 존재감은 여전히 강했다. 남부의 많은 사람들이 바오 다이 정부를 프랑스 식민 세력의 하수인으로 간주하고, 베트남국보다 DRV 정부를 지지했다. 남북이 분단되면서 100만 명에 달하는 가톨릭 신자들이 공산주의 정권을 피해 사이공으로 월남하고, 수십만에 달하는 DRV 동조자들이 월북하는 사태가 벌어졌지만, 그것이 바오 다이 정권의 지지 기반을 강화하는 결과로 이어지지는 않았다.

이러한 대조적인 상황에서 DRV 정부는 1954년 제네바 협정에 따라 3년 안에 베트남의 통합을 묻는 자유 총선거를 실시할 경우 자신들이 승리하리라고 확신했다. 따라서 분단 이후 처음 몇 년 동안 DRV 정부는 통일국가 건설을 강조하며, 지속적으로 사이공 정부에 남북 총선거 실시를 요구했다.

그러나 다른 한편으로 DRV 정부는 식량난을 급선무로 해결해야 했다. 이 문제는 체제 결속과 정권 강화를 위해 그 무엇보다도 중요한 과제였다. 8년 동안 전쟁으로 국토가 파괴된 데다 분단 후 남부에서 식량 유입이 중단되어, 북부의 식량 부족이 심각한 지경에 이르렀다. 사회주의 체제에서 농민들의 식량 부족을 해결하기 위해 DRV 정부가 꺼내 든 정책은 토지 개혁이었다. 1950년대 후반 DRV 정부는 지주들을 '탐욕스럽고 잔인한 인간'으로 낙인찍으며 그들의 토지를 강제로 빼앗아 800만 빈농과 소작농에게 81만 헥타르를 무상 분배했다. 이 토지 개혁으로 식량 부족 문제가 얼마나 해결되었는지 불분명하지만, 이는 당시 북부 베트남 인구의 대부분을 차지하던 가난한 소작농의 마음을 얻는 데는 어느 정도 기여했을 것으로 보인다.

한편 남베트남의 최대 관심사는 DRV 정부에 대항할 수 있는 강력한 반공 정권을 창출하는 것이었다. 바오 다이는 제네바 회담 직전에 응오 딘 지엠을 수상으로 임명했다. 독실한 가톨릭 신자인 그는 강한 반공의식으로 무장했을 뿐 아니라 민족주의자로서 베트남 사회에서 명성이 높았다. 또

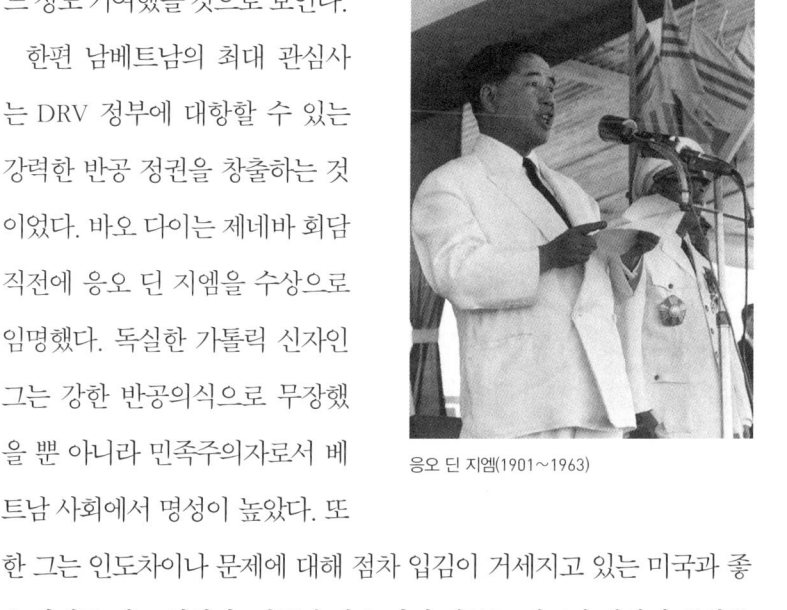

응오 딘 지엠(1901~1963)

한 그는 인도차이나 문제에 대해 점차 입김이 거세지고 있는 미국과 좋은 관계를 맺고 있었다. 미국과 바오 다이 정부는 베트남 절반이 공산주의자들의 손에 넘어간 것에 불만을 품고 제네바 협정에 서명하지 않았기 때문에, 1956년 7월 이전에 총선거를 실시하여 통일 여부를 결정한다는 합의를 이행할 아무런 의무감을 느끼지 못하고 있었다. 그래서 지엠은 베트남의 분단 상태를 무한정 끌고 가기로 하고, 미국의 지지를 받아냈다.

아이젠하워 대통령은 분단 직후 응오 딘 지엠에 대한 지지를 공개 표명했다. 하지만 남부에서 지엠의 정치적 권위는 안정되지 못한 상태였다. 남부에 여전히 남아 있는 많은 베트민 추종자들은 미국의 지지를 받는 바오 다이와 지엠 정부를 프랑스 식민지배의 연장선으로 간주했다. 게다가 까오다이와 호아하오 등 종교단체, 그리고 사이공 경찰을 뒤에서 좌지우지하는 '빈 쑤언'이란 거대 폭력집단이 지엠을 반대하고 있었다.

1955년 지엠은 뇌물로 종교단체를 회유하고, 정규군을 동원해 빈 쑤언 집단을 일망타진해서 반대 세력을 무력화하는 데 성공했다. 이로써 그는 남부 베트남에 강력한 반공 정권을 세울 수 있는 유일한 인물로 부상했다. 10월 23일 지엠은 바오 다이를 축출하고, 공화제를 도입할 목적으로 공화제나 군주제를 양자택일하는 국민투표를 실시했다. 부정선거를 통해 공화제가 98.2퍼센트라는 압도적인 지지를 얻었고, 지엠은 3일 뒤 베트남공화국 수립을 선포하며 초대 대통령으로 취임했다.

1956년 7월 이전에 통일을 결정하는 자유 총선거를 치르자는 DRV 정부의 지속적인 제의를 무시하고, 지엠은 그해 3월에 남부 베트남 단독으로 선거를 실시했다. 이 선거에서 국회의원 123명이 선출되었다. 10월에 3권 분립 제도를 갖춘 헌법이 공포되었는데, 이 과정에서 그는 임기 5년에 막강한 권한을 가진 대통령으로 추대되었다. 이로써 지엠은 합법적으로 독재정치를 할 수 있는 기반을 마련했다. 곧 그는 자신에게 반대하는 정당을 불법화하고, 언론과 결사의 자유를 억압하고, 정권을 비판하는 사람들을 임의로 체포해 강제수용소로 보냈다.

지엠 정권하에서 가톨릭 신자들이 정부의 요직을 거의 독차지했다. 정부의 주요 정책은 지엠의 가족, 특히 그의 동생인 응오 딘 뉴의 의견에 따라 결정되는 경우가 많았다. 지엠의 독재정치에 남부 베트남 국민의 불만이 갈수록 높아졌다. 그래도 아이젠하워 행정부는 강한 반공 정책을 고수하는 그를 계속해서 지지했다.

지엠이 미국을 등에 업고 강력한 반공 정권을 구축하는 과정에서 조성된 남부의 불안한 정국을 틈타 DRV 정부는 1959년 초부터 남부의 혁명 세력을 적극적으로 지원하기 시작했다. 남부 출신 공산당원 수천 명을 비밀리에 남파하고, 이른바 '호찌민 통로'를 통해 상당한 물자와 군비를 남부로 보냈다. 1960년 12월 DRV 정부는 지엠 정권에 반대하는 농민·노동자·지식인·소수민족·불교도 등이 두루 참여하는 민족해방전선(이하 NLF)을 조직하도록 남부 공산당에 지령을 내렸다.

NLF 결성의 이면에는 DRV 정부의 중요한 두 가지 의도가 깔려 있었다. 하나는 지엠 정권에 반대하는 남부 베트남 사람들로 연합전선을 결성함으로써 그들의 반정부 운동을 남북 대결이 아니라 남남 투쟁으로 포장하려 한 것이다. 다른 하나는 공산당이 배후에서 지휘하되 전면에 나서지 않음으로써 NLF의 투쟁을 공산주의가 아니라 민족주의 운동이나 애국 투쟁으로 보이도록 한 것이다.

이러한 DRV 정부의 노력에 힘입어 1960년대 초 NLF와 베트콩* 세력이 급속히 커졌다. 지엠은 보이는 반대 세력은 쉽게 제압할 수 있었던 반면, 보이지 않는 농촌 민중의 저항에는 거의 손을 쓸 수가 없었다. 낮에는 농민이었다가 밤에는 게릴라가 되는 사람들을 구분해내기란 불가능했기 때문이다. 미국 중앙정보국(CIA)의 추산에 따르면 1961년 가을 베트콩에 동조하는 사람의 수가 남베트남 인구의 2퍼센트에 해당하는 20만에 달했다.

1961년 1월 미국에서 민주당의 케네디 행정부가 출범했다. 취임 직후 케네디 대통령은 남베트남 반공 정부의 독립을 유지하는 것이 미국의 목적이라고 여러 차례 강조했다. 이 정책에 따라 남베트남에서 활동하는 미 군사요원의 수가 꾸준히 증가해, 1961년 초 875명이었던 것이

---

* 베트남 공산주의자를 비하해 부르던 말.

승려 틱 꽝 득의 분신(1963)

1963년 말에는 1만 6263명으로 늘어났다.

　이 무렵 지엠이 정권을 장악한 상태로 과연 결정적 승리가 가능할 것
인가 하는 의문이 워싱턴 일각에서 제기되었다. 그러던 중 1963년 6월
11일 승려 틱 꽝 득의 분신 장면이 생생히 전 세계로 전달되면서, 국제
여론이 지엠 정권의 야만성을 규탄하기 시작했다. 곤경에 처한 케네디
행정부는 그에게 불교도 탄압을 완화하도록 요청하는 동시에 동생인 응
오 딘 뉴 부부를 정권에서 배제하도록 권고했다.

　미국의 태도 변화를 인지한 뉴는 불리한 국면을 전환하기 위해 무모
한 도박을 시도했다. NLF와 DRV 정부에 접근해 베트남의 '중립화'를
시도했던 것이다. 1963년 9월에 케네디 행정부는 지엠 정권에 대한 비
난 성명을 발표했다. 그러자 남부 베트남 장성들은 쿠데타를 계획해 곧
실행에 옮겼다. 1963년 11월 2일 아침 지엠과 뉴 형제가 싸늘한 주검으

로 발견되었다. 군사혁명위원회가 조직되어 즈엉 반 민 장군이 의장에 취임했다. 지엠 정권의 붕괴는 베트남 사태의 한 분수령이었다. 이어진 군사정권들이 국가 방어에 무능력을 드러내면서 '전쟁의 미국화'로 이어져 미국과 그 동맹군이 대거 개입하게 되었기 때문이다.

쿠데타 3주 후인 11월 22일 케네디가 텍사스주 댈러스에서 암살되자, 린든 존슨 부통령이 그를 승계해 미국의 베트남 정책을 떠맡게 되었다. 그는 전임자의 정책 노선에 따라 사이공 정부에 대한 지지를 분명히 밝혔다. 하지만 민 장군은 점증하는 미국의 간섭을 배제하고자 베트남의 중립화에 동조하는 태도를 보였다. 존슨 행정부는 베트남의 군부 지도자들에게 '미국은 베트남의 중립화를 위한 어떠한 시도도 용인하지 않을 것'이라고 경고했고, 이는 다시 정변의 단초로 작용했다. 1964년 1월 30일 응우옌 카인 장군이 쿠데타를 일으켜 새 정부의 수반이 되었다.

카인 정권도 단명했다. 1964년 미국과 DRV 정부가 확전으로 치닫는 가운데 카인은 공산주의자들과 싸우는 일보다 자신의 권력 강화에 더 많은 관심을 기울이는 등 미국의 의중과는 다른 방향으로 움직였다. 결국 미국의 묵인 아래 1964년 12월 젊은 공군 장성 응우옌 까오 끼와 육군의 응우옌 반 티에우가 그를 축출하고 새 정부를 세웠다.

남부 군사정권들의 무능에 불안을 느낀 존슨은 결국 1965년 7월 전쟁의 미국화를 결정했다. 이때부터 미국은 남베트남 주둔 미군과 동맹국 군대를 늘리는 한편, 북부에 대대적인 폭격을 퍼붓는 이른바 '북폭' 정책을 병행했다. 그 결과 1965년 말 남베트남 주둔 미군의 수는 18만 4000명이 넘었다. 존슨 행정부는 동맹국들을 베트남전쟁에 끌어들이려 애썼다.

베트콩의 부비트랩 유형을
마을 사람들에게 보여주는
한국군(미군 촬영)

　　그러나 전쟁은 미국의 뜻대로 되지 않았다. 라오스를 통해 북에서 남
으로 내려오는 호찌민 통로에 엄청난 폭격을 퍼부었지만, 지상군이 남
부에 머물렀기 때문에 북폭의 효과는 한계가 있었다. 1966~1967년 전
쟁은 교착상태였다. 파병군의 수는 꾸준히 증가해 전쟁이 최고조에 달
했던 1968년에 남베트남 주둔 미군 병력은 약 54만 명, 동맹국 군대*는
6만 9000명에 이르렀다.

　　그러나 베트남전쟁은 월등한 병력과 화력으로만 이길 수 없는, 심리
적인 측면이 강한 싸움이었다. 사이공 측이 전쟁을 냉전 질서 속에서 남
의 자유주의 정권과 북의 공산주의 정권이 대립하는 이념적인 내전으로
몰고 갔던 반면, DRV 정부는 미국과 싸우는 것이 반프랑스 저항의 연
속선상에 있는 독립전쟁이라고 주장했다. 그리하여 남부 베트남의 많은
사람들이 처음엔 프랑스와 싸웠고 이젠 또 다른 적인 미국과 싸우고 있

* 　이 중 한국군이 가장 많은 수를 차지했는데, 1970년까지 연평균 약 4만 8500명의 병력이 남베트남에 주둔했다.

호찌민 통로

중국

하노이

베트남민주공화국
(북베트남)

라오스

17도선

태국

베트남공화국
(남베트남)

캄보디아

사이공

➡ 호찌민 통로

으며, 남베트남 정부는 그 적의 하수인인 반민족주의 정권이라는 인식
을 갖게 되었다. 게다가 미군의 대대적인 북폭은 북부에 지상군을 파병
하지 않고서 DRV 정부를 협상 자리로 끌어내려는 의도였지만, 오히려
북부 사회의 저항을 치솟게 하고 그들을 더욱 단결하게 만들었다.

소련과 중국의 군사 원조도 DRV 정부에 큰 도움이 되었다. 특히 그들
이 지원한 무기 대부분이 호찌민 통로를 경유해 남부의 베트콩에 전달

되었다. 미군은 이를 막으려고 호찌민 통로를 집중 공습했지만 큰 효과를 보지 못했다. 하노이 정부가 수십만 노동자를 동원하며 통로 보수와 유지에 막대한 노력을 기울였기 때문이다.

1968년 1월 31일 베트콩의 뗏공세가 전쟁의 중요한 전환점이 되었다. 뗏*을 전후하여 2주일가량 휴전하는 것이 관례였는데, 이를 깨고 DRV 정규군과 베트콩 약 8만 명이 25일 동안 사이공 정부와 남베트남의 거의 모든 도시를 공격했다. 이 격렬한 시가전에서 베트콩 측 4만 명과 미군 측 1100명가량이 전사했다. 결과를 떠나 이 시가전은 머지않아 승리할 것이라고 낙관하고 있던 많은 미국인들을 경악케 했고, 그들은 곧 존슨 행정부의 베트남 정책에 대해 엄청난 비난을 쏟아내기 시작했다. 결국 정치적으로 큰 타격을 입은 존슨 행정부는 베트남에 대한 정책을 재검토하고 전쟁을 축소하는 방향으로 선회하게 되었다.

이 무렵 호찌민이 건강 악화로 정치 일선에서 물러났고, DRV 정부는 당서기장 레 주언, 총리 팜 반 동, 부총리 겸 국방장관 보 응우옌 지압 등의 집단 지도 체제로 운영되었다. 호찌민은 1969년 9월 2일 세상을 떠났다.

1968년 11월 미국 대통령 선거에서 공화당의 닉슨이 당선했다. 그는 곧 베트남전쟁의 출구 전략을 모색하기 시작했다. 닉슨의 기본적인 생각은 '전쟁의 베트남화'에 맞춰져 있었다. 점차 미군을 베트남에서 철수하고, 그 공백을 사이공 정부군의 증강으로 메우려는 것이었다. 1969년 6월 8일 닉슨은 남베트남의 티에우 대통령을 만나, 미군 2만 5000명을

---

* 베트남어로 설날 즉 정월 초하루를 뜻한다.

8월 말까지 철수하고, 이어 연말까지 더 감축할 것을 통보했다.

1969년부터 닉슨의 안보 담당 보좌관인 헨리 키신저는 DRV 정부의 정치국원인 레 득 토와 비밀리에 협상 통로를 가동하고 있었다. 하노이 측은 '모든 외국군의 철수, 그리고 남베트남에 NLF를 포함한 연합 세력이 임시 혁명정부를 수립할 것'을 요구했다. 반면 미국은 '남베트남 정부군 외에 모든 군대의 철수, 남베트남 문제에 대한 북베트남 정부의 직·간접적인 개입 중단, 그리고 독립된 국가로서 남베트남의 총선거'를 요구했다. 양자의 입장 차이가 너무 큰 나머지 그들의 협상은 아무런 성과를 내지 못했다.

그 후 3년여 동안 협상과 북폭이 되풀이되던 가운데 마침내 1973년 1월 27일, 미국·사이공 정부·하노이 정부·남베트남 임시 혁명정부*의 대표가 파리에서 '베트남의 전쟁 종결과 평화 회복에 관한 협정'에 서명했다. 이 조약은 '미국과 다른 모든 나라가 1954년 제네바 협정에 따라 베트남의 독립과 주권, 영토의 통일을 인정한다'는 것을 골자로 했다. 이 조약은 DRV에 정치적으로 큰 이득을 안겨주었다. 남베트남에서 임시 혁명정부가 합법화함에 따라 그 세를 계속해서 유지·확대할 수 있게 되었기 때문이다.

이 무렵 국내외 정세는 사이공 정부에 불리하게 돌아가고 있었다. 남부 베트남 사회에서 과연 동맹군이 철수하면 남베트남 정부가 베트콩과

---

* 베트남민족해방전선(NLF), 민족평화연합, 민족민주연합전선 등이 연합하여 1969년 6월 수립한 베트남남부공화임시혁명정부(PRG). PRG는 남베트남 국민의 폭넓은 지지를 받아, 이를 기반으로 국내외에서 남베트남의 중요한 정치세력으로 인정받았다. 그리하여 PRG는 1973년 1월 27일 미국, 사이공 정부, 하노이 정부와 동등한 주체로서 평화협정에 조인했다. 1975년 4월 30일 남베트남 응우옌 반 티에우 정권이 무너지자 PRG는 남베트남의 권력을 장악했다. 그리고 1976년 7월 2일 제6기 최고인민회의에서 PRG를 포함해 베트남민주공화국(북베트남)과 베트남공화국(남베트남)을 베트남사회주의공화국으로 통합한다고 선포했다.

북베트남 군대의 공격을 막아낼 수 있을까 하는 의구심이 팽배했다. 게다가 지난 10여 년간 남부 베트남 경제는 미국의 경제 원조와, 미군과 동맹군의 소비에 거의 전적으로 의존했다. 그들의 철수는 남부 경제의 파탄으로 이어질 것이 명약관화했다.

국제적으로는, 1973년 11월 미국 의회가 미군의 해외 파병에 대한 대통령의 권한을 대폭 축소하는 법안을 통과시킴에 따라, 이제 미국의 베트남전 재개입이 사실상 어렵게 되었다. 설상가상으로 닉슨이 워터게이트 사건으로 1974년 8월 대통령직을 사임함에 따라 티에우는 강력한 후견인을 잃게 되었다.

미국의 지원이 끊긴 가운데 남부 정권의 몰락은 사실상 시간문제였다. 1975년 3월 초 하노이 정부의 남부군 사령관인 반 띠엔 중은 남부에 대대적인 공격을 감행해 후에를 함락했다. 4월부터 사이공 점령을 위한 '호찌민 작전'이 개시되었다. 사이공은 대혼란에 빠졌고, 사이공 정부의 주요 관리와 그 가족들을 보호하는 차원에서 미군 비행기가 그들을 미국으로 대피시키기 시작했다.

4월 21일 티에우가 대통령직을 사임했다. 그 후 쩐 반 흐엉과 즈엉 반 민이 차례로 대통령직을 승계해 DRV 정부에 협상을 시도했지만 거부당하고 말았다. 결국 4월 30일 사이공이 DRV 군대에 점령됨에 따라 베트남공화국은 종말을 맞았다. 이제 통일 베트남은 사회주의 질서에 따라 국가와 사회를 재구성하게 되었다.[1]

캄보디아 1954-1979

독립과 함께 칩거 투쟁을 마치고 정계로 복귀한 시하누크의 최대 관심사는 인도차이나전쟁의 영향을 받을 수밖에 없는 캄보디아의 정치적 안정이었다. 이를 위해 그는 국제적으로 중립을 표방하고, 국내적으로는 1954년에 국왕으로서 자신에 대한 신임을 묻는 국민투표를 실시해 99.8퍼센트라는 압도적인 지지로 재신임을 받았다.

이어 시하누크는 강력한 1당 독재체제를 구축하기 시작했다. 그는 헌법 개정을 통한 다당제 폐지와 의회 기능 무력화를 꾀하면서 자신의 사당私黨인 인민사회주의공동체(약칭 '상쿰')를 결성했다. 또한 그는 불교사회주의를 국가이념으로 정하고, 국민에게 애국심, 불의에 대한 저항, 군주에 대한 충성, 불교를 강조했다. 민주당의 반발이 거세지자 시하누크는 1955년 3월 아버지 수라마릿(재위 1955~1960)에게 양위하며 국민의 동정심을 유발했다. 1955년 9월 11일 실시된 총선에서 상쿰은 83퍼센트 득표로 압도적인 지지를 받으며 의회의 전체 의석을 차지했다. 이로써 10월에 상쿰이 단독으로 구성한 정부에서 시하누크는 이제 왕자로서 수상이 되었다.

시하누크의 중립 외교 노선이 2차 인도차이나전쟁의 여파로 흔들리기 시작했다. 1958년 6월에 사이공의 베트남공화국 군대가 베트콩을 추적하느라 캄보디아 국경을 넘나들자, 이를 빌미로 하노이의 베트남민주공화국(DRV) 정부는 남부 베트남에 무기 등 군수 물자를 공급하기 위해 시하누크빌 항구를 포함한 캄보디아 영토를 이용했다. 더욱이 DRV 정부는 베트남혁명의 성공을 위해 강력한 우군을 확보하는 차원에서 캄보

폴 포트(1925~1998)

디아에 공산주의 정권을 세우는 것을 목표로 하고 있었다. 이에 부담을 느낀 시하누크는 DRV 정부와 관계 개선을 시도했다. 그러자 1965년 미국과 사이공 정부가 캄보디아와 외교 관계를 단절하고 말았다. 태국도 시하누크의 이중 외교 정책, 특히 DRV와의 관계를 심히 우려하고 있었다.

위기 타개책의 일환으로 시하누크는 1966년 처음으로 국회의원 선거에 자유 경선을 허용했다. 입후보자 총 400여 명이 82석을 놓고 경쟁한 결과, 시하누크의 독재정치와 이중 외교에 불만을 품고 있으며 태국과 남부 베트남의 지지를 받던 우익 세력이 다수 의석을 확보했다.

이 무렵 '크메르 루주'*가 만만치 않은 세력으로 성장하고 있었다. 크메르인민혁명당(KPRP)을 이끌던 친베트남 성향의 좌익 지도자 대부분이 제네바 회담 이후 베트남의 혁명을 돕기 위해 하노이로 떠난 가운데, 새로운 급진좌파 지식인들이 그 세를 확장하고 있었다. 그중 대표적인 인물이 나중에 크메르 루주의 지도자 폴 포트로 잘 알려진 살롯 사였다.

시하누크 정부는 학교와 병원 등 다양한 민중 복지 사업에 상당한 재원을 투자했다. 하지만 프놈펜의 관료와 기득권층의 부정부패로 이러한 사업의 성과가 지방 곳곳까지 미치지 못했기에, 왕자로서 개인적인 인

---

* 급진적인 좌파 크메르 지식인들이 주축이 되어 1967년에 결성한 무장단체로, 프랑스어로 '붉은 크메르인'이란 뜻이다. 1975년 크메르 루주가 정권을 장악하기까지 폴 포트가 은밀하게 이끌던 캄푸치아공산당Communist Party of Kampuchea(CPK)이 언제 창립되었는지는 불분명하나, 크메르 루주의 결성과 함께 출범한 것으로 보인다.

기와 카리스마가 있었음에도 하층 민중의 지지를 얻어내지 못했다. 크메르 루주는 이 같은 상황을 이용해 시하누크 정권을 전복하고자 수도를 떠나 지방으로 향했다. 1960년대 후반 크메르 루주는 지방의 여러 지역을 장악하는 데 성공했다.

이러한 가운데 국회의 다수를 장악한 우익 세력은 크메르 루주의 준동을 우려하며 시하누크를 축출할 기회를 엿보고 있었다. 그들의 지지로 론 놀이 수상에 취임했고, 캄보디아는 친미 우경화 정책으로 급선회했다. 그는 경제의 비국유화, 외국인 투자 장려, 서방 국가들과의 관계 개선 등을 추진했다.

론 놀의 급격한 우경화 정책이 북베트남과 중국을 자극할 것을 염려한 시하누크는 다시 중립 노선을 천명했다. 그는 론 놀의 수상직 사임을 요구하고, 국제적인 지지를 얻고자 1970년 1월 파리·모스크바·베이징 방문길에 올랐다. 그가 모스크바에 머무르고 있었던 3월 17일, 론 놀이 쿠데타를 일으켜 시하누크의 군주제 정권을 전복하고, 크메르공화국(1970~1975)을 선포했다.

이에 맞서고자 시하누크는 오랜 정적이었던 공산주의자들과 함께 베이징에서 저항정부를 결성했다. 1973년 3월 그는 캄푸치아민족통일전선(이하 FUNK)과 캄푸치아민족연합왕실정부(이하 GRUNK)를 출범시켰다.* FUNK는 시하누크를 의장 겸 국가원수로 추대하고, '미국 제국주의 침략에 대한 저항, 국유화를 통한 경제 발전, 앙코르 문명의 전통 강조, 정치적 중립노선 추구' 등의 강령을 채택했다. 시하누크는 펜 노우스를

---

* 국제적으로 통용되는 '캄보디아Cambodia'는 영어식 표기이고, 크메르어로는 '캄푸치아Kampuchea'라고 한다.

GRUNK 수상에, 그리고 언론인 키우 삼판을 부수상 겸 국방장관에 임명했다. FUNK의 지도자들이 GRUNK의 내각을 겸직하고 베이징과 크메르 루주를 이어주면서, 크메르 루주의 론 놀 정권에 대한 투쟁을 적극 지원했다.

론 놀 군사정권은 시하누크 집권기보다 더 많은 언론·출판의 자유를 허용하고, 경제를 개방하고 확대함으로써 국민의 지지를 받았다. 하지만 론 놀 정권이 친미 노선과 함께 북베트남과 크메르 루주에 대해 강경 노선을 취하면서 캄보디아 상황이 급변하기 시작했다. 1970년 5월 미국과 남베트남 연합군이 동부 캄보디아에서 북베트남 군대를 몰아내려고 침공하면서 베트남전쟁이 캄보디아로 확대되었다. 이 여파로 1970년에 약 3만 5000명이던 캄보디아 정부군이 미국의 지원을 받아 2년 후 약 20만 명으로 늘었다. 또한 미 공군은 1970~1973년 크메르 루주 세력을 괴멸하기 위해 캄보디아에 2875회 공습을 감행하며 폭탄 24만 톤을 투하했다. 이는 2차 세계대전 중 미국이 일본에 투하한 것보다 훨씬 더 많은 양이었다. 그러나 이러한 공습으로도 크메르 루주 세력은 약화하지 않고, 수많은 인명이 희생되고 피난민이 양산되었을 뿐이었다. 국민의 희생을 방관하는 론 놀 정부에 대한 민중의 분노가 커져갔다.

게다가 군부정권의 비효율성이 드러났다. 산업 생산량이 1970년 이후 50퍼센트까지 떨어졌고, 엄청난 인플레이션으로 크메르공화국의 지지 기반이 거의 붕괴되었다. 베트남전쟁의 확대로 인한 대량 폭격과 사회 혼란의 와중에 캄보디아 영토의 대부분이 크메르 루주의 수중으로 넘어갔다. 도시 노동자뿐 아니라 농촌의 많은 사람도, 민족주의자이며 농민 개혁자들로 구성된 그들을 지지했다.

론 놀은 정권 유지를 위한 마지막 조치로 국회의 입법권을 박탈하고 신헌법을 만들어 임기 5년의 강력한 대통령제를 추진했다. 하지만 대세는 이미 기울어진 상태였다. 1974년 6월 학생 소요가 전국적으로 확산했고, 이에 교사·노동자·공무원 등이 가담했다. 정권의 몰락은 시간 문제였다. 1975년 3월 말 소련이 GRUNK를 캄보디아의 유일한 합법적인 정부로 인정하고, 론 놀 정부에 대한 인정을 철회했다. 결국 1975년 4월 1일 론 놀은 인도네시아를 통해 미국으로 망명했고, 4월 17일 크메르 루주가 프놈펜을 장악했다.

크메르 루주 정권(1975~1979)은 시하누크를 임기 5년의 국가원수인 국가최고회의 간부회 의장에, 그리고 펜 노우스를 총리에 추대해 전면에 내세웠다. 하지만 실권은 크메르 루주 지도부 3인방인 폴 포트·키우 삼판·이엥 사리가 장악하고 있었다. '앙카'라는 비밀위원회가 대중 선동을 강력하게 이끌었다. 앙카는 봉건적·제국주의적·자본주의적 계급 억압을 받는 노동자·농민의 지도자임을 자처하고, 크메르 루주 정권에 반감이 있는 기득권층과 인민들을 엄격하게 통제하고 감시하는 강력한 전위대였다.

크메르 루주 정권은 강력한 국가 통제 정책을 통해 정치·경제·사회·문화의 틀을 급진적으로 개조하려 했다. 자본주의 경제체제가 전면 폐지되면서 시장·전화·전보 시설·사유재산·임금노동이 사라졌다. 학교는 폐쇄되었고, 서적의 80퍼센트가 혁명에 불필요하다는 이유로 폐기되었다. 사원은 쌀 창고로 바뀌었다. 가족 단위는 1000가구를 한 단위로 한 농업생산 연대 조직으로 재편되었다. 10대 청소년으로 구성된 앙카 소속 무장 요원들의 감시와 통제하에 전 국민이 국가 시책에 동원되었다.

크메르 루주 정권의 핵심 정책은 '범국가적인 농업화'였다. 크메르 루주는 '가난한 농민과 비숙련 노동자들만이 사회의 구성원으로서 가치 있다'는 마오쩌둥(모택동毛澤東, 1893~1976)의 인민관을 강조하며, 프놈펜과 바땀방의 약 300만 도시민 모두에게 농업에 종사하도록 명령했다. 그리고 언어와 복장, 여성의 머리 모양, 예절과 심지어 이름까지 농민다운 것으로 다 바꾸도록 했다.

출범 직후 크메르 루주 정권은 4개년 발전 계획을 수립했는데, 중국을 본떠서 이 계획을 '대약진운동'*이라고 불렀다. 우선 쌀을 수출해 얻은 소득으로 농기계를 수입하고, 장기 산업화 프로그램에 성공할 만한 수준까지 농업 생산을 증진하는 것이 목표였다. 크메르 루주 정권 시기 내내 농민에게 헥타르당 쌀 3톤을 수확하도록 할당량이 부과되었다. 이는 정권 초기의 평균 수확량보다 거의 3배 높은 수치로, 토양이 비옥하고 건강한 노동력과 충분한 물을 갖춘 소수 지역을 제외하곤 달성이 불가능한 양이었다. 1년 내내 벼농사를 위한 물을 공급하기 위해 나라 도처에 거대한 저수지와 댐이 중장비와 기술자 없이 건축되었다. 사람들은 벼농사를 지으면서 그 공사 현장에까지 동원되었기 때문에 하루 14시간, 한 달에 27일을 일해야만 했다.

1976년 1월 3일 크메르 루주 정권은 헌법을 공포했다. 이에 따라 민

---

* 마오쩌둥의 주도로 1958년부터 1960년 초까지 진행된, 노동집약 산업화 추진을 통한 경제 성장 운동을 일컫는다. '7년 안에 영국을 초월하고, 15년 안에 미국을 따라잡는다'는 취지로 시작했지만, 공업에 필요한 노동력을 얻기 위해 농촌에서 과도하게 인력을 차출했고, 이 때문에 중국 전역에 문제가 발생했다. 도시 인구의 급격한 증가로 생필품 부족 현상이 생겼고, 농촌에서는 생산력이 급감했다. 결국 대약진운동이 실패로 끝나가는 상황에서, 1959년 마오쩌둥이 그 결과에 책임을 지고 국가주석 자리에서 물러났고, 류사오치劉少奇가 그 자리를 넘겨받았다.

크메르 루주 정권(1975~1979)에 희생된 캄보디아인들의 유골(프놈펜 교외 뚜오슬렝 제노사이드Genocide 박물관)

주캄푸치아(이하 DK) 국가가 공식 출범했다. DK의 깃발에는 독립 캄보디아의 다른 정부에서도 다 그러했듯이 앙코르 와트를 나타내는 그림이 담겨 있었다. 3월 거수기에 불과한 국회를 구성하는 총선거가 실시된 직후 프놈펜 방송은 시하누크의 갑작스런 사임을 발표했다. 그를 대신해 당시 낯선 이름이었던 폴 포트가 총리가 되었는데, 1년 뒤 그가 바로 살롯 사임이 밝혀졌다.

캄푸치아공산당(이하 CPK)의 대변인은 캄보디아 역사 2000년이 끝났다고 자랑스럽게 선언했다. 그에게 '역사'란 캄보디아에서 수천 년 동안 이어져 온, 인민을 착취하는 기득권층이 주인인 시대를 의미했다. CPK는 착취-피착취 관계가 없는 새 사회를 약속했으나, 정권이 선호하는 하향식 개조에 따라 새로운 수혜자들과 더불어 새로운 희생자들이 생겨났을 뿐이다.

DK 정부는 수많은 국민을 국가의 적으로 규정해 처형했다. 론 놀 군대의 군인과 혁명 전 캄보디아의 착취 계층으로 분류된 사람들이 우선 희생되었다. 1976년 중반 CPK 지도자들은 동부 캄보디아의 군대 내에서 베트남의 은밀한 지원을 받으며 자신들에 대항하는 음모가 싹트고 있다고 의심하기 시작했다. 폴 포트와 그의 동료들은 의심스러운 군인과 당원들을 대대적으로 숙청하기 시작했다. 암호명 'S-21'로 알려진 비밀 심문 시설이 프놈펜 교외 뚜오슬렝의 한 고등학교 운동장에 들어섰다. 베트남이 크메르 루주 정권을 몰락시킨 1979년 1월까지, 당 고위급 간부를 포함해 남녀노소를 가리지 않고 1만 4000명이 그 시설을 거쳐 갔다. 그들 중 절반이 사형에 처해졌다. '킬링필드'로 악명 높은 DK 정부 시기, 4년도 채 안 되는 동안 당시 캄보디아 인구 4분의 1에 해당하는 약 200만 명이 영양실조·과로·질병·처형 등으로 사망했다.

DK 정부의 대외 정책은 친중국 관계를 강화해 소련이 지원하는 베트남사회주의공화국(SRV)의 영향력을 축소하는 데 주안점을 두었다. 전통 시대부터 수백 년에 걸쳐 베트남과 태국 등 외세의 침략에 시달렸던 캄보디아 사람들에게는 그들에 대한 두려움이 있었다. 그들은 특히 인종주의적 차원에서 반베트남 의식이 강했다. DK 정부는 과거 캄보디아 실지를 회복한다는 명분으로 베트남 영토를 침공하는 등 반베트남 민족주의를 정책적으로 이용했다. 폴 포트와 그의 동료들은 만약 베트남과 전쟁을 벌이게 되면 중국이 도와줄 것으로 생각했다. 이러한 계산 착오가 DK 정부를 자멸적인 대결 정책으로 이끌었다.

1977년 10월 베트남 군대가 동부 캄보디아를 침공했다. 그들은 그곳에 몇 개월 머물다 철수했다. 그 직후 폴 포트는 그 지역에서 베트남 군대와 접촉했던 당원과 군인 수천 명을 숙청했다. 1978년에 숙청이 강화되자 크메르인 수백 명이 목숨을 부지하고자 베트남으로 피신했고, 베트남은 그들의 망명정부 설립을 도왔다. 그들 중 한 사람이 꼼뽕참의 크메르 루주 최고 지도자였다가 베트남으로 탈출한 헹 삼린이다. 그는 베트남의 도움을 받아, 크메르 루주에 반대하는 우파 크메르 민족주의자와 극단적인 혁명 정책에 반대하는 크메르 루주 탈당자들과 함께 캄푸치아구국전선(KFNS)을 결성해 DK 정부 전복을 시도했다.

1978년 크리스마스 전야에 베트남은 군대 10만 명을 동원해 캄보디아를 대대적으로 공격하기 시작했고, 1979년 1월에 프놈펜을 점령했다. 폴 포트는 하루 전날 태국으로 도망쳤다. 이렇게 DK 정부는 하룻밤 새 사라졌고, 캄보디아 독립 이후 네 번째 정권인 캄푸치아인민공화국(이하 PRK)이 들어섰다. 베트남은 빠르게 친베트남 인사들을 PRK 내각에 들어앉혔다. 이 내각은 미래에 총리가 될 당시 27세인 훈 센, 체아 심 등 친베트남 공산주의자들로 채워졌다. 베트남의 총리인 팜 반 동은 곧 프놈펜으로 날아가, 새롭게 수립된 헹 삼린 정권과 우호조약을 체결했다. PRK는 냉전 말기 서구에서 베트남의 꼭두각시 정권으로 인식되었다. 이리하여 캄보디아에 또 다른 정국이 열리게 되었다.[2]

라오스 1957-1975

1957년 통일 후 1975년까지 라오스의 국민국가 건설 실험 과정은 외세, 특히 미국이나 북베트남의 영향을 받는 우익·중도·좌익 당파들의 이합집산을 통한 세 차례 연립정부의 부침, 그리고 이 과정에서 발생한 내전으로 요약된다.

1957년 11월 우파인 라오왕국 정부, 좌파인 빠텟 라오의 라오애국전선(이하 LPF), 그리고 쑤완나품이 대표하는 중도파가 첫 번째 연립정부(1957.11~1958.7)를 구성하고, 쑤완나품이 수상이 되었다.

위앙짠 협정에 따라 평화와 중립에 대한 기대감이 높은 가운데 국가 통합이 전반적으로 순조롭게 진행되었다. 1958년 1월 라오왕국 정부는 빠텟 라오의 해방구인 후아판과 퐁쌀리를 평화적으로 인수·통합했고, 그 지역의 공무원들도 라오왕국 정부의 중앙 행정 체계로 흡수되었다. 하지만 일부 문제도 있었다. 빠텟 라오 군대 1500명을 라오왕국군에 통합하는 과정에서 장교의 수를 놓고 양쪽의 이견이 발생했다. 결국 빠텟 라오 군대 중 까이손 퐁위한이 이끄는 2개 대대는 통합을 거부하고 베트남으로 갔다.

1958년 5월로 예정된 총선이 다가오면서 LPF·국민진보당·독립당을 포함한 라오스의 정당들은 선거 준비에 몰두했다. 선거운동의 가장 큰 쟁점은 미국의 막대한 원조 프로그램에 따라 경제적 지원을 받는 라오왕국 정부의 부정부패였다. 정의와 진정한 민주주의를 대표한다고 주장하는 LPF가 제기한 이 문제는 선거운동 기간 내내 열띤 논쟁거리가 되었다. 전체 21석을 놓고 경쟁을 벌인 결과, LPF와 그 동맹 세력이 13석을 얻은 반면, 우파와 중도파를 대표하는 독립당과 국민진보당은 8석을 얻는 데 그쳤다. 쑤파누웡은 후보자들 중 가장 높은 득표를 기록하고, 국회 개원과 함께 국회의장으로 선출되었다.

LPF의 승리는 여러 해 동안 외딴 시골 마을에서 주민들의 지지를 얻으려 노력한 당 기간요원cadre들의 활약에 힘입은 바가 컸다. 정부 공무원들은 이따금씩 마을에 방문할 때마다 숙식과 교통편 등을 요구하며 민폐를 끼치기 일쑤였다. 반면 LPF 요원들은 시골에 머물며 농민들과 함께 일하고, 학교 건설을 돕고, 빠텟 라오의 선전 임무를 담당할 요원들을 선발하고 훈련했다. 그러는 동안 외딴 지역의 사람들, 특히 소수민족 집단들은 처음으로 자신들이 정부의 착취가 아니라 보호의 대상이라는 사실을 깨닫게 되었다.

미국의 반공 기류가 세계를 휩싸는 가운데, 라오스의 총선 결과는 첫 번째 연립정부의 붕괴를 비롯한 긴 파장을 낳았다. 선거에서 패한 국민진보당과 독립당이 연합해 '라오인민대회'란 원내단체를 결성했는데, 이 단체의 주요 모토는 반공反共이었다. 또한 그들은 미국의 사주를 받아 6월에 국가이익수호위원회(이하 CDNI)를 결성했다. CDNI는 젊은 공무원, 외교관, 그리고 군 장교로 구성된 준군사조직으로, 강한 반공 기조를 띠고서 빠텟 라오 세력에 대한 쑤완나품의 포용 정책을 비판하는 입장을 취했다.

연립정부의 좌익 성향을 우려하던 미국은 LPF가 총선 기간 내내 최대 쟁점으로 부각했던 원조 오남용 문제를 구실 삼아 원조를 중단하겠다고 위협했다. 이에 쑤완나품 연립정부는 출범과 함께 의회에서 수세에 몰리게 되었다. 결국 7월에 쑤완나품 정부가 미국의 압력을 못 이겨 사임하자, 의회에서 푸이 싸나니콘을 수상으로 한 새 내각을 구성했다. 이로써 국가 화합과 중립 정책을 표방한 라오스의 첫 번째 연립정부는 출범 8개월 만에 미국의 방해로 좌초되었다.

푸이는 중립주의를 표방하면서도 친미 반공 성향을 노골적으로 드러냈다. 그는 '라오스는 단지 자유세계와 공존할 것'이라는 성명을 발표한 뒤, 소련과 중국을 무시하고 베트남공화국·타이완 등과 외교 관계를 맺었다. 빠텟 라오 인사들이 내각에서 완전히 배제되었고, 그 기간요원은 물론 동조자로 의심받는 사람들조차 공직에서 퇴출되었다. 또한 농촌 지역에서 빠텟 라오의 선전 활동을 차단하기 위해 민간행동위원회가 설치되고, 전단이나 팸플릿을 수집해 그 내용을 분석하는 국가문서조사센터도 설립되었다.

푸이 정권은 CDNI 위원들을 중심으로 내각을 개편하려고 라오인민대회 소속 장관 3명을 푸미 노사완을 비롯한 현직 장교들로 교체했다. 이러한 정부의 변화는 두 가지 즉각적인 결과, 즉 라오왕국 정부 내 미국의 영향력 증대와 LPF를 겨냥한 반공운동 강화를 낳았다. 빠텟 라오 기간요원들과 동조자들이 체포되거나 암살 위협에 시달렸고, 그들 중 수백 명이 국경을 넘어 북베트남으로 도망쳤다. 푸이 정권의 강력한 반공 정책은 라오스를 다시 내전, 즉 라오왕국 정부와 빠텟 라오 세력 간 무력 투쟁의 장으로 이끌었다.

1960년 4월 24일 실시된 선거는 부정으로 얼룩졌다. CDNI 후보들이 얻은 득표수가 등록된 전체 유권자의 수를 초과했고, 2년 전 좌파 후보들에게 향했던 표심은 철저히 차단되었다. 예컨대 빠텟 라오의 텃밭인 쌈느어에서조차 LPF 후보는 13표를 얻은 반면 CDNI 후보는 6058표를 얻었다. 선거 결과 CDNI가 다수당이 되어 쏨싸닛 윙꼬트랏타나 왕자가 새 수상으로 추대되었다. 하지만 그는 CDNI와 푸미 노사완을 비롯한 정치 실세들의 꼭두각시에 불과했다. 쏨싸닛 정부 역시 미국과 라오스의 동맹을 기조로 강한 반공 정책을 추진했다.

1960년 8월 8일 라오왕국 정부의 거의 모든 각료가 씨싸왕웡 왕의 장례 절차를 논의하려고 루앙프라방에 모였다. 이 기회를 틈타 그 이튿날 쑤완나품의 중립주의를 지지하는 육군 대위로 당시 26세였던 꽁레가 쿠데타를 일으켜 위앙짠 정부를 장악하고 의회를 소집했다. 의원 59명 중 41명이 참석해 쏨싸닛 정부에 대한 불신임을 만장일치로 통과시켰고, 쑤완나품이 다시 수상으로 추대되었다. 8월 24일 빠텟 라오는 방송을 통해 쑤완나품 정부를 지지하고, 국가 화합에 협력하기로 약속했다. 그 조건으로 빠텟 라오는 '내전을 멈출 것, 정치범 석방, 우파 장관들의 해임, 엄격한 중립 외교'를 요구했다.

곧 우익 세력이 반격을 가했다. 1960년 12월 11일 의원 32명이 사완나켓에 모여 쑤완나품 정부에 대한 불신임을 의결했다. 왕은 즉각 쑤완나품 정부의 해산을 선포하고, 부눔 왕자에게 임시 정부를 구성하도록 했다. 새 정부는 즉각 태국과 미국의 인정을 받았다. 푸미 노사완은 새 정부를 지원하는 군사행동에 나서, 12월 13일 위앙짠을 공격하고 3일 만에 도시를 장악했다. 무기와 수적 열세를 극복하지 못하고 꽁레 군대는 북으로 물러났다. 외견상 우익 세력의 승리가 분명했던 반면, 이 내전을 계기로 중도파인 꽁레 세력과 빠텟 라오가 연합해 좌익 세력이 한층 강화되는 결과가 나왔다.

당시 베트남전쟁이 한창이던 와중에 북베트남 정권은 항아리평원과 호찌민 통로 등 라오스 영토를 이용해 남베트남을 공략하고 있었다. 이에 미국은 라오스의 중립화를 요구했고, 이 문제를 놓고 미국과 소련이 주도하는 국제 회담이 1961년 5월 16일 제네바에서 열렸다. 이 회담에서 라오스의 중립에 대한 국제적인 합의가 큰 틀에서 이뤄졌다. 제네바 협정에 따라 라오스의 각 당파를 대표하는 세 왕자 부눔·쑤완나품·쑤파누웡의 협상이 1962년 6월 초 씨앙쾅의 항아리평원에서 열렸다. 그들은 5일 내에 중도파 11명, 우파 4명, 빠텟 라오 4명으로 '국민연합임시정부'를 구성하는 데 합의했다. 쑤완나품이 수상과 국방장관을 겸직하고, 우익을 대표하는 부눔의 정계 은퇴로 그를 대신해 푸미 노사완이 부수상직 두 자리 중 하나와 재무장관을 겸직하도록 했다. 쑤파누웡이 다른 부수상직 한 자리를 맡았다. 이로써 2차 연립정부(1962.6~1963.4)가 출범하게 되었다.

이 역시 곧 붕괴될 운명에 처했다. 남부와 북부 베트남 정권의 적대 관계, 미국·북베트남과 라오스 당파들의 관계, 그리고 라오스의 지정학적인 위치를 고려할 때, 미·소가 합의했음에도 라오스가 계속 중립을 유지하기란 사실상 불가능했다. 특히 북베트남이 전략적으로 라오스의 영토를 이용할 수밖에 없다면, 미국도 그것을 봉쇄할 수밖에 없었다. 양쪽 모두 1961년 제네바 협정을 엄격히 준수해서 얻을 수 있는 이득이 없었다. 단지 남은 문제는 겉으로 드러내지 않으면서 라오스의 중립을 무력화하는 것이었다.

제네바 협정은 라오스의 정파들 간에 외국 원조 문제를 둘러싼 갈등을 촉발했다. 이 협정에 따라 1961년 5월 이후 소련이 비행기로 물자를 떨어뜨려 주던 공중 보급이 끊긴 가운데 빠텟 라오는 북베트남에서 은밀하게 무기와 식량 원조를 받게 되었고, 따라서 중립주의 세력과 군수품을 공유할 수 없었다. 라오왕국 정부도 미국의 원조가 제한된 가운데 중립주의 세력을 배려할 만한 여력이 없었다. 경제난 속에서 쑤완나품과 꽁레가 이끄는 중립주의 세력은 어쩔 수 없이 그동안 거절해왔던 미국의 원조를 받아들이기로 결정했다. 그동안 중립주의 세력과 연합을 유지하던 빠텟 라오가 이 결정을 비난하자, 중도파 안에서 미국의 원조에 찬성하는 세력과 반대하는 세력이 분열했다.

그러는 동안 정파들 간에 정적 암살이 빈번히 일어났다. 1963년 2월, 미국의 원조 수용을 주도한 꽁레의 참모장인 끗사나 웡수완이 암살되었다. 4월에는 외무장관인 끼님 폰세나와 중도파인 위앙짠의 경찰 수장이 잇달아 피살되었다. 쑤파누웡을 포함한 빠텟 라오 장관들은 생명의 위험을 느끼고 위앙짠을 떠났다. 이로써 1961년 5월 제네바 협정의 산물로 1962년 6월에 출범한 2차 연립정부가 약 10개월 만에 붕괴했다.

베트남전쟁이 가열되면서 라오스의 중립은 이제 사실상 선택할 수 있는 일이 아니었다. 이때부터 전쟁 기간 내내 라오스는 외국이 통제하는 세 지역—호찌민 통로를 포함해 북베트남이 통제하는 동부, 미국과 태국이 통제하는 메콩강 우안 즉 서쪽 기슭, 그리고 중국의 도로 건설단이 공사를 하고 있는 북부—으로 분리되었다. 라오스의 우파와 좌파 모두 어쩔 수 없이 각각 미국과 북베트남 간 전쟁의 부속 도구가 되었다. 그러는 동안 쑤완나품의 중립주의 세력은 분열되어 미국의 원조를 반대하던 다수 애국중립주의자 세력은 좌파로, 나머지 소수는 우파로 흡수되었다. 이제 쑤완나품은 라오왕국 정부가 관할하는 루앙프라방에서 단지 미국이 그를 필요로 하기 때문에 명목상의 수상으로 남게 되었다.

1964년부터 1973년까지 10년 동안 라오스는 역사상 가장 치열한 전장이 되었다. 미국과 베트남민주공화국(DRV) 모두에게 라오스의 두 지역은 전략적으로 필수 불가결한 요소였다. 그 하나는 남부 베트남으로 침투하는 호찌민 통로였고, 다른 하나는 북동부 씨앙쾅의 항아리평원이었다. 미국과 남베트남은 항아리평원을 통해 북베트남의 위협을, 반면 북베트남은 이 평원을 통해 미국과 남베트남의 위협을 저지하려고 필사적인 노력을 기울였다. 미국이 전쟁의 강도를 높일수록 DRV 군대도 계속 라오스에 증파되었다. 대략 4만 명에 달하는 DRV 군대가 라오스 전장에 투입되었다. 그들 중 약 2만 5000명은 폭격 피해를 보수하고 야전 병원을 운영하면서 호찌민 통로를 유지·보수하는 임무를 맡았다. 나머지 1만 5000명은 북동부에 배치되었다.

두 지역에 대한 양쪽의 지상전과 공중전이 치열하게 전개되는 동안, 가장 고통을 받은 사람들은 미엔·몽·따이족을 비롯한 고산지대의 소수민족들이었다. 미국, 북베트남 또는 빠텟 라오는 이들을 편 갈라서 전쟁에 동원하기까지 했다. 호찌민 통로에 대한 폭격이 강화되면서 인근 지역 주민들은 더 깊은 밀림으로 은신처를 찾아 떠났다. 항아리평원의 상황도 마찬가지였다. 빠텟 라오가 평화와 독립을 대의로 소수민족 지도자이자 LPF 부의장인 씨톤 꼼마담과 파이당 로블리아야오를 통해 소수민족들을 동원했다면, 미국은 경제적인 대가를 지불하며 그들을 동원했다. 전쟁이 격해지면서 미국이 동원한 소수민족은 생필품 수급을 오로지 미군 수송기에 의존하게 되었다. 그들은 '식량이 하늘에서 온다'고 믿으며 생존을 위해 미국 편에 서서 싸울 수밖에 없었다.

라오스의 전쟁은 한편으론 2차 인도차이나전쟁의 부속에 불과했지만, 다른 한편으로는 내전의 성격을 띠고 있었다. 이러한 가운데 라오인민해방군과 라오왕국군의 행보는 대조적이었다. 전자는 빠텟 라오의 손과 발 역할을 했던 반면, 후자는 라오왕국 정부와 별개로 존재했다. 빠텟 라오가 통제하는 지역에서 라오인민해방군은 민족주의와 혁명의 이름으로 청년들을 훈련하고 동원했다. 이 '정의로운' 대의에 따라 그들 개개인은 장래가 보장될 것을 확신하며 조직과 국가 통합을 위해 헌신했다. 라오왕국군 역시 신분 상승이라는 동기를 부여했다. 많은 농촌 출신 청년들이 입대했다. 그러나 라오왕국군은 지원 자격을 라오인으로 제한하며 인종 통합의 대의를 무시했다. 또한 그들 대부분이 애국적인 동기보다는 자신들의 장래 보장에 더 큰 관심을 가지고 있었다.

미국의 출구 전략과 함께 베트남전쟁이 점차 소강기로 접어들자, 1972년 2월 라오인민당이 향후 협상을 대비해 두 번째 총회를 개최했다. 이 모임에서 당의 명칭이 라오인민혁명당(이하 LPRP)으로 개칭되었다. 까이손 폼위한이 서기장으로 재추대되었고, 당중앙위원회 24명이 선출되었다. 서기장은 그들 중 핵심 인사 7명을 정치국원으로 임명했다. 또한 평화·독립·중립·통일·민주주의를 추구한다는 LPF의 5개 강령이 채택되었다.

1972년 7월에 쑤완나품은 LPF의 5개 강령을 받아들였다. 1973년 1월 27일 미국과 DRV가 조인한 평화협정이 발표되었고, 이어 2월에 라오왕국 정부와 빠텟 라오가 휴전협정을 체결했다. 이 협정의 골자는 30일 이내에 국민연합임시정부와 국가정치자문위원회를 설립한다는 것이었다.

3차 연립정부(1973.2~1975.12)가 구성되어 중도파인 쑤완나품이 그대로 수상으로 남았고, 12개 장관직은 왕국정부와 빠텟 라오 양쪽에 동수로 분배되었다. 새 정부의 구성은 그동안 라오스 정치세력 간 역학 관계의 변화를 뚜렷이 반영했다. 빠텟 라오는 증대한 영향력을 바탕으로 내각의 절반을 차지했을 뿐 아니라 만장일치 규정을 도입한 까닭에 정부의 모든 결정에 거부권을 행사할 수 있게 되었다. 또한 양 세력이 각각의 관할 지역에 서로 대표들을 파견하면서, 빠텟 라오는 황도皇都 루앙프라방에 정치·행정적으로 중요한 교두보를 마련하게 되었다. 또 하나 중요한 정치적 변화는 중립주의 세력의 쇠퇴였다. 이 세력은 사실상 쑤완나품 한 사람으로 축소되었다. 미국이 '전쟁의 베트남화' 정책으로 돌아서면서 라오스의 우파와 좌파 간 힘의 균형이 무너진 가운데, 중립주의를 고수한 쑤완나품의 중재 역할은 이제 그다지 중요하지 않게 되었다.

3차 연립정부 구성은 빠텟 라오의 완전한 국가권력 장악을 잠시 뒤로 미뤘을 뿐이다. 1975년 4월 17일 크메르 루주가 프놈펜을, 2주 뒤엔 DRV가 사이공을 함락했다. 미국은 이제 국내 사정으로 인도차이나에 더 군사적 개입을 할 수 없는 처지였다. LPRP의 서기장인 까이손 폼위한은 베트남과 캄보디아의 상황에 고무되어 본격적으로 라오스혁명을 준비하기 시작했다.

1975년 11월 말에 까이손은 국민연합임시정부와 국가정치자문위원회(이하 자문위원회)를 소집했다. 자문위원회의 지시에 따라 26일 위앙짠 국립 경기장에서 군중집회가 열려 새로운 민주적 정권 수립을 강렬하게 요구했다. 이틀 뒤 군주제와 쑤완나품 정부를 비난하는 시위가 이어졌다. 자문위원회에서 군주제 폐지와 정통 공산주의 인민공화국 수립을 가결했다.

쑤완나품과 쑤파누웡은 즉각 루앙프라방의 싸왕왓타나 왕을 접견하고 퇴위를 요구했다. 왕은 불가피한 상황을 받아들였고, 45명으로 구성된 국회 격인 최고인민회의가 1975년 12월 2일 왕의 퇴위를 공식 의결했다. 이로써 6세기 동안 지속된 라오스의 군주제 시대가 막을 내렸고, 라오인민민주공화국이 선포되었다. LPRP의 서기장인 까이손 폼위한이 총리, 쑤파누웡이 대통령 겸 최고인민회의 의장에 추대되었다. 빠텟 라오 혁명의 성공과 함께 라오스는 독립 후 17년 동안 지속된 불안정한 연정을 끝내고 새로운 질서 속에서 정치 안정을 이룰 수 있게 되었다.[3]

버마 1948-1962

1948년 1월 4일 독립과 함께 독실한 불교 신자인 우 누가 버마연방*의 초대 총리가 되었다. 하지만 이 무렵 아웅 산의 사망과 함께 정국이 이미 내란 상황으로 접어든 터라 신생 정부는 시작부터 여러 난제에 봉착했다. 특히 공산주의자들의 무장 투쟁과 소수민족 집단들의 자치권 투쟁은 신생 버마연방의 국가 통합에 커다란 위협으로 작용했다.

버마공산당은 1939년 결성되어 1945년에 아웅 산이 주도하는 반파시스트인민자유연맹(AFPFL)에 합류했으나, 그 이듬해 10월에 노선 차이로 AFPFL에서 축출되었다. 그 후 버마공산당은 떠킹 딴 뚠과 떠킹 쏘(우쏘) 간의 노선 투쟁으로 소수인 적기파와 다수인 백기파로 분열되었고,** 이들은 1948년에 각각 버마적기파공산당(이하 CPB)과 버마백기파공산당(이하 BCP)을 설립했다.

1945년 7월에 영국이 버마 국군을 버마애국군(PBF)으로 재편하는 과정에서 친일 전력으로 배제된 퇴역 군인들을 아웅 산이 인민의용단(이하

---

* 버마는 '버마연방Union of Burma'이라는 국호로 독립했다. 버마족, 샨족, 꺼잉족, 까친족 등 각기 다른 민족이 주로 거주해 자치 성격이 강한 여러 주가 연방Union을 이루었다는 의미다.
** 적기파는 제도권 내에서 점진적인 공산주의 정부의 수립을, 반면 백기파는 혁명을 통해 즉각적인 공산주의 정부의 수립을 주장했다.

버마의 초대 총리 우 누(1907~1995)

PVO)으로 끌어들였다. 아웅 산이 사망한 뒤 6만 5000명에 달하는 PVO 군인들은 독립 후에도 준군사조직으로 남기를 희망하며 해산을 거부했다. 1948년 3월 떠킹 딴 뚠이 이끄는 CPB가 정부의 체포 명령에 반발해 무장 봉기를 일으키자, PVO는 반정부적인 PVO 백기군과 친정부적인 PVO 황기군으로 분열되었다. 우 누는 공산주의 세력을 제도권으로 흡수하기 위해 그들에게 15개 항으로 구성된 좌익 연합 프로그램을 제안했다. 하지만 PVO 백기군은 그 프로그램이 아웅 산이 추구했던 사회주의 국가 이상과 거리가 있다고 판단해 거절하고, CPB의 무장 봉기에 가담했다. 1990년까지 40년 넘게 지속된, 동남아시아 공산주의 사상 최장 봉기가 이렇게 막을 올렸다.

영국이 각각 군총사령관, 공군참모총장, 작전사령관으로 임명한 꺼잉족(까렌족) 출신 스미스 던, 시 쇼, 짜 도 등으로 구성된 PBF 수뇌부는 독립 후에도 그대로 유지되었다. 꺼잉족은 바 우 지의 주도로 1947년 2월 꺼잉민족연합(이하 KNU)을 결성하고, 몇 개월 후 산하 군대로 꺼잉민족방위기구(KNDO)를 창설했다. KNU는 1948년 7월부터 식민지배 시기 영국이 약속했던 자치권 이행을 요구하며 대정부 투쟁에 돌입했다. 이때 스미스 던을 비롯한 꺼잉족 장교들의 지휘를 받는 부대들이 PBF에서 이탈해 KNU의 무장 투쟁에 가담했다. 이로써 PBF는 독립한 지 얼마 안 되어 분열하고 말았다.

꺼잉족을 필두로 해서 식민지배 기간에 서구 선교사들에게서 기독교를 받아들였던 친·샨·까친족 등 소수민족 집단의 반란은 이후 버마 현대사의 중심을 차지했다. 동남아시아의 다른 국가들에서도 인종 다양성과 정치적인 복잡성은 많은 소요와 혼란을 유발했는데, 버마는 특히 더 그러했다. 소수민족들은 처음부터 버마가 독립하면 버마족을 위주로 한 국가가 될 것이라고 의심하고 있었다. 그들의 분리주의 운동은 전후 동남아시아 역사에서 가장 긴 내전이었다. 1950년대 중반 여카잉(아라칸) 로힝자족 무슬림의 반란도 정부에 심각한 위협이 되었다. 그 후 몇십 년 동안 계속된 불교도와 무슬림의 충돌, 그리고 무슬림에 대한 정부군의 잔인한 무력 대응은 방글라데시 국경으로 향하는 무슬림 난민을 계속해서 양산했다.

독립 후 이러한 분열과 혼란 속에서 우 누는 불교사회주의를 국가 건설의 핵심 이념으로 채택했다. 그는 전통적인 불교 사상을 재정립하고, 이를 국민에게 주입하는 것이 식민지배 시기 서구 문화의 유입으로 인한 가치관의 혼란과 무질서를 바로잡을 수 있는 유일한 방법이라고 확신했다. 우 누는 불교 사상을 따르는 버마인들의 전통적인 가치관은 물질적인 부보다 정신적인 가치 추구에 더 큰 비중을 두고 있다고 믿었다. 따라서 그는 물질적인 부를 지향하는 자본주의 논리가 버마에 맞지 않는다고 생각했다. 우 누의 이러한 방침은 독립 후 여전히 중국인과 인도인이 버마의 경제권을 장악하고 있던 상황과도 관계가 있을 것이다.

우 누는 사회주의 이상이 실현되어 경제적 평등이 이뤄지면 불교의 궁극적인 목표인 열반에 이르는 명상 수행이 가능하다고 생각했다. 즉 사회주의 이상 달성을 불교의 이상을 달성하기 위한 전 단계로 생각했던 것이다. 이처럼 우 누는 자본주의적 외세로부터 독립한 버마의 주체성을 불교에서 찾으면서, 자신이 추구하는 사회주의는 서구식 사회주의가 아니라 불교의 이상과 결합한 불교사회주의임을 강조했다. 국민국가 건설 과정의 창의적인 융합을 엿볼 수 있는 대목이다.

우 누의 사회주의 성향은 정부의 경제 정책에도 반영되었다. 특히 그는 국영공장 건설, 외국계 대기업 국유화, 토지 개혁 등을 통해 경제 발전을 이룩하려 했다. 1954년 그는 '복지국가'를 뜻하는 '삐도따' 계획을 수립했다. 이는 토지 국유화, 농촌 진흥 계획 등 11개 항목을 골자로 했다. 그 목표는 1960년까지 국민총생산을 78퍼센트 증대하는 것이었다. 이를 위해 우 누는 1948년 토지 국유화 법안을 통과시키고, 1953년에 추가 시행령을 발표했다. 이들 법령에 따라 임대료를 토지 소출의 반으로 제한하고, 소작농에게 임차를 연장할 권리를 주고, 곡물 값을 고정해 가격 하락으로 인한 농민의 피해를 줄이고, 농민의 채무를 일부 탕감해주는 등의 농업 정책이 추진되었다. 또한 정부는 석유·선박회사 등 영국인이 운영하던 국내 외국 기업을 국유화하고, 쌀 수매와 수출을 독점했다.

하지만 우 누의 복지국가 정책은 사회적 불안정과 농업 생산의 저조, 쌀 수출 감소, 외환 사정 악화, 기술 및 관리 운영의 미숙 등으로 실패가 예견되었다. 어떤 학자들은 이 정책의 중요한 실패 원인을 버마 불교문화와 경제의 관계에서 찾기도 한다. 멜퍼드 스피로Melford E. Spiro 교수에 따르면 불교에서 보시布施란 현실의 생산이나 이윤 획득을 위한 경제적 투자가 아니라 내세를 위해 공덕을 쌓는 일이기 때문에 경제 발전에 부합하지 않는다. 또한 버마인들이 불교의 업業 사상을 신봉하는 가운데 현재의 경제적 지위를 개선해보려는 의지가 부족한 것도 경제 발전에 부정적인 영향을 미친다고 한다. 이러한 관점에서 종교적 이상과 경제 성장을 동시에 이루려 한 우 누의 희망은 애당초 이율배반적인 것이었다.

토지 개혁도 소작농이나 빈농에게 별 이득을 가져다주지 못했다. 소수민족의 지역은 토지 개혁의 대상에서 제외되었고, 게다가 경작되지 않은 토지만 대상이 되었기 때문이다. 국유화한 토지의 면적은 전체 경작지의 8퍼센트인 165만 에이커에 불과했고, 1961년까지 소작농이 버마 전체 농민의 45퍼센트에 달했다. 그나마 생산된 곡물도 고리대금업자, 중간상인, 지주에게 각종 명분으로 헐값에 넘겨야 했고, 그래서 빈털터리가 된 농민들이 다시 농사를 짓기 위해 고리대금업자에게 빚을 지는 악순환이 되풀이되었다. 농민들에게는 그렇게 해서라도 농사를 짓는 방법 외에 다른 대안이 없었기 때문이다.

독립 후 버마의 외교 정책은 공식적으로 중립을 표방했으나, 1950년대의 주변 지역 정치가 이를 쉽게 허락하지 않았다. 식민지배 이후 외부에서 버마에 닥친 가장 큰 위협은 중국 내전에서 패한 국민당 군대의 이주였다. 1949~1950년 국민당 잔당 약 2000명이 샨주로 들어왔다. 1952년에 그 수가 급격히 늘어 약 1만 2000명이 미국 중앙정보국의 지원을 받으며 버마 국경 안에 머물렀다. 버마에 강력한 중앙정부가 부재한 가운데 그들은 1953년까지 짜잉똥을 완전히 통제하며 아편 밀무역자나 무기상으로 활동했다. 우 누 정부는 버마 영토 안에 미국의 지원을 받는 반베이징 세력이 존재한다는 것이 중화인민공화국(PRC)에게 침공의 빌미가 될까 봐 우려했다. 이처럼 냉전은 버마의 안보에 직접적인 영향을 미쳤다. 그래서 버마 정부는 샨족 지역 33곳 중 22곳에 계엄령을 선포했지만, 1961년에 가서야 버마 군대가 PRC와 합세해 국민당 잔당을 완전히 몰아낼 수 있었다.

독립 이전부터 이어져 온 분열과 혼란은 군부가 정치에 개입할 수 있는 환경을 제공했다. 이 시기에 군 지도부는 독단적인 결정을 내리는 데 익숙해졌다. 문민정부가 유약한 가운데 군부만이 반란 세력을 억제할 수 있었기 때문이다. 부패가 만연하고 AFPFL 내에 파벌 싸움이 심해지자, 우 누는 당의 기율을 잡기 위해 총리직을 사임했다. 그러자 네 윈 휘하의 군부가 6개월 시한으로 정권을 장악했는데, 이 과도정부(1958~1960)는 18개월로 연장되었다.

이 기간에 과도정부는 총선을 치렀고, 우 누가 이끄는 연합당이 승리해 1960년 그는 정권을 되찾았다. 하지만 우 누는 바로 다시 국가 통합을 위태롭게 하는 일련의 조치들을 취했다. 우선 그는 불교 국교화가 독립 버마 국민의 열렬한 바람이라고 주장하며 강한 관철 의지를 드러냈다. 무슬림과 기독교도 소수민족들의 강한 반대를 무릅쓰고 1961년 8월 26일 불교 국교화 법안을 담은 3차 헌법 개정안이 국회에 상정되어, 재적 의원 371명 중 찬성 324, 반대 28, 기권 19라는 압도적 표차로 통과되었다.

그 후에도 불교 국교화에 대한 비불교도 집단의 반발이 수그러들지 않자, 우 누는 4차로 헌법을 개정해 여타 종교의 자유로운 의례와 활동을 보장하겠다고 선언했다. 그러자 이번에는 불교 승려들이 강하게 반발했다. 그럼에도 모든 종교의 자유를 보장하는 헌법 20조를 신설하여 비불교도 집단이 불교 국교화를 방해할 필요가 없게 만든 4차 헌법 개정안이 1961년 9월 25일 국회를 통과했다. 그러나 이후 혼란은 더욱 가중되었다.

이 와중에 1962년 3월 1일 우 누는 소수민족의 자치권을 허용하는 방안을 의회에서 논의하기 시작했다. 이는 연방의 분열을 우려하던 군부의 거센 반발을 샀다. 그러는 동안 샨주에서 봉기가 다시 발생했고, 샨주가 분리 독립을 계획하고 있다는 소문이 돌았다. 이러한 상황은 군부에게, 버마가 1958년 이전의 혼란으로 되돌아가는 것으로 보였다.

과도정부를 거치면서 국가 운영에 자신감을 얻은 군부는 문민정부보다 국가를 더 효율적으로 운영할 수 있다고 확신했다. 이 같은 명분을 바탕으로 1962년 3월 2일 군부가 쿠데타를 일으켰다. 헌법이 정지되었고, 많은 민간 정치인이 투옥되었다. 군부는 혁명평의회를 중심으로 강력한 권위주의적 질서를 세우고, 국가와 사회를 재구성하기 시작했다.[4]

태국 1948-1980

1947년 11월 8일 피분 송크람(1897~1964)이 파오 씨야논, 싸릿 타나랏과 함께 쿠데타에 성공했다. 이 정변은 막간에 3년간(1973~1976) 들어섰던 문민정부를 제외하고 1988년까지 40년 넘게 지속된 군사정권 시대를 열었다는 점에서 태국 정치사에 한 획을 그은 사건이었다. 1948년에서 1951년 사이에 피분은 네 차례 발생한 쿠데타의 위험을 물리치고, 동지이자 경쟁자인 파오, 싸릿 두 사람과 권력을 분점하며, 1957년까지 10년 동안 태국의 정치를 주도했다.

피분(재임 1948~1957)은 1948년 4월 수상에 취임해 공정한 선거, 민주헌법, 국민의 생활 향상 등을 약속했다. 또한 그는 냉전의 기류 속에서 미국 및 국제연합(유엔)과 유대를 강화했다. 1949년 중국의 공산화로 아시아에 공산혁명이 일어날 가능성이 상존했기 때문이다. 1950년 한국 전쟁이 발발하자 피분 정부는 제일 먼저 유엔의 이름으로 한국에 파병했다. 1954년에는 동남아시아조약기구* 창설에 참여하고, 그 본부를 방콕에 설치하기로 했다. 이 같은 행보에 힘입어 그는 미국의 경제적 지원을 받아내고, 아울러 자신의 정치적 입지도 강화했다.

1951년 12월, 피분은 1932년 헌법을 개정해 공포했다. 1952년 2월 의원 123명을 선출하는 선거가 치러졌다. 임명직 123명을 포함해 총 246명으로 구성된 의회에서 피분은 만장일치로 수상에 추대되었다. 하지만 쿠데타 동지들과 권력을 분점하면서 피분은 이전 수상 재임 시절(1938~1944)처럼 정치적 영향력이 강하지 못했기에, 파오와 싸릿 양 세력을 서로 견제하게 하며 자신의 정치적 권위를 유지했다.

1955년부터 피분이 주도하던 3두 정치가 무너지기 시작했다. 피분은 1955년 3~6월 여러 나라를 방문하는 과정에 민주주의의 산실인 영국에서 깊은 인상을 받았다. 귀국 후 그는 정기적으로 기자 회견을 열고, 영국의 하이드 파크**를 본떠 여론 수렴 차원에서 공개 토론을 허용했다. 또한 그는 쿠데타와 경찰·군의 정치 개입을 반대하는 등 이른바 '신민주주의' 소신을 강조했다.

----

* 냉전 상황에서 자본주의 진영을 대표하는 미국은 서구와 북대서양조약기구(NATO, 1949)를 창설하고, 일본과 미·일 안전보장조약(1951), 오세아니아와 태평양안전보장조약(ANZUS, 1951)을 체결하고, 동남아시아와 동남아시아조약기구(SEATO, 1954)를 설립해 집단 안보 체제를 갖추었다. 한편 사회주의 진영을 대표하는 소련은 중국과 중·소 우호동맹상호원조약(1950)을 체결하고, 동유럽과 바르샤바조약기구Warsaw Treaty Organization(1955)를 설립해 자본주의 진영에 대항했다.
** 런던 하이드 파크의 마블아치Marble Arch 근처에 '스피커스 코너Speaker's Corner(발언대)'라고 불리는 곳이 있는데, 주말이 되면 이곳에서 사상과 인종을 초월한 다양한 주제로 자유로운 연설을 펼치는 연사들의 모습을 쉽게 발견할 수 있다.

파오는 이에 노골적인 반대를 피력했다. 그러자 피분은 파오에게 차관 도입 임무를 맡겨 미국으로 보내고는, 직후에 개각을 단행했다. 파오의 장인인 내무차관 핀 춘하완을 비롯해 파오 세력을 일시에 내각에서 제거하고, 그 자리에 싸릿 세력을 임명한 것이다. 또한 경찰과 군에 대한 전국적인 인사이동을 단행해 파오 세력을 권부에서 완전히 축출했다. 하지만 파오의 추락은 싸릿의 독주를 가능하게 만들어, 몇 년 뒤 피분 자신이 싸릿의 쿠데타에 희생되는 결과를 낳았다.

신민주주의 정부 수립의 일환으로 1957년 2월 실시된 선거에서 피분의 쎄리마낭카씰라당이 160석 중 86석을 얻어 제1당이 되었다. 그리하여 새 내각이 출범했지만, 부정 선거라는 비난이 일면서 대학생들이 대대적인 시위를 벌이기 시작했다. 정부는 3월에 비상사태를 선포해 모든 집회를 금지하고, 싸릿을 군과 경찰의 총사령관으로 임명해 시위 진압을 맡겼다. 하지만 싸릿은 학생 시위대에게 무력을 사용하지 않고, 학생 편에서 대화로 혼란을 수습해 국민의 신임을 얻었다.

피분은 싸릿 세력을 약화하기 위해 내각 총사퇴를 권고하고, 새 내각에는 개인 사업을 운영하는 정치인을 배제한다는 원칙을 발표했다. 복권 사업으로 치부를 하고 있었던 싸릿은 내각에서 자진 사퇴하고, 지지자 46명과 함께 방콕에서 공개 토론을 벌이며 피분의 사퇴를 주장했다. 결국 1957년 11월 싸릿은 군 장교 57명과 함께 쿠데타에 성공해 태국의 명실상부한 일인자가 되었다. 피분은 캄보디아로 잠시 망명했다가, 1959년 일본으로 넘어가 1964년 그곳에서 생을 마감했다. 파오는 싸릿에게 투항한 뒤 스위스로 추방되었다.

쿠데타 성공과 함께 싸릿과 그의 주요 부관인 타놈 낏띠까촌, 쁘라팟

차루싸티엔이 새 군사정권의 실세로 등장했다. 1957년 12월 15일 싸릿은 총선거를 실시했다. 싸릿 지지당인 싸하품당이 44석을 차지한 반면, 무소속이 59석을 차지하는 이변이 발생했다. 제1당이 된 싸하품당을 중심으로 연립내각이 구성되었고, 싸릿은 신병을 이유로 타놈(재임 1957~1958)을 수상으로 지명했다. 또한 그는 군부의 지원을 받는 찻쌍콤당을 창당해 자신이 당수가 되고, 타놈을 부당수, 그리고 쁘라팟을 사무총장으로 임명했다. 타놈 내각이 의회의 신임을 받자 싸릿은 신병 치료차 영국에 머물렀다. 그러나 타놈 내각이 찻쌍콤당과 다른 정당들 간의 갈등으로 궁지에 몰리자, 싸릿은 즉시 귀국하여 1958년 10월 국내외 공산주의의 위협에서 태국을 구한다는 명분을 내세워 쿠데타를 일으켰다. 이어 그는 계엄령을 선포하고, 의회를 해산하고, 각료 전원을 사퇴시켰다.

두 번째 쿠데타를 통해 몸소 수상이 된 싸릿(재임 1958~1963)은 우선 자신이 국민을 대변하여 피분 정부에 반기를 들었음을 강조했다. 그는 "과거 태국의 정치적 불안정은 태국인의 성향·가치관·전통 등을 충분히 고려하지 않고 서양의 생소한 것을 무분별하게 들여온 데 기인하며, 태국을 역사적으로 잘 살펴보면 강한 정부 치하에서 더 발전했다"고 주장했다. 그는 국민을 위한 '권위 있는 강한 정부'와 '태국식 민주주의'의 필요성을 강조하며, 비효율적으로 보이는 정당과 선거를 금지했다. 1963년 싸릿은 정부의 집행력 강화를 위해 혁명포고령 57호를 내려 정부 부처를 12개에서 24개로 늘리고, 자신이 3군을 모두 장악했다.

1961년 싸릿은 제1차 경제개발계획(1961~1966)에 착수했다. 이 계획에는 수자원 개발, 도로 건설, 교통·통신체계 등 기반시설 건설 외에 외국 자본의 유치도 포함되었다. 이 계획을 실시하면서 싸릿은 경제장관직도 겸해 모든 권력을 수상처로 집중했다. 이는 경제 발전에 국가가 적극 관여해 정치적인 안정을 기한다는 이른바 개발독재 또는 발전적 권위주의의 한 전형이었다.

싸릿은 다양한 규제 조치를 발동해 국민을 엄하게 다스렸다. 예컨대 공산주의자로 의심되어 체포된 자는 혐의 사실을 조사하는 기간 내내 구속할 수 있었다. 도박·아편·풍속 사범 등 국내 질서를 문란하게 하는 행위를 일절 금지하고, 정국 안정을 명분으로 언론을 규제하고, 공산주의 세력 제거를 핑계로 청년 엘리트와 작가 등 많은 지식인을 체포했다. 이처럼 싸릿은 1963년 12월에 병사할 때까지 전제적 통치를 실시했다.

1963년에 싸릿을 승계한 타놈(재임 1963~1973)은 1973년까지 싸릿의 전제적 통치 방식을 그대로 답습했다. 그는 수상과 국방장관직을 겸하고, 쁘라팟을 내무장관에 임명해 2인 체제를 갖추었다. 1963년부터 1973년까지 태국 정치는 두 사람의 손아귀에 놓여 있었다고 해도 과언이 아니다. 따라서 학자들은 그 10년을 '타놈-쁘라팟 시대'라고 부르기도 한다.

타놈 내각은 의회와 자주 충돌했다. 의회에서 법안 통과가 지연됨에 따라 이에 항의하는 시위와 동맹 파업이 빈번하게 발생했다. 그는 국내 치안의 안정을 이유로 1971년 11월 쿠데타를 일으켜 국회를 해산했다. 그 이듬해 12월에는 국회의원을 모두 정부가 임명하고, 그 가운데 3분의 2는 군과 경찰에서 뽑는다는 내용이 들어간 새 헌법을 발표했다. 이에 1973년 6월부터 학생과 중산층 시민들이 군부정권의 퇴진과 민주적인 헌법을 요구하며 반정부 시위를 시작했다. 정부가 시민들을 구속하자 시위 규모가 급증해, 10월에는 그 수가 수십만 명에 달했다. 급기야 정부군이 시위 군중에 발포해 많은 사상자가 났고, 국왕은 시위대의 편을 들었다. 결국 타놈은 10월 14일 퇴진하여 해외로 망명했다.

민주화 혁명으로 싼야 탐마싹(재임 1973~1975)이 이끄는 과도 문민내각이 들어섰다. 이 내각은 공식적인 문민내각 수립을 위해 민주 헌법을 제정하고, 1975년 1월로 예정된 총선을 치러야 할 중요한 임무를 맡았다. 이 무렵 태국에 많은 변화가 나타나기 시작했다. 의회가 자발적으로 해산했고, 민주 헌법 제정을 위한 헌법기초위원회가 구성되었다. 대학생들은 지방과 농촌으로 몰려가 농민들과 민주주의와 생활 향상에 관해 토론하며 활발한 정치 활동을 펼쳤다. 언론과 출판의 자유가 허용되어 마르크스주의 관련 서적이 서점에서 공개적으로 팔리고, 좌익 사상이 학생과 노동자 사이에서 큰 인기를 얻었다. 이 밖에도 민주주의에 대한 기대와 요구가 높아짐에 따라, 태국인들은 자신들의 목소리를 대변할 국민자유수호연맹과 '국민을 위한 민주주의' 등의 정치단체를 결성했다.

싼야 과도내각은 1974년 10월 7일 238항에 달하는 민주 헌법을 선포했고, 이듬해 1월 25일에 총선이 실시되었다. 선거 결과 어떤 정당도 과반수를 차지하지 못한 가운데 큭릿 쁘라못(재임 1975~1976) 연립내각이 출범했다. 하지만 이 문민내각은 곧 산적한 국내외 현안에 봉착했다. 1975년에 베트남이 공산화하고, 라오스와 캄보디아에서도 공산주의 혁명이 성공을 거두었다. 태국의 안보를 우려한 큭릿 수상은 동남아시아국가연합* 회원국들을 차례로 방문하여 긴밀한 관계를 도모하고, 태국 수상으로는 처음으로 중국을 방문했다.

---

* 1967년 태국 · 인도네시아 · 말레이시아 · 싱가포르 · 필리핀이 정치적 안보를 위해 결성한 동남아시아국가연합(아세안ASEAN)은 1989년 냉전 해체 이후 동남아시아 10개국이 경제 교류와 우호 협력을 다지는 기구로 발전했다.

한편 국내에선 학생·농민·노동자 들이 연대하여 대정부 협상 기구를 발족하고, 민주화 혁명 당시 구속된 농민과 학생의 석방을 요구하며 정부에 대항했다. 큭릿 정부는 남부 태국의 분리주의 운동, 미군 철수 문제, 인도차이나전쟁과 이웃 국가들의 공산화로 인한 난민 문제 등에도 직면했다. 인도차이나에서 미군이 철수하면서 동시에 미국의 원조가 중단된 데다 1차 석유 위기를 맞이하여 태국의 경제는 침체에 빠졌다. 공산주의 정당의 활동도 활발하게 일어났다.

지난 20여 년 동안 군부 독재체제에서 행정 경험을 충분히 쌓을 수 없었던 문민 정치인들은 이 같은 국내외 복잡한 현안을 해결하기에 역부족이었다. 결국 1976년 1월 큭릿 내각은 의회의 불신임을 받았고, 4월에 총선이 실시되었다. 총 279석 중 민주당이 114석을 얻어 제1당이 되었다. 난항 끝에 네 정당으로 구성된 쎄니 쁘라못(재임 1976. 4~10) 연립 내각이 출범했다.

쎄니 내각 역시 곧 정치적 혼란에 휩싸였다. 특히 그해 독재자 타놈이 귀국하고 쁘라팟도 귀국 의사를 표명하자, 대학생의 시위가 극렬해지고 정당들은 좌우로 갈라졌다. 좌파 세력은 정부를 비난하며 국민 속으로 파고들었다. 특히 동북부 지역의 주민들은 좌파 대학생들과 접촉하며 정치의식을 강화하게 되었다. 그들의 움직임이 과격해지자 왕실 지지자와 도시 거주 중산층은 그들이 공산주의자의 사주를 받고 있다고 믿었다.

9월 23일 쎄니 수상이 사임을 발표하고, 의회가 새 연립내각을 구성하기로 했다. 하지만 타놈 추방을 요구하는 좌파 학생 시위가 점차 거세졌다. 게다가 노동조합 43개 지부는 5일 안에 타놈을 추방하지 않으면 10월 10일부터 총파업에 돌입하겠다고 정부를 압박했다. 이에 쎄니 내

1976년 10월 태국 경찰이 학생 시위대를 유혈 진압한 것은 문민정권(1973~1976)의 종말을 예고한 사건이었다.

각이 아무런 조치를 취하지 않자, 대학생들과 노조원들은 탐마쌋대학교로 집회 장소를 옮겨 반정부 투쟁에 들어갔다. 이와 거의 동시에 전국의 우익 집단도 좌파 세력에 반대하는 시위를 조직해 방콕으로 결집하기 시작했다.

1976년 10월에 탐마쌋대학교에서 좌익과 우익 세력 간에 유혈 충돌이 일어나자, 이를 빌미로 10월 6일 쌍앗 찰러유 해군 제독이 이끄는 군부가 쿠데타를 일으켜 정권을 장악했다. 그 결과 1973년 10월 14일 혁명으로 탄생했던 태국의 문민정부가 3년간의 짧은 시대를 마감했다.

쌍앗 찰러유는 국가정치개혁위원회(이하 '개혁단')를 구성하고, 1974년 제정된 민주 헌법을 폐지하면서 의회와 정당을 해산했다. 대법관 출신인 타닌 끄라위치엔(재임 1976~1977)이 수상으로 추대되었다. 하지만 정부의 실권은 타닌 내각을 자문하는 개혁단이 장악하고 있었다. 타닌 정부는 반공을 첫 번째 국시로 삼아 공무원과 전 국민에게 반공 교육을 실시했다. 각료들도 극우 성향인 인물들로 채워졌다. 수상 자신도 국민의 고충을 제대로 이해하지 못했을 뿐 아니라, 협상 능력이 부족해 안보 위기 국면에서도 각계각층의 협조를 얻어낼 수 없었다. 결국 법조인 출신으로 청렴하나 정치적으로 미숙한 타닌의 정부는 1977년 10월 쌍앗 찰러유가 재차 일으킨 쿠데타로 무너졌다. 이번에는 끄리앙삭 차마난(재임 1977~1980) 장군이 수상에 추대되었다.

1979년 2차 유류 파동과 전기료 인상으로 국민의 생활이 다시 위기에 놓였다. 게다가 베트남의 캄보디아 침공 이후, 베트남을 지지하는 동쪽의 라오스에 대한 태국인들의 적대 감정이 높아졌다. 태국은 캄보디아와 라오스로부터 온 수십만 난민 문제와 함께 공산주의 국가에 둘러싸인 상황에 직면했다. 하지만 소수 정당의 연립내각인 끄리앙삭 정부는 이들 문제에 대한 대책을 신속하고 효과적으로 세울 수가 없었다. 결국 의회가 내각 불신임을 의결하자, 1980년 2월 28일 끄리앙삭 수상이 사임했다. 1980년 3월, 당시 육군총사령관과 국방장관을 겸직하며 군의 탄탄한 지지를 받고 있던 쁘렘 띤술라논이 의회에서 압도적인 지지를 받으며 수상이 되어, 향후 태국의 새로운 정치 질서를 구축할 인물로 국민의 기대를 모았다.[5]

남부 태국

전후 태국의 새 정부는 국가 통합을 위해 빳따니 · 얄라 · 나라티왓 ·

16~17세기에 지어진 것으로 알려진 빳따니의 끄루세Krue Se 이슬람사원

싸뚠의 말레이계 무슬림과 이전 정부들과는 다른 유화적인 협상을 준비했다. 무엇보다도 전후 영국이 추진하던 말라야연방에 말레이인이 주류를 이루고 있는 남부 태국 지역이 통합될지 모른다는 우려가 작용했기 때문이다.

1945년 말 태국 정부는 그 지역을 중앙정부 지배 체제로 통합하기 위한 이슬람후원법을 제정했다. 이 법의 골자는 국가 공식 이슬람 계서 체제를 도입하고, 그에 상응하는 기관들을 설립한다는 것이었다. 구체적으로 중앙정부가 무슬림 지방정부를 관할할 수장과 그 정부에 참여할 울라마를 직접 임명하고, 중앙정부 내에 이슬람 관련 업무를 관장할 국가평의회를, 그리고 타이 무슬림이 주로 살고 있는 모든 주州에 주이슬람평의회를 설립하기로 했다.

1946~1947년 새로 설립한 이슬람 기관의 소관으로 금요일을 종교

휴일로 정하고, 결혼·가족·상속 등에 이슬람법을 적용하는 등 친일본 정부가 금지했던 것들이 신속하게 복원되었다. 중앙정부는 이슬람 사원인 모스크 등록, 모스크평의회의 선거, 그리고 모스크 관리 임명에 관한 규정 개정을 위해서도 신설 이슬람 기관들과 긴밀하게 협력했다.

1948년 말라야(1963년 이후 말레이시아)에서 공산당 무장 봉기가 발발하자, 태국과 말라야의 국경이 공산주의자들의 은신처가 되었다. 영국이 태국 정부와의 관계를 이용해 이 지역 통제에 관심을 집중하는 동안, 남부 태국의 분리주의 문제는 냉전의 기류에 가려 국제적인 관심에서 멀어졌다.

1950년대 탈식민지 투쟁기에 태국에서 정정 불안이 이어졌지만, 한편으로는 이슬람 친화적인 개혁으로 중앙정부와 남부 무슬림 지방정부 간 관계의 고리는 끊기지 않고 이어졌다. 다른 한편으로 언어 문제, 특히 학교 교육에 사용하는 교수어 문제에 대해선 양측이 첨예하게 대립했다. 일부 말레이계 무슬림이 타이 사회에 잘 동화된 사례가 있었지만, 무슬림 대부분은 타이어를 거부하고, 태국에서 분리·독립하기를 꿈꾸며 동화에 저항하면서 살고 있었다.

1960년대 초 태국 정부는 남부 무슬림에 대한 국민통합 정책을 본격적으로 추진하기 시작했다. 정책의 핵심은 교육으로, 전통 이슬람 학교인 뽄독을 중앙정부의 관할하에 두기로 한 것이었다. 이 정책에 따라 모든 뽄독은 교육부에 등록해야 하고, 중앙정부가 요구하는 세속적인 과목들을 교과 과정에 필수적으로 받아들여야 했다. 뽄독의 교수어로 말레이어를 써도 되지만, 중앙정부는 타이어도 두 번째 교수어로 채택하도록 요구했다. 교육부에 등록된 뽄독은 국가의 재정 지원과 관리 감독을 받지만 사립학교로 남을 수 있었다. 또한 뽄독은 교육 당국에 교사와 학생 명단을 의무적으로 제출해야 했다. 등록되지 않은 뽄독은 불법으로 간주되어 폐쇄되었다. 그 결과 약 150개 뽄독이 중앙정부의 시책에 저항해 운영을 포기했다. 1971년 기록을 보면 약 400개 뽄독이 합법적인 사립학교로 정부에 등록되어 있었다.

이러한 중앙정부의 교육 정책은 남부 무슬림의 분리주의 운동을 촉발했다. 뽄독이 남부 무슬림에게 이슬람을 가르치고, 말레이 문화를 보존하고 전수하는 데 가장 중요한 수단이었기 때문이다. 1962년 뽄독 교사들 한 무리가 민족혁명전선(이하 BRN)을 결성했다. 나라티왓의 한 뽄독 교장으로, 정부 정책에 순종하기를 거부하며 혁명적인 투쟁을 위해 밀림으로 들어간 우스따즈 하지 압둘 카림이 이 단체를 이끌었다.

BRN은 남부 말레이계 무슬림에 대한 타이인의 지배를 완전히 거부하고, 무장투쟁에 헌신하며, 남부 태국에 빳따니 이슬람 국가를 건설하는 것을 목표로 했다. BRN은 당의 강령으로 알라가 허락한, 정당하고 번영하는 이슬람 국가 건설을 강조하면서도, 종교를 앞세우지 않고 '민족'이나 '인민 해방' 같은 세속적인 구호를 내세웠다. 이는 1960~1970년대 제3세계 사회주의 운동의 한 전형이었다.

BRN은 암살·납치·태업·폭탄 공격 등 다양한 방식으로 폭력적인 투쟁을 벌였다. 그들의 주요 공격 목표는 남부 무슬림 문화와 정체성에 위협을 가하는 태국 정부 당국, 관리, 남부 지역에 정착한 불교도였다. 이는 일단 남부 태국에 무법적인 분위기를 조성해 타이인 주민과 행정 관리들의 불안감을 최대한 증폭하려는 것이었다. 1960~1970년대에 BRN은 왕성한 활동을 펼쳤지만 강한 좌익 성향 때문에 근본적으로 보수적인 남부 무슬림 사회의 광범위한 지지를 얻지 못했다.

1968년에 창설된 빳따니연합해방기구(이하 PULO)가 곧 BRN을 압도했다. PULO는 BRN의 이념성에 식상한 이슬람 학자 까비르 압둘 라만이 빳따니에 설립한 단체로, 전투적인 젊은 세대를 규합했다. 그들 중 많은 수가 아랍 지역 등 해외에서 공부하는 동안 급진적인 이슬람 세력의 영향을 받았다. 또한 PULO는 좌익 운동의 구호를 답습한 BRN과 달리 엄정한 이슬람 민족 기구임을 강조하며, 움마 즉 형제애를 바탕으로 한 전 세계 이슬람 공동체로부터 재정 지원을 받고자 했다. 리비아와 시리아에서 PULO를 지원했다. PULO 지도자들 중 몇몇은 레바논의 팔레스타인해방기구에서 훈련을 받았다.

PULO는 말레이시아의 끌란딴주를 장악한 이슬람 야당인 범말레이시아이슬람당(이하 PAS)에게서 강한 지지를 받았다. 비록 연합말레이민족기구(UMNO)가 이끌고 있던 말레이시아 정부가 공동 국경 지역의 안정을 위해 태국 중앙정부와 긴밀하게 협조하고 있었음에도, UMNO는 PULO와 PAS의 관계를 적극적으로 차단하려 들지는 않았다. 자칫 경쟁자인 PAS를 지지하는 말레이인 유권자의 반정부 성향을 자극할까 우려해서였다. 이러한 가운데 끌란딴주는 PULO 대원에게 안전지대로서, 외부에서 자금이나 무기를 지원받는 통로 역할을 했다.

BRN과 마찬가지로 PULO도 분리주의 운동의 수단으로 폭력 투쟁을 배제하지 않았다. PULO의 군사 전위조직인 빳따니연합해방군(PULA)은 남부 태국과 이따금 방콕에서 일어난, 태국 정부의 상징물에 대한 폭탄·방화 공격을 자신들의 소행이라고 주장했다.

타이무슬림학생회(이하 TMSA)도 남부 태국 지역 분리주의 운동을 추

구하는 주요 단체였다. 이 단체는 1960년대 초에 넓게는 태국 전체 이슬
람 공동체, 좁게는 무슬림 엘리트 청년 집단의 이익을 증진하고 보전하
고자 설립되었다. TMSA는 정부와의 알력을 피하고, 대신 이슬람과 말
레이 문화를 타이 사회의 한 구성 요소로서 존중할 것을 당국에 촉구했
다. 그리고 말레이계 무슬림에게 최대한 자치를 허용하는 관용을 요구
했다.

TMSA는 세미나, 워크숍, 학생운동 캠프를 통한 청년 지도자 훈련
을 중시했다. TMSA는 1997년 태국 외교부 장관이 되는 쑤린 삣수완과
1996년 하원의장이 되는 완 무하마드 누르 마타를 비롯해 성공적인 정
치인, 대학교수, 고위 관료, 사업가 등을 배출했다. TMSA는 타놈 군사
독재 정권을 무너뜨린 1973년 10월 14일의 범타이 학생운동에도 깊숙
이 관여했다.[6]

2 도서부

인도네시아 1949-1965

1949년 말 독립협정이 체결된 후 1년 안에, 혁명기에 세워졌던 인도
네시아연방 국가들 모두가 단일한 인도네시아공화국으로 통합되었다.
마침내 인도네시아는 많은 이들이 오랫동안 꿈꾸었던 단일 국가를 이루

었다. 하지만 신생 인도네시아공화국 앞에는 많은 난제가 기다리고 있었다. 가장 큰 당면 과제 한 가지가 문화 · 종족 · 언어 · 종교의 다양성 속에서 국가 통합을 이뤄내는 일이었다.

우선 신생 공화국이 과연 어떤 체제를 취해야 국가 통합에 적합한가 하는 문제가 대두되었다. 인도네시아 정치 지도자 대부분은 새 나라가 민주주의 국가여야 한다는 데 별 이견이 없었지만, 국가 통합을 위해 어떤 민주주의 정치체제를 만들고 운영할 것인가에 관해선 의견이 분분했다. 국민의 인종과 문화가 다채로울 뿐 아니라 규모도 방대한 국가의 통합을 위해선 대통령 1인 중심 체제보다는 다양한 민의를 골고루 반영할 수 있는 내각책임제가 더 유리하다는 의견이 지배적이었다. 결국 1950년 8월 내각책임제를 규정한 공화국 임시 헌법이 제정되었다.

독립 직후에는 인도네시아국민중앙위원회(KNIP)가 임시로 국회 역할을 수행하다가, '1950 임시 헌법'이 제정되면서 KNIP의 모든 기능과 역할이 국회인 국민대표협의회(이하 DPR)로 옮겨졌다. 총선을 거치지 않고 KNIP의 구성원들이 모두 DPR 의원으로 전환되었고, 이로써 신생 인도네시아는 별다른 혼란 없이 다당제를 바탕으로 한 의회민주주의 제도를 갖추게 되었다.

혁명기에 등장한 정당들 중에 마슈미(인도네시아무슬림협회)와 인도네시아국민당(이하 PNI)이 가장 폭넓은 지지를 받는 거대 정당이었다. 수딴 샤흐리르가 1948년 창당한 인도네시아사회당(이하 PSI)도 그대로 존속했다. 1920년 아시아 최초로 창당된 공산당으로 30년 가까이 꾸준히 지지층을 확장해온 인도네시아공산당(PKI)은 1948년 마디운 쿠데타의 실패로 많은 지도자와 지지자를 상실했다. 그럼에도 PKI는 여전히 합법

정당으로 남아 있다가 아이딧·루꾸만·뇨또 등 젊은 새 지도자들에 의해 1950년대 초 재건되었다.

동부 자바의 농촌을 주 지지 기반으로 하는 이슬람 정통주의 단체인 나흐다뚤 울라마(NU)는 노선 차이로 1952년 마슈미에서 탈퇴해 하쉼이 이끄는 독립 정당이 되었다. 이후 마슈미는 모함마드 낫시르를 수장으로 해서, 도시에 기반을 둔 이슬람 개혁주의 정당으로 변신했다. 가톨릭과 개신교 신자들도 각각 가톨릭당과 인도네시아기독교당(약칭 '빠르낀도 Parkindo')을 결성했다.

독립 인도네시아의 첫 총선은 독립한 지 약 6년이 지난 1955년에 가서야 실시되었다. 단원제인 DPR 의석 232개를 놓고 80여 정당이 경쟁을 벌였다. 그 결과 마슈미가 49석(21퍼센트)을 차지해 제1당이 되었고, PNI가 36석(16퍼센트)으로 그 뒤를 이었다. PSI가 17석(7.3퍼센트), PKI가 13석(5.6퍼센트), 가톨릭당이 9석(3.9퍼센트), 빠르낀도가 5석(2.2퍼센트), 그리고 인도네시아의 원조 공산주의자인 딴 말라까를 추종하는 세력인 무르바당이 4석(1.7퍼센트)을 얻었다. 기타 군소 정당과 무소속이 42퍼센트에 해당하는 99석을 차지했다. 선거 결과 가장 놀라운 사실은 PKI가 무려 600만 표가 넘는 득표로 원내 제4당이 된 점이다. 그 후 치러진 다른 선거에서도 PKI의 득표는 계속 증가 추세를 보였다. 그 결과 내각책임제를 채택한 인도네시아에서 PKI의 정치적 역할이 중요해졌다.

세계 최대 무슬림 국가로서 이슬람을 정식 국교로 채택해야 한다는 주장이 제기되었다. 하지만 서구식 교육을 받고 민족주의와 세속주의 국가를 표방해온 정치 지도자들은 국가 통합을 위해 그 주장을 받아들일 수 없었다. 그럴 경우 수많은 종족의 다양한 비이슬람 문화를 포용하지 못한 채 국가 통합은 표류할 것이 분명해 보였기 때문이다. 결국 그들은 빤짜실라를 국가 통합의 이념으로 채택하는 합의를 끌어냈다. 빤짜실라의 첫 번째 원칙이 '유일신에 대한 믿음'이니, 곧 인도네시아는 알라를 유일신으로 섬기는 이슬람 국가라고 생각하며 무슬림은 어느 정도 마음에 위안을 얻었다.

이처럼 신생 공화국의 국가 건설 과정이 순조롭게 진행되는 듯해 보이는 한편, 경제 문제로 정치·사회적 갈등과 긴장이 조성되기 시작했다. 대공황으로 인한 1930~1942년의 경제적 어려움, 그 후 1949년까지 혹독한 일제 강점기와 혁명기를 거쳐온 여파로 독립 인도네시아의 경제 전망은 결코 낙관적이지 않았다. 플랜테이션·교통시설·공장 등 산업 기반이 심각하게 파손되었다. 한편 외국 기업은 여전히 건재해서, 경제 기반이 상대적으로 취약한 토착 중간 계층의 적개심을 샀다. 토착민보다 나은 경제적 위치에 있던 중국인 사회도 적개심의 표적이 되어, 국가 재건 사업에 적극적으로 동참하기가 용이치 않았다.

그러는 동안 빠른 인구 증가가 국가 재정을 압박하며 경제 발전에 큰 걸림돌로 작용했다. 1950년 7720만 명이던 인구가 1955년에 8540만 명, 1961년에 9700만 명으로 증가했다. 인구의 증가는 모든 면에서 국내 수요의 증폭으로 이어졌다. 예컨대 1957년에 원유 생산은 1940년 수준으로 하락한 반면, 같은 시기 가솔린의 국내 수요는 약 200퍼센트 증가했다.

첫 번째 총선 결과 마슈미의 모함마드 낫시르(재임 1950.9~1951.3)가 수상이 되어 PSI와 연립내각을 구성했다. 낫시르 내각 시기에 한국전쟁으로 조성된 경제 붐과 공산품 수출 증가에 힘입어 1951년 중반까지 국가 재정이 증가했다. 하지만 같은 시기에 인도네시아의 주력 수출품인 고무의 가격이 71퍼센트까지 급락했다. 그 후 1957년까지 의회민주주의 시기에 인도네시아 경제는 특별한 경제성장 동력이 부재한 데다 정경유착·부패·밀수·암시장 등이 기승을 부리는 가운데 깊은 침체에 빠져 있었다.

1950년대에 내각의 잦은 교체*로 인한 정치적 불안정과 경제 침체로, 국민 사이에 내각책임제에 대한 불신과 회의가 퍼져갔다. 군부는 민간 정치인의 무능력과 무기력에 불신과 거부감을 드러내는 동시에 PKI의 놀라운 성장을 우려하고 있었다. 실권이 없는 대통령으로서 수까르노는 당리당략에만 몰두한 정당들의 정치 공작을 비판하면서, 내각책임제에 대한 국민 일반의 환멸을 공유하고 있었다.

한편 이러한 사회·경제 상황을 배경으로 PKI 세력이 급성장하고 있었다. 독립 후 PKI는 1948년 마디운 쿠데타로 인도네시아혁명의 반역자 취급을 받았고, 무슬림에게는 종교를 폄하하는 무신론자 집단으로 의심받았다. PKI는 이러한 불리한 상황을 극복하려면 당원의 수를 대폭 확대해야 한다고 생각하고, 적극적인 조직 활동을 벌였다. 그 결과 1954년 3~11월 PKI의 당원이 16만 5000명에서 50만 명으로 증가했고, 1955년에는 100만 명에 이르렀다. PKI는 주로 도시 노동자, 농촌의 소작농, 급진적인 청년층에서 많은 지지자를 확보했다. 또한 PKI와 연계되어 있는 노동조합 단체인 인도네시아전국노동자중앙기구(SOBSI)의 회원 수

---

* 수끼만Sukiman Wirjosandjojo 내각(1951.4~1952.2), 윌로뽀Wilopo 내각(1952.4~1953.6), 1차 알리Ali Sastroamidjojo 내각(1953.7~1955.7), 하라합Burhanuddin Harahap 내각(1955.8~1956.3), 2차 알리 내각(1956.3~1957.3).

도 빠르게 증가했다. 1965년 중반에 PKI는 당원의 수가 2700만 명이라고 주장했다.

게다가 인도네시아혁명은 여전히 미완으로 남아 있었다. 이러한 가운데 PKI의 영향력 증대와 수까르노의 암묵적인 지지로 인도네시아 정치는 점점 좌경화하고 있었다. 네덜란드가 이리안자야(지금의 서파푸아ᵂᵉˢᵗ ᴾᵃᵖᵘᵃ)에 대한 지배권 이양 협상을 거부하자, '인도네시아는 준準식민지' 상태라는 수까르노의 주장과 PKI의 견해가 일치하게 되었다. 수까르노는 새로운 정치체제가 '50퍼센트＋1 민주주의'를 대체해야 한다고 강변하면서, 서구식 의회민주주의는 인도네시아에 어울리지 않는 제도라고 비판했다.

결국 1957년, 강력한 대통령중심제를 선호해온 수까르노는 1945년 헌법(UUD 45)에 바탕을 둔 이른바 교도敎導민주주의 도입에 착수했다. 정당의 역할이 축소되고, 농민·노동자·여성·청년·종교 등 각 직능단체의 지도자들로 구성된 골롱안 까르야(약칭 '골까르')가 그 자리를 대신했으며, 그리고 무엇보다도 군부의 정치 개입이 확대되었다. 혁명의 완성을 기치로 네덜란드 기업들이 국유화되었고, 군부가 그들 기업의 운영권을 접수했다. 이로써 마디운 봉기를 진압했던 나수띠온 장군이 이끄는 군부가 독립적인 경제력을 갖추고서 정치에 개입하게 되었다.

반공주의자, 반수까르노 세력, 마슈미, 자바 밖의 섬 지역, 군부 내 우파 등 불만을 품은 세력이 1958년 수마뜨라에 기반을 둔 인도네시아공화국혁명정부(PRRI)의 반란을 계기로 연합전선을 구축했다. 이 반란은 신속한 군사 작전으로 대부분 진압되었지만, 게릴라전 양상으로 전환되어 1961년까지 지속되었다. 이 반란에 마슈미와 PSI가 참여했고, 결국

쿠바 아바나에서 만난 수까르노와 카스트로(1960)

1960년 두 정당은 불법 단체가 되었다.

1960년 수까르노는 1955년에 선출된 의회를 해산하고, '나사꼼 NASAKOM'의 세 이념인 민족주의 · 종교 · 공산주의를 바탕으로 한 새 정치체제를 강조했다. 이는 각 이념을 대표하는 PNI(민족주의) · NU(종교) · PKI(공산주의) 세 정당이 행정부의 역할을 분담하고, 그들의 연합체가 협의를 통해 모든 국정 현안을 조정하는 체제였다. 수까르노는 세 정당의 세력 균형을 유지하는 중재자 역할을 하는 데 노력을 기울였다. 하지만 수까르노의 역할은 혁명기부터 숙적 관계였던 군부와 PKI의 경쟁을 더욱 부추기는 결과를 낳았다.

수까르노의 좌익 또는 반서구적인 성향은 외교 정책에도 그대로 반영되었다. 1955년 인도네시아 반둥에서 제3세계 29개국 대표단이 참석한 아시아 · 아프리카 회의가 열렸고, 참가국 대표들은 냉전에 대한 중립을 선언했다. 수까르노는 1964년 3월 미국의 원조 제의에 '원조와 함께 지옥에나 가라'고 격한 반미 감정을 드러냈다. 1965년 인도네시아는 유엔 · 국제통화기금 · 세계은행 · 인터폴 등 서방 세계와 연계된 모든 국제기구에서 탈퇴했다. 1965년 8월 17일 독립기념일 연설에서 수까르노는 '반제국주의 자까르따-프놈펜-하노이-베이징-평양 축'을 선언했다.

대규모 시위와 혁명적인 구호가 1960년대 초반의 인도네시아 사회를 뒤덮었다. 서구 제국주의에 대한 정부의 강한 반감은 1963년 이리안자야 합병으로 누그러지는 듯 보였으나, 그해 8월 출범 예정인 말레이시아연방의 결성으로 다시 분출했다. 수까르노는 말레이시아연방을 '신식민주의' 음모라고 비난하면서 이른바 '대결정책konfrontasi'(1963~1964)을 선언했다. 그러나 그해 9월 16일 말레이시아연방이 출범하고 대결정책의 기조가 점차 누그러지면서 급진적인 좌익 성향의 구호는 국민에게 설득력을 잃었고, 수까르노 정권에 대한 이반 현상이 급증하기 시작했다. NU를 위시한 산뜨리 계열 이슬람 단체들은 PKI가 급진주의적인 정치 분위기를 이용해 권력을 장악할까 봐 두려워한 나머지 PKI의 숙적인 군부와 손을 잡았다.

1963년 PKI는 '악시 스삐학aksi sepihak'('일방 행동' 즉 지주의 토지를 일방적이며 전격적으로 몰수하는 것을 의미함)을 통해 소작농에게 토지를 분배하자는 급진적 토지개혁 운동을 대대적으로 벌이기 시작했다. 이는 특히 동부 자바의 NU 지도자들을 포함한 지주의 권익을 위협했다. PKI 반대 세력이 저항하기 시작했고, 양측의 충돌로 폭력 사태가 확산되면서 PKI는 그동안 주장해온 수적인 우세의 도움을 받지 못하고 수세에 몰렸다. 이 무렵 국가 경제는 거의 붕괴 지경에 이르렀다. 혁명의 완성을 위한 급진적인 정치 기류 속에서 1960년 시작된 8개년 경제개발계획은 무용지물이 되었다. 1961년부터 1964년까지 인플레이션이 연 약 100퍼센트를 맴돌았고, 1965년에는 최소한 500퍼센트까지 치솟았다.

이러한 혼란과 무질서 속에 인도네시아의 미래 운명을 가른 엄청난 사태가 발생했다. 1965년 '9월 30일 사태Gerakan September Tiga Puluh'의 앞 글자를 따서 조합한 '게스따뿌GESTAPU'라는 이름으로 더 잘 알려진 쿠데타가 자까르따에서 일어났다. 쿠데타의 주역은 군부 좌파의 한 무리였는데, 아직도 진실이 완전히 밝혀지지 않았지만, 이 무리는 분명 PKI와 연계되어 있었다. 그 날 밤 쿠데타 과정에서 장군 6명을 포함해 군인 7명이 살해되었다. 이때 수하르또 장군이 군부의 지휘를 맡아 전면에 등장했다. 이 사건을 계기로 군부는 숙적 PKI를 제거하고 군부에 침투한 공산주의자를 숙청할 절호의 기회를 잡았다. PKI는 불법 단체가 되었다. 이슬람 세력, 특히 NU와 대학생 행동가들이 군부와 합세해, PKI와 관련 있는 것으로 의심되는 사람들을 대대적이고 무차별적으로 학살했다. 군부도 내부의 공산주의자와 동조자 숙청에 나섰다.

1965~1966년 전국적으로 얼마나 많은 사람이 희생되었는지 정확히 알려지지 않았지만, 대략 그 수가 최소한 50만 명이 넘는 것으로 추산된다. 지식인을 포함한 수천 명이 체포되어 고문을 받았고, 많은 사람이 여러 해 동안 재판 없이 구금되었다. 특히 자바에서는 아방안이나 산뜨리라는 종교적인 정체성에 따라 정당을 선택하는 경우가 많았기 때문에 그 구도 속에서 많은 사람이 희생되었다. 즉 NU를 위시한 산뜨리 집단의 손에 아방안 집단이 희생되었다. 이때 PKI의 동조 세력으로 의심받

은 많은 중국인도 희생되었다.

몇 개월 후 당시 육군 참모차장이던 수하르또는 9.30 사태의 혼란을 수습하고 인도네시아 제1의 실력자strongman로 부상했다. '독립의 아버지Bapak Kemerdekaan'인 수까르노*는 이름뿐인 대통령이 되어 권좌에서 물러났다. 이로써 이른바 수까르노의 '구질서Orde Lama' 시대가 끝나고, 수하르또의 '신질서Orde Baru' 시대가 개막했다.[7]

동띠모르 1976-2002

동띠모르 합병 후 내지화, 즉 인도네시아 국가의 일부로 동화시키기 위해 수하르또 정부는 무엇보다도 경제 발전을 가장 중요하게 생각했다. 경제 문제 해결이 동띠모르 문제를 풀 가장 중요한 열쇠라고 확신했기 때문이다. 합병 이후 20여 년 동안 초등학교, 중학교, 고등학교, 대학 등 교육 시설이 급증했다. 또한 동띠모르 전역에 도로·다리·병원·전기시설·통신망 등 기반시설이 구축되었다. 그 결과 동띠모르는 서띠모르나 동부 인도네시아의 다른 지역에 비해서도 훨씬 발전한 지역이 되었다.

내지화를 위해 다른 수단도 동원되었다. 인도네시아어가 동띠모르의 공용어가 되었고, 학생들은 국공립학교를 통해 인도네시아 국가이념 교육을 받았다. 또한 정부의 재정착 프로그램에 따라 1980년대에 외지인

---

* 수까르노는 1970년 보고르에서 가택 연금 상태에 있던 중 세상을 떠났다.

약 15만 명이 동띠모르로 이주·정착했다. 이 정책의 공식적인 목적은 자바와 발리 등 인구 밀집 지역의 인구압을 해소하려는 것이었다. 하지만 그 이면엔 분명 동띠모르인의 언어·문화·종교 정체성을 약화해 그들을 동화시키려는 인도네시아 정부의 의도가 숨어 있었다.

이러한 인도네시아의 '내적 식민지배'에 맞서 동띠모르 독립운동 지도자들은 국내에서 게릴라 무장투쟁을 벌이고 해외에서도 간단없는 투쟁을 전개했다. 그들은 독립동띠모르혁명전선(약칭 '프레틸린'), 비정부기구, 그리고 가톨릭교회 구성원들로 이뤄진 동띠모르행동네트워크(ETAN)를 통해 동띠모르가 처한 곤경, 특히 인도네시아의 불법적인 합병과 인권 유린을 국제사회에 알리려고 애썼다.

1980년대에 프레틸린과 띠모르민주연합(UDT)을 포함한 정당들이 동띠모르국민협약(이하 CNT)이란 연합 조직을 결성했다. 하지만 독립운동 세력 간에 당파 분열이 계속되었고, 다른 주요 정당들이 CNT에 가담하지 않아 띠모르 독립투쟁의 역량이 분산되었다. 1987년 샤나나 구스망과 조제 하무스 오르타가 중심이 되어 또 다른 연합 조직인 마우베레저항민족평의회(이하 CNRM)를 설립했으나, 이 조직도 UDT 등 몇몇 정당의 합류 거부로 강력한 연합을 결성하는 데 실패했다.

그 분열 요인 중 하나는 '마우베레Maubere'라는 용어에 대한 거부감이었다. 마우베레는 동띠모르에서 최대 인종집단인 맘베족 가운데 아주 흔한 이름이었다. 포르투갈 식민지배기에 그 이름은 동띠모르 원주민을 포르투갈인 상류층이나 교육받은 혼혈인과 구분해서 부르는 데 보통 사용되었다. 따라서 동띠모르 사회에서 일반적으로 마우베레는 문맹자, 즉 교육받지 못한 원주민을 비하하는 용어로 인식되었다.

그러던 중 동띠모르 사태의 전환점이 된 사건이 발생했다. 1991년 수도 딜리의 산타크루스 공동묘지에서 인도네시아 군대가 저지른 반인륜적인 학살을 계기로 동띠모르에 유엔 등 국제기구와 국제 여론의 관심이 모이기 시작했다. 1991년 10월 28일 시위를 계획했다가 교회로 피신한 학생들을 인도네시아군이 학살했다. 11월 12일 조문객 수백 명이 희생된 학생 중 한 사람인 세바스티앙 고메스의 장례식에 참석하고 산타크루스 공동묘지까지 장례 행렬에 동참했다. 그들이 독립을 요구하는 깃발을 들고 공동묘지에 다다르자, 인도네시아군이 그들을 향해 자동화기를 난사해 271명이 사망했다.

영국의 한 언론인이 촬영한 동영상을 통해 이 학살 장면이 전 세계로 퍼져나갔다. 그동안 인도네시아를 지지하던 많은 국가들, 특히 미국이 입장을 바꾸기 시작했다. 미국은 1993년 3월 유엔 인권위원회에서 인도네시아를 규탄하는 결의안에 찬성했다. 이 결의안의 골자는 인도네시아 정부가 산타크루스 학살 사건을 포함해 동티모르에서 인권 유린에 관한 전반적인 상황을 조사할 특별조사단을 초청하고, 그 조사 결과를 이듬해인 1994년에 유엔 인권위원회에 보고하라는 것이었다.

이 무렵 동띠모르 사태에 전 세계가 주목할 만한 사건이 또 한 번 일어났다. 1994년 11월 12일 인도네시아 보고르에서 제2차 아시아태평양경제협력체(이하 APEC) 정상 회담이 개최되었는데, 이날 동띠모르 대학생 29명이 자까르따 주재 미국 대사관의 담을 넘어 들어갔다. 산타크루스 학살 3주기였던 이날은 APEC 정상 회담 첫날이었기 때문에 세계 언론의 시선이 자까르따에 쏠려 있었다.

동띠모르 사태는 1996년 10월 조제 하무스 오르타와 시메느스 벨루

주교가 공동으로 노벨 평화상을 수상하면서 다시 한 번 세상 사람들의 이목을 끌었다. 그들의 노벨상 수상은 수하르또 정부를 크게 당황하게 만든 한편, 그동안 분열했던 동띠모르의 정파들이 뭉치는 자극제가 되었다. 1997년 CNRM이 '마우베레' 대신 '동띠모르'를 넣어 동띠모르저항국민협의회(이하 CNRT)로 개칭했다.

1998년 5월 동띠모르의 장래에 획기적인 영향을 미칠 예상치 못한 사태가 인도네시아에서 일어났다. 환란의 와중에 수하르또가 대통령직에서 물러나게 되었고, 부통령인 하비비가 5월 21일 그의 권력을 승계했다. 취임 후 6월 20일 하비비는 우선 동띠모르 저항의 상징인 샤나나 구스망을 석방했다. 그 이듬해 1월 27일 하비비는 곧 동띠모르인들이 스스로 앞날을 결정할 기회를 가질 것이라고 발표했다. 이제 동띠모르인 스스로가 인도네시아의 특별자치주로 남을 것인지, 아니면 완전한 독립을 선택할 것인지 주민투표로 결정할 수 있게 되었다.

1999년 5월 5일 인도네시아 · 포르투갈 · 유엔 3자가 공정하고 원만한 주민투표 실시를 위한 협정을 체결했다. 이어 동띠모르유엔조력단(이하 UNAMET) 파견이 결정되었다. 하지만 이 협정은 주민투표 기간에 동띠모르의 치안을 위해 외국 군대를 주둔케 한다는 조항이 들어 있지 않았기 때문에, 치안 문제는 여전히 불안정한 상태로 남게 되었다.

1998년 10월에서 1999년 1월 사이에 인도네시아 군부는 '밀리샤 militias'라고 하는 동띠모르 민병대를 재조직했다. 인도네시아군에서 훈련받고 인도네시아를 지지하는 그들은 UNAMET가 도착하기 전에 동띠모르 사람들의 친독립 성향을 누그러뜨리고 투표를 방해할 목적으로 다양한 테러 행위를 저질렀다. 1999년 5월 말에 3만 명이 넘는 난민이 그들의 테러를 피해 서띠모르의 꾸빵으로 피신했다. 동띠모르의 가톨릭교회들은 서구의 기독교 신자들에게 도움을 호소했다. UNAMET의 선발대가 동띠모르 전역을 둘러보는 동안에도 민병대의 폭력 사건이 빈발했다.

1999년 6월 11일 UNAMET 본대가 동띠모르에 공식 파견되어 주민들에 대한 투표 교육을 시작했다. 7월 유엔이 임명한 국제 선거 참관인들이 언론인들과 함께 동띠모르에 도착했다. 동띠모르의 많은 대학생이 다가올 주민투표를 알리려고 외딴 시골 마을들을 찾아갔다.

민병대의 공공연한 테러 협박과 공포 속에서 투표일이 두 차례 연기된 끝에 결국 1999년 8월 30일 동띠모르에서 역사적인 주민투표가 실시되었다. 동띠모르 유권자 98퍼센트가 투표에 참여했다. 9월 4일 딜리에서 투표 결과가 발표되었다. 동띠모르인은 압도적으로 독립을 지지했다. 78.5퍼센트(34만 4580명)가 독립에 찬성한 반면, 21.5퍼센트(9만 4288명)가 인도네시아 내 특별자치주를 선택했다.

9월 20일 오스트레일리아가 이끄는 유엔 평화유지군이 동띠모르에 도착했다. 같은 날 인도네시아 의회는 인도네시아와 동띠모르의 통합을 더 유지할 수 없다고 공식 선언했다. 10월 25일 유엔 안보리가 '동띠모르 유엔 과도행정부'(이하 UNTAET)에 동띠모르 통치를 위임했고, 10월 30일 인도네시아 정부의 마지막 관료들이 동띠모르를 떠났다.

UNTAET의 관리하에 동띠모르 자치정부의 설립 과정은 순탄하게 진행되지 않았다. 동띠모르 지도자들은 처음에 UNTAET가 자신들과 협력해서 정부 설립을 추진하리라고 생각했다. 하지만 상황은 그들의 생각대로 전개되지 않았다. 동띠모르에서는 출신 배경, 교육 배경, 독립투쟁 경력 등에 따라 서로 지향점이 다른 다양한 정파들이 그동안 경쟁을 벌여왔다. 하지만 UNTAET는 초기에 이러한 상황을 이해하지 못했다. 그들은 마치 '큰형big brother' 같은 태도를 취하며 일방적인 의사 결정을 통해 정부 설립을 추진해 동띠모르 정치인들의 반발을 초래했다.

2000년 6월 동띠모르 지도자들은 동띠모르 과도행정부(이하 ETTA)를 구성했다. 장관 9명으로 ETTA 내각이 구성되었다. 그들 대부분이 프레틸린 소속이거나 그 동조자였다. UNTAET와 ETTA가 역할 분담에 합의했다. UNTAET는 치안 · 법령 · 선거구 · 선거 업무 · 재정 분야 등을, ETTA는 행정 · 경제 · 사회 · 기반시설 · 외교 분야 등을 맡았다. 2000년 10월 UNTAET는 임시 국회인 국민의회를 구성할 36명을 지명했다. 국민의회는 동띠모르 13개 주의 대표 13명, CNRT 대표 7명, 다른 정치단체 대표 3명, 그리고 비정부기구 · 개신교 · 무슬림 단체를 포함한 다양한 집단의 대표 13명으로 구성되었다. 샤나나 구스망이 의장직을 맡았다. 2000년 12월 샤나나 구스망은 제헌의회 선거, 헌법안 작성, 완전한 독립 선포를 수행할 단계별 일정 계획을 마련해 국민의회에 제출했다.

2001년 4월 국회의원 선거에 참여할 정당들이 모습을 드러냈다. 프레틸린, 띠모르민주연합(UDT), 띠모르대중민주협회(아포데티), 띠모르사회민주협회(ASDT) 등 기존 정당을 포함해 16개 정당의 후보들이 2001년 8월 30일 선거에 출사표를 던졌다. 샤나나 구스망과 조제 하무스 오르타는 입후보하지 않고 중립을 지켰다. 특이할 만한 사실은 ASDT가 프레틸린의 전신이었으나 이번 선거에 프레틸린과 별개 정당으로 등장해 권력 투쟁을 예고한 점이다.

프레틸린이 전체 88석 중 55석을 차지해 국회의 압도적 다수가 되었다. 그동안 샤나나 구스망이 보여준 헌신적인 지도력과 모든 정당 중 프

레틸린이 강령 · 재정 등에서 체
계를 가장 잘 갖춘 데 따른 결과
였다. 2001년 9월 15일 제헌국
회가 출범해 그 이듬해 2월 9일
헌법안을 채택하고, 3월에 통과
시켰다.

헌법이 마련되고 다수당인 프
레틸린의 당수 마리 알카티리가
총리가 되었다. 이어 실시된 대
통령 선거에 ASDT의 창립자인

대통령에 당선된 뒤 지지자들의 축하를 받고 있는 샤
나나 구스망(2002년 4월)

프란시스쿠 샤비에르 아마랄과 샤나나 구스망이 입후보했다. 샤나나 구
스망이 82.7퍼센트를 획득해 2002년 4월 14일 '띠모르레스떼민주공화
국'의 초대 대통령이 되었다. 그해 9월 27일 이 신생 국가는 국제연합의
191번째 회원국이 되었다.

동띠모르를 강제 합병하고 나서 인도네시아 정부가 기본적으로 채택
한 통합 전략은 군대를 통해 사회를 엄격하게 통제하는 한편, 경제 개발
을 촉진하는 것이었다. 동띠모르인 대부분이 경제 개발의 과실을 누리
며 통합 반대 세력과는 거리를 두기를 기대했던 것이다. 하지만 점령 초
기부터 인도네시아군의 만행으로 동띠모르의 많은 여성이 강간을 당했
고, 20여 년 동안 20만여 명이 학살되었다. 또한 자바와 발리에서 들어
와 재정착한 이주민들이 관공서나 국공립학교 등 정부기관에서 요직을
차지하고 개발 이익을 독점하며, 한때 자신들이 그토록 증오했던 식민
지배자처럼 군림했다.

인도네시아군의 반인륜적인 행위와 외지인들의 '내적 식민지배'는 인도네시아 정부의 개발 노력을 무색하게 만들었다. 공포정치와 상대적 박탈감으로 인해 인도네시아 정부의 개발 정책은 동티모르인의 마음을 사기는커녕 오히려 비협조, 나아가 적개심을 강화했다. 이러한 요인들이 결국 동티모르가 국제사회의 협조를 받으며 인도네시아의 통치에서 벗어나 분리·독립하는 데 결정적인 원인으로 작용했다.[8]

말레이시아 1957-1969

말라야연방(1963년 이후 말레이시아연방)은 비상사태하에서 급진 정당들이 주도하던 대중정치가 퇴조한 가운데, 온건한 보수 정당들의 동맹이 영국과 입헌 절차 수립 협상을 벌여 비교적 평화롭게 독립을 획득했다. 그 결과 이 신생 국가는 자연히 식민지배의 여러 유산을 그대로 물려받게 되었다.

정치적으로는, 세 인종집단을 대표하며 독립 획득을 궁극적인 목표로 탄생한 친영국 성향의 당파, 즉 연합말레이민족기구(UMNO)·말라야중국인협회(MCA)·말라야인도인의회(MIC)로 구성된 동맹당이 계속해서 독립 말라야연방을 이끌게 되었다. UMNO·MCA·MIC 지도자들은 영국의 말레이인 우대 정책 즉 '말라야는 말레이인의 나라'라고 하는 말레이인의 역사적인 권한을 불가침적 특권으로 받아들이는 가운데, 각각 말레이인·중국인·인도인 사회의 권익을 협상하고 대변하며 국가 정책을 수행했다.

경제적으로, 말라야연방은 고무와 주석이 총수출의 85퍼센트를 차지하던 식민지 경제 구조를 고스란히 물려받았다. 1950년대 말 이미 수출 부문에서 이들 품목의 경쟁력이 불안한 징조를 보이고 있었기에, 연방 정부는 경제 구조의 다원화를 서둘러야 했다. 그 결과 1960년대 중반 말레이시아는 세계 최대 야자유palm oil 생산국이 되었다. 1963년 북부 깔리만딴의 사라왁과 사바가 연방에 합류한 덕분에 목재도 주요 수출 품목에 끼게 되었다. 제조업도 꾸준히 성장했다.

사회적으로는, 말레이인의 특권, 교육과 언어 정책 등 다인종 사회*의 갈등을 야기할 수 있는 문제들을 미봉적으로 합의한 채 독립 말라야연방이 출범했다는 사실이 어쩌면 식민지배가 남긴 가장 뿌리 깊은 유산이었다. 따라서 동맹당의 정치 지도자들은 다또 온 자파르가 한때 진지하게 고민했던 다인종 사회의 통합을 통해 신생 국가를 명실상부한 국민국가로 만들어야 하는 중차대한 과제를 짊어지게 되었다.

독립 후 치러진 1959년 총선에서 동맹당은 연방의회(104석 중 74석)와 주의회에서 모두 압도적인 다수 의석을 차지했다. 이러한 상황에서 동맹당 구성원들이 독립 당시 각각 말레이인·중국인·인도인 사회를 대표해 합의했던 인종집단 관련 정책들은 별다른 도전을 받지 않았다.

이처럼 동맹당의 새로운 국가 건설 과정이 순조롭게 진행되는 듯해 보이는 한편, 말레이반도 바깥의 문제로 인해 예상치 못한 정치·사회

---

* 오늘날 말레이시아 사회는 말레이인·중국인·인도인, 세 인종집단으로 구성된 '다인종 사회multi-ethnic society'다. 이런 사회를 칭할 때 '다원사회plural society'란 표현도 종종 쓰이는데, 이는 경제학자 퍼니벌J. S. Furnivall이 식민지배하에서 신체적으로나 언어, 종교 등 문화적으로 서로 다른 다양한 인종집단이 고유한 정체성을 잃지 않고, 전체 사회에 대한 충성심 없이, 노동의 분화로 서로 다른 직업적 위치를 갖는 사회를 정의하기 위해 사용한 개념이다. 오늘날 말레이시아 다인종 사회는 다양한 인종·문화·언어 등이 뒤섞인 '도가니melting-pot 사회'라기보다는 각 인종집단의 고유한 정체성이 유지되고 있는 '모자이크mosaic 사회'에 가깝다.

적 갈등과 긴장이 조성되기 시작했다.

1961년 5월 27일 초대 수상 뚠꾸 압둘 라만(재임 1957~1969)은 싱가포르·사라왁·북보르네오를 포함하는 말레이시아연방* 구상을 전격 제안했다. 이 구상은 관련된 당사자 모두에게 분명 매력이 있었다. 말라야는 거대한 연방을 주도하는 데서 올 이익뿐 아니라, 이를 통해 수까르노의 대大인도네시아 구상, 즉 인도네시아 중심으로 북부 깔리만딴 지역을 통합하려는 비전이 봉쇄되길 바랐다. 또한 싱가포르 인민행동당(PAP) 정부에게 말레이시아연방 결성은, 향후 선거에서 현 정부를 무너뜨리려는 급진좌파 세력의 위협을 무력화하는 효과를 가져다줄 것으로 기대되었다. 이와 함께 싱가포르의 산업화 전략에 보탬이 될, 더 큰 공동 시장이 창출될 수 있었다. 한편 영국은 당연히 말레이시아연방이 싱가포르와 보르네오(브루나이, 사라왁, 북보르네오)의 안정된 미래를 보장할 수 있다고 보아 합병을 환영했다.

이러한 정치·경제적 이득을 근거로, 전쟁 직후부터 특히 싱가포르 정치인들 사이에서 싱가포르와 말라야를 통합하자는 주장이 꾸준히 제기되었다. 하지만 합병으로 연방 내 중국인 인구가 크게 증가할 것을 두려워한 반도의 말레이인들은 대체로 그 구상을 반기지 않았다. 새 연방에 사라왁과 북보르네오(1963년 이후 사바)의 토착인과 말레이인을 포함한 것은 라만 수상이 바로 그러한 우려를 불식하고자 궁리해낸 방안이었다.

----

* 말레이Malay : 말레이인 또는 말레이어. 말라야Malaya : 영국 식민지배 시기 말레이반도. 말라얀Malayan : 말레이반도의 비말레이인. 말레이시아Malaysia : 'Malaya'와 '섬'을 뜻하는 'nesia'의 합성어, 즉 말레이반도와 싱가포르·사라왁·사바(북보르네오)를 포함하는 섬 지역으로 구성된 말레이시아연방.

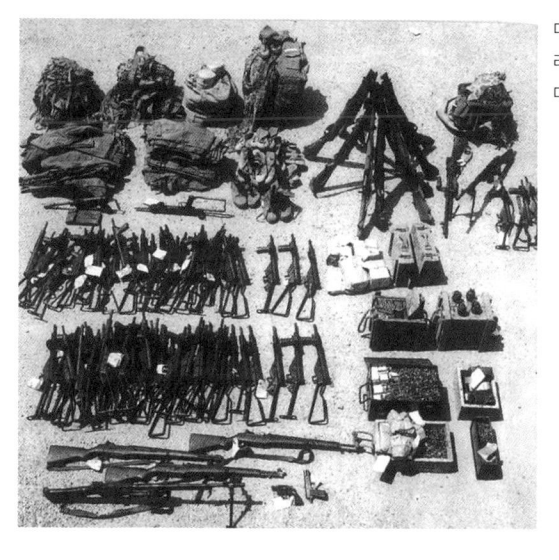

대결정책 기간(1963~1964) 사라왁에서 영국과 말레이시아 군대가 압수한 인도네시아 무기들

2년 뒤 라만 수상의 제안은 인도네시아와 필리핀의 정치공작 대상이 되어 신생 말라야연방에 위협을 초래했다. 수까르노 대통령은 말레이시아연방을 신식민주의의 음모라고 비난하며 이른바 '대결 정책'을 선언했다. 필리핀도 북보르네오의 일부가 한 세기 전 브루나이와 맺은 조약에 따라 술루왕국에 편입되었다는 주장을 펴면서 반대했다. 말레이시아연방의 출범은 1963년 8월 31일로 예정되었으나 연기되었다. 그러나 유엔 실사위원회는 말레이시아연방의 결성에 대한 현지의 지지가 부족하다는 인도네시아와 필리핀의 주장을 일축했다. 우여곡절 끝에 결국 1963년 9월 16일 말레이시아연방이 출범하게 되었다.

연방의 일원이 된 싱가포르의 PAP가 1964년 총선에서 '말레이시아인의 말레이시아Malaysian Malaysia'를 구호로 내세우자, 민감한 인종 문제가 수면 위로 부상했다. 이는 '말레이인의 말레이시아Malay Malaysia'란 말레이인의 역사적 불가침의 특권에 대한 중국인 집단의 도전으로, 반도 말레이인 사회에 큰 반향을 불러일으켰다. 결국 1965년 8월 동맹당 정부는 리콴유에게 연방을 떠날 것을 강권했고, 그 결과 싱가포르는 졸지에 독립 도시국가가 되었다.

말레이시아연방 결성을 적극적으로 추진하고, 이로 인해 발생한 국내외의 갈등과 긴장을 수습해가는 한편, 라만 수상은 국민 통합에도 많은 노력을 쏟았다. 그는 다인종 사회가 평화롭게 유지·발전하려면 무엇보다도 먼저 인종집단 각각의 특성이 상충하지 않고 공존해야 한다고 믿었다. 이를 위해 정부는 우선 이중dualism 정책을 취했다. 이 정책의 골자는 식민지배하에서 형성된, 각 인종집단의 서로 다른 경제 기능을 바탕으로, 대부분 농업에 종사하는 말레이인 사회는 농촌에, 주로 상업과 산업에 종사하는 비말레이인 사회는 도시에 자리 잡고 상충 없이 계속해서 분리·발전하게 하는 것이었다. 그리고 이러한 이중 정책이 가져올 인종집단 간의 경제 불균형을 해소하기 위해, 정부는 농촌 지역의 낙후된 말레이인을 각종 인허가 통제를 포함한 다양한 공적 수단을 통해 보호해야 한다고 주장했다. UMNO는 연방토지개발청과 같은 국가기관을 설립해 광활한 정착지를 새로 개발하고, 신용 대출과 마케팅 개선 활동으로 농촌 경제를 도왔다.

이 밖에도 라만 수상은 '신말레이시아인New Malaysian'이란 새로운 국민 정체성 창조를 국가 통합의 구호로 내세웠다. 그에 따르면 신말레이시아인 창조란 말레이시아의 모든 국민이 개별 인종집단의 구성원이라는 생각을 버리고, 새롭게 탄생한 국가에 충성하는 의식 개혁을 통해 하나로 통합된 말레이시아인으로 거듭나는 것을 의미했다. 라만 수상은 비말레이인에게 고유한 문화를 버리고 역사적으로 말레이시아의 주인이었던 말레이인의 전통문화에 동화될 것을 요구하면서, 그 대가로 말레이시아에서 어떤 불리한 대우 없이 자유로운 경제 활동을 보장받을 것이라고 설득했다. 그는 말레이인은 비말레이인이 말레이 문화로 동화되는 데 자부심을 느끼는 한편, 비말레이인은 경제 활동을 위해 고유한 문화를 기꺼이 포기할 것으로 기대했다.

라만 수상은 언어와 교육 정책을 신말레이시아인 창조의 주된 수단으로 이용했다. 정부는 "독립 후 10년 뒤 말레이시아에서 말레이어를 유일한 국어로 한다"는 1957년의 연방헌법 조항에 따라 1967년 3월 3일 국어법을 통과시켰다. 교육 정책의 골자는 모든 국공립학교에서 말레이어를 교수어로 하는 통일된 교육 제도를 확립하는 것이었다. 하지만 라만 수상의 국민통합 비전은 1969년 5월 9일 총선과 함께 심각한 도전에 직면했다. 이 선거운동 기간에 비말레이인들이 민족집단 간의 평등을 요구하며 주로 언어와 교육에 관한 쟁점을 제기하자, 신말레이시아인 창조 정책의 실패가 예견되었다.

총선 결과 동맹당의 득표율이 1964년 선거의 58.4퍼센트에서 48.5퍼센트로 하락한 가운데, 동맹당의 의석수가 89석에서 66석으로 감소했다. 그중 중국계 여당인 MCA의 의석수가 27석에서 13석으로 현저하게 줄었다. 반면 민주행동당(DAP)과 그락깐Gerakan(운동)을 위시한 중국계 야당과 말레이계 야당인 범말레이시아이슬람당(PAS)이 각각 25석과 12석을 차지했다. 그 결과 동맹당과 사라왁인민연합당(SUPP)을 비롯한 여권은 총 144석(1964년 104석) 중 95석(야권 49석)을 차지하는 데 그쳐 '개헌 가능 의석' 즉 정부의 정책을 확실히 뒷받침할 수 있는 절대 다수 의석(정원의 3분의 2)을 확보하지 못하게 되었다. PAS는 UMNO의 정책에

5월 13일 사건의 한 장면

불만을 품은 상당수 말레이인 유권자의 지지를 받았다. 하지만 이 선거에서 최대 승자는 DAP와 그락깐이었다.

　비슷한 상황이 주의회에서도 발생했다. 선거 이튿날인 5월 10일 최소한 한 주나 아마 세 주의 의회를 야당이 장악할 것이라는 예상이 발표된 가운데, 이에 고무된 DAP와 그락깐 지지자들이 5월 13일 꾸알라룸뿌르에서 승리 자축 행진을 벌였다. 그러자 UMNO 지지자들이 맞불 집회를 열었다. 이 사태는 결국 꾸알라룸뿌르와 그 인근 도시 지역에서 인종집단 간 유혈 충돌로 발전해 4일간 약 200명이 사망했다. 이른바 '5월 13일 사건'은 비록 신속하게 진압되었지만, 말레이시아 다인종 사회의 구성원 모두에게 큰 충격을 주었다. 이를 계기로 많은 사람들이 1957년 이래 UMNO의 주도로 동맹당이 견지해온 국가통합 정책 이면에 뿌리 깊은 인종주의적 갈등과 반목이 숨어 있었음을 분명히 인식하게 되었다.

　인종집단 간 유혈 사태의 와중에 '낙천적인' 라만 수상이 정치적 책임을 지고 사임했다. 1950년대 다또 온의 경우와 마찬가지로 라만 수상 역시 다인종 사회를 통합하려 노력했지만, 인종집단 간의 뿌리 깊은 갈등을 해소하기에 적절한 정책을 수행하는 데 실패함으로써 정치 생명을 마감해야 했다.[9]

싱가포르 1959-1965

1959년 5월 선거로 구성된 의회의 첫 회기가 개막할 때 인민행동당(PAP) 자치정부는 '싱가포르의 미래는 말라야연방과의 통합에 달려 있다'고 선언했다. 아울러 4년 임기 내 통합 달성을 천명했다. 통합에 의한 독립의 당위성에 관해 리콴유 수상은 "연방의 경제적 토대 없이 싱가포르의 생존은 불가능하다"고 역설했다. 재무장관인 고켕쉐의 경제 계획도 연방에 합류해 광역 공동시장을 창출하고 외국자본 유치를 통해 산업화를 장려하는데 목표를 두었다. 또한 PAP 정부는 만일 친공산주의적 중국어 세계 민중이 다수를 차지하는 싱가포르가 단독으로 독립할 경우 '동남아시아의 쿠바' 신세를 면치 못할 가능성을 제기하며 싱가포르 공산화의 위험을 부각했다.

1959년 싱가포르 경제는 심각한 위기를 맞고 있었다. 인근 동남아시아 국가들이 독립과 함께 경제자립화 정책을 택하면서 싱가포르의 중계무역이 퇴조하고 있었다. 또 인구는 1949년 94만여 명에서 1959년 158만 명으로 급증한 반면, 종래의 식민지 경제는 다양한 직업 창출의 실패로 고용에 한계를 보이고 있었다. 그 결과 1959년 싱가포르의 실업률은 13퍼센트에 달했다. 이는 잦은 파업과 폭동 등 사회 불안을 촉발한 최대 원

고켕쉐(1918~2010)

인이었다. PAP 정부는 고용 확대를 위해 보호 무역주의를 바탕으로 한 수입 대체 공업화 정책을 채택했다. 하지만 1961년 시작된 그 계획은 곧바로 폐기되고 말았다. 싱가포르의 시장 규모가 너무 작았기 때문이다. 그리하여 말라야연방과 통합해 광역 공동시장을 창출할 필요가 더욱 절실해졌다.

1959년 선거에 압승을 거두었지만 PAP는 이념적으로 통일된 정당이 아니었다. 온건파는 경제 부흥을 위해 말라야와의 '통합을 통한 독립'을 주장하는 반면, 급진파는 자본주의 타도와 함께 싱가포르의 '단독 독립'을 원했다.

PAP에서 공개적으로 표출된 첫 내분의 발단은 국가개발 장관인 옹엥구안에게서 비롯되었다. 그는 떠오르는 별 리콴유를 자신의 정치적 야망에 걸림돌로 생각했다. 반면 PAP 중앙집행위원회는 그의 중국 본토 지향적인 극단적인 애국주의 즉 중화 쇼비니즘을 말라야연방에 합류해 경제 발전을 이루려는 정책에 큰 걸림돌로 보았다. 결국 그는 장관직에서 해임되고 당에서 축출되자 의원직을 사임했다. 그러나 그의 선거구인 홍림 지역의 유권자들 사이에 옹엥구안의 카리스마적인 호소력은 여전히 강하게 남아 있었다. 그는 1961년 4월 다시 의원직을 얻고자 그 지역 보궐선거에 출마했다. 이 선거에서 그는 중화 쇼비니즘과 반식민주의를 내세우며 영국에게서 즉각 독립할 것을 주장하면서 압승을 거두었다. 이어 6월에 그는 연합인민당(이하 UPP)을 창당했다.

홍림 보궐선거는 말라야연방과 싱가포르의 통합에 전기를 마련했다는 점에서 정치적으로 중요한 사건이었다. 이 사건을 계기로, 이제까지 싱가포르의 격동과 거리를 두어온 말라야연방의 뚠꾸 압둘 라만 수상이 적극적으로 움직이기 시작했다. 싱가포르가 공산주의 국가로 독립해 말라야연방의 안보를 위협할 '동남아시아의 쿠바'가 될 것을 우려했기 때문이다. 1961년 5월 27일 라만 수상은 '조속한 시일에 새 연방이 결성될 것'이라고 발표했다.

하지만 말라야와 싱가포르를 단순 합병할 경우, 연방 내 말레이인 인구보다 중국인 인구가 약 10만 명 더 많아지게 되었다. 중국인 사회가 가장 큰 단일 공동체가 되어 말레이인 사회의 전통적인 특권을 위협할 가능성이 있었다. 따라서 라만 수상은 말라야·싱가포르·북보르네오·사라왁·브루나이를 아우르는, 더 넓은 '말레이시아' 구성에 힘을 쏟았다. 즉 라만 수상의 말레이시아 구상은 좌익 급진 세력을 연방의 통제 아래 두고, 브루나이·사라왁·북보르네오 세 지역을 새 연방에 포함함으로써 공산주의 문제와 인종 구성비에서 말레이인의 우세를 지키는 일을 동시에 해결하려는 목적을 갖고 있었다.

라만 수상의 말레이시아 구상 발표로 싱가포르에서 통합에 관한 의견이 찬반으로 분열되었다. 그 결과 PAP 내부의 온건파와 급진파의 불안정한 동맹 관계가 무너졌다. 급진파는 공산주의를 탄압할 것이 예상되는 반공적인 말레이시아연방에 통합되는 것을 반대했다. 그럼에도 말레이시아연방 결성이 기정사실화하자, 좌파 의원 13명은 1961년 9월 PAP를 탈당해 사회주의전선(이하 BS)을 결성하고 반말레이시아연방 투쟁에 돌입했다.

PAP는 말라야연방과 통합 협상을 벌이는 한편, 통합 문제를 국민투표에 부치기로 했다. 1962년 9월 1일 실시된 국민투표에서 통합에 찬성하는 안이 71퍼센트의 지지를 얻어 정부안으로 확정되었다. 하지만 25퍼센트가 반대를 표명했다. 1963년 2월 리콴유는 국내치안위원회를 가동해 그 반대 세력을 억압하기 시작했다. 100명이 넘는 좌익 지도자들이 체포·구금되었다. 그들 가운데 림친시옹을 포함한 BS 중앙집행위원회의 절반, 그리고 그 당의 동조자들이 들어 있었다. 그 후 싱가포르의 공산주의 세력이 급격히 약화해서 체제 불안은 해소되었다. 이제 통합을 통한 독립에 큰 걸림돌은 없어 보였다.

말레이시아연방은 1963년 8월 31일 출범하기로 했으나, 인도네시아 수까르노 대통령이 연방을 신식민주의 음모라 비난하며 대결 정책을 선언하는 바람에 9월 16일에야 정식으로 출범했다. 하지만 리콴유는 원래 예정된 날짜에 일방적으로 싱가포르의 자유를 선언했다. 싱가포르는 말레이시아연방의회의 159개 의석 가운데 15석을 할당받았다. 이로써 싱가포르는 1826년 해협식민지가 된 이래 137년에 걸쳐 이어진 영국의 식민지배를 마감하고, 말레이시아연방의 한 주가 되었다.

이 과도기에 PAP 정부는 싱가포르 의회 조기 선거를 실시하기로 했다. 1963년 9월 21일 치러진 선거는 PAP의 친말레이시아연방론과 BS의 반말레이시아연방론이 대결하는 양상을 띠었다. 전체 51석 중 PAP가 37석을 얻어 압승했고, BS는 13석, 그리고 UPP의 옹엥구안이 나머지 1석을 차지했다. 가장 큰 이변은 연합말레이민족기구(UMNO)·말라야중국인협회(MCA)·말라야인도인의회(MIC)의 싱가포르 지구당들이 연합해 만든 싱가포르 동맹당과 림유혹의 싱가포르인민동맹이 단 1석도 얻지 못했다는 것이다. 그 결과 림유혹, 데이비드 마셜 등 낯익은 정

1963년 9월 16일 말레이시아연방 합류 선서를 하는 리콴유 싱가포르 자치정부 수상

치인들이 싱가포르 의회에서 모습을 감추었고, 1963년 9월에 새 의회가 개원했을 때 1955년의 의원 중에서 리콴유가 유일한 생존자가 되었다.

리콴유는 우선 말레이시아연방과 마지막 합의를 이루는 과정에서 재정·세금·무역에 대한 지나친 줄다리기로 중앙정부와 빚은 마찰을 해소하고, 연방정부에서 MCA 대신 PAP가 UMNO와 동맹 관계가 되기를 바랐다. 이를 위해 PAP는 1964년 연방의회 선거에서 말레이반도에는 경쟁 후보를 내지 않기로 하는 등 UMNO 지도자들에게 구애 작전을 펼쳤다. 하지만 싱가포르에서 UMNO의 지구당이 당세 확장에 주력하자, PAP는 전략을 수정해 연방의회 선거에 적극 참여하기로 결정했다.

1964년 3월 연방의회 선거 전야에 토친차이는 PAP가 5년 안에 UMNO에게 가장 신뢰할 만한 동맹이 될 수 있을 것이라고 호언했다.

또한 PAP 지도자들은 연방정부나 UMNO에 도전하는 게 아니라 단지 MCA와 경쟁한다고 선언했다. 리콴유는 "MCA에 투표하는 것은 무능과 타락을 지지하는 것"이라고 역설했다. 자신 있게 당의 목소리를 내는 리콴유의 유세장마다 많은 군중이 모여들었다.

반면 선거 개막 유세에서 라만 수상은 PAP의 동맹 제안을 반박하며 MCA와의 굳건한 결속을 강조했다. 선거 결과 인종 평등주의를 내걸고 말레이반도에서 9명 입후보한 PAP는 1석만을 얻는 데 그쳤다. PAP로서는 참패였다.

1957년 말라야의 독립은 서구화한 영어 교육 집단이 결성한 UMNO-MCA-MIC 동맹당의 각 인종집단 대표들이 민감한 쟁점, 특히 말레이인의 전통적인 특권 보장을 미봉책으로서 합의한 가운데 이뤄졌다. 따라서 그 이면엔 이민족 사회, 특히 중국인 사회에 대한 말레이인 사회의 불신과 반목이 여전히 강하게 흐르고 있었다. 이러한 가운데 PAP가 연방의회 선거에서 싱가포르를 넘어 반도 진출을 시도하자, 이는 반도에서 작게는 동맹당에 대한 정치적 도전이자, 크게는 말레이인에 대한 중국인의 도전으로 인식되었다. 연방 권력 분점을 둘러싸고 제기된 PAP와 MCA의 화華-화華 대립은 PAP와 UMNO의 정치적 갈등으로 확대되었고, 마침내 중국인 대 말레이인의 민족 대결 구도로 발전했다. PAP가 연방정부에서 MCA의 역할을 대신한다는 것은 사실상 UMNO가 그토록 우려하는 인종 구성비의 전복을 의미했다. PAP가 싱가포르와 반도의 모든 중국인을 통합해서 대표하는 셈이 되기 때문이다. 동맹당이 리콴유의 야망을 의심하면서 UMNO와 MCA의 관계는 더욱 가까워진 반면, 동맹당 내에서 리콴유를 체포하라는 요구가 빗발칠 정도로 PAP와의 관계는 더욱 악화했다.

싱가포르가 말레이시아연방에 합류한 뒤 불거진 또 한 가지 문제는 경제였다. 새 연방은 싱가포르의 공업화를 위한 광역 시장 창출 욕구를 충족해주지 못했다. 연방정부는 말레이반도의 공업화를 우선시하면서 싱가포르에 시장을 개방하는 데 소극적인 태도를 보였기 때문이다. 공동 광역 시장 창출에 실패하자 싱가포르로서는 통합이 무색하게 되었다. 또한 인도네시아의 대결 정책은 싱가포르에 적잖은 타격을 입혔다. 싱가포르의 무역 상대국으로서 인도네시아가 커다란 비중을 차지하고 있었기 때문이다. 산업화가 매우 느린 속도로 진행되는 동안 주롱산업단지는 제조업체를 유치하기가 어려웠다. 외국자본 유치도 진전이 없었다. 외국 자본의 투자에는 과세 혜택이 주어졌지만, 외국 투자자들은 정치가 불안정하고 국내 시장이 작은 섬나라에 투자하기를 꺼렸다.

이 밖에도 통합은 싱가포르 말레이인 사회에 큰 실망감을 안겨주었다. 말레이인들은 통합과 함께 고용 기회·승진·면허 등에서 연방 말레이인 사회와 동등한 특혜를 받을 것으로 기대했다. 하지만 PAP는 연방정부의 말레이인 우대 정책을 채택하려 하지 않았다.《우뚜산 멀라유》신문은 리콴유가 무슬림을 억압하고, 싱가포르를 또 다른 이스라엘로 만들려 한다고 비난했다. 말레이인 사회 대표들과 만난 자리에서 리콴유는 교육 분야 외에 그들에게 특혜를 부여하는 것을 거부했다.

1964년 7월 말 예언자 무함마드 탄일 축제 때 말레이인 사회의 불만이 극에 달했다. 축제 행렬이 게이랑 지구를 지날 때 말레이인들과 중국인들이 충돌했다. 이 사태는 빠르게 다른 지역으로 번져갔다. 싱가포르 전체에 통행금지령이 내렸다. 이 와중에 23명이 사망하고, 수백 명이 부상을 입었다. 9월 초에 다시 인종집단 간 폭력 사태가 발생했다. 이 재발된 폭동은 싱가포르와 연방정부 모두에게 큰 충격을 주었다.

1965년 7월에 싱가포르 정치의 풍향계인 홍림 지구에서 다시 보궐선거가 치러졌다. 이 선거는 싱가포르와 말레이시아연방의 '불편한 동거'를 마감하는 결정적인 계기가 되었다. 이 선거에서 PAP가 58.9퍼센트 득표로 BS에 승리하자, 연방정부는 이를 싱가포르 공산화 위험의 완전한 소멸로 받아들였다. 사실상 이는 말레이시아연방이 싱가포르를 통합한 중요한 원인 중 하나가 소멸되었음을 의미했다. 홍림 지구에서 1961년 치러진 첫 번째 보궐선거가 말레이시아연방 탄생의 전기가 된 반면, 두 번째 보궐선거 결과가 싱가포르의 연방 탈퇴로 이어진 것은 정치사적으로 흥미로운 사실이 아닐 수 없다.

경제 문제 · 대對공산주의 문제 · 인종 구성비에 대한 계산을 바탕으로 성립된 말레이시아연방은, 리콴유가 연방 정치에 성급히 도전하면서 잠복해 있던 인종주의가 분출해 결국 파국을 맞았다. 리콴유는 라만 수상과 비밀 협정에 서명했고, 1965년 8월 9일 라만 수상은 싱가포르의 말레이시아연방 탈퇴를 전격 발표했다. 이제 싱가포르는 말레이시아연방의 한 주에서 작은 도시국가로 독립해서, 새로이 생존의 길을 모색하게 되었다.[10]

브루나이 1959-1963

1959년 브루나이가 자치권을 획득한 뒤에도 보르네오(브루나이 · 사라왁·북보르네오) 세 지역의 생존 차원에서 보르네오연방 결성은 여전히 주요 쟁점으로 남아 있었다. 브루나이인민당(PRB) 대표들은 보르네오연방 결성에 적극적이었던 반면, 오마르 알리 사이푸딘 술탄은 강경한 반대 입장을 고수하고 있었다. 따라서 브루나이의 장래를 둘러싸고 술탄과 아흐맛 아자하리의 대립과 갈등이 불가피했다. 아자하리는 브루나이가 주도하는 보르네오연방 결성을 통한 '브루나이제국'의 부활을 꿈꾸고 있었다. 또한 입헌 정부 수립과 함께 연방 내에서 술탄의 지위가 명목상의 입헌군주로 전환되기를 바랐다. 반면 오마르 알리는 원유 세입이라는 이권을 장악한 채 현대 이슬람 군주제를 고수하며 어떠한 급진적인 변화도 결코 용인하려 하지 않았다.

1960년 2월에 개최된 제3차 PRB 총회에서 사라왁인민연합당(이하 SUPP)의 사무총장인 스티븐 용을 비롯해 보르네오 세 지역의 정당 대표들이 참석한 가운데, 아자하리는 보르네오연방 결성을 위한 연합전선 구축을 제안했다. 그의 제안에 따라 5개월 뒤 그들은 공동준비위원회를 설립했다.

한편으로 더 광범위한 연방에 대한 구상이 나오기 시작했다. 말라야·싱가포르·브루나이·사라왁·북보르네오를 통합하는 이른바 '그랜드 디자인(큰 그림)'이 바로 그것이었다. 말라야연방의 뚠꾸 압둘 라만 수상은 1961년 5월 27일 이들 다섯 지역을 아우르는 말레이시아연방을 전격 제안했다. 브루나이는 영토와 인구 규모가 너무 작아 단독 국가로 생존하는 것이 쉽지 않을 테고, 자원이 충분치 않은 사라왁과 북보르네오는 연방에 합류해 동반 발전을 이루기를 바랐기 때문에, 라만 수상은 당사자 모두가 이 구상을 환영하리라 생각했다.

하지만 보르네오의 정당 대표자들은 부정적인 반응을 보였다. 특히 아자하리는 보르네오연방을 먼저 결성하길 바랐다. 그리고 말레이시아 연방보다는 국가연합confederation을 염두에 두고, 그 안에서 보르네오연 방이 말라야·싱가포르와 정치적으로 동등한 지위와 권한을 가지도록 해야 한다고 생각했다. 보르네오연방에선 브루나이가 주도적인 역할을 할 수 있지만, 말레이시아연방에선 그러기가 어려울 것으로 판단했기 때문이다. 또한 말레이시아연방에선 PRB가 한 작은 나라의 중요치 않은 정당으로 취급될 것이 분명해 보였다.

PRB는 보르네오에서 말레이시아연방 결성 반대 운동을 주도하며 1961년 6월 24일 라만 수상을 '식민주의자'라고 비난하는 팸플릿을 발 행했다. 7월에 브루나이를 방문한 라만 수상은 PRB를 단지 한 '불순분 자' 집단으로 폄하했다. 그러자 아자하리는 옹 키 휘, 스티븐 용 등 사라 왁·북보르네오 정치 지도자들과 힘을 합쳐 그의 구상을 강력하게 반대 했다.

오마르 알리는 약 6개월간의 침묵을 깨고 1961년 12월 5일 라만 수 상의 제안을 환영하는 성명을 발표했다. 그가 이런 성명을 낸 데에 어떤 요소가 작용했을지를 살펴보면, 그동안 브루나이가 말라야연방과 밀접 한 관계를 추구해온 점, 당시 인구 8만 4000명을 가진 작은 독립국으로 서 생존의 어려움, 주변 대국들이 브루나이 원유에 관심을 가지고 침략 할 가능성, 영국군이 동남아시아에서 철군한 후에도 연방 안에서 브루 나이가 최상의 안보를 보장받을 수 있으리란 점 등을 들 수 있다.

하지만 말레이시아연방 구상에 대한 술탄의 지지는 브루나이 정치 변 동과 뒤엉키면서 진척이 불투명해졌다. 1959년 헌법을 공포하면서 술탄은 2년 내 총선 실시를 약속했고, 이듬해 9월에 그 선거 예정일을 1961년 8월로 정했다.

유권자 자격을 규정하는 국적법안이 10월에 공고되었다. 이에 따라 브루나이 토착 인종집단에 속하는 모든 사람이 자동으로 브루나이 시민이 되었다. 다른 구성원들은 이전 25년 중 20년 동안 줄곧 브루나이에 거주했고, 말레이어 시험에 통과하면 시민권 자격을 얻을 수 있었다. 블라잇·비사야·두순·*끼*다얀·무룻·뚜똥이 토착 인종집단에 포함되었다. 사라왁의 다약인과 중국인·인도인·인도네시아인 등 이민자들은 토착 인종집단 범위에서 배제되었다. 따라서 인도네시아 이민자로 간주되던 아자하리는 유권자 자격을 가질 수 없었다.

선거에 대비해 PRB는 새롭게 등장한 노동운동 단체와 동맹을 구축하기 시작했다. 1960년 6월에 노동자 대표들이 브루나이연합노동전선(이하 BULF)을 결성하고, 아자하리를 명예 고문으로 추대했다. BULF는 보르네오연방 결성과 이를 통한 독립을 위해 투쟁하는 PRB를 지지했다. 그러자 정부도 맞대응하기 시작했다. 1961년 3월로 예정된 국적법 법제화와 선거 입법을 미루면서 PRB와 경쟁할 정당들의 설립을 장려한 결과, 브루나이국민기구(BNO)와 브루나이연합당(BUP)이 창당했다.

주의회 의원을 뽑는 직접선거가 예정보다 1년 연기되어 1962년 8월에 실시되었다. PRB는 1963년까지 브루나이 독립, 말레이시아연방 결성 반대, 보르네오연방 결성, 교육·경제·행정 개혁 등을 공약으로 내세웠다. 유권자의 90퍼센트가 투표에 참여했다. 그 결과 PRB가 주의회 전체 55개 의석 중 54석을 획득해 4개 모든 주의회를 장악하게 되었을 뿐 아니라, 입법의회 의석 33석 중 술탄이 임명하는 17석을 제외하고 주의회가 의원들 중에서 선출하는 16석 전체를 독차지했다. 선거 직후 PRB는 이 같은 압승에 힘입어, 유권자로 나설 수 없었던 아자하리를 대신해 정치 전면에 등장했다.

개원 연기를 거듭한 끝에 정부는 12월 5일에 새 입법의회를 개회한다고 발표했다. PRB는 첫 번째 회기에 다음과 같은 안건들을 상정할 준비를 했다. '영국은 사라왁과 북보르네오의 통치권을 브루나이 술탄에게 넘길 것, 보르네오연방을 결성할 것, 영국은 말레이시아연방이 결성되는 데 브루나이가 끌려들지 않도록 보호하고, 1963년에 완전한 독립을 부여할 것.' 하지만 술탄이 임명한 의장은 이들 안건이 전적으로 말라야연방과 영국 정부의 소관 사항이라는 이유를 들어 상정 거부 의사를 밝혔다.

이제 합법적인 방법으로는 목표를 실현할 수 없다고 판단한 아자하리는 무력으로 정부를 전복하기로 결심했다. 그는 사라왁과 북보르네오뿐 아니라, 말레이시아연방 결성에 의구심을 품고 있는 인도네시아와 필리핀에서도 자신의 투쟁을 지지할 것으로 판단하고 혁명의 성공을 자신했던 것 같다. 1962년 12월 8일 토요일 아침에 무장투쟁이 시작되었다. 하지만 그때 아자하리는 분명하게 알려지지 않은 이유로 마닐라에 머물고 있었다. 영국은 이미 아자하리의 봉기에 대비하고 있었다. 소요가 발발하자 영국은 술탄의 공식 요청도 기다리지 않고 즉각 진압 작전에 돌입했다. 술탄은 국민에게 그 소요가 자신과 무관함을 알리는 동시에 정부에 충성을 요구하는 방송을 했다.

아자하리가 브루나이에 있지 않다고 알려지면서 PRB 세력의 사기가 급속히 떨어졌고, 12월 20일에는 소요가 완전히 평정되었다. 같은 날 술탄은 비상사태를 선포해 헌법의 효력을 정지하고, 의회를 해산했다. 소요를 진압하는 과정에서 PRB군 40명이 사망하고 1897명이 구금되었다. 이 소요는 PRB가 기대했던 만큼 브루나이 안팎의 광범위한 지지를 받지 못했다. 오히려 반말레이시아연방 동맹인 SUPP 등 사라왁과 북보르네오의 정당들은 PRB의 성급한 무력행동을 비난했다. 수까르노는 말레이시아연방 결성을 반대하는 선전에 이 소요를 이용했을 뿐 아무런 실질적인 도움을 주지 않았다. 필리핀도 비슷한 태도를 취했다.

영국이 즉각 군사적으로 대응해 사태를 진압했지만, 술탄은 큰 충격을 받고 자신과 브루나이의 미래를 말레이시아연방과 함께하기로 결심했다. 1963년 1월 1일 그는 부수상을 포함한 대표단을 꾸알라룸뿌르에 파견해, 말라야연방 정부와 비밀 협상을 하도록 했다. 2월 5일부터 3월 3일까지 대체로 순탄하게 회담이 진행되었다. 술탄은 곧 브루나이의 말레이시아연방 합류를 발표할 것처럼 보였다.

하지만 6월에 다시 회담이 열렸을 때, 양쪽은 불분명한 합의 내용을 놓고 첨예하게 대립하면서 말레이시아연방 결성이 순탄치 않을 것을 예고했다. 가장 쟁점이 된 것은 브루나이의 원유 세입 문제였다. 연방 합류 10년 뒤에 기존의 모든 원유 세입에 대한 권한을 연방정부로 이관하고, 그 10년 동안은 연방정부 재정에 매년 4000만 링깃^{Ringgit}을 기부하기로 한 술탄의 약속을 의무화하며, 연방 합류 뒤 브루나이에서 새로 발굴되는 원유와 천연자원의 세입에 대한 권한은 자동으로 연방정부가 가지도록 하자는 말라야 쪽의 안을 놓고 양쪽이 절충을 시도했다.

브루나이 술탄과 라만 수상이 두 차례 최종 담판을 했지만, 결국 원유 세입에 대한 절충점을 찾지 못했다. 낙후한 사라왁과 북보르네오의 동반 발전을 고려하면 연방정부는 브루나이의 원유 세입에 대해 양보할 여유가 없었다. 반면 브루나이는 그 낙후한 지역들을 위해 희생할 준비가 되어 있지 않았다. 이 무렵 브루나이셸사社가 세리아 유전 근처에서 새로 대규모 유전을 발굴하면서 원유 세입을 둘러싼 양쪽의 갈등이 더욱 깊어졌다. 말라야연방 정부는 세입 권한 자동 이양 조항을 다시금 강조했다. 한편 브루나이는 이 새 유전이 예상을 훨씬 뛰어넘는 재정원이 될 것이 분명해지자, 말레이시아연방에 합류하지 않고도 독자적으로 생존할 수 있다는 확신을 갖게 되었다.

술탄의 지위 문제도 오마르 알리 사이푸딘의 결정에 영향을 미쳤다. 연방정부는 브루나이 술탄이 군주회의에 등록하는 날을 기준으로 그의 순위를 정하자고 했다가, 막판에 이 문제를 군주회의에 일임하는 타협안을 제시했다. 새로 결성될 연방에서 술탄의 서열을 정하는 일은 '양 디뻐르뚜안 아공' 또는 '술탄 아공'*을 정하는 문제와 직결된다는 점에서 중요했다. 그동안에는 9개 주의 술탄들이 즉위순을 바탕으로 한 연장자순, 즉 즉위순을 우선으로 하고 즉위 시기가 같으면 연장자순으로 돌아가며 술탄 아공이 되는 것이 관례였다. 브루나이의 술탄제sultanate는 말레이반도의 여러 주에서보다 더 역사가 오랬고, 오마르 알리 사이푸딘은 1950년 5월에 제28대 브루나이 술탄으로 즉위했다. 그런데 이러한 역사적 사실을 고려하지 않은 채 군주회의에서 정하는 기준에 따라

---

* '양 디뻐르뚜안 아공Yang di-Pertuan Agong'이라고 부르는 말레이시아negara 국왕은 9개 주의 술탄들로 구성된 군주회의Conference of Rulers에서 정해진 순서에 따라 선임하는 것이 관례다. 이 5년 임기의 윤번제 국왕 제도는 1957년 독립과 함께 9개 술탄국 즉 느그리negeri들이 말라야연방으로 통합되면서 만들어진, 전 세계에서 유례를 찾을 수 없는 말레이시아만의 독특한 군주 제도다. 9개 주의 술탄 즉 주왕州王은 각 주의 이슬람 수장으로서, 각자의 주에서 말레이 전통과 이슬람 관련 제반 사안을 관장할 권한을 헌법으로 보장받는다. 술탄이 존재하지 않는 삐낭·멀라까·사라왁·사바 4개 주에서는 양 디뻐르뚜안 아공이 술탄 역할을 한다.

새 연방에서 가장 서열이 낮은 신참 군주가 되는 것을 오마르 알리 사이푸딘은 받아들일 수 없었다.

결국 1963년 9월 16일 말레이시아연방이 출범했을 때, 브루나이는 독자적인 생존을 위해 새로운 국가 건설을 모색하게 되었다.[11]

필리핀 1946-1972

미국 정부와 친미 엘리트들의 긴밀한 유착을 통해 탄생한 새 공화국 정권에서, '무역과 원조'를 두 축으로 미국에 종속된 경제 구조가 지속되었다. 이러한 경제 구조의 중심부에 정치 엘리트와 경제 과두 세력이 있었다. 그리고 지주 계층의 특권을 보장하는 정치 · 경제 구조도 그대로 유지되었다. 미국형 민주 정부라는 외관 속에서 '과두적 민주주의oligarchy democracy' 체제가 정당화되었다. 이러한 측면에서 필리핀의 독립은 새 국가와 사회를 건설하기 시작한 '혁명적revolutionary'인 사건이기보다, 40여 년 동안 미국에 동화한 정치 엘리트들이 복귀하며 전전 시대로 '복고retro'한 성격이 강했다고 볼 수 있다.

독립과 함께 전후 복구, 경제 재건, 각종 사회 문제 등 산적한 난제에 봉착한 마누엘 로하스(재임 1946~1948) 행정부는 경제 · 군사적인 지원을 얻으려고 미국 정부에 코드를 맞추는 국가 정책을 신속하게 수립했다. 유엔의 이념과 목적 지지, 미국과 긴밀한 유대 관계 지속, 공산 국가를 제외한 전 세계 국가와 우호적인 관계 수립 등이 그것이다. 필리핀은 미국과 일반관계조약(1946.7.4), 전시자산협정(1946.9.11), 군사기지협정

훅발라합의 훈련 장면(중부 루손섬)

(1947.3.14), 군사원조협정(1947.3.21)을 체결했다.

1948년 4월 15일 로하스가 심장병으로 사망하자, 부통령이던 키리노 (재임 1948~1953)가 대통령직을 승계했다. 키리노는 전임자의 정책을 대부분 이어서 추진했고, 1949년 11월 8일 실시된 대통령 선거에서 재선되었다. 키리노는 훅발라합(훅스)을 탄압한 전임자와 달리 사면을 단행했다.* 하지만 훅스의 지속적인 저항으로 사면 정책은 유명무실해졌고, 대지주 계층은 키리노 행정부가 훅스에 선처를 베푼 데 대해 비난하고 나섰다.

키리노는 1950년 8월 31일 하원 국방위원장인 라몬 막사이사이(1907~1957)를 국방장관에 임명해, 필리핀 군경을 개혁할 권한을 부여했다. 막

---

* 2차 세계대전 중 항일 무장 게릴라로 활동했던 훅발라합은, 전후에 대大지주 제도가 발달한 루손 중부 지역을 본거지로 해서 소작농을 대변하며 토지 개혁을 요구하는 단체가 되었다. 따라서 대지주 친화적인 대통령은 국가와 사회의 안정을 위해 훅발라합의 요구를 묵살하고 강압 정책을 실행한 반면, 그렇지 않은 대통령은 같은 목적으로 그들의 요구에 귀 기울이며 유화 정책을 폈다.

사이사이는 새롭게 야전군을 조직하고 강화하고자 많은 노력을 쏟았다. 2차 세계대전 때의 게릴라 출신인 그가 새로 정비한 군 조직을 통해 전임자들보다 훨씬 효과적으로 반란에 대처한 결과, 훅스의 저항세가 현저히 수그러들었다. 국방장관으로서 필리핀의 심각한 사회 문제인 훅스의 소요를 해결함으로써 막사이사이는 많은 국민의 확고한 신뢰와 지지를 얻게 되었다. 투철한 반공주의자인 그는 키리노가 반공 정책을 강력하게 실시하지 않는 데 반발해 자유당(LP)을 탈당하고, 1953년 국민당(NP) 후보로 대통령에 당선되었다.

막사이사이(재임 1953~1957)는 필리핀 민주주의 체제를 정착시킨 대통령으로 평가받고 있다. 그는 자신의 가족과 친지를 요직에서 철저히 배제하고, 말라카냥궁을 '국민의 집'이라고 부르며 시민에게 개방하고, 미국의 입김에서 벗어나 민족주의적 정치 성향을 보였다. 특히 그는 검소하고 청렴했기 때문에 많은 국민에게 존경과 사랑을 받았다.

막사이사이 재임 기간 중인 1954년 9월 8일 동남아시아조약기구가 마닐라에서 결성되었다. 또한 막사이사이는 1954년 12월 15일 워싱턴에서 체결된 라우렐-랭글리 협정을 통해 계속 깊어지는 필리핀의 대미 경제 종속 관계를 1956년부터 1974년까지 점차 해소하기로 미국과 합의했다. 이 밖에도 1956년 5월 9일 그는 수년간 끌어온 일본과의 전쟁 배상금 협상을 마무리했다. 국민의 확고한 신망을 얻었던 막사이사이는 불운하게도 세부섬의 한 대학에서 반공 연설을 마치고 마닐라로 돌아가던 중 비행기 추락 사고로 1957년 3월 17일 세상을 떠났다. 그의 나이 49세였다. 사후 그의 업적을 기려 막사이사이 상이 제정되었다.

바로 그 이튿날 부통령이던 카를로스 가르시아(재임 1957~1961)가 대통령직을 승계했다. 그는 1957년 치러진 대통령 선거에서 재선에 성공했다. 가르시아는 필리핀의 대미 경제 종속을 심화하는 벨무역법, 미국에게 유리한 군사기지협정 같은 친미 정책에 반대하며 전후 미국의 후원 없이 당선된 첫 필리핀 대통령이었다. 그는 수입과 통화를 조절하는 정책을 마련하고, 자국 산업의 증진을 통한 경제적 독립을 주창하며 '필리피노 우선' 경제 정책을 시작했다. 하지만 미국 사업가뿐 아니라 미국에 유착한 필리핀 사업가들이 그의 정책에 강하게 반발했다. 이러한 분위기에 편승해 1959년 상원의원 선거에서 페르디난드 마르코스가 이끄는 LP 후보들이 여당인 NP 후보들에게 완승을 거두었다. 2년 뒤 가르시아는 재선 도전에 실패했고, LP 후보인 디오스다도 마카파갈(재임 1961~1965)이 새 대통령에 당선되었다.

마카파갈은 취임 즉시 국제 무역과 외국 투자에 필리핀 경제를 개방한다고 선언했다. 이 정책을 위해 그는 세계은행·국제통화기금·미국 재무부가 선호하는, 미국에서 교육받은 경제 전문가들을 관료로 중용했다. 하지만 그의 집권기에 미국에 유착한 필리핀 기업들의 요구로 수입 제한조치가 해제되면서 외환 보유고가 고갈되었을 뿐 아니라, 값비싼 수입제품의 유입으로 생필품 가격이 치솟아 국민 생활이 심각한 압박을 받았다. 또한 시골 지역에서 실업률이 폭발적으로 높아짐에 따라 비숙련 노동자들이 대거 도시로 몰려들면서 새로운 도시 프롤레타리아 집단이 형성되었다. 한편 그는 몇 가지 주목할 만한 업적을 남겼다. 농지개혁법을 제정하고, 타갈로그어 상용화를 위해 노력하고, 1963년 8월 15일 마닐라에서 동남아시아국가연합의 전신인 말레이시아·필리핀·인도네시아 연합 기구 '마필린도MAPHILINDO'가 결성되는 데도 기여했다.

1965년에 마카파갈은 재선을 위해 마르코스에게 지원을 요청했다. 하지만 마르코스는 스스로 대통령에 출마하고자 당을 옮겨서 NP 후보로 선거운동을 시작했다. 후보자들은 종교단체들을 선거운동에 끌어들이려고 애썼다. 가톨릭교회는 LP 후보 마카파갈과 진보당 후보인 라울 망글라푸스로 지지세가 나뉘었다. 한편 마르코스는 토착 예수교회의 지지를 확보하고, 로페스 설탕·미디어·에너지 재벌 왕국과 전략적인 동맹을 맺어 그 막대한 자금을 선거에 이용했다. 미인대회 여왕 출신인 부인 이멜다의 적극적인 내조를 받으며 마르코스는 "이 나라는 다시 위대해질 수 있다"는 구호를 내세워 압승을 거두고, 그의 장기 집권과 권위주의 정치로 얼룩진 필리핀 제4공화국(1965~1986) 시대를 열었다.

1965년 12월 30일 마르코스는 여러 불리한 여건과 상황 속에서 첫 번째 임기(1965~1969)를 시작했다. 특히 마르코스가 당을 바꾸어 NP 후보로 당선되자 배신감을 느낀 LP가 하원을 장악하고, 국가의 중요한 정책을 입법하는 길목에 버티고 있었다. 또한 국가는 엄청난 빚더미에 앉아 거의 파산에 이르러, 국민에게 필요한 공공 서비스를 제공할 여력이 없었다. 이 밖에도 약 8만 건에 이르는 송사가 법원에 계류되어 있을 정도로 사법의 작용이 범죄의 빠른 증가를 따라잡지 못했다. 마르코스는 우선 농촌 개발을 야심 차게 추진했다. 국내외 융자와 개발원조 자금을 이용해 수백만 페소를 관개시설, 농업기술 혁신, 도로 건설 등에 쏟아부었다. 필리핀대학교 산하 국제미곡연구소가 수확률이 높은 다양한 품종을 개발해, 쌀 자급자족을 실현할 수 있으리라는 기대가 높아졌다. 1967년 마르코스는 수출지향적인 산업화 정책을 시도했다. 이를 위해 외국인의 투자를 장려할 투자 인센티브 법을 통과시키도록 하원을 압박했다. 이

교황 요한 바오로 2세의 필리핀 방문 당시 마르코스와 이멜다(1981)

밖에도 그는 효율적인 세제 운영과 대외 차관을 통해 국가의 재정 안정에 기여하고, 밀수와 각종 범죄조직을 강력하게 소탕했다.

그러나 1967년 초부터 민중의 불만이 높아지기 시작했다. 베트남전쟁과 범죄 문제가 그 불만의 단초가 되었다. 마르코스가 베트남에서 미국의 전쟁을 돕는다는 비판이 끓어오르며 반미 감정이 표출되기 시작했고, 정부의 노력에도 범죄가 계속 만연했다. 1967년 5월에 말라카냥궁 앞에서 시위를 벌인 천년왕국설 신앙집단 32명을 경찰이 무자비하게 진압하자, 이 사건을 촉매제로 민중의 분노가 폭발했다. 중부 루손에서 혹스의 활동이 되살아나 강도, 가축 도둑, 잔학한 군대에게서 민중을 보호하며 유사 정부 노릇을 했다.

1968년 필리핀 공산주의자들은 '구가드Old Guard'와 '신가드New Guard'로 분열되었다. '호마Joma'라고 알려진 호세 마리아 시손은 구가드에서 추방된 뒤 신가드 동지들과 함께 필리핀공산당(이하 CPP)을 결성하고, 그 군사 전위대인 신인민군(이하 NPA)도 함께 창설했다. 베르나베 부스카뇨가 NPA를 이끌었다. 이들은 노동조합, 농민 조직과 필리핀대학교학생평의회와 동맹을 맺었다. NPA는 대지주들의 전통적인 아성인 북부 루손의 도시들을 포위하려고 그 외곽에 거점 기지들을 세웠다. 이들 지역에서 NPA는 평화와 질서를 유지하고, 농업 생산을 도우면서 주민들의 신뢰를 쌓았다.

1969년에 마르코스가 재선되면서 필리핀은 더욱 깊은 혼란 속으로 빠져들었다. 군부와 NPA의 무력 충돌이 뉴스를 뒤덮었다. 1970년 1월 노동자·농민·학생 들이 필리핀 '민주주의의 죽음'에 항거하는 시위를 벌이다 경찰에 구타를 당했다. 이에 대한 항의로 '제1지구 폭풍'으로 알려진 청년들의 폭력적인 거리 투쟁이 1년 동안 지속되었다. 마르코스는 3선을 위해 1935년 헌법의 개정을 시도했다. 하지만 각 정당의 대표들로 구성된 개헌위원회 위원들은 마르코스의 3선을 저지하고자 도중에 위원직을 사퇴했다. 1971년 마르코스를 규탄하는 LP의 대중 집회에서 그 반대 세력이 폭탄을 투척한 사건이 발생하자 여당인 NP조차 마르코스에게 등을 돌렸다.

반정부 세력에 대해 마르코스는 강경하게 대응했다. 인신 구속을 연장하는 영장을 발부해 정부 전복 용의자, 공산주의자, 학생, 전문 직업인들을 마음대로 구금할 수 있는 카드로 이용했다. 국내 상황이 악화일로를 치달았지만 여전히 외국 정부들, 특히 미국의 지지를 등에 업은 마르코스는 전혀 흔들리지 않았다. 소요가 정점에 달하자 그는 1972년 9월 21일 계엄령을 발동했다. 이후 10년 동안 필리핀은 강력한 공권력 아래서 국가·사회적 전환점을 맞게 되었다.

'아시아 민주주의의 쇼케이스'로 칭송받던 필리핀에서 왜 이처럼 극심한 혼란이 발생하게 되었을까? 마르코스의 두 번째 임기와 맞물린 세계 경제의 침체가 얼마간 영향을 미쳤다. 하지만 더 근본적인 원인은 독립 후 약 25년 동안 지속된 정치·경제 구도와 깊은 관련이 있다.

수십 년 동안 미국에 길들여진 정치 엘리트들이 새 공화국 행정부를 이끄는 동안, 미국과의 무역과 원조를 축으로 하는 필리핀 경제는 1960년대 말까지 일관되게 미국, LP와 NP를 넘나드는 정치 엘리트들, 그리고 그들과 유착한 경제 과두 세력과 대지주 계층에게 지배되었다. 이러한 구도 속에서 어떠한 행정부도 점차 심해지는 사회계층 간 경제 양극화 현상을 해결하려고 진지하게 노력하지 않는 사이, 민중의 불만이 깊어지면서 급진 세력이 점차 되살아났다.

결국 1960년대 후반에 이르러 미국형 정부의 탈을 쓴 과두적 민주주의 체제에 저항하고, 이 체제를 비호하는 미국 정부를 비난하는 성난 민중이 급진 세력과 합세하면서 소요가 극에 달했다. 이러한 관점에서, 미국과의 '특별한' 관계 속에서 이뤄졌던 필리핀의 순탄한 독립은 위장된 축복이었다.[12]

남부 필리핀

독립 후 남부 필리핀 지역이 비교적 평온한 분위기를 유지하던 가운데, 필리핀 중앙정부가 직면한 과제 중 하나가 중부 루손에서 발생한 훅발라합(훅스) 소요 사태였다. 이 소요는 1954년 정부군에 진압될 때까지 약 10년 동안 지속되었다. 공화국 행정부는 훅스 세력의 기세를 꺾으려고 그들의 가족을 대거 민다나오로 이주·재정착시켰다.

본래 재정착 프로그램은 전쟁 전 미국의 식민지배 시기에, 인구 밀도가 낮은 민다나오에 많은 필리핀인 기독교도를 이주시켜 농업 정착지를 개발하려는 의도로 시작되었다. 이 사업은 남부 필리핀 지역의 신속한 경제 발전, 기독교도와 무슬림의 교류 증진, 그리고 단일 필리핀 사회로 양쪽을 통합한다는 명분 아래 적극적으로 추진되어왔다. 따라서 훅스 가족의 이주는 전후 대규모로 진행된 재정착 프로그램의 일부에 불과했다. 독립 후 새 공화국 행정부가 식민지 정책을 답습한 것이었다.

이러한 장기적인 정책이 시행된 결과로 가장 두드러진 것은 민다나오 인구 구성의 변화였다. 1960년대에는 민다나오에서 모로(남부 필리핀 무슬림)가 차지하는 인구 비율이 25퍼센트에 그쳤다. 모로는 민다나오에 비무슬림 인구를 늘리는 정부의 정책을, 자신들을 소수민족으로 만들려는 의도로 인식했다. 따라서 그들은 기독교도 정착 지역의 발전한 도로 시설, 관개시설, 공공 사무소, 학교 시설 등을 부러움이 아닌 분노의 대상으로 바라보았다.

중앙정부는 교육도 국가 통합의 수단으로 사용했다. 교육을 통해 젊은 모로를 필리핀 주류 사회로 편입해서 친정부 세력을 양성하려는 전략이었다. 중앙정부는 1957년 교육통합위원회를 설립했다. 이 위원회의 주임무는 모로를 비롯한 필리핀의 소수 인종집단 학생들에게 장학금을 후원하는 것이었다. 이 위원회의 후원으로 20여 년 동안 많은 모로 젊은이가 마닐라에 있는 교육기관에서 고등교육, 특히 법학을 공부했고, 그 결과 정부기관과 전문직에 종사할 수 있게 되었다.

한편 이렇게 탄생한 모로 신지식층 사이에 중앙정부에 협력하는 전통 다뚜 계층에 대한 냉소적인 분위기가 생겨났다. 그들 중 많은 수는 모로 민족의식을 높이고 불행한 동포의 생활수준을 개선하고자 설립된 필리핀무슬림협회, 무슬림발전운동, 술루이슬람의회 등의 단체에서 적극적으로 활동했다. 또한 그들은 '모로 민족' 개념을 설파하기 시작했다. 술루, 민다나오, 그리고 빨라완의 다양한 모로 인종집단들이 각각의 다뚜나 술탄에게 충성을 바치는 서로 다른 인종집단이 아니라, 원래는 모두가 단일한 모로 민족에 속하며, 나아가 더 큰 이슬람 공동체, 특히 인도네시아와 말레이시아 있는 말레이 무슬림의 일부라고 주장했다.

같은 시기에 중앙정부는 모로 학생들에게 이슬람 세계에서 공부할 수 있도록 장학금을 지원했다. 수백 명이 이집트·사우디아라비아·시리아·알제리·리비아 등 이슬람 세계에서 수학했다. 그들은 남부 필리핀에 있는 작은 공동체를 넘어 더 큰 이슬람 세계를 보는 안목을 갖게 되었다. 동시에 그들은 다른 이슬람 지역에서 온 동료들과 접촉하면서, 훗날 모로에 대한 이슬람 세계의 지지를 확보하는 데 유용할 국제적인 연계망을 형성해나갔다.

1968~1970년 반정부 저항 조직들이 등장하기 시작했다. 1968년 3월 마닐라만灣의 코레히도르섬에서 일어난 자비다 학살 사건*이 촉매제 역할을 했다. 5월 1일 꼬따바또의 전 주지사인 다뚜 우똑 마딸람이 무슬림

---

* 1963년 사바가 말레이시아연방의 한 주로 통합되자, 마르코스 정부는 은밀한 무력 침투를 통해 그 지역에 대한 필리핀의 역사적인 권리를 주장하고자 모로 군인 30명을 선발해서 비밀 군사 훈련을 실시했다. 그러던 중 그들이 모든 무슬림은 같은 형제라는 이슬람 움마 의식에 어긋나는 정부의 목적을 간파하고 폭동을 일으켰다. 이 사태가 국제적인 문제로 비화할까 봐 우려한 필리핀 정부가 비밀 유지를 위해 그들을 학살했다.

독립운동(MIM)*을 결성했다. MIM은 모로랜드의 독립 획득을 목표로 정했다. 이 무장단체의 등장에 민다나오의 기독교도 정착민들은 신변의 안전을 걱정하게 되었고, 기독교도 자경단自警團이 여럿 조직되기 시작했다. 아직까지 양쪽 무장단체들 간에 공개적인 충돌이 발생하지 않았지만, 민다나오에서 긴장은 점차 고조되고 있었다.

1969년 누르 미수아리, 압둘 알론또, 살라맛 하쉼 등 이슬람 지도자들이 모로민족해방전선(이하 MNLF)을 결성했다. MNLF는 필리핀 제국주의에 맞서 투쟁할 지지자들을 충원하고 훈련하는 동시에, 독립의 정당성에 대한 국제적인 지지 획득을 목적으로 세를 넓혀나갔다.

1969년 마딸람의 동료로 라나오 출신인 다뚜 라쉬드 루크만이 모집한 젊은 모로들—마라나오족 67명, 마귄다나오족 8명, 술루족 15명—이 전문적인 군사 훈련을 받으려고 뜬 무스따파의 인솔 아래 동부 말레이시아 사바로 향했다. 그들은 훈련을 마치고 남부 필리핀으로 돌아오면서 무기를 밀반입했다. 이듬해에 루크만은 사바에서 군사 훈련을 마치고 귀국한 젊은 모로와 MNLF를 중심으로 남부 필리핀의 모든 투쟁 세력을 망라한 모로민족해방기구(BMLO)를 결성했다. 1971년 루크만을 포함한 모로 지도자들이 리비아를 방문하여 카다피의 지원 약속을 받아냈다.

민다나오에서 무슬림과 기독교 사회의 긴장이 마침내 1970년 중반 폭력 사태로 분출되었다. 이 사태는 단순히 무슬림 민병대와 기독교도 자경단 간의 싸움을 넘어, 한쪽이 다른 편의 마을을 공격하고 불태우면 공격을 당한 쪽이 즉각 반대편 마을을 파괴하는, 즉 승리를 거두려고 하기

---

* 얼마 후 이 단체는 '민다나오독립운동'으로 개칭했다.

보다 복수의 악순환으로 치달으며 민다나오 전역에 위기를 고조하는 양상을 띠었다. 이러한 앙갚음 폭력은 1971년 내내 이어졌다. 그 결과 그 해 말 양쪽을 합쳐 주민 10만 명 이상이 집을 잃고 난민이 되었고, 약 800명이 목숨을 잃었다. 이러한 남부 필리핀의 혼란 상황은 1972년 마르코스 대통령의 계엄령 발동에 얼마간 빌미를 제공했다.[13]

14장

신질서, 발전과 도전

1970년대에 동남아시아 정치 지도자들은 독립과 국민국가 건설 과정에서 발생한 혼란 상황을 대부분 평정했다. 이어 그들은 불교식 사회주의, 불교식 민주주의, 유교적 민주주의, 빤짜실라 민주주의, 현대 이슬람 군주제 등 다양한 유형의 '동남아시아적 민주주의'로 포장된, 권위주의적인 신新정치 질서를 구축하고, 20세기의 마지막 30여 년에 걸쳐 정치적 안정과 경제적 발전을 동시에 이루고자 노력했다. 그러는 동안 권위주의 정부에 위험한 존재이게 마련인 중산층이 생겨나고, 동시에 사회 양극화도 빚어졌다.

1990년대에 들어서 동남아시아 각국의 신질서 체제는 민주화, 특히 투명하고 작은 정부, 그리고 일사불란하게 통제되는 질서order 보다는 균형 잡힌 안정stability을 원하는 중산층과 소외된 사회계층 모두로부터 도전을 받기 시작했다. 나라마다 정도의 차이가 있지만, 대체로 1990년대 말 태국을 시발로 아시아 전역을 강타한 이른바 '환란換亂 사태'(외환위기)를 겪으면서 변화를 추구하는 기세가 더욱 강해졌다. 이러한 가운데 21세기에 들어선 동남아시아 국가들은 경제적 도약과 정치 민주화의 성패에 따라 미래가 갈릴 것으로 전망된다.

1   대륙부

베트남 1976-1990년대

1975년 4월 30일 남베트남의 응우옌 반 티에우 정권이 베트남민주공화국 군대에 무너지자, 베트남남부공화임시혁명정부가 남베트남의 권력을 장악했다. 그리고 1976년 7월 2일, 베트남 전체에서 소집된 제6기 최고인민회의에서 이 혁명정부와 함께 베트남민주공화국과 베트남공화국을 베트남사회주의공화국(SRV)으로 통합한다고 선포했다. 이로써 베트남공산당*은 숙원이었던 통일을 완수했으나, 역사상 단일 정권의 통치를 받아본 적이 거의 없던 나라를 하나로 통합해야 하는 큰 과제를 짊

---

* 1976년에 베트남노동당은 베트남공산당으로 개칭했다.

어지게 되었다.

베트남공산당은 남부의 자본주의 체제를 그동안 북부에서 추진해온 사회주의 체제로 전환하는 것을 당면 목표로 정했다. 이러한 체제 전환은 정치·경제 체제를 통일할 뿐만 아니라, 사실상 남부 사람들의 정신세계와 생활문화 전반을 전격적으로 개조해야 하는 일이었다. 베트콩을 포함해 남부 베트남의 많은 사람이 북베트남의 통일 전쟁을 지지했으나, 사실상 그 동기는 다양했다. 게다가 그들 중 사회주의 체제를 적극적으로 지지하는 사람은 많지 않았기 때문에, 통일 베트남이 국가통합 정책을 수행하는 데 많은 난관이 예상되었다.

체제 통일의 주된 수단으로, 1950년대 후반부터 북베트남에서 시작되었던 합작사가 남부에 도입되었다. 하지만 지리 환경과 문화 전통이 다른 남부 베트남 사람들은 이를 쉽게 받아들일 수 없었다. 특히 토지를 공동 소유 공동 경작하는 합작사를 조직하기 위해 개인의 토지 소유를 포기하도록 강요하고, 도시 거주민들을 외딴 시골의 미개간지로 강제 이주시켜 새로 농지를 개간하도록 하는 등의 전격적인 조치는 남부 베트남 사람들의 상당한 불만을 낳았다.

또한 정부는 효과적인 사회 통제를 위해 1975년 72개였던 주째를 1978년에 38개로 통폐합했다. 이러한 강압적인 하향식 변화는 우편 주소가 바뀌는 문제, 관청 소재지를 조정하는 문제 등으로 상당한 사회적 혼란을 불렀다. 새로운 남부 행정기관 요직에 북부 사람들을 대거 기용하고, 공산당원이 아닌 사람들은 새 통일 정부에 참여하지 못했기 때문에 그에 따른 남부 사람들의 상대적 박탈감도 컸다.

게다가 정부는 전 정권의 관료와 군인 등을 재교육해 새 국가 건설에 참여시킨다는 취지로 재교육 수용소를 운영했다. 그러나 이 수용소에서 폭력과 굶주림으로 심지어 많은 사람이 사망하기까지 했다. 이러한 급진적이고 강압적인 개혁과 정신 개조 과정에서 남부 베트남 사람들이 겪은 극도의 불만, 상대적 박탈감, 그리고 죽음에 대한 공포는 남부의 민심 이반을 초래하기에 충분했다.

급진적인 통합이 이뤄지는 가운데 베트남의 경제 상황은 불안하기 그지없었다. 1978년 남부의 농산품을 취급하는 유통회사가 40개 이상 있었는데, 이들은 남부에서 생산된 식량 전체의 단 20퍼센트만을 확보해 유통할 수 있었다. 이는 공산당 행정의 무능력과 비효율성을 드러낸 것으로, 남부 농민들에게 사회주의 경제에 대한 깊은 의구심을 심어주었다. 이 같은 집단주의 경제의 비효율성으로 인해 남부는 물론 북부에서도 밀수와 암시장이 극성을 부렸다. 1965년 북부의 소매 상품 전체 유통량 중 암시장이 차지하는 비중이 13퍼센트 정도였으나 1980년에는 38퍼센트로 증가했고, 식량 유통 면에서는 암시장의 비중이 그보다 훨씬 높았다. 통일 베트남의 첫 10년은 남과 북 모두에 여러모로 매우 어려운 시기였다.

국제 관계가 통일 베트남의 경제적 어려움을 더욱 가중했다. 베트남은 1979년 1월, 중국의 후원을 받는 폴 포트 치하의 캄보디아를 전격 침공해 프놈펜에 헹 삼린 친베트남 정권을 세웠다. 이 사건은 베트남이 캄보디아 정치에 '제국주의적 조작'을 가했다는 인상을 주면서, 폴 포트 정권의 우방, 특히 중국을 당황하게 만들었다. 중국은 2월에 북부 베트남의 국경을 침공하는 것으로 응수했다. 이 중·월 국경 분쟁은 짧게 끝났지만, 그 후 베트남군 20만 명이 1989년 9월까지 캄보디아에 주둔했다. 소련의 경제 지원을 받고 있긴 했으나 캄보디아 주둔은 통일 베트남의 경제 성장에 커다란 부담을 안겨주었다.

다른 한편 미국과 소련 두 초강대국의 냉전에 휘말리면서 베트남과 중국의 관계는 악화일로에 있었다. 중국은 소련을 두려워해 베트남전쟁이 끝나기 전부터 미국과 긴밀한 관계를 추진해왔다. 그러는 동안 전쟁 중 북베트남 정권의 든든한 후원자였던 중국 편에서 보면 놀랍게도 SRV 정부가 소련과 동맹을 맺었다. 게다가 통일 직후 베트남공산당은 사회주의 개혁의 기치 아래 남부 화교Overseas Chinese 사업가들을 자본주의 앞잡이로 낙인찍으며 희생양으로 삼았다. 냉전 외교의 파장으로 베트남화교에 대한 베트남공산당의 핍박이 더욱 가중되었다. 그 결과 1978년까지 남부 베트남에서 이중 국적을 누려온, 100만 명이 넘는 화교가 '보트피플boat people' 행렬에 합류해 홍콩과 동남아시아 비공산주의 국가들로 탈출했다. 이때 화교 사업가들이 대거 해외로 탈출한 것은, 통일 베트남의 경제 발전에 기여할 수 있었던 상당한 잠재력의 손실이었다.

국제적으로 고립된 베트남은 여러모로 소비에트 블록에 의존해야 했다. 당시 세계를 선도하던 과학 선진국인 소련은 1987년까지 베트남공산당 당원의 거의 절반에게 대학 수준의 교육을 제공했다. 또한 소련의 항공사진 기술, 인공위성 탐사, 그리고 지리 조사 덕택에 베트남은 처음으로 자국의 영토에 대한 현대적인 지도를 갖게 되었다.

한편 경제적인 의존은 대조적인 결과를 보였다. 1978년에 베트남은 1949년 냉전의 절정기에 만들어진, 소련이 주도하는 무역 블록인 경제상호원조회의(약칭 '코메콘COMECON')에 가입했다. 당시 코메콘의 국제무역 규모는 세계 무역 전체의 10퍼센트 미만으로 떨어져 있었다. 그러자 코메콘은 회원국에 임의대로 생산 품목을 할당하고, 교역 상대국을 정해주었다. 베트남은 시베리아와 동유럽의 멀고 비경제적인 시장들과 무역 거래를 하게 되었다. 한 예로, 1987년 베트남은 동유럽 국가들에 사회주의 국가의 제복인 인민복 수백만 벌을 수출하되, 그 대가로 원자재와 단추, 재봉틀을 받기로 코메콘과 계약을 맺었다. 하지만 1991년 소비에트연방의 붕괴와 함께 그 블록이 해체되면서 계약이 실행되지 않아, 결국 베트남은 단추가 없어 판매가 불가능한 옷들을 떠안게 되었다.

1980년대 중반 통일 베트남의 경제는 침체를 넘어 절망적인 상황이었다. 남부에서 사회주의 경제체제는 대부분 작동을 멈췄다. 집단주의 경제 방식에 순응한 북부의 많은 사람들조차 사회주의에 대한 열망이 약해졌다. 설상가상으로 흉작이 이어져 광범위한 기아를 초래했다. 베트남은 동남아시아의 다른 나라들에서처럼 계획경제를 포기하고 외부의 자본투자를 유치해 시장경제 체제로 전환해야 할 갈림길에 놓였다. 당내에서 변화를 갈구하는 목소리가 커지기 시작했다. 그 결과 1986년 제6차 전당대회에서 개혁 프로그램을 공식 승인했다. 자유시장을 지향하는 경제로 전환한다는 의미인 이른바 '도이머이'* 정책이 이렇게 닻을 올렸다.

자본주의 실험은 그 전에 이미 시작되었다. 예컨대 1981년 당중앙위원회의 100호 지령에 따라 베트남공산당은 협동농장과 별개로 개개 농가와 농업생산 계약을 맺고, 그들이 수확한 곡식을 시장에 자유롭게 판매하는 것을 허용했다. 토지는 여전히 국가 소유였지만, 개별 농가를 자율 경제단위로 인정하고 토지 사용권을 맡긴 것이다.

---

* 베트남어로 '변경한다'는 뜻인 '도이doi'와 '새롭게'라는 뜻인 '머이moi'를 합친 말로 '쇄신刷新'을 뜻한다.

도이머이 정책이 시작되면서 국가 주도의 법 제도 개혁이 두드러졌다. 1986년 이후 10년 동안 외국인투자촉진법·사기업법·관세법·국영기업법·국내투자장려법·국가예산법·토지법 등이 새로 도입되었다. 비록 당 지도부 내에서 시장경제로 전환하는 데 적절한 속도와 범위를 둘러싼 이견들이 존재했지만, 일단 개혁이 시작된 이상 그 흐름을 거꾸로 돌리기는 어려웠다. 심지어 베트남공산당은 국가와 사회를 새로이 재구성하는 데 기여할 전문가·고문관·관리자 양성을 위해, 1991년 그동안 금기시했던 정치학을 포함한 자본주의 교과목을 합법화했다.

개혁의 과실은 분명했다. 특히 관광과 쌀·커피 같은 농산품, 그리고 외국인 소유 공장에서 제조되는 공산품 수출을 통해 국내총생산이 꾸준히 증가했다. 또한 도이머이는 문화 개방으로 이어졌다. 음악과 TV를 통해 서구뿐 아니라 한국과 일본의 문화 상품이 대거 쏟아져 들어왔다. 비록 개인적인 용도로 위성 접시 안테나를 설치하는 것을 법으로 제한했지만, 이는 차츰 사문화하고 말았다. 남녀노소 누구나 세계 도처의 정보와 연예·오락물을 폭넓게 접하며 즐겼고, 1990년대 중반 인터넷 사용이 일반화하면서 그 추세는 더욱 확대되었다. 그리고 학부와 대학원 학위를 획득하고자 서구나 아시아의 선진국으로 향하는 학생의 수가 해마다 증가했다.

도이머이 정책 이후의 발전상을 고려할 때, 베트남의 정치적 통일은 '남진'이었던 반면 경제적 통일은 '북진'이라고 할 수 있다. 양방향 통일의 결합으로 인한 동반 상승 효과가 베트남의 미래를 밝게 해주었다. 한편 21세기의 문턱에서 개혁의 과실과 함께 권위주의적인 사회주의 정부에 도전하는 기류도 감지되기 시작했다.[1]

캄보디아 1979-1990년대

헹 삼린은 1979년 1월 민주캄푸치아(DK) 폴 포트 정권을 무너뜨리고 캄푸치아인민공화국(PRK, 1979~1989)을 선포했다. 그는 인민혁명평의회 의장에 취임해 베트남과 긴밀하게 협력하며, 1991년 파리 평화협정이 체결될 때까지 캄보디아를 통치했다.

헹 삼린 정권은 사회주의 근간을 유지하되, 자본주의 정책을 부분적으로 도입하는 것을 새 국가 건설의 기본 노선으로 정했다. PRK 정부는 베트남 고문관들과 프랑스 식민지배 시기 캄보디아 행정 관료였던 베트남인들의 도움을 받아, 크메르 루주 정권 시기에 폐지되거나 방치되었던 시장·금융기관·학교·산업시설 등을 우선 복원하려고 신속하게 움직였다. 사회 질서를 유지하기 위한 자치위원회가 구성되었고, 농업 생산성 증대를 목표로 15가구를 한 단위로 하는 일종의 집단농장인 '끄롬 사막키'가 조직되었다. 또한 새 정부는 헌법, 국회의원 선거 제도, 화폐경제, 8시간 임금노동제 등의 도입을 약속했다.

캄보디아 국민 대부분은 DK 정권 폭정의 해방자로 새 정권을 환영했지만, 국제적으로 헹 삼린 정권은 소련의 지원을 받는 베트남의 꼭두각시 정부로 인식되어 곤경에 처했다. 베트남의 캄보디아 침공에 대한 국제 여론이 부정적이었고, 중국은 노골적인 적대감을 드러냈으며, 동남아시아국가연합(약칭 '아세안ASEAN')은 새 정권에 대한 승인을 거부했다. 게다가 태국 국경의 서부 밀림 지역으로 도주한, 폴 포트가 이끄는 3만여 크메르 루주 군대를 주축으로 하는 DK 세력이 베트남의 침공을 두려워하는 태국의 보호를 받고 있었다. 이 밖에도 쏜 산(1911~2000)이 이끄는 반공주의 민족해방전선 세력이 태국의 국경 지대에 머물고 있었다. 이들 적대 세력의 위협에서 헹 삼린 정권을 보호하고자 베트남은 캄보디아에 군대 20만 명을 주둔했다.

1981년 초 헹 삼린 정권은 국가체제의 외피에 변화를 주기 시작했다. 그는 캄푸치아인민혁명당(KPRP)을 조직해 총서기가 되었고, 선거를 통해 의원 117명인 국회를 구성했다. 곧이어 새 헌법도 채택되었다. 또한 인민혁명평의회를 해산하고, 7명으로 구성하는 국가평의회를 국가 최고 의결 기구로 세웠다. 헹 삼린이 국가원수(대통령)에 해당하는 국가평의회 의장이 되었다. 이때 그의 후계자인 훈 센이 외무장관이 되었다.

한편 미국과 그 동맹 세력은 태국 국경에 운집한 반反PRK 세력이 연립정부를 구성하도록 지원하면서 냉전의 시류를 이어갔다. 그 결과 1982년 6월 캄푸치아공산당(CPK)의 키우 삼판, 민족해방전선 지도자 쏜 산, 그리고 시하누크가 중국의 중재로 말레이시아 꾸알라룸뿌르에서 회담하고 망명정부인 민주캄푸치아연립정부(이하 CGDK)를 출범시켰다. 시하누크가 CGDK의 대통령을, 키우 삼판이 부통령과 외무장관을, 그리고 쏜 산이 수상을 맡았다. 아세안 국가들은 CGDK에 인도적인 지원과 함께 정치적 지지를 보냈고, 중국은 군사적인 지원을 약속했다. 유엔도 CGDK의 대표성을 인정해 회원국으로 승인했다.

1980년대에 걸쳐 미국·중국·크메르 루주의 CGDK가 한편이 되고, 소련·베트남·PRK가 다른 한편이 되어 전쟁이 이어졌다. 이 과정에서 베트남의 사상자가 2만 명을 넘었다. 크메르 루주의 사상자는 그보다 훨씬 더 많았을 것이다. 이 기간에 태국-캄보디아 국경을 따라 대인지뢰 수십만 개가 매설되었다. 전투 부대들은 지뢰 지도를 남기지 않은 채

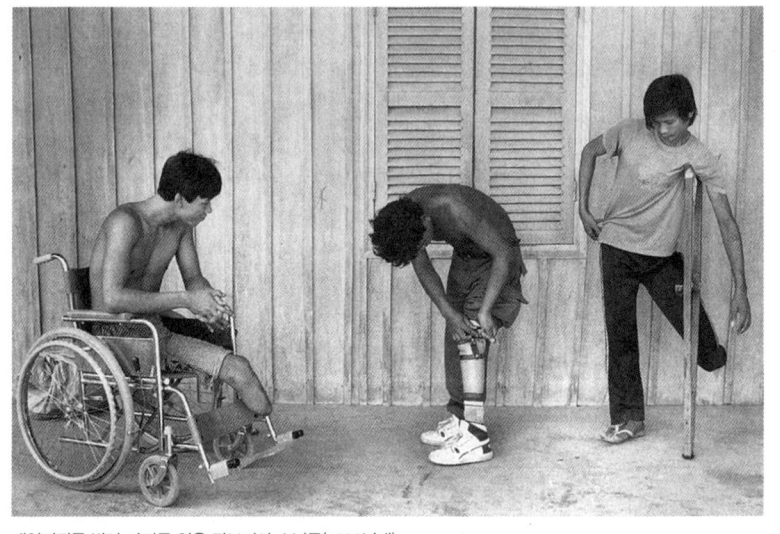
대인지뢰를 밟아 다리를 잃은 캄보디아 소년들(1990년대)

이동했다. 그 결과 1990년대 말까지 캄보디아 민간인 수천 명이 부지불식간에 지뢰를 밟아 크게 다치거나 사망에 이르렀다.

　1980년대 말 동유럽의 민주화*로 소비에트 공산주의 블록이 느슨해지면서 캄보디아에 일대 변화가 일기 시작했다. 무엇보다도 소련의 원조가 중단되어 베트남은 캄보디아에 군대를 주둔할 수 없게 되었다. 1989년 9월 베트남의 마지막 주둔군 부대가 철수했다. 베트남과 소련의 보호막이 갑자기 사라진 상황에서 캄보디아는 독자 생존을 모색해야 했다. PRK 정부는 헌법 개정을 통해 획기적인 체제 변혁을 시도했다. 국명

---

* 　1980년대 들어 동유럽과 서유럽의 경제 격차가 극심해지던 가운데 1985년 소련 공산당 서기장이 된 고르바초프가 취한 페레스트로이카perestroika(개혁)와 글라스노스트glasnost(정보 공개)는 소련을 넘어 공산권 동유럽까지 커다란 영향을 미쳤다. 1989년 냉전의 상징인 베를린 장벽이 허물어지고, 1990년에는 폴란드에서 레흐 바웬사가 대통령으로 선출되어 비공산당 정권을 세웠다. 1991년엔 소련이 해체되고 러시아연방이 탄생했다. 헝가리, 체코슬로바키아, 불가리아에서도 공산당 정권이 붕괴했다. 이로써 동유럽 국가들은 소비에트 블록에서 벗어나 각자의 길을 걷기 시작했다.

과 당명을 각각 캄보디아국(이하 SOC, 1989~1993)과 캄보디아인민당(이하 CPP)으로 바꾸고, 중립과 비동맹에 바탕을 둔 외교 정책, 사유재산 법제화, 개방 경제, 앙코르 와트를 도안한 국기 제정, 사형제 폐지를 규정했으며, 상좌부불교를 다시 국교로 삼았다.

1989년 SOC 정부는 해외투자 유치를 위한 해외투자법을 도입해, 처음 이윤이 발생한 때로부터 2년간 조세를 감면하는 혜택을 보장했다. 부동산에 대한 제약이 풀리면서 프놈펜에 부동산 투자와 건축 붐이 일었다. 이러한 변화는 나라 곳곳에서 검은 경제를 양산하기 시작했고, 1975년 이래 존재하지 않던 공무원 부패가 다시 등장했다. 하지만 고위 관리의 부패를 처벌하는 장치가 거의 전무했다. 또 그동안 전쟁이 계속되어 국가 예산에서 군비가 차지하는 몫이 너무 컸기 때문에, 국민에게 기본적인 서비스를 제공하는 데 필요한 재원을 확보하지 못했다.

프놈펜 이외 지역 국민의 삶은 전반적으로 열악했다. 유아 사망률이 세계 최고 수준을 보였다. 말라리아를 포함한 열병이 여러 지역에 만연했고, 많은 사람이 영양실조로 고통을 받았다. 전쟁의 트라우마로 인한 정신질환 발병률이 높았으나, 의료 서비스가 턱없이 부족했다. 교사에 대한 교육과 훈련도 제대로 이뤄지지 않았다. 노동자들 대부분은 열악한 처우를 받았다. 이러한 캄보디아의 총체적인 난국은 정부의 무능에서 비롯된 측면도 있지만 그보다 국제적인 요인이 더 크게 작용했기 때문에, SOC와 CGDK에 대한 미국과 그 동맹들의 태도 변화 없이는 근본적으로 해결하기 어려웠다.

1989년 12월 냉전 질서의 종식과 함께 미·소 간 화해 분위기가 조성되면서 캄보디아 사태가 새로운 국면으로 접어들었다. 미국은 유엔에서

CGDK에 대한 승인을 철회하고, 캄보디아 사태 해결을 위해 베트남과 직접 대화할 뜻을 표명했다. 이어 유엔도 캄보디아 사태에 적극 개입하기 시작했다.

SOC의 CPP와 CGDK의 세 연립 당파가 모두가 참여하는 연립정부 방안이 제기되었다. 1990년 10월에 네 당파가 국가최고평의회(이하 SNC) 구성에 합의하고, 1991년 6월 훈 센파 6명과 시하누크·폴 포트·쏜 산파 각 2명씩 총 12명으로 구성된 SNC가 출범해 의장에 시하누크, 부의장에 훈 센이 선임되었다. 같은 달 24일에 네 당파의 대표가 태국의 빠타야에서 무기한 휴전과 외국 군사원조 중단에 합의했다. 이어 10월에 파리에서 열린 회담에서 캄보디아의 네 당파와 다른 19개국의 대표가 평화 정착에 대한 합의를 도출해 파리 평화협정에 서명했다. 이로써 13년간 이어진 캄보디아의 내전이 종결되었다.

이 협정의 골자는 '유엔 캄보디아 과도정부'(이하 UNTAC)와 SNC에 18개월 동안 국가의 통치권을 위임하고, 각 당파의 군대 70퍼센트를 무장 해제하고, 시하누크를 의장으로 하는 SNC를 활성화하며, 유엔 평화유지군을 파견하고, UNTAC의 감독 아래 자유 총선거를 실시해 새 정부를 구성한다는 것이었다.

1992년 3월에 총 45개국 2만 2000명으로 구성된 평화유지군이 파병되어 평화협정 준수 여부를 감시하게 되었다. 이때부터 1993년 9월까지 이른바 UNTAC 시기에 프놈펜은 많은 사람들로 붐비고 번영했던 반면, 농촌 경제는 여전히 정체 상태에 머물렀다. 국가 기반시설도 초보적인 수준을 넘지 못했다. UNTAC의 치안 유지 노력은 정치적인 동기로 200명 이상이 살해됨으로써 무색해졌다. 크메르 루주 세력은 베트남이 비밀리에 캄보디아를 통제하고 있지 않은지 의심하여 이 기간에 베트남 민간인 100여 명을 학살했다. 한편 SOC 경찰은 다른 당파들의 생명을 공격 목표로 삼았다. 하지만 그 어떠한 가해자도 체포되거나 재판을 받지 않았다.

한편 UNTAC 시기에 긍정적으로 변한 측면도 있었다. 이 시기에 캄보디아 대중매체는 전례 없는 자유를 누렸다. 또한 이전의 어떤 정권에서도 생각할 수 없었던 인권단체들이 자유롭게 활동했으며, 30만 명이 넘는 난민이 태국에서 평화롭게 귀국했다.

UNTAC 요원들이 대대적인 선거인 등록 운동을 펼치고 나서, 1993년 5월 23일 총선이 치러졌다. 비록 크메르 루주의 DK 세력이 불참했지만, 이 총선은 캄보디아 역사상 어느 때보다 자유롭고 공정하게 치러졌다. 선거인 등록자의 90퍼센트가 넘는 최소한 400만 명에 이르는 남녀가 소신껏 투표를 했다. 시하누크와 그의 아들 노로돔 라나리드가 이끄는 '캄보디아 자주·중립·평화·협력을 위한 민족연합전선'(약칭 '펀신펙FUNCINPEC')이 훈 센의 캄보디아인민당(CPP)을 누르고 승리했다. 펀신펙이 120개 제헌의회 의석 중 58석(48퍼센트)을, 훈 센의 CPP는 51석(42.5퍼센트), 그리고 쏜 산의 불교자유민주당(이하 BLDP)이 10석(8퍼센트)을 차지했다.

총선 후 헌법 기초위원 12명이 새 헌법을 작성하는 과정에서 당파 간의 이해관계로 난항을 겪기도 했으나, 결국 1993년 6월에 14장 140개 조항으로 이뤄진 헌법이 채택되어 9월 23일 공포되었다. 새 헌법은 자유민주주의, 다당제, 3권 분립, 민족과 종교의 평등, 영세 중립, 내정 불간섭, 자유시장경제, 18세 이상 국민의 참정권 보장, 성차별 금지, 사형

제 폐지 등을 골자로 했다. 이로써 '캄보디아왕국'(이하 KOC, 1993~)이
출범했다.

하지만 훈 센의 CPP는 선거 결과를 받아들이지 않았고, 그해 말 펀신펙
에 협상을 요구했다. 결국 그들은 새 헌법 아래서 향후 5년간 수상을 2명
두기로 결정했다. 라나리드가 제1수상, 훈 센이 제2수상(1993~1998)이
되었다. 내각의 각료직도 균등하게 분배되어 외형상으로는 두 세력의
협조 체제가 갖춰졌다. 하지만 하부 조직이 취약하고 5000명 정도 되는
소규모 병력을 보유한 라나리드의 펀신펙은 전 국토의 80퍼센트를 장악
하고 막강한 10만 군대와 5만 경찰력을 보유한 훈 센의 CPP에 상대가
되지 못했다.

1993년 헌법으로 군주제가 복원되어 시하누크가 다시 왕위에 올랐다.
하지만 이제 71세가 된 군주는 예산과 군대에 대한 권한이 없는 가운데
국정에 실질적인 영향을 미칠 수 없었다. 1990년대에 그는 건강상의 이
유로 신병 치료차 매년 긴 시간을 해외에서 보냈다.

1993년 총선 결과 가장 손해가 컸던 것은 선거에 불참한 크메르 루주
의 DK 세력이었다. 이 당파는 1994년에 불법 단체가 되었고, 구성원 수
천 명이 정부에 투항했다. 특히 태국 정부의 지원이 끊기면서 많은 구성
원이 이탈했다. DK 지도부는 프놈펜 정부와 협상하기를 원하는 온건파
와 투쟁을 재개하려는 혁명파 두 세력으로 분열되었다.

1996년 8월에 DK의 전 외무장관인 이엥 사리가 프놈펜 정부에 투항
했다. 그는 국왕에게 사면을 받고, 캄보디아 북서부에 있는 빠이린의 한
외딴 지역에 추종자 수천 명과 함께 삶의 터전을 마련했다. 그 후 크메
르 루주 혁명파 안에서 분열이 발생했다. 건강이 좋지 않던 폴 포트가

군사령관 타 목에게 밀려났다. 1997년 6월 그는 크메르 루주의 새 지도부에 의해 재판에 회부되어 종신형을 받고, 방 두 칸짜리 집에 연금되었다. 10개월 뒤 그는 침대에서 죽은 채로 발견되었는데, 자살이 분명했다.

한편 이즈음 프놈펜에서는 연립 세력 사이에 팽팽한 긴장이 감돌고 있었다. 펀신펙이 병력을 증강하려고 크메르 루주 이탈자들을 끌어모아 훈 센을 자극했다. 1997년 7월 초 시하누크가 신병 치료차 베이징에 머무르고 라나리드는 프랑스를 방문한 틈을 타, 훈 센이 쿠데타를 일으켜 정권을 무력으로 장악했다. 훈 센의 쿠데타에 반대하는 펀신펙·크메르 국민당(KNP)·BLDP 국회의원들이 태국 방콕에서 연합전선을 구축하고, 훈 센 정부에 경제제재를 가하고 국제적으로 고립시킬 것을 국제사회에 호소했다. 미국·오스트레일리아·독일 등 공여국들이 즉각 원조를 중단했다. 1997년 7월로 예정되었던 캄보디아의 동남아시아국가연합(아세안) 가입도 연기되었다. 예산의 2분의 1가량을 해외 원조에 의존하던 캄보디아는 경제적 혼란에 빠져 3만 5000명이 태국으로 대피하는 사태가 발생했다.

유엔 안보리는 훈 센 정부에게 1991년 체결한 파리 평화협정 정신으로 돌아가 1998년 5월에 자유롭고 공정한 총선거를 실시하라고 압박했다. 7월 26일 총선이 비교적 자유롭고 공정하게 치러졌다. 그 결과 총 122석 중 CPP는 64석(52.4퍼센트), 펀신펙은 43석(35퍼센트)을 얻었다. CPP는 다시 펀신펙과 연립정부를 구성할 수밖에 없었다. 훈 센이 총리(1998~)가 되고, 라나리드가 하원의장, CPP의 당수인 체아 심이 상원의장이 되었다.

1998년 말 KOC는 안정기를 맞이했다. 20개가 넘는 나라에서 원조가 쏟아져 들어왔다. 1999년 4월 30일 아세안 회원국이 되어 동남아시아 차원의 문제에 관여할 수 있게 되었다. 또한 훈 센 정부는 오랫동안 방치되었던 공공 서비스 부문에 관심을 기울이며 많은 재원을 투자하기 시작했다. 21세기 문턱에서 비로소 KOC는 수백 년 동안 이어졌던 이웃 국가들의 간섭과 고립으로 인한 고통에서 벗어나, 독자적으로 앞날을 개척할 수 있는 '자유로운 손'을 갖게 되었다.[2]

라오스 1975-1990년대

1975년 말에 출범한 라오인민민주공화국(이하 LPDR)은 첫 2~3년 동안 극심한 혼란을 겪었다. 왕국정부의 고위 관료, 군인과 경찰, 그리고 사업가와 지식인, 유통업에 종사하던 화교와 태국인 등 약 15만 명이 라오인민혁명당(LPRP)의 정책에 불만을 품고 국외로 탈출했다. 또한 6~7만 명에 이르는 반체제 인사들이 정신교육 명목으로 재교육 캠프 또는 강제수용소로 보내졌다. 이 여파로 라오스의 행정과 경제가 거의 마비 상태에 빠졌다.

1960~1970년대 공산주의 세력에 무장투쟁으로 맞섰던 소수민족인 몽족의 많은 사람들이 태국으로 피신했다. 이 난민들의 유입을 막으려고 태국 정부가 국경 봉쇄를 단행하자, 가솔린을 비롯해 태국에서 수입하던 생필품의 수급이 막혀 라오스는 극도의 물자 부족에 시달렸다. 1975년 초 미국 정부는 라오스에 대한 원조를 대폭 삭감한다고 발표했는데, LPRP 정부가 수립되자 아예 모든 원조를 중단했다. 다른 서방 국

가들도 이에 동참해 라오스는 심각한 경제적 타격을 입게 되었다. 게다가 1975년에서 1976년 극심한 인플레이션과 연이은 냉해로 벼농사의 작황은 최악의 상태였다.

경제난을 극복하려고 1976년 1월 LPRP 정부는 상인의 매점매석과 가격 조작을 금지했다. 위앙짠과 루앙프라방에 국영 상점을 개설하고 전국에 합작사를 설립하며 배급제를 실시했다. 6월 15일에는 화폐 개혁을 단행했다. 이 밖에도 정부는 외국인 소유 기업을 국유화하고 사기업에 대한 국가의 통제를 강화해 산업구조 개편을 시도했다.

정권 초기의 심각한 정치·경제적 위기 상황에도 LPRP 정부는 이웃 캄보디아와는 아주 대조적으로 최근까지 라오스를 흔들림 없이 통치해 왔다. 역사학자 그랜트 에번스Grant Evans는 LPRP가 오랫동안 권력을 유지해온 주요 원인 중 하나로 '주변부 사회주의peripheral Socialism'에 입각한 당의 '유연한' 정책을 꼽았다. 1978년에 라오스 정부는 식량문제 해결을 위해 경제개발 3개년 계획을 수립하고, 1979년부터 신경제정책 도입을 결정했다. 신경제정책의 골자는 사회주의 체제 이행의 감속과 자유주의 경제체제의 점진적 도입이었다. 정부는 집단농장화에 대한 농민의 반발이 거세지자, 그 정책을 강제로 시행하지 않고 사적인 이익을 보장하는 자유 영농 방식을 도입했다.

1985년에 LPRP 정부는 집권 10주년을 기념했다. 이 행사에서 당서기장 겸 총리인 까이손 폼위한을 위시한 당 지도부는 사회주의를 기반으로 한 라오스의 독립 유지를 자랑스러워했다. 하지만 라오스의 전반적인 발전 상황은 당 지도부의 자부심과는 대조를 이루었다. 국민 대부분이 여전히 극빈한 상태를 모면하지 못하고 있었다. 국가는 심지어 가장 기본적인 공공 서비스조차 충분히 지원하지 못했다. 한 통계에 따르면 1980년대 중반 라오스 초등학교 학생 80퍼센트가 5학년을 마치지 못했고, 국민의 문맹률이 50퍼센트를 맴돌았다. 수도와 몇몇 도시 외에는 지역 의료 서비스가 거의 전무했다. 대부분의 통계에서 라오스를 세계에서 가장 가난한 나라 10개국 중 하나로 분류했다.

이 같은 열악한 상황을 극복하려는 노력의 일환으로 까이손은 베트남의 도이머이(쇄신) 정책 도입과 비슷한 시점인 1986년 11월 13~15일 개최된 제4차 LPRP 전당대회에서 '찐 따나깐 마이(신사고)' 정책을 내세웠다. 이 정책은 사회주의가 허용하는 범위 내에서 국영기업 민영화, 외국인투자법 제정, 가격통제 폐지와 유통 자유화, 실세를 반영한 환율 조정, 농업·산업 등 각종 경제 분야의 보조금 폐지 등 시장경제 원리를 도입하는 자유화와 개방화를 골자로 했다. 이 정책의 실행을 위해 1986년부터 시작하는 제2차 경제개발 5개년 계획도 함께 발표했다.

학자들은 LPRP 정부가 장기간 존속한 또 한 가지 원인으로 베트남과의 우호협력 관계를 꼽는다. 두 나라 공산당이 오랜 역사적 밀월 관계를 맺어왔을 뿐만 아니라 쑤파누웡과 까이손은 베트남인과 결혼했다. 이는 1979년 이전 베트남과 캄보디아가 극심한 적대 관계였던 것과 뚜렷이 대조된다.

1976년 2월 까이손을 단장으로 하는 라오스 대표단이 하노이를 방문해, 베트남공산당 제1서기 레 주언과 회담하고 공동 성명을 발표했다. 이 성명서에서 두 나라는 '특별한 관계'임을 강조하며 장기 협력과 상호 지원을 약속했다. 1977년 7월 양국은 26년 시한으로 우호협력조약을 체결했다. 이에 따라 베트남은 민간 고문 6000명을 파견했고, 이 중

1000명이 라오스의 행정부서에서 근무했다. 또한 베트남군 5~6만 명이 라오스 남부 캄보디아와의 국경 지대에 주둔했다.

라오스는 베트남과의 관계를 기반으로 중국·소련과도 우호적인 관계를 강화해나갔다. 1976년 3월 까이손은 베이징을 방문해 경제·기술 협력협정을 체결했다. 이어 4월에는 모스크바를 방문해 과학 분야의 협정을 체결했다. 1978년 중·월전쟁이 일어났을 때 라오스는 분명한 외교적 선택을 해야 하는 난관에 처했다. 1979년 3월 라오스는 "중국과 베트남 간에 분쟁이 발생한 이래 중국은 라오스를 위협하는 행동을 취하고 있다"고 중국을 정면으로 비난하는 성명을 발표하면서 베트남 편에 섰다. 이후 라오스와 중국의 관계는 급속히 냉각했다. 1979년 라오스는 베트남이 지지하는 캄보디아의 헹 삼린 정권을 즉각 인정했다.

1980년대 중반부터 동서 냉전의 기류가 점차 약해짐에 따라 라오스는 외교 관계의 다변화를 꾀하기 시작했다. 태국과 중국은 물론 미국·프랑스를 비롯한 서방 국가와도 관계 개선을 추진했다. 1984년 12월 군사 작전 중 실종된 미군missing in action(이하 MIA) 수색 작업에 관한 협의를 시작해서, 1985년 2월 10일에는 1972년 남부 라오스에 미군기가 추락했던 현장을 미국과 합동으로 조사했다. 미국은 라오스 정부가 MIA 문제에 협조한 대가로 쌀 5000톤을 원조했고, 그 후 두 나라는 긴밀한 외교 관계를 이어갔다. 프랑스와는 1987년 12월 프랑스 외무차관의 친선 방문을 계기로 우호 관계를 복원했다.

라오스는 1986년 11월 27일 태국과, 그리고 12월 20일에는 중국과 각각 국교 수립을 위한 1차 고위급 실무 회담을 위앙짠에서 진행했다. 라오스는 답방 형식으로 1987년 3월 24일에 태국과 방콕에서, 11월

21일엔 중국과 베이징에서 2차 회담을 하고, 중국과 국교를 수립했다. 1989년 10월에 까이손이 중국을 방문했고, 1990년 12월에는 중국의 리펑(이붕李鵬) 총리가 라오스를 답방해 우호 관계를 다졌다. 라오스와 태국은 2차 회담 후 국경 분쟁으로 잠시 냉각기를 거쳤으나, 태국의 찻차이 춘하완 수상이 라오스를 포함한 인도차이나 국가들과 새로운 관계를 모색했기에 다시 우호적인 관계를 이어갔다.

1990년대 들어 라오스는 전방위로 더 적극적인 외교 활동을 펼치기 시작했다. 1991년 10월 파리 국제회의에서 캄보디아 분쟁 해결을 위한 협정에 조인한 19개국 중에 라오스도 들어 있었다. 1992년 7월에는 동남아시아 우호협력조약에 조인하고 동남아시아국가연합(아세안)에 옵서버 자격으로 참여했다. 1997년 7월 라오스는 아세안의 정식 회원국이 되었다. 이렇게 폭넓은 다자 외교를 통해 라오스는 소련과 동구 공산권의 붕괴에 따른 영향을 최소화할 수 있었다.

한편 내부적으로 라오스는 1989년 베트남 군대의 철수 이후 현대 국가의 틀을 다져갔다. 1991년까지 LPRP 정부는 헌법을 제정하지 않고, 정부의 포고와 당의 지시로써 라오스를 통치했다. 그리고 1975년 12월 2일 왕정을 폐지하고 혁명을 최종 승인했던 최고인민회의가 그 구성원을 45명에서 79명으로 증원하며 유사類似 국회 기능을 담당해왔다. 1991년 8월 LPRP 정부 수립 후 약 15년 만에 최고인민회의가 LPDR 최초의 헌법을 제정·통과시켰다. 그 이듬해 12월에는 최고인민회의를 대신할 국회 구성을 위한 총선이 치러졌다.

'1991년 헌법'에 관해 주목할 만한 사실은 사회주의적인 용어가 조문 어디에도 등장하지 않는다는 점이다. 전문에서는 여전히 인민민주주의

브루나이 술탄 하싸날 볼키아(왼쪽)와 라오스 대통령 캄따이 소판돈(2004)

체제를 강조하고 LPRP를 국가의 핵심 기관으로 규정했지만, 시장경제 도입, 개인재산 인정, 형사재판제도 도입, 외국자본 유치를 위한 자유로운 외국인 투자법 등을 허용하면서 경제적으로 새 헌법은 사회주의 탈피를 표명했다.

1992년에 까이손이 사망한 뒤, 당 지도부가 순조롭게 교체되었다. 누학 품사완이 대통령, 그리고 LPRP의 당수인 캄따이 소판돈이 총리가 되었다. 1960~1970년대의 혁명투쟁 1세대가 차츰 은퇴하면서 공직에서 물러났고, 새 지도부는 행정부의 효율성을 높이려고 장관의 수를 25명에서 13명으로 줄였다. 또한 서구에서 유학한 전문 기술 관료들이 정부의 요직에 임명되었다.

1990년대 중반까지 소수민족인 몽족에 관한 문제는 여전히 미해결 과제로 남아 있었다. 몽족은 1975년 LPRP가 정권을 장악한 이후 게릴라 투쟁으로 정부군에 맞서왔다. 그러나 라오스가 국제적인 지원을 받게 되자 게릴라의 기세가 약해졌다. 특히 라오스와 태국은 외교관계 증진을 통해 몽족을 궁지에 몰아넣었다. 1990년대 초 태국은 북부에 있던 게릴라의 은신처를 폐쇄하고, 미국에 거주하고 있는 몽족 지도자의 태국 입국을 불허했다. 그 결과 한때 수십만 명에 달했던 태국의 몽족 난민 중 상당수가 서방으로 이주하거나, 라오스로 되돌아갔다. 미국은 몽족 난민 10만 명, 프랑스는 2만 명을 받아들였다. 그리고 오스트레일리아, 캐나다, 남아프리카공화국, 프랑스령 기아나로 이주한 이들도 있다. 1994년 말 태국에는 몽족 난민 1만 8000명이 머무르고 있는 것으로 보고되었다.

1998년 2월 누학 품사완 대통령이 노령으로 사임하고, 캄따이 소판돈 총리가 그의 뒤를 이었다. 캄따이의 사돈인 씨싸왓 장군이 총리직을 맡았다. 이로써 캄따이-씨싸왓의 강력한 양두 권력 구조가 형성되었다. 누학의 측근인 싸만 윅나켓 장군이 다시 한 번 국회의장이 되었고, 군부에 영향력이 있는 추말리 싸야쏜 장군이 국방장관직을 맡았다. 캄따이 대통령을 비롯한 LPRP의 보수적인 지도자들은 사회주의 정치체제를 계속 유지하는 한편, '1991년 헌법'에 따라 시장경제 체제도 지속해나가며 21세기를 맞이했다.[3]

미얀마 1962-1990년대

1962년 3월에 우 누의 문민정부를 종식한 네윈 장군(1911~2002)은 버마(1989년 이후 미얀마)의 연방을 유지하고, 법과 질서를 회복하고, 경제

문제를 해결한 뒤 군대로 복귀하겠다고 약속했다. 하지만 곧 군부는 "군
부의 권력 장악은 버마 독립투쟁의 후반부 혁명이다"라는 혁명평의회
의 성명을 통해, 혁명 과업이 완수될 때까지 정권을 유지하겠다는 의사
를 천명했다.

군사정권에서 혁명평의회가 입법·사법·행정권을 모두 장악했다. 혁
명평의회 의장인 네윈이 버마연방의 대통령과 총리를 겸직하고, 혁명평
의회가 각료회의를 대신했다. 국회는 해산되었고, 모든 사법 절차도 혁
명평의회가 관장하는 법원에서 단심제로 진행되었다.

1962년 7월에 혁명평의회는 우 누의 불교사회주의를 폐기하고, 그 대
신 '버마식 사회주의'를 새 국가이념으로 도입했다. 그 이듬해 1월에 버

마식 사회주의는 '인간과 환경의 상호 관계'*라고 하는 개념으로 구체화되었다. 같은 해 7월 새로운 사회주의 국가 건설을 이끌어갈 버마사회주의계획당(이하 BSPP)이 창당했다.

혁명평의회는 다방면에서 1950년대보다 더 민족주의적인 정책을 시행했다. 외국인 기자의 입국 및 체류가 금지되었다. 심지어 양공의 외교관들조차 여행할 때 당국의 허락을 받아야 했다. 외국인의 체류는 관광비자를 통해 최고 일주일로 제한되었다. 이러한 양이攘夷 정책은 '버마가 이룩하려는 민족주의에 입각한 국가 건설과 경제 건설에서 외국인의 영향을 가급적 배제한다'는 명분으로 정당화되었다.

혁명평의회는 외국 기업과 대규모 국내 기업을 모두 국유화했다. 그 결과 1963~1964년 수천 명에 이르는 인도인과 파키스탄인이 재산을 모두 몰수당하고 남아시아로 돌아갔다. 쌀을 포함한 모든 생필품의 국내 유통은 물론 국제 무역도 정부가 독점했다. 모든 토지가 공식적으로 국가 소유가 되면서 농업도 정부의 통제하에 놓이게 되었다. 정부는 쌀 수매 가격을 낮췄고, 이에 쌀 생산이 감소했다. 그 결과 버마는 차츰 세계 최대 쌀 수출국의 지위를 잃게 되었다. 부패가 만연한 가운데 국민 대부분은 정부에게 배급받는 것만으로는 모자란 생필품을 구하기 위해 암시장을 찾아야 했다.

혁명평의회를 중심으로 하는 강력한 신질서를 구축한 지 10년이 지나서, BSPP는 혁명체제에서 벗어나 정상적인 국가로 정권의 외피를 바꾸기 시작했다. 1972년 4월 네윈을 포함한 고위 장성 20명이 퇴역하고 민

---

* 이 개념은 우 누의 불교사회주의와 유사하게, 마르크스─레닌주의의 반자본주의 이념과 '인간'의 악은 '환경' 즉 현생의 욕망에서 비롯된다는 불교 이념을 결합한 것이다.

간인 복장으로 갈아입었다. 또한 우 바 녜인과 마웅 마웅 등 순수 민간인 몇몇을 정부에 합류시켜, 군인 출신 일변도였던 정부의 면모에 변화를 주었다. 이 밖에도 BSPP는 1973년 10월 제3차 전당대회에서 통과된 헌법에 대해 국민 찬반 투표를 실시했다. 유권자 1470만 명 중 1400만 명이 선거에 참여해 그중 1330만 명이 개정 헌법에 찬성표를 던졌다. 이로써 새 헌법이 국민의 전폭적인 지지를 받는 모양새를 갖추었다. 이어 12월에 총선을 실시해 인민의회(국회)를 구성할 의원 600명을 선출했다.

1974년 1월 새 헌법과 함께 버마연방사회주의공화국이 출범했다. 새 공화국의 대통령으로 취임한 네윈은 3월에 혁명평의회의 모든 권한을 인민의회에 위임함과 동시에 혁명평의회를 해체하겠다고 선언했다. 이로써 입법부의 형식이 갖춰졌다. 그리고 행정부에 해당하는 국가평의회를 29명으로 구성해 대통령인 네윈이 그 의장을 맡았다. 하지만 복수 정당제를 허용하지 않는 1당 사회주의 체제에서 네윈은 혁명평의회 시절과 마찬가지로 1988년 BSPP 의장 자리에서 물러날 때까지 국가 정책을 독점적으로 관리하고 시행했다.

이 같은 1인 주도의 강력한 정책과 그로 인한 부작용은 자연히 여러 사회계층과 충돌을 빚었다. 1962년부터 1988년까지 대규모 시위가 빈발하고 그 시위를 폭력으로 진압하는 사태가 반복되었다. 1962년 이후로 대학 교육은 성공의 열쇠가 되지 못했다. 해마다 배출되는 졸업생들이 다 자리 잡을 만큼 경제가 충분히 성장하지 못했기 때문에 고학력자의 실업률이 높았다. 게다가 1960년대 중반 모든 교육을 버마어로 진행하도록 하고 외국과 교류하는 것을 금지한 정부의 폐쇄적인 정책 탓에 대학 교육의 수준이 급격히 하락했다. 혁명평의회의 대학에 대한 강력한 통제에 더해 이런 것들에 대한 불만이 학생들의 시위를 촉발했다.

1962년 7월 개교 이래 대대로 정치적 행동의 선봉대 역할을 해왔던 양공대학교학생회가 네윈의 철권 통치에 맞서 대규모 대학생 시위를 주도했다. 1974년 대학생들은 버마의 세계적인 지도자인 우 딴(우 탄트) 유엔 사무총장의 장례식을 계기로 다시 한 번 대규모 시위를 벌였다. 노동자들은 임금 인상을 위해 시위를 벌였고, 군 조직 내에서도 불만이 표출되어 네윈에 대항하는 움직임이 감지되기도 했다.

네윈 정권은 1948년 이래 지속된 소수민족 문제와 공산주의 세력의 무장 봉기에도 여러 수단을 동원해 강력하게 대응했다. 이로써 1980년대 중반 꺼잉민족해방군(이하 KNLA)과 버마적기파공산당(CPB) 모두 심각한 시련에 직면했다. KNLA가 여러 해 동안 버틸 수 있었던 것은 태국과 버마 사이의 밀수 창구를 장악했기 때문이다. 그들은 버마로 밀수입되는 모든 상품과 버마에서 밀수출되는 가축·목재·보석 등에서 관세 10퍼센트를 징수했다. 하지만 1985년 버마와 태국 정부가 협력하면서 양국 경계 지대에 대한 통제를 강화하자, KNLA는 큰 재정 수입원을 상실하고 힘을 잃어갔다.

CPB의 투쟁은 1967년 정부군의 공격으로 버고요마산맥에서 밀려난 뒤 하향세에 접어들었다. CPB는 1960년대 중반 문화대혁명* 기간에 중국의 강력한 지원을 받았다. 하지만 중국의 정세가 변하면서 중국공산당의 태도도 바뀌었다. 특히 1970년대 중엽부터 버마와 중국의 관계가

---

* 1960년대 대약진운동이 실패로 끝나자, 마오쩌둥은 권력 기반이 흔들릴 것을 우려해 1965년부터 약 10년 동안 전근대적인 유교문화와 자본주의를 타파하자는 문화대혁명이란 대규모 민중운동을 일으켰다. 이 과정에서 마오쩌둥은 사회혁명 주체 세력으로 '홍위병'이란 민간 조직을 이용해 류사오치, 덩샤오핑 등 많은 정적과 현대화를 주장한 사상가들을 대거 숙청했다.

개선됨에 따라 CPB의 쇠락이 더 빨라졌다.

독립 후 버마의 외교 정책은 일관되고 철저하게 중립을 표방하며 유엔을 제외하고는 어떠한 국가 연합체나 군사동맹에도 가입하지 않았다. 이 같은 확고한 중립외교 정책은 버마의 지정학적 위치와 밀접한 관계가 있다. 버마는 태국·라오스·중국·인도와 국경을 접하고 있기에, 만약 버마가 냉전의 와중에 그 이웃들 중 하나와 동맹을 맺는다면 분명 다른 이웃들을 잠재적인 적으로 만들 수 있었다. 예컨대 버마는 1997년까지 동남아시아국가연합(아세안)에도 가입하지 않았다. 버마는 1997년에 아세안의 외교 노선이 반중국적이거나 친미국적이지 않음을 확신한 뒤에야 그 회원국이 되었다.

1962년부터 네윈 정부가 사회주의 국가 건설을 위해 추진한 경제 자립 정책은 실패했다. 인구가 계속 증가하는 반면, 농업 생산력은 적용 가능한 기술의 부족으로 한계에 다다랐다. 국가가 운영하는 산업체들은 국민이 요구하는 상품을 충분히 생산하는 데 실패했다. 정부조차 기본 생필품 공급을 암시장에 의존해야 했다. 1980년대 중반 버마 경제는 위기 상황에 근접했다. 1987년 8월 네윈은 당·군·정부의 고위급 간부들이 모인 자리에서 '버마식 사회주의' 실험의 실패를 처음으로 언급했다.

1987년 9월 5일 네윈은 25짯kyat, 35짯, 75짯 지폐를 폐지하는 혁명적인 조치를 단행했다. 화폐 개혁은 한편으론 고액권 지폐를 많이 보유한 암시장 상인들을 겨냥한 것이었지만, 다른 한편으로는 효과적인 금융 시스템, 특히 통화 관리 체계가 부재한 가운데 시중의 화폐를 회수함으로써 인플레이션을 통제하려고 노력한 것이기도 했다. 12월 1일 네윈은 자유시장경제로 회귀할 가능성을 내비치며, 정부는 쌀 시장과 다른 기본 농산품 8종에 대한 규제를 철회한다고 발표했다.

하지만 이러한 극단적인 처방과 부분적인 경제 개혁은 버마식 사회주의 실험의 실패를 되돌리기엔 역부족이었다. 심각한 인플레이션과 함께 경제가 파탄지경에 이른 상황에서, 1988년 3월 13일 양공의 한 찻집에서 학생들이 사소한 말다툼을 벌이던 중 마웅 폰 모라는 학생이 경찰에 구타를 당한 사건이 발생했다. 시작은 단순히 이 경찰의 폭력 행위에 항의하는 몇몇 학생의 시위였다. 그러다 당시 마웅 폰 모와 싸웠던 학생들 중 한 명이 네윈의 총애를 받는 정치인의 아들이라는 사실이 알려졌다. 시위는 네윈과 BSPP에 저항하는 대규모 반정부 시위로 발전했다.

도시마다 내재한 분노가 분출했고, 희생자가 늘면서 정부는 통제력을 잃은 듯 보였다. 6월 24일 시위가 지방으로 확산되자 만들래(만달레이)와 버고에 비상사태가 선포되었다. 7월에 네윈은 긴급 특별 회의를 소집해 시위대의 일부를 석방하고 자신도 당의장직에서 물러날 뜻을 밝혔다. 하지만 그는 향후 버마의 정치체제를 결정할 국민투표를 실시하자는 시위대의 제안을 거부했다. 대신 네윈을 포함한 정부 지도자 6명이 사임했다. 이 조치로 버마 민주화운동은 초기 단계에서 마무리되는 듯했다.

하지만 7월 26일 BSPP가 '양공의 도살자'로 불리는 강경파이자 친네윈 성향인 쎄인 르윈을 당의장 겸 대통령으로 선출하면서 정부에 대한 시위대의 반감이 다시 극으로 치달았다. 결국 8월 19일 정부는 네윈의 법률고문이었던 민간인 마웅 마웅 박사를 당의장 겸 대통령으로 선출하고, 다당제 수용과 계엄령 철회 등의 조치를 취해 사태를 수습하려 했다.

그럼에도 시위가 멈추지 않자 9월 18일, 당시 국방장관 겸 참모총장이던 쏘 마웅 장군이 친위 쿠데타를 일으켰다. 9월 23일 그는 '군은 무기

한 집권할 생각이 없으며, 정국이 더욱 악화하는 것을 막기 위하여' 개입했을 뿐이라고 말했다. 또한 쏘 마웅은 '법과 질서를 회복하고, 안전하고 원활한 교통망을 확보하며, 식량·의복·주거를 충분히 공급하고자 노력하고, 다당제 민주 총선을 실시하겠다'는 과업 4개 항을 제시하고 군사령관 19명으로 구성된 국가법질서회복위원회(이하 SLORC)를 출범시키고, 국명을 미얀마연방*으로 개칭했다.

---

* '미얀마Myanmar'란 국명은 1989년부터 공식적으로 사용되었다. 미얀마는 '버마'의 원어 발음에 충실한 표현이다. 우리나라의 국호를 '코리아Korea'가 아닌 '고려Koryo'로 발음하는 것과 비슷한 경우다. 국명을 버마에서 미얀마로 개칭하면서 같은 맥락에서 많은 고유명사의 표기가 바뀌었다. 예컨대 '까렌Karen'이 '꺼잉Kayin', '아라칸Arakan'이 '여카잉Rakhine', '랭군Rangoon'이 '양공Yangon', '이라와디Irrawaddy'가 '에야워디Ayeyarwady'로 바뀌었다. 이는 1988년 민주화운동 후 미얀마 국민이 민족의식과 정체성을 강조한 것으로도 볼 수 있다. 현재 미얀마의의 공식 국명은 2010년에 개칭한 미얀마연방공화국Republic of the Union of Myanmar이다.

아웅산 수지(1945~)

다당제 민주 총선에 대한 기대가 높아진 가운데 정당 설립 절차가 진행되었고, 1988년 말 174개 정당이 등록을 마쳤다. 학생들, 1950년대에 활동했던 정치인들, 전문 직업인들 모두 민주주의 정착을 위해 매진했다. 전 육군준장 아웅 지, 전 육군대장 띵 우, 아웅산 수지가 이끄는 국민민주동맹(이하 NLD)이 최대 정당으로 부상했다. 특히 버마 독립의 아버지로 추앙받는 순교자 아웅 산의 딸인 아웅산 수지가 대중에게 최고 인기를 누렸다. 15세에 버마를 떠나 그해 초에 돌아올 때까지 30년 가까이 영국에서 살아온 그녀는 그동안 국민의 이름으로 권력을 추구해왔던 모든 구시대 인물들과 정치적 관련이 없어, 국민에게 신선한 인물로 인식되었다.

SLORC 정부가 약속한 선거는 1990년 5월까지 치러지지 않았다. 아웅산 수지는 외국인과 결혼했다는 이유로 출마 길이 막혔고, 1989년 이후 반정부 시위를 선동했다는 명목으로 가택에 연금되었다. 1990년 5월 27일 93개 정당이 참가한 가운데 의회 485석을 놓고 총선이 치러졌다. NLD가 투표수의 80퍼센트를 획득해 392석을 얻었다. 네윈이 내세운 국민통일당(NUP)은 수도 양공에서 한 석도 얻지 못했고, 여당 강세 지역으로 여겨졌던 농촌에서도 NLD가 압승을 거두었다.

NLD가 명백한 승리를 거두었는데도 군부는 개헌이 이뤄지고 정부가 구성되기 전에는 민간인에게 권력을 이양하지 않겠다고 천명했다. 국민의 눈에 도덕적인 위상은 NLD가 갖고 있었지만, 분리와 자치를 목표로 하는 소수민족들의 투쟁이 여전한 상황에서 군부는 국가 통합의 유일한 수호자로서 자기 확신과 권력을 갖고 있었다. 결국 1988년 미얀마 민중 항쟁은 네윈의 권위주의 체제를 무너뜨리고 다당제 총선까지 실현했지만, 이것이 민주적인 절차에 따라 문민정부 수립으로 이어지지 않는 가운데, 여전히 군부가 권력을 장악하고 있는 보기 드문 상황이 벌어졌다.

1988년의 대규모 민주화 시위와 1990년 선거 사이 미얀마에 BSPP의 몰락만큼이나 중요한 또 한 가지 사건이 예기치 않게 발생했다. 1989년 초 몇몇 소수민족의 소장파 군인 집단이 노쇠한 반정부 지도자들에게 반기를 들고, 정부군과 정전 협상에 돌입했다. 1990년대 중반에 17개 소수민족 세력이 정부군과 정전협정을 체결했다. 소수민족 집단 중 가장 세력이 강한 꺼잉민족연합(KNU)만이 협상 타결에 실패했다. 평화가 정착된 지역에는 상당한 수준의 자치가 허용되었고, 경제적인 지원도 제공되었다. 도로와 교량 등 기반시설이 건설되기 시작했다. 빈곤이 만연한 반군 지역에서는 아편이 가장 비중이 큰 환금작물이었다. 그들이 마약 밀무역을 탈피할 수 있도록 정부는 대체 작물 프로그램을 마련해 2005년까지 아편 생산을 끝내겠다고 선언했다.

1988년에 '버마식 사회주의' 폐기를 공식 선언한 SLORC 정부는 대외 개방 정책으로 전환하고, 시장경제 체제로 점진적으로 이행한다는 방침을 세웠다. 하지만 대외 개방은 군부가 민간인에게 권력을 이양하지 않고 있는 점, 마약 거래, 인권 문제 등 국내의 다양한 문제를 국제적인 장으로 끌어냈다. 세계에서 한 세대 이상 고립되었던 미얀마가 이제 정치·경제·사회적으로 세계가 정의하는 보편적인 원칙과 규범을 준수하도록 요구받게 되었다. 1990년 12월 유엔 사무총장이 아웅산 수지에 대한 연금 해제를 촉구하면서 시작된, 미얀마 군부에 대한 국제사회의 비난과 경제제재 조치는 미국을 위시한 서방 세계 전반에 확대되면서 그 수위가 한층 더 강화되었다. 1991년, 미얀마에 민주 정부를 세우고자 비폭력적으로 노력하고 있다는 공로로 아웅산 수지가 노벨 평화상을 받았다. 그럼에도 그녀는 2010년 연금이 해제될 때까지 가택연금 상태에 있었다.

1992년 4월 23일 쏘 마웅이 와병을 이유로 퇴진했고, 이어 비교적 온건파인 딴 쉐가 총리 겸 국방장관을 맡으면서 SLORC 의장직을 승계했다. 1997년 7월 25일 미얀마는 아세안에 가입했다. SLORC은 같은 해 11월 15일 국가평화발전위원회(SPDC)로 개칭했다. 21세기의 문턱에서 딴 쉐는 개혁과 개방을 추진하는 한편, 서방 세계의 강한 압박을 받으면서도 민주주의 세력의 도전에 강경하게 대응하는 강온 양면 정책으로 미얀마를 통치하고 있었다.[4]

태국 1980-1990년대

1980년 4월에 쁘렘 띤술라논 장군이 수상에 취임한 이후, 비록 군부 집권의 연속이지만 태국은 정치·경제적으로 안정과 번영의 길로 들어섰다. 쁘렘은 민간 정치인의 폭넓은 지지와 함께 국왕의 두터운 신임을 받고 있었다. 공산화 위험이 약해짐에 따라 좌익 세력에 대한 정부의 탄

1984년 4월 13일 백악관을 방문한 쁘렘 띤술라논 수상(오른쪽)

압도 느슨해졌다.

1981년 7월 1일 쁘렘은 군소 정당을 도태하고 규모가 큰 정당을 육성할 목적으로 새 정당법을 제정해 정치 안정을 꾀했다. 1981년과 1985년 두 차례 군부 쿠데타 기도가 있었지만 무위로 돌아갔다. 그의 재임 중세 차례 선거가 정상적으로 치러졌고, 의회의 활동이 활발해지면서 오랫동안 태국 정치의 특징이었던 군부 관료 체제가 의회 중심인 다원적 민주주의 체제로 전환되었다. 이처럼 그는 정부에 대한 군부의 영향력을 축소하고 민주화의 기틀을 마련하는 데 커다란 공헌을 했다. 따라서 학자들은 쁘렘 정권(1980~1988)을 '쁘렘Prem'과 '데모크라시Democracy'의 합성어인 '쁘레모크라시Premocracy'라 부른다.

쁘렘 정부는 경제 발전에도 크게 기여했다. 1985년 일본 엔화의 평가 절상에 힘입어 태국의 수출, 특히 일본에 대한 수출이 급속히 증가하기 시작했다. 수출 산업의 호조는 일본 기업들을 중심으로 한 외국인 투자 유치에 촉매제가 되었다. 그 결과 1987년 태국의 경제성장률은 7퍼센트로 한국·대만과 함께 아시아에서 최상위권을 기록했다.

1988년 초 다시 민주적으로 선출한 문민 수상을 세우자는 분위기가 확산하기 시작했다. 4월 야당의 내각 불신임안 제출에 직면하자, 쁘렘은 명예로운 출구 전략으로 의회를 해산하고 총선을 실시했다. 7월 24일 실시된 선거 결과 찻타이당이 제1당이 되어, 당수인 찻차이 춘하완이 수상이 되었다. 이제 군부는 병영으로 돌아갔고, 태국 정치는 다시 문민화의 길로 들어섰다.

찻차이 정권(1988~1991)은 찻타이당을 포함해 민간 기업가 출신 정치인이 다수를 점한 정당들에 그 주된 기반을 두었기 때문에, 출범부터 필연적으로 군부와 갈등을 빚었다. 육군 사령관과 군 총사령관을 역임하고, 퇴임 후 군부의 전폭적인 지지를 받으며 부수상에 임명된 차와릿 용짜이웃이 찰름 유밤룽 수상청 장관이 제기한 부패 사건으로 사임하자, 찻차이 정부와 군부의 관계가 악화되었다. 결국 군부는 1991년 2월 23일 쿠데타를 일으켜 찻차이 정권을 무너뜨렸다. 군 총사령관 쑨턴 꽁쏨퐁과 육군 사령관 쑤찐다 크라쁘라윤이 국가평화유지위원회를 구성해 각각 위원장과 부위원장을 맡았다. 그들은 직업 외교관 출신인 아난 빠야라춘이 이끄는 과도 내각(1991~1992)을 출범시켜, 6개월 이내에 민간 정부에 권력을 이양하고 새 헌법을 제정키로 하는 등의 정치 일정을 발표했다.

1992년 3월 22일 총선 결과, 그 전前해 4월 군부를 지지하기 위해 창당된 싸막키탐당이 제1당이 되었다. 이 당의 당수인 나롱 웡완이 수상에 지명되는 것이 마땅했으나, 그의 마약 밀매 전력이 문제가 되자 의회는 1991년 군부 쿠데타의 실질적인 주역인 쑤찐다를 수상으로 지명했다. 하지만 쑤찐다는 쿠데타 직후 정치 불개입을 선언했기 때문에 그가 수상에 지명된 것은 또 다른 쿠데타로 간주되어 정정 불안의 불씨가 되었다. 그의 약속 번복을 비난하며 전직 의원인 찰랏 보라찻이 단식 투쟁을 시작한 데 이어, 팔랑탐당의 당수인 전 방콕 시장 짬렁 시므앙이 주도하는 대규모 반정부 시위가 발생했다. 5월에 진압군의 발포로 숱한 사상자가 발생하자, 쑤찐다 정부의 야만적인 시위 진압에 성난 민중이 학생 시위에 가세해 시위대의 수가 40만에 달했다. 이러한 위기 상황은 푸미폰 아둔야뎃 국왕이 쑤찐다와 짬렁을 왕궁으로 불러, 텔레비전 카메라 앞에서 그들에게 정치·도덕적으로 적절한 행동을 요구하면서 일단락되었다. 5월 24일 쑤찐다가 수상직에서 물러났고, 왕은 9월에 선거가 치러질 때까지 아난 빤야라춘이 과도 내각의 수상직을 맡도록 임명했다.

쑤찐다 군부정권에 대한 국민의 저항과 그의 퇴진은 한편으로 1980년대 초 쁘렘 정부 때부터 진행된 태국의 경제 발전과 민주화를, 다른 한편으로 1980년대 말 이후 국제 정세의 변화를 반영한 것이었다. 경제 성장의 결과 민주적인 정치 참여와 투명한 정부 운영에 관심을 둔 중산층이 두터워졌다. 방콕의 경우 1960년대에 17만 8000명에 불과했던 중산층이 1986년에는 그 수가 180만 명으로 약 10배 증가했다. 또한 1980년대 말 이후 소련과 동구권에서 공산주의 체제가 붕괴하면서 탈냉전 시대가 도래하자, 그동안 군부정권 정당화의 핵심이었던 이념과 안보 논리가 설득력을 잃게 되었다. 즉 1990년대에 들어서 군부 독재는 태국 시민들의 눈에 시대착오적인 유물로 비쳐졌던 것이다. 이러한 상황에서 쑤찐다가 수상에 지명된 것은 민주화의 길로 들어선 태국 사회에 대한 선전포고나 다름없었다.

선거 분위기가 달아오른 가운데 정치세력은 개혁을 지향하는 반군부 민간인 집단을 지칭하는 '천사당'과 친군부 및 그 민간인 동맹 집단을 지칭하는 '악마당'으로 나뉘었다. 1993년 9월 13일 치러진 선거 결과 천사당이 전체 하원 의석 360석 중 과반수가 넘는 185석을 차지해, 쁘라차티빳당의 당수인 추언 릭파이가 새 문민정부의 수상이 되었다.

추언 문민정부(1993~1995)의 출범과 함께 정치적 혼란은 표면적으로 일단 정리된 듯 보였으나, 그 밑에 경제·사회적으로 많은 난제가 도사리고 있었다. 대도시와 그 인근 지역은 계속 번영하는 듯했으나 전반적으로 경제가 침체하고 있었다. 무질서한 섹스관광 사업으로 태국의 에이즈AIDS 발병률은 위험 수준에 도달했다. 태국에 흘러드는 외국 자본이 경제 성장에 기여하는 한편으로 공공 부문의 부패가 줄지 않았다. 1980년대까지 냉전의 산물인 군부정권은 태국에서 가장 중요한 문제인 국가 안보를 명분으로 내세워 집권과 독재정치를 정당화할 수 있었지만, 1990년대의 문민 정치인들은 사회 변화로 생겨난 여러 다원적인 문제에 직면해 고전하게 되었다.

추언 정부는 그러한 문제들을 해결하고자 낏쌍콤·쾀왕마이·엑까팝·팔랑탐 등의 정당들과 연정을 구성했다. 그러나 연립정부에 참여한 정당들이 극심한 견해 차이로 연정에서 이탈하고 다른 정당들이 합류하는 등 1994년까지 추언 정부는 심각한 내홍을 겪었다. 그러다 쁘라차티빳당의 토지분배 부정 사건으로 야당이 불신임안을 상정했다. 이에 국회가 해산을 결정했고, 1995년에 7월 2일 총선이 실시되었다. 그 결과 찻타이당이 제1당이 되어 반한 씰라빠아차가 수상에 임명되었다.

추언 릭파이(1938~)

반한 정부(1995~1996)는 주요 공약으로 경제 회복을 내세웠으나, 초기부터 경기가 침체하여 인기를 얻지 못했다. 1995년 8.5퍼센트이던 경제 성장률이 이듬해에 7퍼센트로 떨어지고, 인플레이션율도 5퍼센트나 높아졌다. 수출과 외국인 투자도 저조했다. 이러한 가운데 각료들의 부정부패가 심각했다. 1996년 8월 연립정부의 일원이었던 팔랑탐당이 반한 정부의 부정부패를 비난하며 연정에서 탈퇴했다.

게다가 반한 스스로 부정 사건에 연루되어 야당의 비난을 받았다. 야당에 의해 제기된 반한의 석사논문 표절 시비, 현직 하원의원인 그의 딸이 아버지의 정치적 영향력을 등에 업고 부동산을 부정 매입한 사건 등으로 그의 개인적인 도덕성이 심각하게 훼손되었다. 연립정부의 일원인 쾀왕마이당의 차와릿 용짜이웃이 반한의 사퇴를 요구하자, 반한은 국회를 해산하고 1996년 11월 17일 총선을 치렀다. 총선 후 쾀왕마이·찻팟타나·썻쌍콤·쁘라차꼰타이·쎄리탐·무언촌 등의 정당이 연정을 구성하고, 쾀왕마이당의 당수인 차와릿이 수상에 임명되었다.

차와릿 정권(1996~1997)도 경제 회생을 핵심 정책으로 내세웠으나,

1997년 심각한 경제 위기에 직면했다. 사실상 1990년대 중엽부터 태국의 수출 경기는 침체하기 시작했다. 무엇보다도 그동안 주로 저임금 노동집약 산업에서 수출이 이뤄지고 기술집약적인 산업은 취약했던 탓에 경상수지 적자가 계속 확대되었고, 이는 외채의 증가로 이어졌다. 더욱이 1990년대 들어서 임금이 큰 폭으로 상승하자, 외국 기업들이 태국에 비해 임금이 낮은 중국과 베트남 등으로 투자의 방향을 돌렸다. 특히 중국의 저가 공산품이 세계 시장을 지배하면서, 태국의 해외 수출 경쟁력이 급속히 낮아지기 시작했다. 이러한 상황에서 1997년 불어닥친 금융 위기는 태국 경제에 치명타가 되었다.

1997년 7월 2일 변동환율제를 채택한 이래 바트화는 20퍼센트나 가치가 하락하고, 12월 중순에는 변동환율제 이전 고정 가격의 77퍼센트로 평가절하되었다. 대규모 악성 부채를 짊어진 금융사 89개 중 56개사가 문을 닫았다. 결국 8월에 태국 정부는 국제통화기금(이하 IMF)의 구제금융 172억 달러를 받아들여야 했다. 그러나 IMF가 개입했음에도 11월, 미국의 신용평가회사인 무디스는 태국의 신용 등급을 정크본드 수준보다도 한 등급 낮게 평가했다.

위기 극복을 위해 차와릿 수상은 태국 최고의 경제통인 암누어이 위라완을 재무장관에 임명하는 등 노력을 기울였으나 역부족이었다. 차와릿 정부는 국민에게 퇴진 압력을 받기 시작했고, 결국 11월 6일 차와릿이 사임했다. 3일 뒤 추언 릭파이(재임 1997~2001)가 다시 한 번 수상직을 맡아 태국 경제의 구원투수로 나섰다. 이후 태국은 외환위기에서 벗어나는 데 성공했다.

2000년 태국의 환율이 달러당 약 40바트로 안정되었다. 타이만灣의 천연가스 개발과 경제 다변화가 태국 경제의 안정에 기여했다. 특히 다변화는 성공의 중요한 열쇠였다. 한때 벼를 심은 논만이 끝없이 펼쳐져 있던 농지를 목격했던 태국 방문객들은 이제 다양한 곡물이 자라는 풍경을 보게 되었고, 미국 소비자들의 식탁에는 태국산 새우와 파인애플이 어렵지 않게 올랐다. 컴퓨터 부품·자동차 부품·면직물·의류 등 제조업 분야도 크게 발전했고, 관광 산업이 성장해 고용도 대폭 늘었다.

1990년대 태국의 주요 정치적 관심사는 크게 두 가지였다. 하나는 헌법 개정이었다. 몇 년에 걸친 토론과 논쟁 끝에 태국은 결국 1997년 새 헌법을 채택했다. 하원은 개별 선거구를 대표해 선출된 의원 500명으로 구성되며, 태국 정치의 중심 기관이 되었다. 상원의원 200명도 선출되며, 하원의 결정 사항을 승인하는 2차적인 역할을 수행하게 되었다. 피선거권이 전반적으로 확대되었으나, 양원 선거에 입후보하는 사람은 최소한 학사 학위가 있어야 했다. 또한 의원들은 사업 관여 사항과 재산 정보를 공개해야 하는 등 엄격한 도덕성이 요구되었다.

다른 하나는 1950년 왕위에 올라(1946년 형 아난타의 사망 후 곧바로 왕위를 이었으나, 공식 즉위한 것은 1950년이었다) 태국 역사상 최장수 국왕이 된 푸미폰의 즉위 50주년 축하 행사였다. 독립 이후 연속된 군부독재하에서 군주제는 타이 민족정체성의 주춧돌로 확실하게 자리매김했고, 대부분의 국민은 잦은 정치적 혼란 속에서 왕이 국민의 신뢰를 바탕으로 국정을 안정케 하는 역할을 잘 해내 왔다고 믿었다.[5]

남부 태국

1960년대부터 1980년대까지 태국 중앙정부는 남부 말레이계 무슬림 사회에 종교의 자유를 허락하고, 교육 특히 언어 교육을 통해 그들을 타이 사회에 동화시키고, 생활수준을 향상하는 방향의 정책을 일관되게 추진했다. 구체적인 정책으로는 이슬람 법정을 운영하고, 타이 규범에 동화한 무슬림에게 타이 사회 내 신분 상승을 장려하고, 그들의 경제 수준 향상을 위한 사업을 펼쳤다.

그 결과 1970년대 중반 3000건에 달했던 봉기가 1980년대 말에 이르자 300~500건으로 대폭 줄었다. 1993년 중앙정부는 무기를 내려놓은 남부 무슬림에 대한 사면을 약속했다. 무슬림 전사들의 약 절반이 정부의 요구에 순응했다. 그러나 급진적인 무슬림 150~200명 정도는 투항을 거부하고, 남부 태국이나 북부 말레이시아의 밀림으로 피신했다.

1990년대에도 방화 · 폭파 · 총격 등 폭력 사건이 이어졌지만, 이전에 비해 훨씬 드문드문 발생했다. 그래서 태국 중앙정부와 태국 관련 전문가들 대부분은 남부 무슬림 분리주의 운동에 대한 중앙정부의 정책과 대응이 성공을 거두었다고 평가했는데, 이러한 결론은 곧 시기상조인 것으로 판명되었다. 사실 비교적 조용했던 이 시기에 남부 무슬림 분리주의 운동은 형태를 전환하고 있었다. 즉, 투쟁의 기반이 민족주의와 말레이 인종주의에서 이슬람 교리에 뿌리를 둔 종교적 · 초국가적trans-national 대의로 옮겨지고 있었던 것이다. 학자들은 이러한 변화가 1980년대 초 말레이시아 이슬람 부흥운동의 영향으로 시작되었다고 본다.

이슬람 부흥운동은 남부 태국 무슬림 사회에서 다양한 방법으로 표출되었다. 그중 가장 눈에 띄는 것이 히잡 운동이었다. 이 운동은 모든 공공생활 영역에서 머리를 가리는 히잡과 온 몸을 가리는 긴 옷을 착용하는 것으로, 1980년대 이후 남부 태국 지역의 무슬림 여성 사이에 광범위한 추세가 되었다. 둘째로 자맛 따블리와 다룰 아르쾀 같은 비정치적인 이슬람 부흥운동 단체들이 널리 성행했다. 이들 단체는 1970년대에 말레이시아에서 번성했고, 1980년대에 남부 태국으로 전파되었다. 이 밖에도 이슬람 사원의 예배에 참석하는 무슬림이 늘고, 사원의 건립도 증가했으며, 사우디아라비아의 재정 지원으로 알라이슬람대학이 설립되었다.

1980년대 말부터 1990년대 초 남부 태국에서 반정부 무장투쟁에 가담했던 젊은 세대는 이슬람의 대의를 실천하고자 아프가니스탄이나 다른 격전지로 발길을 돌렸다. 그런데 1990년대 중반 그들이 태국으로 돌아오기 시작했다. 1995년, 빳따니 출신으로 아프가니스탄에서 싸웠던 전사들이 나수리 수리의 주도로 '빳따니이슬람전사운동'(이하 GMIP)을 결성했다.

남부 태국 지역에 GMIP가 등장한 때, 북부 말레이반도의 끌란딴에서 '끌란딴무슬림운동'(KMM)이 결성되었는데, 이는 결코 우연의 일치가 아니었다. 둘 다 아프가니스탄이나 파키스탄에 유학해서 훈련받은 경험을 공유하고, 공식 또는 비공식적으로 알카에다와 교류한 말레이 무슬림 청년들이 조직한 단체였다. 더욱이 그들은 거대한 초국가적 이슬람 조직의 일부로서, 1995년부터 2000년까지 이슬람의 미래를 위한 대의를 실천하고자 준비하고 훈련하려는 계획을 갖고 있었다.

한편 1995년 빳따니연합해방기구(PULO)는 구舊PULO, 신新민족전선(BNB), 그리고 이슬람지하드군(TJI) 세 단체로 분열했다. 1997년 중반 그들은 말레이어로 '단결'을 의미하는 '버르사뚜'라는 동맹 단체를 결성하고, 8월부터 그 이듬해 1월까지 남부 태국에서 중앙정부의 공권력에 대항해 33회 이상 폭력적인 공격을 자행했다. 이 과정에서 9명이 사망하고, 수십 명이 부상을 당했다. 태국 중앙정부는 강력하게 대응했다. 1998년 초 말레이시아 정부의 적극적인 협력으로 끌란딴 지역에 은신한 버르사뚜 지도자들이 체포되었고, 버르사뚜는 기세가 꺾이게 되었다.

버르사뚜에 대한 태국과 말레이시아 두 나라의 공조는 1997년 아시아 금융위기와 연관이 있었다. 이 경제 위기로 두 나라 중앙정부는 정치적으로 커다란 타격을 입었다. 이를 기회로 말레이시아의 이슬람 야당인 범말레이시아이슬람당(PAS)은 마하티르 모하마드 정권에 대한 비난의 수위를 높이기 시작했다. 그러는 동안 PAS의 정치적 본거지인 끌란딴주에서 남부 태국의 반란군에게 은신처를 제공하자, 이는 마하티르에게 PAS의 공세를 누그러뜨릴 수 있는 좋은 기회가 되었다. 말레이시아 정부는 태국과 공조해 버르사뚜 반군을 소탕하고, 국경의 안전을 지킨다는 명분으로 그들과 PAS의 관계를 비난하며 역공을 가했다.

버르사뚜 투쟁의 실패로 남부 태국의 많은 무슬림 분리주의자들이 당국에 항복하거나 해외로 도망치면서, 인종적·민족주의적 분리주의 운동은 수그러들었다. 하지만 1990년대 말 이슬람 무장단체들 역시 GMIP와 마찬가지로 이전의 이념적 외피에서 벗어나 이슬람의 대의를 추구할 조짐을 보이고 있었다.[6]

2 도서부

인도네시아 1965-1990년대

1968년 수하르또가 인도네시아 제2대 대통령(재임 1968~1998)에 취임했다. 이로써 강력한 대통령 1인 중심 정치체제에 기반을 둔 신질서Orde Baru 시대의 막이 올랐다. 인도네시아공산당(PKI) 축출을 위한 이슬람 단체 특히 나흐다뚤 울라마(NU)와 학생운동권, 그리고 군부의 동맹은 오래가지 않았다. 게스따뿌 쿠데타가 진정되자 수하르또 정권의 핵심 지지 기반인 군부는 곧 동맹 세력들을 정권에서 유리시켰고, 치안과 국방을 동시에 담당하는 이른바 '이중 기능dwifungsi'을 발휘해 국방과 정치·사회 양면에서 국가의 통치를 독점해나갔다.

1971년 인도네시아 역사상 두 번째 총선이 실시되었다. 정부의 주도면밀한 통제 결과 360석 중 골롱안 까르야(이하 골까르Golkar)가 236석을 차지했다. NU가 58석으로 그 다음을 이었고, 수까르노의 유산인 인도네시아국민당(PNI)은 20석을 얻는 데 그쳤다. 하지만 이 선거를 끝으로 인도네시아의 모든 정당은 두 연립정당, 즉 이슬람교를 바탕에 둔 연합개발당(이하 PPP)과 민족주의 및 기독교를 바탕에 둔 인도네시아민주당(PDI)으로 강제 통합되었다. 1973년 수하르또 정권이 민중의 정치적 책임political accountability을 제한할 목적으로 취한 조치였다. NU는 전자, PNI는 후자에 합병되었다. 1985년에 NU는 PPP에서 탈당해 비정치적인 이

수하르또의 대통령 취임식(1968)

슬람 단체로 활동을 이어갔다.

　민중의 정치 활동과 참여가 위축되고 다당제 정당정치가 약화된 가운데, 수하르또 집권 기간에 정당이라기보다는 국가기구에 가까운 직능집단인 골까르 외에 또 하나 중요한 정치기구는 국민협의회(이하 MPR)였다. 국민대표협의회(국회, DPR) 의원과 임명직 대표로 구성된 MPR은 대통령 선출권과 파면권을 가지며 국정 방향을 제시하는 막강한 권력을 부여받았다. 하지만 MPR은 사실상 간선제를 통해 수하르또의 장기 집권을 떠받치는, 정권의 거수기에 불과했다.

　이전 정부들과 마찬가지로 수하르또 정부에게도 국가 통합은 외면할 수 없는 중차대한 과제였다. 분리주의 정서와 게릴라의 저항이 강한 아쩨·동띠모르·이리안자야 등 외곽 도서 지역들이 국가 통합에 도전했다. 이들 지역, 특히 아쩨와 이리안자야의 저항은 군부의 강력하고 지속적인 대응으로 소강 국면에 접어들었다. 한편 동띠모르의 분리 독립 움직임은 국제 정세와 맞물려 복잡한 양상을 띠었다. 1975년 동띠모르의 좌파 정당 독립동띠모르혁명전선(프레틸린)이 독립을 선언했지만, 수하르또 정부는 인도네시아군도에 좌익 성향 정권의 탄생을 결코 용인할 수 없었다. 인도네시아 군대는 냉전과 베트남의 공산화 기류 속에 미국·포르투갈·오스트레일리아 등 서방 세계의 묵인을 받으며 동띠모르를 무력으로 침공해 1976년 인도네시아의 27번째 주로 합병했다.

수하르또 정권이 국가 통합을 위해 무력을 통한 억압 정책만 사용한 것은 아니었다. 쿠데타 과정에서 군부를 도와 공산주의 세력을 제거하고 새 정권 창출에 앞장섰던 이슬람 세력이 보상 차원에서 정치적 지분을 요구했다. 종교가 정치화하고 그 세력이 커지는 것에 부담을 느낀 수하르또는 이슬람의 탈정치화를 추진했다. 국민 대부분이 무슬림이고, 민족주의 운동 역시 이슬람교를 중심에 두고 전개되어왔기 때문에, 이슬람교를 앞세운 정치세력이 전면에 등장하도록 허용하면 이슬람 중심의 민족주의 이데올로기 강화 및 국가 분열로 이어질 수 있다고 우려했던 것으로 보인다. 신질서하에서 인도네시아의 양대 이슬람 조직인 무함마디야와 NU는 주로 선교와 복지 활동에 주력하는 종교·사회단체로 바뀌어 인도네시아 사회의 이슬람 부흥운동을 이끌었다.

또한 수하르또는 수까르노의 빤짜실라를 계승하고, '다양성 속의 통일'을 표어로 내세우며 통일된 국가문화 창조에 관심을 기울였다. 수하르또는 다양한 지역 전통문화에 기반을 둔 '국가문화national culture' 만들기에 주력했다. 다양성을 부각하면서도 모든 종족의 문화를 다 아우르기보다는, 국가에 대표적으로 기여할 수 있는 각 지역의 문화 정수精髓

즉 핵심core을 선별했다. 지역문화의 핵심으로 인정받으려면 헌법이 명시한 기준*에 부합해야만 했다. 이 같은 문화 정책의 결정체가 바로 자까르따에 건설된 '따만미니Taman Mini'**다.

신질서 시기의 경제 발전도 인도네시아의 국가 통합에 얼마간 기여했다. 서부 자바에서 제조업이 발전하면서, 외곽 군도의 천연자원을 원료로 만든 완제품을 다시 그 지역에 팔았다. 자바와 외곽 도서 지역들 간의 경제 공생 관계는 20세기 들어 처음으로 광범위한 인도네시아 경제 공동체를 재창조했다.

수하르또의 가장 큰 업적은 경제 개발이다. 그는 흔히 인도네시아 '개발의 아버지Bapak Pembangunan'로 회자된다. 수까르노 구질서의 혼란에서 벗어나, 신질서 정권은 대대적인 개발 정책에 착수해 신속하게 국가와 사회를 현대화해나갔다. 가장 먼저 외국의 투자를 끌어들인 분야는 자원 부국인 인도네시아의 경제 발전에 가장 큰 도움이 되는 외곽 도서 지역의 지하자원 산업이었다. 1970년대 초부터 원유 세입의 꾸준한 증가는 교육과 복지 분야에 상당한 투자를 가능하게 했다. 그 결과 비록 여전히 극빈곤층이 많긴 하지만, 교육과 복지의 수준이 점차 향상되기 시작했다.

쌀 생산량이 늘면서 평균 식품 소비가 증가했다. 의료시설도 대폭 증가했다. 가족계획 프로그램도 비교적 성공을 거두었다. 1960년대에 2.3퍼센트였던 연 인구 증가율이 1980년대에 1.97퍼센트로 하락했다. 문해율도

---

* 빤짜실라, 국가문화의 명성과 권위 반영, 국가 자부심에 기여, 사회적 변화에 유연한 적응, 타 지역 문화와 종족을 이해하는 능력, 국가 통합에 기여, 인도네시아 국가정체성의 표출.
** '작은 공원'을 의미하는 따만미니는 인도네시아의 각 주에서 선발한 26개 전통건축을 작은 모형으로 제작하고, 각 주의 대표적 종족문화와 예술품을 전시하여, 국가문화의 다양성을 보여주도록 기획된 미니어처 공원이다.

빠르게 높아졌다. 1930년 성인의 문해율은 남자 13.3퍼센트, 여자 2.3퍼센트였다. 1980년에는 10세 이상 남성의 문해율이 80.4퍼센트, 여성이 63.6퍼센트로 비약적으로 높아졌다. 1990년에는 그 비율이 각각 89.6퍼센트와 78.7퍼센트에 달했다.

빠른 도시화와 함께 경제에서 농업의 비중이 감소했다. 1990년 인구의 30.9퍼센트가 도시민으로 분류되었고, 1990년대 초에 처음으로 농업 인구가 전체 노동 인구 중 50퍼센트 미만으로 집계되었다. 전깃빛, 자동차, 텔레비전, 포장도로, 학교 등 현대화의 징후가 나라 전체에 퍼졌다.

한편 수하르또 정권을 위협할 만한 반대 세력이 부재한 가운데, 위에서 아래까지 정권 내부에 전반적으로 만연한 부패가 서서히 위험 요소로서 고개를 내밀기 시작했다. 정권 실세가 얼마나 많은 외국의 투자와 원조 자금을 착복했을까? 대략 30퍼센트 정도로 알려져 있지만 사실 정확히 산정할 방법은 없다. 1965~1966년에 반反PKI 동맹의 한 축이었던 학생운동권이 이번에는 정권의 부패에 맞서 시위를 벌이기 시작했다. 1974년 1월 일본의 다나카 가쿠에이(전중각영田中角榮) 수상이 방문했을 때, 수하르또 정권 초기부터 일본이 경제에 깊숙이 관여해온 것을 비판하며 '말라리(1월 참사)'로 알려진 대규모 소요가 자까르따에서 일어났다.

뻐르따미나Pertamina*는 1970년대 초 세계에서 가장 큰 기업 중 하나였다. 수하르또의 측근인 군 장성 출신 인사들이 사실상 사적으로 운영하는 '봉건 영지'나 다름없던 이 국영 기업은 과도한 해외 부채, 방만한 경영, 그리고 부패의 결합으로 파산 상태에 이르렀다. 1975년 뻐르따

---

* Perusahaan Pertambangan Minyak dan Gas Bumi Negara(국영 원유와 가스 발굴 회사)의 약어.

미나는 해외부채 상환 능력을 상실하고, 최소한 미화 100억 달러에 달한 정부 자금을 받아서 가까스로 회생할 수 있었다. 1980년대에 수하르또의 여섯 자녀는 각각 자기 사업체를 소유했고, 상상할 수 없는 금액을 부정 축재했다. 사법 정의가 실종된 가운데, 국민은 '도둑정부kleptocracy'를 비난하기 시작했다.

신질서에서 중국인 사회와 군부의 관계가 극적으로 바뀌면서 새로운 부패의 고리가 형성되었다. 정권 실세들, 특히 수하르또 일가와 군부 지도자들은 각종 사업 관련 전문가를 소개하고, 해외 투자자 연결을 주선하고, 자금을 제공하는 중국인 사업가들과 긴밀하게 유착했다. 이 '바바-알리'* 형태의 정경유착 관계를 통해 중국인 사업가들은 부패한 정치 지도자들의 부정 축재를 중개하고 위장하는 앞잡이가 되었다. 가장 유명한 중국인 사업가가 '소도모 살림'으로 알려진 리엠 시오 리옹이다. 그는 수하르또와 사적인 관계를 맺고 인도네시아에서 최고 부자가 되었다.

1971년부터 1990년까지 연평균 7퍼센트대를 유지해온 경제성장률이 1990년대 초 5퍼센트에 그쳤고, 인플레이션이 경제성장률에 근접했다. 이자율이 여전히 높은 가운데 많은 기업이 이자율이 낮은 해외 금융업체에서 자금을 빌렸다. 이렇게 쌓인 기업 채무가 결국 1997년 경제 위기의 한 원인이 되었다. 공적·사적으로 진 외환 채무가 1992년 미화 840억 달러에 달했다. 그러나 이는 사적인 영역의 빚을 과소평가한 액수로, 실제로는 미화 1000억 달러를 상회한 것으로 추산된다. 또한 세계 곳곳에 생산 비용이 더 저렴하고, 부패와 관료주의가 덜하고, 법적·

---

* 인도네시아 정치인과 중국인 사업가의 정경유착을 표현하는 용어로, 이는 각각 가장 흔한 인도네시아인 이름과 중국인 이름을 대표하는 알리Ali와 바바Baba를 결합한 것이다.

제도적 장치가 더 체계적인 투자처가 개방됨에 따라, 인도네시아 정부는 힘겨운 해외투자 유치 경쟁을 벌여야 했다.

비록 경제가 사실상 붕괴 직전에 있었다 할지라도, 30년 개발의 과실은 분명했다. 특히 인도네시아 중산층의 등장은 수하르또 재임기 경제 발전의 중요한 열매였다. 중산층의 정의에 대한 의견이 분분하지만, 1990년대 인도네시아에 새로운 경제계층이 존재하는 것은 의심할 여지가 없었다. 그들은 도시에 자기 집을 소유하고, 자동차를 몰고, 정기적인 급여를 받는 직업이 있으며, 자녀에게 수준 높은 교육을 시키고, 책과 신문을 읽고, 텔레비전을 시청했다.

신질서 시기의 괄목할 만한 변화로 인도네시아 사회 전반에 이슬람 기풍Islamic ethos이 강해진 것을 빼놓을 수 없다. 이 변화는 외적으로 1970년대부터 서아시아에서 시작된 이슬람 부흥운동의 영향에서 어느 정도 비롯되었으나, 내적으로 이슬람 단체들의 탈정치화에서 말미암은 측면이 크다. 그 결과 공공장소의 이슬람화 현상이 두드러졌다. 거리에 모스크와 예배소가 늘어났다. 공공장소에서 이슬람 음악이 들리고 사람들이 이슬람 복장을 하고 다녔으며, 메카로 성지 순례를 떠나는 사람이 늘고, 이슬람 교리 출판물을 전문적으로 다루는 서점이 등장했고, 《쿠란》 연구 소모임 활동이 활발해졌다. 이 모두가 중산층의 깊어지는 이슬람화를 반영했다. 한편 그 이면에는 이슬람 급진주의가 뿌리를 내리고 있었다. 이는 1990~2000년대에 발발한 테러리즘의 씨앗이 되었다.

한편 제도권의 이슬람화는 하비비가 주도했다. 그는 신질서의 개발 정책과 사회의 이슬람화를 연결하는 매개자였다. 독일에서 유학한 기계공학 박사였던 그는 1970년대 중반부터 항공 기술 등 인도네시아의 고급 기술 산업을 주도했다. 또한 그는 독실한 무슬림이었다. 경건한 무슬림 중산층의 많은 사람들에게 그는 장차 국가의 미래를 책임질 잠재적 지도자였다. 1990년 그는 이슬람 두뇌집단인 인도네시아무슬림지식인연대(이하 ICMI)를 창설했다. 저명한 이슬람 지식인들 대부분이 합류하면서 빠르게 성장한 ICMI는 새로운 국가상을 모색했다. 정권기 내내 이슬람을 정치에서 배제해온 수하르또가 1991년 처음으로 가족과 함께 메카 순례를 떠났다. 이는 정부 정책의 방향 전환을 알리는 상징적인 사건이었다. 신질서의 마지막 10년 동안 수하르또는 친이슬람 정책을 추진했다.

신질서 시기에 한편으론 수하르또 정권이 출범 후 줄곧 군부를 중심으로 민중의 민주주의적인 요구를 억압하고, 정권 자체를 지키기 위해 언제든지 폭력을 행사할 태세를 갖추고 있는 동안, 다른 한편으론 경제의 발전이 더 폭넓은 개방, 더 정의로운 사회, 그리고 정부의 간섭 최소화를 요구하는 중산층을 양산하고 있었다. 수하르또 정부는 중산층과 멀어지고 있었다. 이는 어떤 정부에도 위험한 상황이다. 심지어 가장 강력한 지지 기반이던 군부조차 부패한 수하르또와 그의 측근들을 이제 국가 운영 능력을 상실한, 부담스러운 짐으로 간주하기 시작했다. 그런데도 1998년 수하르또는 MPR에서 또 한 번 대통령으로 추대되었고, 하비비가 부통령(재임 1998.3~5)으로 선출되었다.

32년 동안 난공불락처럼 보였던 그의 절대 권력은 인도네시아의 복잡한 정치·사회 문제와 아시아의 재정 위기가 결합되면서 퇴진 압박에 직면했다. 수하르또 퇴진과 민주화를 외치는 시위대의 소리가 전국 대도시에서 울려 퍼지는 가운데, 결국 1998년 5월 수하르또가 대통령직을 사임하고, 하비비가 임시 대통령(재임 1998.5~1999.10)이 되었다. 이로써 사태가 수습 국면으로 접어들었으나, 바바-알리 정경유착을 통해 엄청난 부정 축재를 한 수하르또 정권의 지도자들과 중국인 재벌들에 대한 분노가 특히 자까르따와 솔로에서 반정부·반중국인 폭동으로 발전했다. 1965년엔 이념적인 문제로, 이번엔 경제적인 문제로 중국인들은 또 한 번 분노에 찬 인도네시아 민중에게 폭력적인 공격의 표적이 되었고, 당시에 중국인 약 3만 명이 인도네시아를 떠난 것으로 알려졌다.[7]

동띠모르 2002년 이후

동띠모르는 포르투갈의 오랜 식민지배와 1976년부터 인도네시아의 '내적 식민지배'를 거쳐, 마침내 2002년에 '띠모르레스떼민주공화국'이란 공식 명칭으로 동남아시아의 열한 번째 독립국이 되었다. 그 후 최근까지 이 신생 국가는 국가건설 과정에서 언어 문제, 권력 투쟁, 가톨릭 교회의 정치 개입, 식민지배 기간 국민이 희생된 사건들에 대한 진실 규명과 화해 문제, 치안과 안보 문제, 경제 문제 등 난제들과 싸우고 있다. 이 문제들 대부분은 깊은 역사적 뿌리를 갖고 있다.

오늘날 동띠모르 국민은 포르투갈과 인도네시아 두 나라의 지배를 거치는 동안 출신·교육·정치적 배경·세대 차이 등에 따라 각기 다른 역사적 경험을 했기 때문에, 일반적으로 국민국가 구성의 핵심을 이루는 공통된 역사·문화·언어·종교를 공유하고 있지 않다. 따라서 이들 요소가 공통된 민족정체성을 형성하는 접착제가 되기는커녕, 오히려 동띠모르 사회를 분열시키는 요인으로 작용하고 있다.

동띠모르는 분리·독립 즉시 포르투갈어와 테툼어, 두 언어를 국어로 채택했다. 이 국어 문제는 여전히 동띠모르 국민 사이에 첨예한 쟁점으로 남아 있다. 독립을 준비하던 시기에 동띠모르 유엔 과도행정부(UNTAET)가 낸 보고서에 따르면, 35~50세 국민 중 단지 27퍼센트만이 포르투갈어를 구사할 수 있는 반면, 국민 대부분은 토착어인 테툼어와 인도네시아 점령기에 교수어이던 인도네시아어에 더 익숙했다.

특히 30세 미만의 젊은 세대는 인도네시아어로 교육을 받았다. 따라서 모든 국가기관에서 포르투갈어를 공용어로 사용한다는 것은 국가행정에서 젊은 세대를 원천적으로 배제하는 셈이 되어, 커다란 불만 요인이 되었다. 게다가 각종 공식 문서와 교신 내용을 먼저 인도네시아어로 작성하고 다시 포르투갈어로 번역해야 하는 번거로움이 컸다. 정부는 동띠모르가 포르투갈어 세계의 구성원으로서 국제적인 위상을 지닌다고 강조한다. 하지만 포르투갈어를 교수어로 하는 국공립학교의 많은 교사와 학생은 경제와 기술의 발전을 위해 더 넓은 세계와 교류하려면 영어가 더 필요하다고 주장하고 있다.

많은 동띠모르 국민은 국어로서 테툼어를 선호한다. 다양한 언어와 인종이 공존하는 동띠모르에서 테툼어가 실질적인 공통어lingua franca로서 동띠모르 공동체 의식 형성에 크게 기여해왔기 때문이다. 하지만 테툼어는 법률용어 등 전문 분야에 사용되는 어휘가 매우 빈약하고, 표준화 과정을 거쳐야 하는 문제가 남아 있다.

이러한 문제점을 무릅쓰고 샤나나 구스망 대통령과 마리 알카티리 총리를 수반으로 하는 동띠모르 초대 정부가 인도네시아어 대신 포르투갈어와 테툼어를 공용어로 채택한 것은, 다분히 그들의 반反인도네시아 민족의식과 깊은 관련이 있다. 포르투갈어는 지식인인 지도자들의 언어이고, 테툼어는 독립투쟁을 하는 동안 민중을 교육하고 반인도네시아 선전을 전파하는 중요한 소통 수단이었기 때문에 민족주의적 상징성이 강하다. 동띠모르 정부는 언어 정책을 통해, 동띠모르가 이제 인도네시아의 일부가 아닌 동남아시아의 새로운 독립국일 뿐 아니라 포르투갈어 세계의 한 구성원이라는 국제적 위상을 강조하면서, 새로운 민족정체성을 창조해내려는 의지를 강하게 표명하고 있다. 이러한 정책은 싱가포르의 리콴유 수상이 동남아시아의 '작은 중국'을 지양하고 국제적인 '싱가포리언' 정체성을 창조하기 위해 중국어가 아닌 영어를 공용어로 채택했던 것과 매우 유사하다.

현재 교육 현장에선 포르투갈어 · 테툼어 · 인도네시아어가 교차 사용되고 있는 실정이다. 교육기관 외에 의회, 법원, 각종 행정기관에서도 마찬가지다. 테툼어가 표준화 과정을 거쳐야 하고 전문용어가 턱없이 부족한 점, 그리고 인구 대부분이 여전히 포르투갈어 구사 능력이 부족한 점을 고려할 때 언어 문제는 단기간에 해결하기 쉽지 않을 것으로 보인다.

동띠모르에서 전통적인 세력 집단은 친족 제도와 결혼 동맹에 바탕을 둔 부족 간의 결합으로 이뤄져 있었다. 이러한 관계는 시대 환경에 따라 변화를 거치면서도 여전히 동띠모르 사회에 강하게 남아 있어, 권력 경쟁에서 무시할 수 없는 역할을 한다. 특히 정치인 · 전통 지도자 · 가톨릭교회 · 재야 세력들이 자신들의 목적을 위해 그 관계를 조직하고 동원하면서, 중앙정치뿐만 아니라 지방에서도 그들 집단 간에 긴장 관계가 자주 조성된다. 동띠모르 정부가 아직 그들 간의 관계를 조정하며 국가를 체계적으로 통치할 능력이 부족한 가운데, 그 전통적인 관계의 정치화는 자칫 통제할 수 없는 폭력 사태로 발전할 소지가 다분하다. 이러한 권력 투쟁 문제를 해소하기 위해 국가건설 초기 단계에 분권화를 거쳐 점진적으로 중앙집권화를 이뤘던 인도네시아의 해법을 눈여겨볼 만하다.

동띠모르 역사 전반에서 가톨릭교회는 포르투갈 정부의 대리자로서, 그리고 교육기관으로서 정치·사회적으로 중요한 역할을 수행해왔다. 많은 동띠모르 정치 엘리트들이 가톨릭 신부에게 교육을 받으며 포르투갈 세계관을 전수받았다. 가톨릭교회가 정치에 개입한 역사는 최소한 20세기 초까지 거슬러 올라간다. 리스본의 안토니우 살라자르 정권 아래서 가톨릭교회는 포르투갈 정부의 대리자로 나서, 토착 전통과 관습에 기반을 둔 동띠모르 전통 지도자들의 권위를 약화하고 그들을 식민지 체제에 순응시키려고 노력했다. 그러는 동안 가톨릭교회는 살라자르 정권이 취한 전 세계 포르투갈 식민지의 중앙집권화 정책에 따라 본국 입법의회의 공식 구성원이 되어 제도권 정치에 진입했다. 그 결과 UNTAET 시기에 사제가 정부 각료로 임명되기도 했다.

제헌 준비 단계에서 교회는 동띠모르 헌법에 가톨릭교가 국교國敎로 명시되도록 강한 로비 활동을 펼쳤다. 하지만 신생 국가의 헌법은 종교와 국가를 분리하고 모든 종교 활동의 자유를 명시했다. 그 결과 가톨릭교회는 새 정부 체제에 들어 공식적인 정치 영역에서 배제되었다. 교회는 지난 수십 년 동안 줄곧 행사해오던 권한의 갑작스러운 상실을 쉽게 받아들이지 않고 있다.

교회는 여전히 큰 영향력을 바탕으로 단순히 정부에 로비하는 차원을 넘어, 정치에 대한 영향력을 확대하려고 애쓰고 있다. 특히 선거 기간 일요일 대중 목회를 통해 특정 후보에 대한 지지를 공개적으로 유도하는 등 대중의 표심에 영향을 미치고 있다. 더욱이 교회가 지지하는 특정 후보들이 당선되면 그들을 통해 교회의 정치적 의사를 실현하고자 직·간접으로 압력을 행사하고 있다.

2005년 3월 18일 도밍구스 소아레스 신부와 딜리의 주교들은 신도 수천 명을 동원해 3주간 시위를 벌이며 국공립학교의 의무 교육 과정에서 종교를 배제한 정부안에 항의했다. 교회는 법적 쟁점에 대해서도 불만을 쏟아냈다. 1999년 정부는 인도네시아 통치하에 반인류적인 만행을 저질렀던 친인도네시아 민병대와 인도네시아 군인들을 국민 통합 차원에서 재판에 부치지 않기로 결정한 바 있다. 이때 교회는 시위대 수천 명을 조직해 강력하게 항의했고, 정부는 교회가 사회 불안을 조장한다며 비난했다. 교회는 정부가 '독재'를 하고 있다고 규탄하며, 심지어 신생 정부의 첫 총리를 '무슬림 총리 마리 빈 아무드 알카티리'라고 칭하면서 그가 무슬림이라는 거짓 선전까지 했다. 나아가 총리의 사임까지 요구했다.

결국 2005년 5월 7일 교회와 정부는 일곱 가지 사항에 합의하고 공동 성명을 발표했다. 이 성명서의 합의 사항에는 종교 교육의 의무화를 위해 가톨릭교회를 포함한 각종 종교 대표와 정부 관료로 구성된 상설 협의기구 설립, 낙태와 성매매를 불법으로 규정하는 형법안 등이 들어 있었다. 이 공동 성명은 정부의 정교분리 원칙에 대항해 가톨릭 교리와 신조를 헌법에 도입하려는 교회의 정치적 행동이 거둔 결실이라는 점에서, 정부에 대한 교회의 승리로 볼 수 있다. 교회는 이제 정부기관이 아니지만, 민중의 지지와 시민사회civil society 단체를 통해 상당한 정치적인 권한을 행사하면서 신생 국가의 헌법 가치관에 도전하고 있다. 만약 교회가 계속해서 정치적 의사를 관철하는 데 성공한다면 가톨릭이 국교로 선포될 가능성도 배제할 수 없으며, 이럴 경우 교회는 신생국의 국가 통합을 위협하는 요소로 작용할 것이다.

2002년 독립과 함께 포용진실화해위원회(이하 CAVR)가 공식 출범했다. 이 기구는 2002년부터 2005년까지 7개 국가의 위원들과 함께 그 임무를 수행했다. CAVR은 띠모르레스떼민주공화국 헌법 제162항에 근거한 법적 기구로서 정부에 대한 독립성을 보장받으며, 설립 목적은 1974년 4월 25일부터 1999년 10월 25일 사이에 동띠모르에서 발생했던 인권 유린에 관한 정보를 조사하고 수집하는 것이었다. 활동 시한은 2005년 초까지로 정해졌다. 2004년 3월 말까지 CAVR은 각 주와 모든 지방 행정단위에서 공청회를 열어 7500건에 달하는 인권유린 관련 정보를 수집했다. 또한 이 위원회는 1974~1999년의 모든 동띠모르인 사망 기록을 수집하는 작업에 착수했다.

2005년 10월에 CAVR의 조사 보고서가 대통령 샤나나 구스망에게 전달되었다. 이 위원회는 보고서가 즉시 일반에 공개될 것으로 기대했다. 하지만 대통령은 2005년 11월 그 보고서를 대중이 아닌 국회에 보고하기로 결정했다. 현지에서 활동하는 국제 비정부기구와 인권단체들은 이에 반발해 대통령을 비난하며 그 보고서를 웹사이트에 공개해버렸다.

한편 2005년 3월 9일 진실우정위원회(이하 CFT)가 인도네시아와 동띠모르 정부의 합의로 설립되었다. 하지만 가톨릭교회를 포함한 동띠모르 시민 사회는 인도네시아의 반인륜적 만행에 대한 처리를 국제사법재판소(이하 ICJ)에 맡기라고 요구하며 CFT에 반대했다. 그럼에도 CFT는 2007년 2~10월 공청회를 열며 임무를 수행했다. 2008년 7월 15일에

CFT는 두 나라의 대통령에게 각각 최종 보고서를 전달했다. 이 보고서에서는 군대·경찰·민병대를 통해 조직적으로 인권유린 범죄를 저지른 인도네시아 측에 제도적인 책임이 있다고 밝혔다. 하지만 인도네시아가 아무런 조치를 취하지 않고 있는 가운데, 동띠모르 인권단체들은 캄보디아 크메르 루주의 경우처럼 ICJ가 인도네시아의 반인륜 범죄를 처결하도록 할 것을 동띠모르 정부에 계속해서 요구했다.

동띠모르 경찰과 군대의 비전문성·권한 남용·인권 침해·성폭력·부패에 관한 보고들이 쏟아지고 있다. 특히 경찰은 교육과 훈련의 부족으로 필요한 절차를 간과해서, 조사와 체포 활동을 적절하게 수행하지 못하고 있는 실정이다. 재판 전 구금이 연장되기 일쑤이며, 정당한 구금 절차와 공정한 재판을 받을 권리가 종종 무시되거나 제한을 받고 있다. 이 밖에도 동띠모르 경찰과 군대가 국민에게 적절한 서비스를 제공하려면 많은 부분을 개선해야 한다. 특히 근무 차량과 통신 장비의 부족은 치안력이 요구되는 상황에서 신속한 대응을 가로막고 있다.

경찰의 문제는 독립 초기에 활동 규범의 표준화를 하지 못한 데에 얼마간 기인한다. 40개국 이상에서 온 외국 경찰이 각기 다른 활동 규범으로 현지 경찰을 훈련했기 때문이다. 더욱이 많은 경찰이 인도네시아 경찰 출신인데, 이들은 경찰력을 집행하면서 동띠모르 국민을 존중해야 한다는 의식이 근본적으로 부족하다.

독립 이후 지금껏 동띠모르 정부의 경제 정책은 주로 원유와 천연가스 개발에 집중했고, 농업 국가인 동띠모르의 지속 가능한 농업 생산과 이를 통한 식량 확보는 등한시되었다. 제조업 기반도 부족하기 때문에, 식품과 공산품은 수입에 의존하고 있다. 주요 수입 상대국은 인도네시아·싱가포르·오스트레일리아이고, 그중 인도네시아에 대한 의존도가 가장 높다. 이러한 경제적 의존은 동띠모르에서 다른 정치적인 쟁점에 영향을 줄 수 있다. 인도네시아의 반인류 범죄 책임자에 대한 엄격한 법 집행을 요구하는 목소리가 약해질 수도 있기 때문이다.

동남아시아에서 가장 가난한 나라로 분류되는 동띠모르는 띠모르해에 매장되어 있는 원유와 가스 개발을 통한 경제 발전에 많은 기대를 걸고 있다. 동띠모르의 원유 자원은 오래전부터 국제적인 관심, 특히 인도네시아와 오스트레일리아의 관심을 끌어왔다. 1975년 오스트레일리아와 인도네시아는 띠모르해의 해양 국경선에 관한 임시 협정을 체결했다. 하지만 이 협정은 동띠모르에 대한 모든 재판권을 보유하고 있던 포르투갈의 개입으로 최종 합의에 이르지 못했다. 그래서 오스트레일리아는 띠모르해 원유에 대한 접근권을 확보하고, 인도네시아와 신속하게 해양 국경선 문제를 해결하기 위해 인도네시아의 동띠모르 합병을 지지했다.

1988년 오스트레일리아 정부는 띠모르 대륙붕의 유전을 개발하는 데 인도네시아 정부와 협력하기로 했다. 1989년 12월 11일 띠모르해 조약 체결을 통해 인도네시아와 오스트레일리아가 띠모르 대륙붕의 유전 개발 지대를 양분했다. 하지만 동띠모르가 인도네시아에서 분리되자, 오스트레일리아는 동띠모르 정부와 다시 협상해야 했다.

UNTAET 시기에 띠모르 대륙붕 협상에 몇 가지 어려움이 있었다. 무엇보다도 띠모르해 원유 매장량을 온전히 예측하기 어려운 상황에서, 오스트레일리아와 동띠모르는 해양 국경선을 확정하지 못한 상태였다. 이러한 가운데 오스트레일리아는 유전 사용료에 대한 권한을 동띠모르가 85퍼센트, 오스트레일리아가 15퍼센트 가지는 방안을 제안했다. 세계은행은 동띠모르가 이 원유 세입을 통해 향후 9년 동안 연평균 15퍼센트 경제 성장을 달성할 것이라고 낙관적으로 전망했다. 하지만 2001년 동띠모르 국민 대부분은 유전 사용료의 85퍼센트만 동띠모르에 돌아가는 것이 매우 불공정하며, 신생국의 자원을 착취하는 처사라고 생각했다. 제헌의회 선거 전인 2001년 7월 내내 그 문제가 심지어 외딴 마을의 투표 교육 모임에서도 수차례 거론되었다. 동띠모르 국민 대부분은 새 국가의 경제 발전에 원유가 큰 기여를 해주리라 기대하고 있었기 때문이다. 결국 2002년 5월 20일 동띠모르와 오스트레일리아는 유전 사용료에 대한 권한을 90 대 10으로 나누기로 한 '띠모르해 조약'에 조인했다.

하지만 여전히 두 나라 간에 해양 국경선을 확정하는 문제가 남아 있었다. 2005년 초 동띠모르 의회는 그 문제가 해결될 때까지 우드사이드 석유그룹의 이른바 '그레이터 선라이즈Greater Sunrise' 천연가스 개발 사업을 지지하는 입법을 거부하기로 결의했다. 2006년 1월 12일 동띠모르와 오스트레일리아 두 나라는 띠모르해의 그레이터 선라이즈 천연가스 생산지에서 나오는 사용료 수입을 두 나라가 각각 반반씩 나누기로 하고, 또한 향후 50년 동안 해양 국경선을 확정하지 않기로 하는 특별해양합의조약을 체결했다. 향후 어디서 유전이 더 발굴될지 모르는 상황에서, 경제 수준의 낮은 동띠모르로서는 해안 국경선 문제를 되도록 오래 끄는 것이 유리할 수 있기 때문이다.[8]

말레이시아 1969-1990년대

연방정부는 인종집단 간 유혈 사태를 진정시키기 위해 국가비상사태를 선포했다. 헌법과 의회의 활동이 정지되고, 뚠 압둘 라작 부수상의 주도로 비상 체제인 국가운영위원회를 구성했다. 곧이어 새 정부는 새로운 국민통합 정책을 세웠다. 이 정책은 1970년 8월 31일에 선포된 '루꾸느가라(국가의 기둥)'* 란 국가이념에 반영되었다.

루꾸느가라에 명시된 바와 같이 새 정부는 인종집단에 대한 기존의 이원적인 분리 정책과 동화 정책을 대신해, 다인종 사회의 다양한 문화적 전통을 존중하면서 단일 '말레이시아인 사회'로 전환하고자 하는 통합 정책을 세웠다. 1970년에 공식적으로 출범한 라작 정부(1970~1976)는 이 같은 정책을 강력하게 추진하기 위해 1974년, 독립 협상의 산물인 UMNO-MCA-MIC 동맹당을 해체하고, 국민전선(이하 BN)이란 새 정치 조직을 통해 신질서를 구축했다.

BN은 거대한 권력 연합체로서 소속 정당의 이념과 당론의 차이를 배제한다. BN은 소속 정당들을 지배하고 중재하는 최고 실권자 한 명을 중심으로 운영되는 수직적인 연립정당이다. 즉 동맹당 체제에서 UMNO · MCA · MIC가 각 인종집단을 대표하며 수평적인 관계를 유지했던 반면, BN은 UMNO를 정점으로 두고 다른 정당들은 그 아래 놓이는 수직적인 관계를 통해 통일된 이념과 당론을 수립하고 수행하는 체

---

* "민족 단합을 달성하기 위해, 민주적인 생활 방식을 유지하기 위해, 국가의 부를 균등히 공유하는 정의로운 사회의 건설을 위해, 다민족 사회의 풍부하고 다양한 문화적 전통의 공존을 보장하기 위해, 현대 과학과 기술을 바탕으로 하는 진취적인 사회의 건설을 위해, 우리 말레이시아인Malaysian은 아래 원칙을 바탕으로 단합된 노력을 기울일 것을 서약한다. 신에 대한 믿음, 국왕과 나라에 대한 충성, 헌법과 법칙 준수, 솔선수범하는 마음과 도덕심 함양."

제였다. 라작 수상은 이러한 정계 개편에 대해 "분산된 개개 인종집단의 정치력을 공유하고, 나아가 정치 지도자들의 소모적인 정치공작politicking을 줄여, 그들의 모든 역량을 국민 통합을 위해 집결하는 데 그 목적이 있다"고 설명했다. 그러나 사실상 국민전선은 반대 의견을 차단하고 민중의 정치적 책임political accountability을 배제하는 권위주의 정치체제의 성격이 강하다.

라작 정부는 헌법 수정을 통해 또 하나 강력한 조치를 도입했다. 민감한 사안으로 규정된 말레이 술탄의 지위 및 권한, 말레이인의 특별한 지위, 말레이어가 국어라는 사실과 이슬람교가 국교라는 사실에 대해 공공장소에서 문제를 제기하는 사람에게는, 치안법에 따라 내란죄를 적용하도록 한 것이다.

이러한 정계 개편과 헌법 수정의 이면엔 UMNO의 정치적 권한을 대폭 강화해, 다른 연립정부 구성원들의 정치적 반대 없이 부미뿌뜨라* 우대 정책을 바탕으로 새로운 국민통합 정책을 강력하게 추진하려는 의도가 깔려 있었다. 라작 수상은 전임 뚠꾸 압둘 라만 수상의 실패를 반면교사로 삼아, 다인종 사회인 말레이시아에서 인종집단 간의 갈등을 확실히 통제하지 않으면 어떠한 정치 지도자도 국가 통합을 이룰 수 없다고 확신했을 것이다.

국민 통합을 위한 가장 괄목할 만한 정책은 경제 분야에서 나왔다. 라작 정부는 '신경제정책'(이하 NEP)을 발표했다. 1971년부터 1990년까지 20년에 걸쳐 진행될 장기 경제발전 계획이었다. NEP의 주된 목표는, 첫

---

* '부미뿌뜨라bumiputra'의 '부미bumi'는 '땅', '뿌뜨라putra'는 '아들'을 뜻한다. 직역하면 '땅의 아들'이 되며, 이는 반도의 말레이인과 사바·사라왁의 원주민에 대한 통칭으로 쓰인다.

역대 말레이시아 수상. 왼쪽부터 뚠꾸 압둘 라만(재임 1957~1969), 뚠 압둘 라작(재임 1970~1976), 뚠 후세인 온(재임 1976~1981), 마하티르 모하마드(재임 1981~2003, 2018~).

째 인종집단에 상관없이 모든 말레이시아 국민의 소득 수준을 향상해 궁극적으로 빈곤을 퇴치하는 것, 둘째 인종집단의 인구 구성비를 바탕으로 고용 구조와 국가 자산 소유 비율을 1990년까지 말레이인 30퍼센트, 비말레이인(중국인과 인도인) 40퍼센트, 외국인 30퍼센트로 재편하여 이 인종집단 간의 경제 불균형을 해소하는 것이었다.

하지만 이 같은 NEP의 명분 저변에는 규제 완화와 공기업 민영화 등의 정책을 대대적으로 추진해 부미뿌뜨라의 국가 자산 소유 비율을 높이고, 그들에게 경제 활동의 기회를 대폭 열어주려는 의도가 깔려 있었다. NEP에 대한 비말레이인, 특히 중국인 국민의 의구심과 불안을 덜어주기 위해 정부는 자산 비율의 재편이 '제로섬zerosum'이 아니라, NEP를 통한 고도의 경제 성장으로 모두가 '원원win-win'하는 방식으로 이뤄질 것이라고 강조했다.

경제 분야에 부미뿌뜨라가 참여할 기회를 확대하고자 정부는 토착인 신용협회·국가경제개발공사·도시개발청·말레이시아산업개발금융회사 등 다양한 공공기관을 신설했다. 또한 부미뿌뜨라 중에서 숙련 기술자를 양성하기 위해 일본·한국 등 선진 산업국에 그들을 유학 보내는 제도를 도입했다. 이 밖에도 전문직 분야에서 인종집단 간의 불균형을 해소하고자 정부는 1971년 헌법 수정을 통해 국공립 고등교육기관에 인종집단의 인구 비례별 입학정원 할당 제도를 도입했다. 고용과 교육 기회의 확대 외에도, 정부는 공공주택 정책을 통해 부미뿌뜨라에게 낮은 가격으로 주택을 구입할 수 있는 우선권을 제공했다.

이러한 부미뿌뜨라 우대 정책이 왜 필요한지, 말레이시아의 네 번째 수상인 마하티르 모하마드*는 저서 《말레이 딜레마》에서 설명했다. 마하티르는 말레이인이 경제적 낙후성을 극복하려면 무엇보다도 경제관념을 높이는 등 의식 개혁을 통해 '게으른 속성'을 개선해야 한다고 주장했다. 하지만 그보다 더 중요한 것은 정부가 부미뿌뜨라를 '건설적으로' 보호해야 한다는 것이었다. 그는 다음과 같이 역설했다. "말레이시아에는 정부의 보호막이 제거되는 순간 〔경제적으로 낙후한〕 말레이인을 집어삼킬 수 있는 너무나 많은 비말레이인이 살고 있다. 따라서 말레이인을 돕는 가장 좋은 방법은 그들을 비말레이인과 자유 경쟁하게 하는 것이라는 주장은 고려의 대상이 될 수 없다. 그게 아니라, 말레이인이 발전하는 데 이바지할 정부의 건설적인 보호가 계속되어야 한다."

* 압둘 라작 수상이 지병으로 사망하자 그와 동서지간인 뚠 후세인 온(1976~1981)이 말레이시아의 세 번째 수상이 되었다. 1981년에 그의 뒤를 이어 네 번째 수상이 된 마하티르 모하마드는 2003년까지 22년 동안 장기 집권했다. 그 후 정치 일선에서 물러나 있던 그는 희망연대Pakatan Harapan(PH)라는 야권연합을 새로 만들어 2018년 총선에서 승리, 국민전선(BN) 시대에 마침표를 찍고 61년 만에 정권 교체를 이루었다. 마하티르는 제7대 수상으로 다시 한 번 총리직에 올라, 세계 역사상 최장수(1925년생) 수상으로서 현재에 이르고 있다.

NEP를 통해 정부가 1990년까지 부미뿌뜨라의 자산 소유 비율을 30퍼센트*까지 높이려고 노력하는 동안, 정부 정책을 불신한 중국인 사회는 자신들의 부를 빼앗길까 봐 깊이 우려했다. 그들은 NEP가 끝나는 1990년이 되면 다양한 공공사업 분야에 중국인도 자유롭고 공정하게 참여하고 경쟁할 수 있으리라고 기대했다. 하지만 그들의 기대와 달리 1991년, 정부는 다시 NEP의 연장선으로 2020년까지 이어질 '국가개발정책'(NDP)이라는 부미뿌뜨라 우대 정책을 발표했다.

1969년 인종집단 간 유혈 사태 이후 1990년대까지 말레이인 위주로 구성된 정치 지도층은 각 인종집단에 뿌리 깊이 내재한 갈등을 근본적으로 해소할 만한 구상을 진지하게 숙고하고 있지 않은 채, 단지 인종집단 간의 경제적 불균형 해소를 통해 '말레이시아인' 민족정체성을 창조하고자 했다.

1970년 이후 부미뿌뜨라 우대 정책을 통해 국민 통합을 추진하는 동안, 말레이시아 정부는 이슬람 부흥운동의 여파로 새로운 차원의 도전에 직면하게 되었다. 이 운동은 1970년대 초 무슬림 인구가 지배적인 걸프 지역의 아랍 국가들을 중심으로 일기 시작해, 전 세계 움마 즉 이슬람 공동체로 확산된 현상이다. 이 흐름의 영향을 받아 1970년대 말레이시아에서 사회 전반에 이슬람 기풍을 강화하려는 이른바 '닥와dakwah운동'이 시작되었다. '닥와'란 '이슬람으로 초대함'을 의미하는 아랍어인 '다와dawa'에서 유래했다. 이 운동은 이슬람 경전인 《쿠란》과 《하디스》

---

* NEP가 끝나는 1990년에 부미뿌뜨라의 자산 소유 비율은 1970년의 1.5퍼센트에서 20.3퍼센트로 급증했다. 중국인의 자산 소유 비율은 27.2퍼센트에서 44.9퍼센트로 증가했다. 반면 외국인의 소유 비율은 71.3퍼센트에서 34.8퍼센트로 급감했다. 이 재조정 과정에서 외국인 기업이 가장 크게 희생되었다. 1990년대 중반까지 약 25년 동안 정부는 매년 50개가량 되는 공기업을 민영화했는데, 이 중 노른자위는 부미뿌뜨라가 차지했다.

의 가르침에 따라 원래의 이슬람 정신으로 돌아가, 이슬람을 '완전한 생활 방식'으로 받들려는 종교적인 열망의 분출로 나타났다.

범말레이시아이슬람당(PAS)는 이슬람 부흥운동에 적극적으로 편승해 이슬람의 정치화를 통한 당세 확장을 꾀하고자, UMNO가 이슬람에 대해 모호한 태도를 취하며 비무슬림과 타협하고 있다고 비난했다. 더욱이 PAS는 이슬람이 말레이시아 국가와 사회 건설의 근간이 되어, 이슬람의 가르침이 삶의 모든 영역에서 구현되어야 한다고 주장했다. PAS와 정치적 지지 기반이 겹치는 UMNO는 PAS의 그러한 공세를 마냥 무시하거나 외면할 수 없었다.

이러한 가운데 마하티르는 이슬람을 국가와 국민, 특히 말레이인 사회의 발전을 위해 국가적인 차원의 요소로 활용하기로 했다. 1981년 3월, 당시 부총리(1976~1981)였던 그는 이슬람 가치관에 상응하는 국가 개발 프로그램을 창안할 두뇌집단인 이슬람자문위원회 설립을 발표했다. 행정·법·경제·의학·공학·농업·정치·철학 등 다양한 분야의 이슬람 전문가들로 구성된 이 위원회의 임무는 이슬람과 개발에 관한 다양한 주제를 논의하고, 정부가 고려해야 할 사항을 제시하는 것이었다.

1981년 7월에 출범한 마하티르 정부는 '이슬람에서 발전의 개념'이란 주제로 대규모 세미나를 개최했다. 여기에서 나온 제안을 바탕으로 그해 말 마하티르는 이슬람 가치관을 대폭 수용하는 여러 정부 정책을 발표했다.

마하티르는 정부가 친이슬람 정책에 진지한 노력을 쏟고 있다는 확신을 말레이인 사회에 안겨주면서 PAS의 거센 도전을 물리칠 책무를 믿고 맡길 만한 인물이 필요했다. 1982년 그는 대표적인 닥와 단체 중 하나인 말레이시아이슬람청년운동(ABIM)의 독보적인 지도자 안와르 이브라힘을 영입하는 데 성공했다. 그는 정부의 친이슬람 정책 수행을 주도하는 한편, PAS에 대해서는 건설적인 정책을 수립·실행하는 데 무능력하다고 효과적인 비판을 가하면서 UMNO의 핵심 인물로 부상했다.

1984년 마하티르는 UMNO의 세속적인 인상을 탈피하기 위해 변신을 시도했다. 그는 말레이인 사회에 이슬람 기풍을 강화하려는 것이 UMNO가 창립 이후 줄곧 견지해온 목적이며, UMNO는 말레이시아에서 가장 오래되고 전 세계에서 세 번째로 규모가 큰 이슬람 정당이라고 주장했다. 또한 UMNO가 지향하는 세 가지 주요 목표가 말레이계의 권익, 이슬람 가치 실현, 국가의 보호라는 점을 강조했다.

경제적인 측면에서 마하티르는 어떠한 경제적인 발전도 정신적인 발전을 저해해서는 안 되며, 따라서 이슬람 가치의 희생 없이 도덕적으로 건전한 현대 사회를 건설해야 한다고 역설했다. 그러나 PAS와 닥와 단체들은 정부의 NEP가 서구의 세속적인 발전 모델을 따르고 있다고 지속적으로 비난했다. 그래서 마하티르 정부는, 중동의 이슬람권 국가들이 대안이 될 만한 경제 발전 모델을 제공할 수 없는 상황에서 PAS와 닥와 단체들에게 비교적 거부감이 덜한 동양의 선진국 일본과 한국의 모델을 도입한다는 취지로 '동방 정책'을 추진하게 되었다.

이 밖에도 마하티르 정부는 사회 전반에 이슬람 가치를 확산하고자 국제이슬람대학과 이슬람사법대학 설립, 비非 할랄 소고기 수입 금지, 자위jawi 문자(말레이식 아랍 문자) 사용 장려, 국제 이슬람 청년 캠프 개최, 모든 국립초등학교에서 라마단(금식월) 기간에 급식을 중지하는 등 금식월 규정 강화, 모든 관공서에서 흡연 금지, 매년 국제 《쿠란》 읽기 경시

대회 개최, 다룰에산(슬랑오르의 아랍어 별칭)에 거대한 이슬람사원 건립, 라디오와 텔레비전 등 대중매체에서 이슬람 기풍의 강화 및 이슬람 콘텐츠 확대, 닥와재단 설립 등 다방면에서 많은 노력을 기울였다.

이슬람 부흥운동은 법 제도에도 영향을 미쳤다. 1988년 연방헌법 제121조 1A항을 신설하면서 가장 괄목할 만한 변화가 일어났다. 이 수정헌법은 "고등법원과 하급법원은 샤리아법원의 사법권 내에 있는 어떤 문제에 대해서도 사법권을 갖지 않는다"고 규정함으로써, 독립 이후 처음으로 샤리아법원의 독립적인 사법권을 인정했다. 이로써 샤리아법정의 판결이 민사법정의 판결과 상충할 때 전자가 무효화되지 않게 되었다. 또한 샤리아법원에도 하급법원-고등법원-상고법원의 3심제가 도입되어, 샤리아법 행정 체계의 현대화가 이뤄졌다.

또 하나 눈에 띄는 법 제도의 변화가 금융 분야에서 일어났다. 1982년 이슬람은행법이 통과되어 공식적으로 이슬람은행 설립의 길이 열렸다. 마하티르 정부는 1983년 은행 이자를 하람* 즉 이슬람이 금지하는 불로소득으로 간주하는 이슬람 규범에 따라 운영하는 말레이시아이슬람은행을 설립했다. 이 은행은 곧 전국에 여러 지점을 세웠다.

1993년 일반 상업은행에 무슬림을 위한 무이자 창구가 도입되었다. 1997년 말레이시아국영은행은 이슬람 은행과 따까풀(이슬람 보험) 설립과 운영을 감독할 국가샤리아자문협의회를 설립했다. 같은 해 8월에 펀

---

* 이슬람법인 샤리아Sharia는 인간의 행위를 다음 다섯 범주로 나눈다. 와집wajib(의무적으로 해야 할 일), 만두브mandub(의무는 아니나 권장할 만한 행위), 자이즈jaiz(해도 좋고 안 해도 좋은, 법과 무관한 행위), 마크루흐makruh(금지된 것은 아니나 피하도록 권고되는 행위), 하람haram(금지된 행위). 이 다섯 가지 범주는 크게 두 범주, 즉 해도 되는 행위와 절대로 해서는 안 되는 행위로 나눌 수 있다. 무슬림은 전자를 '할랄halal', 후자를 '하람'이라 부르며 하람을 엄격히 금한다.

드 투자 관련 수정 법안이 통과되면서 따붕하지 즉 성지순례펀드 투자가 가능해졌고, 그 결과 성지순례저축펀드회사가 말레이시아에서 가장 큰 저축 및 투자 기관의 반열에 올랐다. 1999년 전국에 40개 지점을 둔 말레이시아무아말랏국영은행이 설립되었다. 이 밖에도 2002년 말레이시아는 이슬람 채권인 수쿠쿠*를 발행하며, 전 세계 움마의 금융 허브로 도약할 채비를 갖추었다.

이슬람 부흥운동에 대응해 1980년대 초부터 시작된 정부 주도의 이슬람화 정책은 말레이시아 사회 전반에 이슬람 기풍을 강화했다. 이러한 정책이 말레이인 사회의 분열을 누그러뜨리는 데 어느 정도 성공을 거둔 반면, 말레이인 사회와 비말레이인 사회 간의 반목과 이질감은 더욱 증폭했다. 그동안 부미뿌뜨라 우대 정책이 국민 통합에 기여한 정도를 명확히 가늠하기 어려운 가운데, 21세기의 문턱에서 말레이시아 사회에 점증하는 이슬람화는 다인종 사회의 진정한 국민 통합에 한 가지 걸림돌로 작용하고 있었다.[9]

싱가포르 1965-1990년대

2년이 채 못 되어 말레이시아연방에서 탈퇴·독립한 싱가포르는 완전한 독립국으로서 독자적인 발전을 추구할 기회를 얻었다. 그러나 이

---

* 이슬람법에서는 은행 예금이나 채권에 붙는 이자를 리바riba(불로소득), 즉 금해야 할 하람으로 간주한다. 따라서 이슬람권에서는 이자 대신 '이슬람법이 허락하는', 즉 할랄 사업 분야에 투자해 거둔 수익만큼 배당금을 받는 금융 상품이 일반적이다.

는 갓 태어난 작은 나라가 훨씬 크고 강력한 이웃들에 둘러싸인 채 불확실한 생존 경쟁에 내몰리게 되었다는 뜻이기도 했다.

인구가 175만 명인 싱가포르는 역사적으로 물려받은 중계무역항의 역할, 그리고 재능과 활기가 넘치는 인력 외에 다른 자원을 갖고 있지 못했다. 설상가상으로 1967년 영국은 그동안 싱가포르 국방과 경제에 중대한 역할을 해온 군대를 철수할 계획을 발표했다. 이로 인해 국내총생산의 20퍼센트 손실과 약 3만 명의 실직이 예상되었다. 이러한 어려움을 극복하고자 리콴유(1923~2015)는 '생존의 정치'를 강조했다. 이제 생존 논리는 효율적이고 가부장적인 권위주의로 대표되는 '리콴유의 싱가포르'를 가능케 한 불가침의 신조가 되었다.

말레이시아연방에서 탈퇴한 싱가포르의 군대는 정치적인 독립을 유지하기엔 턱없이 모자랐다. 인민행동당(PAP) 정부는 1967년 국민개병제를 도입하고, 이스라엘의 도움을 받아 민방위부대를 창설했다.

1968년 4월 조기 총선을 통해 PAP가 58개 전 의석을 석권하여 단독으로 국회를 구성했다. 그 후 1980년대 중반까지 4~5년마다 치러진 선거에서 PAP가 계속해서 의회를 완전 장악하며, 싱가포르는 사실상 1당제 국가가 되었다. 초기에 이런 결과가 나온 것은 야당·노동조합·학교·언론 등 민중이 정치에 참여할 통로를 막은 데서 기인했다. 하지만 점차 시민자문위원회와 각급 지역 차원의 국민협회 등 비정치기구, 효율적이고 투명한 정부 운영, 그리고 공공주택 정책 등 광범위한 공공 서비스에서 비롯된 국민의 지지가 집권당을 든든히 뒷받침하게 되었다.

연방 탈퇴 후 공업화의 배후지인 말레이시아 시장을 상실한 PAP는 수입 대체 공업화에서 세계 시장을 대상으로 하는 수출지향적 공업화로 정책 방향을 바꾸었다. 1968년 경제확대촉진법 제정으로 구체화한 새 계획은, 당시 아시아에선 드물었던 외국 민간 자본을 끌어들여 공업화의 주력으로 삼아 수출 증대와 고용 확대를 동시에 달성한다는 것이었다. 싱가포르의 공업화는 1960년대 후반 인도네시아의 대결정책 종식, 베트남전쟁 특수, 대對미·일 무역 증가 등에 힘입어 비약적인 발전을 이룩하기 시작했다. 1969년 싱가포르 금시장은 홍콩과 베이루트 시장을 압도하면서 아시아의 금융 중심지로 부상했다.

그러나 PAP의 외자 유치 공업화 정책은 노동운동 탄압을 포함하고 있었다. 정부는 독립 이전에 이미 3만여 명을 대표하는 좌익계 산별노조 30개를 해산하고, 1946년에 결성된 싱가포르노동조합평의회를 불법화하고, 대신 전국노동조합총회란 관제 노동단체를 후원했다. 국회를 장악한 리콴유는 1968년 고용법과 노사관계법을 제정하며 노동자의 파업권을 제한하고 임금을 동결하는 조치 등을 강하게 밀고 나갔다. 그 결과 리콴유의 집권을 가능케 했던 정치적 다수 즉 '중국어 세계'의 노동운동은 궤멸했고, 반식민주의 운동의 뿌리였던 노동조합이 규제와 경제 성장의 흐름 속에서 관제 노조로 바뀌며 급격하게 '이익집단으로 순치'되어 갔다. PAP가 집권한 지 10년 만인 1969년에 처음으로 파업이 단 한 건도 발생하지 않았다.

독립 싱가포르는 경제적 생존의 길을 추구하는 한편, 정치적으로도 '동남아시아의 이스라엘' 내지는 '동남아시아 제3의 중국'이 되지 않도록 주의하면서 독자적인 생존을 모색했다. 대부분의 신생국에서 국민적 일체감을 형성하는 과정에 문화적 민족주의가 강조된 것과 달리, 싱가포르에서는 오히려 그것을 거부했다. PAP는 주민의 대부분을 차지하는 중국인이 중국 본토를 지향하는 중화 쇼비니즘에 경도된다면 싱가포르 국민으로서 정체성이 형성되기 어려울 뿐 아니라, 말레이세계 안에서 생존이 위태로워질 수 있다는 것을 강조했다. 정부는 문화적 다양성을 바탕으로 한 다인종 국가로서 국민적 일체감을 형성하는 데 힘을 쏟았다.

다인종·다언어 사회에서 언어 문제는 곧 국민 통합과 직결되는 문제다. 싱가포르는 이중언어 정책을 도입했다. 리콴유는 인종집단 간 공통어이자 근대화에 유용한 영어의 필요성을 강조하는 한편, 각 인종의 모어 교육을 동시에 중시함으로써 중국어 문제*를 해결하려는 노력을 기울였다. 이중언어 정책으로 중국계 주민 가운데 영어 세계(영어로 교육을 받은 사람들)는 싱가포르 현대화의 수혜를 누린 계층이자 지배계급으로 자리를 굳혔고, 중국어 세계(중국어로 교육을 받은 사람들)는 탈중국화에 불만을 가지면서도 경제적인 이유로 영어 세계에 흡수되거나, '화교'에서 '싱가포르인(싱가포리언)'으로 거듭나게 되었다.

1980년대에 저임금 국가들의 값싼 노동력과 국내 노동시장의 인력난에 직면한 싱가포르는 저임금 노동집약 산업에서 탈피해, 고임금 자본집약 산업으로 승부를 걸었다. 1990년대엔 제조업이 한계에 봉착하자 해외 투자로 눈을 돌렸다. 이처럼 고비마다 PAP 정부는 경제 정책의 과감한 변화를 통해 싱가포르를 전 세계 최고 수준의 국내총생산을 달성하는 국가로 만드는 데 성공했다. 한 국가의 부가 얼마나 평등하게 분배되고 있는지 가늠하는 잣대인 지니계수를 보면, 싱가포르는 1990년 약

---

* 싱가포르는 대만, 홍콩이나 마카오처럼 단지 '작은 중국little China'이고 따라서 싱가포르 중국인은 '화교Overseas Chinese'라는 정체성에 벗어나, 새로운 국가 '싱가포르Singapore'와 새로운 국민 '싱가포르인Singaporean'이란 정체성을 창조하는 데 중국어가 걸림돌이 되었다.

0.47을 기록해 0.43인 미국보다 다소 높은 편이고, 0.2대로 평등한 사회의 표본이 되는 스웨덴·덴마크나 0.3대의 일본보다 부의 불균형이 심한 편으로 나타났다.

1981년 안손 선거구에서 치러진 국회의원 보궐선거에서 노동자당 사무총장인 조슈아 벤저민 제야레트남이 당선됨으로써 싱가포르 역사상 최초로 야당 의원이 원내에 진출하는 기록을 세웠다. 이로써 PAP의 의회 권력에 대한 완전한 독점이 깨졌지만, 리콴유의 지도력에 맞설 대안 세력은 여전히 부재했다. PAP는 지속적인 경제 성장과 대대적인 공공주택 정책 실시 등에 힘입어 1968년부터 1990년대 말까지 치러진 모든 총선에서 압승을 거두었다.

1959년에 싱가포르 초대 총리가 되어 1965년 연방 탈퇴 이후 생존론을 화두로 PAP 정부를 이끌어온 국부 리콴유는 1990년 총리직에서 물러났다. 독립 후 30여 년에 걸쳐 그는 가부장적이며 친기업적인 정신으로, 생존의 기로에 섰던 싱가포르를 동남아시아에서 정치·경제적으로 가장 안정되고, 국제적이며, 번영하는 국가로 만들었다. 그동안 개인의 자유와 민중의 정치적 책임이 위축된 것이 사실이지만, 싱가포르 사회는 실업이 거의 없는 가운데 1인당 국민소득이 1960년대 초 미화 1000달러에서 1995년 1만 5000달러로 상승했다. 주택난 없이 국민의 3분의 2가 정부가 제공한 공공주택에 살게 되었고, 1995년에는 유아 사망률이 미국의 절반 수준을 기록했다. 가족계획 프로그램도 성공을 거두어 1990년대에 이미 저출산을 우려하는 목소리가 나오기 시작했다. 이중언어 정책으로 영어와 모어 구사 능력을 갖춘 젊은이들은 세계화 시대가 요구하는 직업을 준비하기에 유리했다.

1819년 1월 28일 토머스 스탬퍼드 래플스가 처음 도착했을 당시 작은 어촌에 불과하던 싱가포르는 오늘날 동남아시아에서 수돗물을 안전하게 마실 수 있는 유일한 국가가 되었다. 동시에 최첨단 통신시설, 첨단 도로망 체계, 고품격 쇼핑몰, 최고급 레스토랑, 고층 사무용 빌딩, 편리한 대중교통, 세계적으로 경쟁력을 갖춘 명문 대학들, 고도의 치안을 자랑하는 국제적 도시국가로 거듭났다. 싱가포르는 국가 간 경쟁이 치열한 오늘날에 작은 도시국가는 생존하기 어렵다는 가설이 옳지 않음을 입증하기에 충분한, 제3세계에서 가장 번영한 국가로 손꼽히게 되었다.[10]

브루나이 1963-1990년대

보르네오연방 결성을 압박하던 아흐맛 아자하리가 힘을 잃은 뒤, 오마르 알리 사이푸딘 술탄은 말레이시아의 뚠꾸 압둘 라만 수상과 지난한 협상을 벌인 끝에 1963년 결국 말레이시아연방 합류를 거부했다. 그 후폭풍은 예상보다 훨씬 거셌다. 뚠꾸 압둘 라만과 그 뒤를 이은 뚠 압둘 라작 수상은 브루나이의 연방 합류 거부를 결코 묵과하려 하지 않았고, 그들의 '앙심 깊은revengeful' 공세는 10년이 넘게 집요하게 이어졌다.

1964년 초 말레이시아 정부는 브루나이에 파견했던 교사와 관료 수백 명을 도로 불러들였다. 브루나이는 정부와 교육 분야에서 실무 능력을 갖춘 사람이 턱없이 부족했기 때문에 그들의 공백은 큰 혼란을 초래했다. 또한 그해 2월에 말레이시아 정부는 브루나이·보르네오·사라왁·말레이시아 공통 화폐를 발행해온 통화관리위원회를 해산하고, 말레이시아국영은행을 통해 새로 연방화폐를 발행했다. 따라서 1966년 8월 브루나이는 어쩔 수 없이 자국의 화폐를 발행해야 했다.

말레이시아 정부의 '분풀이'는 여기서 그치지 않았다. 라만 수상은 브루나이인민당(PRB)의 지도자인 자이니 하지 아흐맛의 망명 의사를 수락했다. 하지만 술탄은 그를 석방하지 않았다. 7년 뒤 자이니는 동료들과 함께 바라왁형무소에서 탈옥해 사라왁으로 도망쳤다. 이는 치밀한 계획하에 이뤄진 일이기 때문에, 브루나이는 말레이시아 특수부대가 개입했으리라고 의심했다. PRB는 꾸알라룸뿌르에서 사무소 개설을 허락받았고, 탈옥수들이 그곳에 나타나 환영을 받았다.

1975년 말레이시아는 유엔 탈식민지위원회에서 PRB 대표단을 지원했다. PRB 대표단의 독립 호소는 광범위한 호응을 불러일으켰다. 브루나이는 자치권이 있었지만 아시아와 아프리카의 많은 나라에게, 민주주의 시대에 비민주적이고 탈식민지 시대에 여전히 식민지인 시대착오적 국가로 인식되었다. 1975년 말 유엔 총회는 자결과 독립에 관한 브루나이 국민의 양도할 수 없는 권리에 따라, 유엔의 감독하에 자유 총선거를 치를 것을 영국에 요청하는 결의안을 통과시켰다. 이 결의안에서는 모든 정당의 합법화, 모든 정치적 망명자의 귀환과 정치 참여도 요구했다.

1976년 뚠 후세인 온이 말레이시아의 수상이 되었다. 그는 브루나이에 대한 전임자들의 정책을 바로 거스르진 않았지만, 점차 방향을 바꾸기 시작했다. 따라서 1977년에 브루나이와 말레이시아의 관계는 상당히 호전되었다. 1979년 후세인 온은 브루나이 술탄의 여동생 나시바 공주의 결혼식에도 참석했다.

연방에 합류하지 않은 대가로 말레이시아의 보복에 시달리는 한편,

오마르 알리 사이푸딘이 '현대 이슬람 군주제' 국가를 세우기 위해 마지막으로 넘어야 할 관문은 영국의 민주화 압력이었다.

1966년 8월, PRB 부의장이었던 하삐즈가 정당들을 통합해 인민독립전선당(이하 PBKR)을 창당했다. PBKR은 반식민주의 정책을 추구하는 미국의 압력을 받고 있는 영국 정부에게 브루나이의 완전한 독립을 요청하는 청원서를 보냈다. 이에 영국 정부는 언제든 독립을 부여할 준비가 되어 있으나 술탄이 입헌을 통한 개혁을 미루고 있다고 답변했다.

그 이듬해 영국이 신속한 입헌과 개혁을 촉구하기 위해 브루나이에 대표단을 파견하자, 오마르 알리는 1967년 10월 5일 장남인 하싸날 볼키아(재위 1967~현재)에게 양위하여 영국 정부의 압력을 교묘하게 피하는 전략을 택했다. 새 술탄은 아버지와 달리 영국에 입헌을 통한 개혁을 약속한 적이 없으니 더 자유롭게 처신할 수 있기 때문이다. 그 후 오마르 알리는 아들 뒤에 상왕으로 남아서, 브루나이를 이슬람 군주제 독립국으로 만들려는 계략에 몰두했다.

브루나이 제29대 술탄이 된 하싸날 볼키아는 1946년 7월 15일에 태어났다. 처음에 그는 왕위 계승자로 여겨지지 않았다. 삼촌인 아흐맛 따주딘 술탄이 30대 초반 나이로 젊었고, 후계자를 곧 생산할 것으로 기대되었기 때문이다. 하지만 1950년 아흐맛 술탄이 갑작스레 사망하고 아버지인 오마르 알리가 그 자리를 계승하면서 하싸날 볼키아의 인생이 바뀌었다. 1967년 새 술탄이 되었을 때 그의 나이 21세였다.

영국의 민주화 압력에서 비교적 자유로운 하싸날 볼키아는 선친인 오마르 알리 사이푸딘의 정치적 유산을 이어받아, 브루나이에 강력한 술탄을 정치의 중심으로 세우는 신질서, 즉 현대 이슬람 군주제 국가 구축에 본격적으로 착수했다.

1958년에 수도인 반다르 스리 브가완에 술탄의 이름을 딴 오마르 알리 사이푸딘 이슬람사원을 세운 것은, 국민에게 군주의 이슬람 정체성을 각인했다. 또한 1965년 브루나이 헌법은 수상, 부수상과 국무장관이 반드시 샤피 법학파*를 따르는 말레이 무슬림이어야 한다고 명시했다. 이 같은 선친의 유산을 바탕으로, 하싸날 볼키아는 이슬람법 즉 샤리아를 국법으로 도입하려 시도하지는 않았지만, 정부기관과 학교에서 이슬람 의무 교육을 통해 젊은 세대에게 신앙심을 함양했다. 모스크 건립 사업으로 나라 전역에 많은 모스크와 예배소가 세워졌다. 중앙정부가 주관하는 주요 이슬람 행사는 단순한 종교 행사가 아니라 많은 국민이 참여하는 국가 행사였다.

말레이시아와 관계를 호전시켜 역내 위협 요소를 제거한 브루나이는 1979년 1월 7일 완전한 독립으로 가는 디딤돌인 우호협력조약을 영국과 체결했다. 독립이 가시화하면서 무엇보다도 국가체제 형성이 중요해졌다. 정부 관료 대부분은 친서방적인 가치관의 소유자로서, 이슬람 근본주의를 우려하면서, 브루나이는 세속적인 국가여야 한다는 믿음을 갖

---

* 이슬람법인 샤리아는 《쿠란al-Quran》과 예언자 무함마드의 언행록인 《하디스hadith》를 근거로 한다. 《쿠란》과 《하디스》에서 판결에 적용할 법적 근거를 찾지 못한 경우, '끼야스qiyas(유추)'나 '이즈마Ijmā(합의)'를 채택한다. 끼야스는 기존의 판례 중에서 유사한 상황을 찾아내어 적용하거나 관행에 비추어 결정하는 것이고, 이즈마는 공동체의 합의나 법학자 집단의 협의를 거쳐 판결에 도달하는 것이다. 8세기 말 《쿠란》·《하디스》·끼야스·이즈마아가 4대 법원法源으로 확립되었으나, 이후 이들 법원에 대한 해석이나 적용 범위에 대한 이견이 발생하면서 법학파가 생겨나게 되었다. 하나피Hanifi·말리키Maliki·샤피Shafi·한발리Hanbali가 바로 이들 학파다. '이라크 법학파'라고도 불리는 하나피는 이성과 자유를 존중하며 끼야스를 가장 많이 사용한다. '메디나Medina 법학파'로도 불리는 말리키는 메디나의 권위 있는 전통과 구전된 《하디스》를 바탕으로 이론을 발전시켰다. 샤피는 끼야스 적용을 최소화하고, 메디나의 전통 관행 중에서도 《하디스》만을 법원으로 채택한다. 한발리는 오직 《쿠란》과 《하디스》만 따라야 한다고 주장하면서 인간의 이성에 의존하는 유추법을 배격하기 때문에 매우 엄격하고 관용성이 적은 법체계를 이룬다. 동남아시아 이슬람은 순니파Sunni로 샤피 법학파를 따른다.

오마르 알리 사이푸딘 이슬람사원

고 있었다. 이러한 가운데 1981년 10월 하싸날 볼키아는 다또 하지 압둘 아지즈를 임시 수석장관에 임명했다. 그는 다른 관료들과 달리 브루나이 민족정체성의 근간으로 이슬람을 강조했다. 국민의 삶에 이슬람 기풍을 강화할 목적으로 종교사 부서가 신설되었다. 알코올 판매와 소비 금지, 돼지고기 판매 금지, 서구식 연예의 공개 공연 제한, 무슬림 복장 준수 등 무슬림의 행동 규범을 엄격하게 적용하는 법과 규정이 제정되었다.

한편 하싸날 볼키아는 영국과의 관계 변화에 대비해 이웃 국가들과 유대하기 위한 외교 활동도 활발하게 펼치기 시작했다. 독립이 임박한 가운데 브루나이에게는 동남아시아국가연합(아세안) 회원국들의 안보 보장이 무엇보다도 중요했다. 1980년 인도네시아 수하르또 대통령은 브루나이에게 독립과 함께 아세안에 가입할 것을 제안했다. 1981년 하싸날 볼키아 술탄이 처음으로 말레이시아를 방문했다. 그 이듬해에 말레이시아 부수상인 다뚝 무사 히땀이 브루나이를 답방했다. 1983년 마하티르 모하마드 수상이 브루나이를 방문해, 학생들의 직업 훈련을 위해 말레이시아 기관이 협조할 것을 약속했다. 그해에 브루나이의 건축 붐에 참여한 필리핀, 그리고 브루나이에서 소비하는 쌀의 90퍼센트를 제공하는 태국에도 고위급 사절단을 보냈다. 독립 전야에 브루나이는 아세안의 모든 회원국과 외교관계 수립을 마쳤다. 또한 작은 나라의 생존 보호 장치로서 더 광범위한 외교 관계를 확보하고자 영연방과 유엔 가입을 추진했다.

독립이 기정사실화하면서 영국은 이제 술탄에게 의회민주주의 추진을 강요하지 않았고, 브루나이 내부에서도 그에 관한 별다른 움직임이 없었다. 1982년 1월 새 치안법이 발효되면서 1962년의 PRB 반란 이래 지속된 국가비상사태가 연장되었고, 경찰에게 더 폭넓은 권한이 주어졌다.

독립 협상 과정에서 영국은 현대 이슬람 군주제 국가를 일관되게 지향해온 술탄에게서 중국인 사회를 위한 양보를 얻어내는 데도 실패했다. 여전히 브루나이의 상업계에서 중추 역할을 맡고 있음에도, 중국인이 브루나이 시민권을 얻으려면 반드시 이전 25년 중 20년 이상 내내 브루나이에 거주하고, 또 말레이어 시험에 통과해야 했다. 그 결과 독립이 임박했을 때 브루나이의 중국인 중 시민권자는 10퍼센트도 안 되었고, 대부분이 영국 보호민의 지위도 잃게 되었다. 1979년 영국과 체결한 우호협력조약에 따라 영주권을 가진 중국인은 계속해서 브루나이에 머물 수 있었으나, 일시 거주자에겐 여행용 국제 신분증이 발급되었다.

중국인 대부분은 토지를 소유할 수 없고, 시민에게 부여되는 각종 혜택도 누릴 수 없었다. 이러한 배타적인 인종 정책은 한편으로는 중국인의 경제적 성공에 대한 시기심과 그들이 브루나이 경제를 계속해서 지배할 것이라는 두려움, 다른 한편으로는 비말레이인이고 비무슬림인 그들이 이슬람 군주제 국가인 브루나이에 국민으로서 소속감을 가지지 않을 것이란 확신에서 비롯되었다.

중국인에게 시민권을 극도로 제한하고 말레이 무슬림의 정체성을 강화하려는 브루나이 정부의 정책은 인구 구성과도 관련이 있었다. 1981년 인구 조사에 따르면 총인구 19만 3000명 중 약 2만 2000명이 임시 허가를 받은 이주 노동자였다. 그들을 제외한 인구 중 약 3만 9000명(약 23퍼센트)이 중국인으로 등록되었다. 따라서 전체 인구 중 약 13만 명(약 67퍼센트)만이 브루나이 국민이고, 나머지(약 33퍼센트)는 영주권자, 임시 거주자, 일시 체류자 등이었다. 또한 국민 중 카다얀·두순·무룻 등 토착인 집단이 약 55퍼센트(7만 1000여 명)를 차지해, 순수 말레이인은 약 5만 8000여 명에 불과했다.

1983년 12월 31일 오마르 알리 시아푸딘 광장에 운집한 3만 명 앞에서 술탄은 "평화의 집 브루나이Brunei Darussalam는 주권적·민주주의적·독립적 말레이 이슬람 군주제 국가임"을 선언했다. 이로써 브루나이는 완전한 독립과 함께 이슬람교와 군주제 두 핵심 축에 따라 운영되는 현대 이슬람 군주제 국가가 되었다.

독립 후 브루나이는 이전에 시작한 정책을 지속해나갔다. 독립 선언 일주일 뒤 아세안의 완전한 회원국 자격을 얻었고, 유엔·영연방·이슬람회의기구에도 가입했다. 또한 독립 즉시 영국과 완전한 외교 관계를 수립했다. 미국도 필리핀 군사기지의 장기적인 미래가 불확실한 가운데 브루나이와 전략적인 관계를 맺을 것을 고려하고 있었다. 브루나이는 건설·방위 등 다양한 사업 부문에 관심을 둔 프랑스, 독일과도 외교관계를 수립했다. 또한 액화 천연가스 주요 수입국인 일본, 건설 계약에 관심을 보인 한국과 대사급 외교 관계를 맺었다.

1986년 9월 7일 상왕인 오마르 알리 사이푸딘 술탄이 세상을 떠났다. 40일에 걸친 애도 기간이 끝나갈 무렵 하싸날 볼키아는 새 내각을 발표하고, 명실상부한 브루나이 정부 수반이 되었다. 술탄은 수상과 국방장관을 겸직했다. 그는 내각에 왕족과 귀족, 그리고 서구에서 교육받은 평민 출신 전문 관료를 골고루 등용해 균형을 맞추었다.

1990년 7월에 열린 자신의 44세 생일 축하 행사에서 하싸날 볼키아는 '말레이이슬람군주제'(이하 MIB)를 브루나이의 공식 국가이념으로 선포했다. 1990년 10월 2일 예언자 무함마드 탄일을 기념하는 연설에서는 MIB가 '신의 뜻'이라고 선언했다. 이후 몇 년 동안 MIB는 이슬람 규범과 말레이 문화의 보호자로서 술탄의 역할을 정당화하는 이념으로 확고하게 정립되었다.

MIB 이념 아래 정의된 브루나이 국민의 정체성은 자연히 말레이인도, 무슬림도 아닌 브루나이 사람들이 국민으로 통합되는 데 걸림돌로 작용했다. 중국어 교육과 춘절春節 같은 중국인 축일에 대한 정부 규제 때문에, 중국인들은 많은 부를 획득하고 고위직에도 올랐음에도 생활에 제약을 받고 있었다. 정부는 모든 학교가 국가에서 정한 교과 과정을 따라야 한다고 주장하면서도, 중국인의 시민권에 대한 정책은 바꿀 생각을 하지 않았다. 그 결과 기술과 자본을 가진 많은 중국인이 다른 나라로 이민을 떠났다. 또한 MIB 이념은 이슬람 지식의 틀에 브루나이 국민의 사고방식을 가둠으로써, 과학적 탐구와 그에 따른 사회·문화의 발전을 저해할 수도 있는 가능성을 남겼다.

독립 후 10년 동안 브루나이는 석유·천연가스로 인한 수입으로 번영을 이어갔다. 군주제 정부가 확고한 기반을 구축한 가운데, 당분간 나라 안팎의 위협이 없을 것으로 보였다. 정부 행정 영역과 민간 영역에서 교육받은 사람이 일자리를 얻을 기회가 늘어났다. 특히 여성들이 교육 기회를 잘 이용해 공공 분야와 민간에서 중요한 역할을 담당했다. 국민 전반이 국가의 복지 혜택을 누렸다. 부의 양극화가 여전히 존재했지만, 그 불만을 상쇄하기에 충분한 번영이 지속되었다. 정부는 말레이 관습과 종교를 선전하며 검열을 시행해 여론을 통제했고, 국민은 대체로 그에 순응했다. 국민들은 이미 반정부 야당의 험난한 투쟁을 여러 차례 경험했기에, 현 상태에서 주어진 안전한 삶을 더 선호했다.

1997년은 하싸날 볼키아가 즉위한 지 30년이 되는 해였다. 여전히 나라 안팎으로 브루나이는 안전해 보였다. 그러나 브루나이의 장래에 관해 우려할 만한 문제는 도사리고 있다. 만약 현재 술탄의 지배가 끝났을 때, 이웃나라들과 관계가 바뀌었을 때, 그리고 석유와 가스가 고갈되었을 때, 작은 나라 브루나이가 어떻게 생존할 수 있을까 하는 문제다.[11]

필리핀 1972-1990년대

마르코스는 계엄령 치하에서 새로운 질서를 구축하기 위해 '신사회

New Society'건설을 선언했다. 신사회의 목표는 독립 후 갈등과 대립의 정치로 점철된 '구사회Old Society'의 모순에서 비롯된 '아래로부터의 혁명'에 대응해 '위로부터의 혁명'을 통한 통합의 정치를 구현하고, 정치 안정과 경제 발전을 동시에 이룬다는 것이었다.

이를 추진할 강력한 행정부를 구축하려고 마르코스는 1973년 헌법을 개정했다. 1976년에는 1973년 헌법에 9개 조항을 새로 추가하고, 국민투표를 통해 권위주의 정부의 합법성을 확보했다. 이어 그는 법조인 출신답게 다양한 법적 효력을 띠는 정부 명령을 계속해서 쏟아냈다. 14년 계엄령 체제에서 마르코스는 대통령령 1941개, 기관 서한 1331개, 그리고 행정명령 896개를 발동했다. 이 밖에도 그의 사당私黨이자 친위 국가 정당인 '신사회운동'(KBL)이 독립 후 줄곧 유지되어온 양당 체제를 대체했고, 독재정치가 제한된 선거 절차와 함께 민주주의의 외관으로 포장되었다.

한편 마르코스는 경제 발전을 위한 정치 안정을 단지 공권력에만 의존할 수 없었기에, 새로운 정치·경제 조직의 제도화를 추진했다. 각종 직능집단의 이익을 대변하는 거대한 이익단체를 결성해, 이를 정부의 통제하에 두는 이른바 '국가조합주의'를 신사회 건설의 핵심 수단으로 삼았다. 공업 부문에서는 7000개에 달하는 노동조합 중 5640개를 불법화하고, 합법적인 산별 노동조합들을 통합해 필리핀노동조합총회를 결성하고 이를 노동부의 통제하에 두었다. 또한 노·사·정 3자 회의를 구성해 행정부가 노사 양쪽을 모두 통제하는 제도를 마련했다. 농업 부문에서도 토지개혁농민연맹을 만들어 모든 농업 관련 단체가 여기에 가입하도록 하고, 이 연맹을 농업개혁부의 통제하에 두었다.

군부와 전문 관료 집단이 마르코스 권위주의 정권을 이끈 두 핵심축이었다. 계엄령을 통해 권력의 중심을 차지한 군부는 각 지방의 정치와 경찰 조직을 장악한 뒤, 곧바로 계엄령 발동에 직접적인 원인을 제공한 필리핀공산당(CPP)과 신인민군(NPA) 소탕을 위한 군사행동에 돌입했다. NPA의 근거지인 딸락과 이사벨라의 산악 기지들 대부분이 파괴되었고, 1977년에 베르나베 부스카뇨와 시손이 체포되었다. 그럼에도 CPP는 필리핀학생동맹과 '5월1일운동'* 두 단체를 통해 학생과 노동조합을 포섭하며 저항을 이어갔다. 또한 CPP는 마르코스의 인권 침해를 널리 효과적으로 알리려고 국민의 신망을 받는 국민당 상원의원 호세 디오크노, 로렌소 타냐다와 손잡았다. 하지만 계엄령 치하에서 군부의 대대적인 공세에 CPP는 수세에 몰렸다.

마르코스는 전문 관료들을 통해 농민 문제를 파악하고, 그 개선책을 마련해 예산을 편성하고 관리했다. 특히 토지 개혁을 단행해 토지 무소유자와 소작인에게 토지를 분배하고, 자급자족 프로그램인 '소유99'를 통해 농민들이 필리핀국민은행과 농업신용조합에서 토지 3헥타르와 농기구를 구입하는 데 필요한 자금을 융자받을 수 있도록 했다. 석유·대중교통·발전소·비료 생산·은행과 같은 기간산업을 운영할 공기업을 설립해, 사기업과의 경쟁을 유도했다. 새로운 산업 분야에 필리핀국민은행·필리핀개발은행 등 중앙은행의 투자를 장려하고, 수출특구를 지정해 외자 유치를 시도했다. 초기에 이러한 개혁 정책과 미국의 재정 원

---

* 1886년 5월 1일 미국에서 8시간 노동제 쟁취를 주장하며 노동자들이 파업을 벌였고, 경찰은 이들을 유혈 탄압했다. 이날의 노동자 투쟁을 기념해 세계 여러 나라에서 5월 1일을 노동절 또는 근로자의 날로 정했으며 필리핀에서도 마찬가지다. '5월1일운동'은 바로 그날의 투쟁을 기리며 필리핀 노동자들이 1970년대 초에 만든 노동운동 단체다.

조가 마르코스의 독재체제를 공고하게 만들었다.

하지만 초기에 반짝 성공을 거두었을 뿐 지속 가능한 경제 발전은 단지 신기루에 불과했다. 설탕·코코넛·임산품이 수출의 70퍼센트를 차지하는 동안 다른 작물의 생산 증진은 실패했고, 이들 주요 수출 품목도 세계시장의 상황 변동에 예속되었다. 수입품의 가격은 높게 유지되는 반면 수출 소득이 감소하여 국제수지가 점점 더 악화했다. 경제 구조가 수출 위주로 변모했지만 국가 세입은 증가하지 않았다. 예컨대 설탕 산업이 발전했음에도 국회가 대지주 계층의 로비에 막혀 증세를 입법화할 수 없는 가운데, 간접세가 주요 세입원이었다. 따라서 정부는 계속해서 대규모 해외 차입으로 국가 재정을 충당해야 했다.

정부의 부정부패와 비효율이 마르코스의 이상인 신사회 건설에 최대 걸림돌로 작용했다. 독재정권을 지탱하는 정실자본주의는 세 가지 수단, 즉 공권력·독점권·특혜에 의존했다. 마르코스 가문을 포함해 정실로 얽힌 기득권 집단은 이들 수단을 통해 큰 혜택을 누렸다. 그런데도 설탕·자동차·호텔·유흥업 분야 등을 쥐락펴락하는, 정실 집단에 속한 기업들은 대부분 방만한 경영 탓에 비틀거렸다. 1981~1983년 정부는 국고를 투입해 그러한 기업들을 구제했고, 이는 국고 고갈에 큰 몫을 했다.

게다가 마르코스 정권은 전임 행정부 때부터 누적된 국가채무를 감당하려고 비싼 단기 차입에 의존하는 한편, 야심 찬 대형 개발 프로젝트에 투자를 지속했기에 재정 적자 폭이 점점 더 늘어났다. 미국의 개발 원조와 외국의 투자도 급격히 감소하기 시작했다. 1983년 필리핀의 총부채는 미화 250억 달러에 달했다. 실질 임금은 하락했고, 많은 필리핀 사람이 일자리를 찾아 해외로 향했다. 외국인을 포함해 독재에 환멸을 느낀 사업가들은 국제적인 신용도가 추락하자 마닐라를 떠났다.

그럼에도 마르코스 정권은 흔들리지 않았다. 군부와 워싱턴 정부가 마르코스를 강력히 지지하고 있었고, 반대 세력은 분열되어 있었다. 마르코스는 편하게 돈 버는 자리를 제공하며 반대자들을 회유했다. 또 보수적인 가톨릭교회의 환심을 사서 급진 세력의 위협을 약화했다.

1983년 8월 21일, 미국에 체류 중이던 반정부 지도자 베니그노 아키노 주니어가 생명이 위험할 수도 있다는 미국 정부의 경고를 무릅쓰고 마닐라로 돌아왔다. 그는 마닐라 공항에 도착한 지 채 몇 분도 안 되어 살해되었다. 공항의 아스팔트에 누워 있는 그의 주검은 반정부 세력의 결속을 불렀다. 마르코스의 몇몇 동맹 세력도 그에게 등을 돌리기 시작했다. 경제 자유화와 토지 개혁을 통한 국가 경제의 활성화를 꿈꾸던 전문 관료들이 먼저 그를 떠났다. 군부 내 반정부 세력은 '군개혁운동'이란 조직을 결성해 반정부 파업을 일으킬 힘을 모으고 있었다.

1986년 전반적인 상황이 불리하게 돌아가자 마르코스는 대통령 조기 선거로 승부수를 던졌다. 온건한 정치인들, 가톨릭교회, 좌파 단체들, 시민들로 이뤄진 반마르코스 세력은 고故 베니그노 아키노의 부인 코라손 아키노(일명 코리)를 열렬히 지지했다. 1986년 2월 11일, 부정 선거가 자행되는 가운데 자금 부족과 협박에 시달리면서도 코라손 아키노가 승리했다. 마르코스는 자신이 승리했다고 주장하면서 이를 공표하도록 의회에 요구했지만, 그의 주장은 선거 감시원들이 각종 부정 투표에 대한 항의 표시로 개표소에서 공개적으로 퇴장하면서 설득력을 잃었다.

선거 10일 뒤, 마르코스 행정부의 두 실권자인 국방장관 후안 폰세 엔

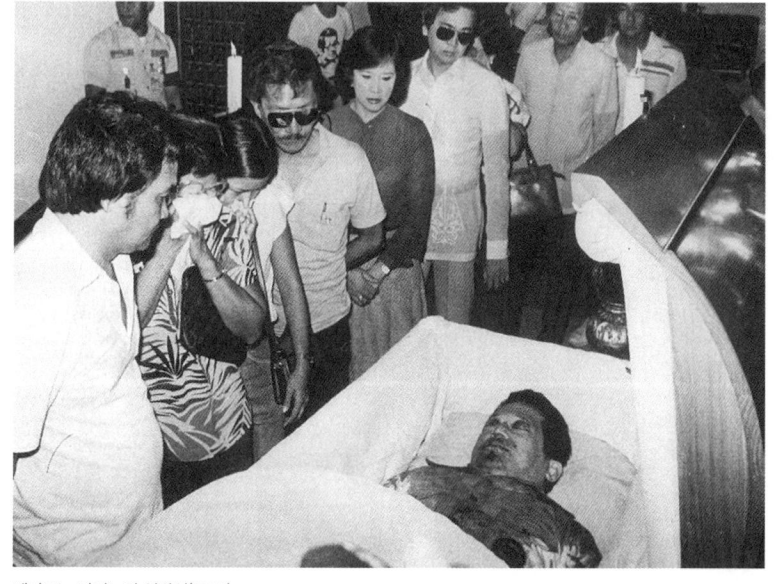

베니그노 아키노의 입관식(1983)

릴레와 육군 참모차장인 피델 라모스 중장이 뒤에 필리핀 '민중의 힘
people power'을 상징하는 유명한 거리가 된 에삐파니오 데 로스 산토스 애
비뉴(일명 '에드사EDSA')를 바리케이드로 막고, 마르코스에 반대하는 군사
시위를 주도했다. 이에 가톨릭교회, 공군을 포함한 군부, 그리고 마닐라
경찰대가 합세했다. 시민 100만여 명이 에드사 거리로 운집했다. 이 무
렵 미국이 개입하기 시작했다. 미국 대통령 로널드 레이건은 마르코스에
대한 지지를 철회하고, 그에게 마닐라를 떠나는 것 외에 다른 길이 없다
고 설득했다. 마르코스가 말라카냥궁을 탈출한 뒤 1986년 2월 25일, 코
리 아키노와 그 지지자들은 마르코스의 독재가 끝났음을 선포했다. 피플
파워가 승리를 거둔 순간이었다.

마르코스는 정치 안정과 경제 발전이란 두 마리 토끼를 모두 잡겠다

대통령 선거에 출마한 코라손 아키노(1986)

는 명분으로 신사회 건설을 내세웠다. 그 핵심 기제로 강력한 공권력과 국가조합주의가 동원되었다. 하지만 마르코스가 자신의 집안과 정실 세력의 이익을 추구하면서 그들에게 기대어 정권을 지키는 사이, 신사회 건설은 완전한 실패로 끝났다. 피플 파워로 탄생한 아키노 정부는 독립 40년 만에 과두적 민주주의와 개발독재 체제에서 벗어나, 민중의 정치적 권리와 책임을 보장하는 민주주의 체제를 확립하고 새로운 국가와 사회를 건설해야 하는 막중한 과제를 안고 필리핀 제5공화국(1986~현재)을 출범시켰다.

아키노(재임 1986~1992) 행정부는 국가 부채의 증가 억제, 수입통제 해제, 농업과 산업 분야의 독점과 특혜 폐지, 관세 축소 등 경제 자유화 조치를 통해 우선 경제 하강 국면을 수습하는 데 모든 노력을 기울였다. 그 결과 1987년에 미화 5.6억 달러이던 외국의 투자가 임기 말인 1992년 미화 25억 달러로 5배 정도 증가했다. 수출액도 미화 88억 달러로 상승했다. 그러나 미화 270억 달러로 연간 국내총생산의 10퍼센트에 해당하는 국가채무의 부담이 정부를 지속적으로 압박했다. 1987~1991년 매년 국가 예산의 40~50퍼센트가 채무 변제에 쓰였다. 게다가 1991년 걸프전으로 해외 노동자 송출이 감소하고, 반미 성향을 띤 상원이 미군기지협정 갱신을 거부해 미국 주둔군이 필리핀을 떠나면서 미화 4.8억 달러에 달하는 임대료 수입을 잃게 되었다.

피플 파워 정권기에 CPP는 필리핀의 제도권 정치에서 이탈했다. CPP는 1986년 선거를 보이콧해 코리 동맹 세력의 권력 분점 협상에서 제외되었다. 그 사이 NPA는 분열했다. 콘라도 발웩과 부스카뇨 세력이 NPA에서 이탈해 NPA 잔당의 무장투쟁을 비난했다. 1987년 아키노 행정부는 CPP에 전면전을 선언했다. 1988년에 많은 CPP 지도자가 체포되었다. 당원들이 정치 활동을 계속하기 위해 비정부기구 등 다른 단체를 찾아 떠나면서 CPP 세력은 급속히 약해졌다.

1987년에 아키노 정부는 국민투표를 통해 새 헌법을 제정했다. 계엄령 전의 대통령·부통령·양원 제도, 그리고 독립된 대법원이 복원되었다. 새 헌법에서는 대통령 임기를 6년 단임으로 정하고, 상원의원의 임기를 6년 2회로 제한했다. 그해에 법정 최저임금을 인상했고, 1989년에는 노동법을 개정해 모든 노사 분쟁을 각 사업장의 고용자와 피고용자 간 단체교섭을 통한 자율 조정에 맡겼다.

한편 새 정부는 토지 개혁에 관한 농민의 오랜 염원에 부응해 사회적 불평등 구조를 해소하는 데 별 성과를 올리지 못했다. 지주 계층을 비호하는 정치인들이 지배하는 의회는 토지 개혁을 비롯해 종합적인 농업

개혁 프로그램을 만들어내지 못했고, 따라서 지주 계층이 계속해서 농업 부문을 독점했다. 아키노 정부 역시 전임 정부들과 마찬가지로 기득권층을 설득하는 데 정치적 한계를 드러내, 인구의 대부분을 이루는 농민에게 실망을 안겼다.

전반적으로 피플 파워 정부는 국민의 정치·사회적 참여와 영향을 강화했다고 평가할 수 있다. 이 시기에 비정부기구가 급격히 성장해 동남아시아에서 필리핀의 시민사회 운동이 가장 활발하게 전개되었다. 시민단체들의 자율적이고 조직적인 역량을 빌려 지역개발 정책을 수립하고 효과적으로 집행하고자 아키노 정부는 1990년 각급 지방정부와 시민단체 간 제휴 운동을 조직했다. 나아가 1991년 통과된 지방자치법은 지방정부의 개발 사업 등 정책을 결정하는 과정에 시민단체의 참여를 법적으로 보장함으로써 '민중권력 강화'라는 중앙정부의 목표에 한 걸음 더 다가섰다.

국가와 사회의 관계에서 마르코스가 국가조합주의를 시험했던 반면, 아키노는 다원주의를 지향했다. 하지만 마르코스의 유산인 국가채무 부담에서 완전히 벗어나지 못했고, 토지개혁 입법의 실패로 다수 농민이 여전히 CPP-NPA의 무장투쟁 노선에 동조했다. 또한 민주화 혁명 이후 노동운동이 급진화할 가능성이 있어, 정부가 충분히 다원주의를 보장하지 못하고 어느 정도 노동운동을 억압한 측면이 있다.

1992년 선거에서 새 대통령으로 선출된 피델 라모스(재임 1992~1998)는 4-D*를 내세우며 임기를 시작했다. 국가 통합을 위한 그의 파격적

---

* 양도devolution, 분권화decentralization, 탈규제deregulation, 민주화democratization.

인 행보가 두드러졌다. 그는 기본적으로 아키노 정부의 다원주의적 국가·사회관의 틀을 유지하는 한편, 급진주의 세력 모두를 다원주의의 틀 안으로 끌어들이고자 전격적 조치들을 단행했다. 국민통합위원회를 설치하고 CPP 합법화, 반국가전복법 폐기, 수감 중인 CPP 지도자들 석방, 그들의 사병私兵 조직 해체 등을 협상 의제로 삼아 급진 세력 지도부와 협상에 착수했다. 민다나오의 반정부 저항기구인 모로민족해방전선(MNLF)과도 자치 협상에 돌입했다.

라모스 행정부는 피플 파워 혁명을 전후하여 급속하게 급진화한 노동운동 세력과 협상하는 데도 노력을 기울였다. 그 결과 필리핀 노동운동을 대표하는 필리핀노동조합총회·자유노동자연합·5월1일운동, 이들 3개 연합기구 가운데 앞의 두 기구가 라모스 행정부의 발전 계획을 지지하게 되었다. 그들 중 가장 급진적인 5월1일운동도 1993년 조직이 분열하면서 이념적 전환을 보였다. 노사 갈등이 현저하게 감소함에 따라, 1997년에 필리핀은 동남아시아에서 투자 환경이 가장 양호한 국가에 속하는 것으로 평가되었다. 농민운동도 라모스 정부 기간에 이념적·조직적 변화를 보이며 온건해졌다.

그러나 석유소비세 신설과 부가가치세 확대 시도는 이념적으로 다양한 사회조직의 저항에 부딪혔다. 석유소비세는 철회되고, 부가가치세는 확대 폭이 줄어들었다. 급진주의 세력이 국정 협력 상대로서 자리 잡으려면 아직 시간이 필요해 보였다. 또한 심각한 인구 문제에 직면해 필리핀 역사상 라모스 정부가 처음으로 시도한 가족계획 정책은 막강한 가톨릭교회의 저항에 부딪혀 돌파구를 찾지 못했다. 라모스 행정부가 임기 종반에 시도한, 대통령 단임제 폐지를 위한 헌법 개정도 무산되었다.

하지만 라모스 행정부는 전임 정권들에게서 물려받았던 경제난을 어느 정도 극복한 것으로 보인다. 1993년 미화 120억 달러에 달하는 누적 채무를 안고 있던 필리핀중앙은행이 다시 정상적으로 기능하게 되었다. 필리핀 주식시장의 안정을 위해 서로 경쟁하던 두 증권거래소가 합병되었다. 국제수지도 개선되었다. 1994~1996년 연평균 6퍼센트 경제 성장이 지속되었다. 실업률도 1991년 10.5퍼센트에서 1996년에 8.5퍼센트대로 하락했다. 1990년대 후반에도 낙관적인 경제 전망이 우세를 점하면서 필리핀은 '아시아의 환자'란 불명예 딱지를 뗀 것으로 보였다.[12]

남부 필리핀

모로민족해방전선(MNLF)과 필리핀 중앙정부 간에 점증하던 충돌은 1971년과 1972년에 일어난 두 사건으로 말미암아 급속히 전면적인 내전으로 전환했다. 첫 번째 사건은 1971년에 실시된 하원의원 선거였다. 이 선거에서 1946년 공화국 출범 이래 처음으로 무슬림 후보자들이 대거 낙선했다. 이는 남부 필리핀에서 불안이 높아지는 가운데, 그동안 안전을 위해 선주민 무슬림의 심기를 건드리지 않으려고 무슬림 후보들을 지지해왔던 기독교인들이 그들에 대한 신뢰를 잃으면서 기독교도 후보에게 투표했기 때문이다. 그 결과 역사적으로 술탄 왕국의 지배 영역이던 민다나오와 술루에서 이제 이슬람 공동체로부터 기독교 공동체로 정치적 힘이 넘어갔다.

두 번째 사건은 1972년 9월 21일 마르코스 대통령이 필리핀 전역에 공포한 계엄령이었다. 남부 필리핀에서 무슬림과 기독교 공동체가 무력 충돌하고 무슬림이 분리·독립 움직임을 보인 것도 계엄령 공포의 한 명분이 되었다. 모로(남부 필리핀 무슬림)는 이 비상조치를 중앙정부의 전면적인 전쟁 선포로 받아들였다. 이제 모로에게는 마르코스 정권에 복종하거나 저항하는 방법 외에 다른 선택의 여지가 없었다. 이때 모로 대부분은 투쟁의 길을 선택했다.

MNLF가 투쟁의 전면에 나섰다. 필리핀 밖에서 공급되는 무기로 MNLF의 투쟁력이 높아졌다. 리비아를 위시한 이슬람 세계에서 말레이시아 사바를 통해 민다나오로 무기가 유입되었다. MNLF의 투쟁에 대한 국제 이슬람권의 큰 관심은 모로의 투쟁에 큰 활력소로 작용했다.

마르코스가 모든 무기를 자진 반납하라고 제시한 마지막 시한 전날인 1972년 10월 24일 무력 충돌이 발생했다. 소요는 곧 민다나오와 술루의 전역으로 빠르게 확산했다. 정부군이 수적·군사적으로 우세했음에도 모로의 투쟁은 1976년까지 3년 넘게 지속되었다. 이 기간에 약 3만 명에 달하는 모로 무장세력을 진압하기 위해 마르코스 정부는 국가 총 병력의 70~80퍼센트를 투입해야 했다. 이 싸움에서 사망자 약 5만 명과 100만 명이 넘는 난민이 발생했다.

그러는 동안 모로의 심각한 고통이 외부 이슬람 세계에 알려지면서, 마르코스 정부에 대한 서아시아 이슬람권 국가들의 외교적 압력이 거세지기 시작했다. 마르코스 정부는 그들의 압력에 민감할 수밖에 없었다. 석유 수입의 40퍼센트를 그들 나라, 특히 사우디아라비아와 이란에 의존하고 있었고, 나아가 1973년 시작된 석유 위기 이후 국제적인 문제에 그들의 영향력이 상당히 커졌다.

이슬람회의기구(이하 OIC)와 특히 이슬람외교장관회의(이하 ICFM)가 마르코스 정부에 MNLF와 협상하라고 압력을 행사했다. 협상은 난항이 예상되었다. 마르코스 정부는 MNLF를 현상 수배된 범법자들로 인식한 반면, OIC 회원국들은 마르코스 정권과 협상해 무력 분쟁을 끝낼 수 있는 유일한 대표로서 MNLF를 지지하고 있었기 때문이다. 또한 MNLF를 이끄는 누르 미수아리의 분리 독립 요구가 협상을 더욱 어렵게 만들었다.

1973~1974년 진행된 OIC 대표와 필리핀 정부의 협상이 아무런 결과 없이 끝났다. 그러는 동안 미수아리가 '독립' 대신 '자치'를 조건으로 내걸며 돌파구가 마련되었다. 1975년 1월 사우디아라비아 지다에서 마르코스 정부와 MNLF 대표의 회담이 열렸다. 하지만 당시 애당초 독립은커녕 자치에도 동의하지 않는 마르코스의 지연 전술로 협상 진행은 지지부진했다. 1976년 12월 23일에 가서야 리비아 트리폴리에서 마르코스 정부와 MNLF 대표가 자치에 동의하면서 정전협정을 체결했다.

1977년 3월 초 트리폴리 협정에 관한 세부 사항을 논의하기 위해 마르코스 정부와 MNLF 대표의 협상이 트리폴리에서 재개되었다. 이때 마르코스의 지지를 받는 모로민족해방기구(BMLO)의 지도자이며 MNLF의 부의장인 라쉬드 루크만이 MNLF의 진정한 대표자를 자처하고 나섰다. 하지만 OIC는 MNLF의 협상 대표로 계속해서 미수아리를 지지했다. 결국 미수아리가 MNLF 대표로 참석한 가운데 열린 이 회담의 주요 쟁점은 '자치'의 정의였다. 트리폴리 협정에는 남부 필리핀 13개 주에 자치 제도를 도입한다는 원칙만 명기되어 있었다. 미수아리는 13개 주를 MNLF가 관할하는 단일 자치구역으로 지정할 것을 요구한 반면, 정부 대표는 주 단위 행정에 그와 같은 변경을 가하려면 주민투표를 거쳐야 한다는 헌법 조항을 이유로 들어 그 요구를 거부했다.

당시 남부 필리핀 13개 주에서는 무슬림과 기독교도의 인구 구성이 복잡한 양상을 띠고 있었다. 몇몇 주에선 여전히 무슬림이 다수를 차지하는 반면, 두 집단의 인구 구성 비율이 엇비슷하거나 기독교도가 압도적 다수를 차지하는 주도 있었다. 따라서 주민투표를 통해 단일 자치구역을 이루는 것은 불가능해 보였다. 미수아리는 트리폴리 협정에 주민투표에 관한 내용이 없다는 이유로 정부의 주장에 반대했다.

그럼에도 마르코스는 주민투표를 관철하고자 1977년 3월 25일 대통령령(Proclamation Number 1628)을 공포했다. 남부 필리핀의 13개 주를 4개 자치구역으로 재편성하는 안과 13개 주 전체를 단일 자치구역으로 지정하는 안, 두 가지가 제시되었다. 4월 17일, 헌법에 따라 13주에서 두 안에 대한 주민의 의사를 묻는 투표가 실시되었다. 예상대로 정부안이 지지를 얻었고, 미수아리의 단일 자치구역 안이 부결되었다. 이로써 마르코스는 트리폴리 협정을 준수했다고 주장했던 반면, 미수아리는 그가 트리폴리 협정을 자의적으로 해석해 위반했다고 비난했다.

MNLF는 곧 분리·독립 투쟁을 재개했다. 하지만 이 과정에서 MNLF의 분열이 더욱 가속했다. 1977년 12월 사우디아라비아 메카에서 개최된 MNLF 중앙위원회 회의에서 살라맛 하심은 미수아리가 트리폴리 협정을 포기하고 투쟁을 재개한 것은 잘못이라고 주장하며, MNLF 의장직에 도전했다. 하지만 OIC와 세계무슬림연맹이 메카에서 동시에 회합을 열고 미수아리에 대한 지지를 표명했다. 미수아리는 하심과 하지 알리 무라드 등 하심을 지지하는 57명을 MNLF에서 추방했다. 그 후 1984년 하심은 현대주의 이슬람을 표방하는 MNLF 지도부와 달리 전통주의 이슬람을 따르는 모로이슬람해방전선(이하 MILF)을 결성했다. 하쉼 세력의 집단 이탈은 꼬따바또 지역에서 MNLF의 세를 크게 약화했다.

1986년 이른바 '피플 파워people power' 혁명으로 권위주의 마르코스 정권이 무너지고 코라손 아키노(재임 1986~1992)가 필리핀공화국의 대통령이 되었다. 북부 루손에서 여전히 활발하게 활동하던 신인민군(NPA)에 부담을 느낀 새 대통령은 남부 필리핀 문제를 해결하고자 빠르게 움직였다. 1986년 9월 아키노는 미수아리의 고향인 술루의 마임붕을 공식 방문해 그를 만났다. 이 회담에서 두 지도자는 적대 관계를 끝내기 위한 협상을 이어나가기로 합의했다. 결국 아키노는 미수아리의 단일 자치구역 지정 요구를 받아들였고, 미수아리는 분리 독립이 아닌 자치안案을 받아들였다. 1987년 1월 4일 사우디아라비아 지다에서 미수아리와 대통령의 시동생인 정부 대표 아피파토 아키노가 최종안에 서명했다. 그리하여 남부 필리핀의 모로랜드는 국방과 치안을 제외하고 독자적으로 선출하는 주지사와 양원 의회 등 모든 자치권을 갖게 되었다.

하지만 1976년 트리폴리 협정 이래 11년 만에 돌파구를 마련한 지다 협정은 곧 문제에 봉착했다. MILF 및 마르코스 정부에 협력하던 다뚜 계층의 정치인들은 자신들이 배제된 가운데 미수아리가 남부 필리핀 무슬림의 유일한 대표로 정부와 체결한 협정을 거부했다. MILF는 이러한 불만의 표시로 협정 체결 열흘 만인 1987년 1월 13일 꼬따바또와 남서부 민다나오의 정부 시설을 공격했다. 그러자 5일 뒤 아키노 대통령은 즉각 꼬따바또의 MILF 지도자 하지 알리 무라드와 만났다. 이 만남으로 임시 휴전이 성사되었지만, MILF가 미수아리의 자치구역 방안을 받아들이지는 않았다.

이 무렵 파키스탄에서 활동하던 하쉼이 아프간의 필리핀 전사들과 함께 민다나오로 귀환했다. 그는 귀국 직후 꼬따바또 북부의 외딴 산악 지역에 아부 바카르 캠프를 세우고 MILF의 본부로 삼았다. 한 보고서에 따르면 MILF 대원 12만 2000명이 그 캠프에서 군사 훈련을 받았고, 1990년까지 MILF는 무장 게릴라 약 1만~1만 5000명을 보유하고 있었다.

1987년 지다 협정을 토대로 술루군도에 기반을 둔 미수아리의 MNLF가 중앙정부와 협력 관계를 유지하는 동안, 아부 바카르 캠프에 기반을 둔 하쉼의 MILF가 반정부 투쟁을 이끌었다. 이러한 가운데 아키노 정부는 지다 협정을 이행하기 시작했다. 1989년 11월 19일 남부 필리핀 13개 주의 주민들은 '무슬림 민다나오 자치구역'(이하 ARMM)으로 명명된 새 통합 자치안을 놓고 또 한 번 투표에 참여했다. 투표 결과 13개 주 중 따위따위 · 술루 · 마귄다나오 · 남부 라나오 4개 주만이 ARMM 합류를 선택했다.

1990년 11월 ARMM이 공식적으로 출범했지만 모로랜드에는 여전히 많은 난제가 도사리고 있었다. 9개 주의 ARMM 합류 거부는 그 지역 인구의 다수를 차지하는 기독교도의 의사에 따라 결정된 것인 만큼, 이제 이들 주에서 무슬림은 소수 집단으로 남게 되었다. MILF의 아부 바카르 캠프는 ARMM과 중앙정부의 통제를 벗어난 외딴 지역에서 독립적인 정부로 행세하며 분리 · 독립 투쟁을 이어나갔다.

1991년 4~12월 알카에다의 지도자인 오사마 빈 라덴이 파키스탄과 아프가니스탄에서 시간을 보낼 때 그와 접촉했던 압두라작 잔잘라니가 1991년 말 필리핀으로 돌아왔다. 귀국 직후 그는 샤리아를 국법으로 하는 이슬람 국가 수립을 목표로 투쟁하는 과격한 아부 사야프 그룹(이하

ASG)을 결성하고, 술루군도 바실란섬의 까빠이완산에 ASG 본부로서 마디나 캠프를 세웠다. 잔잘라니는 1992년 초 잠보앙가와 다바오에서 두 차례 폭탄 공격을 일으켜 ASG의 존재를 알렸다. 1996년까지 ASG는 67건에 이르는 무차별 테러 공격을 감행해 사망자 58명, 부상자 398명을 냈다.

ASG의 등장과 무차별적인 폭력 사태는 1987년 지다 협정과 ARMM의 완성을 이루려는 아키노 대통령의 노력을 크게 훼손했다. 사실상 지다 협정 이후 남부 필리핀 지역에서 오히려 폭력 사태가 더 증가했고, 더욱이 그 폭력은 테러리즘의 양상을 띠었다.

1992년 6월 아키노에 이어 피델 라모스(재임 1992~1998)가 필리핀공화국의 12대 대통령이 되었다. 미 육군사관학교 졸업생인 라모스 중장은 마르코스 행정부 시절 남부 필리핀을 포함해 나라 전체의 법과 질서 유지를 책임졌던 군·경찰 합동대의 수장이었다. 이제 남부 필리핀 사태에 관한 경험이 많은 라모스가 대통령으로서 문제 해결에 나섰다.

그는 남부 필리핀의 문제가 모로의 이슬람 정체성보다는 오히려 경제적인 상대적 박탈감에 기인한다고 확신했다. 따라서 라모스는 이들 지역의 경제 발전 계획을 내세우며, 중앙정부와 ARMM 정부가 평화협정을 맺는 데 초점을 맞추었다. 1996년 9월 2일 OIC 사무총장과 ICFM 위원 6명이 참석한 가운데 말라카냥 대통령궁에서, 라모스와 미수아리는 1976년 트리폴리 협정 이행의 마지막 순서인 일명 자까르따 협정에 서명했다.

이 협정은 단지 4개 주만 ARMM에 합류했던 1989년의 주민투표 결과에 관계없이 남부 필리핀의 14개 주(1992년 3월 남부 꼬따바또주에서 분리·신설된 사랑가니주 포함) 전체를 자치구역으로 인정했을 뿐만 아니라, MNLF 대원을 ARMM의 법과 질서를 책임지는 필리핀군 경찰대로 합병하기로 했다는 점에서 파격적이었다.

협정이 체결된 뒤 일주일 만인 1996년 9월 9일 새로 선거가 치러졌다. 라모스 행정부의 전폭적인 지원 속에 미수아리가 ARMM의 주지사 겸, 자까르따 협정에 따라 구성된 '평화와 발전을 위한 남부 필리핀 협의회'(이하 SPCPD)의 의장으로 선출되었다. 이제 그는 필리핀군 경찰대로 통합된 MNLF 대원들을 이끌면서 모로랜드의 오랜 역사적인 문제를 해결해야 할 중책을 짊어졌다.

라모스는 천연자원이 풍부하나 전쟁으로 폐허가 된 민다나오의 경제적 발전을 위해 SPCPD를 통해 많은 정부 재원을 지원했다. 그는 ARMM의 경제적 발전을 위해 OIC의 지원 약속을 얻어냈고, 말레이시아와 인도네시아도 이 지역에 대한 투자 활성화에 적극 나서기로 했다.

라모스의 정책과 자까르따 협정에 힘입어 이후 몇 년 동안 민다나오에서 폭력 사태가 상당히 감소했다. 하지만 그렇다고 해서 MILF와 ASG가 자까르따 협정을 받아들인 것은 아니었다. 1996년 말 하쉼은 아부 바카르 캠프에서 모로민족 자문 회의를 개최했다. 이 회의에 민다나오 전 지역에서 무슬림 2만 명이 참석했다. 그들은 모로랜드의 분리 독립을 요구하며 자까르따 협정에 강한 반대 의사를 표출했다.

이에 라모스 정부는 민다나오 지방도시의 MILF 대표들과 일종의 해방구liberated zone 마련을 위한 실무 회담을 열었다. 그 결과 1997년 7월 18일 중앙정부와 MILF가 3년 휴전 협정을 체결했다. 이로써 라모스는 자신의 전략대로 모로랜드 주민들의 생활 조건을 개선할 경제 발전 계획을 계속 추진할 수 있는 여건을 만들었다. 꼬따바또와 마라위를 연결하는 나르시소 라모스 고속도로가 건설되고, 아부 바카르 캠프의 MILF 본부에는 포장도로 15킬로미터, 1만 명을 위한 수도 시설, 2500명을 위한 관개시설이 들어섰다.

새로운 환경은 하쉼에게 자부심을 갖게 해주었다. 특히 그의 자부심은 MILF의 해방구가 사실상의 독립국으로서 ARMM보다 더 이슬람다운 정부를 운영하고 있다는 생각에 근거했다. 그의 시각에 MILF의 해방구는 이슬람법 즉 샤리아에 따라 운영되는 작은 이슬람 정부였다.

라모스는 재임 중 하쉼과 휴전 상태를 유지하고자 많은 노력을 기울였지만, 테러, 납치 등 극단적 행동주의 이슬람을 지향하는 ASG의 잔잘라니에 대해서는 아예 그러한 시도조차 하지 않았다. 1998년 6월 라모스에 이어 조셉 에스트라다(재임 1998~2001)가 필리핀 대통령이 되었다. 그가 취임하고 나서 얼마 뒤인 12월 18일, 필리핀군 경찰대가 바실란섬 라미딴에서 총격전을 벌인 끝에 잔잘라니를 사살했다. 잔잘라니의 죽음은 ASG를 최소 5개 집단으로 쪼개는 결과를 가져왔다. 만약 필리핀 정부가 잔잘라니를 제거함으로써 ASG 문제를 해결했다고 믿었다면 그것은 잘못된 생각이었다. 그의 '순교'로 ASG의 분파들은 더욱 폭력적이고 잔인한 테러집단이 되었기 때문이다.

에스트라다 대통령은 전임자들이 그동안 민다나오 무슬림의 '응석'을 받아주었다며 비난했다. 그는 MILF, ASG와 공존할 게 아니라 정부군이 그들을 소탕해야 한다고 믿었다. ASG의 한 분파인 악명 높은 '코만더 로봇' 집단이 2000년 4월 23일 시피단섬에서 7개 나라에서 온 관광객 21명을 납치했다. 그러자 나흘 뒤인 27일 에스트라다는 MILF와 ASG에 전면전을 선포했다. 이로써 남부 필리핀의 해묵은 분쟁은 21세기를 맞으며 또 다른 국면에 접어들었다.

아로요 대통령(임기 2001~2010)은 전임 정부와 달리 비교적 온건한 MILF와 과격한 ASG를 분리해서 상대하는 정책을 폈다. 2003년 아로요 정부는 MILF와 휴전협정을 맺었다. 하지만 ASG와는 어떤 타협도 배제한 채 소탕 일변도인 태도를 고수했다. 아로요는 특히 알카에다와 깊은 유대를 맺고 있던 인도네시아의 제마 이슬라미야 등 다른 외부의 과격 이슬람 단체와 ASG가 협력을 강화할까 봐 우려해서 지속적으로 적극적인 공세를 취했다.[13]

미주

1장 | 어디에 있는 어떤 곳인가

1 *The World Factbook 2018-19*, Washington, DC: Central Intelligence Agency, 2018. https://www.cia.gov/library/publications/resources/the-world-factbook/fields/279rank.html#ID%202018-19.

2 *The World Factbook 2018-19*.

3 조흥국 2009: 오스본, 2000: Hall 1959-60 · 1960 · 1961 · 1974 · 1981: Emmerson 1984: Solheim 1985: Osborne 2013: McCloud 1986.

4 조흥국 2009: 최병욱 2006: 박경은 · 정환승 2016: Wolters 1999: Higham 1989: Reid 1988: Rigg 1991: Christie 1986.

5 조흥국 2009: 최병욱 2006: 소병국 1994: 박경은 · 정환승 2016: Wolters 1999: Cowan 1976: Smail 1961: Sears 1993: Wolters 1999: Emmerson 1980 · 1984: Solheim 1985: Geertz 1960: Reid 1979: McCloud 1986.

2장 | 말과 사람들

1 Munoz 2006: Ricklefs 2010: SarDesai 1989.

3장 | 고대 문명과 동서 교류

1 소병국 1994: Higham 1989: Solheim 1972a · 1972b: White 1982: Glover 2004: Bellwood 1979 · 1985: Loofs-Wissowa 1983: Manguin 1980: Munoz 2006: Andaya 2001: Shaffer 1996.

2 김상범 2003: 곰브리치 2010: 미야자키 2000: Hall 1985 · 1992: Munoz 2006: Andaya 2001: Shaffer 1996.

3 소병국 1994; 조흥국 2009; 유인선 2002; 곰브리치 2010; 프랭코판 2017; 세계사연구회 2008; Coedes 1968; Mabbett 1977; Sarkar 1985; Bosch 1961; Manguin 2011; Rawson 1967; Munoz 2006; Ricklefs 2010.

4장 | 고대 전기의 공국 만달라

1 유인선 2002; 최병욱 2006; 송정남 2010; Smith 1979; Taylor 1992; SarDesai 1989 · 1998; Hall 1976; McCloud 1986.

2 최병욱 2006; Mabbett 1990; Munoz 2006; Ricklefs 2010; Taylor 1992; SarDesai 1989.

3 최병욱 2006; Coedes 1968; Taylor 1992; Chandler 1993; Shaffer 1996; Munoz 2006; Hall 1992; Ricklefs 2010; McCloud 1986; SarDesai 1989.

4 최병욱 2006; Chandler 1993; Mabbett 1995; Coedes 1968; Taylor 1992; SarDesai 1989.

5 최병욱 2006; Ricklefs 2010; SarDesai 1989.

6 Vallibhotama 1990; Wyatt 1984; Ricklefs 2010.

7 Wheatley 1961; Zakiah 2004; Hall 1985; Munoz 2006; Ibrahim 1985.

8 권오신 1998; 최병욱 2006; Francia 2010; Constantino 1975; Agoncillo 1969.

5장 | 고대 후기의 제국 만달라

1 유인선 2002; 최병욱 2006; 송정남 2010; Tran 1990.

2 최병욱 2006; Ricklefs 2010; Mabbett 1990.

3 최병욱 2006; Chandler 1993; Mabbett 1995; Stargardt 1990; Vickery 1990; Kulke 1978 · 1986; Coedes 1968; Higham 1989; Taylor 1992; Ricklefs 2010; SarDesai 1989.

4 최병욱 2006; Aung-Thwin 1998 · 2012; Taylor 1992; Wyatt 1984; SarDesai 1989.

5 조흥국 2007; 김영애 2001; Wyatt 1984.

6 조흥국 2007; Wyatt 1984; Ricklefs 2010; Taylor 1992.

7 자이날 1998; 소병국 2019; 최병욱 2006; Wolters 1967 · 1970; Takakusu 1896; Kulke 2009; Andaya 2001; Munoz 2006; Taylor 1992; Hall 1992; Shaffer 1996; McCloud 1986.

8　Munoz 2006; Shaffer 1996; Hall 1992; Rawson 1967; Christie 1986.

9　Munoz 2006; Shaffer 1996; Hall 1992; Kulke 2009; Christie 1986.

10　Munoz 2006; Shaffer 1996; Hall 1992; Christie 1986.

6장 | 고전시대의 동서 교류

1　김상범 2003; 주경철 2008; 최병욱 2006; 소병국 1994; 곰브리치 2010; 세계사연구회 2008; 미야자키 2000; Reid 1988 · 1993a; Andaya 1992b; Xu 2006; Meilink 1962; Nordin 2007; Parry 1966; Tarling 1962; Boxer 1965 · 1969; Wang 1958; Graaf 1984; Ricklefs 2010; SarDesai 1989.

2　소병국 2015; 세계사연구회 2008; 곰브리치 2010; 미야자키 2000; Ricklefs 2001 · 2006 · 2010; Keyes 1995; Reid 1993b; Andaya 1992a; Rafael 1988; Tan 2009; Chaudhuri 1985; Cortesao 1944; Graaf 1984.

7장 | 고전시대의 왕국 만달라

1　유인선 2002; 최병욱 2006; 송정남 2010; SarDesai 1998; Andaya 1992b; Ricklefs 2010.

2　최병욱 2006; Chandler 1993; Mabbett 1995; Ricklefs 2010; Andaya 1992b.

3　최병욱 2006; Stuart-Fox 1997 · 1998; Wyatt 1984; Ricklefs 2010; Evans 2002; Andaya 1992b.

4　최병욱 2006; 세계사연구회 2008; Aung-Thwin 2012; Liberman 1984; Andaya 1992b; Ricklefs 2010.

5　조흥국 2007; 최병욱 2006; 김영애 2001; Kasetsiri 1976; Wyatt 1984; Pombejra 1993; Ricklefs 2010; Andaya 1992b.

6　이병도 2000; 조흥국 2007; Reid 2008; Virunha 2008; Gross 2007; Ibrahim 1985; Zakiah 2004.

7　Slametmuljana 1976; Munoz 2006; Ricklefs 2001; Graaf 1984; Hall 1992; Shaffer 1996.

8　Munoz 2006; Ricklefs 2001; Graaf 1984.

9　Munoz 2006; Ricklefs 2001; Graaf 1984.

10　Ricklefs 2001; Boxer 1965; Shaffer 1996; Andaya 1992b.

11 Andaya 1981 · 1992b · 1993 ; Ricklefs 2001.

12 신성원 2009 ; Cotterell 2015 ; Pringle 2004 ; Baum 1938 ; Lansing 1983 ; Munoz 2006.

13 소병국 2015 · 2019 ; 자이날 1998 ; 최병욱 2006 ; 소병국 · 조흥국 2004 ; Andaya 1992b · 2001 ; Thomaz 1993 ; Milner 1982 ; Boxer 1969 ; Wake 1964 ; Gullick 1958 ; Beckman 1994 ; Wang 1958.

14 자이날 1998 ; Andaya 1975 · 2001 ; Raja 1982 ; Trocki 1979.

15 자이날 1998 ; Ricklefs 2001 ; Andaya 1992b.

16 소병국 2019 ; Saunders 2014 ; Leake 1990 ; de Vienne 2015 ; Trocki 1979 ; Young 2007.

17 최병욱 2006 ; Francia 2010 ; Agoncillo 1969 ; Constantino 1969 · 1975 ; Parry 1966 ; Rafael 1988 ; Shurz 1959 ; Ricklefs 2010.

18 권오신 1998 ; 유왕종 2000 ; 소병국 2019 ; Gowing 1979 ; McKenna 1998 ; Warren 2007 · 2010 ; Young 2007 ; Xu 2006 ; Francia 2010.

8장 │ 근대 초기의 위기와 대응

1 세계사연구회 2008 ; 곰브리치 2010 ; 최병욱 2006 ; 소병국 1994.

2 유인선 2002 ; 최병욱 2006 ; 송정남 2010 ; Tarling 1992 ; Tai 1983 ; Nguyen 1973 ; Choi 2004 ; SarDesai 1998 ; Truong 1967 ; Tarling 1992 ; Owen 2005 ; Steinberg 1987.

3 최병욱 2006 ; Chandler 1993 ; Mabbett 1995 ; Edwards 2007 ; Tarling 1992 ; Owen 2005 ; Steinberg 1987.

4 최병욱 2006 ; Stuart-Fox 1997 ; Tarling 1992 ; Evans 2002 ; Ricklefs 2010.

5 최병욱 2006 ; Aung-Thwin 2012 ; Ni 1985 ; Tarling 1992 ; Owen 2005 ; Steinberg 1987.

6 조흥국 2015 ; 최병욱 2006 ; 김영애 2001 ; Wyatt 1984 ; Terwiel 1983 ; Owen 2005 ; Steinberg 1987 ; Ricklefs 2010.

7 이병도 2000 ; Gross 2007 ; Aphornsuvan 2008 ; Virunha 2008 ; Ibrahim 1985.

8 고영훈 2018 ; Ricklefs 2001 ; Carey 1981 · 2007 ; Tarling 1992 ; Owen 2005 ; Steinberg 1987 ; Taylor 1983a.

9 Ricklefs 2001 ; Owen 2005.

10 신성원 2009 ; Cotterell 2015 ; Pringle 2004 ; Munoz 2006.

11 Molnar 2010 ; Andaya 1992b ; Carey 1995.

12 유인선 1998 ; 강승문 2017 ; Andaya 2001 ; Tarling 1962 · 1992 ; Turnbull 2016 ;
Nordin 2007 ; Abdullah 1955 ; Mohamed 1975 ; Milner 1982 ; Steinberg 1987.

13 자이날, 1998 ; Saunders 2014 ; de Vienne 2015 ; Leake 1990 ; Pringle 1970 ; Andaya
2001 ; Tarling 1963 · 1971.

14 권오신 1998 ; Francia 2010 ; Agoncillo 1956 ; Constantino 1969 · 1975 ; Rizal 1968 ;
Schumacher 2002 ; Ileto 1998 ; Ricklefs 2010 ; Steinberg 1987.

15 Gross 2007 ; Gowing 1979 ; McKenna 1998 ; Xu 2006 ; Warren 2007 · 2010 ;
Tarling 1992.

9장 | 식민지배기의 근대적 전환

1 유인선 2002 ; 송정남 2010 ; Chandler 1993 ; Stuart-Fox 1997 ; Osborne 1969 ;
SarDesai 1998 ; Dommen 1985 ; Edwards 2007 ; Von Der Mehden 1974 ; Ricklefs
2010 ; Steinberg 1987.

2 스타인버그 2011 ; Aung-Thwin 2012 ; Adas 1974 ; Charney 2009 ; Chen 1968 ;
Thant 2001 ; Keeton 1974 ; Brown 2005 ; Orwell 1985 ; Von Der Mehden 1974 ;
Ricklefs 2010 ; Steinberg 1987.

3 조흥국 2015 ; Wyatt 1984 ; Batson 1984 ; Reynolds 1987 ; Terwiel 1983 ; Hong
1984 ; Rabibhadana 1969 ; Ricklefs 2010 ; Steinberg 1987.

4 이병도 2000 ; Gross 2007.

5 Elson 1984 ; Geertz 1963 ; Ingleson 1986 ; Multatuli 1967 ; Vickers 2005 ; Von Der
Mehden 1974 ; Kartodirdjo 1973 ; Sutherland 1979 ; Furnivall 1948 ; Ricklefs 2001 ;
Steinberg 1987.

6 신성원 2009 ; Cotterell 2015 ; Pringle 2004 ; Baum 1938 ; Noer 1973 ; Geertz 1980.

7 Molnar 2010 ; Taylor 1999 ; Carey 1995.

8 유인선 1998 ; 강승문 2017 ; 자이날 1998 ; 소병국 2017 ; Turnbull 2016 ; Andaya
1979 · 2001 ; Alatas 1977 ; Emerson 1937 ; Lim 1977 ; Sharom 1984 ; Khoo 1972 ;
Milner 2001 ; Gullick 1987 ; Pauconnier 1931 ; Sharil 1984 ; Von Der Mehden

1974; Steinberg 1987.

9 자이날 1998; Saunders 2014; Pringle 1970; Tarling 1971; de Vienne 2015; Leake 1990; Andaya 2001.

10 권오신 1998; Francia 2010; Agoncillo 1969; Friend 1965; Karnow 1989; Von Der Mehden 1974; Larkin 1972; Constantino 1975; Ricklefs 2010; Steinberg 1987; Owen 1984.

11 Gross 2007; Gowing 1979; McKenna 1998; Warren 2007 · 2010; Xu 2006.

10장 | 식민지배기의 민족주의 운동

1 유인선 2002; 송정남 2010; 푸크너 2019; Duiker 1976 · 1983 · 2000; Marr 1971 · 1981; SarDesai 1998; Truong 1982 · 1984; Woodside 1976; Christie 2001; Von Der Mehden 1974; Ricklefs 2010; Steinberg 1987.

2 Chandler 1993; Steinberg 1987.

3 양승윤 외 2005; Aung-Thwin 2012; Charney 2009; Hebert 1982; Maung 1980; Moscotti 1974; Thant 2001; Steinberg 1987; Von Der Mehden 1974; Christie 2001.

4 조흥국 2007 · 2015; Wyatt 1984; Reynolds 2002; Terwiel 1983; Ricklefs 2010; Steinberg 1987.

5 Ricklefs 2001; Frederick 1989; Elson 2007; Noer 1973; Pane 1985; Shiraishi 1990; Taufik 1971; Van Niel 1960; Veur 1969; Vickers 2005; Von Der Mehden 1974; Steinberg 1987; Christie 2001.

6 유인선 1998; 강승문 2017; Roff 1967; Soh 2012; Andaya 2001; Turnbull 2016; Khoo 1974; Swettenham 1942; Gullick 1987; Von Der Mehden 1974; Steinberg 1987.

7 Agoncillo 1969; Larkin 1972; Constantino 1969; Ricklefs 2010; Steinberg 1987; Christie 2001.

8 Gowing 1979; Gross 2007; McKenna 1998.

11장 | 2차 세계대전과 일제하의 격동

1 유인선 2002; 조재현 1995; Marr 1980; Duiker 1983; Tarling 2001; Goto 2003;

Steinberg 1987; Von Der Mehden 1974; Ricklefs 2010; Owen 2005; Christie 2001.

2 Chandler 1993; Edwards 2007; Tarling 2001; Silverstein 1967; Ricklefs 2010; Owen 2005.

3 Ivarsson 2000; Stuart-Fox 1996 · 1997; Dommen 1985; Tarling 2001; Ricklefs 2010.

4 장준영 2017; 김성원 1995; Aung-Thwin 2012; Taylor 1980; Silverstein 1967; Thant 2001; Maung 1989; Kratoska 1998b; Tarling 2001; Von Der Mehden 1974; Goto 2003; Ricklefs 2010; Steinberg 1987.

5 Batson 1980; Wyatt 1984; Owen 2005; Christie 2001.

6 Anderson 1972; Frederick 1989; Benda 1958; Reid 1980 · 1986; Silverstein 1967; Kratoska 1998b; Ricklefs 2001 · 2010; Tarling 2001; Von Der Mehden 1974; Goto 2003; Steinberg 1987; Owen 2005.

7 Molnar 2010; Taylor 1999.

8 소병국 1995a · 1995b; 강승문 2017; Soh 1998 · 1999 · 2012; Turnbull 2016; Akashi 1980; Cheah 1980 · 1983; Kratoska 1995 · 1998a · 1998b · 2002; Stockwell 1979; Von Der Mehden 1974; Steinberg 1987; Tarling 2001; Ricklefs 2010.

9 Saunders 2014; de Vienne 2015.

10 김태명 · 김성철 1995; Friend 1965 · 1988; Kratoska 1998b; McCoy 1980b; Silverstein 1967; Francia 2010; Goto 2003; Ricklefs 2010; Owen 2005; Christie 2001; Steinberg 1987; Tarling 2001; Von Der Mehden 1974.

11 Gross 2007; Gowing 1979.

12장 | 전후의 탈식민지 투쟁

1 유인선 2002; 송정남 2010; Duiker 1983 · 1995 · 1996 · 2000; SarDesai 1998; Smith 1971; Truong 1984; Woodside 1976; Lawrence 2007; Taylor 1983b; Buttinger 1958; Herring 1996; Colbert 1977; Goto 2003; Owen 2005; Ricklefs 2010; Steinberg 1987; Von Der Mehden 1974; Christie 2001; Stockwell 1992; Cady 1974.

2 Chandler 1993 ; Von Der Mehden 1974 ; Colbert 1977 ; Cady 1974 ; Christie 2001 ; Owen 2005 ; Ricklefs 2010 ; Stockwell 1992 ; Steinberg 1987.

3 Stuart-Fox 1996 · 1997 ; Dommen 1985 ; Owen 2005 ; Ricklefs 2010 ; Stockwell 1992 ; Steinberg 1987 ; Christie 2001 ; Von Der Mehden 1974 ; Colbert 1977 ; Cady 1974.

4 장준영 2017 ; Aung-Thwin 2012 ; Maung 1989 ; Taylor 2009 ; Thant 2001 ; Cady 1958 · 1974 ; Stockwell 1992 ; Ricklefs 2010 ; Steinberg 1987 ; Von Der Mehden 1974 ; Christie 2001 ; Colbert 1977 ; Goto 2003.

5 Wyatt 1984 ; Ricklefs 2010 ; Steinberg 1987 ; Cady 1974 ; Stockwell 1992 ; Colbert 1977.

6 Gross 2007 ; Hack 2008 ; Colbert 1977.

7 Reid 1974 ; Frederick 1989 ; Anderson 1972 ; Smail 1964 ; Sukarno 1966 ; Legge 1985 ; Ricklefs 2001 · 2010 ; Song 2008 ; Owen 2005 ; Steinberg 1987 ; Stockwell 1992 ; Christie 2001 ; Von Der Mehden 1974 ; Cady 1974 ; Vickers 2005 ; Colbert 1977 ; Goto 2003.

8 Molnar 2010 ; Inbaraj 1995 ; Nicoll 2002.

9 자이날 1998 ; Andaya 2001 ; Soh 1996 · 2012 ; Cheah 2002 ; Short 1975 ; Stubbs 1990 ; Lau 1991 ; Hack 2008 ; Sopiee 2005 ; Ricklefs 2010 ; Owen 2005 ; Stockwell 1979 ; Steinberg 1987 ; Christie 2001 ; Von Der Mehden 1974 ; Cady 1974 ; Vickers 2005 ; Colbert 1977.

10 유인선 1998 ; 강승문 2017 ; Turnbull 2016 ; Josey 1968 ; Lau 1991 ; Sopiee 2005 ; Colbert 1977 ; Cady 1974.

11 Saunders 2014 ; Leake 1990 ; Ranjit Singh 1991 ; de Vienne 2015.

12 자이날 1998 ; Saunders 2014 ; Andaya 2001 ; Mackie 1974 ; Ricklefs 2010.

13 Karnow 1989 ; Agoncillo 1969 ; Constantino 1975 ; Steinberg 1967 ; Goto 2003 ; Ricklefs 2010 ; Stockwell 1992 ; Cady 1974.

13장 | 국민국가 건설의 실험

1 유인선 2002 ; Duiker 1983 · 1995 · 1996 · 2000 ; Jacobs 2004 · 2006 ; Truong 1984 ; Woodside 1976 ; Herring 1996 ; Buttinger 1968 ; Smith 1971 ; SarDesai

1998; Von Der Mehden 1974; Christie 2001; Taylor 1983b; Steinberg 1987; Owen 2005; Ricklefs 2010.

2 김성주 1999; Chandler 1993 · 1999; Becker 1998; Kiernan 2002 · 2004; Chanda 1986; Mabbett 1995; Ricklefs 2010; Owen 2005; Steinberg 1987; Von Der Mehden 1974; Christie 2001.

3 Stuart-Fox 1996 · 1997; Dommen 1985; Ricklefs 2010; Steinberg 1987; Christie 2001; Von Der Mehden 1974.

4 장준영 2017; 스타인버그, 2011; 양승윤 외 2005; Spiro 1970; Taylor 2001 · 2009; Aung-Thwin 2012; Thant 2001; Butwell 1963; Ricklefs 2010; Colbert 1977; Christie 2001; Von Der Mehden 1974.

5 김영애 2001; 조흥국 2007; Handley 2006; Wyatt 1984; Ricklefs 2010.

6 이병도 2000; 소병국 1997; Gross 2007; Hack 2008; Suwannathat-Pian 2008; Johnson 2008; Reid 2008.

7 소병국 2003a; Liu 2011; Mackie 1974; Ricklefs 2001 · 2010; Legge 1985; Sukarno 1966; Hughes 2002; Roosa 2006; Song 2008; Christie 2001; Von Der Mehden 1974; Owen 2005; Steinberg 1987.

8 소병국 2003b; 양승윤 외 2010; Molnar 2010; Taylor 1999; Nicoll 2002; Inbaraj 1995; Carey 1995.

9 자이날. 1998; Andaya 2001; Soh 1996 · 2012; Cheah 2002; Mackie 1974; Lee 1998; Furnivall 1948; Sopiee 2005; Christie 2001; Steinberg 1987.

10 유인선 1998; 강승문 2017; Turnbull 2016; Josey 1968; Lee 1998; Lau 1998; Sopiee 2005; Christie 2001; Steinberg 1987.

11 Saunders 2014; Ranjit Singh 1991; Leake 1990; de Vienne 2015.

12 권오신 1998; 박사명 1998; Constantino 1975; Karnow 1989; Kerkvliet 1977; Francia 2010; Ricklefs 2010; von Der Mehden 1974; Steinberg 2000.

13 유왕종 2000; Gross 2007; Gowing 1979; McKenna 1998.

14장 | 신질서, 발전과 도전

1 Duiker 1981 · 1983; SarDesai 1998; Chanda 1986; Owen 2005; Ricklefs 2010.

2 김성주 1999; Slocomb 2003; Chandler 1993; Widyono 2008; Gottesman 2003;

Ricklefs 2010; Owen 2005.

3 Stuart-Fox 1996 · 1997; Evans 2002; Dommen 1985; Owen 2005; Ricklefs 2010.

4 장준영 2017; 양승윤 외 2005; Taylor 2001 · 2009; Aung-Thwin 2012; Charney 2009; Maung 1999; Owen 2005; Ricklefs 2010.

5 조흥국 2007; 김홍구 1999; 김영애 2001; Reynolds 2002; Handley 2006; Owen 2005; Ricklefs 2010.

6 이병도 2000; 소병국 1997; Gross 2007; Johnson 2008; Horstmann 2008; Reid 2008.

7 소병국 2003a; Ricklefs 2001 · 2010; Elson 2001; Seo 2013; Soh 2007; Song 2008; Owen 2005.

8 소병국 2003b; 양승윤 외 2010; Molnar 2010; Ballard 2008; Cohen 2006.

9 소병국 1997 · 2003c · 2009 · 2018; Soh 2002 · 2012; Cheah 2002; Mahathir 1970; Chandra 1987; Hussin 1993; Milne 1999; Nagata 1984; Andaya 2001; Owen 2005; Ricklefs 2010.

10 유인선 1998; 강승문 2017; Turnbull 2016; Lee 1998; Lee 2008; Mauzy 2002.

11 손주영 2000; Saunders 2014; Leake 1990; Ranjit Singh 1991.

12 권오신 1998; 박사명 1998; 서경교 1998; Francia 2010; Steinberg 2000; Owen 2005; Ricklefs 2010.

13 유왕종 2000; Gross 2007; Gowing 1979; McKenna 1998; Francia 2010.

참고문헌

강승문, 2017, 《싱가포르역사 다이제스트 100》, 가람기획.

고영훈, 2018, 《자바 우체부길》, 한국외국어대학교 지식출판원.

곰브리치, 에른스트, 2010, 《곰브리치 세계사》, 비룡소.

권오신, 1998, 〈필리핀의 역사〉, 양승윤 외, 《필리핀: 세계 최대의 로마 카톨릭 국가》, 한국
　　외국어대학교출판부, 13~73쪽.

김상범, 2003, 〈중국, 해상 실크로드의 진원지〉, 양승윤 외, 《바다의 실크로드》, 청아출판
　　사, 27~78쪽.

김성원, 1995, 〈일제하 미얀마 민족의식의 발전〉, 소병국 외, 《일제하의 동남아》, 한국외국
　　어대학교출판부, 47~84쪽.

김성주, 1999, 〈캄보디아의 정치경제〉, 양승윤 외, 《동남아 미래의 국가 라오스·캄보디
　　아》, 한국외국어대학교출판부, 185~206쪽.

김영애, 2001, 《태국사》, 한국외국어대학교출판부.

김태명·김성철, 1995, 〈일제하의 필리핀〉, 소병국 외, 《일제하의 동남아》, 한국외국어대
　　학교출판부, 167~190쪽.

김홍구, 1999, 《태국학 입문》, 부산외국어대학교출판부.

미야자키, 마사카츠, 이영주 옮김, 2000, 《하룻밤에 읽는 세계사》, 랜덤하우스코리아.

박경은·정환승, 2016, 《태국 다이어리, 여유와 미소를 적다》, 눌민.

박사명, 1998, 〈필리핀의 정치구조와 정치변동〉, 양승윤 외, 《필리핀: 세계 최대의 로마 카
　　톨릭 국가》, 한국외국어대학교출판부, 75~103쪽.

서경교, 1998, 〈필리핀 군부의 정치적 역할〉, 양승윤 외, 《필리핀: 세계 최대의 로마 카톨릭
　　국가》, 한국외국어대학교출판부, 105~128쪽.

세계사연구회 편저, 2008, 《상식으로 꼭 알아야 할 세계사》, 삼양미디어.

소병국, 1994, 〈동남아 · 인도〉, 《역사학보》, 144, 401~430쪽.

소병국 외, 1994, 《동남아의 정치변동》, 서울프레스.

소병국, 1995a, 〈일제하 동남아연구의 동향과 전망〉, 소병국 외, 《일제하의 동남아》, 한국
　　외국어대학교출판부, 1~8쪽.

소병국, 1995b, 〈일제하 말레이 민족의식의 발전: 단절인가 연속인가?〉, 소병국 외, 《일제
　　하의 동남아》, 9~46쪽.

소병국, 1997, 〈말레이시아 이슬람 부흥운동의 발전과 침체(1970~1997): 주요 닥와
　　(Dakwah) 집단을 중심으로〉, 《동남아연구》, 6, 139~169쪽.

소병국 외, 2001, 《동남아의 종교와 사회》, 오름.

소병국, 2003a, 〈인도네시아 서파푸아 분리주의 운동의 근원과 전개〉, 《국제지역연구》, 7,
　　2, 233~268쪽.

소병국, 2003b, 〈사나나 구스마오〉, 이희수 외, 《위대한 아시아》, 황금가지, 373~378쪽.

소병국, 2003c, 〈마하티르 빈 모하마드〉, 이희수 외, 《위대한 아시아》, 250~257쪽.

소병국 · 조흥국, 2004, 《불교 군주와 술탄: 태국과 말레이시아 왕권의 역사》, 전통과 현대.

소병국, 2009, 〈법제사적 관점에서 본 이슬람과 말레이시아 문화적 정체성〉, 《외법논집》,
　　33, 4, 77~101쪽.

소병국, 2015, 〈전통시기 말레이 법제도로 본 이슬람화의 몇 가지 양상〉 《동남아연구》, 24,
　　3, 33~54쪽.

소병국, 2017, 〈영국 식민지배 시기 말레이시아 법제도의 변동〉, 《동남아연구》, 26, 3,
　　29~46쪽.

소병국, 2018, 〈이슬람과 현대 말레이시아 법제도의 변동〉, 《동남아연구》, 28, 1, 3~26쪽.

소병국, 2019, 〈오랑 라웃의 활동과 역할: 전통 말레이 세계 국가형성의 숨겨진 동학〉, 《동
　　남아연구》, 29, 1, 3~34쪽.

손주영, 2000, 〈이슬람은 어떤 종교인가〉, 양승윤 외, 《동남아의 이슬람》, 한국외국어대학
　　교출판부, 1~40쪽.

송정남, 2010, 《베트남 역사 읽기》, 한국외국어대학교출판부.

스타인버그, 데이비드, 2011, 장준영 옮김, 《버마/미얀마: 모두가 알아야 할 사실들》, 높이
　　깊이.

신성원, 2009, 〈관광산업, 국가 그리고 발리문화: 발리춤으로 본 전통 만들기〉, 한국외국어
　　대학교 국제지역대학원 박사학위 논문.

양승윤 외, 2005, 《미얀마》, 한국외국어대출판부.

양승윤 외, 2010, 《동티모르 · 브루나이》, 한국외국어대학교출판부.

오스본, 밀턴, 2000, 조흥국 책임번역 · 감수, 《한 권에 담은 동남아시아 역사》, 오름.

유왕종, 2000, 〈필리핀의 이슬람〉, 양승윤 외, 《동남아의 이슬람》, 한국외국어대학교출판부, 189~213쪽.

유인선, 1998, 〈싱가포르 150년사(1819-1969): 어촌에서 독립국가로〉, 양승윤 외, 《싱가포르: 동남아의 선진 복지국가》, 한국외국어대학교출판부, 13~65쪽.

유인선, 2002, 《새로 쓴 베트남의 역사》, 이산.

이마가와, 에이치, 이홍배 옮김, 2011, 《동남아시아 현대사와 세계열강의 자본주의 팽창》(전 2권), 이채.

이병도, 2000, 〈태국의 이슬람〉, 양승윤 외, 《동남아의 이슬람》, 한국외국어대학교출판부, 215~246쪽.

자이날 아비딘 빈 압둘 와히드 편저, 소병국 편역, 1998, 《말레이시아사》, 오름.

장준영, 2017, 《하프와 공작새: 미얀마 현대정치 70년사》, 눌민.

조재현, 1995, 〈베트남 점령과 일제의 이중성〉, 소병국 외, 《일제하의 동남아》, 한국외국어대학교출판부, 85~130쪽.

조흥국, 2007, 《태국: 불교와 국왕의 나라》, 소나무.

조흥국, 2009, 〈동남아시아 문화와 사회의 형성〉, 《수완나부미》, 창간호, 부산외국어대학교 동남아시아연구소, 1~25쪽.

조흥국, 2015, 《근대 태국의 형성》, 소나무.

주경철, 2008, 《대항해 시대: 해상 팽창과 근대 세계의 형성》, 서울대학교출판문화원.

최병욱, 2006, 《동남아시아사: 전통 시대》, 대한교과서.

최병욱, 2008, 《베트남 근현대사》, 창비.

푸크너, 마틴, 최파일 옮김, 2019, 《글이 만든 세계: 세계사적 텍스트들의 위대한 이야기》, 까치.

프랭코판, 피터, 이재황 옮김, 2017, 《실크로드 세계사: 고대 제국에서 G2 시대까지》, 책과함께.

한국이슬람학회, 2018, 《세계의 이슬람》, 청아출판사.

Abdullah bin Abdul Kadir, 1955, A. H. Hill trans and annotated, "The Hikayat Abdullah", *Journal of the Malayan Branch of the Royal Asiatic Society*, 28, 1 (June), 1~345.

Adas, Michael, 1974, *The Burma Delta: Economic Development and Social Change on an Asian Rice Frontier, 1852-1941*, Madison: University of Wisconsin Press.

Adas, Michael, 1980, "'Moral Economy' or 'Contest State'?: Elite Demands and the Origins of Peasant Protest in Southeast Asia," *Journal of Social History*, 13, 4, 521~546.

Agoncillo, Teodoro A, 1956, *The Revolt of the Masses: The Story of Bonifacio and the Katipunan*, Manila: University of the Philippines Press.

Akashi, Yoji, 1980, "The Japanese Occupation of Malaya: Interruption or Transformation?" In McCoy, Alfred ed, *Southeast Asia under Japanese Occupation*, New Haven: Yale University Southeast Asia Studies, 54~74.

Alatas, Syed Hussein, 1977, *The Myth of the Lazy Native: A Study of the Image of the Malays, Filipinos and Javanese from the 16th to the 20th Century and Its Function in the Ideology of Colonial Capitalism*, London: F. Cass.

Andaya, Barbara W, 1979, *Perak, The Abode of Grace: A Study of an Eighteenth-Century Malay State*, Kuala Lumpur: Oxford University Press.

Andaya, Barbara W, 1992a, "Religious Developments in Southeast Asia c. 1500-1800," In Tarling, Nicholas ed, *The Cambridge History of Southeast Asia*, Volume One, Cambridge: Cambridge University Press, 508~571.

Andaya, Barbara W. and Leonard Y. Andaya, 2001, *A History of Malaysia*, Hampshire: Palgrave.

Andaya, Leonard Y, 1975, *The Kingdom of Johor, 1641-1728*, Kuala Lumpur: Oxford University Press.

Andaya, Leonard Y, 1981, *The Heritage of Arung Palakka: A History of South Sulawesi in the Seventeenth Century*, The Hague: M. Nijhoff.

Andaya, Leonard Y, 1992b, "Interactions with the Outside World and Adaptation in Southeast Asian Society, 1500-1800," In Tarling, Nicholas ed, *The Cambridge History of Southeast Asia*, Volume One, Cambridge: Cambridge University Press, 345~401.

Andaya, Leonard Y, 1993, "Cultural State Formation in Eastern Indonesia," In Reid,

Anthony J. S. ed, *Southeast Asia in the Early Modern Era: Trade, Power, and Belief*, Ithaca: Cornell University Press, 23~41.

Anderson, Benedict R. O'G., 1972, *Java in a Time of Revolution: Occupation and Resistance, 1944-1946*, Ithaca: Cornell University Press.

Aphornsuvan, Thanet, 2008, "Origins of Malay Muslim 'Separatism' in Southern Thailand," In Montesano, Michael and Patrick Jory eds, *Thai South and Malay North: Ethnic Interactions on a Plural Peninsula*, Singapore: National University of Singapore Press, 91~123.

Aung-Thwin, Michael, 1985, *Pagan: The Origins of Modern Burma*, Honolulu: University of Hawai'i Press.

Aung-Thwin, Michael, 1998, *Myth and History in the Historiography of Early Burma: Paradigms, Primary Sources, and Prejudices*, Athens: Ohio University Press.

Aung-Thwin and Maitrii Aung-Thwin, 2012, *A History of Myanmar Since Ancient Times: Traditions and Transformations*, London: Reaktion Books.

Ballard, J. R, 2008, *Triumph of Self-Determination: Operation Stabilise and United Nations Peacemaking in East Timor*, Westport, CT: Praeger Security International.

Bastin, John and Harry J. Benda, 1968, *A History of Modern Southeast Asia*, Englewood Cliffs: Prentice-Hall.

Batson, Benjamin A, 1980, "Siam and Japan: The Perils of Independence," In McCoy, Alfred ed, *Southeast Asia under Japanese Occupation*, New Haven: Yale University Southeast Asia Studies, 205~221.

Batson, Benjamin A, 1984, *The End of the Absolute Monarchy in Siam*, Singapore: Oxford University Press.

Baum, Vicki, 1938, *Tale of Bali*, New York: Literary Guild.

Becker, Elizabeth, 1998, *When the War was Over: Cambodia and the Khmer Rouge Revolution*, New York: Public Affairs.

Beckman, Robert C, Carl Grundy-Warr and Vivian L. Forbes, 1994, "Acts of Piracy in the Malacca and Singapore Straits," *IBRU Maritime Briefing* 1, 4, 1~37.

Bellwood, P. S, 1979, *Man's Conquest of the Pacific*, London: Oxford University Press.

Bellwood, P. S, 1985, *Prehistory of the Indo-Malaysian Archipelago*, Sydney and Orlando: Academic Press.

Benda, Harry J, 1958, *The Crescent and the Rising Sun: Indonesian Islam under the Japanese Occupation, 1942-1945*, The Hague: W. van Hoeve.

Benda, Harry J. and J. A. Larkin, 1967, *The World of Southeast Asia*. New York: Harper and Row.

Bosch, F. D. K, 1961, *Selected Studies in Indonesian Archaeology*, The Hague: M. Nijhoff.

Boxer, C. R, 1965, *The Dutch Seaborne Empire, 1600-1800*, London: Hutchinson.

Boxer, C. R, 1969, *The Portuguese Seaborne Empire, 1415-1825*, New York: Alfred A. Knopf.

Brown, Ian, 2005, *A Colonial Economy in Crisis: Burma's Rice Cultivators and the World Depression of the 1930s*, London: Routledge.

Buttinger, Joseph, 1958, *The Smaller Dragon: A Political History of Vietnam*, New York: Praeger Publishers.

Butwell, Richard, 1963, *U Nu of Burma*, Stanford: Stanford University Press.

Cady, John F, 1958, *A History of Modern Burma*, Ithaca, NY: Cornell University Press.

Cady, John F, 1964, *Southeast Asia: Its Historical Development*, New York: McGraw-Hill.

Cady, John F, 1974, *The History of Post-War Southeast Asia*, Athens: Ohio University Press.

Carey, Peter B. R, trans, 1981, *Babad Dipanegara: An Account of the Outbreak of the Java War, 1825-1830*, Kuala Lumpur: Malaysian Branch of the Royal Asiatic Society.

Carey, Peter B. R and G. Carter Bentley eds, 1995, *East Timor at the Crossroads: The Forging of a Nation*, London: Cassell, SSRC.

Carey, Peter B. R, 2007, *The Power of Prophecy: Prince Dipanagara and the End of an Old Order in Java, 1785-1855*, Leiden: KITLV Press.

Chanda, Nayan, 1986, *Brother Enemy: The War after the War*, San Diego: Harcourt Brace Jovanovich.

Chandler, David P, 1993, *A History of Cambodia*, Boulder: Westview Press.

Chandler, David P, 1999, *Brother Number One: A Political Biography of Pol Pot*, Boulder:

Westview Press.

Chandra Muzaffar, 1987, *Islamic Resurgence in Malaysia*, Petaling Jaya: Fajar Bakti.

Charney, Michael W, 2009, *A History of Modern Burma*, Ithaca, NY: Cornell University Press.

Chaudhuri, K. N, 1985, *Trade and Civilization in the Indian Ocean: An Economic History from the Rise of Islam to 1750*, Cambridge: Cambridge University Press.

Cheah, Boon Kheng, 1980, "The Social Impact of the Japanese Occupation of Malaya (1942-1945)," In McCoy, Alfred ed, *Southeast Asia under Japanese Occupation*, New Haven: Yale University Southeast Asia Studies, 75~103.

Cheah, Boon Kheng, 1983, *Red Star over Malaya: Resistance and Social Conflict during and after the Japanese Occupation of Malaya, 1941-46*, Singapore: Singapore University Press.

Cheah, Boon Kheng, 2002, *Malaysia: The Making of a Nation*, Singapore: Institute of Southeast Asian Studies.

Chen, Sik-Hwa, 1968, *The Rice Industry of Burma, 1852-1940*, Kuala Lumpur: University of Malaya Press.

Choi, Byung Wook, 2004, *Southern Vietnam under the Reign of Minh Mang (1820-1841): Central Policies and Local Response*, Ithaca, NY: Cornell University Southeast Asia Program.

Christie, Clive J, 2001, *Ideology and Revolution in Southeast Asia, 1900-1980: Political Ideas of the Anti-Colonial Era*, Richmond: Curzon Press.

Christie, Jan Wisseman, 1986, "Negara, Mandala, and Despotic State: Images of Early Java," In Marr, David G. and A. C. Milner eds, *Southeast Asia in the 9th to 14th Centuries*, Singapore: Institute of Southeast Asian Studies, 65~94.

Coedes, George, 1968, *The Indianized States of Southeast Asia*, Susan Brown Cowing Trans, Vella, Walter F. ed, Honolulu: East-West Center Press.

Cohen, D, 2006, *Indifference and Accountability: The United Nations and the Politics of International Justice in East Timor*, Honolulu: East-West Center.

Colbert, Evelyn, 1977, *Southeast Asia in International Politics, 1941-1956*, Ithaca, NY: Cornell University Press.

Constantino, Renato, 1969, *The Making of a Filipino: A Story of Philippine Colonial Politics*, Quezon City: Foundation for Nationalist Studies.

Constantino, Renato, 1975, *A History of the Philippines*, New York: Monthly Review Press.

Cortesao, Armando, Trans and ed, 1944, *The Suma Oriental of Tome Pires and the Book of Francisco Rodrigues*, 2 Vols, London: The Hakluyt Society.

Cotterell, Arthur, 2015, *Bali: A Cultural History*, Oxford: Single Books.

Cowan, C. D. and O. W. Wolters eds, 1976, *Southeast Asian History and Historiography: Essays Presented to D. G. E. Hall*, Ithaca, NY: Cornell University Press.

de Vienne, Marie-Sybille, 2015, *Brunei: From the Age of Commerce to the 21th Century*, Singapore: National University of Singapore Press.

Dommen, Arthur J, 1985, *Laos: Keystone of Indochina*, Boulder: Westview Press.

Duiker, William J, 1976, *The Rise of Nationalism in Vietnam, 1900-1941*, Ithaca, NY: Cornell University Press.

Duiker, William J, 1981, *Vietnam Since the Fall of Saigon*, Athens: Ohio University Monographs in International Studies.

Duiker, William J, 1983, *Vietnam: Nation in Revolution*, Boulder: Westview Press.

Duiker, William J, 1995, *Sacred War: Nationalism and Revolution in a Divided Vietnam*, New York: McGraw-Hill.

Duiker, William J, 1996, *The Communist Roads to Power in Vietnam*, Boulder: Westview Press.

Duiker, William J, 2000, *Ho Chi Minh*, New York: Hyperion.

Edwards, Penny, 2007, *Cambodge: The Cultivation of a Nation, 1860-1945*, Honolulu: University of Hawai'i Press.

Elson, Robert E, 1984, *Javanese Peasants and the Colonial Sugar Industry: Impact and Change in an East Java Residency, 1830-1940*, Singapore: Oxford University Press.

Elson, Robert E, 2001, *Suharto: A Political Biography*, Cambridge: Cambridge University Press.

Elson, Robert E, 2007, *The Idea of Indonesia: A History*, Cambridge : Cambridge University Press.

Emerson, Rupert, 1937, *Malaysia: A Study in Direct and Indirect Rule*, New York : The Macmillan Company.

Emmerson, Donald K, 1980, "Issues in Southeast Asian History : Room for Interpretation — A Review Article," *Journal of Asian Studies*, 40, 43~68.

Emmerson, Donald K, 1984, "'Southeast Asia' : What's in a Name?", *Journal of Southeast Asian Studies*, 15, 1, 1~21.

Evans, Grant, 2002, *A Short History of Laos: The Land in Between*, NSW : Allen & Unwin.

Francia, Luis H, 2010, *A History of the Philippines: From Indios Bravos to Filipinos*, New York : The Overlook Press.

Frederick, William H, 1989, *Visions and Heat: The Making of Indonesia Revolution*, Athens : Ohio University Press.

Friend, Theodore, 1965, *Between Two Empires: The Ordeal of the Philippines, 1929-1946*, New Haven : Yale University Press.

Friend, Theodore, 1988, *The Blue-Eyed Enemy: Japan against the West in Java and Luzon, 1942-1945*, Princeton : Princeton University Press.

Furnivall, J. S, 1948, *Colonial Policy and Practice: Comparative Study of Burma and Netherlands India*, Cambridge : Cambridge University Press.

Geertz, Clifford, 1960, *The Religion of Java*, Glencoe : Free Press.

Geertz, Clifford, 1963, *Agricultural Involution*, Berkeley : University of California Press.

Geertz, Clifford, 1980, *Negara: The Theater State in Nineteenth-century Bali*, Princeton : Princeton University Press.

Glover, Ian and Peter Bellwood eds, 2004, *Southeast Asia: From Prehistory to History*, London : Routledge.

Goh, Beng-Lan ed, 2011, *Decentring & Diversifying Southeast Asian Studies: Perspectives from the Region*, Singapore : Institute of Southeast Asian Studies.

Goto, Kenichi, 2003, *Tensions of Empire: Japan and Southeast Asia in the Colonial and Postco-*

lonial World, Athens: Ohio University Press.

Gottesman, Evan R, 2003, *Cambodia after the Khmer Rouge: The Politics of Nation-Building*, New Haven: Yale University Press.

Gowing, Peter G, 1979, *Muslim Filipinos: Heritage and Horizon*, Quezon City: New Day Publishers.

Graaf, H. J. and Th. G. Th. Pigaud, 1984, *Chinese Muslims in Java in the 15th and 16th Centuries*, Clayton: Monash University Centre for Southeast Asian Studies.

Gross, Max L, 2007, *A Muslim Archipelago: Islam and Politics in Southeast Asia*, Washington, DC: National Defense Intelligence College.

Gullick, J. M, 1958, *Indigenous Political System of Western Malaya*, London: University of London Athlone Press.

Gullick, J. M, 1987, *Malay Society in the Late Nineteenth Century: The Beginnings of Change*, Singapore: Oxford University Press.

Hack, Karl, 2008, "Long March to Peace of the Malayan Communist Party in Southern Thailand," In Montesano, Michael and Patrick Jory eds, *Thai South and Malay North: Ethnic Interactions on a Plural Peninsula*, Singapore: National University of Singapore Press, 173~200.

Hall, D. G. E, 1959-60, "Looking at Southeast Asian History," *Journal of Asian Studies*, 19, 268~281.

Hall, D. G. E, 1960, "On the Study of Southeast Asian History," *Pacific Affairs*, 33, 268~281.

Hall, D. G. E. ed, 1961, *Historians of Southeast Asia*, London: Oxford University Press.

Hall, D. G. E, 1974, "The Integrity of Southeast Asian History," *Journal of Southeast Asian Studies*, 4, 159~168.

Hall, D. G. E, 1981, *A History of South-East Asia*, 4th edition, New York: St, Martin's Press.

Hall, Kenneth R. and J. K. Whitmore eds, 1976, *Explorations in Early Southeast Asian History: The Origins of Southeast Asian Statecraft*, Ann Arbor: University of Michigan Center for South and Southeast Asian Studies.

Hall, Kenneth R, 1985, *Maritime Trade and State Development in Early Southeast Asia*, Honolulu: University of Hawai'i Press.

Hall, Kenneth R, 1992, "Economic History of Early Southeast Asia," In Tarling, Nicholas ed, *The Cambridge History of Southeast Asia*, Volume One, Cambridge: Cambridge University Press, 183~275.

Handley, Paul, 2006, *The King Never Smiles: A Biography of Thailand's Bhumibol Adulyadej*, New Haven: Yale University Press.

Hasan, Noorhaidi, 2006, *Laskar Jihad: Islam, Militancy and the Quest for Identity in Post-New Order Indonesia*, Ithaca, NY: Cornell University Southeast Asia Program.

Hebert, Patricia, 1982, "The Hsaya San Rebellion (1930–1932) Reappraised", Clayton: Monash University Centre of Southeast Asian Studies Working Papers.

Heidhues, Mary Somers, 2000, *Southeast Asia: A Concise History*, London: Thames & Hudson.

Herring, George C, 1996, *America's Longest War: The United States and Vietnam, 1950-1975*, 3rd Edition, New York: McGraw-Hill.

Higham, Charles, 1989, *The Archaeology of Mainland Southeast Asia: From 10,000 B. C. to the Fall of Angkor*, Cambridge: Cambridge University Press.

Hong, Lysa, 1984, *Thailand in the Nineteenth Century: Evolution of the Economy and Society*, Singapore: Institute of Southeast Asian Studies.

Horstmann, Alexander, 2008, "Pilgrimage and the Making of Ethnic Identities on a Plural Peninsula," In Montesano, Michael and Patrick Jory eds, *Thai South and Malay North: Ethnic Interactions on a Plural Peninsula*, Singapore: National University of Singapore Press, 275~291.

Hughes, John, 2002, *The End of Sukarno: A Coup that Misfired, A Purge that Ran Wild*, 4th Edition, Singapore: Editions Didier Millet.

Hussin Mutalib, 1993, *Islam in Malaysia: From Revivalism to Islamic State?*, Singapore: Singapore University Press.

Ibrahim Syukri, 1985, *History and The Malay Kingdom of Patani*, Conner Bailey and John N. Miksic trans, Athens: Ohio University Monographs in International Studies.

Ileto, Reynaldo C, 1998, *Pasyon and Revolution: Popular Movements in the Philippines, 1840-1910*, Quezon City: Ateneo de Manila University Press.

Inbaraj, Sonny, 1995, *East Timor: Blood and Tears in Asean*, Chiang Mai: Silkworm Books.

Ingleson, John, 1986, *In Search of Justice: Workers and Union in Colonial Java, 1908-1926*, Singapore: Oxford University Press.

Ivarsson, Soren, 2000, "Towards a New Laos: Lao Nhay [Great Lao] and the Campaign for National 'Reawakening' in Laos, 1941-45," In Evans, Grant ed, *Laos: Culture and Society*, Singapore: Institute of Southeast Asian Studies, 61~78.

Jacobs, Seth, 2004, *America's Miracle Man in Vietnam: Ngo Dinh Diem, Religion, Race, and U. S. Intervention in Southeast Asia, 1950-1957*, Durham, NC: Duke University Press.

Jacobs, Seth, 2006, *Cold War Mandarin: Ngo Dinh Diem and the Origin of America's War in Vietnam, 1950-1963*, Lanham, MD: Rowman & Littlefield.

Johnson, Irving Chan, 2008, "The Mobility of Stories and the Expansive Spaces of Kelantanese Thai Religiosity," In Montesano, Michael and Patrick Jory eds, *Thai South and Malay North: Ethnic Interactions on a Plural Peninsula*, Singapore: National University of Singapore Press, 304~326.

Josey, Alex, 1968, *Lee Kuan Yew: The Crucial Years*, Singapore: Times Books International.

Karnow, Stanley, 1989, *In Our Image: America's Empire in the Philippines*, New York: Random House.

Kartodirdjo, Sartono, 1973, *Protest Movements in Rural Java: A Study of Agrarian Unrest in the 19th and Early 20th Centuries*, Singapore: Oxford University Press.

Kasetsiri, Charnvit, 1976, *The Rise of Ayudhya: A History of Siam in the Fourteenth and Fifteenth Centuries*, Kuala Lumpur: Oxford University Press.

Keeton, C. L, 1974, *King Thibaw and the Ecological Rape of Burma*, Delhi: Manohar Book Service.

Kerkvliet, Benedict J, 1977, *The Huk Rebellion: A Study of Peasant Revolt in the Philippines*,

Berkeley : University of California Press.

Keyes, Charles F, 1995, *The Golden Peninsula: Culture and Adaptation in Mainland Southeast Asia*, Paperback Reprinted Edition, Honolulu : University of Hawai'i Press.

Khoo, Kay Kim, 1972, *The Western Malay States, 1850-1873: The Effect of Commercial Development on Malay Politics*, Kuala Lumpur : Oxford University Press.

Khoo, Kay Kim, 1974, "Malay Society, 1874-1920s," *Journal of Southeast Asian Studies*, 5, 2, 179~198.

Kiernan, Ben, 2002, *The Pol Pot Regime: Race, Power, and Genocide in Cambodia under the Khmer Rouge, 1975-79*, 2nd Edition, New Haven : Yale University Press.

Kiernan, Ben, 2004, *How Pol Pot Came to Power*, 2nd Edition, New Haven : Yale University Press.

Kratoska, Paul ed, 1995, *Malaya and Singapore during the Japanese Occupation*, Singapore : National University of Singapore Press.

Kratoska, Paul, 1998a, *The Japanese Occupation of Malaya: A Social and Economic History*, Honolulu : University of Hawai'i Press.

Kratoska, Paul ed, 1998b, *Food Supplies and the Japanese Occupation of South-East Asia*, New York : St. Martin's Press.

Kratoska, Paul ed, 2002, *Southeast Asian Minorities in the Wartime Japanese Empire*, New York : Curzon.

Kulke, Hermann, 1978, *The Devaraja Cult*, Ithaca : Cornell University Southeast Asia Program.

Kulke, Hermann, 1986, "The Early and the Imperial Kingdom in Southeast Asian History," In Marr, David G. and A. C. Milner eds, *Southeast Asia in the 9th to 14th Centuries*, Singapore : Institute of Southeast Asian Studies, 1~22.

Kulke, Hermann, K. Kesavapany and Vijay Sakhuja eds, 2009, *Nagapattinam to Suvarnadwipa: Reflections on the Chola Naval Expeditions to Southeast Asia*, Singapore : Institute of Southeast Asian Studies.

Lansing, John S, 1983, "The 'Indianization' of Bali," *Journal of Southeast Asian Studies*, 14, 2, 409~421.

Larkin, John A, 1972, *The Pampangans: Colonial Society in a Philippine Province*, Berkeley: University of California Press.

Lau, Albert, 1991, *The Malayan Union Controversy, 1942-1948*, Singapore: Oxford University Press.

Lau, Albert, 1998, *A Moment of Anguish: Singapore in Malaysia and the Politics of Disengagement*, Singapore: Times Academic Press.

Lawrence, Mark and Fredrik Logevall eds, 2007, *The First Vietnam War: Colonial Conflict and Cold War Crisis*, Cambridge, MA: Harvard University Press.

Leake, David, J, 1990, *Brunei: The Modern Southeast Asian Islamic Sultanate*, Kuala Lumpur: FORUM.

Lee, Edwin, 2008, *Singapore: The Unexpected Nation*, Singapore: Institute of Southeast Asian Studies.

Lee, Kuan Yew, 1998, *The Singapore Story: Memoirs of Lee Kuan Yew*, Singapore: Prentice Hall.

Legge, J. D, 1985, *Sukarno: A Political Biography*, 2nd Edition, Sydney: Allen & Unwin.

Liberman, Victor B, 1984, *Burmese Administrative Cycles: Anarchy and Conquest, c. 1580-1760*, Princeton: Princeton University Press.

Lim, Tack Ghee, 1977, *Peasants and the Agricultural Economy in Colonial Malaya, 1874-1941*, Kuala Lumpur: Oxford University Press.

Liu, Hong, 2011, *China and the Shaping of Indonesia, 1949-1965*, Singapore: National University of Singapore Press.

Loofs-Wissowa, H. H. E, 1983, "The Development and Spread of Metallurgy in Southeast Asia: A Review of the Present Evidence," *Journal of Southeast Asian Studies*, 41, 3, 1~11.

Mabbett, Ian W, 1977, "The Indianization of Southeast Asia: Reflections on the Prehistoric Sources," *Journal of Southeast Asian Studies*, 8, 1, 1~14. 8, 2, 143~161.

Mabbett, Ian W, 1990, "Buddhism in Champa," In Marr, David G. and A. C. Milner eds, *Southeast Asia in the 9th to 14th Centuries*, Singapore: Institute of Southeast Asian Studies, 289~313.

Mabbett, Ian W. and David Chandler, 1995, *The Khmers*, Oxford: Blackwell Publishers.

Mackie, J. A. C, 1974, *Konfrontasi: The Indonesia-Malaysia Dispute, 1963-1966*, Kuala Lumpur: Oxford University Press.

Mahathir bin Mohamad, 1970, *The Malay Dilemma*, Singapore: Asia Pacific Ltd.

Manguin, Pierre-Yves, 1980, "The Southeast Asian Ship: An Historical Approach," *Journal of Southeast Asian Studies*, 11, 2, 266~276.

Manguin, Pierre-Yves, A. Mani and Geoff Wade eds, 2011, *Early Interactions between South and Southeast Asia: Reflection on Cross-Cultural Exchange*, Singapore: Institute of Southeast Asian Studies.

Marr, David G, 1971, *Vietnamese Anti-Colonialism, 1885-1925*, Berkeley: University of California Press.

Marr, David G, 1980, "World War II and the Vietnamese Revolution," In McCoy, Alfred ed, *Southeast Asia under Japanese Occupation*, New Haven: Yale University Southeast Asia Studies, 104~131.

Marr, David G, 1981, *Vietnamese Tradition on Trial, 1920-1945*, Berkeley: University of California Press.

Maung Maung, 1980, *From Sangha to Laity: Nationalist Movements of Burma, 1920-1940*, New Delhi: Manohar.

Maung Maung, 1989, *Burmese Nationalist Movements, 1940-1948*, Hong Kong: Kiscadale Publications.

Maung Maung, 1999, *The 1988 Uprising*, New Haven: Yale University Southeast Asia Studies.

Mauzy, Diane K. and R. S. Milne, 2002, *Singapore Politics under the People's Action Party*, London: Routledge.

McCloud, Donald G, 1986, *System and Process in Southeast Asia: The Evolution of a Region*, Boulder: Westview Press.

McCloud, Donald G, 1995, *Southeast Asia: Tradition and Modernity in the Contemporary World*, Boulder: Westview Press.

McCoy, Alfred W, 1980a, "Introduction", In McCoy, Alfred ed, *Southeast Asia under Jap-*

anese Occupation, New Haven: Yale University Southeast Asia Studies, 1~11.

McCoy, Alfred W. 1980b, "'Politics by Other Means': World War II in the Western Visayas, Philippines," In McCoy, Alfred ed, *Southeast Asia under Japanese Occupation*, New Haven: Yale University Southeast Asia Studies, 158~203.

McKenna, Thomas M. 1998, *Muslim Rulers and Rebels: Everyday Politics and Armed Separatism in the Southern Philippines*, Berkeley: University of California Press.

McVey, Ruth T. ed, 1978, *Southeast Asian Transitions: Approach through Social History*, New Haven: Yale University Press.

Meilink-Roelofsz, M. A. P. 1962, *Asian Trade and European Influence in the Indonesian Archipelago between 1500 and about 1630*, The Hague: M. Nijhoff.

Milne, R. S. and Diane K. Mauzy, 1999, *Malaysian Politics under Mahathir*, London: Routledge.

Milner, Anthony C. 1982, *Kerajaan: Malay Political Culture on the Eve of Colonial Rule*, Tucson: University of Arizona Press.

Milner, Anthony C. 2001, *The Invention of Politics in Colonial Malaya*, Cambridge: Cambridge University Press.

Mohamed Ibrahim Munshi, Sweeney and N. Phillips trans, 1975, *The Voyages of Mohamed Ibrahim Munshi*, Kuala Lumpur: Oxford University Press.

Molnar, Andrea Katalin, 2010, *Timor Leste: Politics, History, and Culture*, London: Routledge.

Moscotti, Albert D. 1974, *British Policy and the Nationalist Movement in Burma, 1917-1937*, Honolulu: University of Hawai'i Press.

Multatuli(Dekker, Eduard Douwes), 1967, *Max Havelaar*, New York: London House and Maxwell.

Munoz, Paul Michel, 2006, *Early Kingdoms of the Indonesian Archipelago and the Malay Peninsula*, Singapore: Editions Didier Millet.

Nagata, Judith, 1984, *The Reflowering of Malaysian Islam*, Vancouver: University of British Columbia Press.

Nguyen, Du, 1973, *The Tale of Kieu*, New York: Random House.

Nicoll, Bill, 2002, *Timor: A Nation Reborn*, Jakarta : Eqinox Publishing (Asia) Ltd.

Ni Ni Myint, 1985, *Burma's Struggle against British Imperialism, 1885-1895*, Rangoon : Universities Press.

Noer, Deliar, 1973, *The Modernist Muslim Movement in Indonesia, 1900-1942*, Kuala Lumpur : Oxford University Press.

Nordin, Hussin, 2007, *Trade and Society in the Straits of Melaka: Dutch Melaka and English Penang, 1780-1830*, Singapore : Singapore University Press.

O'Connor, Richard A, 1983, *A Theory of Indigenous Southeast Asian Urbanism*, Singapore : Institute of Southeast Asian Studies.

Orwell, George, 1985, *Burmese Days*, Original Edition 1934, New York : Harcourt.

Osborne, Milton E, 1969, *The French Presence in Cochinchina and Cambodia: Rule and Response, 1859-1905*, Ithaca, NY : Cornell University Press.

Osborne, Milton E, 2013, *Southeast Asia: An Introductory Story*, 10th Edition, NSW : Allen & Unwin.

Owen, Norman G, 1984, *Prosperity without Progress: Manila Hemp and Material Life in the Colonial Philippines*, Berkeley : University of California Press.

Owen, Norman G. ed, 1987, *Death and Disease in Southeast Asia*, Singapore : Oxford University Press.

Owen, Norman G, et. al, 2005, *The Emergence of Modern Southeast Asia: A New History*, Honolulu : University of Hawai'i Press.

Pane, Armijn, 1985, *Shackles*, Athens : Ohio University Monographs in International Studies Southeast Asia Series.

Parry, J. H, 1966, *The Spanish Seaborne Empire*, London : Hutchinson.

Pauconnier, Henri, 1931, *The Soul of Malaya*, Original Edition 1930, London : Elkins, Mathews Marrot.

Pigeaud, Th. G. Th, 1962, *Java in the Fourteenth Century: A Study in Cultural History*, 5 Vols, The Hague : M. Nijhoff.

Pombejra, Dhiravatna, 1993, "Ayutthaya at the End of the Seventeenth Century : Was

There a Shift to Isolation?", In Reid, Anthony J. S. ed, *Southeast Asia in the Early Modern Era: Trade, Power, and Belief*, Ithaca: Cornell University Press, 250~272.

Pringle, Robert, 1970, *Rajas and Rebels: The Ibans of Sarawak under Brooke Rule, 1841-1941*, London: Macmillan.

Pringle, Robert, 2004, *A Short History of Bali: Indonesia's Hindu Realm*, NSW: Allen & Unwin.

Puaksom, Davisakd, 2008, "Of a Lesser Brilliance: Patani Historiography in Contention," In Montesano, Michael and Patrick Jory eds, *Thai South and Malay North: Ethnic Interactions on a Plural Peninsula*, Singapore: National University of Singapore Press, 71~90.

Rabibhadana, Akin, 1969, *The Organization of Thai Society in the Early Bangkok Period, 1782-1873*, Ithaca, NY: Cornell University Southeast Asia Program.

Rafael, Vicente, 1988, *Contracting Colonialism: Translation and Christian Conversion in Tagalog Society under Early Spanish Rule*, Quezon City: Ateneo de Manila University Press.

Raja Haji Ahmad and Raja Ali Haji, Matheson, Virginia and Barbara Watson Andaya trans, 1982, *Tufat al-Nafis(The Precious Gift)*, Kuala Lumpur: Oxford University Press.

Ranjit Singh, D. S, 1991, *Brunei, 1939-1983: The Problems of Political Survival*, Singapore: Oxford University Press.

Rawson, P. S, 1967, *The Art of Southeast Asia*, New York: Praeger.

Reid, Anthony J. S. 1974, *The Indonesian National Revolution, 1945-1950*, Hawthorn: Longman.

Reid, Anthony J. S. and Lance Castles eds, 1975, *Pre-colonial State Systems in Southeast Asia*, Kuala Lumpur: Malaysian Branch of the Royal Asiatic Society.

Reid, Anthony J. S. and David Marr eds, 1979, *Perceptions of the Past in Southeast Asia*, Singapore: Heinemann.

Reid, Anthony J. S, 1980, "Indonesia: From Briefcase to Samurai Sword," In McCoy, Alfred ed, *Southeast Asia under Japanese Occupation*, New Haven: Yale University

Southeast Asia Studies, 13~26.

Reid, Anthony J. S. and Akira Oki eds, 1986, *The Japanese Experience in Indonesia: Selected Memoirs of 1942-1945*, Athens: Ohio University Monographs in International Studies.

Reid, Anthony J. S, 1988, *Southeast Asia in the Age of Commerce, 1450-1680, Volume One: The Lands below the Winds*, New Haven: Yale University Press.

Reid, Anthony J. S, 1993a. *Southeast Asia in the Age of Commerce, 1450-1680, Volume Two: Expansion and Crisis*, Chiang Mai: Silkworm Books.

Reid, Anthony J. S, 1993b, "Islamization and Christianization in Southeast Asia: The Critical Phase, 1550-1650," In Reid, Anthony J. S. ed, *Southeast Asia in the Early Modern Era: Trade, Power, and Belief*, Ithaca: Cornell University Press, 151~179.

Reid, Anthony J. S, 2008, "A Plural Peninsula," In Montesano, Michael and Patrick Jory eds, *Thai South and Malay North: Ethnic Interactions on a Plural Peninsula*, Singapore: National University of Singapore Press, 27~38.

Reynolds, Craig J, 1987, *Thai Radical Discourse: The Real Face of Thai Feudalism Today*, Ithaca: Cornell University Southeast Asia Program.

Reynolds, Craig J. ed, 2002, *National Identity and Its Defenders: Thailand Today*, Chiang Mai: Silkworm Books.

Ricklefs, M. C, 2001. *A History of Modern Indonesia since c. 1200*, 3rd Edition, Hampshire: Palgrave.

Ricklefs, M. C, 2006, *Mystic Synthesis in Java: A History of Islamisation from the Fourteenth to the Early Nineteenth Centuries*, Norwalk: East Bridge.

Ricklefs, M. C, et. al, 2010, *A New History of Southeast Asia*, Hampshire: Palgrave.

Rigg, Jonathan, 1991, *Southeast Asia, A Region in Transition: A Thematic Human Geography of the ASEAN Region*, London: Routledge.

Rizal, Jose, 1968, *The Subversive*, New York: Norton.

Roff, William R, 1967, *The Origins of Malay Nationalism*, Kuala Lumpur: University of Malaya Press.

Roosa, John, 2006, *Pretext for Mass Murder: The September 30th Movement and Suharto's Coup D'etat in Indonesia*, Madison: The University of Wisconsin Press.

SarDesai, D. R, 1989, *Southeast Asia: Past and Present*, Boulder: Westview Press.

SarDesai, D. R, 1998, *Vietnam: Past and Present*, Boulder: Westview Press.

Sarkar, H. B, 1985, *Cultural Relations between India and Southeast Asian Countries*, New Delhi: Indian Council for Cultural Relations and Motilal Banarsidaas.

Saunders, Graham, 2014, *A History of Brunei*, Kuala Lumpur: Oxford University Press.

Schumacher, John, 2002, *The Propaganda Movement, 1880-1895*, Quezon City: Ateneo de Manila University Press.

Scott, James C, 1976, *The Moral Economy of the Peasant: Rebellion and Subsistence in Southeast Asia*, New Haven: Yale University Press.

Scott, James C, 1985, *Weapons of the Weak: Everyday Forms of Peasant Resistance*, New Haven: Yale University Press.

Sears, Laurie J, 1993, *Autonomous Histories, Particular Truths: Essays in Honor of John R. W. Smail*, Madison: University of Wisconsin Center for Southeast Asian Studies.

Seo, Myeongkyo, 2013, *State Management of Religion in Indonesia*, London: Routledge.

Shaffer, Lynda Norene, 1996, *Maritime Southeast Asia to 1500*, New York: M. E. Sharpe.

Sharil Talib, 1984, *After Its Own Image: The Trengganu Experience, 1881-1941*, Singapore: Oxford University Press.

Sharom Ahmad, 1984, *Tradition and Change in a Malay State: A Study of the Economic and Political Development of Kedah, 1878-1923*, Kuala Lumpur: Malaysian Branch of the Royal Asiatic Society.

Shiraishi, Takashi, 1990, *An Age in Motion: Popular Radicalism in Java, 1912-1926*, Ithaca: Cornell University Press.

Short, Anthony, 1975, *The Communist Insurrection in Malaya, 1948-1960*, London: Muller.

Shurz, W. L, 1959, *The Manila Galleon*, New York: E. P. Dutton.

Silverstein, Josef ed, 1967, *Southeast Asia in World War II: Four Essays*, New Haven: Yale University Southeast Asia Studies.

Slametmuljana, 1976, *A Story of Majapahit*, Singapore: Singapore University Press.

Slocomb, Margaret, 2003, *The People's Republic of Kampuchea, 1979-1989: The Revolution after Pol Pot*, Chiang Mai: Silkworm Books.

Smail, John R. W, 1961, "On the Possibility of an Autonomous History of Modern Southeast Asia," *Journal of Southeast Asian History*, 2, 72~102.

Smail, John R. W, 1964, *Bandung in the Early Revolution, 1945-1946: A Study in the Social History of the Indonesian Revolution*, Ithaca : Cornell University Modern Indonesia Project.

Smith, R. B, 1971, *Vietnam and the West*, Ithaca : Cornell University Press.

Smith, R. B. and W. Watson eds, 1979, *Early Southeast Asia: Essays in Archaeology, History and Historical Geography*, New York : Oxford University Press.

Soh, Byungkuk, 1996, "Visions without Heat : The Search for a Malaysian National Identity, 1948-1990," *Asia Journal*, 3, 1, 83~103.

Soh, Byungkuk, 1998, "Malay Society under Japanese Occupation, 1942-1945," *International Area Review*, 1, 2, 81~111.

Soh, Byungkuk, 1999, "Some Questions about the Impact of Japanese Occupation(1942-45) on the Development of Malay Nationalism", *International Area Review*, 2, 1, 19~42.

Soh, Byungkuk, 2002, "The Invention of Tradition : The Royal Power of Contemporary Malaysia in a Historical Perspective," *The Southeast Asian Review*, 12, 1, 169~206.

Soh, Byungkuk, 2007, "In Search of 'Unity in Diversity' : The Image of Women in New Order Indonesia," *International Area Review*, 10, 2, 67~94.

Soh, Byungkuk, 2011, "Issues and Problems in the 20th Century Malaysian History," *Southeast Asia Journal*, 20, 3, 161~194.

Soh, Byungkuk, 2012, *Ideology and Shaping of Malaysia: A Socio-Intellectual History*, Jakarta : University of Indonesia Press.

Solheim, W. G, 1972a, "An Earlier Agricultural Revolution," *Scientific American*, 226, 4, 34~41.

Solheim, W. G, 1972b, "The 'New Look' of Southeast Asian Pre-History," *Journal of the Siam Society*, 60, Part 1, 1~20.

Solheim, W. G, 1985, "'Southeast Asia : What's in a Name?' Another Point of View," *Journal of Southeast Asian Studies*, 16, 1, 141~47.

Song, Seung-Won, 2008, "Back to Basics in Indonesia?: Reassessing the Pancasila and Pancasila State and Society, 1945-2007," Ph. D. Dissertation, Department of History, Ohio University.

Sopiee, Mohamed Noordin, 2005, *From Malayan Union to Singapore Separatism: Political Unification in the Malaysia Region, 1945-65*, 2nd Edition, Kuala Lumpur: University of Malaya Press.

Spiro, Melford E, 1970, *Buddhism and Society: A Great Tradition and Its Vicissitudes*, New York: Harper & Row.

Stargardt, Janice, 1990, "Hydraulic Works and South East Asian Polities," In Marr, David G. and A. C. Milner eds, *Southeast Asia in the 9th to 14th Centuries*, Singapore: Institute of Southeast Asian Studies, 23~48.

Steinberg, David J, 1967, *Philippine Collaboration in World War II*, Ann Arbor: University of Michigan Press.

Steinberg, David J. ed, 1987, *In Search of Southeast Asia: A Modern History*, 2nd Edition, Honolulu: University of Hawai'i Press.

Steinberg, David J, 2000, *The Philippines: A Singular and a Plural Place*, Boulder: Westview Press.

Stockwell, A. J, 1979, *British Policy and Malay Politics during the Malayan Union Experiment, 1942-1948*, Kuala Lumpur: Malaysian Branch of the Royal Asiatic Society.

Stockwell, A. J, 1992, "Southeast Asia in War and Peace: The End of European Colonial Empires," In Tarling, Nicholas ed, *The Cambridge History of Southeast Asia*, Volume Two, Cambridge: Cambridge University Press, 329~386.

Stuart-Fox, Martin, 1996, *Buddhist Kingdom Marxist State: The Making of Modern Laos*, Bangkok: White Lotus.

Stuart-Fox, Martin, 1997, *A History of Laos*, Cambridge: Cambridge University Press.

Stuart-Fox, Martin, 1998, *Lao Kingdom of Lan Xang: Rise and Decline*, Bangkok: White Lotus.

Stubbs, Richard, 1990, *Hearts and Minds in Guerrilla Warfare: The Malayan Emergency, 1948-1960*, Singapore: Oxford University Press.

Sukarno, 1966, *Sukarno: An Autobiography as Told to Cindy Adams*, Hong Kong: Gunung

Agung.

Sutherland, Heather, 1979, *The Making of a Bureaucratic Elite: The Colonial Transformation of the Prijaji*, Singapore: Heinemann.

Suwannathat-Pian, Kobkua, 2008, "National Identity, the 'Sam-Sams' of Satun, and the Thai Malay Muslims," In Montesano, Michael and Patrick Jory eds, *Thai South and Malay North: Ethnic Interactions on a Plural Peninsula*, Singapore: National University of Singapore Press, 155~172.

Swettenham, Frank, 1942, *Footprints in Malaya*, London: Hutchinson.

Tai, Hue-Tam Ho, 1983, *Millenarianism and Peasant Politics in Vietnam*, Cambridge: Harvard University Press.

Takakusu, Junjiro trans, 1896, *A Record of the Buddhist Religion as Practiced in India and the Malay Archipelago* by I-Tsing, Oxford: Oxford University Press, Reprinted Delhi, 1966.

Tan, Ta Sen, 2009, *Cheng Ho and Islam in Southeast Asia*, Singapore: Institute of Southeast Asian Studies.

Tarling, Nicholas, 1962, *Anglo-Dutch Rivalry in the Malay World, 1780-1824*, St. Lucia: Queensland University Press.

Tarling, Nicholas, 1963, *Piracy and Politics in the Malay World: A Study of British Imperialism in the 19th Century*, Melbourne: Cheshire.

Tarling, Nicholas, 1971, *Britain, the Brookes and Brunei*, Kuala Lumpur: Oxford University Press.

Tarling, Nicholas, 1992, "The Establishment of the Colonial Regimes," In Tarling, Nicholas ed, *The Cambridge History of Southeast Asia*, Volume Two, Cambridge: Cambridge University Press, 5~78.

Tarling, Nicholas, 2001, *A Sudden Rampage: The Japanese Occupation of Southeast Asia, 1941-1945*, London: Hurst.

Taufik, Abdullah, 1971, *Schools and Politics: The Kaum Muda Movement in West Sumatra, 1927-1933*, Ithaca: Cornell University Modern Indonesia Project.

Taylor, Jean G, 1983a, *The Social World of Batavia: European and Eurasian in Dutch Asia*,

Madison: University of Wisconsin Press.

Taylor, Jean G. 2003. *Indonesia: Peoples and Histories*. New Haven: Yale University Press.

Taylor, John G. 1999. *East Timor: The Price of Freedom*. Bangkok: White Lotus.

Taylor, Keith W. 1983b. *The Birth of Vietnam*. Berkeley: University of California Press.

Taylor, Keith W. 1992. "The Early Kingdoms." In Tarling, Nicholas ed. *The Cambridge History of Southeast Asia*, Volume One. Cambridge: Cambridge University Press, 137~182.

Taylor, Robert H. 1980. "Burma in the Anti-Fascist War." In McCoy, Alfred ed. *Southeast Asia under Japanese Occupation*. New Haven: Yale University Southeast Asia Studies, 132~157.

Taylor, Robert H. ed. 2001. *Burma: Political Economy under Military Rule*. New York: Palgrave.

Taylor, Robert H. 2009. *The State in Mynamar*. Singapore: National University of Singapore Press.

Terwiel, B. J. 1983. *A History of Modern Thailand, 1767-1942*. Brisbane: University of Queensland Press.

Thant Myint U. 2001. *The Making of Modern Burma*. Cambridge: Cambridge University Press.

Thomaz, Luis Filipe Ferreira Reis. 1993. "The Malay Sultanate of Melaka." In Reid, Anthony J. S. ed. *Southeast Asia in the Early Modern Era: Trade, Power, and Belief*. Ithaca: Cornell University Press, 69~90.

Tran, Quoc Vuong. 1990. "Traditions, Acculturation, Renovation: The Evolutional Pattern of Vietnamese Culture." In Marr, David G. and A. C. Milner eds. *Southeast Asia in the 9th to 14th Centuries*. Singapore: Institute of Southeast Asian Studies, 271~278.

Trocki, Carl. 1979. *Prince of Pirates: The Temenggongs and the Development of Johor and Singapore, 1784-1885*. Singapore: University of Singapore Press.

Truong, Buu Lam. 1967. *Patterns of Vietnamese Response to Foreign Intervention*. New Haven: Yale University Southeast Asia Studies.

Truong, Buu Lam and Mai Van Lam, 1982, *New Lamps for Old: The Transformation of the Vietnamese Administrative Elite*, Singapore: Institute of Southeast Asian Studies.

Truong, Buu Lam, 1984, *Resistance, Rebellion, Revolution: Popular Movements in Vietnamese History*, Singapore: Institute of Southeast Asian Studies.

Turnbull, C. M, 2016, *A History of Modern Singapore, 1819-2005*, Singapore: National University of Singapore Press.

Vallibhotama, Srisakra, 1990, "Political and Cultural Continuities at Dvaravati Sites," In Marr, David G. and A. C. Milner eds, *Southeast Asia in the 9th to 14th Centuries*, Singapore: Institute of Southeast Asian Studies, 229~238.

Van Niel, Robert, 1960, *The Emergence of the Modern Indonesian Elite*, The Hague: M. Nijhoff.

Veur, Paul Van Der, 1969, *Education and Social Change in Colonial Indonesia*, Athens: Ohio University Center for International Studies.

Vickers, Adrian, 2005, *A History of Modern Indonesia*, Cambridge: Cambridge University Press.

Vickery, Michael, 1990, "Some Remarks on Early State Formation in Cambodia," In Marr, David G. and A. C. Milner eds, *Southeast Asia in the 9th to 14th Centuries*, Singapore: Institute of Southeast Asian Studies, 95~116.

Virunha, Chuleeporn, 2008, "Historical Perceptions of Local Identity in the Upper Peninsula," In Montesano, Michael and Patrick Jory eds, *Thai South and Malay North: Ethnic Interactions on a Plural Peninsula*, Singapore: National University of Singapore Press, 39~70.

Von Der Mehden, Fred R, 1974, *Southeast Asia, 1930-1970: The Legacy of Colonialism and Nationalism*, New York: W. W. Norton & Company.

Wade, Geoff and Li Tana eds, 2012, *Anthony Reid and the Study of the Southeast Asian Past*, Singapore: Institute of Southeast Asian Studies.

Wake, Christopher, 1964, "Malacca's Early Kings and the Reception of Islam," *Journal of Southeast Asian History*, 5, 2, 104~128.

Wang Gungwu, 1958, "The Nanhai Trade: A Study of the Early History of Chinese Trade in the South China Sea," *Journal of the Malayan Branch of the Royal Asiatic Society*, 31, 2, 1~135.

Warren, James F, 2007, *The Sulu Zone, 1768-1898: The Dynamics of External Trade, Slavery and Ethnicity in the Transformation of a Southeast Asian Maritime State*, Singapore: National University of Singapore Press.

Warren, James, F, 2010, "The Port of Jolo: International Trade and Slave Raiding," In Kleinen, John and Manon Osseweijer eds, *Pirates, Ports, and Coasts in Asia: Historical and Contemporary Perspectives*, Singapore: Institute of Southeast Asian Studies, 178~199.

Wheatley, Paul, 1961, *The Golden Khersonese*, Kuala Lumpur: University of Malaya Press.

Wheatley, Paul, 1983, *Nagara and Commandery: Origins of the Southeast Asia Urban Traditions*, Chicago: University of Chicago Press.

White, J, 1982, *Ban Chiang: Discovery of a Lost Bronze Age*, Philadelphia: University of Pennsylvania Press.

Widyono, Benny, 2008, *Dancing in Shadows: Sihanouk, the Khmer Rouge, and the United Nations in Cambodia*, Lanham: Rowman & Littlefield.

Wolters, Oliver W, 1967, *Early Indonesian Commerce: A Study of the Origins of Srivijaya*, Ithaca, NY: Cornell University Press.

Wolters, Oliver W. 1970, *The Fall of Srivijaya in Malay History*, Kuala Lumpur: Oxford University Press.

Wolters, Oliver W. 1999, *History, Culture, and Region in Southeast Asian Perspectives*, Revised Edition, Ithaca, NY: Cornell University Southeast Asia Program.

Woodside, Alexander B. 1976, *Community and Revolution in Modern Vietnam*, Boston, MA: Houghton Mifflin.

Woodside, Alexander B, 1988, *Vietnam and the Chinese Model: A Comparative Study of Vietnamese and Chinese Government in the First Half of the Nineteenth Century*, 2nd Edition, Cambridge, MA: Harvard University Press.

Wyatt, David K, 1969, *The Politics of Reform in Thailand: Education in the Reign of King Chu-*

lalongkorn, New Haven: Yale University Press.

Wyatt, David K. and A. Woodside eds, 1982, *Moral Order and the Question of Change. Essays on Southeast Asian Thought*, New Haven: Yale University Southeast Asia Studies.

Wyatt, David K, 1984, *Thailand: A Short History*, New Haven: Yale University Press.

Xu, Ke, 2006, "Piracy, Seaborne Trade and the Rivalries of Foreign Sea Powers in East and Southeast Asia, 1511 to 1839: A Chinese Perspective," In Ong-Webb, Graham Gerard ed, *Piracy, Maritime Terrorism and Securing the Malacca Straits*, Singapore: Institute of Southeast Asian Studies, 221~240.

Young, Adam J, 2007, *Contemporary Maritime Piracy in Southeast Asia: History, Causes and Remedies*, Singapore: Institute of Southeast Asian Studies.

Zakiah Hanum, 2004, *Historical Origins of Malaysian States*, Singapore: Times Editions.

도판 출처

* 저작권이 없거나(public domain) 출처가 확인되지 않은 도판은 기재하지 않았습니다.
이 중 추후 저작권자가 확인되는 경우에는 허가 절차를 밟겠습니다.

찾아보기

동남아시아사

창의적인 수용과 융합의 2천년사

1판 1쇄 2020년 3월 20일
1판 4쇄 2023년 1월 25일

지은이 | 소병국

펴낸이 | 류종필
책임편집 | 최인수
편집 | 이정우, 이은진
마케팅 | 이건호
경영지원 | 김유리
표지·본문 디자인 | 석운디자인
지도 | 김경진

펴낸곳 | (주) 도서출판 책과함께
　　　　주소 (04022) 서울시 마포구 동교로 70 소와소빌딩 2층
　　　　전화 (02) 335-1982
　　　　팩스 (02) 335-1316
　　　　전자우편 prpub@daum.net
　　　　블로그 blog.naver.com/prpub
　　　　등록 2003년 4월 3일 제2003-000392호

ISBN 979-11-88990-56-6 03910